第一批湖北省珍貴古籍名録圖録

湯旭巖　主編

國家圖書館出版社

圖書在版編目（CIP）數據

第一批湖北省珍貴古籍名録圖録 / 湯旭巖主編 . -- 北京：國家圖書館出版社，2015.10
ISBN 978-7-5013-5639-3

Ⅰ. ①第… Ⅱ. ①湯… Ⅲ. ①古籍—圖書目録—湖北省 Ⅳ. ① Z838

中國版本圖書館 CIP 數據核字 (2015) 第 156055 號

書　名　第一批湖北省珍貴古籍名録圖録
著　者　湯旭巖　主編
責任編輯　景晶

出　版　國家圖書館出版社（100034　北京市西城區文津街 7 號）
（原書目文獻出版社　北京圖書館出版社）
發　行　(010)66114536　66126153　66151313　66175620
66121706（傳真）　66126156（門市部）
E-mail　btsfxb@nlc.gov.cn（郵購）
Website　www.nlcpress.com →投稿中心
經　銷　新華書店
印　裝　北京信彩瑞禾印刷廠
版　次　2015 年 10 月第 1 版　2015 年 10 月第 1 次印刷

開　本　889 × 1194（毫米）　1/16
印　張　19
字　數　200 千字

書　號　ISBN 978-7-5013-5639-3
定　價　300.00 圓

湖北省文化厅文件

鄂文化文〔2011〕264号

湖北省文化厅关于公布湖北省第一批古籍重点保护单位和湖北省第一批珍贵古籍名录的通知

各市、州、直管市及神农架林区文化局，省图书馆：

为加强古籍保护工作，逐步形成完善的古籍保护体系，省文化厅于去年在全省部署开展了湖北省古籍重点保护单位和湖北省珍贵古籍申报工作。共收到各地推荐申报古籍516种。经省古籍保护中心和省古籍保护专家委员会初评、终审，并面向社会公示，确定其中264部古籍入选湖北省第一批珍贵古籍名录（见附件1）；确定7家单位入选湖北省第一批古籍重点保护单位（见附件2）。

我国是历史悠久的文明古国，拥有卷帙浩繁的文献典籍。这些文献典籍是中华民族宝贵的精神财富，是人类文明的瑰宝，保护和利用好珍贵文献典籍，对于继承和发扬民族优秀传统文化，增进民族团结和维护国家统一，增强民族自信心和凝聚力，建设社会主义核心价值体系，提高国家文化软实力，都具有重要意义。

各地区、各部门要进一步贯彻“保护为主、抢救第一、合理利用、加强管理”的指导方针，以湖北省第一批古籍重点保护单位和湖北省第一批珍贵古籍名录公布为契机，加强科学规划，加大工作力度，切实做好珍贵古籍的保护、管理和合理利用工作，使中华民族珍贵的文献典籍永泽后世。

特此通知。

附件：1、湖北省第一批珍贵古籍名录（264 部）

2、湖北省第一批古籍重点保护单位名单（7 个）

湖北省文化厅

二〇一一年八月二十九日

（附注：联系人：张良菊；联系电话：68892338）

湖北省圖書館《長江文庫》編委會

主　任

雷文潔

常務副主任

李耀華　徐永勝

委　員

雷文潔　李耀華　徐永勝　周鴻森　孫　旭　賴雲峰
李　波　湯旭巖　賀定安　張良菊　劉傑民　王　濤

顧　問

陽海清

《第一批湖北省珍貴古籍名録圖録》

主　編

湯旭巖

副主編

范志毅

執行主編

馬志立

編　者

丁玉蓮　阮婭菲　李雲超　宋澤宇　馬盛南　陳建勛
盛　蘭　張　青　張雅俐　童世華　管小柳　劉慧萍

湖北地處長江中游，位居華中腹地，是中華民族燦爛文化的重要發祥地之一。以“楚辭”爲代表的楚文化歷史悠久，源遠流長，在中華五千年的文化史中有著極其重要的地位。“楚地自古多豪傑”，湖北人民一向具有勇於開拓、敢爲人先的進取精神和創新品格，湖北也是“敢爲天下先”的首義精神誕生地。正是基於深厚的文化積澱和寶貴的敢爲人先精神，早在1904年，湖北就開風氣之先，建立了全國最早的省級公共圖書館之一——湖北省圖書館，1920年，又開辦了我國第一個專門的圖書館學教育機構——武昌文華圖專。這些創舉不僅奠定了湖北圖書館事業的深厚根基，更重要的是，在湖北圖書館界形成了學術與實踐緊密結合的優良傳統和自覺意識。

新中國成立以來，特別是改革開放後，湖北圖書館事業取得了長足發展，建立了較爲完善的公共圖書館服務體系，頒佈了《湖北省公共圖書館條例》，建設了豐富的館藏資源，培養了高素質的圖書館館員隊伍，爲社會提供了多種形式的圖書館服務。剛落成的湖北省圖書館新館，不僅建築面積達十萬平方米，而且館內佈局與設施凸顯了現代化圖書館管理理念，成爲滿足讀者文化休閒、資訊交流、學習閲讀等文化需求的嶄新陣地。

當前，在黨中央、國務院關於“逐步建立和完善覆蓋城鄉、結構合理、網路健全、運營有效、惠及全民的公共文化服務體系”的戰略部署下，公共圖書館作爲公共文化服務體系的重要組成部分，迎來了一個新的發展機遇期。爲了搶抓發展機遇，謀求湖北省公共圖書館事業的科學發展、跨越發展，湖北省文化廳與湖北省圖書館經過充分醖釀和精心籌劃，著手編纂《楚天智海叢書》《精神家園叢刊》和《長江文庫》三套叢書，分别著眼於圖書館事業發展研究、讀者服務工作研究和文獻研究，以此期望促進湖北公共圖書館領域學術研究和事業建設的協同發展。

希望湖北省圖書館能夠以新館建設爲契機，進一步提高服務水準，提升服務能力，在完善覆蓋全省的公共圖書館服務體系中發揮龍頭作用，爲湖北由文化大省向文化強省的跨越發展做出新的更大貢獻。

國家圖書館館長　周和平

二〇一二年十月

一

蒲圻張國淦先生《創建湖北先哲祠募捐啓》云：

每值荆楚歲時之會，輒深杞宋文獻之思；緬惟先哲之聲靈，實係鄉邦之隆替。至若周孔是悦，陳良踞北學之魁雄；管樂自方，葛亮實南州之冠冕。大宋小宋，擅佳話於科名；元章元暉，騰清芬於藝圃。張江陵爲救時良相，楊大洪乃命世賢豪；熊經略之訏謨遠猷，耿天臺之清風亮節；熊孝感既理學名臣，杜黄岡亦隱退畸士，以及次侯、克猷等輩，開詞苑之先河；梅君星階以還，結諫垣之後勁。

先哲已往，清暉猶存，此乃典籍之功用也。時至今日，庋藏於荆楚大地之典籍，雖不敢奢言汗牛充棟，其數與量仍不可小覷也。曩昔編纂《湖北省國家珍貴古籍名録圖録》，以示湖北古籍收藏之一斑，表彰前輩矻矻以求網羅天下秘籍之苦心孤詣。今日再編《第一批湖北省珍貴古籍名録圖録》，其意無二。

國家珍貴古籍名録的遴選標準，全國自是劃一。省級珍貴古籍名録，各地自有權衡。就湖北而言，同爲善本，去取之際，略有側重。

一、稿本儘量收入。稿本若湖北省圖書館所藏明孫礦、余寅《今文選》，清李鍇《睫巢詩集》，武漢圖書館所藏清連斗山《周易辨晝》，蘄春縣圖書館所藏清顧景星《黄公説字》，武漢大學圖書館所藏清王師曾《援韓野紀》，恩施州圖書館所藏饒應祺之手札，均予收録。另，湖北省圖書館所藏《林鹿原選昌黎先生詩集》，乃林佶之手筆，且有其孫鴻年題記，老輩手跡，理應肅然起敬也。湖北省博物館所藏《韓詩外傳節鈔》，其實亦韓錫之稿本也。

二、湖北藏書家之舊藏優先考慮。若武昌柯逢時、宜都楊守敬、枝江張繼煦、沔陽歐陽蟾園、黄岡劉紹炎、江夏徐恕、漢陽劉傳瑩及周貞亮，其舊藏均有收録。目睹一枚枚的藏書印，不禁令人想起前輩"得此書，費辛苦，後之人，其鑒我"的諄諄教導。

二

二〇〇八年底，湖北省人民政府辦公廳《關於進一步加强古籍保護工作的通知》要求建立省級珍貴古籍名録，第一批申報工作始於二〇一〇年六月，三十家單位申報五百一十六部古籍，遵照《湖北省珍貴古籍名録申報評審暫行辦法》，經專家評審，湖北省古籍保護工作聯席會議復核，最終共計二百六十四部古籍入選，并由湖北省文化廳發佈。

原湖北省圖書館特藏部主任李天翔、副主任管小柳全面負責第一批珍貴古籍名録的評審工作，馬志立負責申報材料的前期篩選工作，武漢大學信息管理學院教授曹之、武漢大學古籍整理研究所教授萬獻初、原武漢大學圖書館古籍部主任李玉安、湖北人民出版社編審王皓、湖北省圖書館研究館員石洪運、湖北省圖書館副研究館員童世華等專家學者參與了評審工作，對大家付出的辛勤勞動，我們謹致謝忱。

因湖北省圖書館近年致力於新館建設，編纂《第一批省級珍貴古籍名録圖録》的工作遷延至今，對此我們深表遺憾。限於編者水平，本書難免有不妥或疏漏之處，懇請方家不吝賜教。

湖北省圖書館館長、湖北省古籍保護中心主任　湯旭巖

二〇一五年八月

一、本書收録《湖北省文化廳關於公佈湖北省第一批古籍重點保護單位和湖北省第一批珍貴古籍名録的通知》（鄂文化文〔2011〕264號）所發佈的善本古籍。

二、每種書前過録湖北省珍貴古籍名録編號。按照印刷書寫時代，分宋元、明、清三個時段。每個時段收録者，以經、史、子、集、叢分類編排，類目相同者按年代排序。

三、依據入選古籍的名録號、書名、卷數、著者、版本、版式、鈐印及藏書單位等項依次著録。如一書類目完全相同而收藏單位不同者，則合併爲一條著録，其收藏單位信息在著録項中注明，以便參考。

四、每種古籍挑選書影一至兩幀不等，一般選擇正文卷端及能夠反映版本特點者。凡一書首卷卷端有缺失、污損、補刻、鈔配者，則選擇其他卷端原刻原印者。一書若有插圖、多色套印、鈐印、名人批校等，則增補書影，以揭示該書版本价值。

目録

宋元

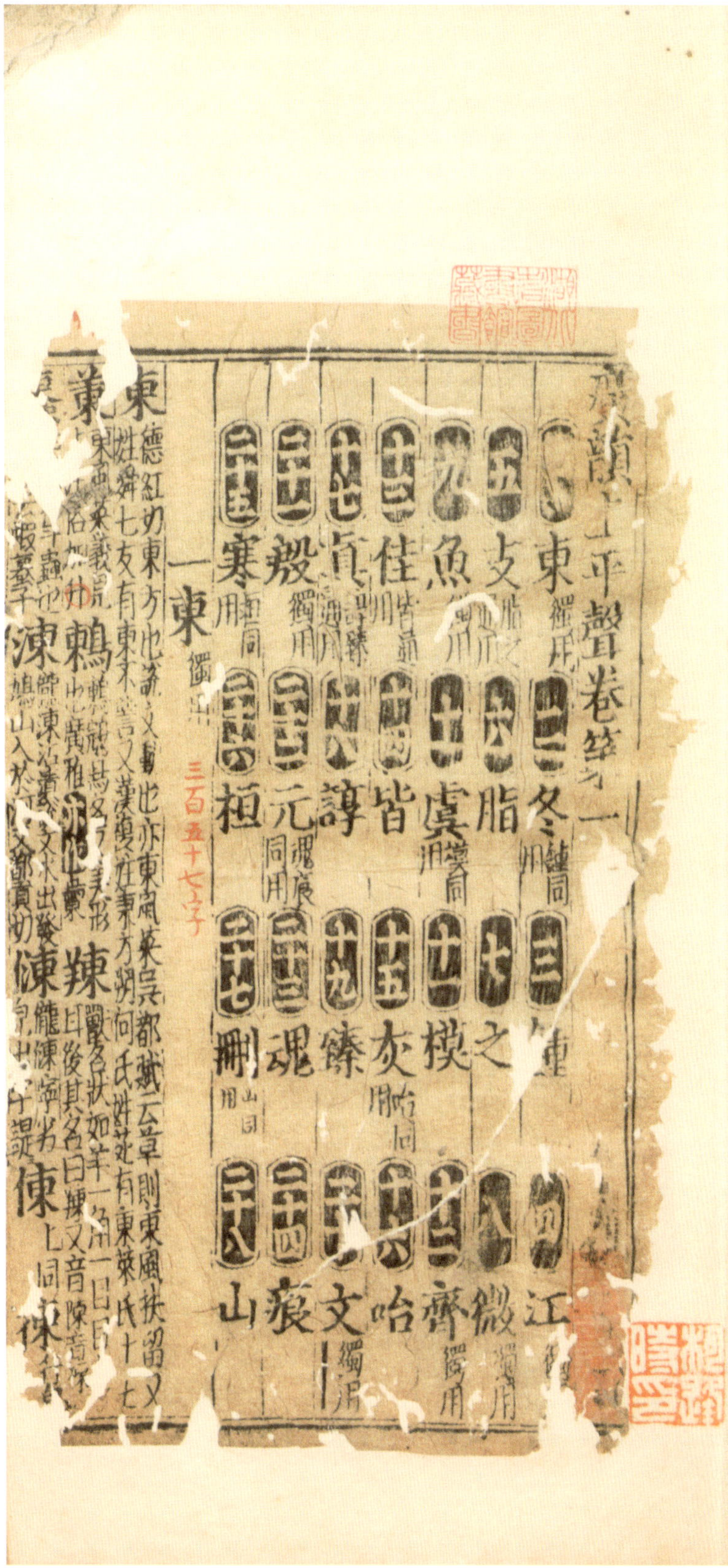

00001 廣韻五卷 （宋）陳彭年等撰　元刻本　清柯逢時題識

框高 21.2 厘米，宽 12.7 厘米。半葉十二行，行二十七至三十字不等，黑口，四周雙邊。鈐“義齋藏書”“柯逢時印”等印。湖北省圖書館藏。

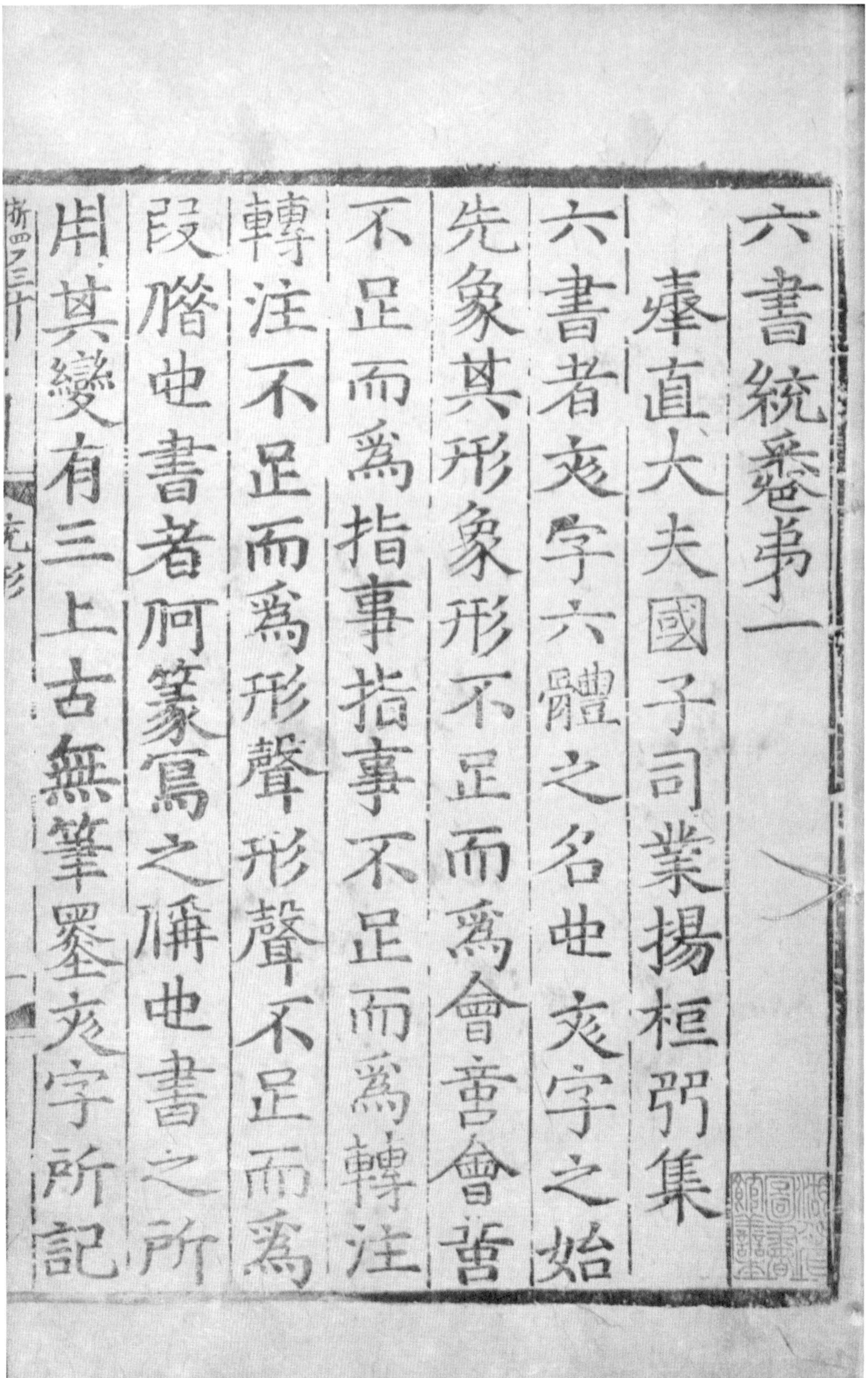

00002 六書統二十卷 （元）楊桓撰　元至大元年（1308）江浙行省儒學刻元明遞修本

框高 22.5 厘米，寬 17.1 厘米。八行十四字，綫黑口，左右雙邊。存十九卷：一至十三、十五至二十。鈐“俵陵王氏寶宋閣收藏之印”“王定安印”等印。

湖北省圖書館藏。

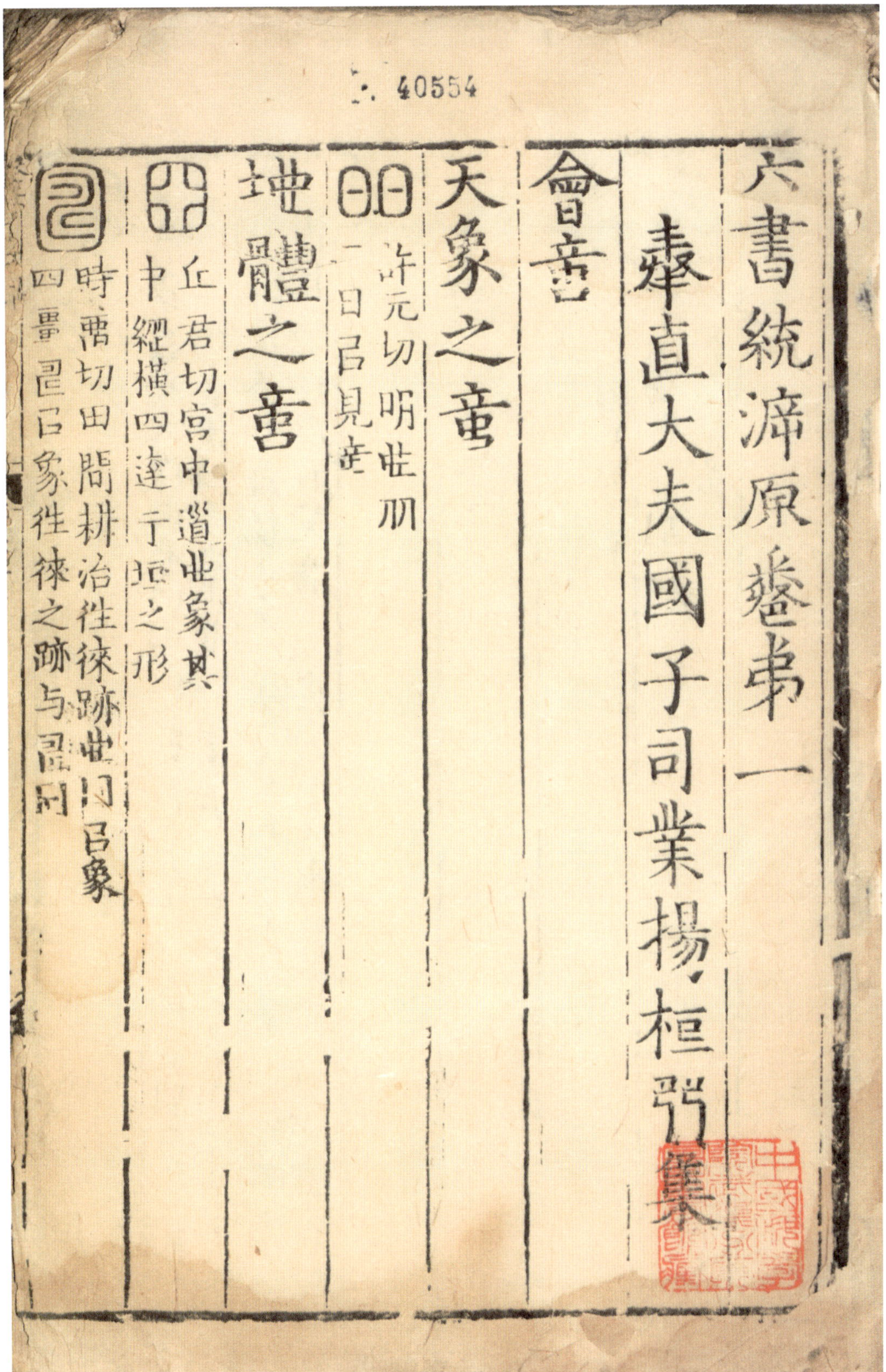
六書統溯原卷第一
奉直大夫國子司業楊桓學集
會意
天象之意
許元切明也从一日日見意
地體之意
丘君切宮中道也象其中經橫四達于垣之形
時田切田閒耕治往徠跡也口象四畺囗以象往徠之跡与囗同

00003 六書統溯原十三卷 （元）楊桓撰　元至大元年（1308）江浙行省儒學刻元明遞修本

框高 23 厘米，宽 17.3 厘米。八行十四字，綫黑口，左右雙邊。鈐“忠孝鄉曹氏藏書”等印。湖北省圖書館藏。

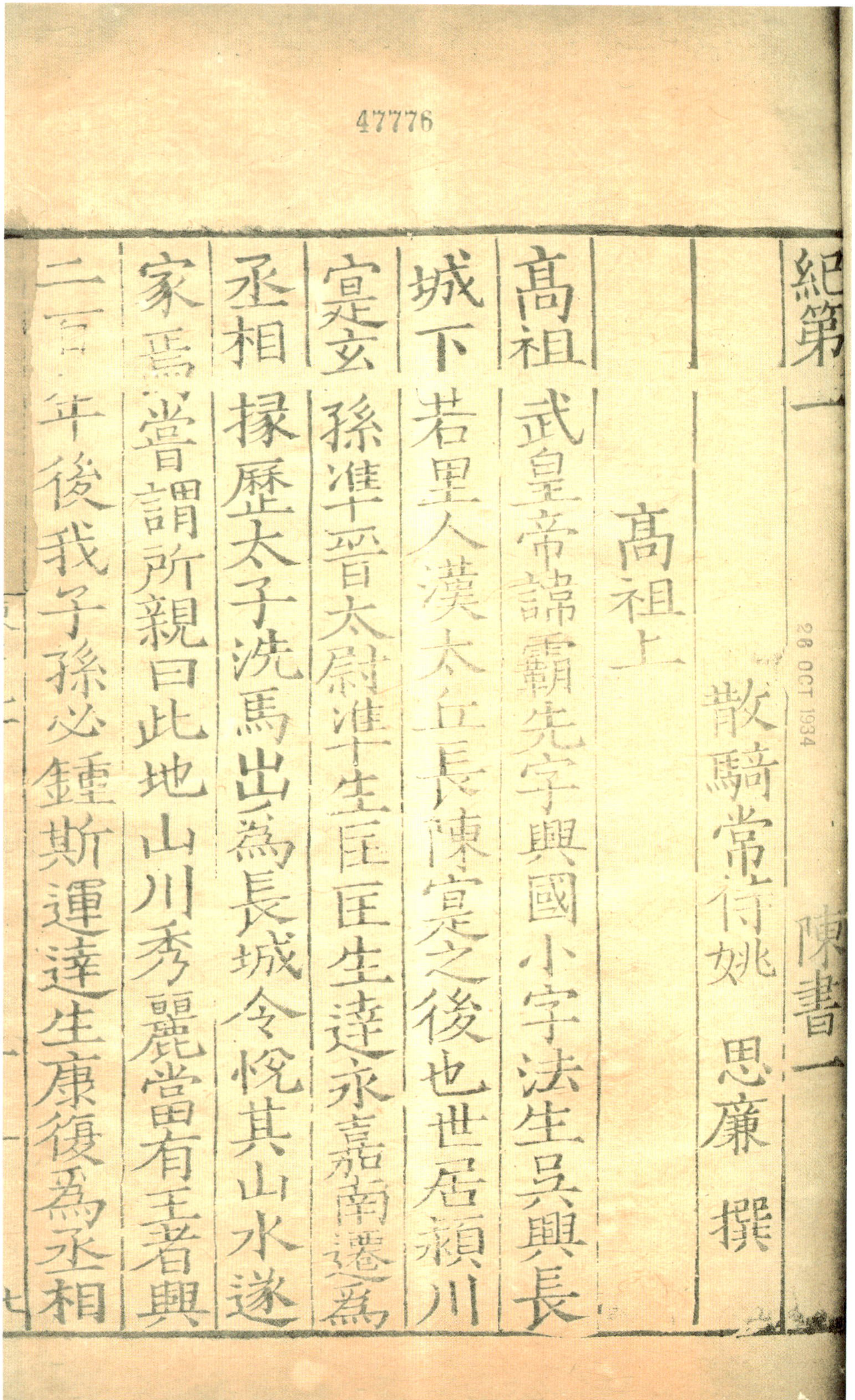
47776

紀第一　　陳書一

散騎常侍姚　思廉　撰

28 OCT 1934

高祖上

高祖武皇帝諱霸先字興國小字法生吳興長城下若里人漢太丘長陳寔之後也世居潁川寔玄孫準晉太尉準生匡匡生達永嘉南遷爲丞相掾歷太子洗馬出爲長城令悅其山水遂家焉嘗謂所親曰此地山川秀麗當有王者興二百年後我子孫必鍾斯運達生康復爲丞相

00004 陳書三十六卷 （唐）姚思廉撰　宋刻明南京國子監遞修本

框高23.4厘米，宽18.5厘米。九行十八字，白口，左右雙邊。武漢大學圖書館藏。

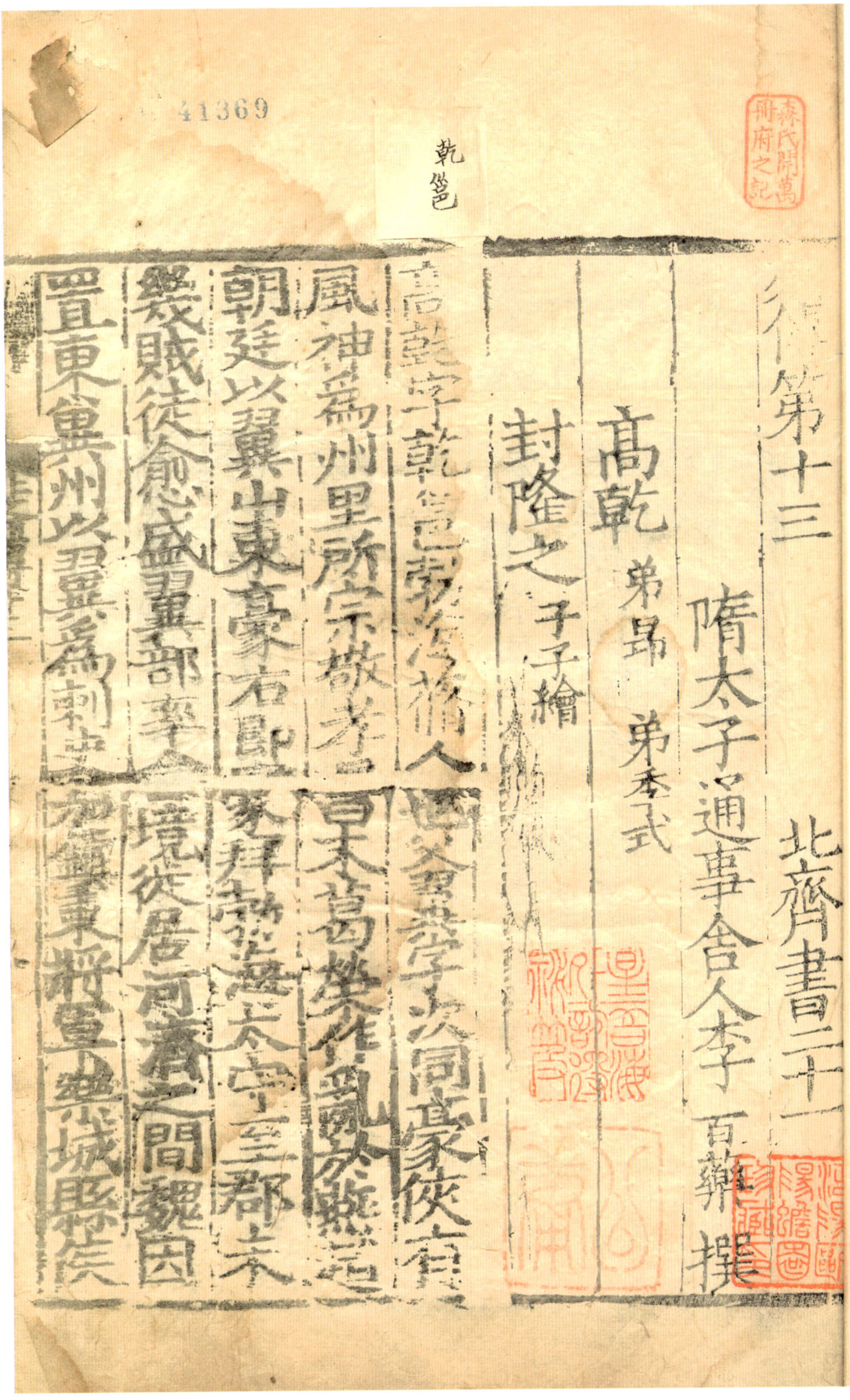
41369
乾邕
北齊書二十一
列傳第十三　隋太子通事舍人李百藥撰
高乾　弟昂　弟季式
封隆之　子子繪
高乾字乾邕渤海蓨人也父翼字次同豪俠有
風神為州里所宗敬孝昌末葛榮作亂於燕趙
朝廷以翼山東豪右即家拜渤海太守至郡未
幾賊徒愈盛翼部率合境徒居河濟之間魏因
置東冀州以翼為刺史加鎮東將軍樂城縣侯

00005 北齊書五十卷　（唐）李百藥撰　宋刻元明遞修本　歐陽蟾園題記

框高 25.8 厘米，宽 19.3 厘米。九行十八字，白口間有綫口，左右雙邊。存十七卷：二十一至三十三、四十一至四十四。鈐“森氏開萬册府之記”“星吾海外訪得秘笈”“沔陽歐陽蟾園珍藏印”等印。武漢圖書館藏。

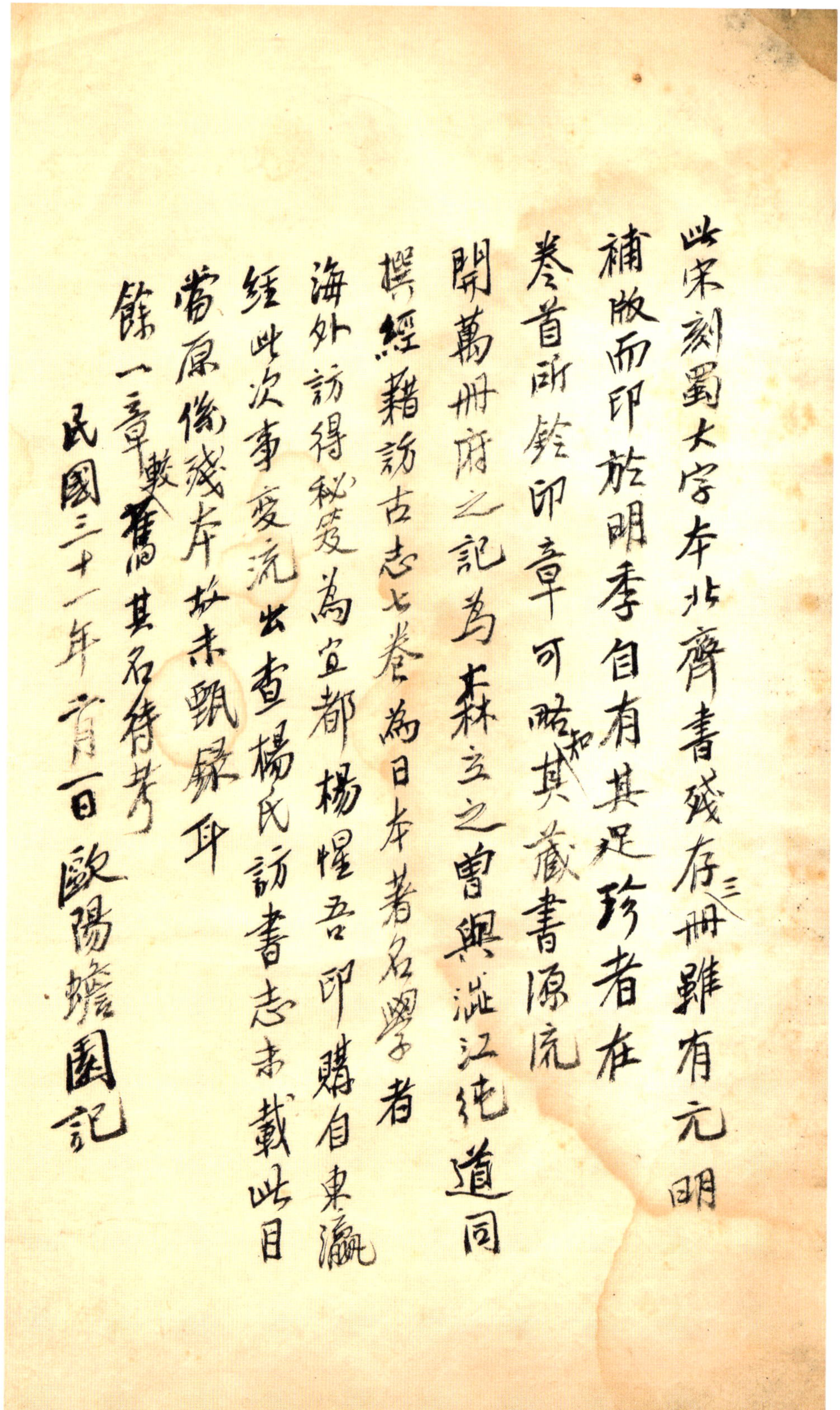
此宋刻蜀大字本北齊書殘存三冊雖有元明
補版而印於明季自有其足珍者在
卷首所鈐印章可略知其藏書源流
開萬冊府之記為森立之曾與澁江純道同
撰經籍訪古志七卷為日本著名學者
海外訪得秘笈為宜都楊惺吾印購自東瀛
經此次事變流出查楊氏訪書志未載此目
當原係殘本故未甄録耳
餘一章數舊其名待考
民國三十一年六月一日歐陽蟾園記

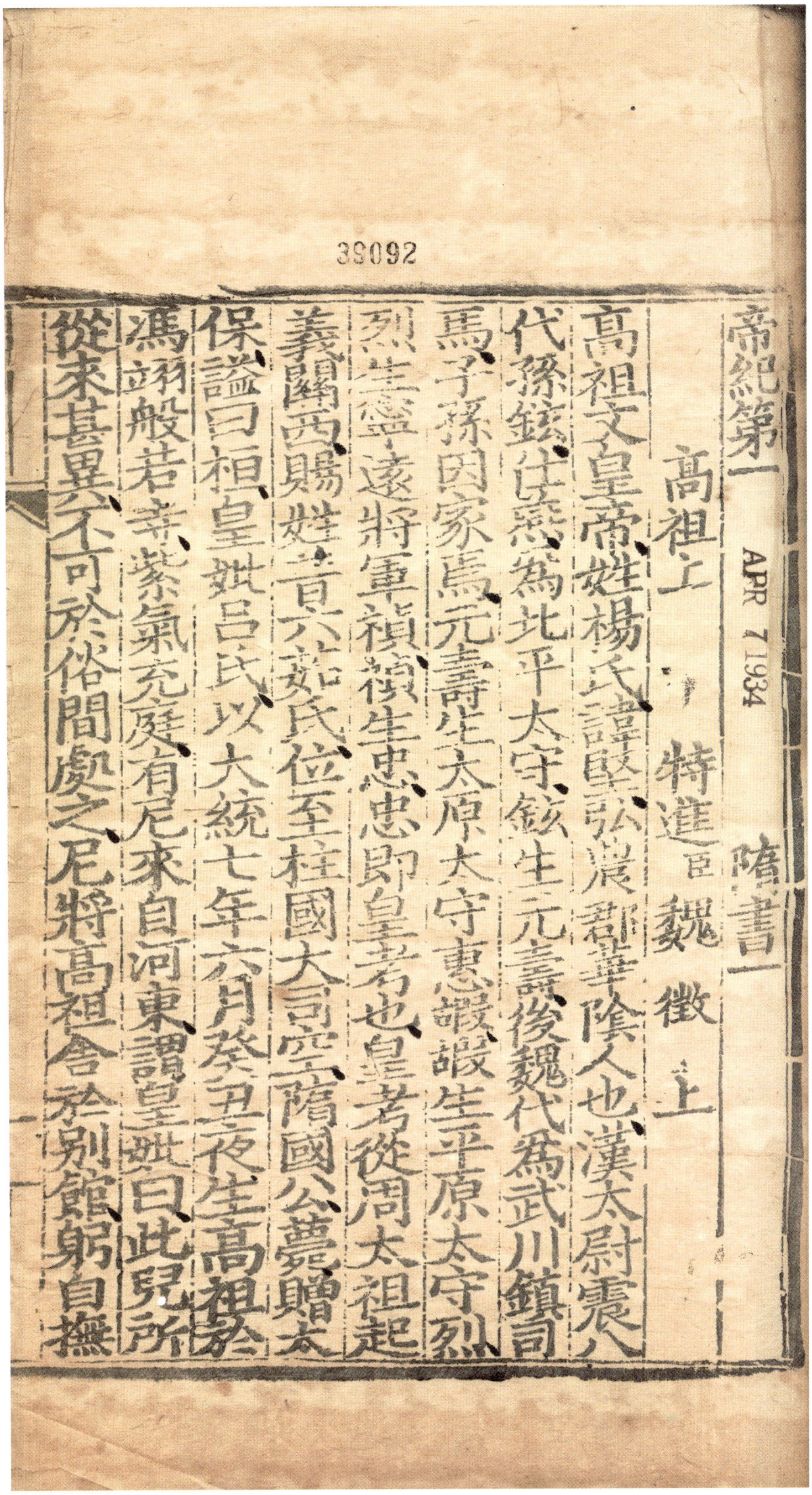
帝紀第一　隋書一
高祖上　特進臣魏徵上
高祖文皇帝姓楊氏諱堅弘農郡華陰人也漢太尉震八代孫鉉仕燕爲北平太守鉉生元壽後魏代爲武川鎮司馬子孫因家焉元壽生太原太守惠嘏嘏生平原太守烈烈生寧遠將軍禎禎生忠忠即皇考也皇考從周太祖起義關西賜姓普六茹氏位至柱國大司空隋國公薨贈太保謚曰桓皇妣呂氏以大統七年六月癸丑夜生高祖於馮翊般若寺紫氣充庭有尼來自河東謂皇妣曰此兒所從來甚異不可於俗間處之尼將高祖舍於別館躬自撫

00006 隋書八十五卷　（唐）魏徵等撰　元大德饒州路儒學刻明正德、嘉靖遞修本

框高 21.8 厘米，宽 16.5 厘米。十行二十二字，细黑口，四周雙邊。武漢大學圖書館藏。

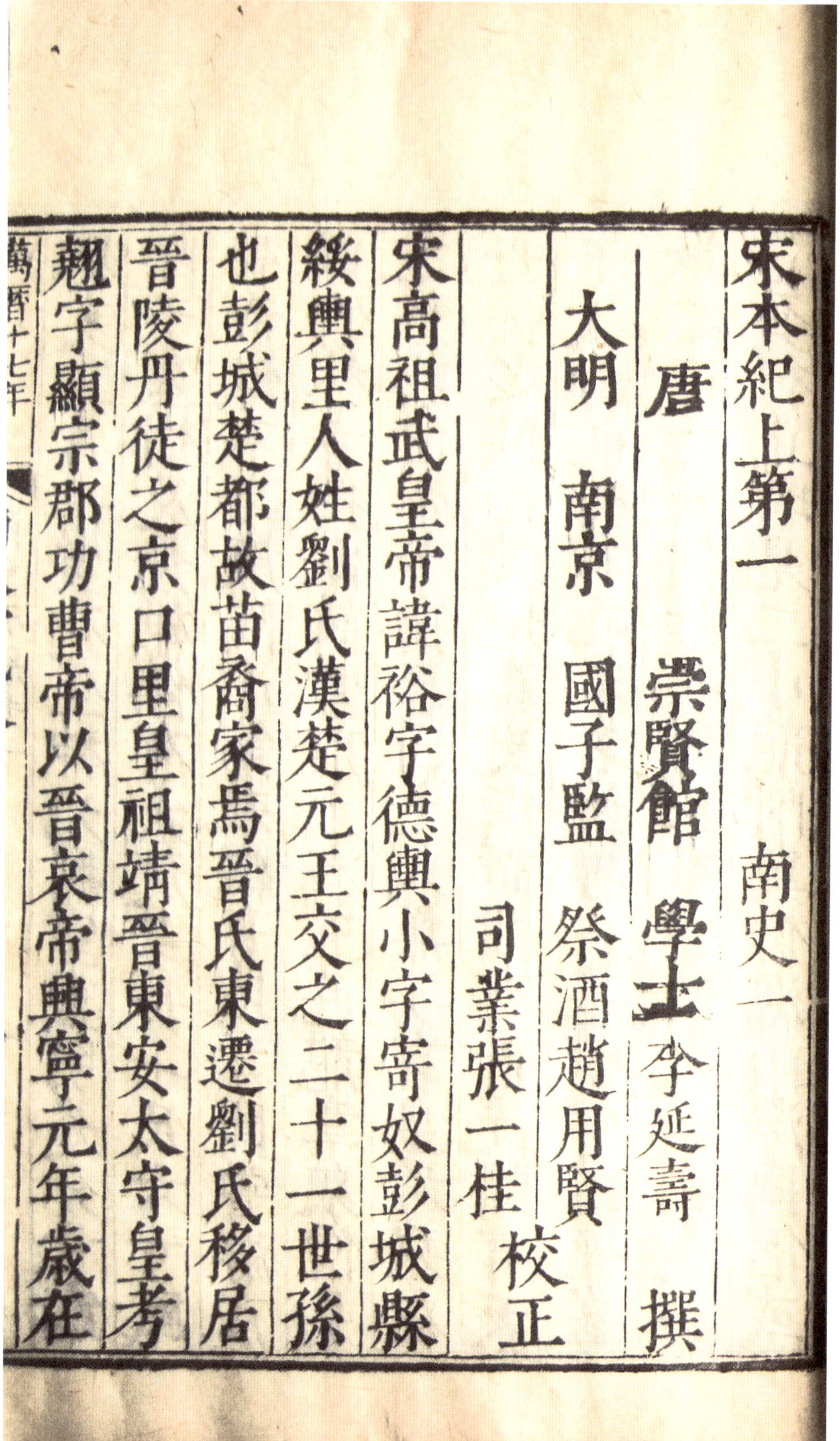

宋本紀上第一　　南史一

唐　崇賢館學士李延壽撰

大明南京國子監祭酒趙用賢

司業張一桂校正

宋高祖武皇帝諱裕字德輿小字寄奴彭城縣綏輿里人姓劉氏漢楚元王交之二十一世孫也彭城楚都故苗裔家焉晉氏東遷劉氏移居晉陵丹徒之京口里皇祖靖晉東安太守皇考翹字顯宗郡功曹帝以晉哀帝興寧元年歲在

萬曆十七年

00007 南史八十卷　（唐）李延壽撰　元大德七年（1303）刻明清遞修本（卷一至二十六、三十六至五十一配明萬曆十七年至十九年南京國子監刻明清遞修二十一史本）

框高 20.2 厘米，寬 14 厘米。九行十八字，白口，四周雙邊。三峽大學圖書館藏。

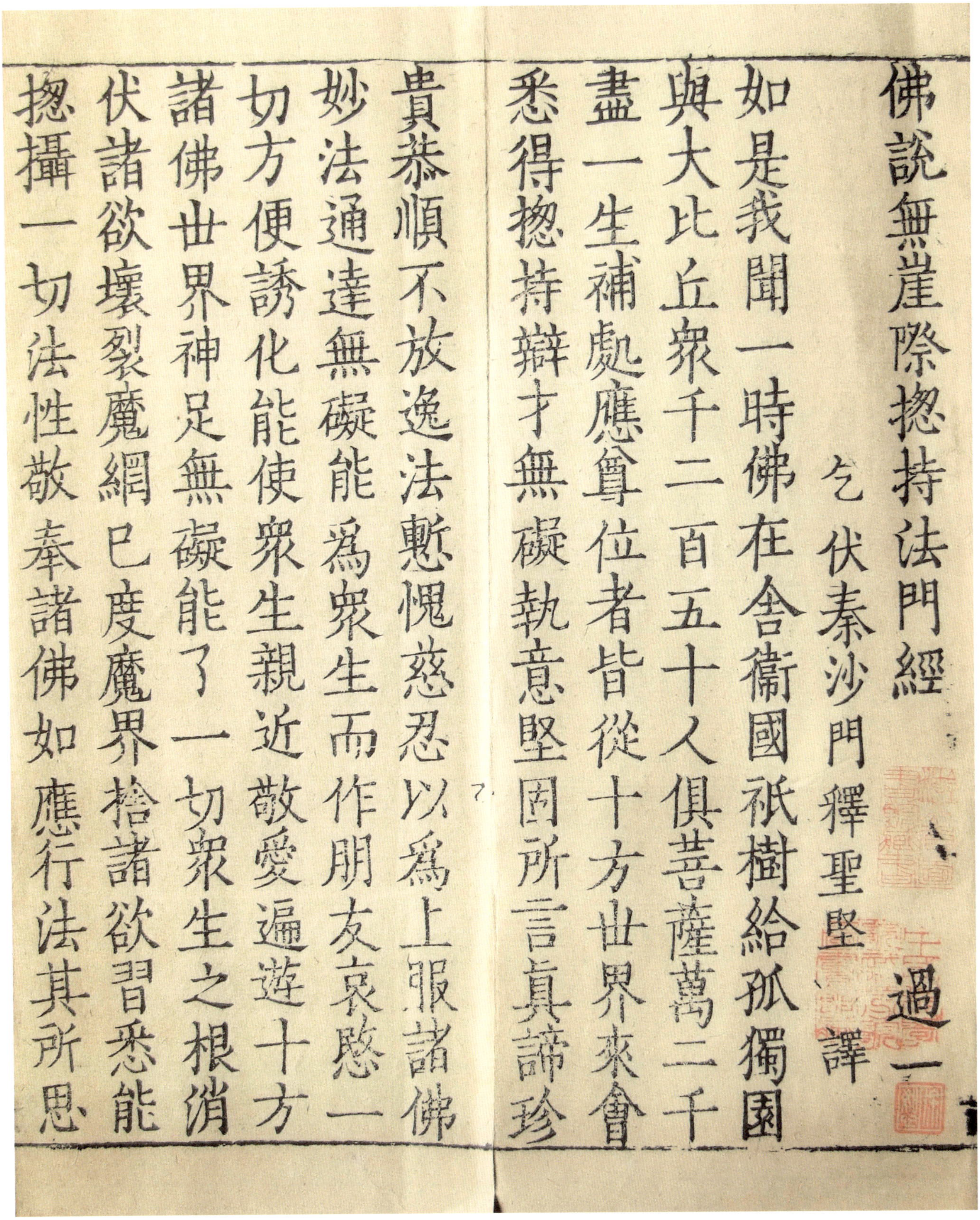

佛說無崖際揔持法門經　過一
乞伏秦沙門釋聖堅譯
如是我聞一時佛在舍衛國祇樹給孤獨園
與大比丘衆千二百五十人俱菩薩萬二千
盡一生補處應尊位者皆從十方世界來會
悉得揔持辯才無礙執意堅固所言真諦珍
貴恭順不放逸法慚愧慈忍以爲上服諸佛
妙法通達無礙能爲衆生而作朋友哀愍一
切方便誘化能使衆生親近敬愛遍遊十方
諸佛世界神足無礙能了一切衆生之根消
伏諸欲壞裂魔網已度魔界捨諸欲習悉能
揔攝一切法性敬奉諸佛如應行法其所思

00008 佛說無崖際揔持法門經一卷 （晉）釋聖堅譯　元至元二十一年（1284）普寧寺刻本

框高 24.5 厘米。五行十七字，上下單邊。鈐“徐恕”“貞勝書堂”等印。湖北省圖書館藏。

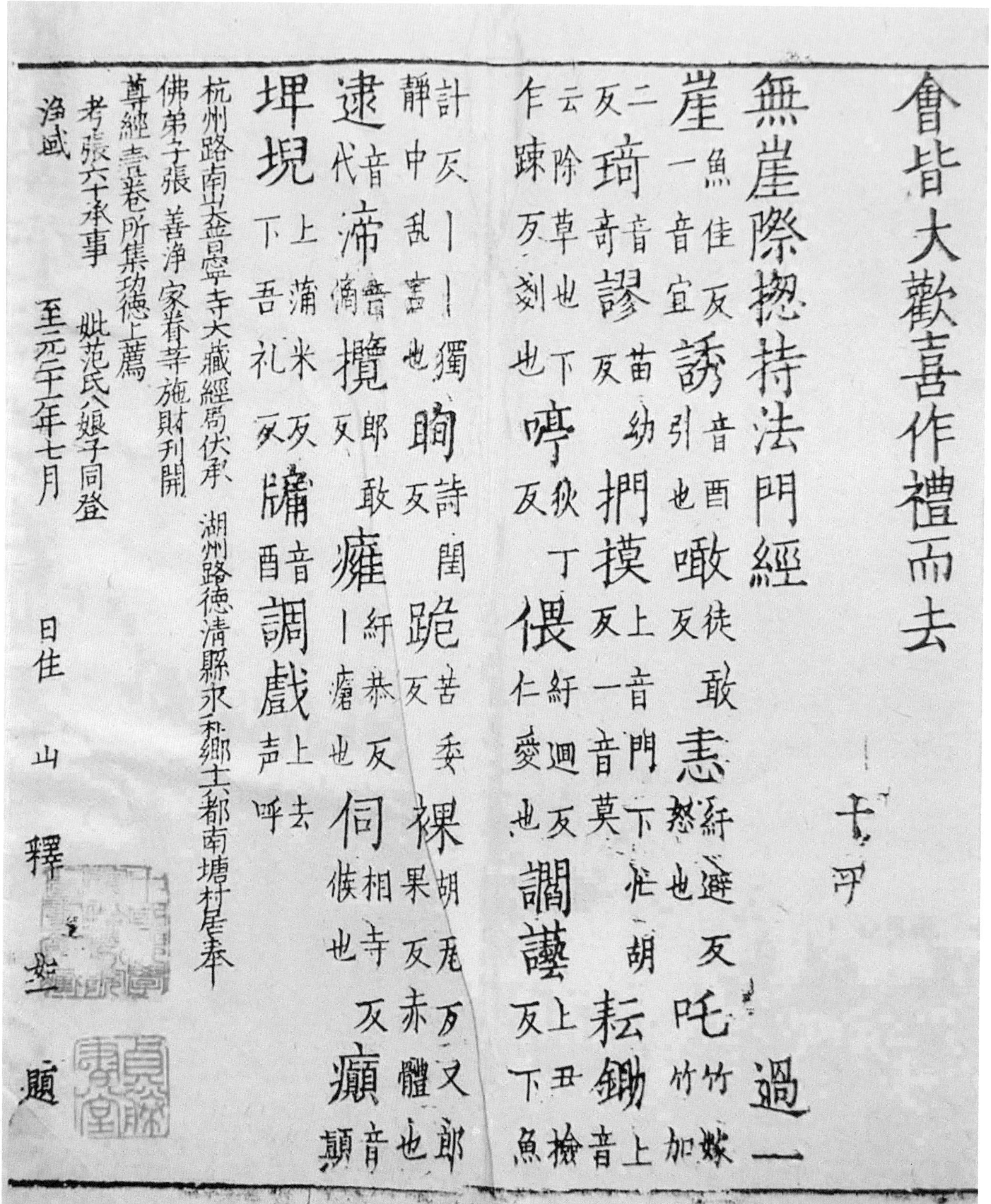

會皆大歡喜作禮而去

無崖際揔持法門經　過一

崖魚佳反一音宜　誘音酉引也　噉徒敢反　恚紆避反怒也　吒竹嫁竹加

二反　琦音奇　謬苗幼反　捫摸上音門下忙胡反一音莫　耘鋤上音

云除草也下作踈反刻也　哼狄丁反　偎紆迴反仁愛也　讇譹上丑撿反下魚

計反｜｜獨静中乱害也　眴詩閏反　跪苦委反　裸胡瓦反又郎果反赤體也

逮音代　渧音帝滴　攬郎敢反　癰紆恭反｜瘡也　伺相寺反候也　癲音顛

埤堄上蒲米反下吾礼反　牖音酉　調戲上去声呼

杭州路南山大普寧寺大藏經局伏承　湖州路徳清縣永和鄉十六都南塘村居奉

佛弟子張　善淨家眷等施財刊開

尊經壹卷所集功徳上薦

考張六十承事　妣范氏八娘子同登

淨域　至元二十年七月　日住山釋[illegible]題

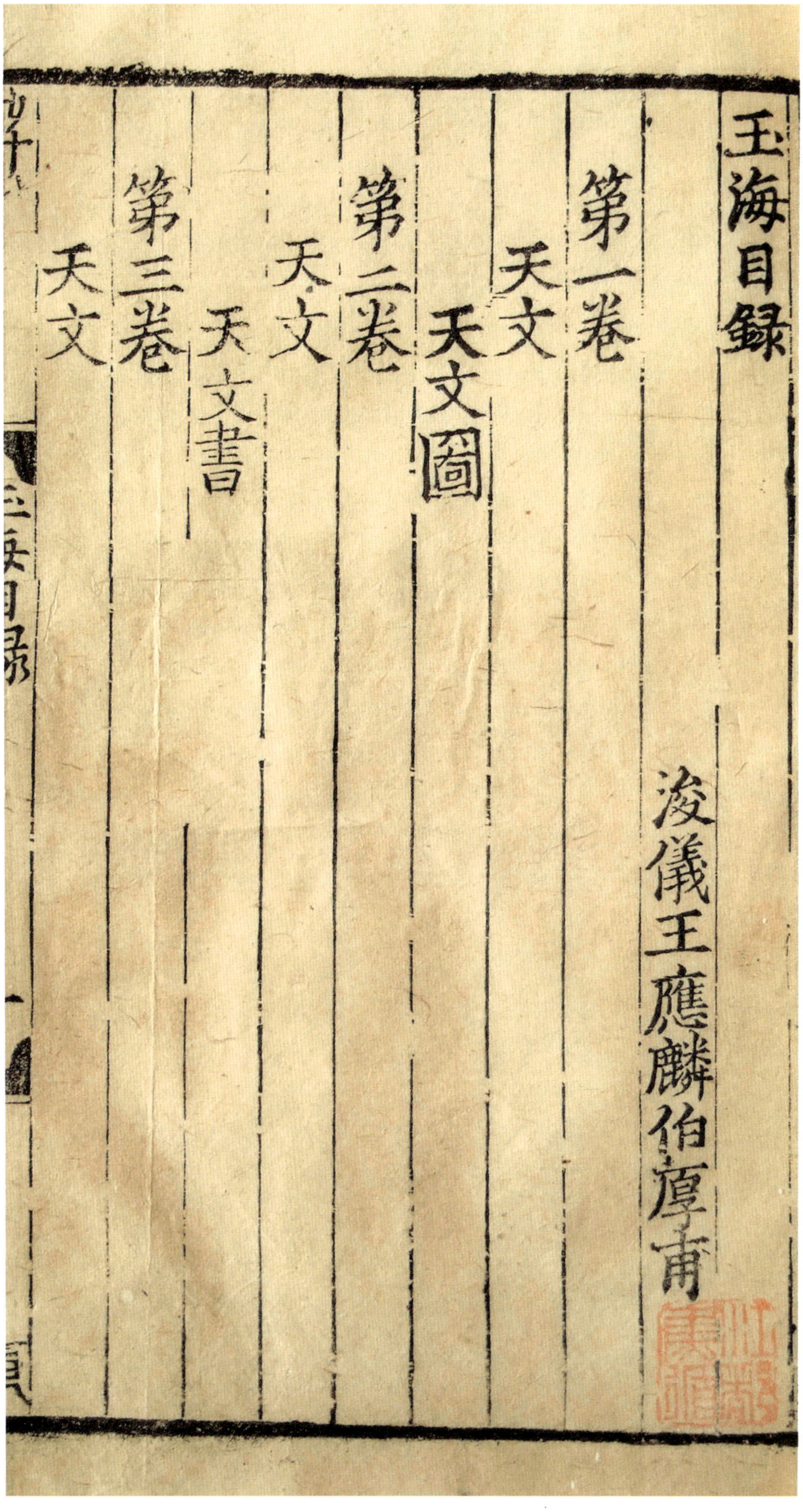
玉海目録
浚儀王應麟伯厚甫
第一卷
天文
天文圖
第二卷
天文
天文書
第三卷
天文

00009 玉海二百卷辭學指南四卷附刻十三種 （宋）王應麟撰　元至元六年（1340）慶元路儒學刻本

框高 22.3 厘米，宽 14 厘米。十行二十字，白口，左右雙邊。存一百九十一卷：一至一百二十、一百三十至二百。鈐“江都焦循”“揚州阮元審定”等印。湖北省圖書館藏。

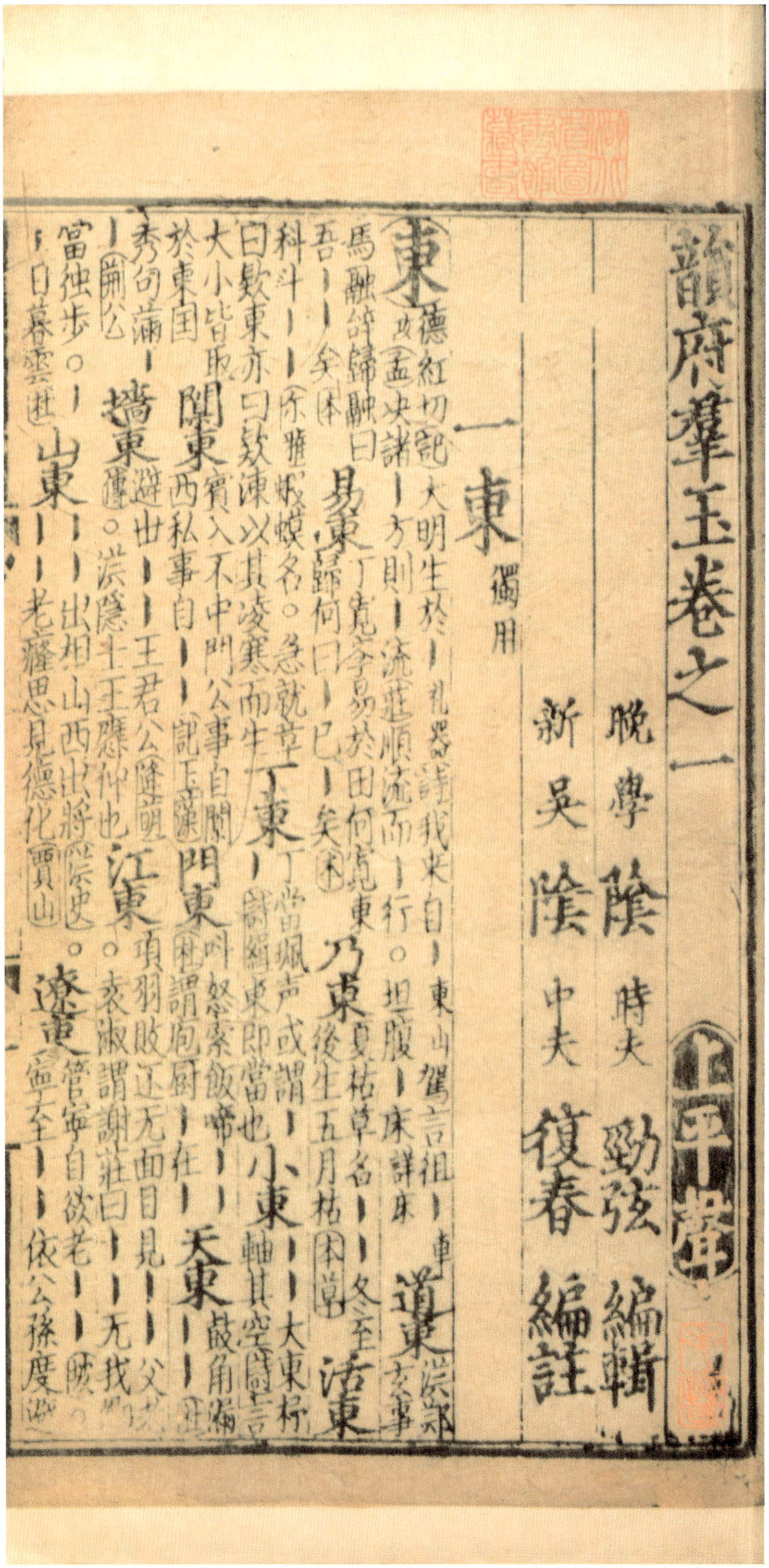
韻府羣玉卷之一
晚學 陰 時夫 勁弦 編輯
新吴 陰 中夫 復春 編註
一東 獨用

00010 韻府羣玉二十卷 （宋）陰時夫編輯　元刻本

框高21.3厘米，宽13.2厘米。十行二十九字，白口，左右雙邊。湖北省圖書館藏。

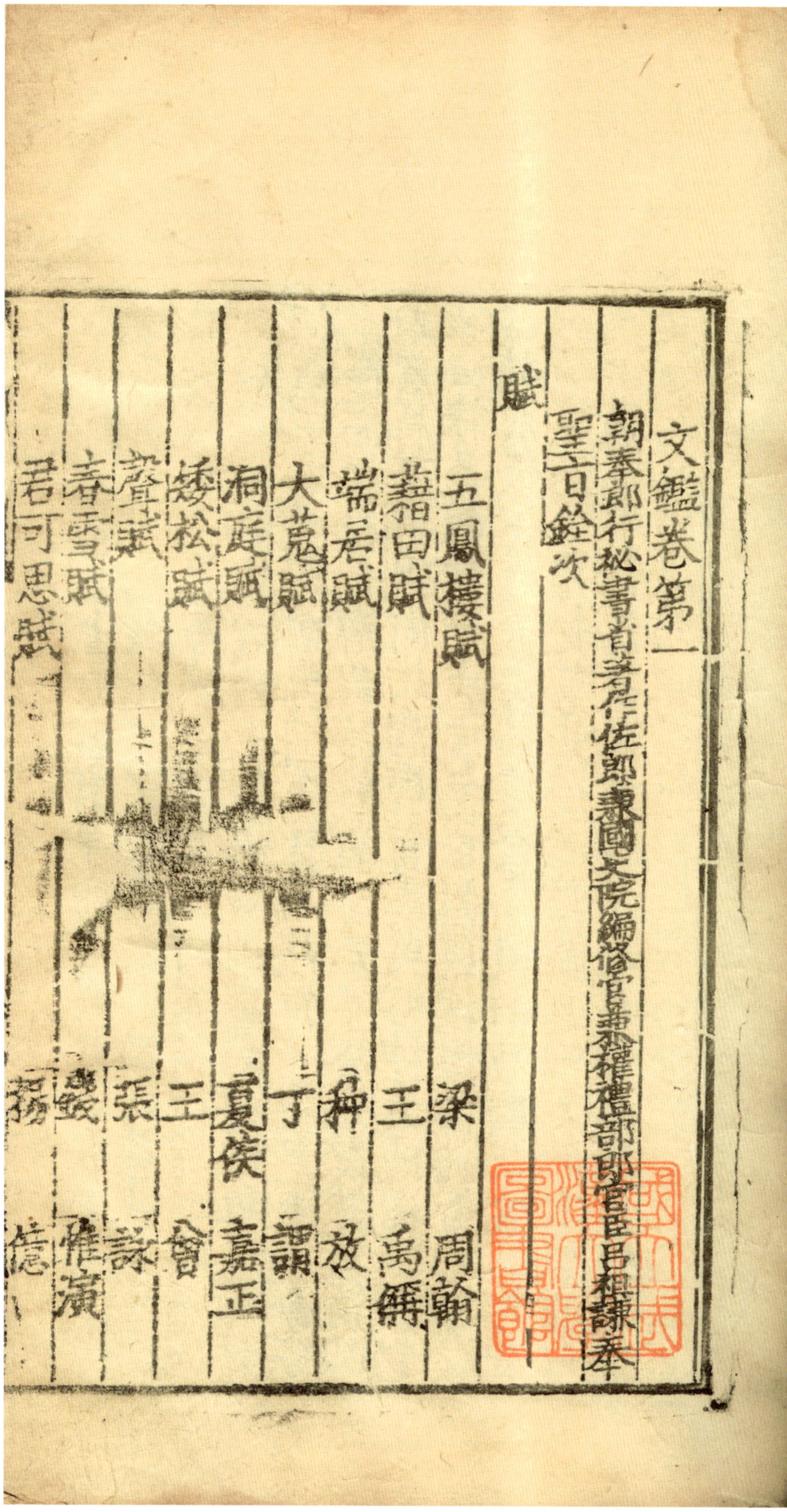
文鑑卷第一
朝奉郎行秘書省著作佐郎兼國史院編修官兼權禮部郎官臣呂祖謙奉
聖旨銓次
賦
五鳳樓賦　梁周翰
藉田賦　王禹偁
端居賦　种放
大蒐賦　丁謂
洞庭賦　夏侯嘉正
矮松賦　王曾
聲賦　張詠
春雪賦　錢惟演
君可思賦　楊億

00011 文鑑一百五十卷 （宋）呂祖謙撰　宋刻明弘治間劉韶修補印本

框高 19.3 厘米，宽 13 厘米。十三行二十一字，黑口，左右雙邊。鈐“鄧裕聰印”“玉蘭堂”“古吴王氏”“振瀛讀過”“王履吉印”“坐擁百城”“季振宜藏書”“江左”“竹塢”“吾道在滄州”“戴大章印”“子彝”“宣州安吴吴廷輔藏書記”等印。武漢大學圖書館藏。

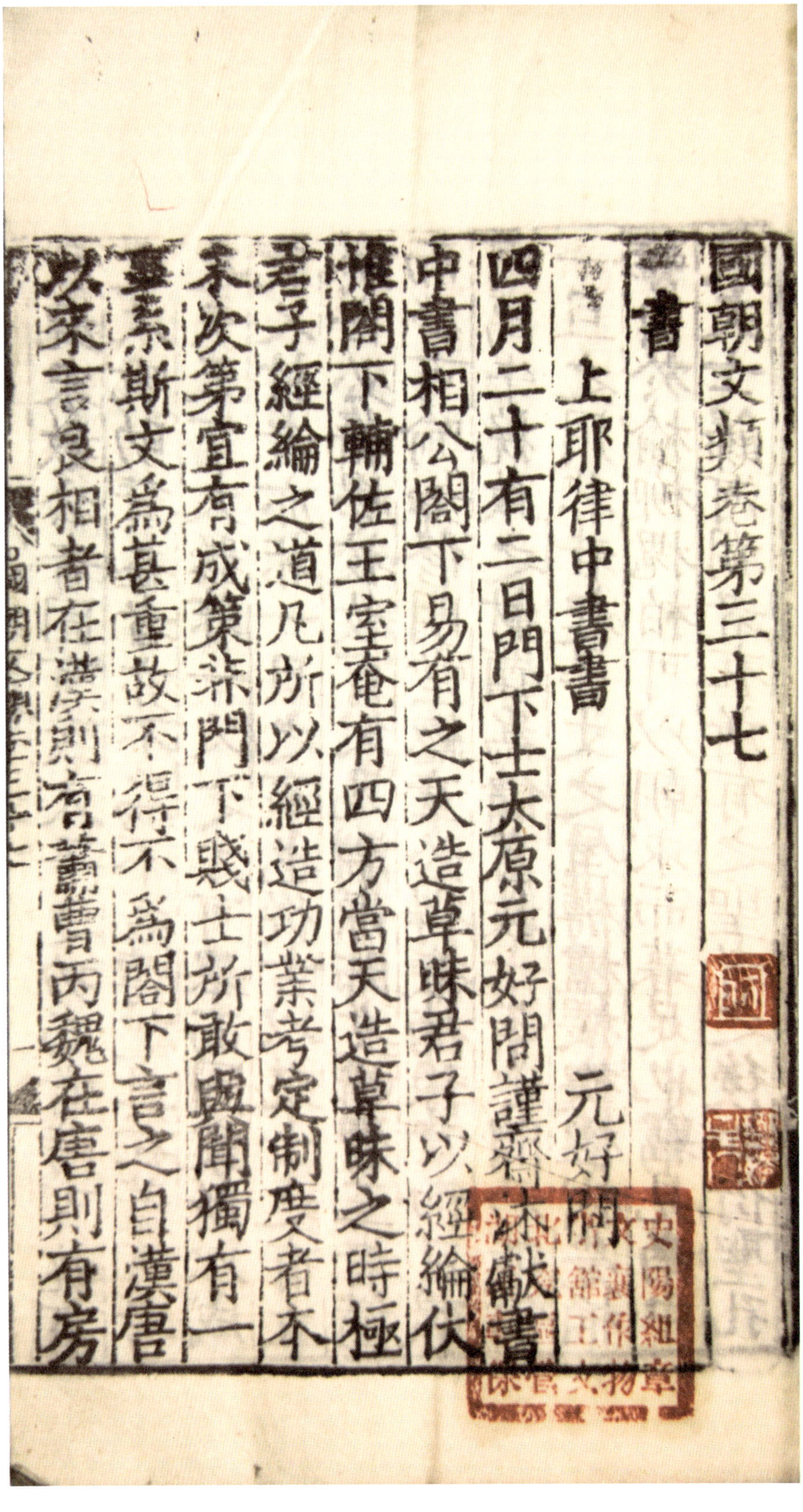

00012 國朝文類七十卷目録三卷　（元）蘇天爵輯　元至元、至正間西湖書院刻明修本

框高 21.8 厘米，宽 15.7 厘米。十行十九字，黑口，四周双邊或四周單邊。

存三十四卷：三十七至七十。襄陽市少年兒童圖書館藏。

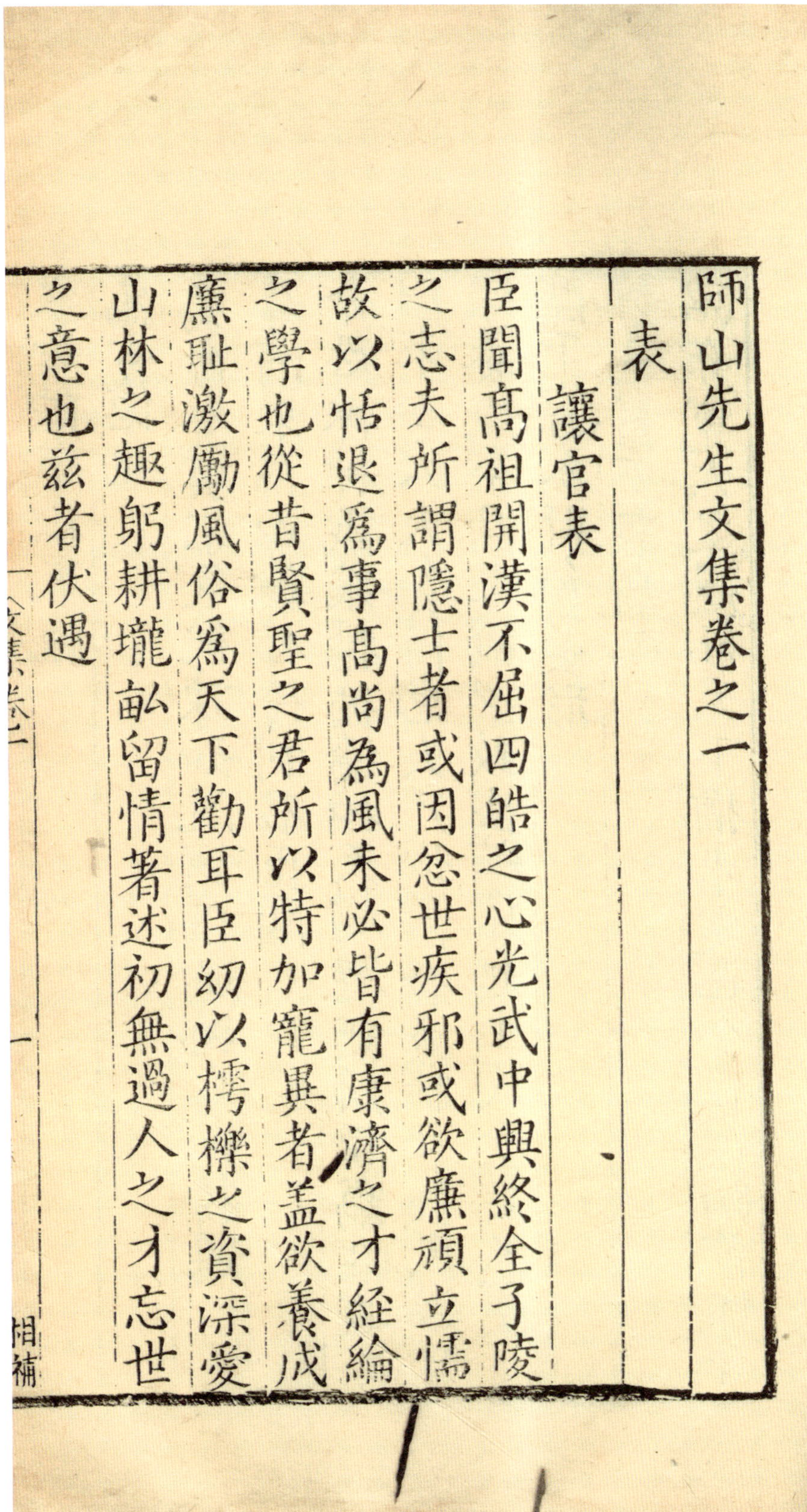

師山先生文集卷之一

表

讓官表

臣聞高祖開漢不屈四皓之心光武中興終全子陵之志夫所謂隱士者或因忿世疾邪或欲廉頑立懦故以恬退爲事高尚爲風未必皆有康濟之才經綸之學也從昔賢聖之君所以特加寵異者蓋欲養成廉恥激勵風俗爲天下勸耳臣幼以樗櫟之資深愛山林之趣躬耕壠畝留情著述初無過人之才忘世之意也茲者伏遇

文集卷之一　一　相補

00013 師山先生文集八卷遺文五卷　（元）鄭玉著　元至正刻明洪武三年（1370）重修本

框高19.1厘米，寬13.1厘米。十行二十字，白口，四周單邊。武漢大學圖書館藏。

明代

禮記卷之一

陳澔集說

曲禮上第一

經曰曲禮三千言節目之委曲其多如是也此即古禮經之篇名後人以編簡多故分為上下○張子曰物我兩盡自曲禮入

曲禮曰毋不敬儼若思安定辭安民哉

毋本作無朱子曰首章言君子修身其要在此三者而其效足以安民乃禮之本故以

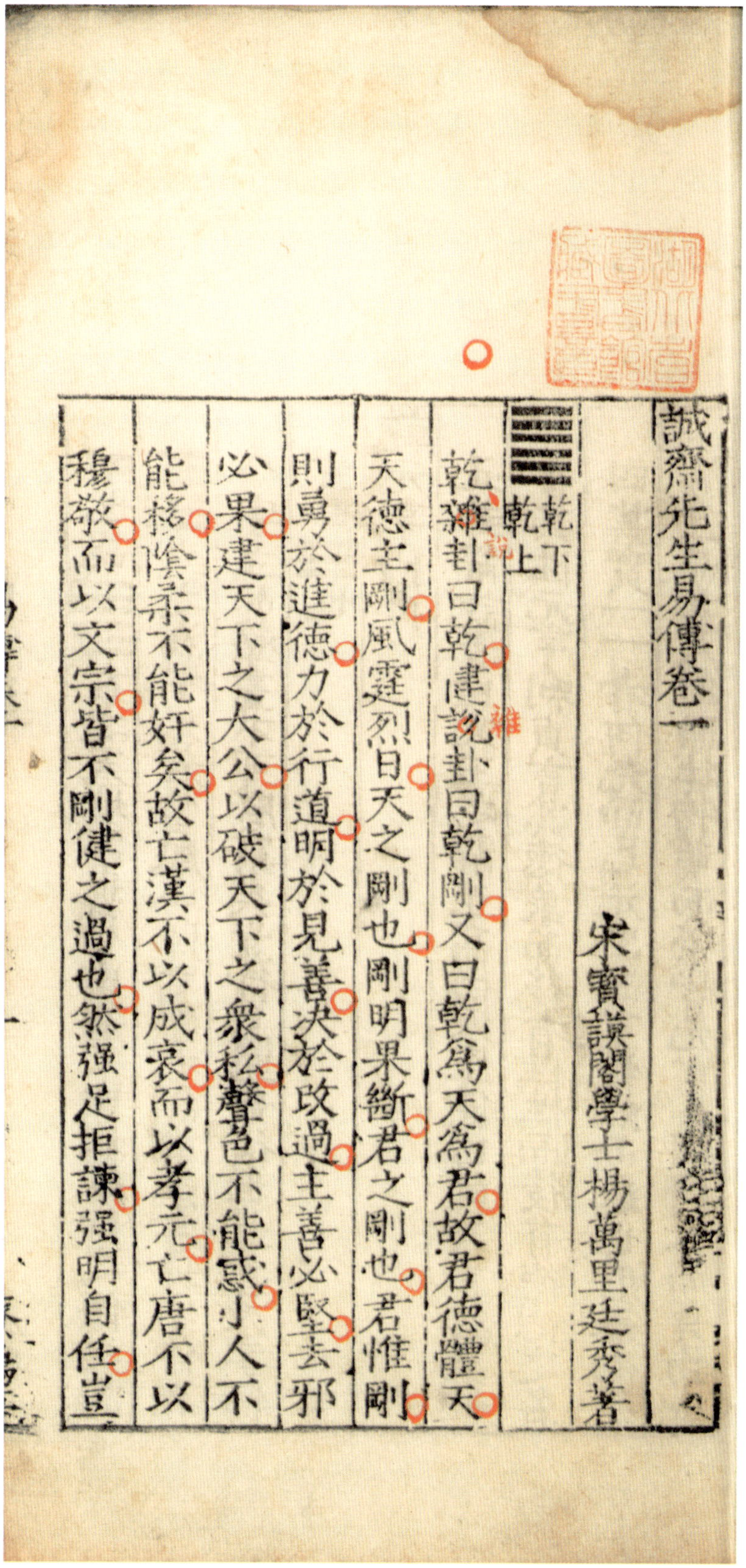
誠齋先生易傳卷一
宋寶謨閣學士楊萬里廷秀著
乾下 乾上
乾雜卦曰乾健說卦曰乾剛又曰乾爲天爲君故君德體天
天德主剛風霆烈日天之剛也剛明果斷君之剛也君惟剛
則勇於進德力於行道明於見善決於改過主善必堅去邪
必果建天下之大公以破天下之衆私聲色不能惑小人不
能移陰柔不能奸矣故亡漢不以成哀而以孝元亡唐不以
穆敬而以文宗皆不剛健之過也然強足拒諫強明自任豈

00014—00015 誠齋先生易傳二十卷 （宋）楊萬里著　明嘉靖二十一年（1542）尹耕療鶴亭刻本

框高 19.2 厘米，宽 13.8 厘米。九行二十四字，白口，四周單邊。钤“曾歸徐氏彊誃”等印，湖北省圖書館藏；武漢圖書館藏。

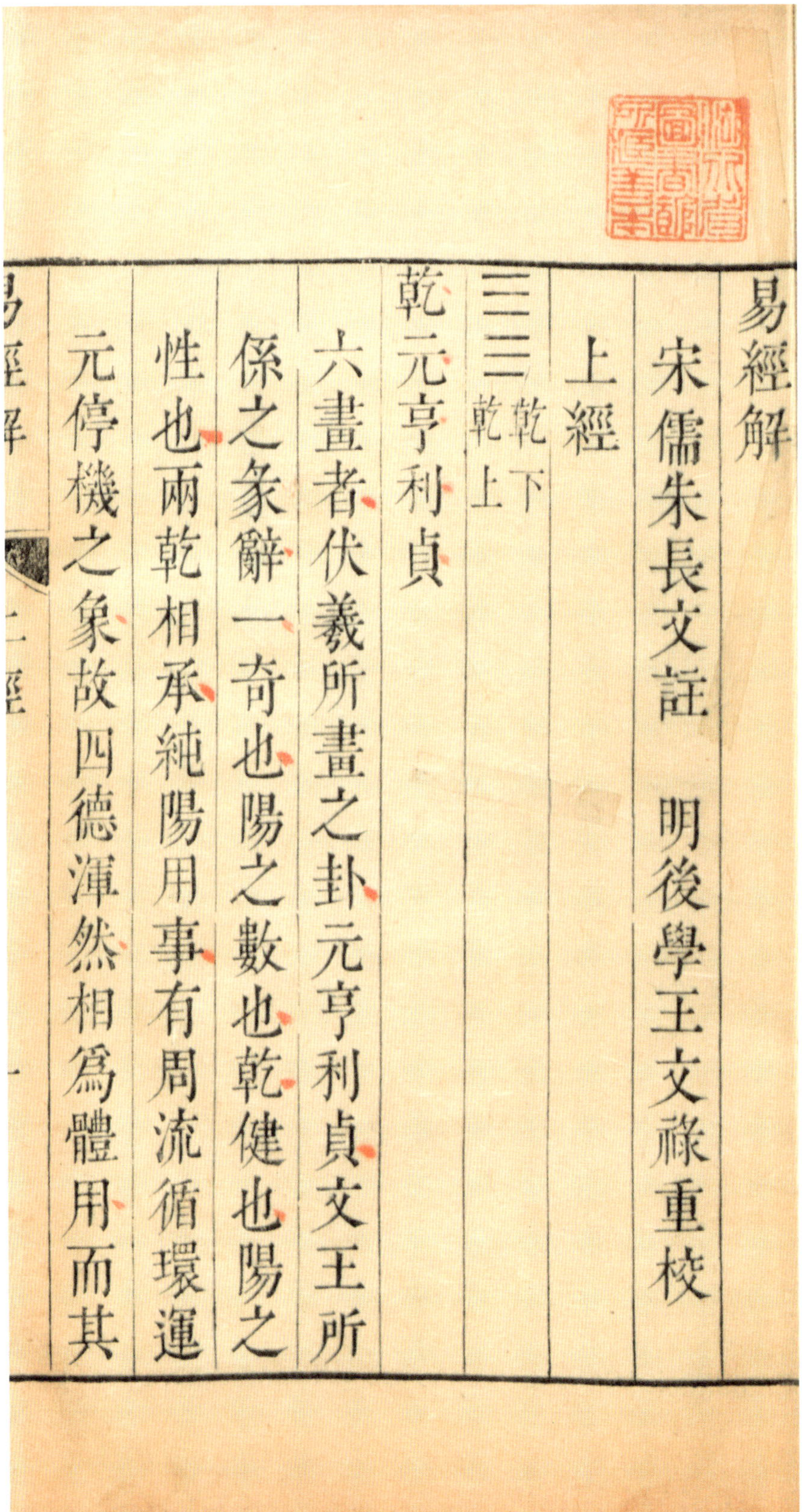

易經解
宋儒朱長文註　明後學王文祿重校
上經
☰☰乾下乾上
乾元亨利貞
六畫者伏羲所畫之卦元亨利貞文王所
係之彖辭一奇也陽之數也乾健也陽之
性也兩乾相承純陽用事有周流循環運
元停機之象故四德渾然相爲體用而其
易經解　上經　一

00016 易經解不分卷 （宋）朱長文注 （明）王文禄重校　明崇禎四年（1631）王文禄刻本

框高 18.8 厘米，宽 14.2 厘米。九行十七字，白口，左右單邊。湖北省圖書館藏。

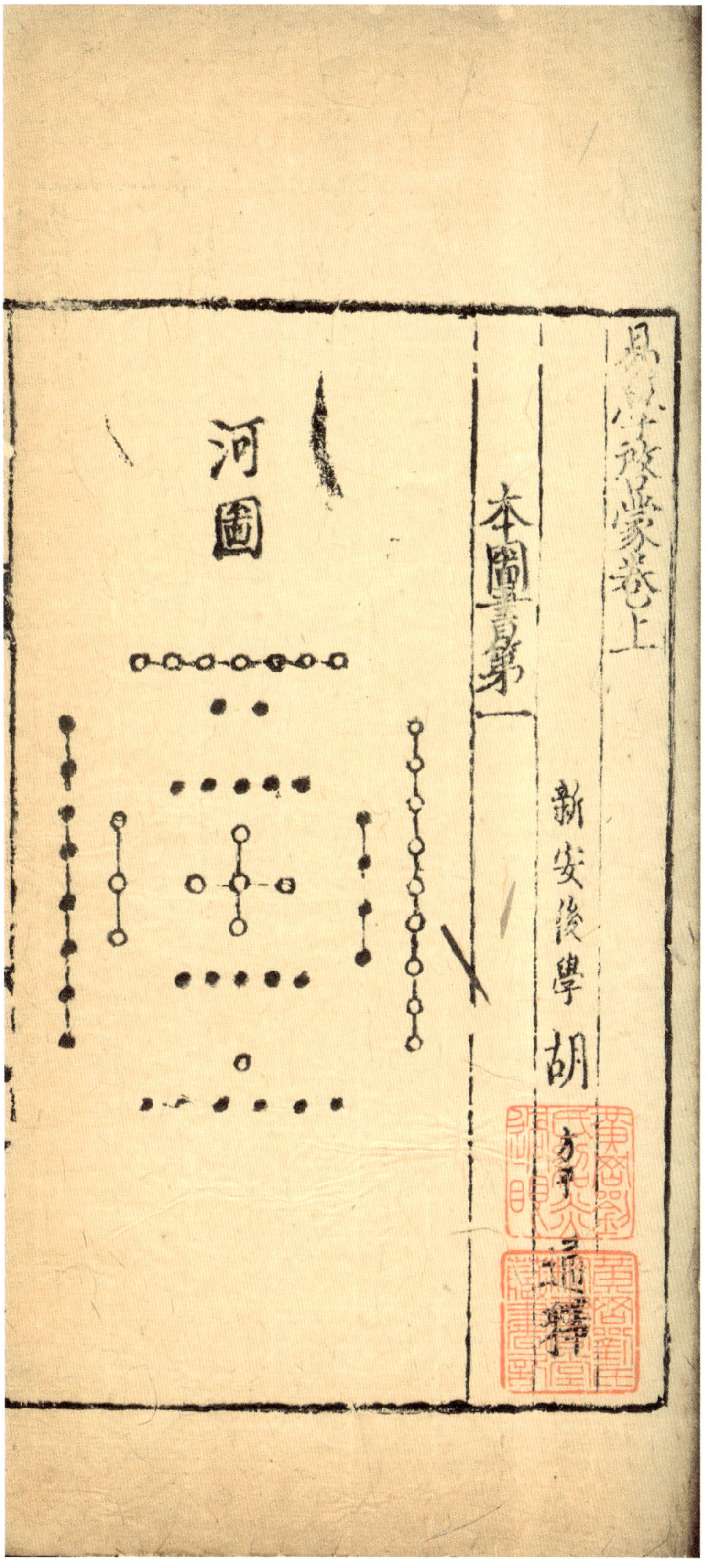

00017 易學啓蒙通釋二卷 （宋）胡方平撰　明初刻本

框高20厘米，宽12.5厘米。十行二十字，左右雙邊。鈐"黄岡劉氏紹炎過眼""黄岡劉氏校書堂藏書記"等印。武漢大學圖書館藏。

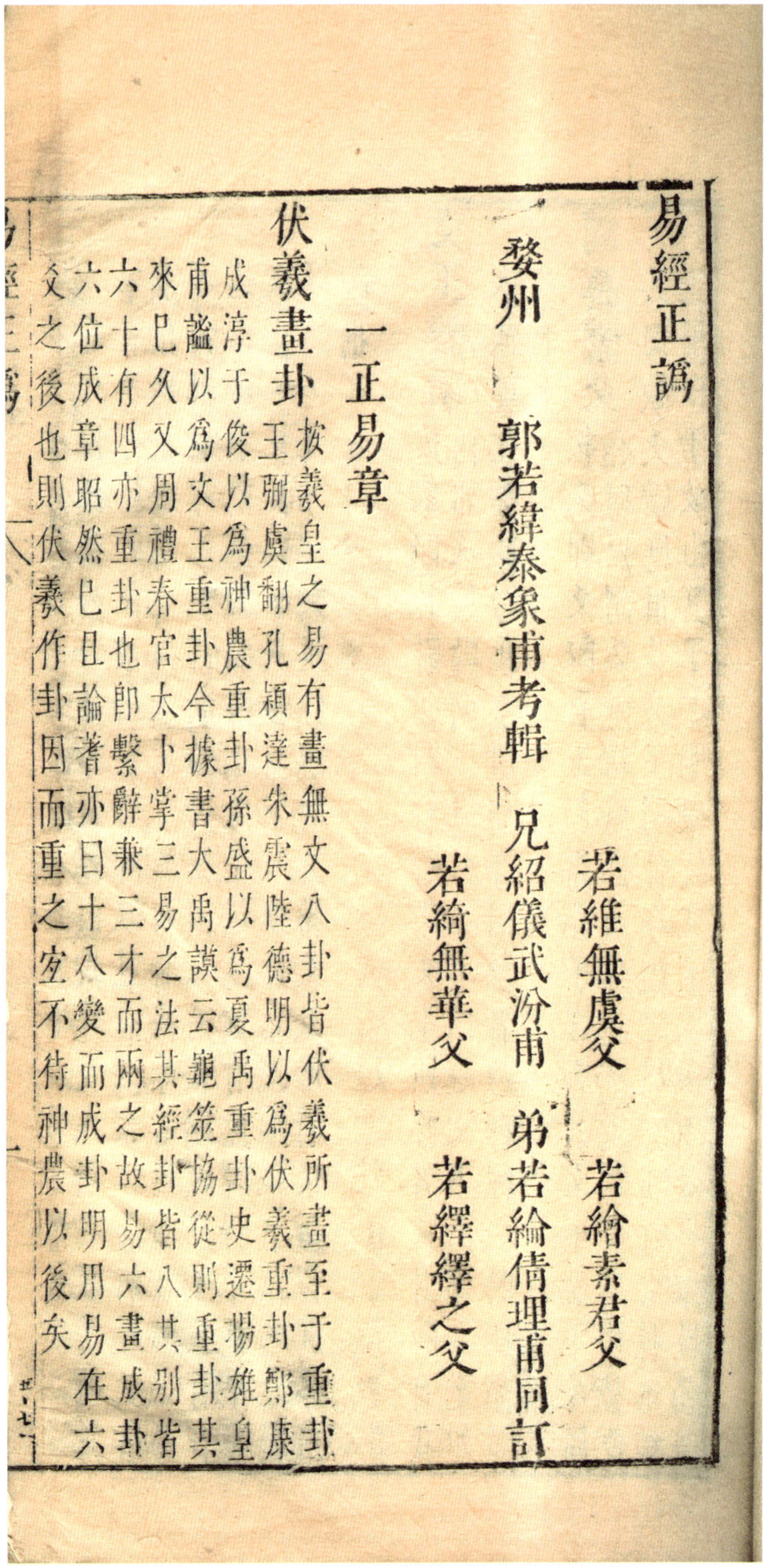
易經正譌
婺州　郭若緯泰象甫考輯
兄紹儀武汾甫　弟若綸倩理甫同訂
若維無虞父　若繪素君父
若綺無華父　若繹繹之父
一正易章
伏羲畫卦　按羲皇之易有畫無文八卦皆伏羲所畫至于重卦王弼虞翻孔穎達朱震陸德明以爲伏羲重卦鄭康成淳于俊以爲神農重卦孫盛以爲夏禹重卦史遷揚雄皇甫謐以爲文王重卦今據書大禹謨云龜筮協從則重卦其來已久又周禮春官太卜掌三易之法其經卦皆八其別皆六十有四亦重卦也即繫辭兼三才而兩之故易六畫成卦六位成章昭然已且論蓍亦曰十八變而成卦明用易在六爻之後也則伏羲作卦因而重之宜不待神農以後矣

00018 易經正譌一卷（明）郭若緯撰　明崇禎四年（1631）刻本

框高 20.3 厘米，寬 11.7 厘米。九行二十四字，白口，四周單邊。鈐“諸城劉氏家藏”等印。武漢大學圖書館藏。

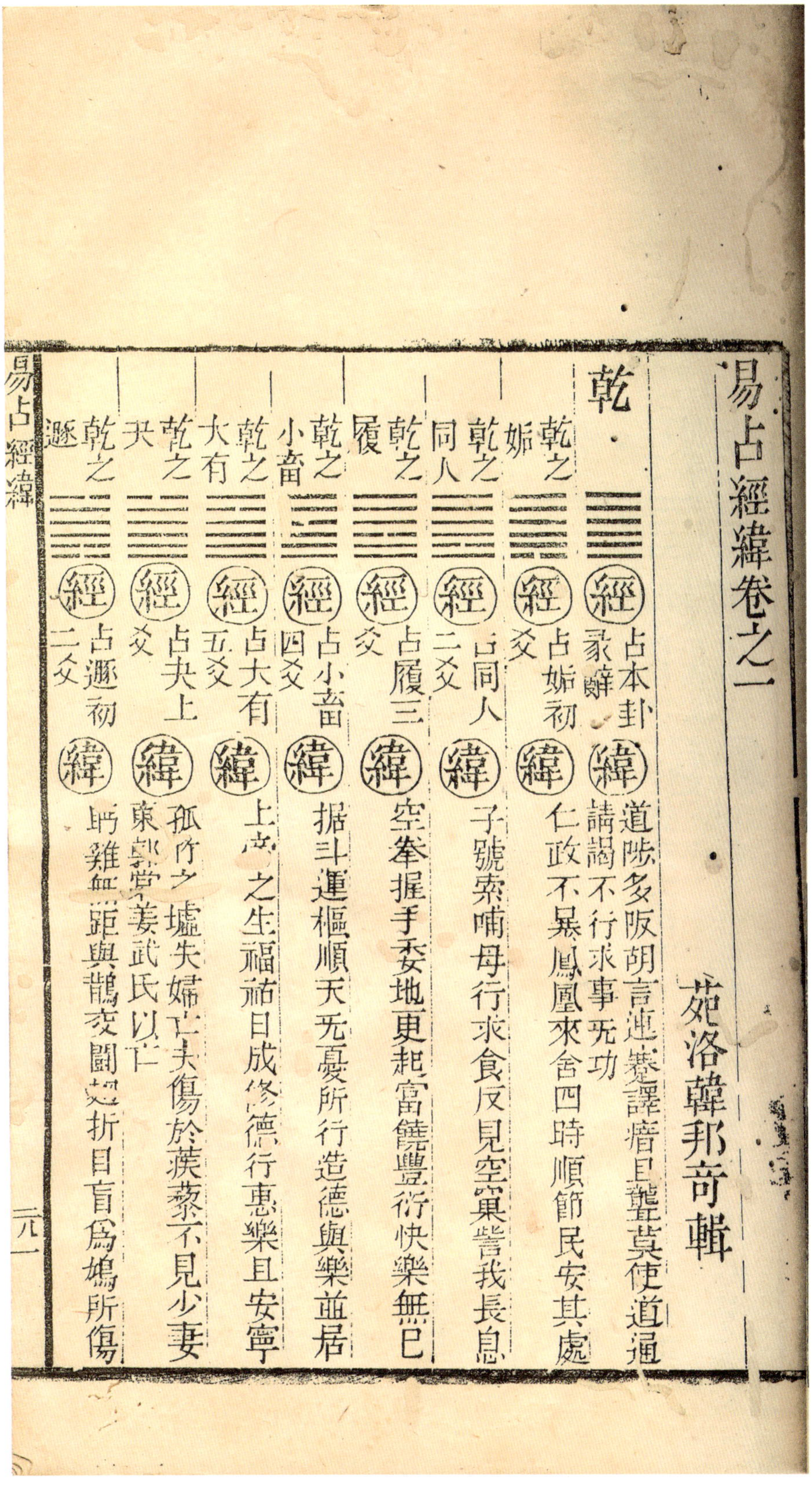
易占經緯卷之一
苑洛韓邦奇輯
乾
乾 經 占本卦彖辭 緯 道陂多阪胡言連謇譯瘖且聾莫使道通 請謁不行求事无功
乾之姤 經 占姤初爻 緯 仁政不暴鳳凰來舍四時順節民安其處
乾之同人 經 占同人二爻 緯 子號索哺母行求食反見空巢訾我長息
乾之履 經 占履三爻 緯 空拳握手委地更起富饒豐衍快樂無已
乾之小畜 經 占小畜四爻 緯 据斗運樞順天无憂所行造德與樂並居
乾之大有 經 占大有五爻 緯 上帝之生福祐日成修德行惠樂且安寧
乾之夬 經 占夬上爻 緯 孤竹之墟失婦亡夫傷於蒺蔾不見少妻 東郭棠姜武氏以亡
乾之遯 經 占遯初二爻 緯 眄雞無距與鵲夜鬭翅折目盲爲鳩所傷
易占經緯 一

00019 易占經緯四卷 （明）韓邦奇輯　明嘉靖二十七年（1548）金城刻本

框高 18.5 厘米，宽 15.3 厘米。半葉十行，字數不等，白口，四周單邊。武漢大學圖書館藏。

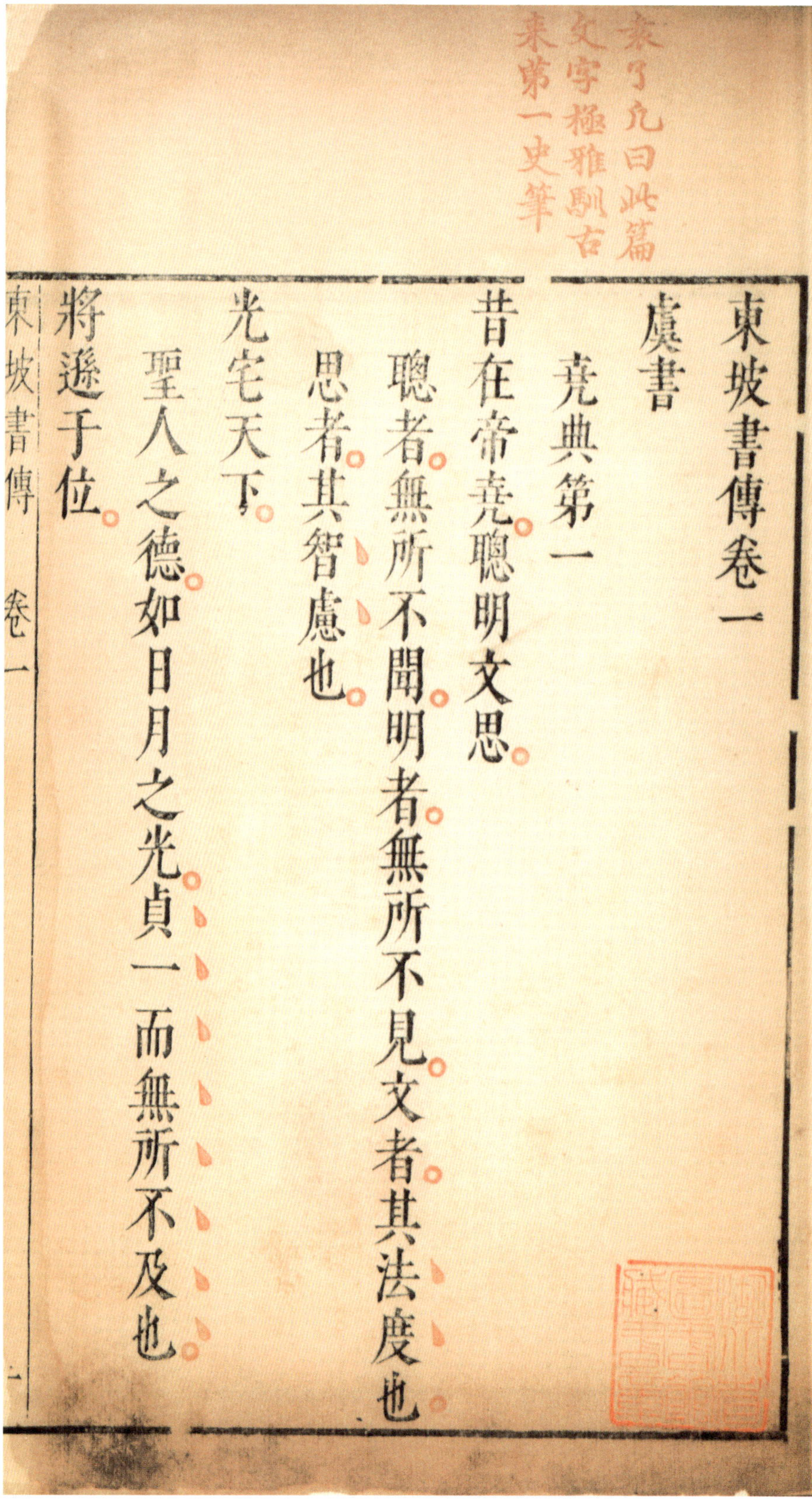
袁了凡曰此篇文字極雅馴古來第一史筆

東坡書傳卷一

虞書

堯典第一

昔在帝堯聰明文思

聰者無所不聞明者無所不見文者其法度也

思者其智慮也

光宅天下

聖人之德如日月之光貞一而無所不及也

將遜于位

東坡書傳　卷一　一

00020 東坡書傳二十卷　（宋）蘇軾撰　明末凌濛初刻朱墨套印本

框高 20.6 厘米，寬 14.6 厘米。九行十九字，白口，四周單邊。湖北省圖書館藏。

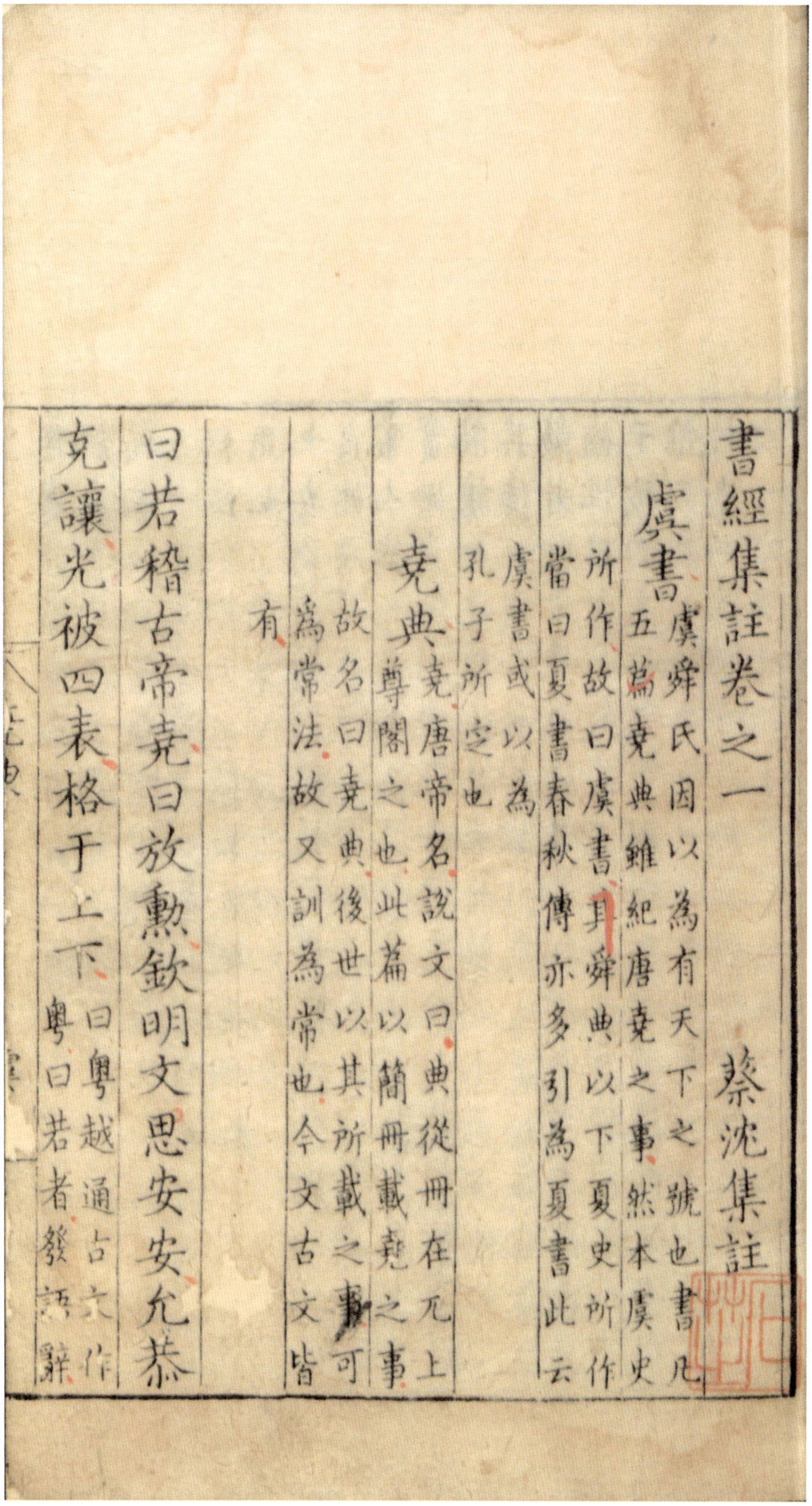

書經集註卷之一　蔡沈集註

虞書虞舜氏因以為有天下之號也書凡五篇堯典雖紀唐堯之事然本虞史所作故曰虞書其舜典以下夏史所作當曰夏書春秋傳亦多引為夏書此云虞書或以為孔子所定也

堯典堯唐帝名說文曰典從冊在丌上尊閣之也此篇以簡冊載堯之事故名曰堯典後世以其所載之事可為常法故又訓為常也今文古文皆有

曰若稽古帝堯曰放勳欽明文思安安允恭克讓光被四表格于上下曰粵越通古文作粵曰若者發語辭

00021 書經集註十卷　（宋）蔡沈集注　明萬曆五年（1577）寶文照傳芳書室刻本

框高 14.2 厘米，宽 11.7 厘米。九行十七字，白口，左右雙邊。湖北省圖書館藏。

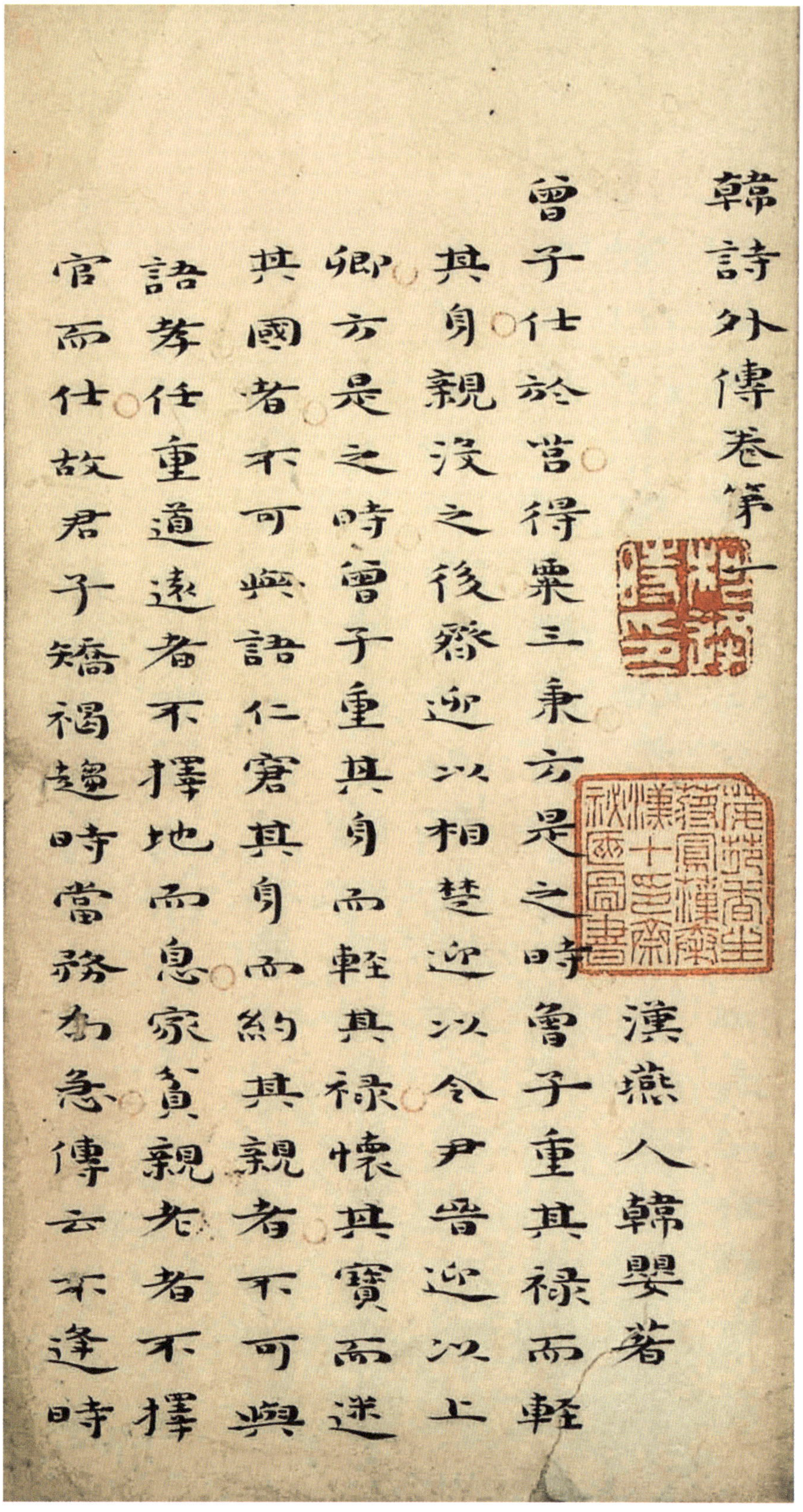
韓詩外傳卷第一
漢燕人韓嬰著
曾子仕於莒得粟三秉方是之時曾子重其祿而輕其身親沒之後齊迎以相楚迎以令尹晉迎以上卿方是之時曾子重其身而輕其祿懷其寶而迷其國者不可與語仁窘其身而約其親者不可與語孝任重道遠者不擇地而息家貧親老者不擇官而仕故君子矯褐趨時當務為急傳云不逢時

00022 韓詩外傳節鈔二卷（明）韓錫節録　**薛子一卷**（明）薛瑄撰

歌譜一卷　明天啓五年（1625）韓錫鈔本　清蔣鳳藻跋

無欄格。八行二十字。卷末書“天啓乙丑仲秋十又一日三山後學韓錫晉之手寫於復居”。鈐“韓錫私印”“晉之”“茂苑香生蔣鳳藻秦漢十印齋祕藏圖書”“柯逢時印”等印。湖北省博物館藏。

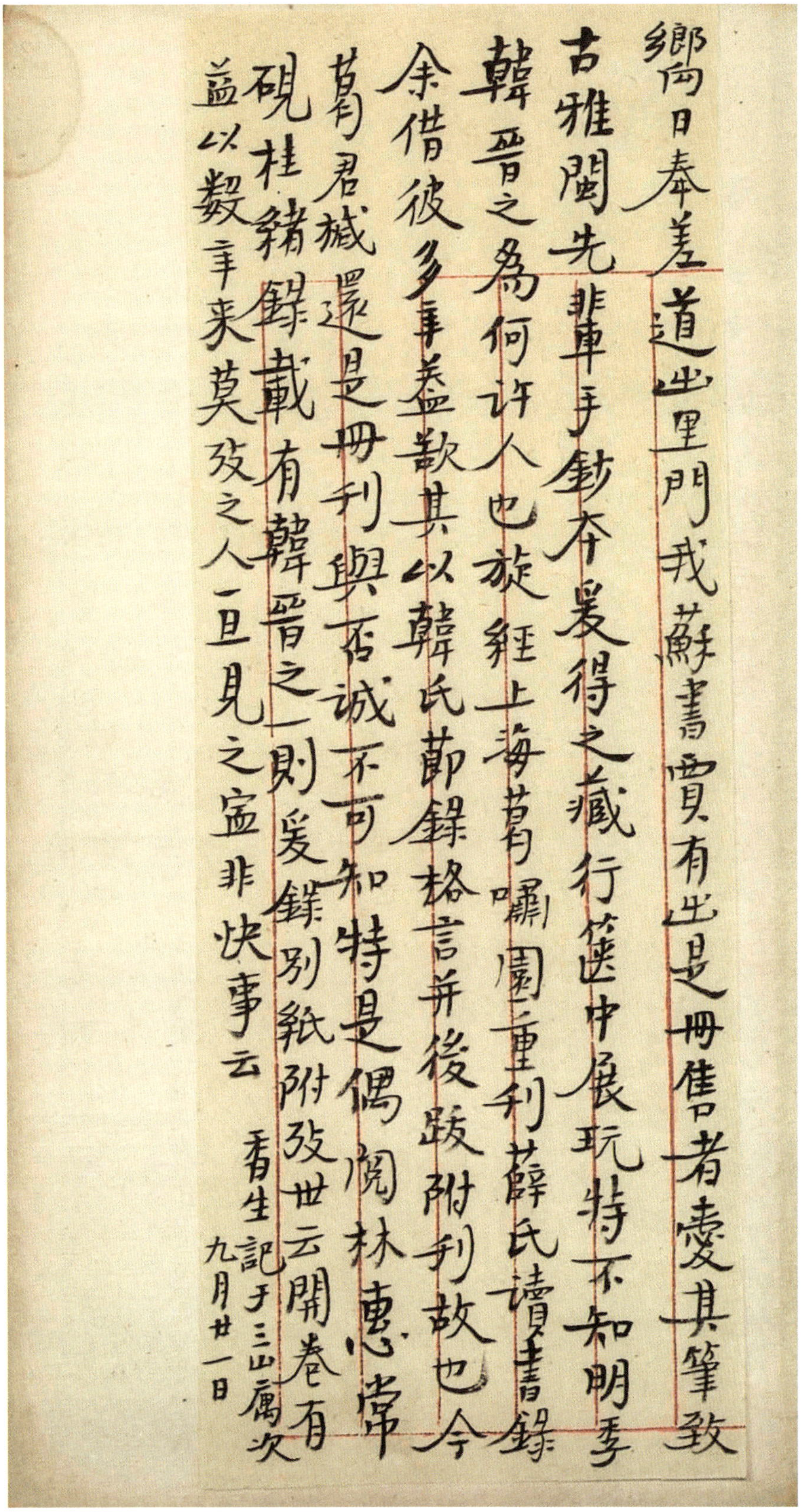
嚮日奉差道出里門我蘇書賈有出是冊售者愛其筆致
古雅閣先輩手鈔本爰得之藏行篋中展玩特不知明季
韓晉之為何許人也旋經上海葛嘯園重刊薛氏讀書錄
余借彼多年蓋歎其以韓氏節錄格言并後跋附刊故也今
葛君檢還是冊刊與否誠不可知特是偶閱林惠常
硯桂緒錄載有韓晉之則爰錄別紙附跋世云開卷有
益以數年來莫攷之人一旦見之寍非快事云
香生記于三山寓次
九月廿一日

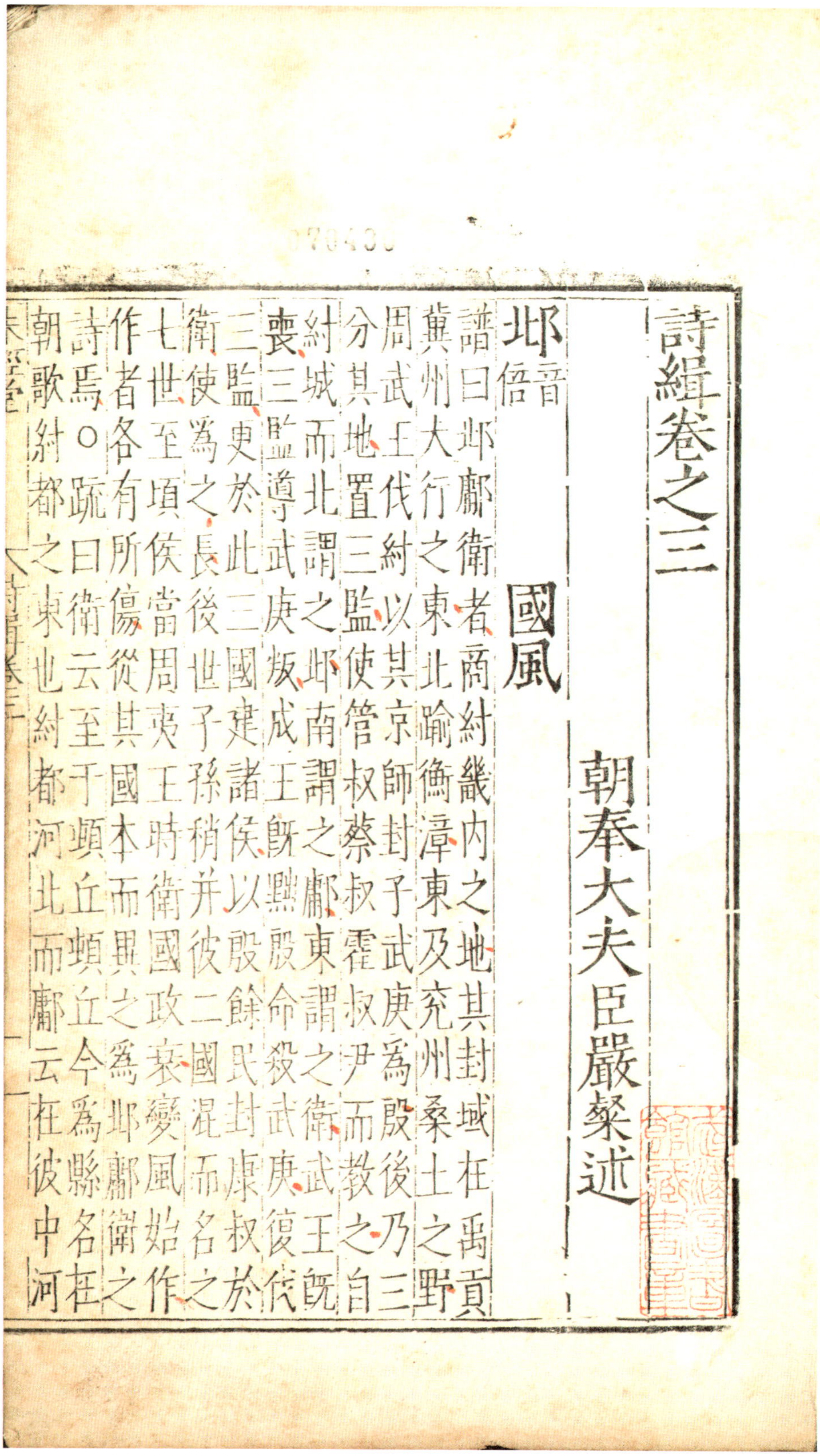
詩緝卷之三
朝奉大夫臣嚴粲述
邶音佩 國風
譜曰邶鄘衛者商紂畿内之地其封域在禹貢
冀州大行之東北踰衡漳東及兖州桑土之野
周武王伐紂以其京師封子武庚爲殷後乃三
分其地置三監使管叔蔡叔霍叔尹而教之自
紂城而北謂之邶南謂之鄘東謂之衛武王既
喪三監導武庚叛成王既黜殷命殺武庚復伐
三監更於此三國建諸侯以殷餘民封康叔於
衛使爲之長後世子孫稍并彼二國混而名之
七世至頃侯當周夷王時衛國政衰變風始作
作者各有所傷從其國本而異之爲邶鄘衛之
詩焉○疏曰衛云至于頓丘頓丘今爲縣名在
朝歌紂都之東也紂都河北而鄘云在彼中河

00023 詩緝三十六卷 （宋）嚴粲述　明嘉靖趙府味經堂刻本

框高 20 厘米，宽 14.4 厘米。九行十八字，白口，四周雙邊。存十六卷：三至十八。武漢圖書館藏。

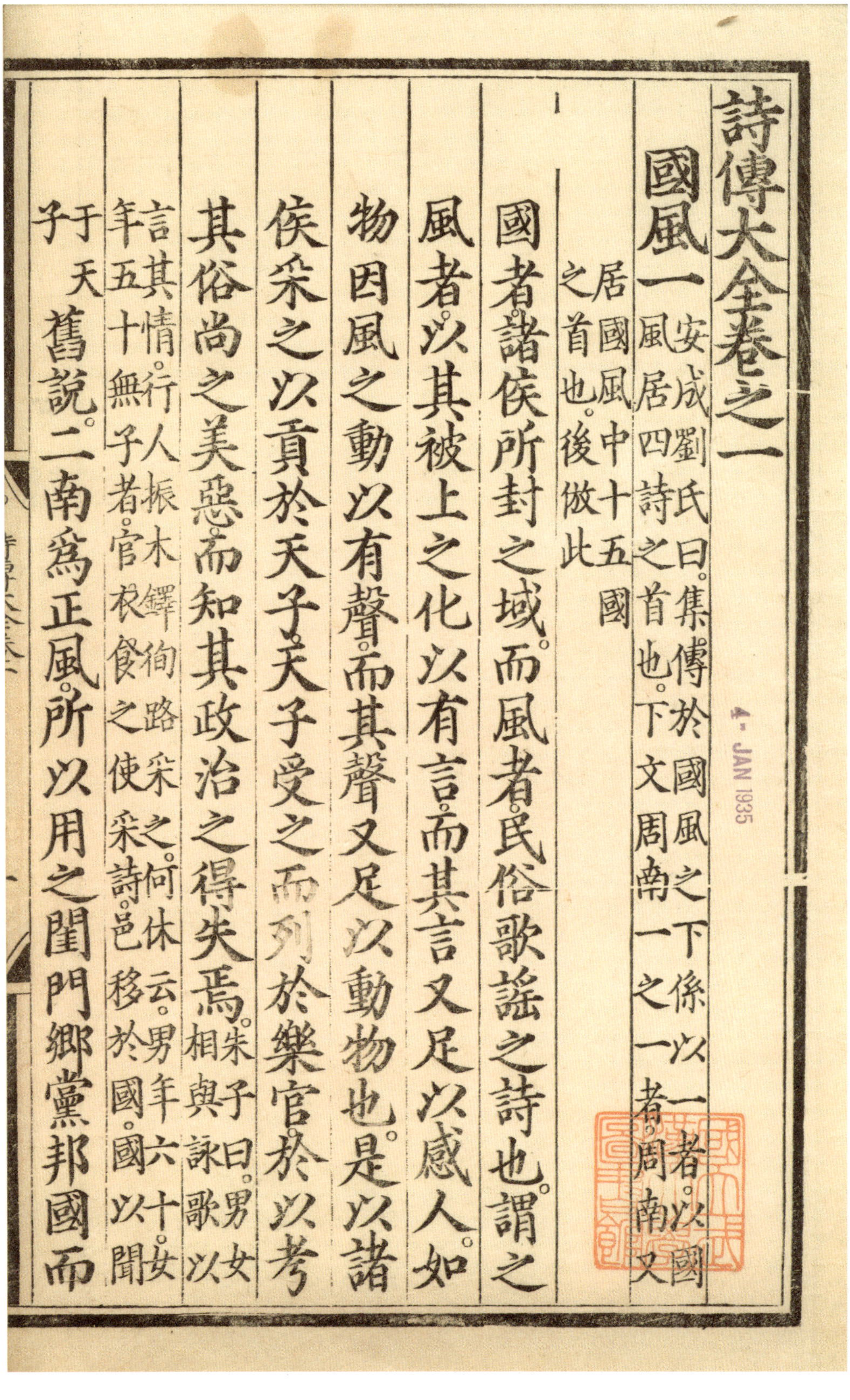
詩傳大全卷之一

國風一安成劉氏曰。集傳於國風之下係以一者。以國風居四詩之首也。下文周南一之一者。周南又居國風中十五國之首也。後倣此

國者。諸侯所封之域。而風者。民俗歌謠之詩也。謂之風者。以其被上之化以有言。而其言又足以感人。如物因風之動以有聲。而其聲又足以動物也。是以諸侯采之以貢於天子。天子受之而列於樂官。於以考其俗尚之美惡。而知其政治之得失焉。朱子曰。男女相與詠歌以言其情。行人振木鐸徇路采之。何休云。男年六十。女年五十無子者。官衣食之使采詩。邑移於國。國以聞于天子舊說。二南爲正風。所以用之閨門鄉黨邦國而

00024 詩傳大全二十卷 （明）胡廣等編　明永樂十三年（1415）內府刻本

框高 27.5 厘米，宽 18 厘米。十行二十二字，黑口，四周雙邊。武漢大學圖書館藏。

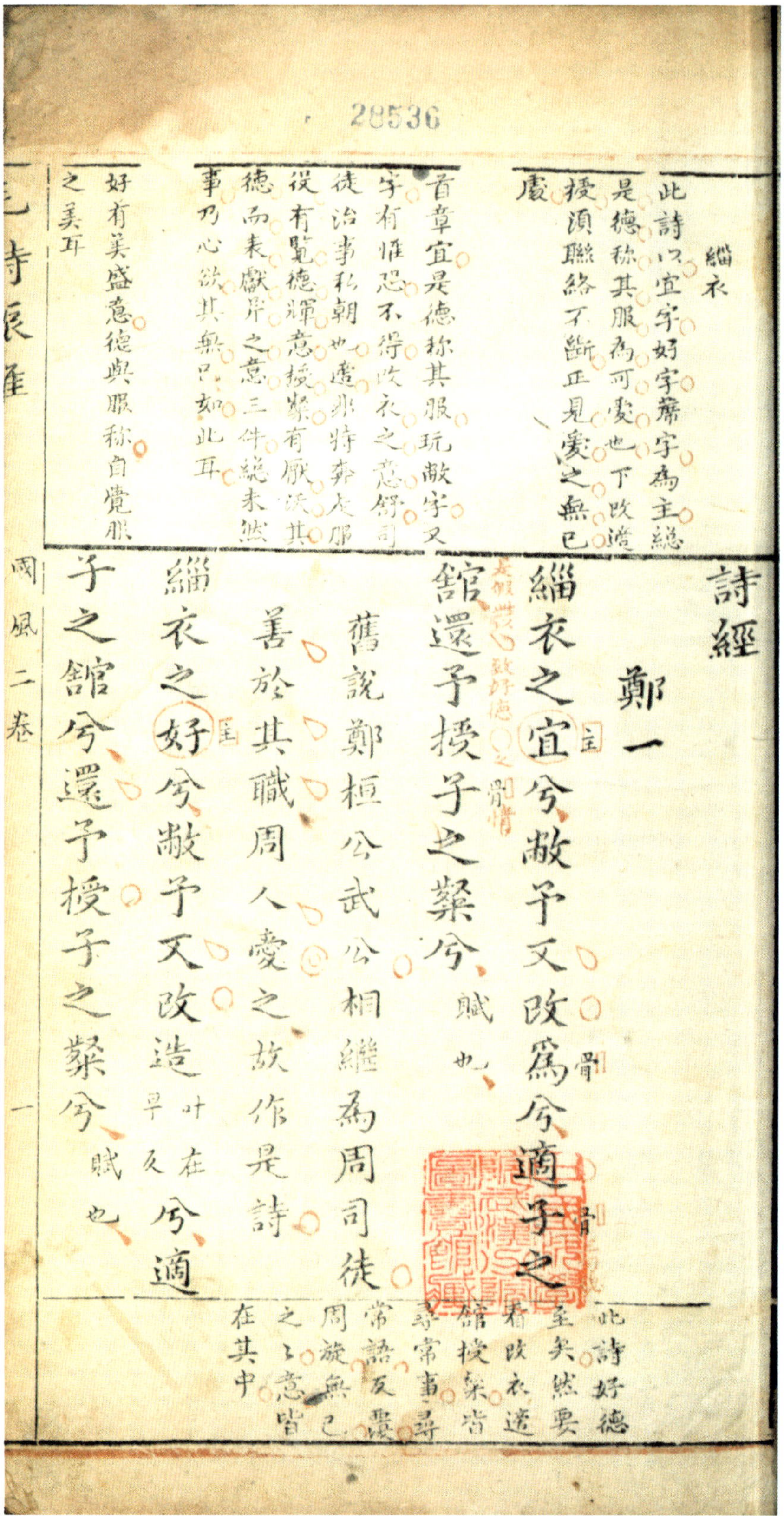

00025 毛詩振雅六卷 （明）張元芳　魏浣初撰　明版築居刻朱墨套印本

框高 22.6 厘米，宽 14.2 厘米。三節板。中節八行十四字，白口，四周單邊。存五卷：二至六。湖北省圖書館藏。

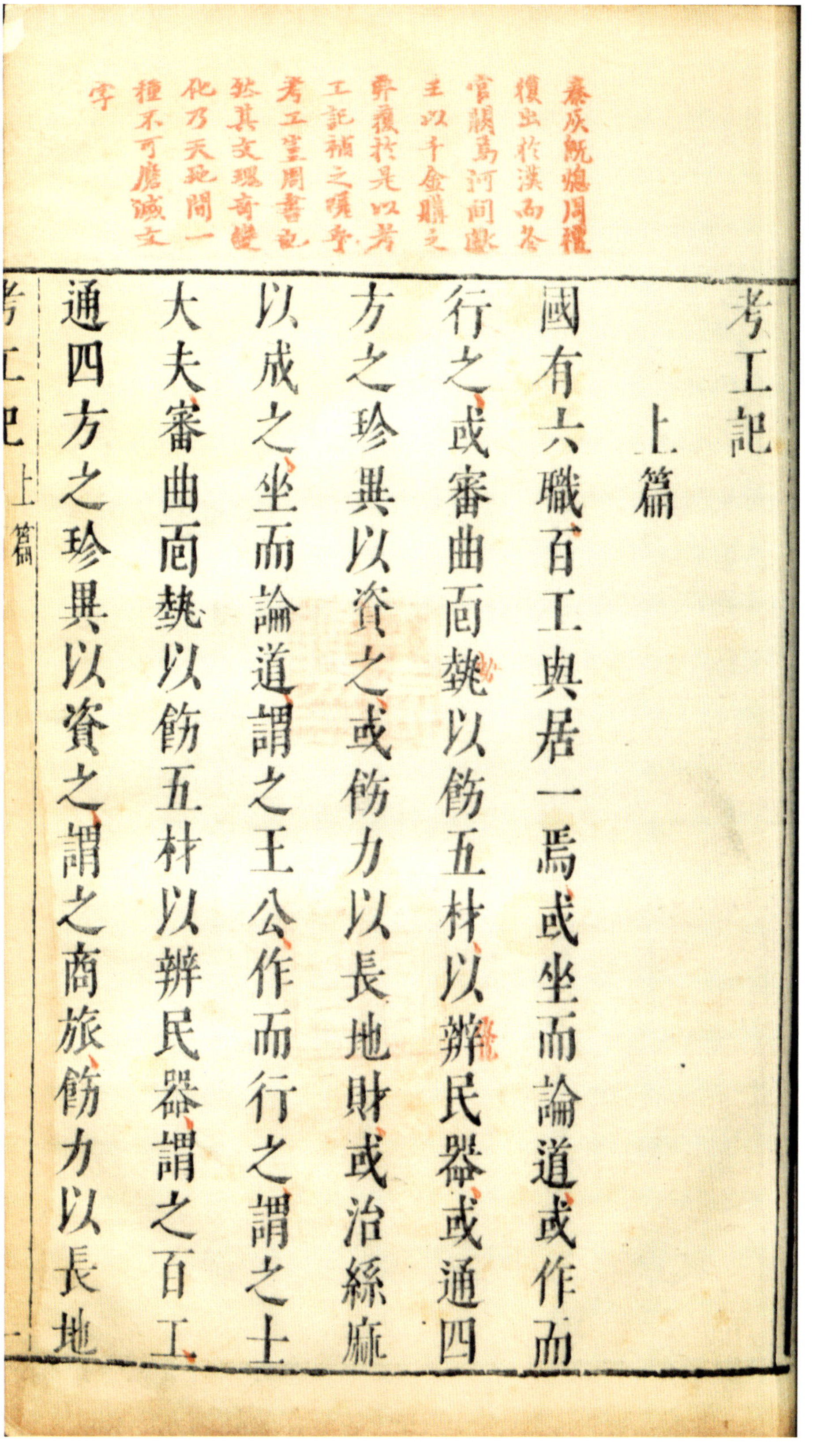
秦灰既熄周禮復出於漢而冬官闕焉河間獻王以千金購之弗獲於是以考工記補之嗟乎考工豈周書記然其文理奇變化乃天地間一種不可磨滅文字

考工記

上篇

國有六職百工與居一焉或坐而論道或作而行之或審曲面埶以飭五材以辨民器或通四方之珍異以資之或飭力以長地財或治絲麻以成之坐而論道謂之王公作而行之謂之士大夫審曲面埶以飭五材以辨民器謂之百工通四方之珍異以資之謂之商旅飭力以長地

考工記上篇 一

00026 考工記二卷 （明）郭正域批點　明末刻朱墨套印本

框高 20.3 厘米，寬 15.3 厘米。八行十八字，白口，左右雙邊。湖北省圖書館藏。

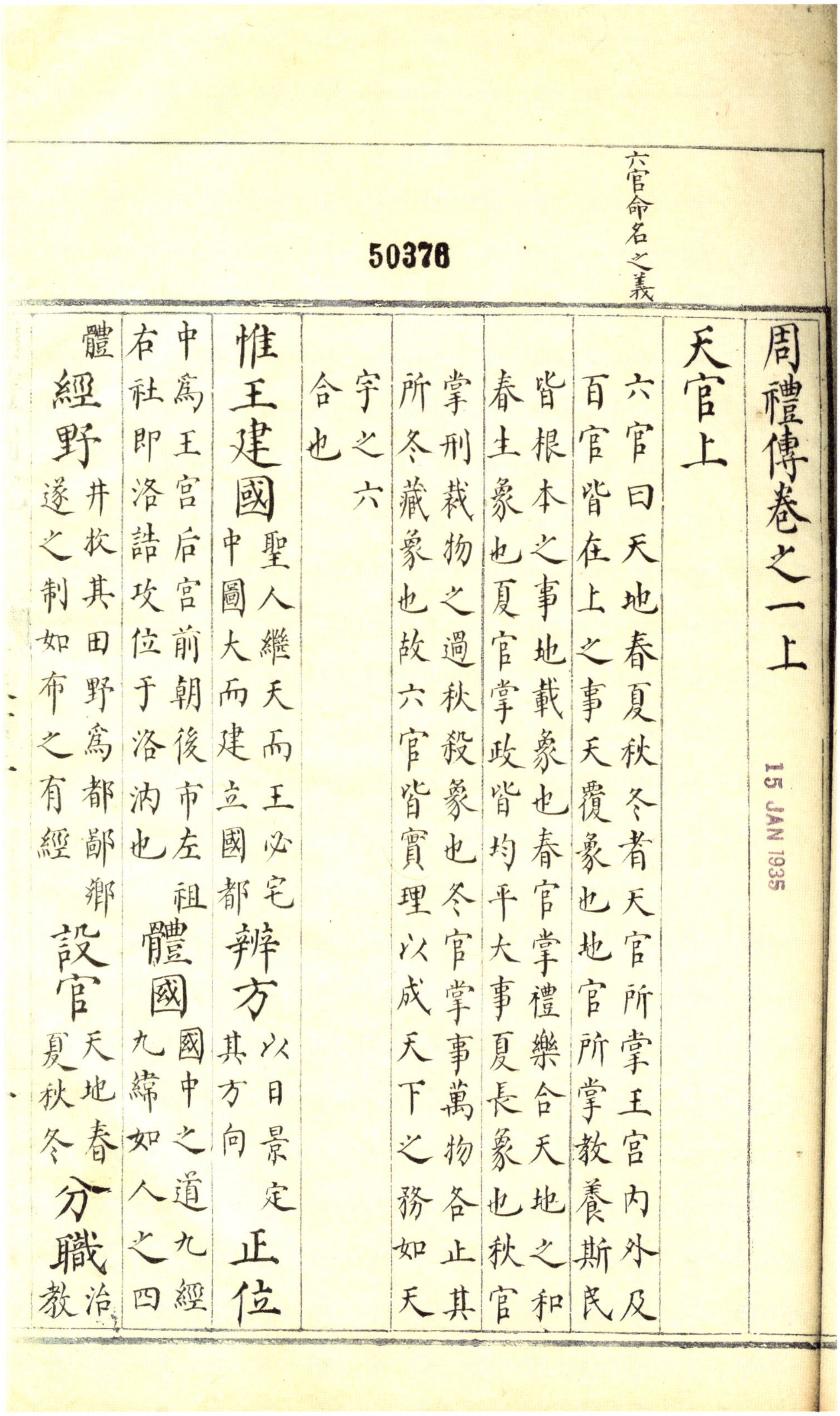

六官命名之義

周禮傳卷之一上

天官上

六官曰天地春夏秋冬者天官所掌王宫内外及百官皆在上之事天覆象也地官所掌教養斯民皆根本之事地載象也春官掌禮樂合天地之和春生象也夏官掌政皆均平大事夏長象也秋官掌刑裁物之過秋殺象也冬官掌事萬物各止其所冬藏象也故六官皆實理以成天下之務如天宇之六合也

惟王建國聖人繼天而王必宅中國大而建立國都辨方以日景定其方向正位中爲王宫后宫前朝後市左祖右社即洛誥攻位于洛汭也體國國中之道九經九緯如人之四體經野井牧其田野爲都鄙鄉遂之制如布之有經設官天地春夏秋冬分職治教

00027 周禮傳五卷周禮翼傳二卷周禮圖説二卷 （明）王應電撰

（明）陳鏞謄録 （明）胡焕校對 明抄本

框高20.4厘米，宽17.4厘米。九行二十字，白口，四周雙邊。武漢大學圖書館藏。

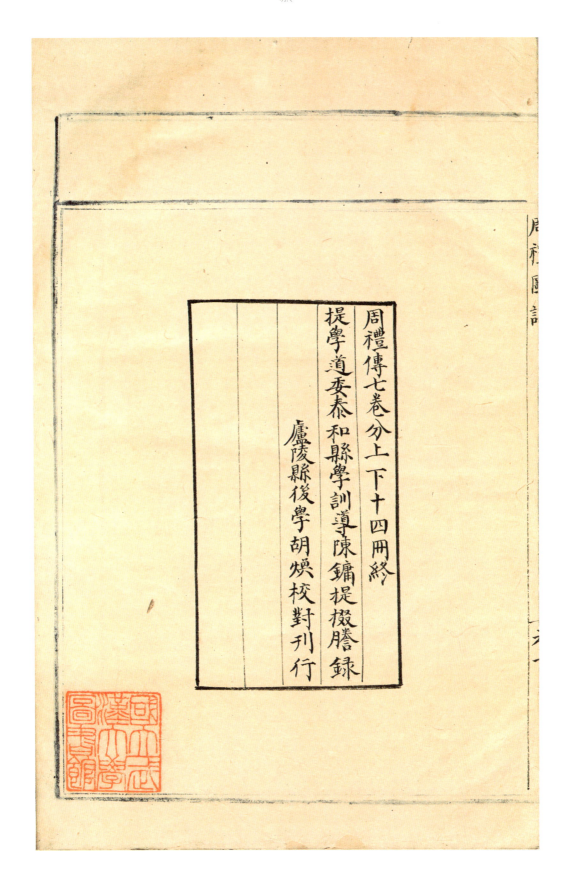

周禮傳七卷分上下十四冊終
提學道委泰和縣學訓導陳鏞提撥謄録
廬陵縣後學胡煥校對刊行

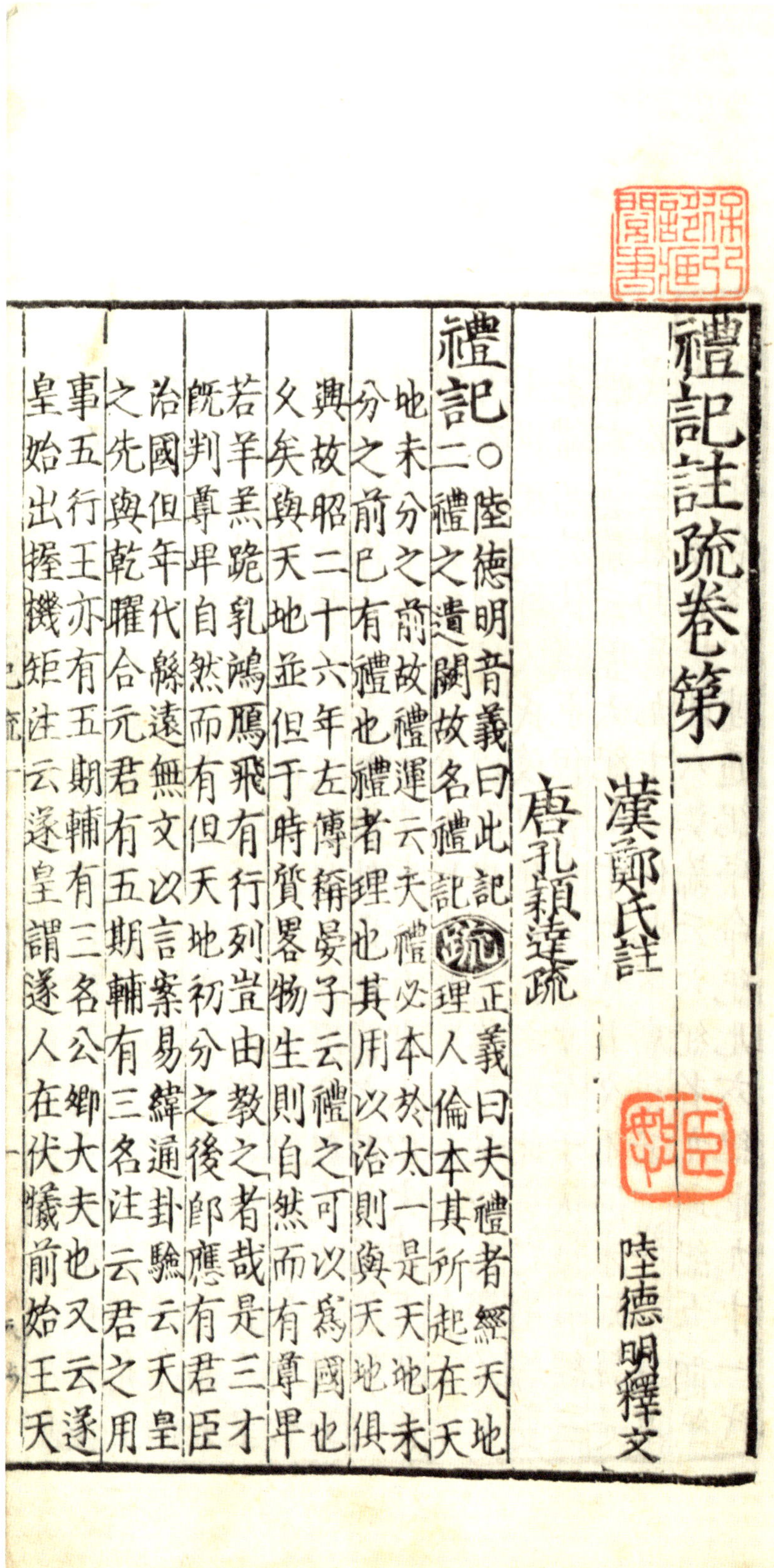

禮記註疏卷第一　漢鄭氏註　陸德明釋文
唐孔穎達疏
禮記○陸德明音義曰此記疏正義曰夫禮者經天地
二禮之遺闕故名禮記理人倫本其所起在天
地未分之前故禮運云夫禮必本於太一是天地未
分之前已有禮也禮者理也其用以治則與天地俱
興故昭二十六年左傳稱晏子云禮之可以爲國也
久矣與天地並但于時質畧物生則自然而有尊卑
若羊羔跪乳鴻鴈飛有行列豈由教之者哉是三才
旣判尊卑自然而有但天地初分之後即應有君臣
治國但年代縣遠無文以言案易緯通卦驗云天皇
之先與乾曜合元君有五期輔有三名注云君之用
事五行王亦有五期輔有三名公卿大夫也又云遂
皇始出握機矩注云遂皇謂遂人在伏犧前始王天

00028 禮記註疏六十三卷　（漢）鄭玄注　（唐）孔穎達疏　（唐）陸德明釋文

明嘉靖福建李元陽刻十三經註疏本　清朱邦衡跋并過録清惠棟校語

框高 20 厘米，宽 13.1 厘米。九行二十一字，小字雙行同，白口，四周單邊。

鈐“海陽朱敬輿校正善本”“童氏石塘”“臣濂”“瓶花齋童氏印”“臣恕”“徐彊謻藏閱書”“桐風廎繙輯疏録之書”等印。湖北省圖書館藏。

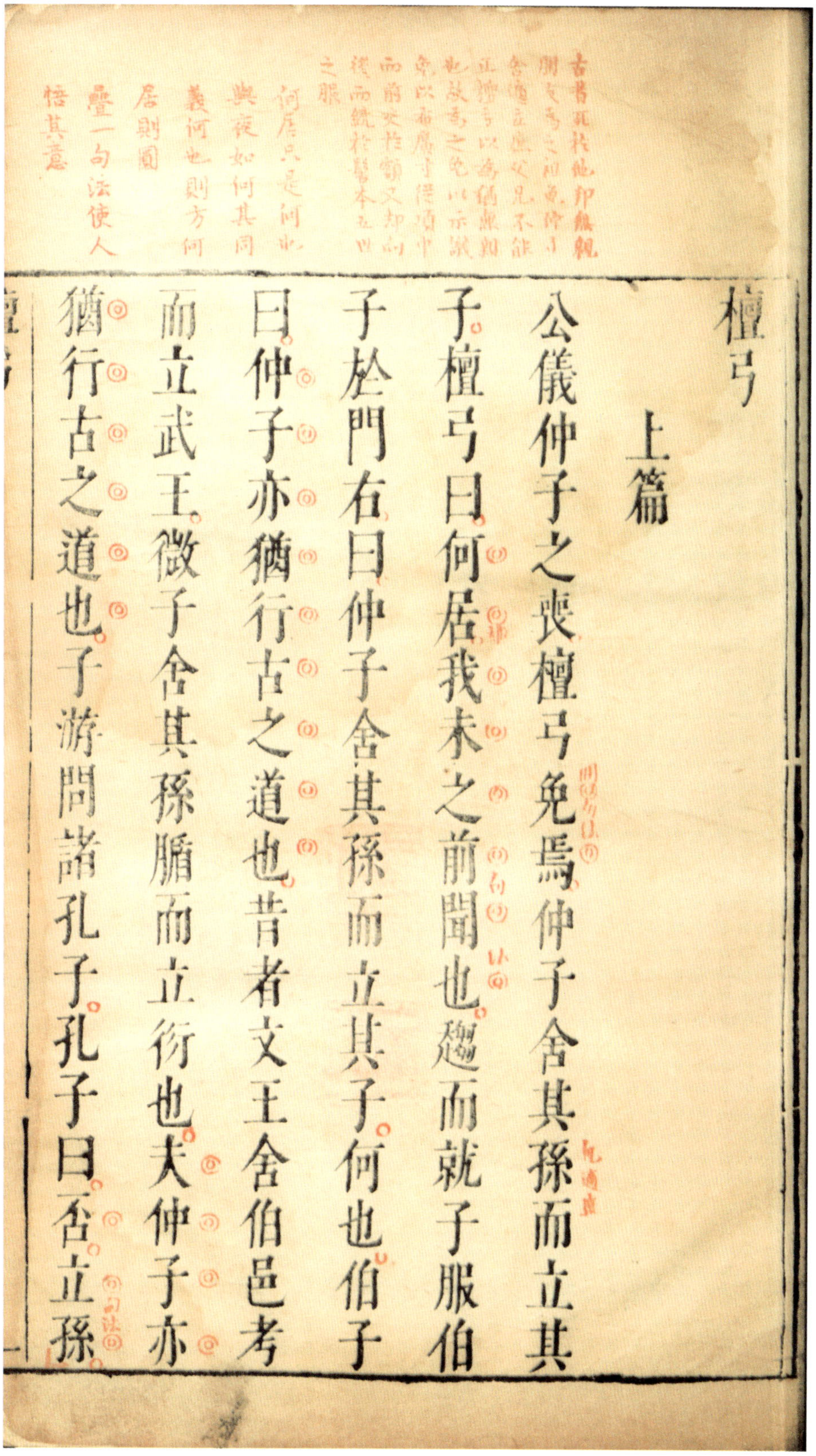
檀弓　上篇

公儀仲子之喪檀弓免焉仲子舍其孫而立其子檀弓曰何居我未之前聞也趨而就子服伯子於門右曰仲子舍其孫而立其子何也伯子曰仲子亦猶行古之道也昔者文王舍伯邑考而立武王微子舍其孫腯而立衍也夫仲子亦猶行古之道也子游問諸孔子孔子曰否立孫

何居只是何也與夜如何其同義何也則方何居則閫疊一句法使人悟其意

00029 檀弓二卷（宋）謝枋得批點　明萬曆四十四年（1616）閔齊伋刻朱墨套印本

框高 20.5 厘米，宽 15.3 厘米。八行十八字，白口，左右雙邊。湖北省圖書館藏。

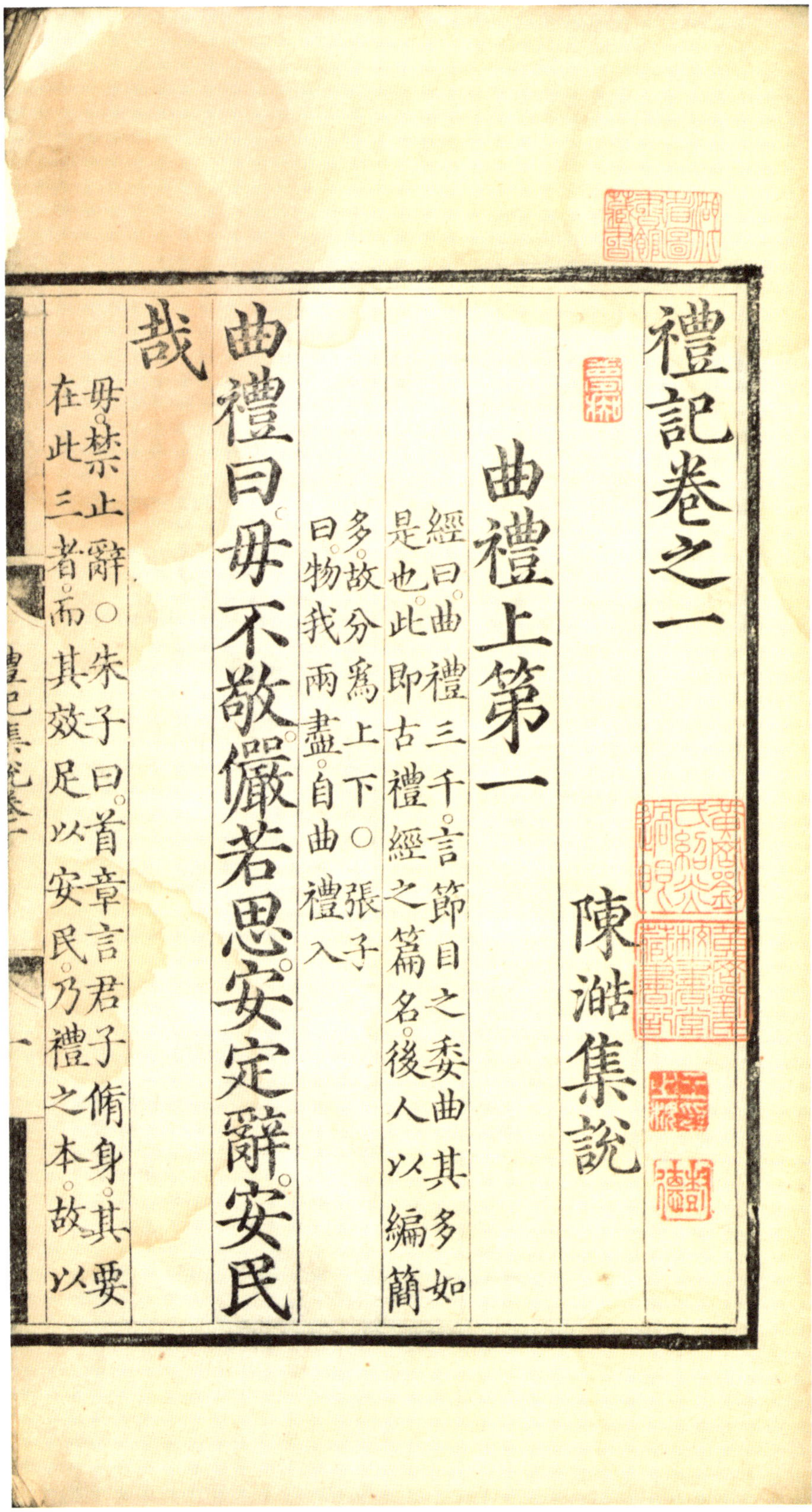
禮記卷之一
陳澔集說
曲禮上第一
經曰曲禮三千言節目之委曲其多如是也此即古禮經之篇名後人以編簡多故分爲上下○張子曰物我兩盡自曲禮入
曲禮曰毋不敬儼若思安定辭安民哉
毋禁止辭○朱子曰首章言君子脩身其要在此三者而其效足以安民乃禮之本故以
禮記集說卷一　一

00030 禮記十六卷 （元）陳澔集說　明正統十二年（1447）司禮監刻本

框高 23 厘米，寬 16.5 厘米。八行十四字，黑口，四周雙邊。鈐“樹德”“王之梅”“黃岡劉氏校書堂藏書記”“黃岡劉氏紹炎過眼”“夢癡”等印。湖北省圖書館藏。

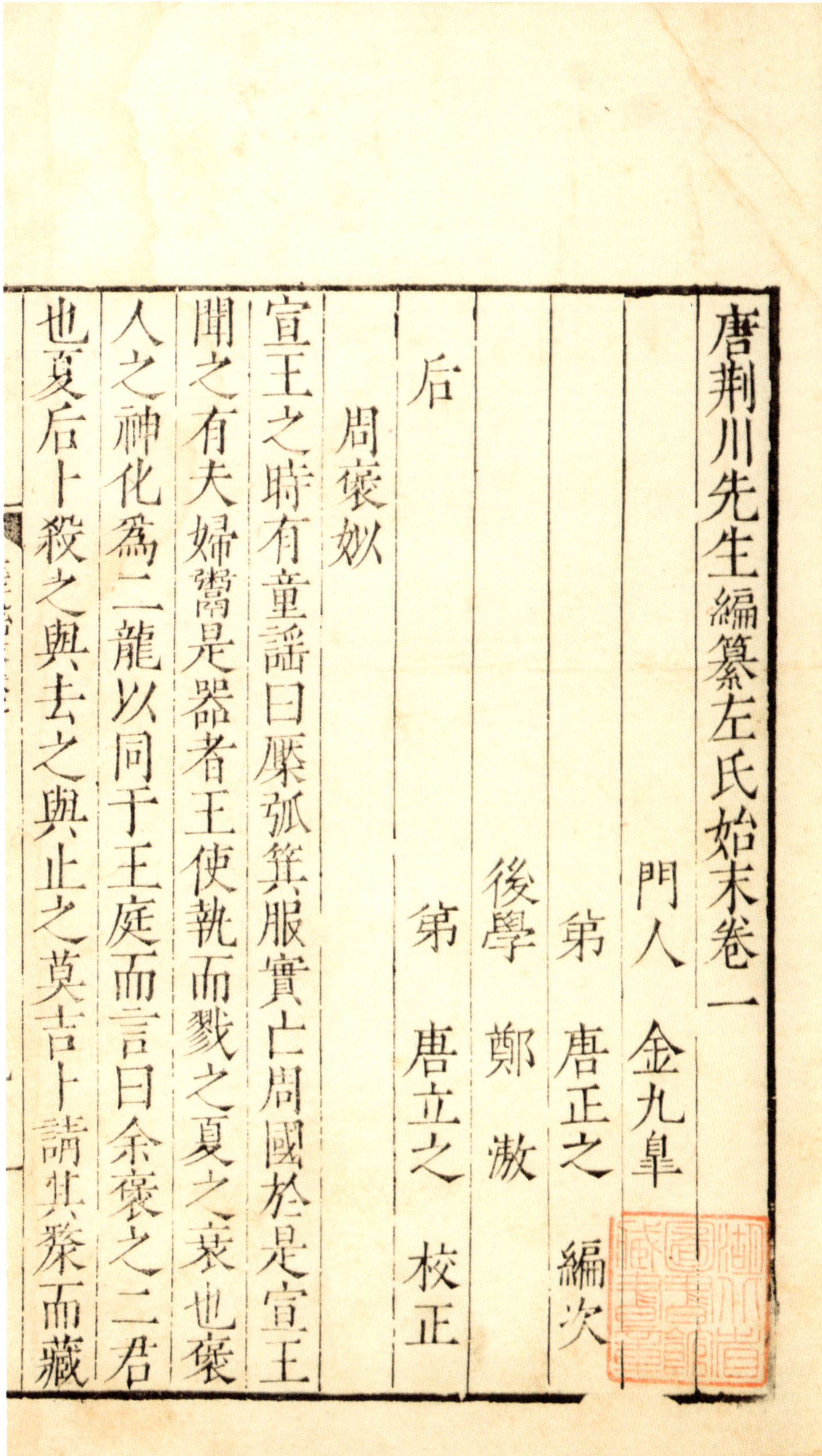
唐荊川先生編纂左氏始末卷一
門人　金九皋
弟　唐正之　編次
後學　鄭激
弟　唐立之　校正
后
周褒姒
宣王之時有童謡曰檿弧箕服實亡周國於是宣王
聞之有夫婦鬻是器者王使執而戮之夏之衰也褒
人之神化爲二龍以同于王庭而言曰余褒之二君
也夏后卜殺之與去之與止之莫吉卜請其漦而藏

00031 唐荊川先生編纂左傳始末十二卷 （明）唐順之撰　（明）金九皋唐正之編次　（明）鄭激　唐立之校正　明嘉靖四十一年（1562）刻本

框高 19.2 厘米，宽 13.7 厘米。十行二十字，白口，四周單邊。湖北省圖書館藏。

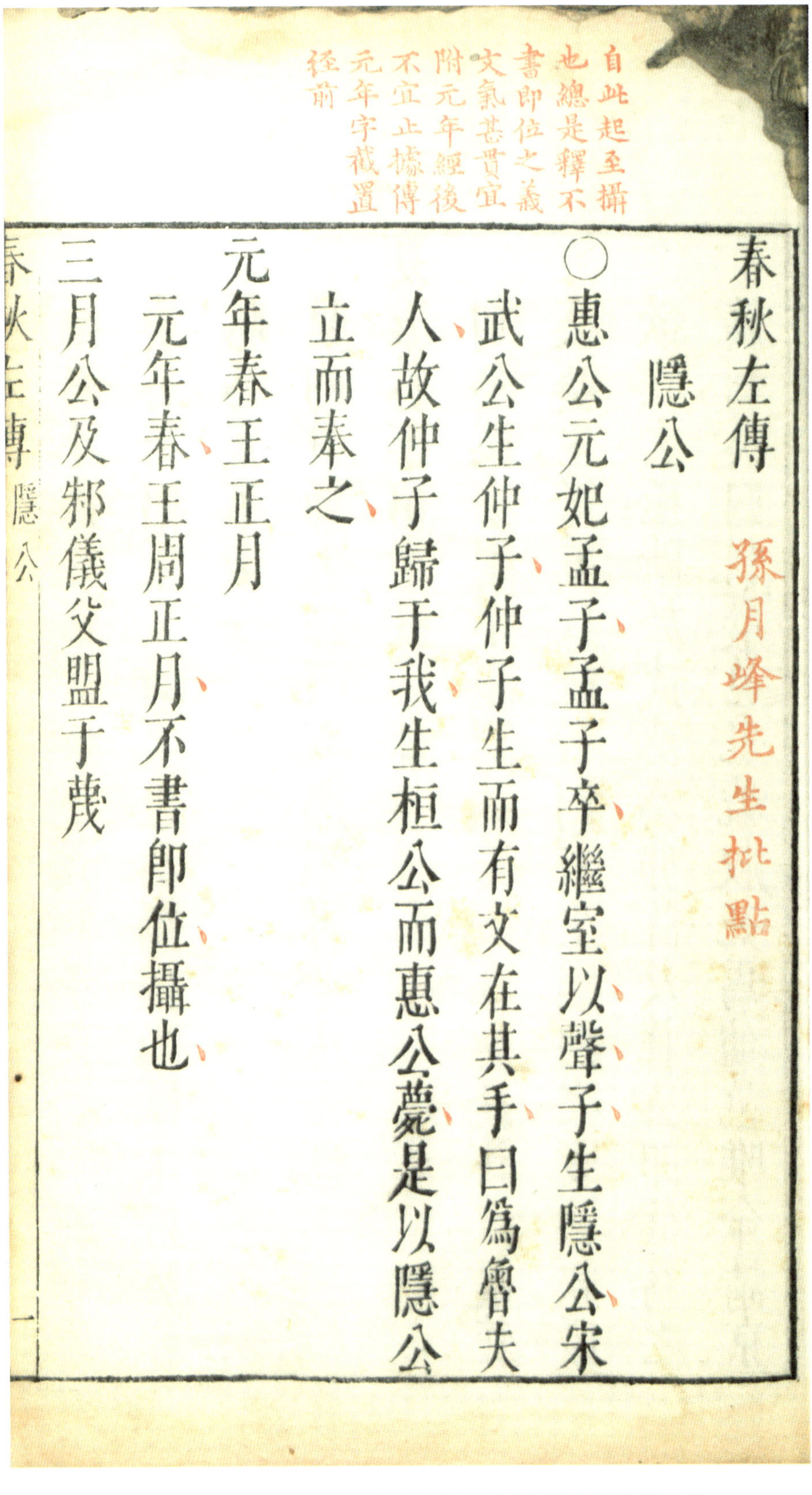
自此起至攝也總是釋不書即位之義文氣甚貫宜附元年經後不宜止據傳元年字截置經前

春秋左傳　孫月峰先生批點

隱公

○惠公元妃孟子孟子卒繼室以聲子生隱公宋武公生仲子仲子生而有文在其手曰為魯夫人故仲子歸于我生桓公而惠公薨是以隱公立而奉之

元年春王正月

元年春王周正月不書即位攝也

三月公及邾儀父盟于蔑

春秋左傳　隱公　一

00032 春秋左傳十五卷（明）孫礦批點　明萬曆四十四年（1616）閔齊伋刻朱墨套印本

框高 21.4 厘米，宽 15.1 厘米。九行十九字，白口，四周單邊。鈐“徐恕讀過”等印。湖北省圖書館藏。

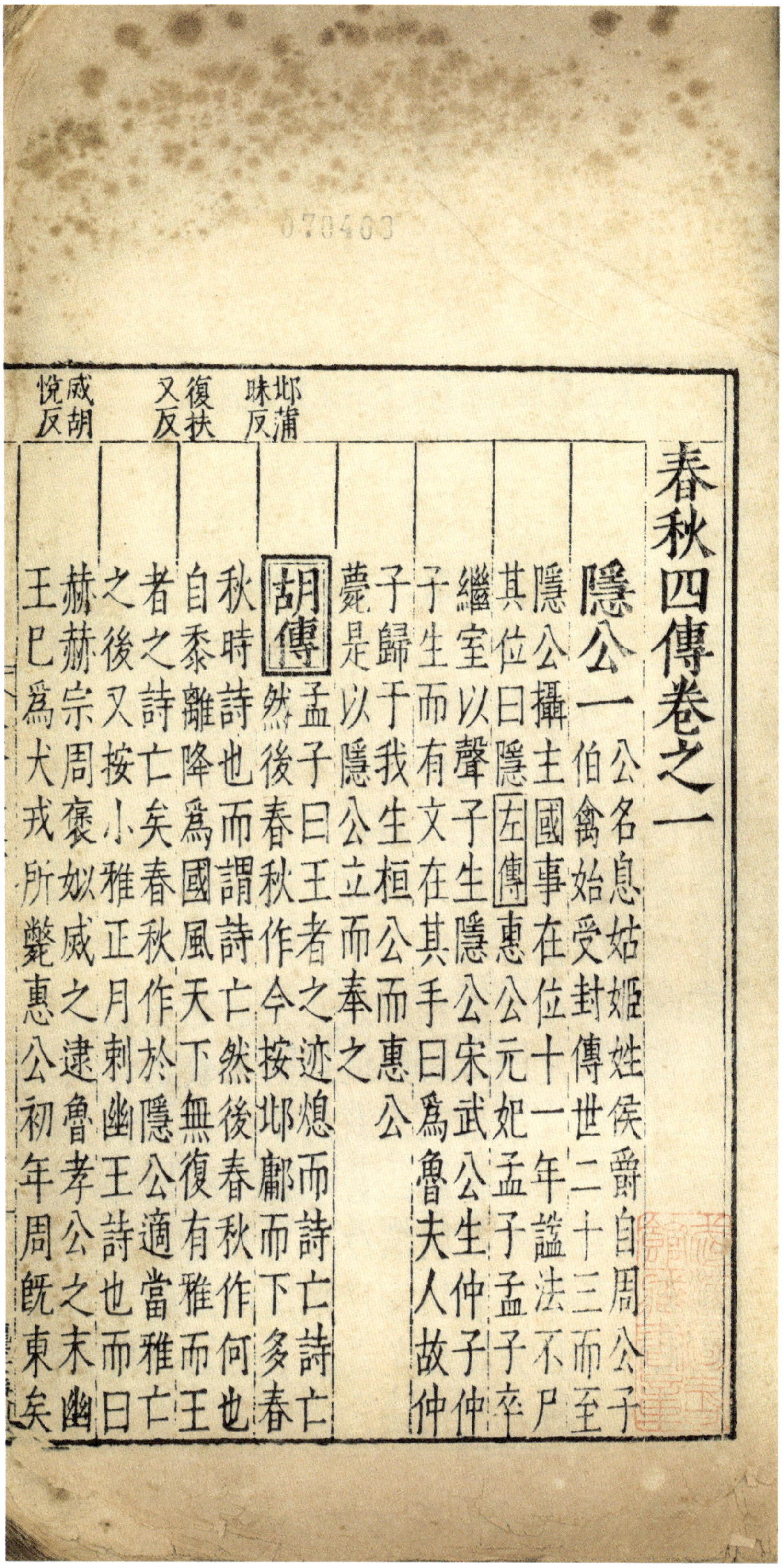

春秋四傳卷之一

隱公一 公名息姑姬姓侯爵自周公子伯禽始受封傳世二十三而至

隱公攝主國事在位十一年謚法不尸

其位曰隱 【左傳】 惠公元妃孟子孟子卒

繼室以聲子生隱公宋武公生仲子仲

子生而有文在其手曰爲魯夫人故仲

子歸于我生桓公而惠公

薨是以隱公立而奉之

【胡傳】 孟子曰王者之迹熄而詩亡詩亡然後春秋作今按邶鄘而下多春

秋時詩也而謂詩亡然後春秋作何也

自黍離降爲國風天下無復有雅而王

者之詩亡矣春秋作於隱公適當雅亡

之後又按小雅正月刺幽王詩也而曰

赫赫宗周褒姒烕之逮魯孝公之末幽

王已爲犬戎所斃惠公初年周旣東矣

邶蒲昧反 復扶又反 烕胡悅反

00033 春秋四傳三十八卷 明嘉靖吉澄刻本

框高19.8厘米，宽14.2厘米。九行十七字，白口，左右雙邊。存六卷：一至六。牌記："巡按福建監察御史吉澄校刊。"武漢圖書館藏。

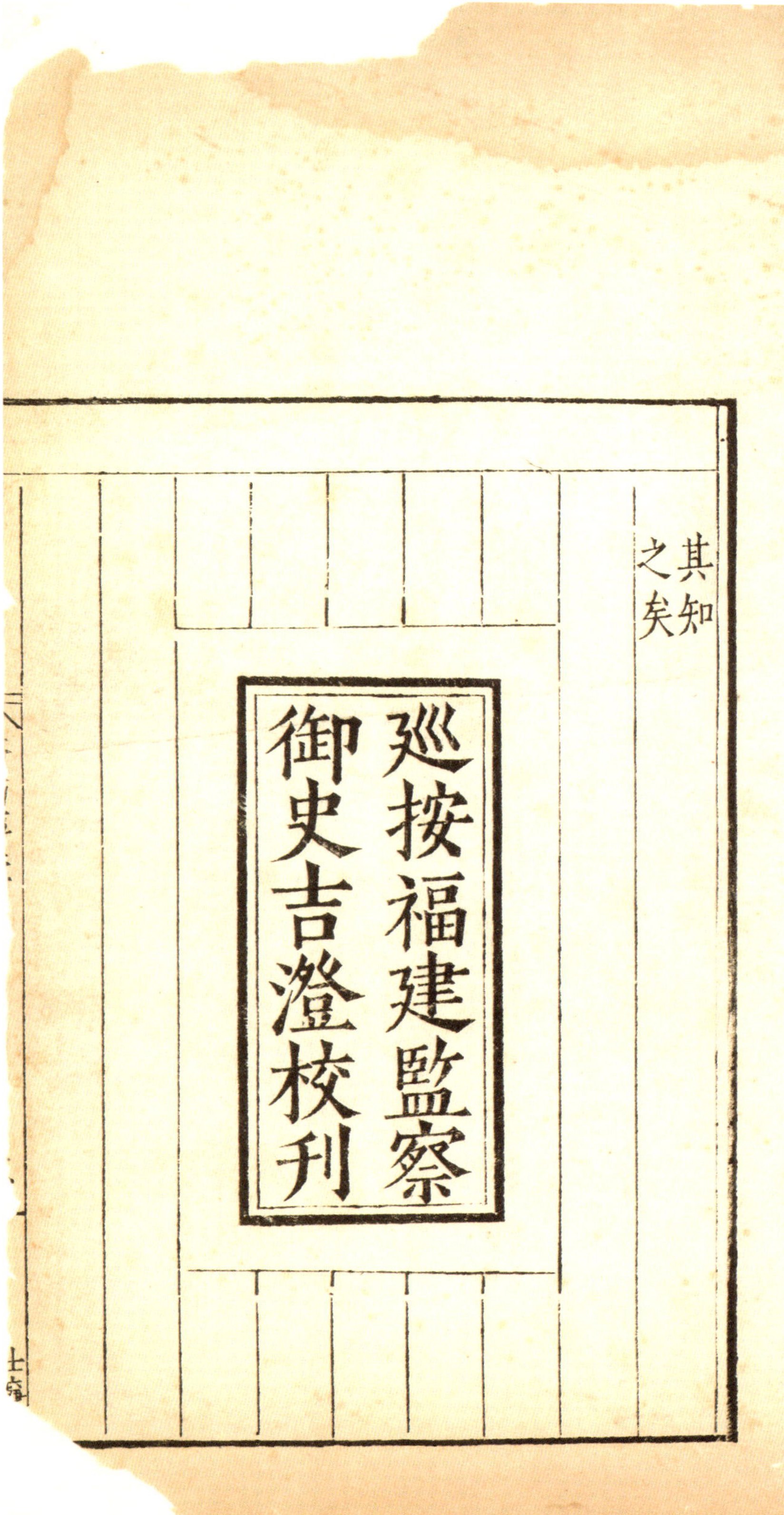
其知
之矣

巡按福建監察
御史吉澄校刊

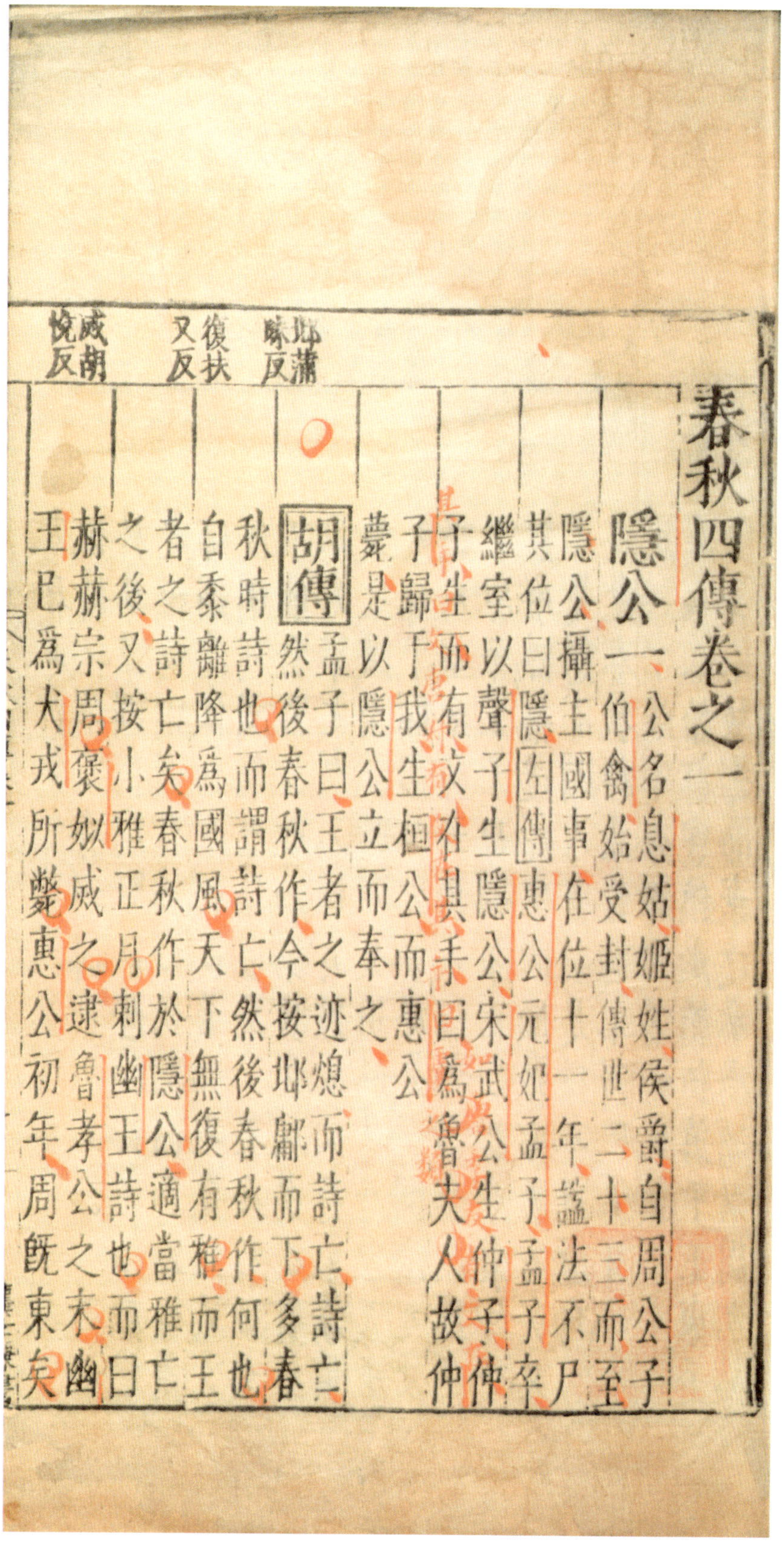

00034 春秋四傳三十八卷 明嘉靖間吉澄刻樊獻科、楊一鶚遞修本

框高 19.8 厘米，宽 14.2 厘米。九行十七字，白口，左右雙邊。牌記："巡按福建監察御史開州吉澄校刊縉雲樊獻科重訂""福建建寧府知府曲梁楊一鶚重刊。"湖北省圖書館藏。

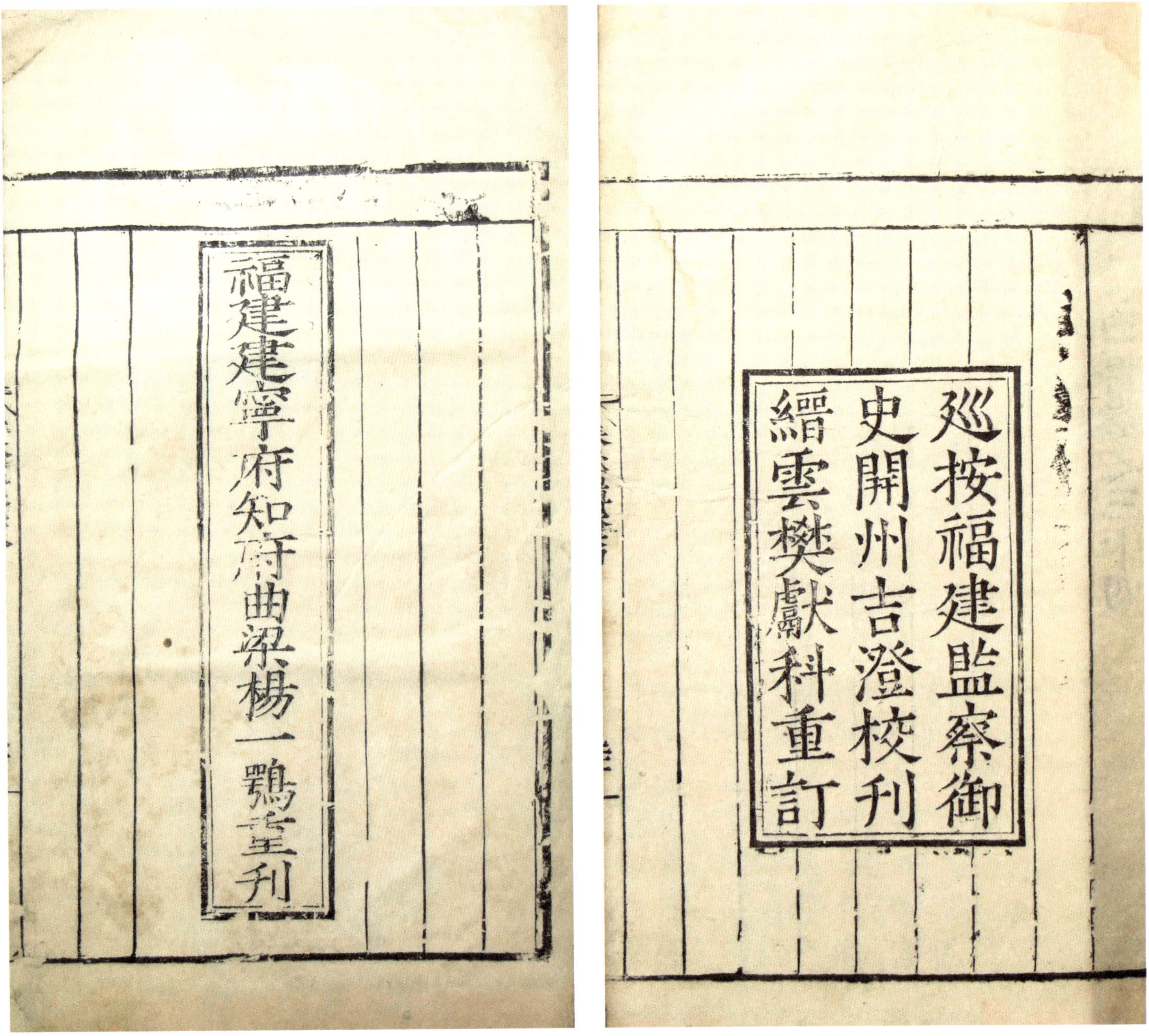
巡按福建監察御
史開州吉澄校刊
縉雲樊獻科重訂

福建建寧府知府曲梁楊一鶚重刊

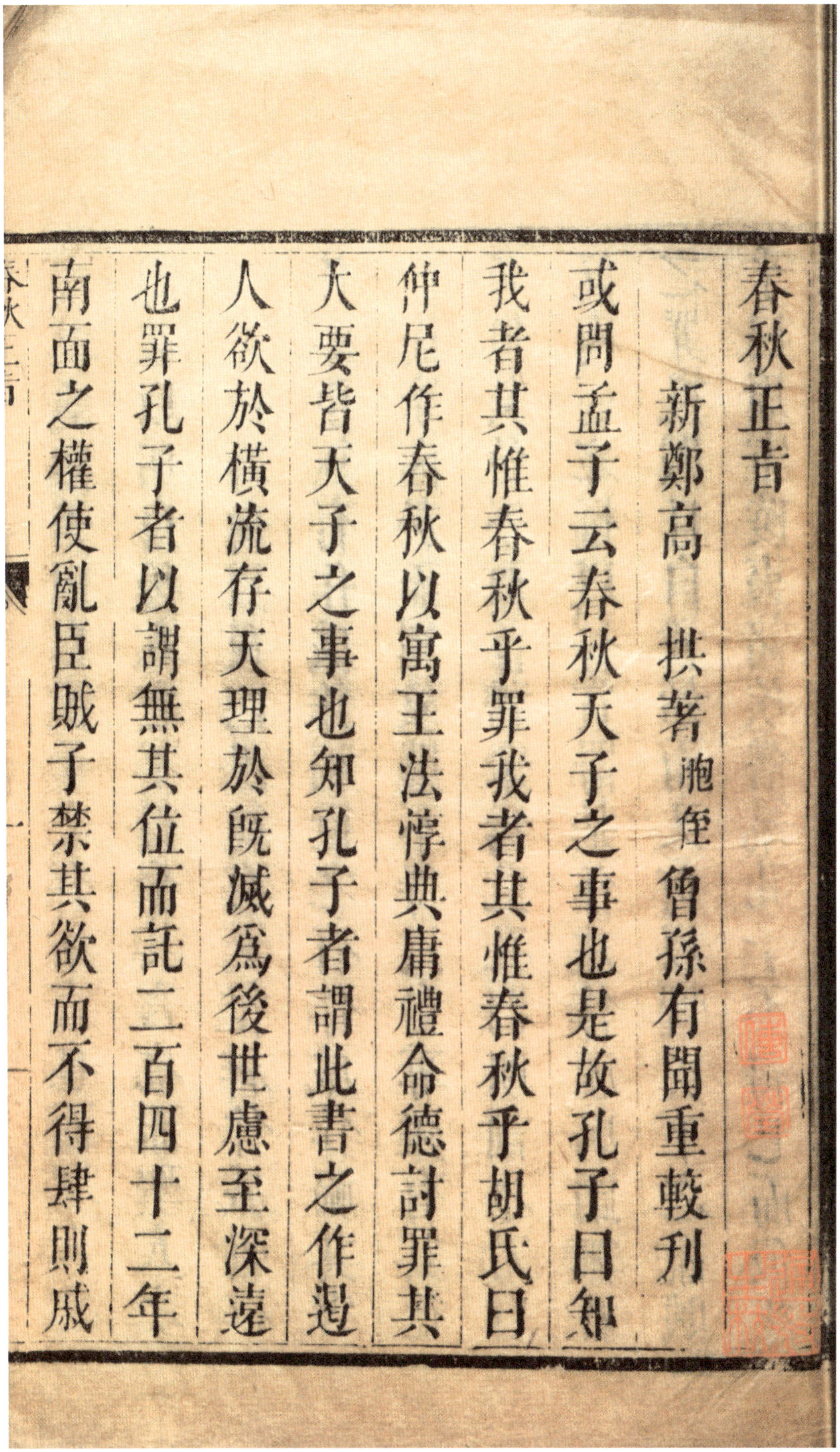
春秋正旨
新鄭高　拱著　胞侄　曾孫有聞重較刊
或問孟子云春秋天子之事也是故孔子曰知
我者其惟春秋乎罪我者其惟春秋乎胡氏曰
仲尼作春秋以寓王法惇典庸禮命德討罪其
大要皆天子之事也知孔子者謂此書之作遏
人欲於橫流存天理於既滅爲後世慮至深遠
也罪孔子者以謂無其位而託二百四十二年
南面之權使亂臣賊子禁其欲而不得肆則戚

00035 春秋正旨一卷 （明）高拱著　明萬曆二年（1574）刻本

框高 19.4 厘米，宽 14.7 厘米。九行十八字，白口，四周雙邊。鈐“傳”“瑩”連珠印、“通微生校”“通眉生藏書印”等印。湖北省圖書館藏。

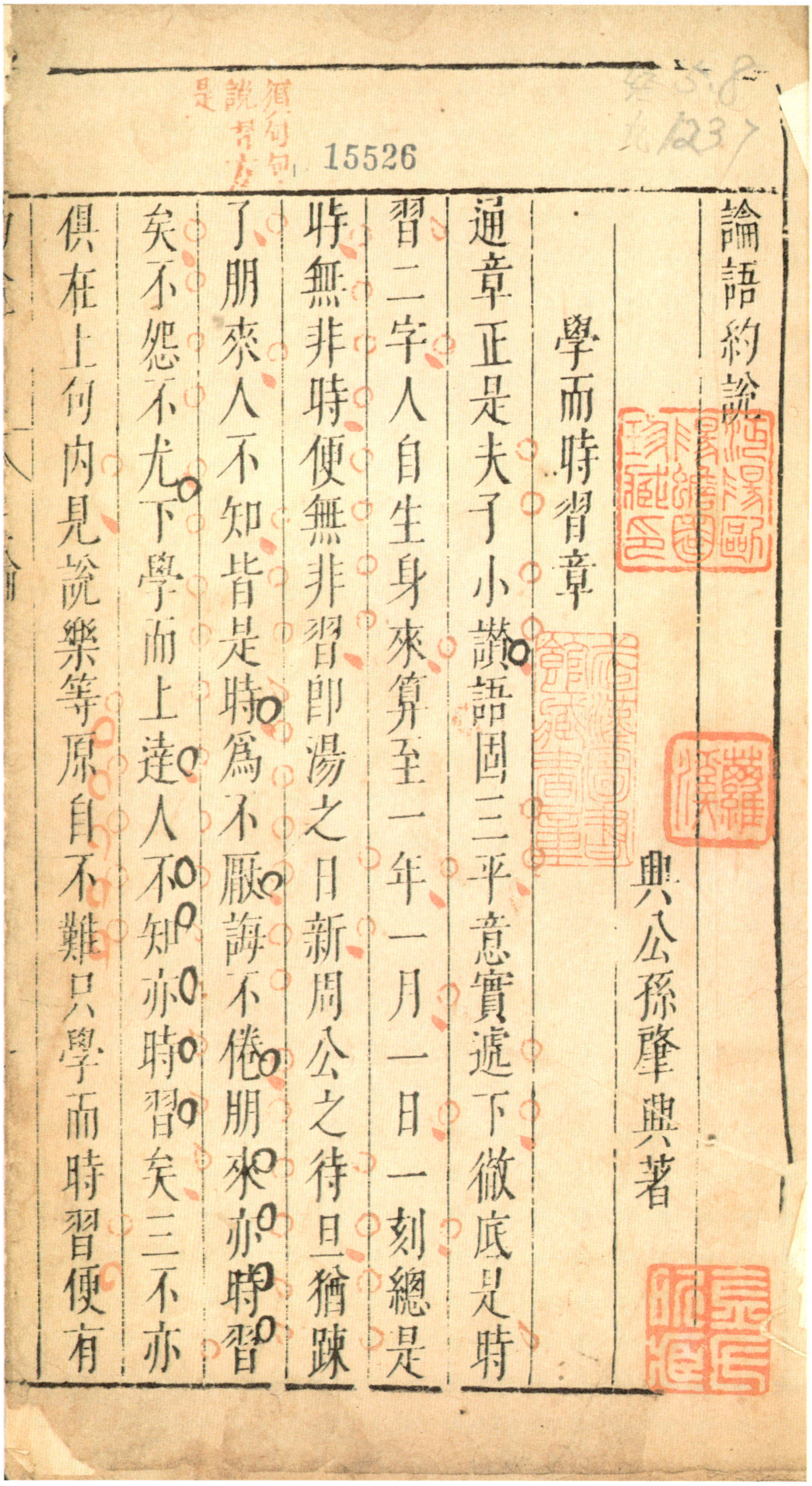

00036 四書約説六卷四書題説二卷 （明）孫肇興著　明崇禎刻朱墨套印本

框高22.3厘米，寬13.9厘米。九行二十字，白口，四周單邊。鈐“金氏所藏”“蘿溪”“沔陽歐陽蟾園珍藏印”等印。武漢圖書館藏。

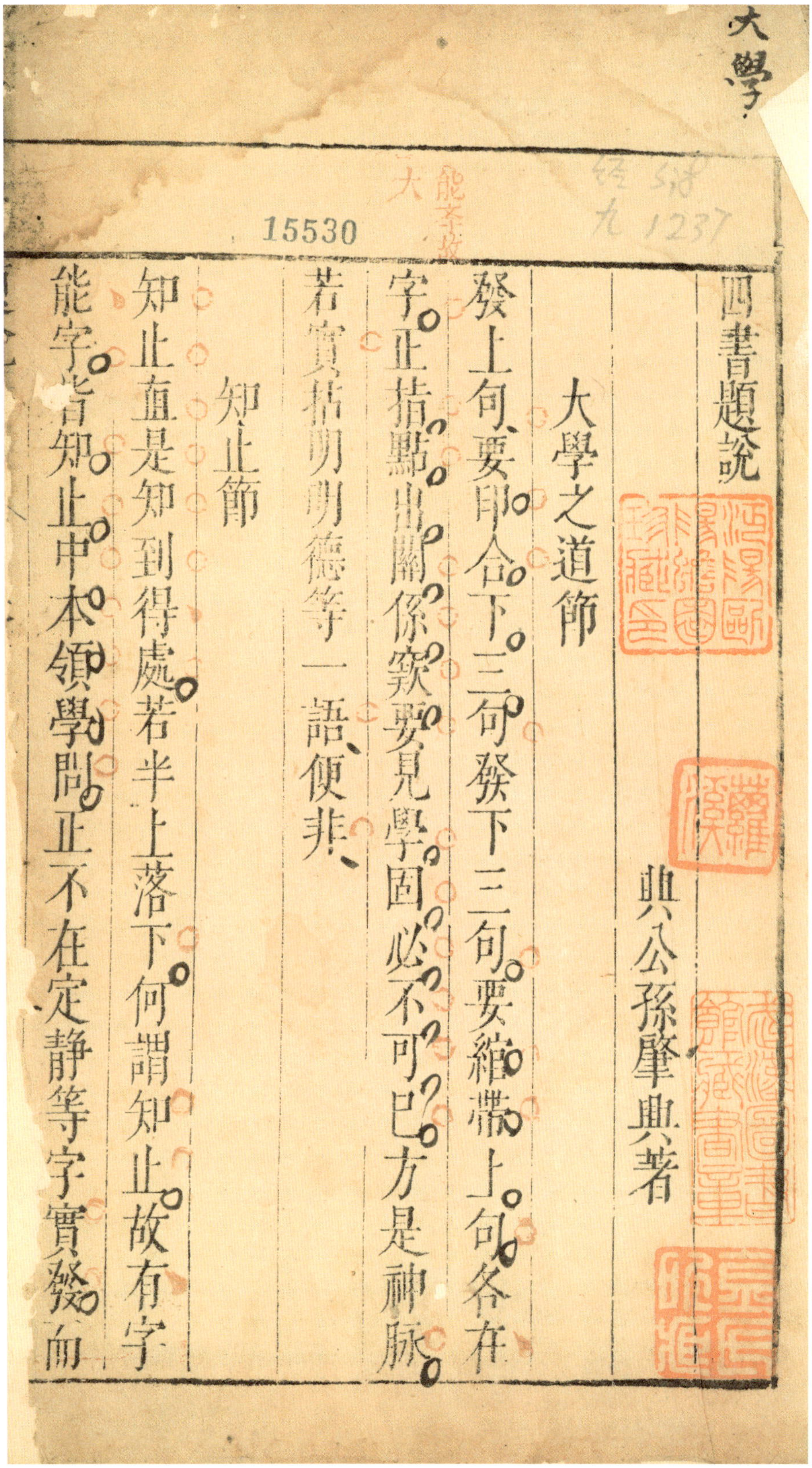
大學

15530

九 1237

四書題說

典公孫肇典著

大學之道節

發上句要即合下三句發下三句要縮帶上句各在字正指點出關係欲要見學固必不可已方是神脈若實指明明德等一語便非

知止節

知止直是知到得處若半上落下何謂知止故有字能字皆知止中本領學問正不在定靜等字實發而

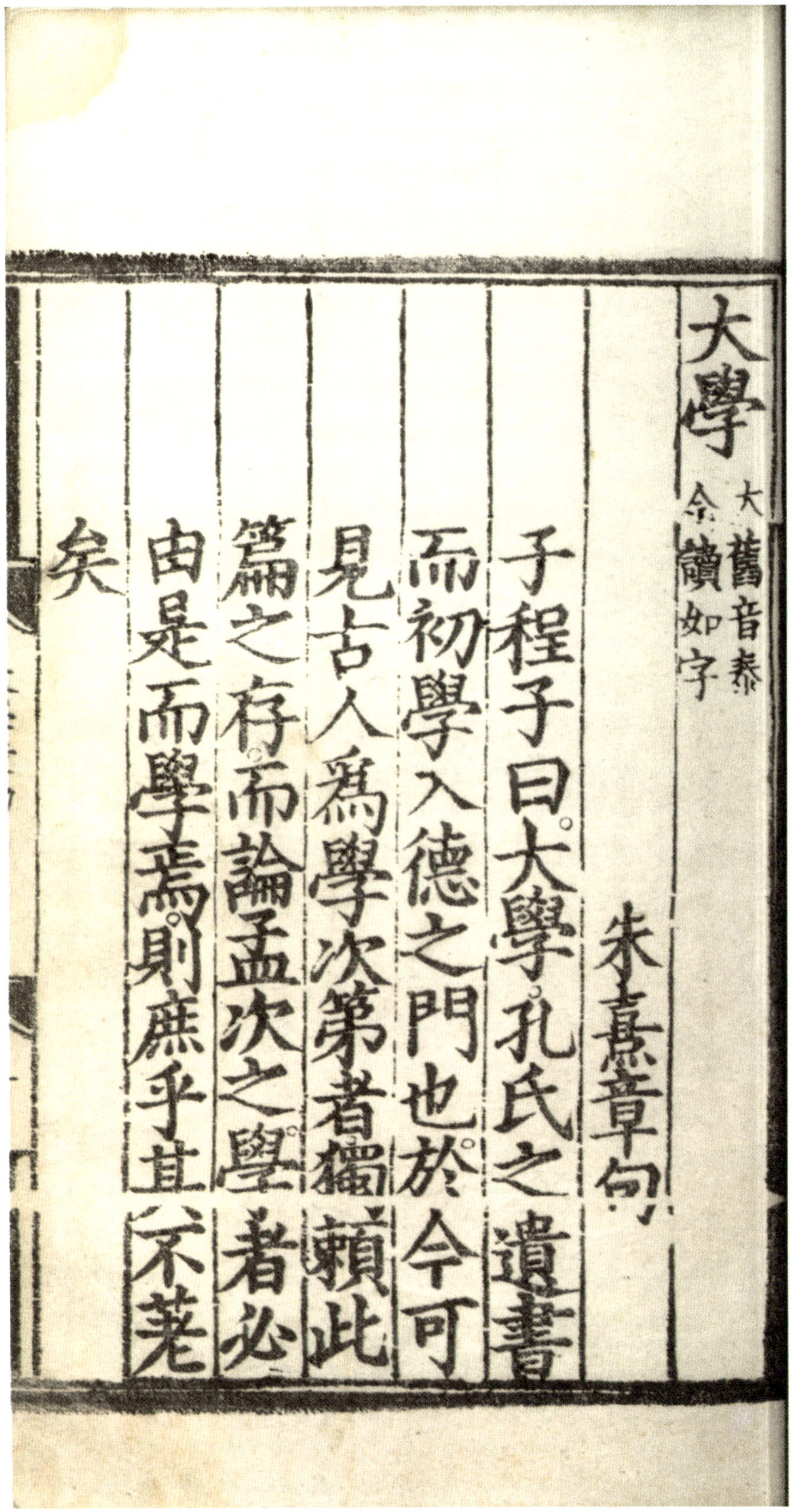
大學大舊音泰今讀如字

朱熹章句

子程子曰大學孔氏之遺書而初學入德之門也於今可見古人爲學次第者獨賴此篇之存而論孟次之學者必由是而學焉則庶乎其不差矣

00037 四書集注二十九卷 （宋）朱熹撰　明嘉靖二十七年（1548）伊藩刻本

框高 23.2 厘米，宽 16.5 厘米。八行十四字，大黑口，四周雙邊。鈐“尾府內庫圖書”“張藩圖書”“孫麒氏使東所得”“六合徐氏孫麒珍藏書畫印”等印。湖北省圖書館藏。

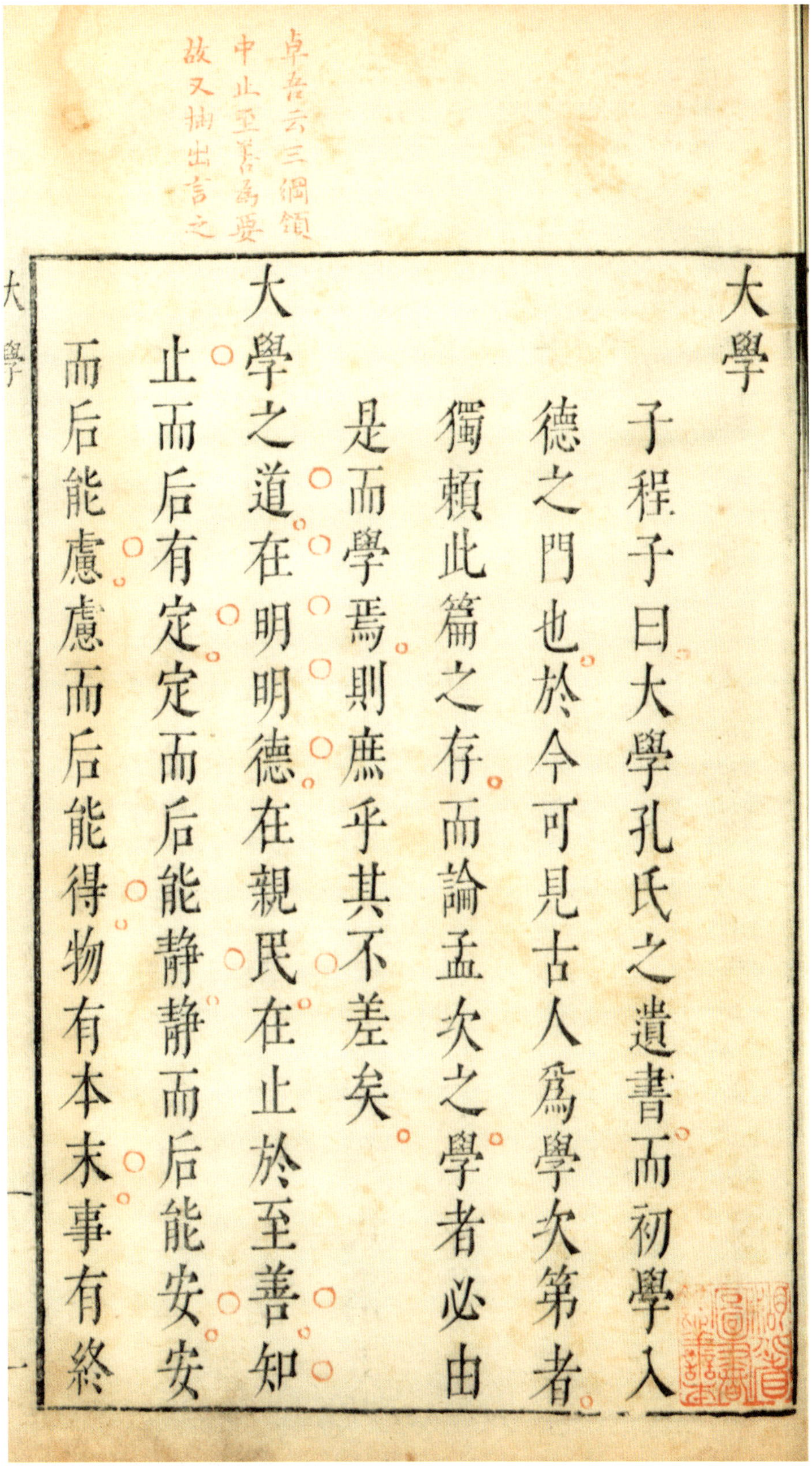
卓吾云三綱領
中止至善爲要
故又抽出言之

大學

子程子曰大學孔氏之遺書而初學入
德之門也於今可見古人爲學次第者
獨賴此篇之存而論孟次之學者必由
是而學焉則庶乎其不差矣

大學之道在明明德在親民在止於至善知
止而后有定定而后能靜靜而后能安安
而后能慮慮而后能得物有本末事有終

大學 一

00038 四書參十九卷 （明）李贄撰 （明）楊起元等評 （明）張明憲等參訂

明嘉靖至崇禎刻朱墨套印本

框高20.3厘米，寬14.4厘米。八行十七字，白口，四周單邊。鈐“張裕釗圖書印”等印。湖北省圖書館藏。

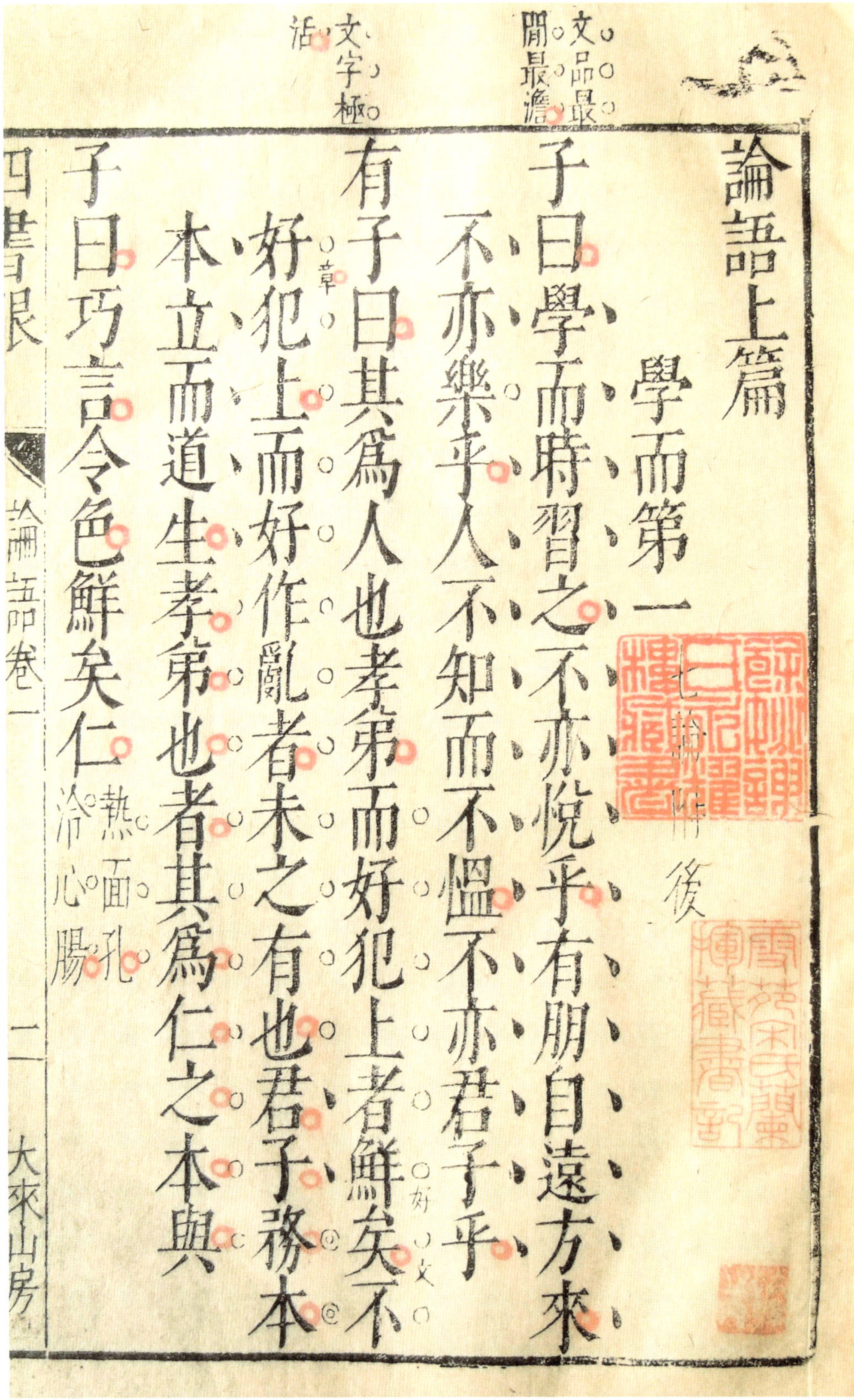

00039 四書眼十九卷 （明）楊起元批評 （明）梁知論次 （明）蕭孔譽參訂 （明）曹一夔等閱 明萬曆三十九年（1611）大來山房刻本

框高 21.1 厘米，寬 14.2 厘米。八行十七字，白口，四周單邊。鈐“雪苑宋氏蘭揮藏書記”“餘姚謝氏永耀樓藏書”等印。湖北省圖書館藏。

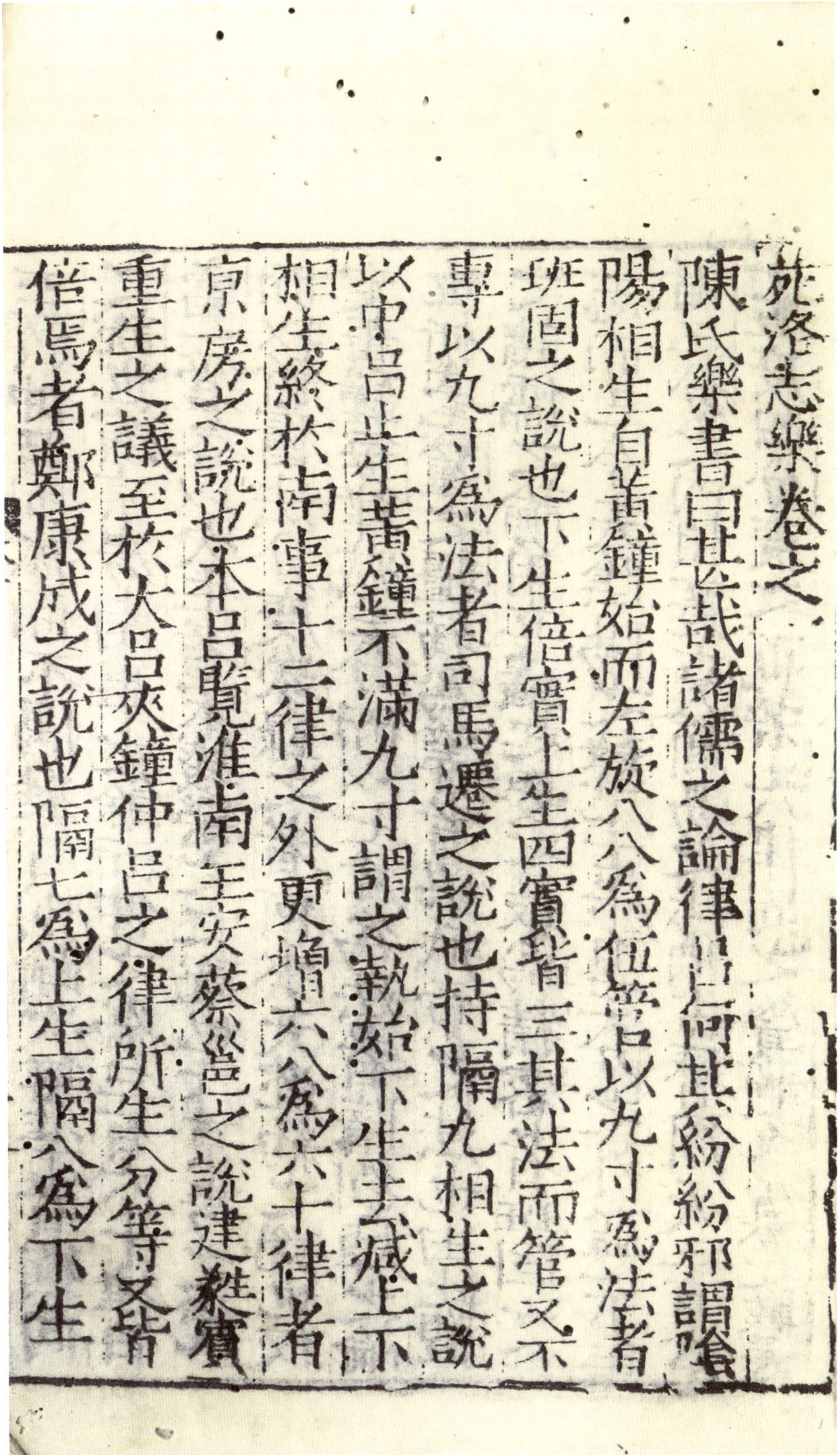
苑洛志樂卷之
陳氏樂書曰甚哉諸儒之論律呂何其紛紛邪謂陰
陽相生自黃鍾始而左旋八八爲伍管以九寸爲法者
班固之說也下生倍實上生四實皆三其法而管又不
專以九寸爲法者司馬遷之說也持隔九相生之說
以中呂上生黃鍾不滿九寸謂之執始下生去滅上下
相生終於南事十二律之外更增六八爲六十律者
京房之說也本呂覽淮南王安蔡邕之說建蕤賓
重生之議至於大呂夾鍾仲呂之律所生分等又皆
倍焉者鄭康成之說也隔七爲上生隔八爲下生

00040 苑洛志樂二十卷 （明）韓邦奇撰　明嘉靖二十八年（1549）刻本

框高 17.5 厘米，宽 13 厘米。十行十九字，粗黑口，上下雙邊。恩施州圖書館藏。

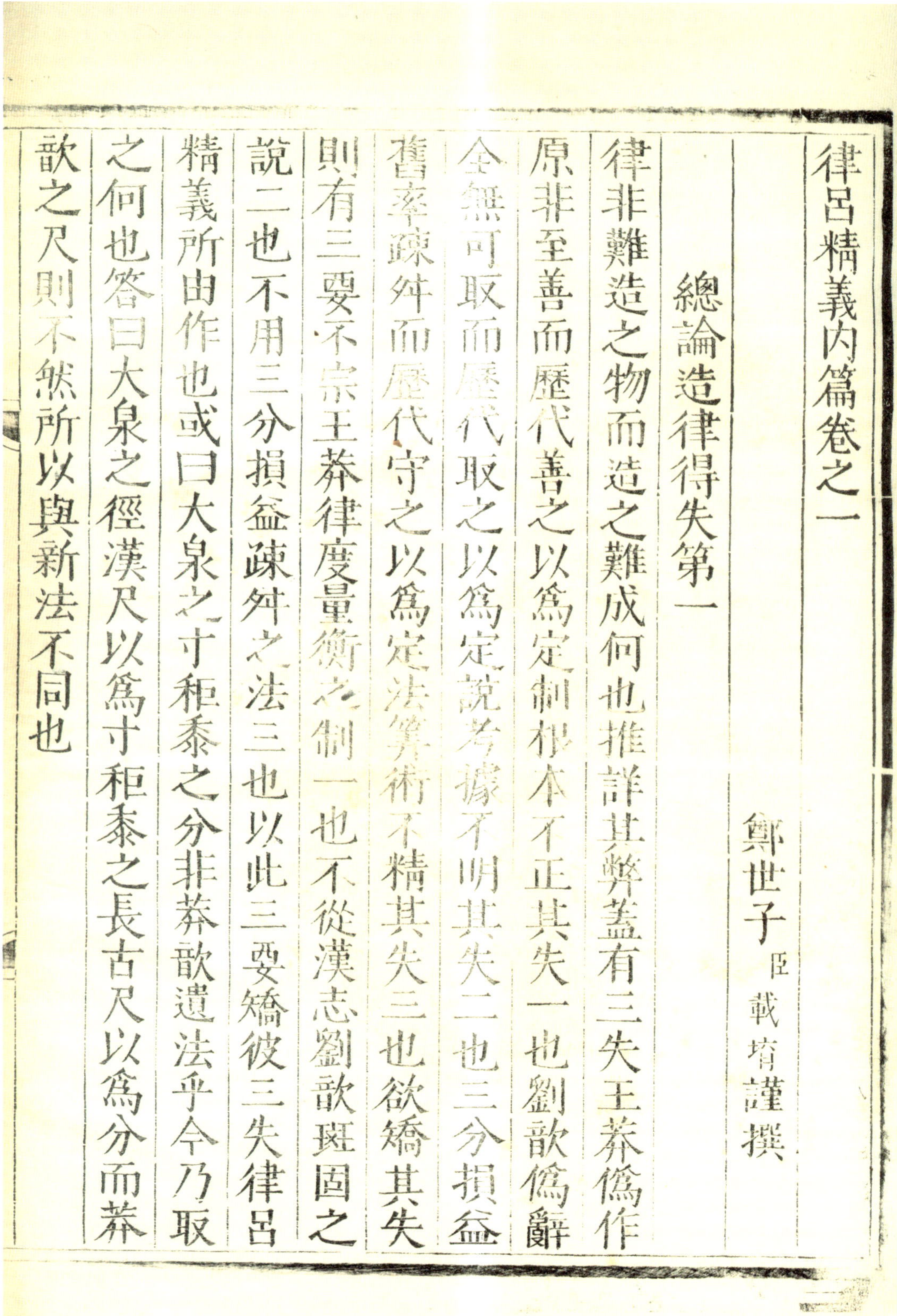

律呂精義內篇卷之一

鄭世子臣載堉謹撰

總論造律得失第一

律非難造之物而造之難成何也推詳其弊蓋有三失王莽僞作原非至善而歷代善之以爲定制根本不正其失一也劉歆僞辭全無可取而歷代取之以爲定說考據不明其失二也三分損益舊率疎舛而歷代守之以爲定法筭術不精其失三也欲矯其失則有三要不宗王莽律度量衡之制一也不從漢志劉歆班固之說二也不用三分損益疎舛之法三也以此三要矯彼三失律呂精義所由作也或曰大泉之寸秬黍之分非莽歆遺法乎今乃取之何也答曰大泉之徑漢尺以爲寸秬黍之長古尺以爲分而莽歆之尺則不然所以與新法不同也

00041 樂律全書四十八卷 （明）朱載堉撰　明萬曆鄭藩刻增修本

框高 25 厘米，宽 20 厘米。十二行二十五字，黑口，四周雙邊。武漢大學圖書館藏。

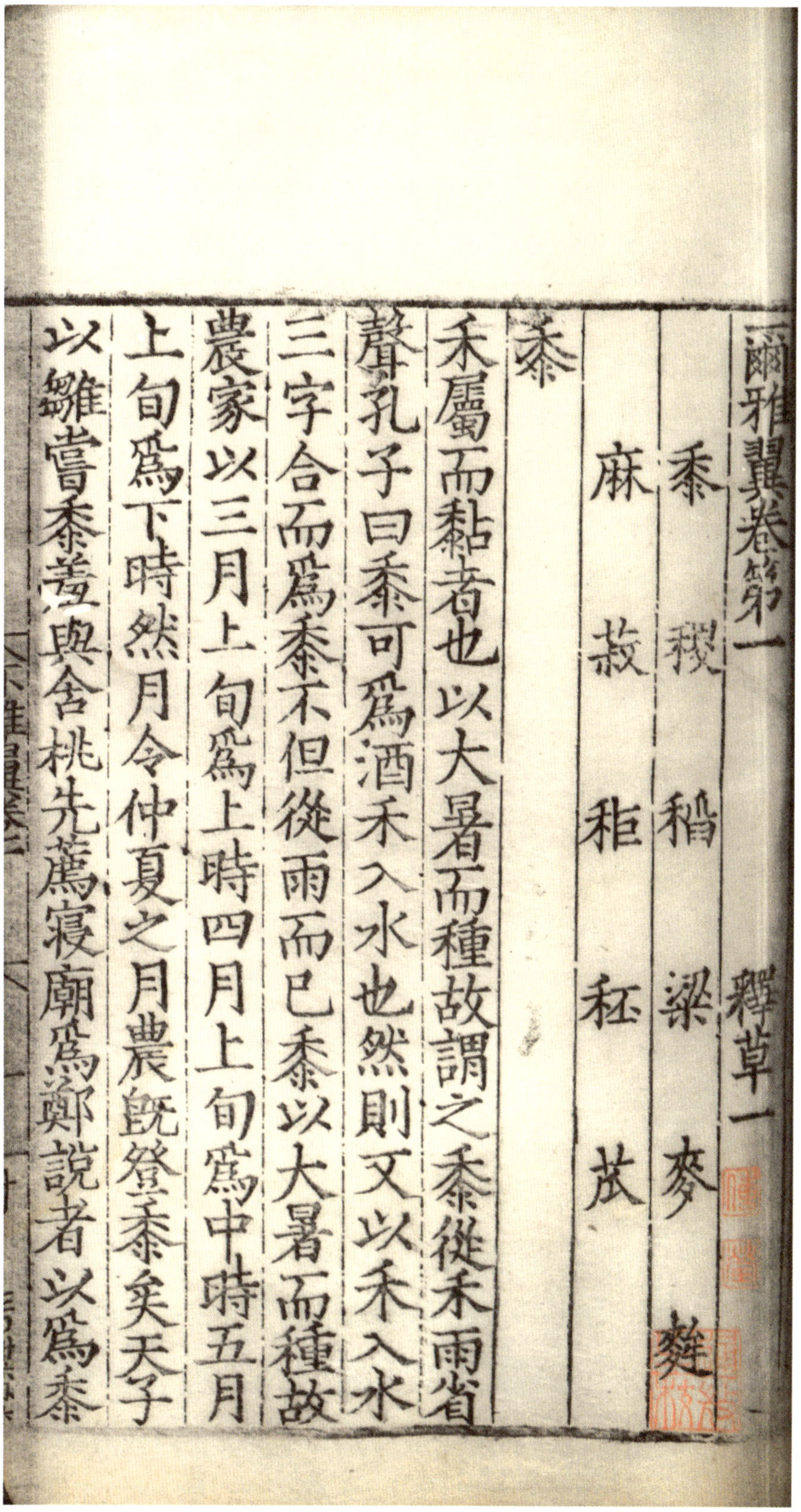

爾雅翼卷第一　　釋草一

黍　稷　稻　粱　麥　麰

麻　菽　秬　秠　茇

黍

禾屬而黏者也以大暑而種故謂之黍從禾雨省聲孔子曰黍可爲酒禾入水也然則又以禾入水三字合而爲黍不但從雨而已黍以大暑而種故農家以三月上旬爲上時四月上旬爲中時五月上旬爲下時然月令仲夏之月農既登黍矣天子以雛嘗黍羞與含桃先薦寢廟爲鄭說者以爲黍

00042 爾雅翼三十二卷（宋）羅願撰　明正德十四年（1519）羅文殊刻本

框高 19.9 厘米，宽 14.7 厘米。十行十九字，白口，四周雙邊。鈐“傳”“瑩”連珠印、“通微生校”“通眉生藏書印”“劉傳瑩印”等印。湖北省圖書館藏。

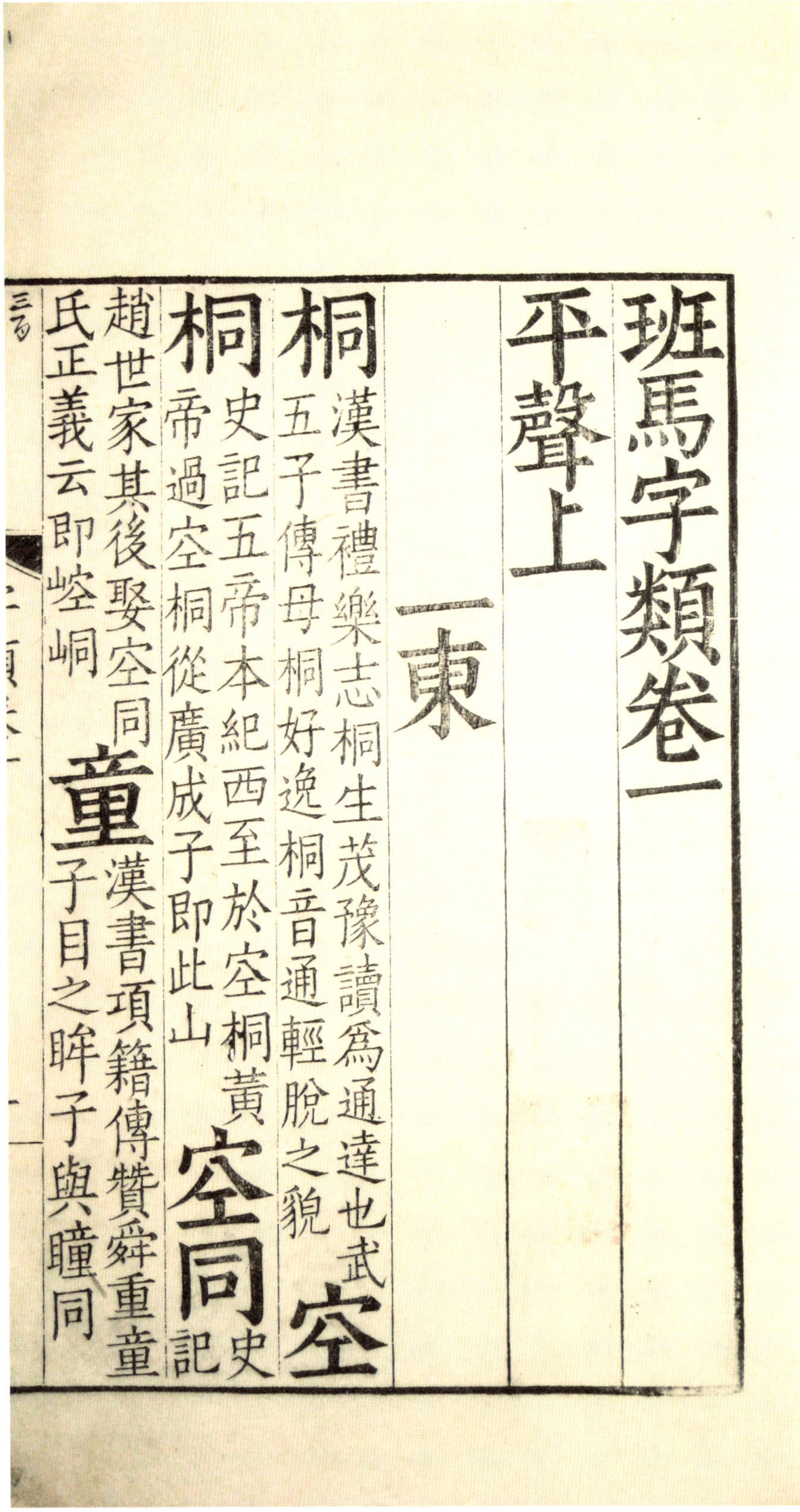
班馬字類卷一
平聲上
一東
桐漢書禮樂志桐生茂豫讀爲通達也武五子傳毋桐好逸桐音通輕脫之貌
空
桐史記五帝本紀西至於空桐黃帝過空桐從廣成子即此山
空同史記趙世家其後娶空同氏正義云即崆峒
童漢書項籍傳贊舜重童子目之眸子與瞳同

00043 班馬字類五卷 （宋）婁機撰　明仿宋刻本

框高 21.2 厘米，宽 14.6 厘米。半葉六行，字數不等，綫黑口，四周單邊。襄陽市少年兒童圖書館藏。

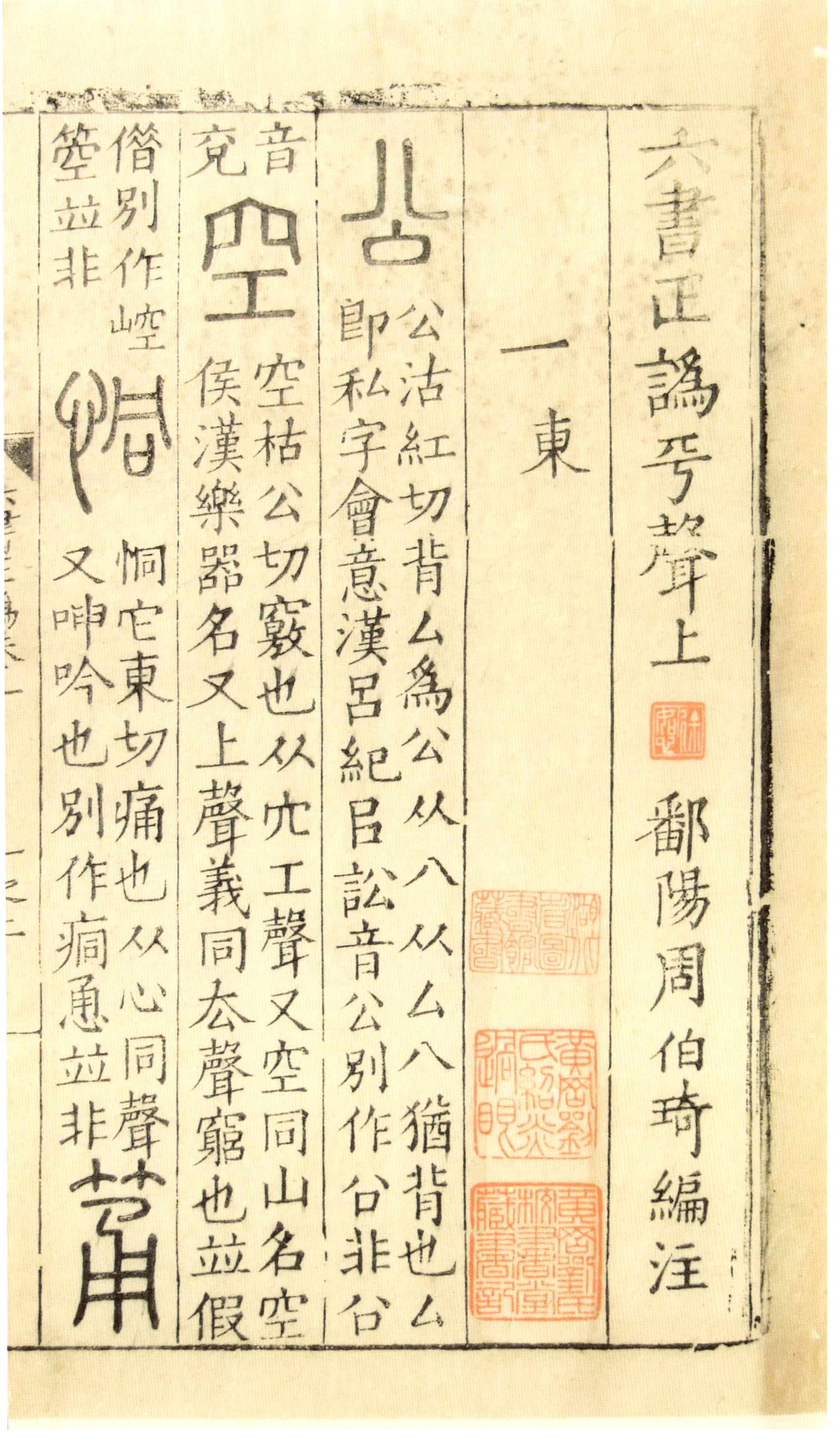

00044 六書正譌五卷 （元）周伯琦編注　明嘉靖元年（1522）刻本

框高23.8厘米，寬15.1厘米。五行二十字，白口，左右雙邊。鈐“松石齋攷藏”“謝墉印”“東墅”“古潭州袁臥雪廬收藏”“黄岡劉氏校書堂藏書記”“黄岡劉氏紹炎過眼”“徐恕”等印。湖北省圖書館藏。

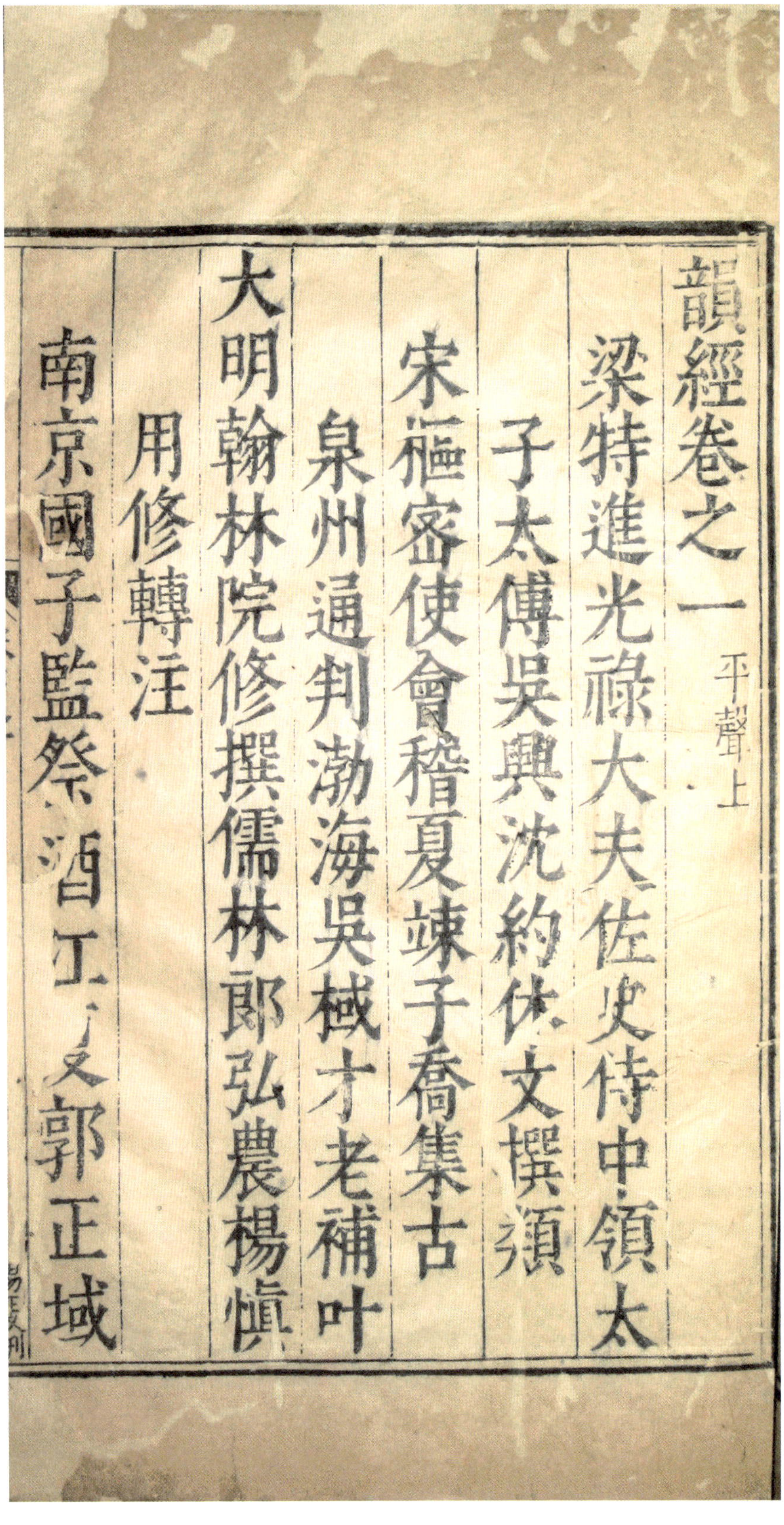
韻經卷之一 平聲上
梁特進光祿大夫佐史侍中領太
子太傅吳興沈約休文撰須
宋樞密使會稽夏竦子喬集古
泉州通判渤海吳棫才老補叶
大明翰林院修撰儒林郎弘農楊慎
用修轉注
南京國子監祭酒江夏郭正域

00045 韻經五卷 （梁）沈約撰　明嘉靖十年（1531）南京國子監刻本

框高 20.3 厘米，寬 14.2 厘米。八行十四字，白口，四周雙邊。鈐“康”“吴興姚伯子覲元鑑藏書畫圖籍之印”等印。襄陽市少年兒童圖書館藏。

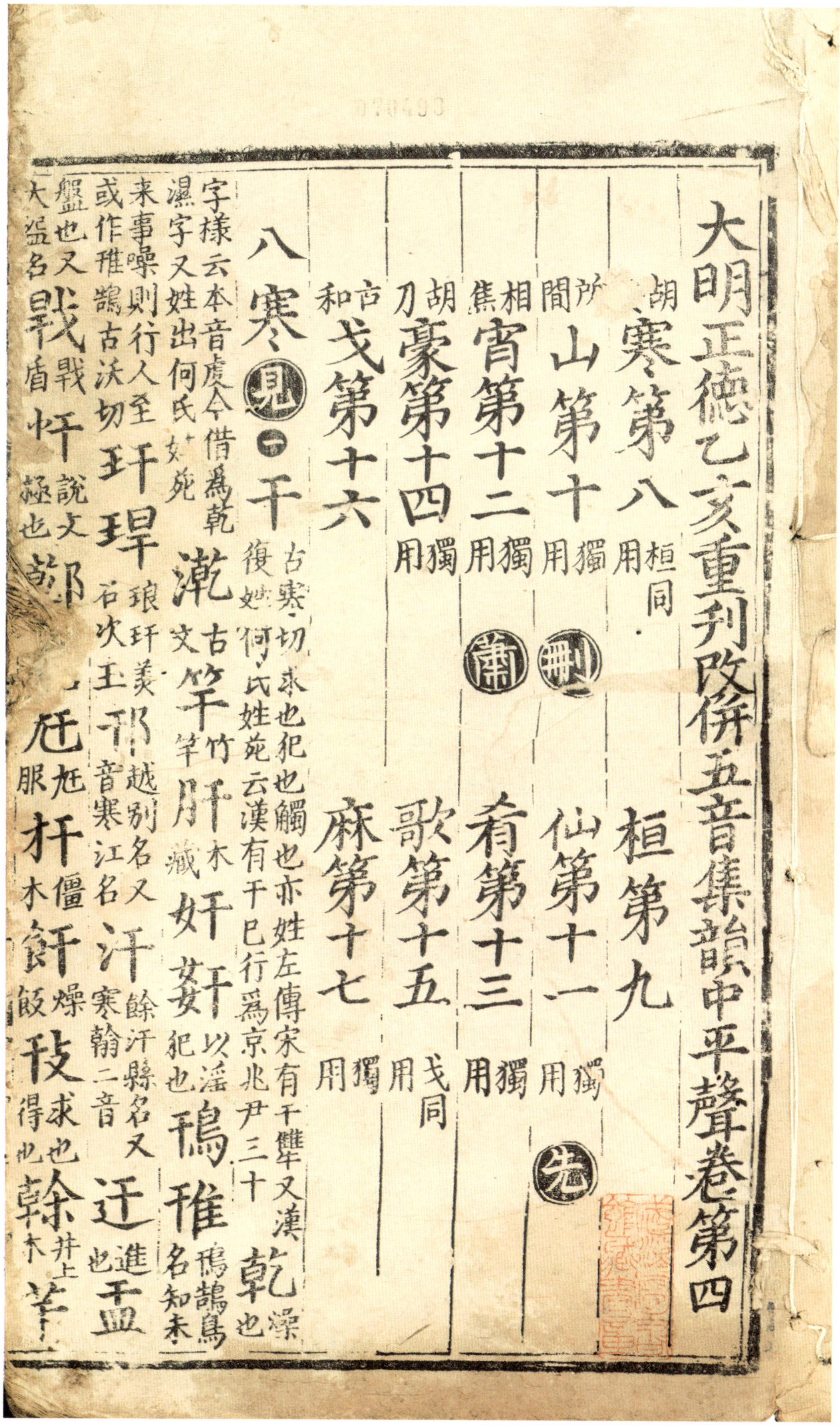
大明正德乙亥重刋改併五音集韻中平聲卷第四

胡寒第八桓同用　桓第九
所閒山第十獨用　仙第十一獨用
相焦宵第十二獨用　肴第十三獨用
胡刀豪第十四獨用　歌第十五戈同用
古和戈第十六　麻第十七獨用

八寒見一干古寒切求也犯也觸也亦姓左傳宋有干犨又漢復姓何氏姓苑云漢有干已行爲京兆尹三十乾燥也字樣云本音虔今借爲乾溼字又姓出何氏姓苑漧古文竿竹竿肝木藏奸犯也姧以淫鳱鳱鵲鳥名知未來事噪則行人至雃或作雃鶾古沃切玕琅玕美石次玉邗越別名又音寒江名汗餘汗縣名又寒翰二音迂進也盂盤也又大盌名戩戩盾忓說文極也

00046 大明正德乙亥重刊改併五音類聚四聲篇十五卷 （金）韓道昭撰

明正德十至十一年（1515—1516）金臺衍法寺釋覺恒刻本

框高 29.7 厘米，寬 18.9 厘米。十行十六字，黑口，四周雙邊。存九卷：四至十二。武漢圖書館藏。

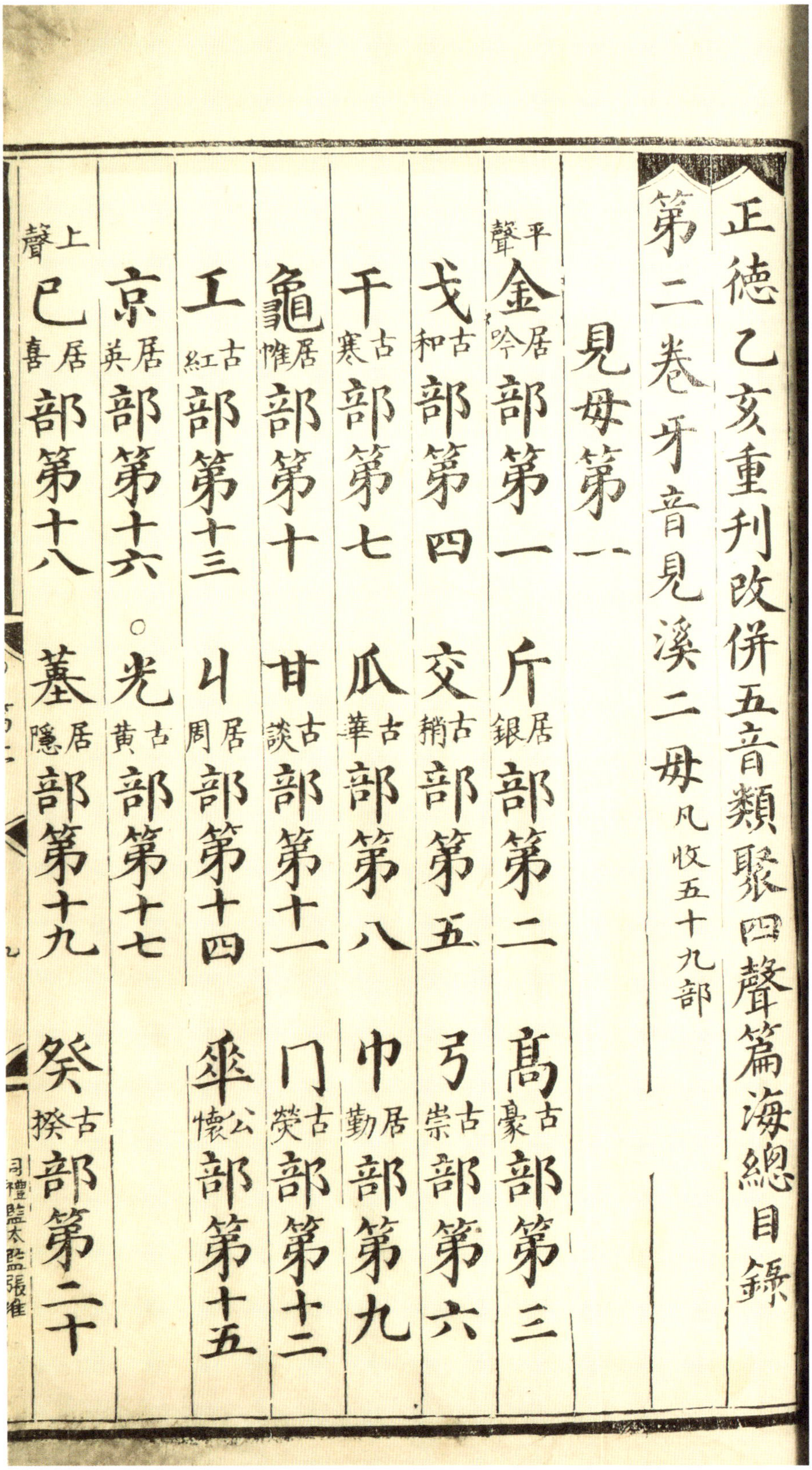
正德乙亥重刊改併五音類聚四聲篇海總目錄
第二卷牙音見溪二母 凡收五十九部
見母第一
平聲 金居吟部第一 斤居銀部第二 高古豪部第三
戈古和部第四 交古稍部第五 弓古崇部第六
干古寒部第七 瓜古華部第八 巾居勤部第九
龜居帷部第十 甘古談部第十一 冂古熒部第十二
工古紅部第十三 丩居周部第十四 乖公懷部第十五
京居英部第十六 ○光古黃部第十七
上聲 已居喜部第十八 巹居隱部第十九 癸古揆部第二十
司禮監太監張雄

00047 大明正德乙亥重刊改併五音類聚四聲篇十五卷 （金）韓道昭撰

明正德十年（1515）金臺大隆福寺釋文儒刻本

框高 29.7 厘米，宽 18.6 厘米。十行十八字，黑口，四周雙邊。鈐“曾爲古平壽郭申堂藏”等印。武漢大學圖書館藏。

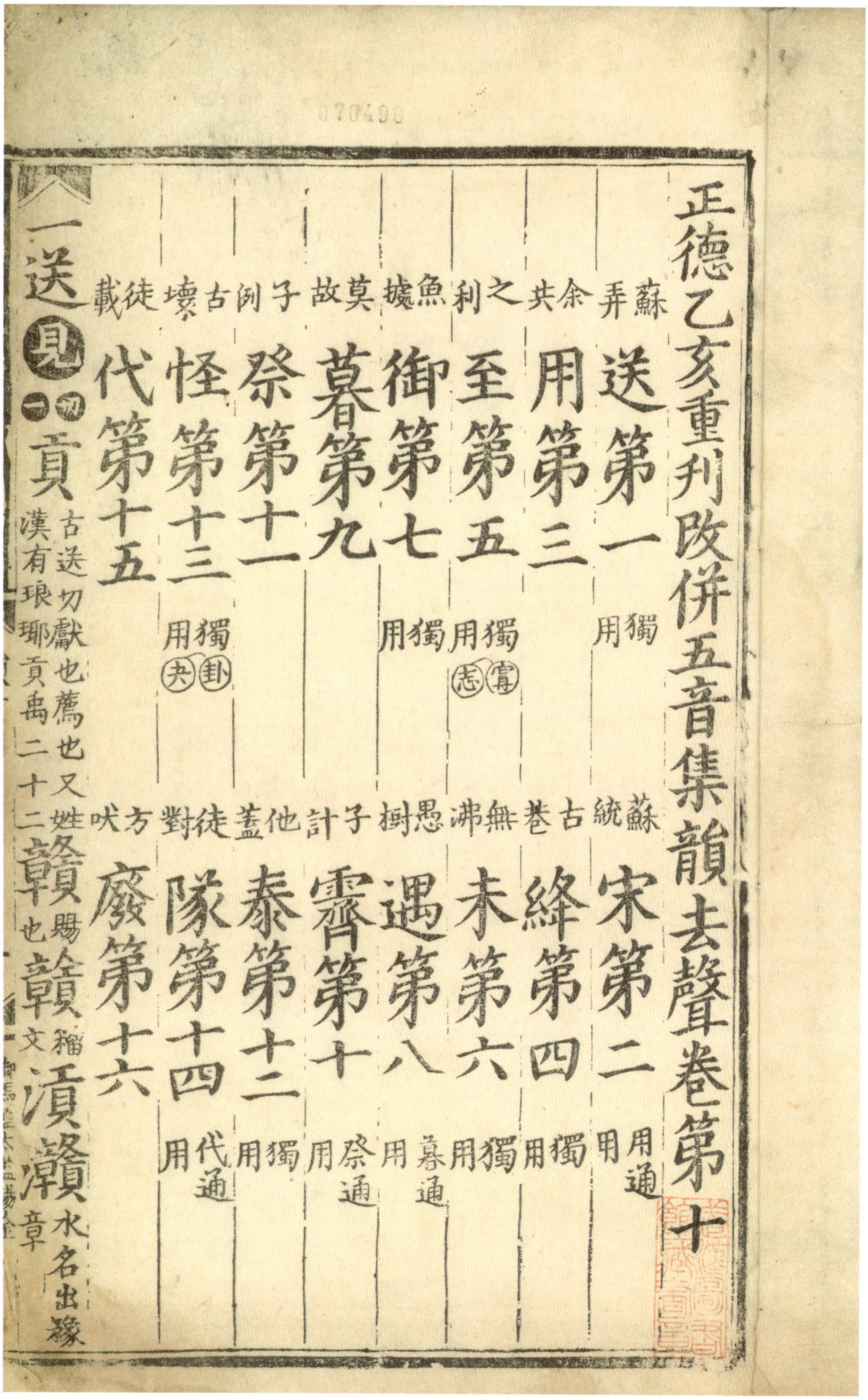
正德乙亥重刊改併五音集韻去聲卷第十

蘇弄 送第一 獨用　蘇統 宋第二 用通 用
余共 用第三 獨用　古巷 絳第四 獨用
之利 至第五 獨用（宥）（志）　無沸 未第六 獨用
魚據 御第七 獨用　愚樹 遇第八 暮通 用
莫故 暮第九　子計 霽第十 祭通 用
子例 祭第十一　他蓋 泰第十二 獨用
古壞 怪第十三 獨用（卦）（夬）　徒對 隊第十四 代通 用
徒載 代第十五　方吠 廢第十六

一送 見 一切 貢 古送切獻也薦也又姓漢有琅琊貢禹二十二 贛 贛賜也 贑 籀文 湏 灨 水名出豫章

00048 大明正德乙亥重刊改併五音集韻十五卷 （金）韓道昭撰　明正德十至十一年（1515—1516）刻本

框高 29.8 厘米，宽 18.7 厘米。十行十六字，黑口，四周雙邊。存十二卷：四至十五。武漢圖書館藏。

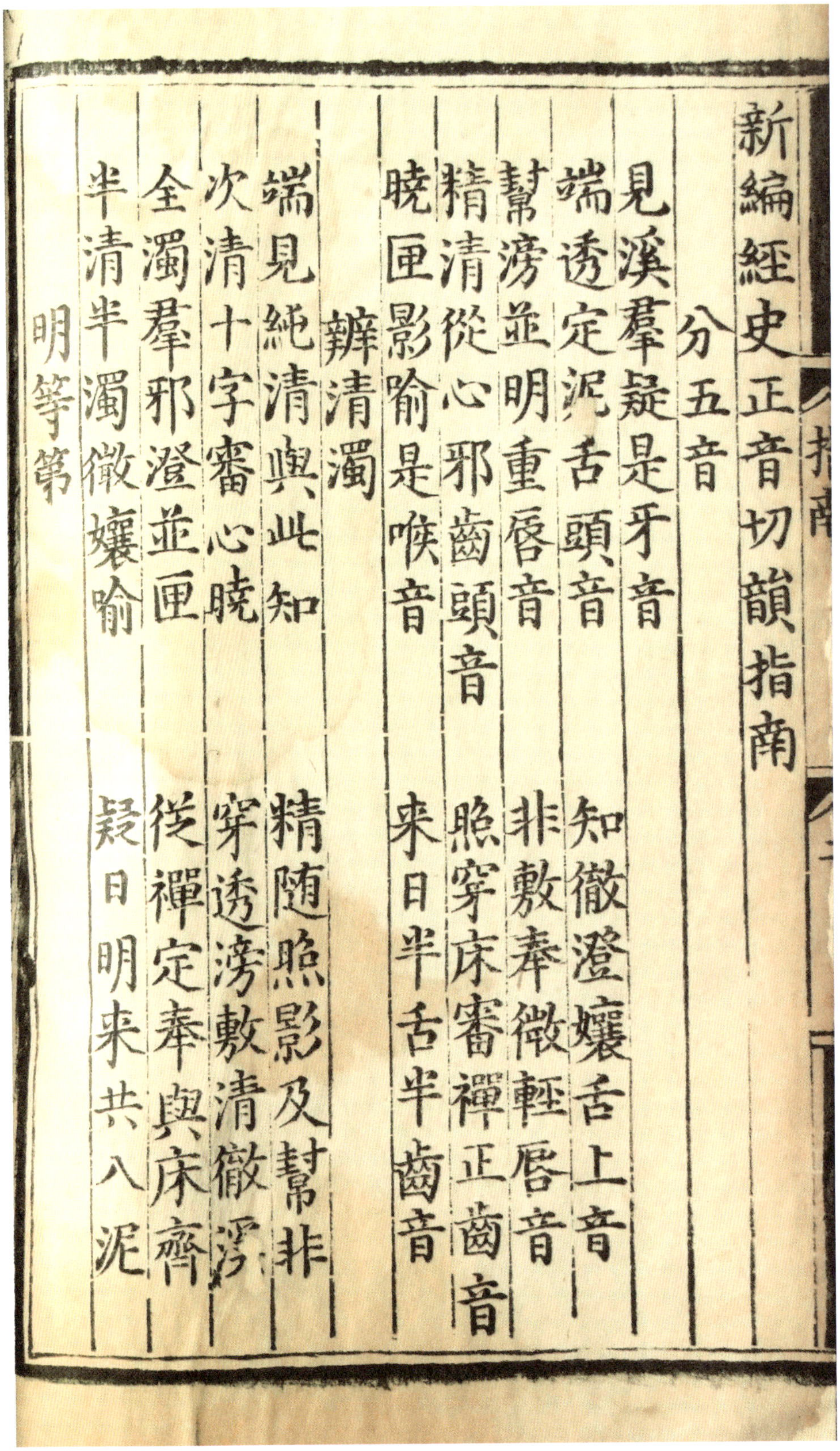
新編經史正音切韻指南

分五音

見溪羣疑是牙音　知徹澄孃舌上音
端透定泥舌頭音　非敷奉微輕脣音
幫滂並明重脣音　照穿床審禪正齒音
精清從心邪齒頭音　来日半舌半齒音
曉匣影喻是喉音

辨清濁

端見純清與此知　精隨照影及幫非
次清十字審心曉　穿透滂敷清徹溪
全濁羣邪澄並匣　從禪定奉與床齊
半清半濁微孃喻　疑日明来共八泥

明等第

00049 新編經史正音切韻指南一卷 （元）劉鑑撰　明弘治九年（1496）釋思宜刻本

框高 22.7 厘米，宽 15 厘米。十三行十八字，黑口，四周雙邊。自序後鎸“旹大明弘治九年仲冬吉日金臺釋子思宜重刊”。鈐“桐風廎藏”等印。湖北省圖書館藏。

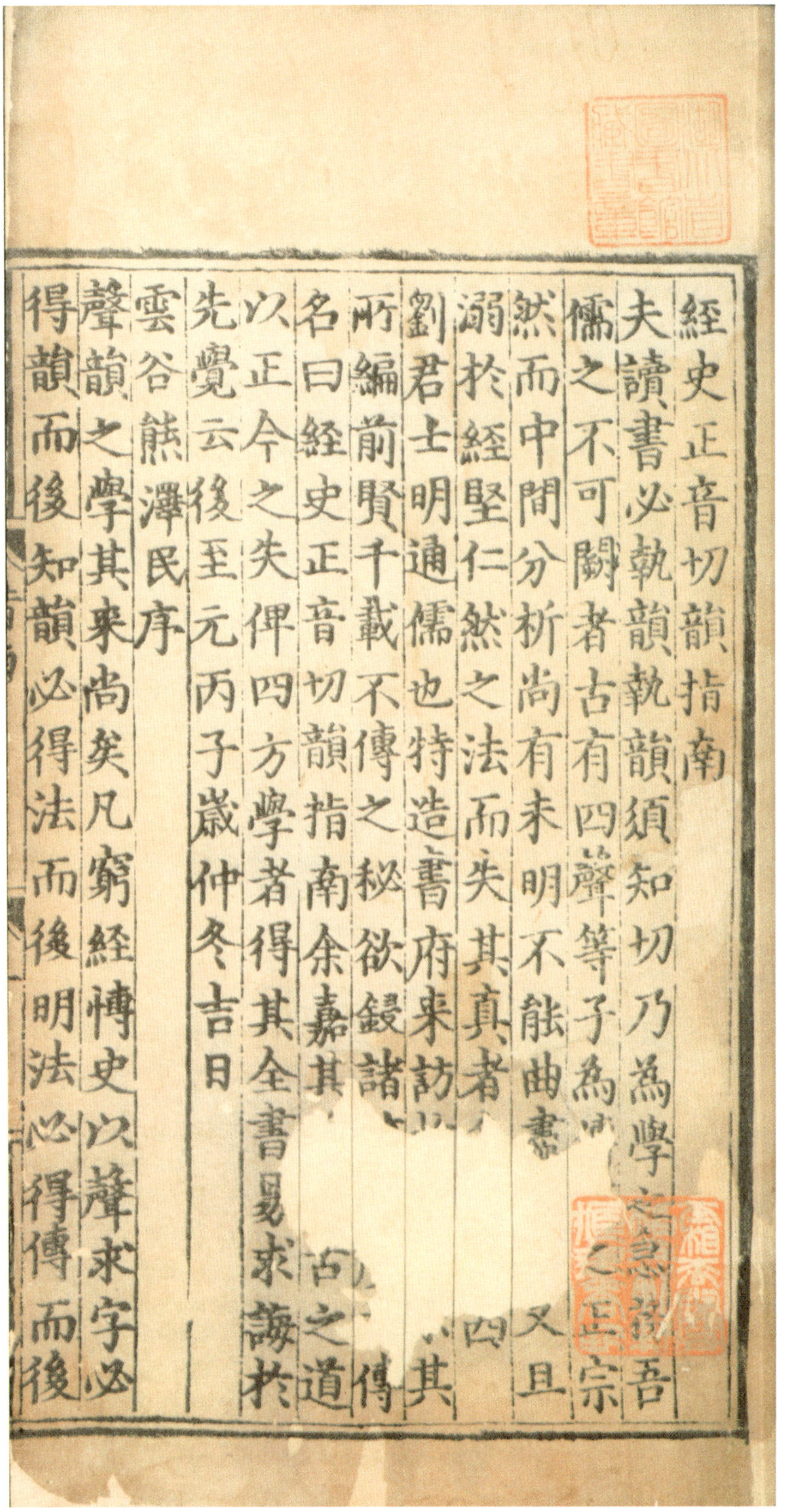

經史正音切韻指南
夫讀書必執韻執韻須知切乃為學之急務吾
儒之不可闕者古有四聲等子為[illegible]之正宗
然而中間分析尚有未明不能曲盡[illegible]又且
溺於經堅仁然之法而失其真者[illegible]四
劉君士明通儒也特造書府來訪[illegible]其
所編前賢千載不傳之秘欲鋟諸[illegible]傳
名曰經史正音切韻指南余嘉其[illegible]古之道
以正今之失俾四方學者得其全書曷求誨於
先覺云後至元丙子歲仲冬吉日
雲谷熊澤民序
聲韻之學其來尚矣凡窮經博史以聲求字必
得韻而後知韻必得法而後明法必得傳而後

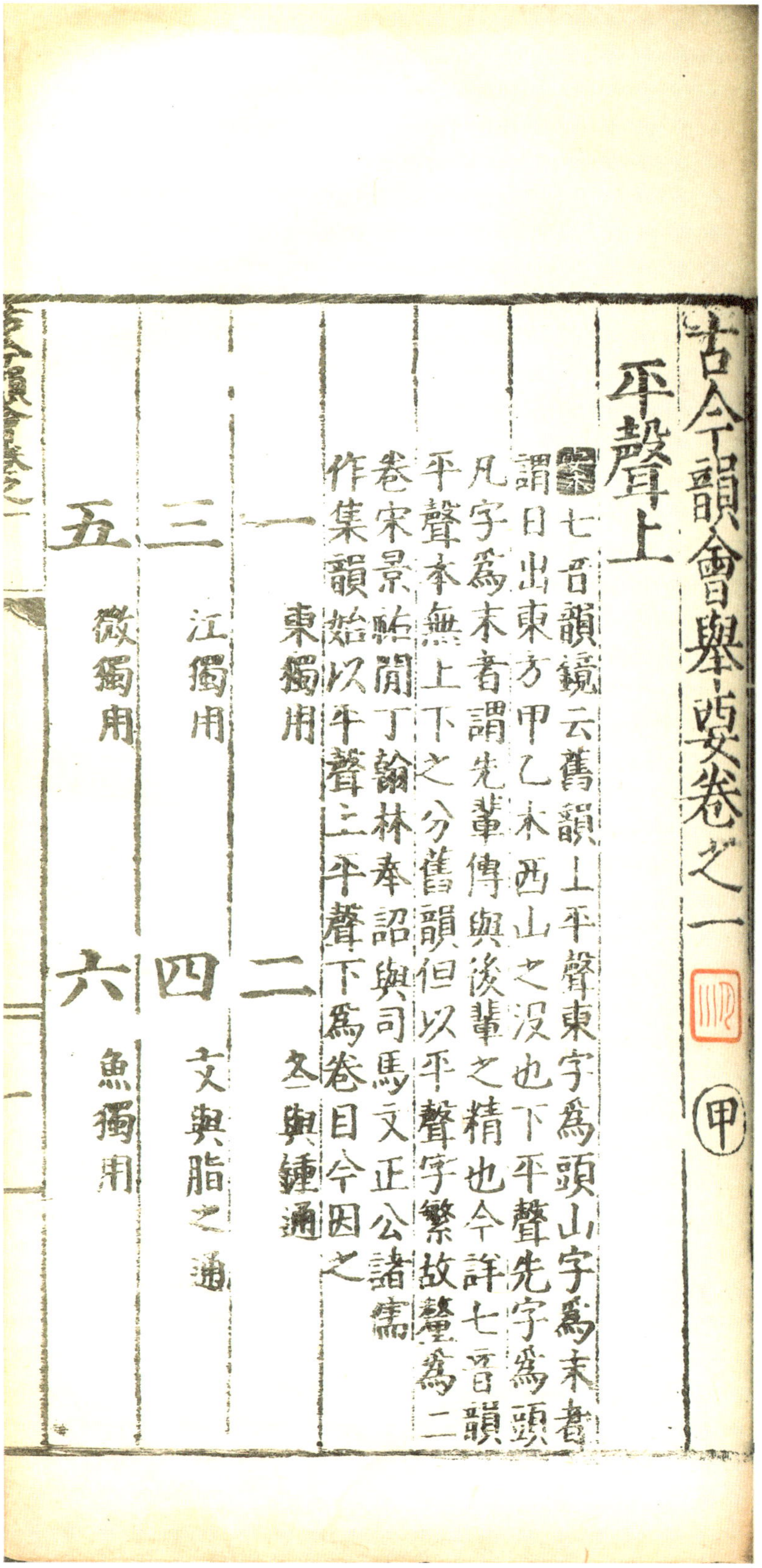

古今韻會舉要卷之一

平聲上

案七音韻鏡云舊韻上平聲東字爲頭山字爲末者謂日出東方甲乙木西山之沒也下平聲先字爲頭凡字爲末者謂先輩傳與後輩之精也今詳七音韻平聲本無上下之分舊韻但以平聲字繁故釐爲二卷宋景祐間丁翰林奉詔與司馬文正公諸儒作集韻始以平聲上平聲下爲卷目今因之

一 東獨用　二 冬與鍾通

三 江獨用　四 支與脂之通

五 微獨用　六 魚獨用

00050 古今韻會舉要三十卷 （元）熊忠撰　明嘉靖十五年（1536）秦鉞李舜臣刻、十七年（1538）劉儲秀補刻本

框高 20.8 厘米，寬 14.9 厘米。半葉八行，字數不等，白口，左右雙邊。鈐“愁齋秘笈”“許氏鞠霜樓藏書”“月川”“鞠霜樓”“東洲草堂”“雲龍萬寶之軒”“青蘿館印”等印。武漢大學圖書館藏。

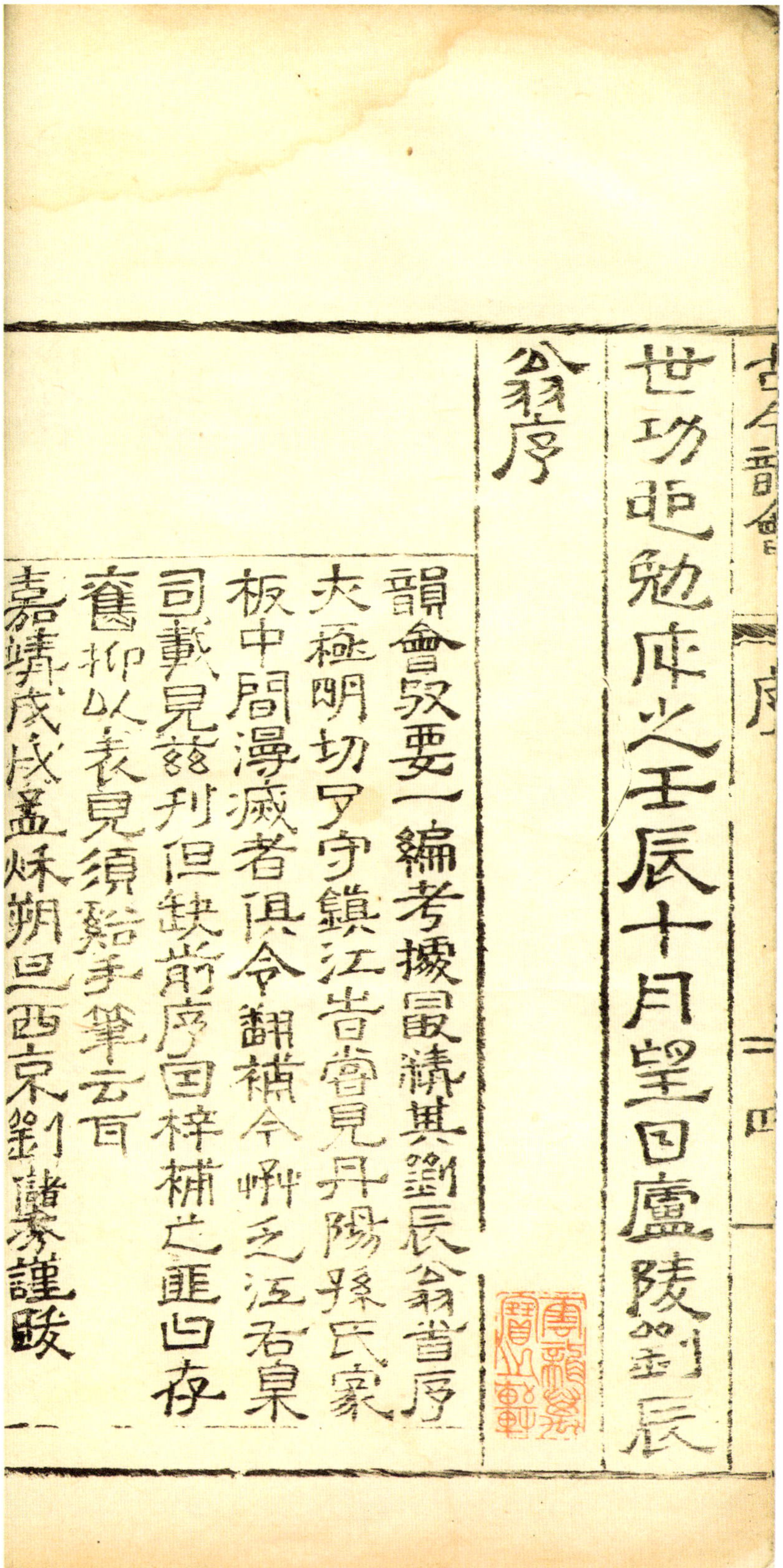
世功臣勉庵之壬辰十月望日廬陵劉辰
翁序
韻會聚要一編考據最精其劉辰翁嘗序
夫極明切今守鎮江者嘗見丹陽縣氏家
板中間漫滅者俱令翻補今刪丞江右臬
司事見茲刊但缺前序因梓補之匪曰存
舊抑以表見須谿手筆云耳
嘉靖戊戌孟秋朔旦西京劉儲秀謹跋

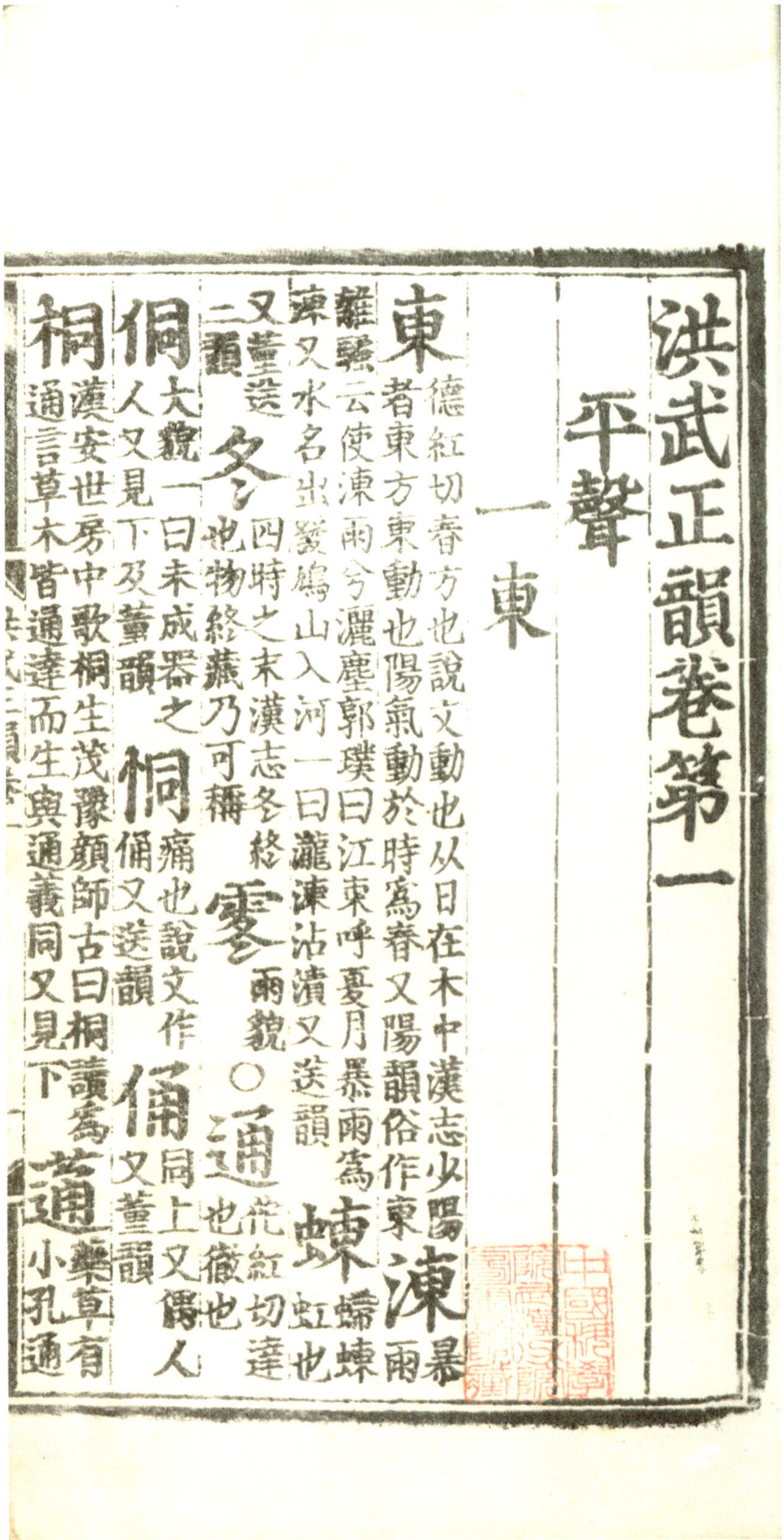

00051 洪武正韻十六卷 （明）樂韶鳳等撰　明初刻本

框高 22 厘米，宽 14.9 厘米。半葉八行，字數不等，黑口，四周雙邊。湖北省圖書館藏。

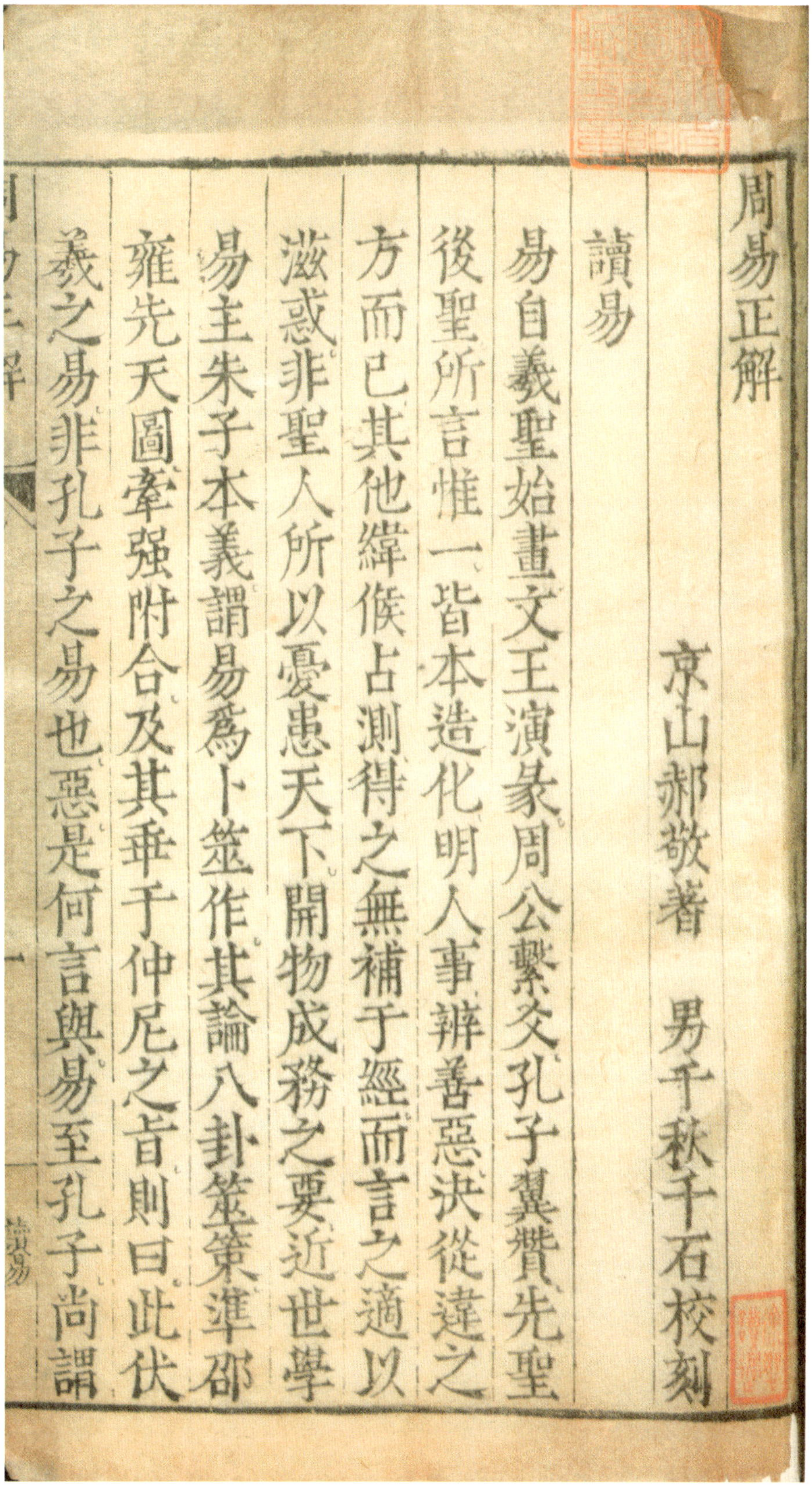

周易正解

京山郝敬著　男千秋千石校刻

讀易

易自羲聖始畫文王演彖周公繫爻孔子翼贊先聖後聖所言惟一皆本造化明人事辨善惡決從違之方而已其他緯候占測得之無補于經而言之適以滋惑非聖人所以憂患天下開物成務之要近世學易主朱子本義謂易爲卜筮作其論八卦筮策準邵雍先天圖牽强附合及其垂于仲尼之旨則曰此伏羲之易非孔子之易也惡是何言與易至孔子尚謂

周易正解　一　讀易

00052 郝氏九經解一百七十五卷（明）郝敬撰　明萬曆四十三年至四十七年（1615—1619）郝千秋、郝千石刻本

框高 22 厘米，宽 14.5 厘米。十行二十一字，綫黑口，四周單邊。鈐“徐恕印信”“字曰行可”“徐恕讀過”“曾歸徐氏彊誃”等印。湖北省圖書館藏。

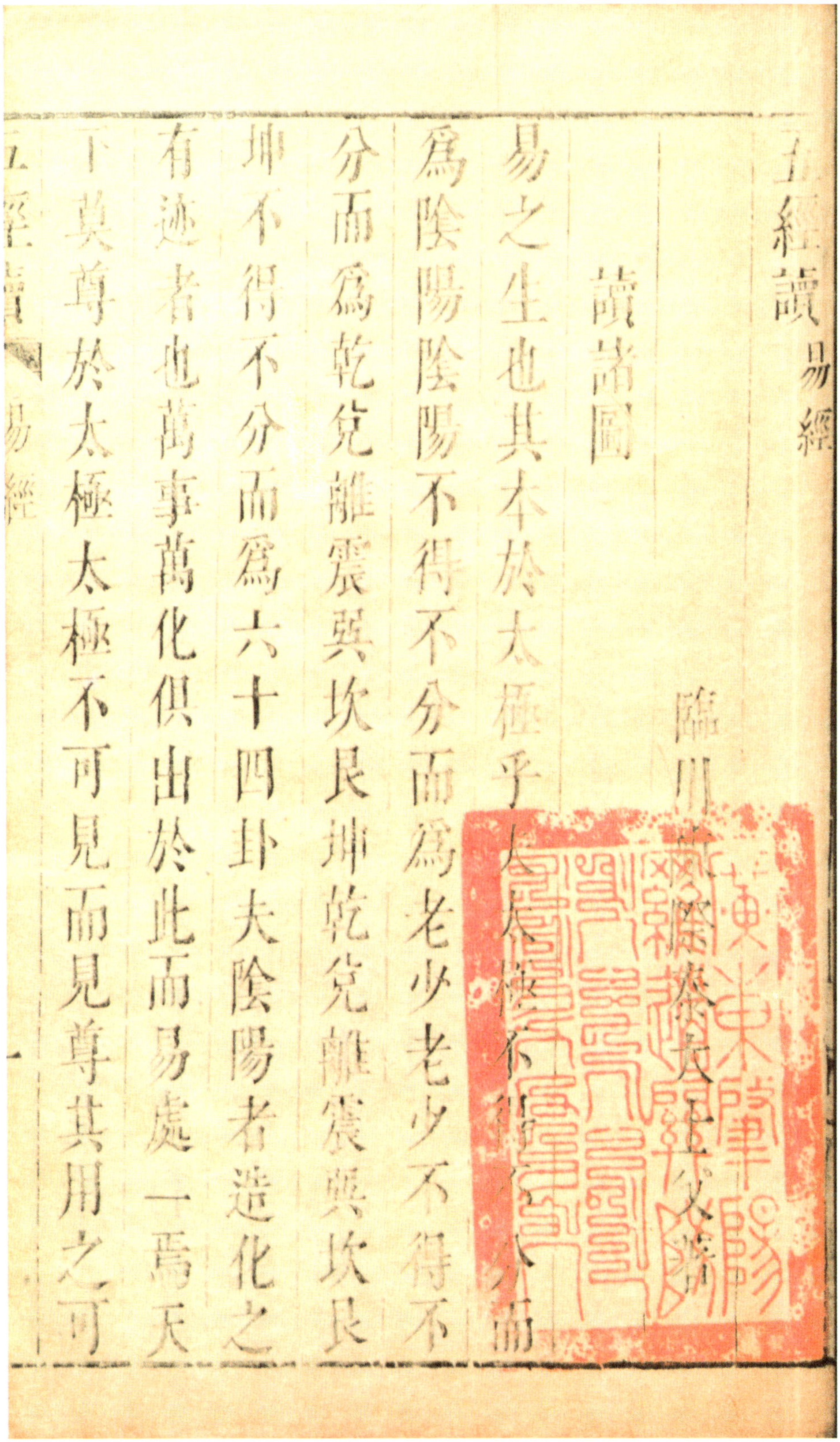
五經讀　易經

臨川陳際泰大士父著

讀諸圖

易之生也其本於太極乎太極不得不分而爲陰陽陰陽不得不分而爲老少老少不得不分而爲乾兑離震巽坎艮坤乾兑離震巽坎艮坤不得不分而爲六十四卦夫陰陽者造化之有迹者也萬事萬化俱出於此而易處一焉天下莫尊於太極太極不可見而見尊其用之可

五經讀　易經　一

00053 五經讀五卷　（明）陳際泰著　明崇禎刻本

框高 21.3 厘米，宽 14.7 厘米。九行十八字，白口，左右雙邊。鈐“廣東肇陽羅道關防”（滿漢合璧）、“明倫館印”等印。湖北省圖書館藏。

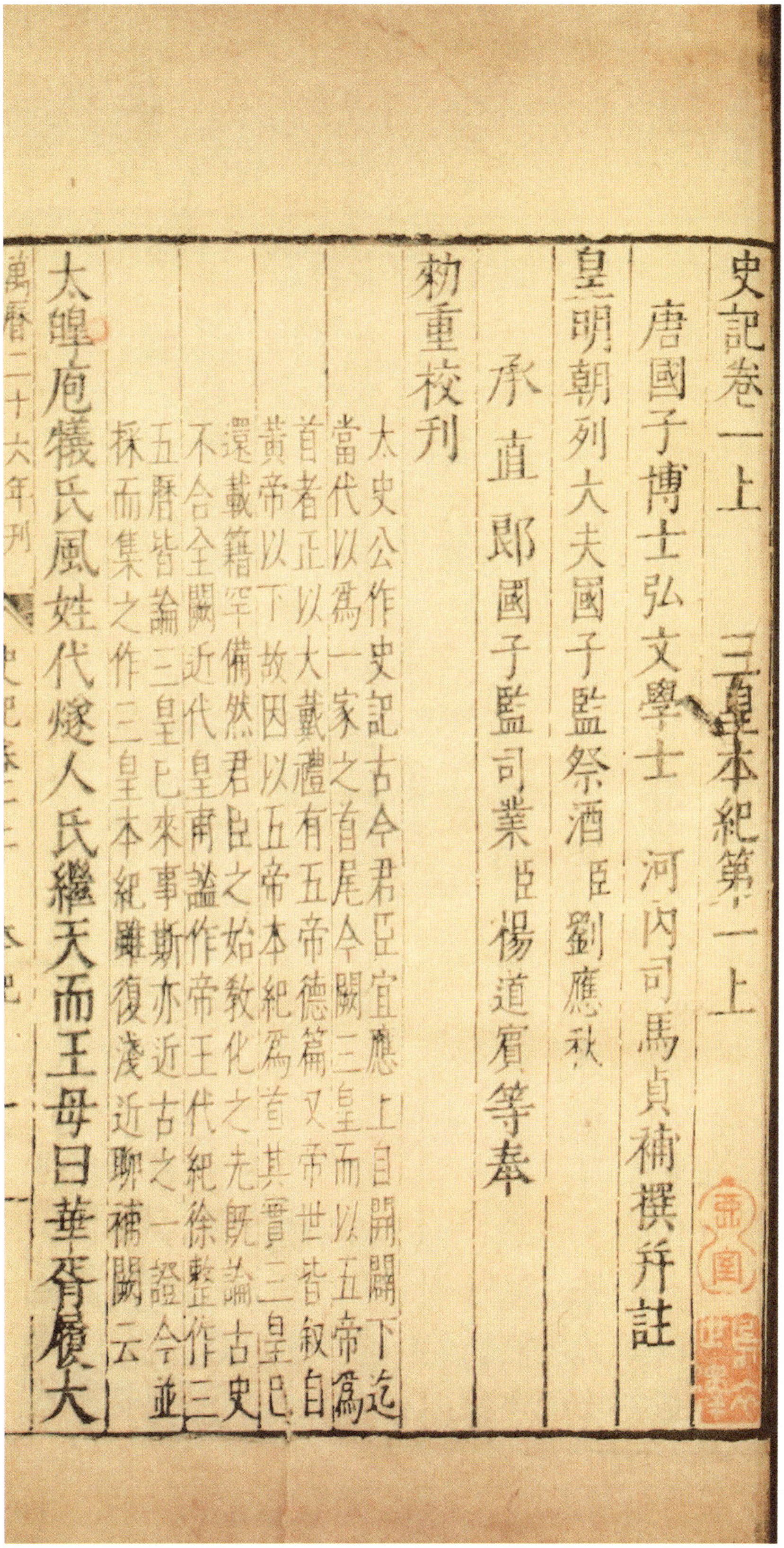

史記卷一上　　三皇本紀第一上
唐國子博士弘文學士　河内司馬貞補撰并註
皇明朝列大夫國子監祭酒臣劉應秋
承直郎國子監司業臣楊道賓等奉
勅重校刊
太史公作史記古今君臣宜應上自開闢下迄當代以為一家之首尾今闕三皇而以五帝為首者正以大戴禮有五帝德篇又帝世皆叙自黄帝以下故因以五帝本紀為首其實三皇已還載籍罕備然君臣之始教化之先既論古史不合全闕近代皇甫謐作帝王代紀徐整作三五暦皆論三皇已來事斯亦近古之一證今並採而集之作三皇本紀雖復淺近聊補闕云
太皥庖犧氏風姓代燧人氏繼天而王母曰華胥履大
萬曆二十六年刊

00054 二十一史二十一種二千五百六十七卷 明萬曆二十三年至三十四年（1595—1606）北京國子監刻本［周書補配明萬曆十六年（1588）南京國子監刻本］

十行二十一字，白口，四周雙邊。鈐“紫壘山人”“烏衣世澤”“汪元范印”“湄溪”“汪元范字明生”“紫陽田居”“潁川汪氏家藏圖書”“書思堂印”“芙蓉江上司馬”等印。湖北省博物館藏。

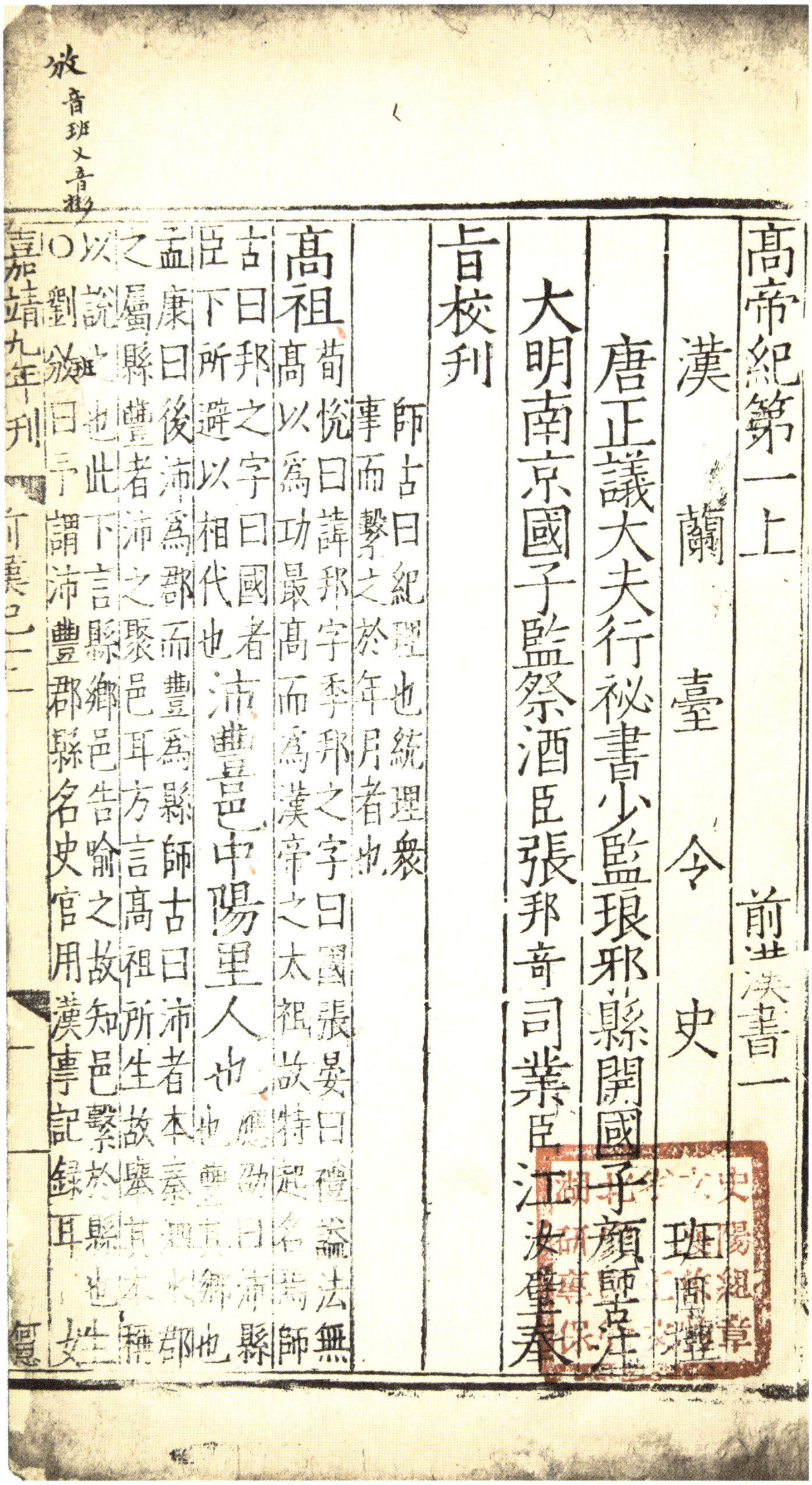

高帝紀第一上　前漢書一
漢　蘭　臺　令　史　班固撰
唐正議大夫行祕書少監琅邪縣開國子顏師古注
大明南京國子監祭酒臣張邦奇司業臣江汝璧奉
旨校刊
師古曰紀理也統理衆事而繫之於年月者也
高祖荀悅曰諱邦字季邦之字曰國張晏曰禮謚法無
高以爲功最高而爲漢帝之太祖故特起名焉師
古曰邦之字曰國者臣下所避以相代也
沛豐邑中陽里人也
應劭曰沛縣也豐其鄉也
孟康曰後沛爲郡而豐爲縣師古曰沛者本秦泗水郡之屬
縣豐者沛之聚邑耳方言高祖所生故舉其本稱
以說之也此下言縣鄉邑告喻之故知邑繫於縣也
○劉攽曰予謂沛豐郡縣名史官用漢專記錄耳
嘉靖九年刊
攽音班又音彬

00055 前漢書一百卷 （漢）班固撰 （唐）顏師古注　明嘉靖八年至九年（1529—1530）南京國子監刻二十一史本

框高 22.3 厘米，宽 15.6 厘米。十行二十一字，白口，四周雙邊。存九十八卷：一至十五、十八至一百。襄陽市少年兒童圖書館藏。

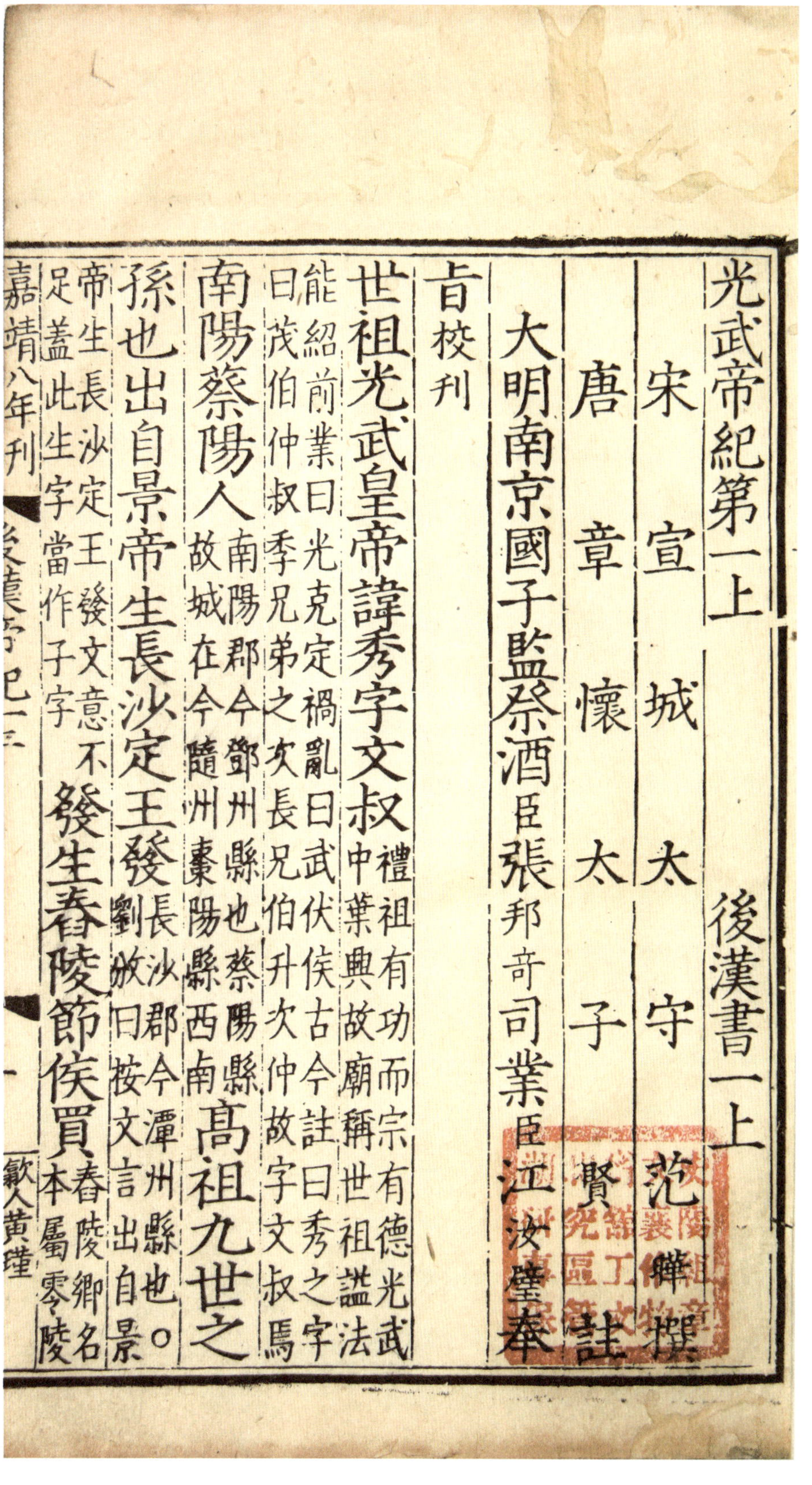

光武帝紀第一上　後漢書一上
宋　宣　城　太　守　范　曄　撰
唐　章　懷　太　子　賢　註
大明南京國子監祭酒臣張邦奇司業臣江汝璧奉
旨校刊
世祖光武皇帝諱秀字文叔禮祖有功而宗有德光武中興故廟稱世祖謚法能紹前業曰光克定禍亂曰武伏侯古今註曰秀之字曰茂伯仲叔季兄弟之次長兄伯升次仲故字文叔焉
南陽蔡陽人南陽郡今鄧州縣也蔡陽縣故城在今隨州棗陽縣西南高祖九世之
孫也出自景帝生長沙定王發長沙郡今潭州縣也○劉攽曰按文言出自景帝生長沙定王發文意不足蓋此生字當作子字發生舂陵節侯買舂陵鄉名本屬零陵
嘉靖八年刊　後漢帝紀一上　一　歙人黃瑾

00056 後漢書九十卷　（南朝宋）范曄撰　（唐）李賢注　**志三十卷**　（晉）司馬彪撰　（南朝梁）劉昭注　明嘉靖八年至九年（1529—1530）南京國子監刻二十一史本

框高 21.7 厘米，寬 15.6 厘米。十行二十一字，綫黑口，四周雙邊。存一百一十卷：後漢書之一至四十六、五十一、五十二、五十五至九十；志之一至四、九至三十。襄陽市少年兒童圖書館藏。

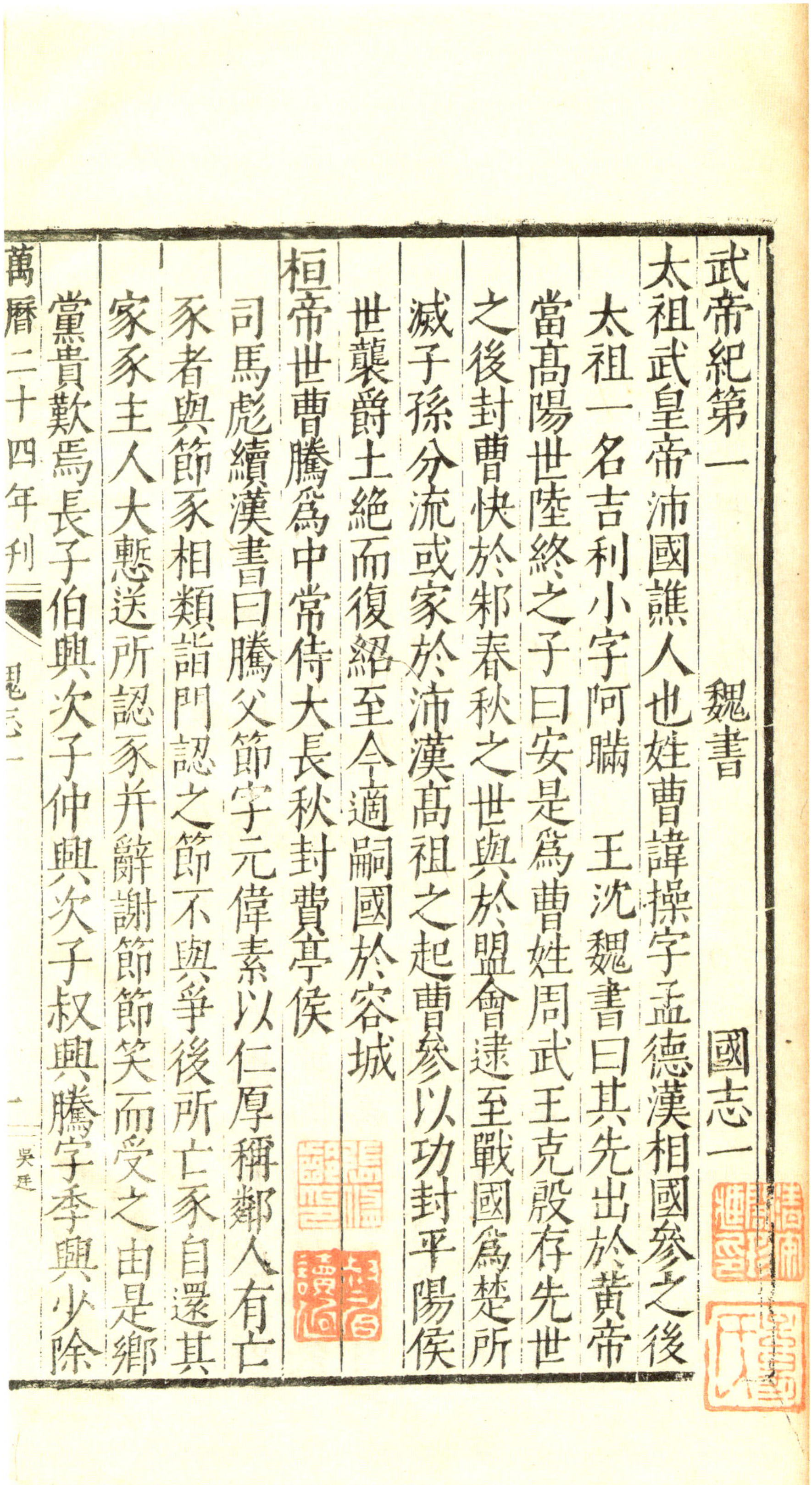

武帝紀第一　　魏書　　國志一

太祖武皇帝沛國譙人也姓曹諱操字孟德漢相國參之後

太祖一名吉利小字阿瞞　王沈魏書曰其先出於黃帝

當高陽世陸終之子曰安是爲曹姓周武王克殷存先世

之後封曹俠於邾春秋之世與於盟會逮至戰國爲楚所

滅子孫分流或家於沛漢高祖之起曹參以功封平陽侯

世襲爵土絕而復紹至今適嗣國於容城

桓帝世曹騰爲中常侍大長秋封費亭侯

司馬彪續漢書曰騰父節字元偉素以仁厚稱鄰人有亡

豕者與節豕相類詣門認之節不與爭後所亡豕自還其

家豕主人大慙送所認豕幷辭謝節節笑而受之由是鄉

黨貴歎焉長子伯興次子仲興次子叔興騰字季興少除

萬曆二十四年刊　　魏志一　　二　吳廷

00057 三國志六十五卷　（晉）陳壽撰　（南朝宋）裴松之注　明萬曆二十四年（1596）南京國子監刻本

框高21.5厘米，寬14.7厘米。十二行二十三字，白口，四周雙邊。鈐“清鑑堂印”“長沙後人”“江夏張氏”“醉六珍藏”“子易氏”“清安閣珍藏印”“叔眉讀過”“張脩齡印”等印。武漢大學圖書館藏。

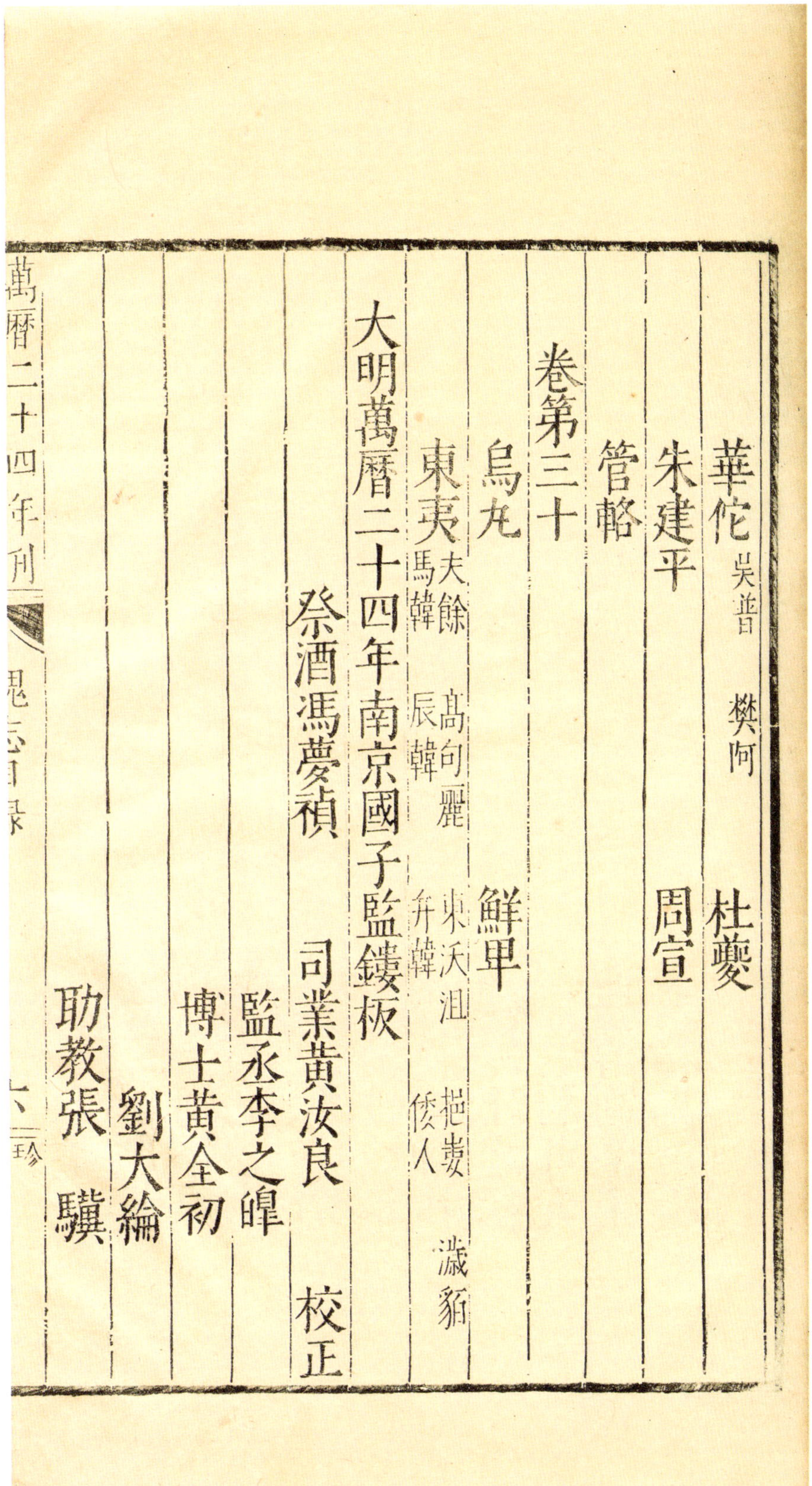
華佗 吴普 樊阿 杜夔
朱建平 周宣
管輅
卷第三十
烏丸 鮮卑
東夷 夫餘 高句麗 東沃沮 挹婁 濊貊 馬韓 辰韓 弁韓 倭人
大明萬曆二十四年南京國子監鏤板
祭酒馮夢禎 司業黄汝良 校正
監丞李之皡
博士黄全初
劉大綸
助教張 驥

萬曆二十四年刊 志目録 六

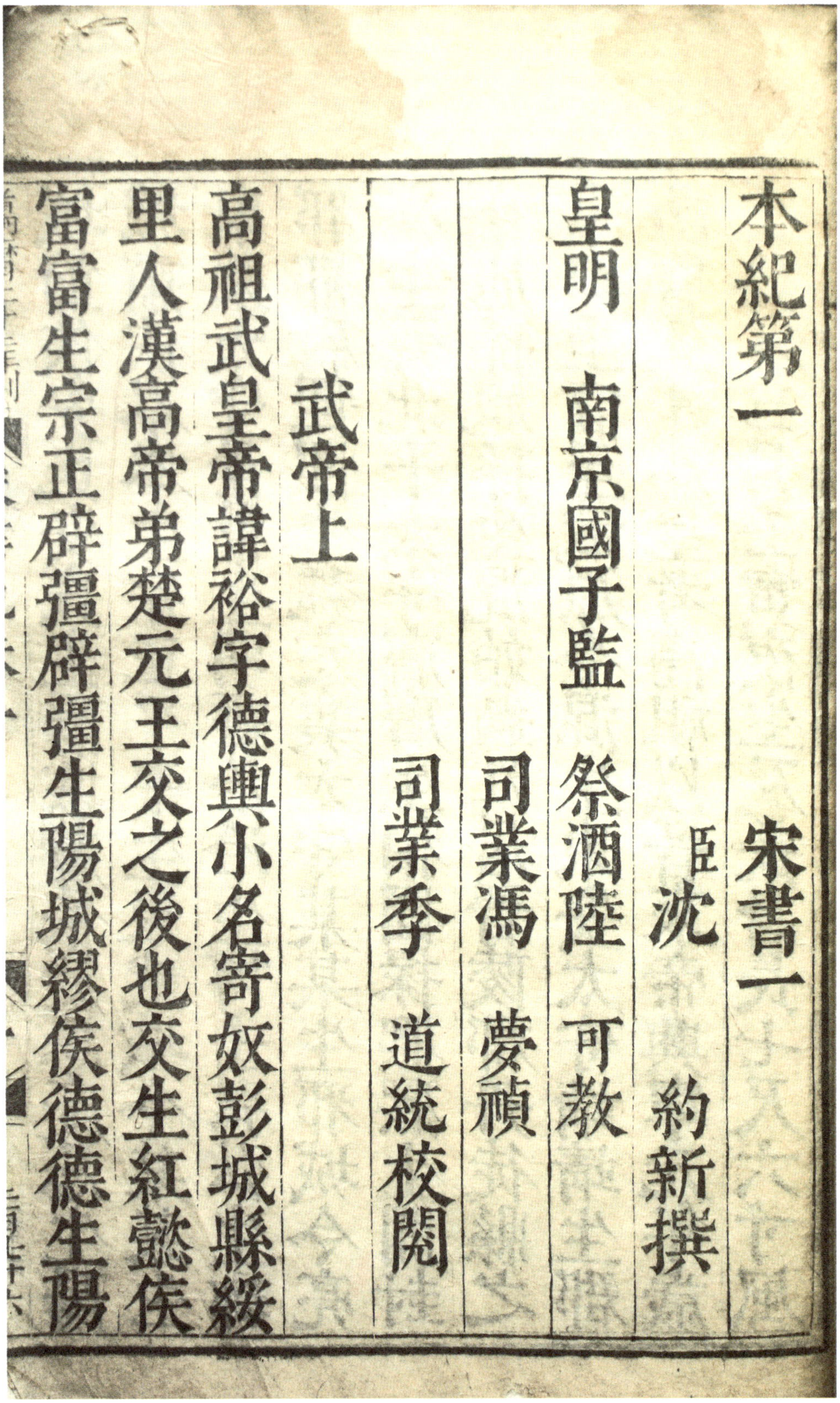
本紀第一　宋書一
臣沈約新撰
皇明　南京國子監　祭酒陸　可教
司業馮　夢禎
司業季　道統校閱
武帝上
高祖武皇帝諱裕字德輿小名寄奴彭城縣綏
里人漢高帝弟楚元王交之後也交生紅懿侯
富富生宗正辟彊辟彊生陽城繆侯德德生陽

00058 宋書一百卷　（南朝梁）沈約撰　明萬曆二十二年（1594）南京國子監刻本

框高 22.5 厘米，寬 16.2 厘米。九行十八字，白口，四周雙邊。宜昌市圖書館藏。

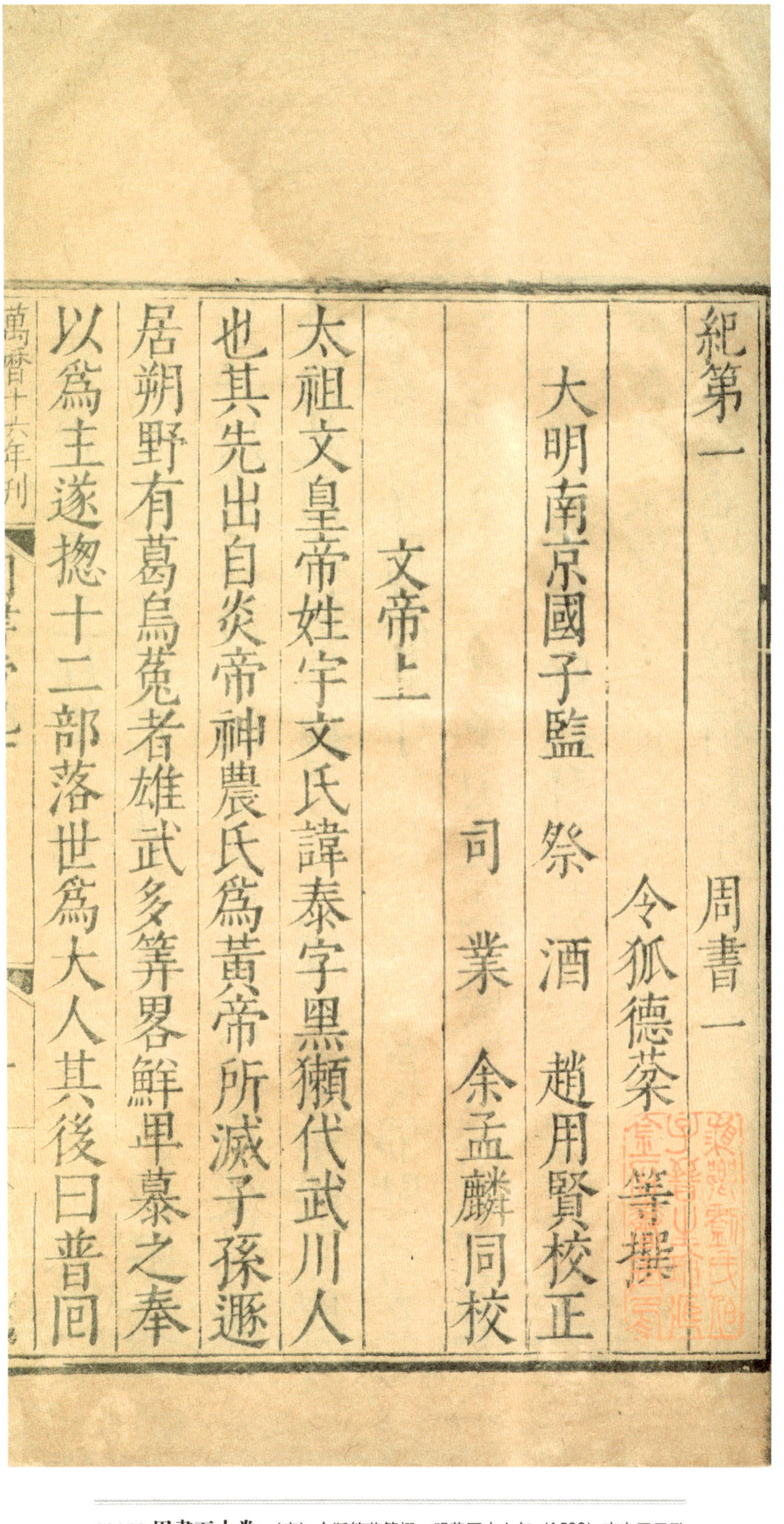
紀第一　　周書一
令狐德棻等撰
大明南京國子監祭酒趙用賢校正
司業余孟麟同校
文帝上
太祖文皇帝姓宇文氏諱泰字黑獺代武川人
也其先出自炎帝神農氏爲黃帝所滅子孫遯
居朔野有葛烏菟者雄武多筭畧鮮卑慕之奉
以爲主遂揔十二部落世爲大人其後曰普回
萬曆十六年刊

00059 周書五十卷　（唐）令狐德棻等撰　明萬曆十六年（1588）南京國子監刻本

框高 20.1 厘米，宽 15 厘米。九行十八字，黑口，四周雙邊。鈐“湘鄉劉氏伯子晉生珍藏金石書畫印”等印。武漢大學圖書館藏。

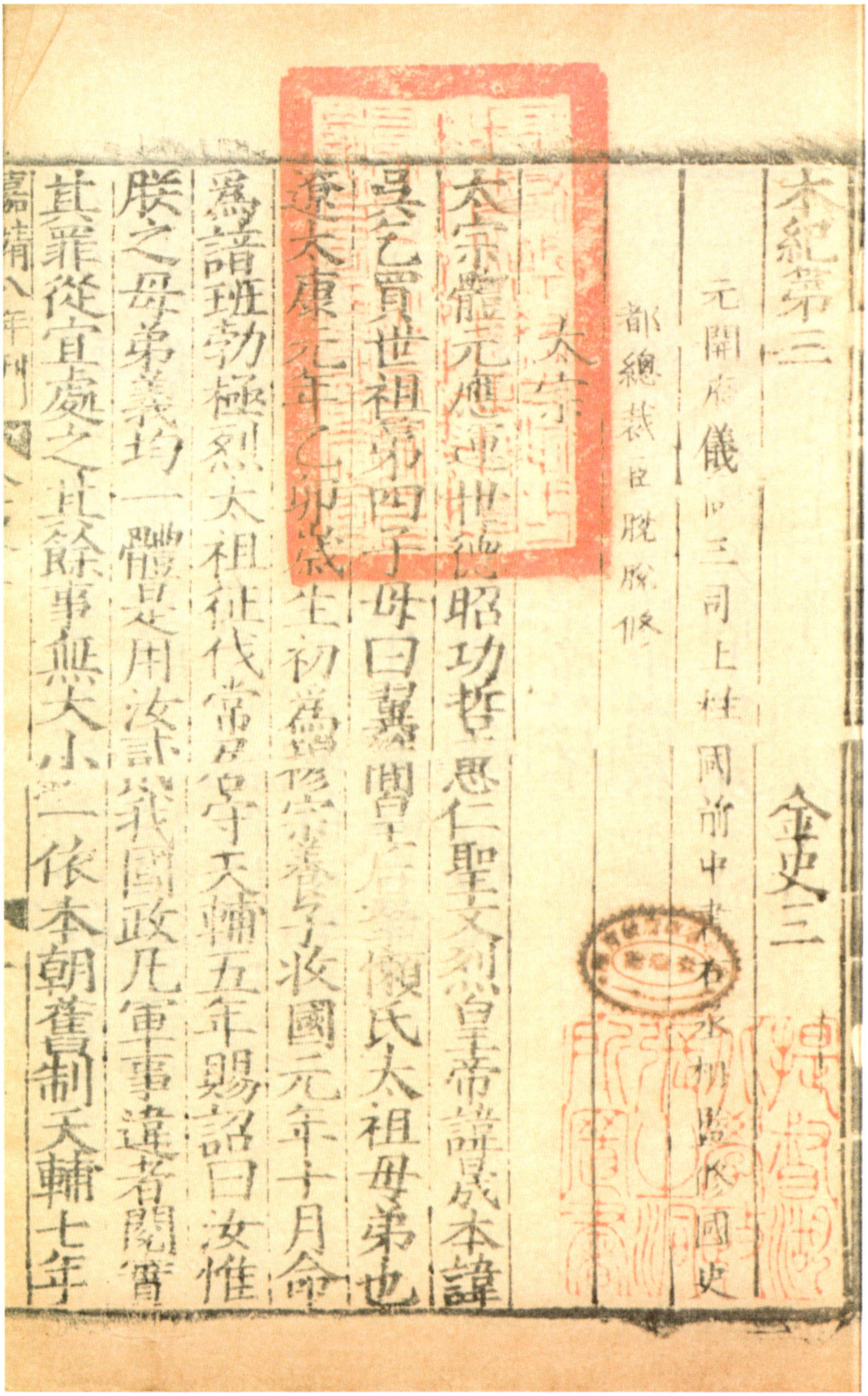

00060 金史一百三十五卷目録二卷 （元）脱脱等撰 （明）張邦奇 江汝璧校 明嘉靖八年（1529）南京國子監刻清順治乾隆遞修本

框高 19.7 厘米，寬 15.9 厘米。十行二十二字，綫黑口間白口，左右雙邊。鈐“提督湖北學政關防”（滿漢合璧）、“提督湖北學政張之洞所置書”等印。湖北省圖書館藏。

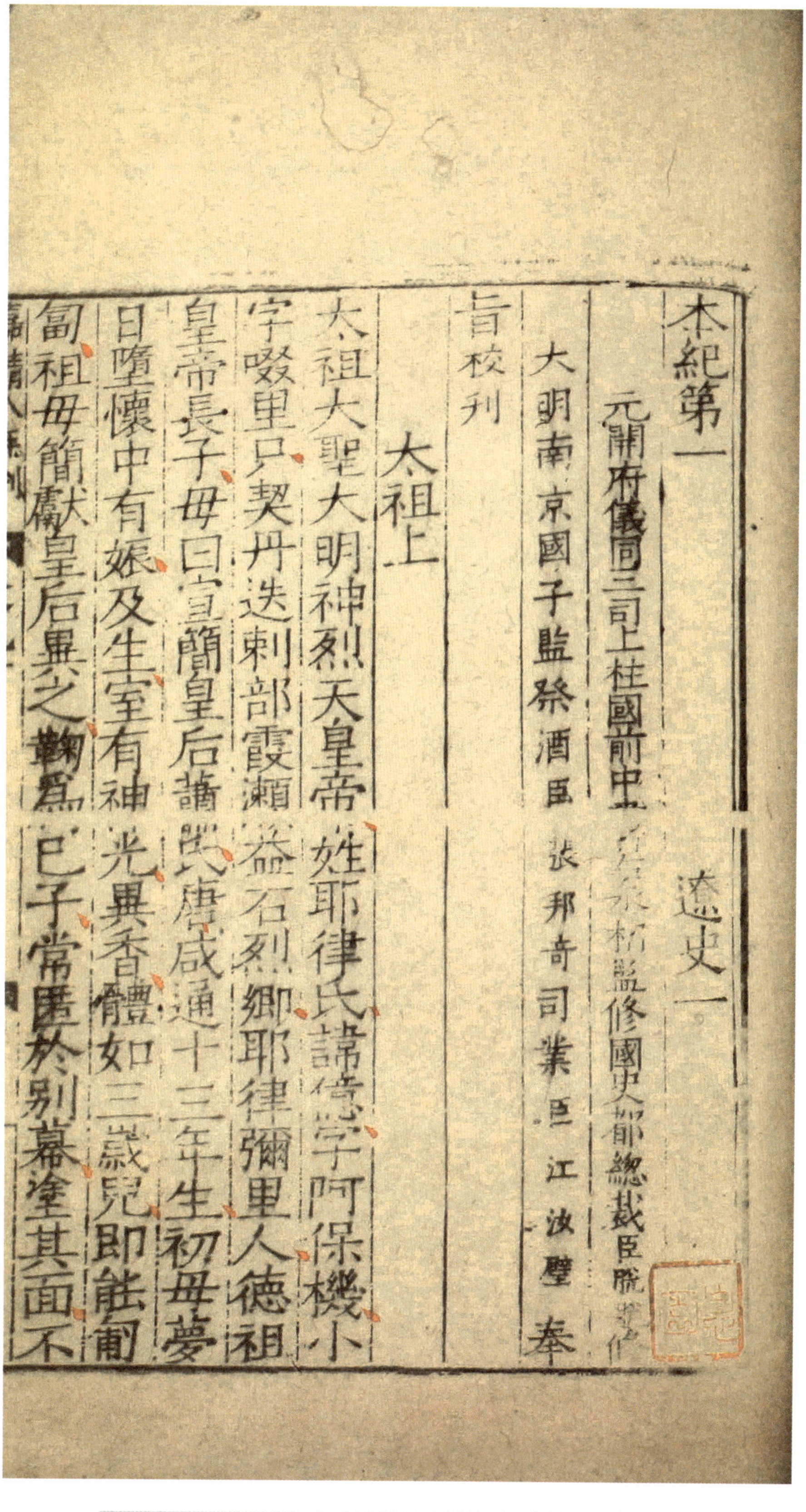
本紀第一　遼史一
元開府儀同三司上柱國前中書右丞相監修國史領都總裁臣脫脫等修
大明南京國子監祭酒臣張邦奇司業臣江汝璧奉
旨校刊
太祖上
太祖大聖大明神烈天皇帝姓耶律氏諱億字阿保機小
字啜里只契丹迭剌部霞瀨益石烈鄉耶律彌里人德祖
皇帝長子母曰宣簡皇后蕭氏唐咸通十三年生初母夢
日墮懷中有娠及生室有神光異香體如三歲兒即能匍
匐祖母簡獻皇后異之鞠為己子常匿於別幕塗其面不

00061—00062 遼史一百十六卷 （元）脫脫撰　明嘉靖八年（1529）南京國子監刻本

框高 21 厘米，宽 16.3 厘米。十行二十二字，綫黑口，左右雙邊。湖北省博物館藏。明清遞修本，湖北省圖書館藏。

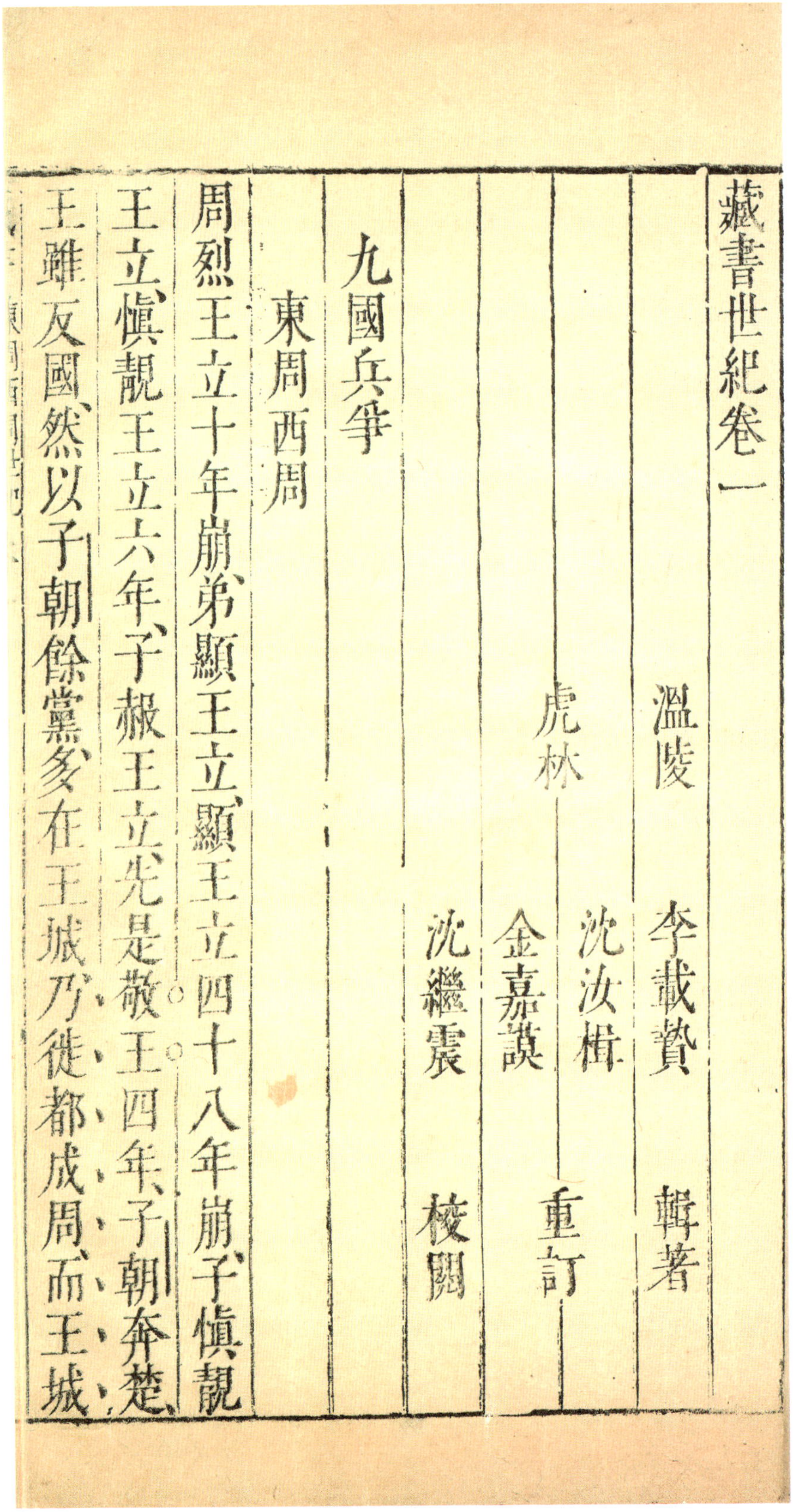
藏書世紀卷一

溫陵　李載贄　輯著

虎林　沈汝楫　重訂

金嘉謨

沈繼震　校閱

九國兵爭

東周西周

周烈王立十年崩弟顯王立顯王立四十八年崩子慎靚王立慎靚王立六年子赧王立先是敬王四年子朝奔楚王雖反國然以子朝餘黨多在王城乃徙都成周而王城

00063 藏書六十八卷　（明）李載贄撰　（明）沈汝楫　金嘉謨重訂　（明）沈繼震校閱　明萬曆二十七年（1599）刻本

框高 22.1 厘米，寬 14.5 厘米。十行二十二字，白口，四周單邊。武漢大學圖書館藏。

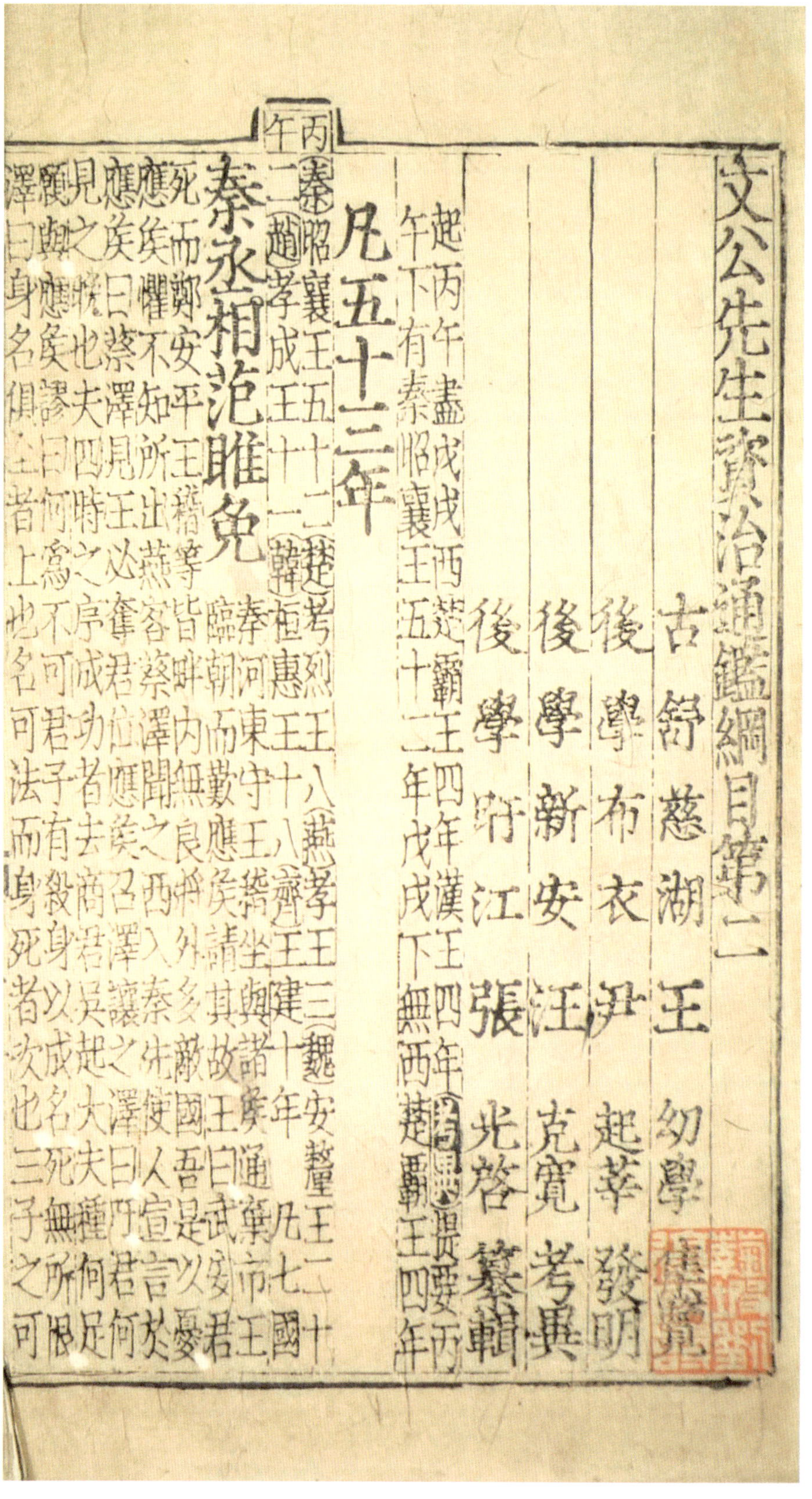

00064 文公先生資治通鑑綱目五十九卷 （明）張光啓纂輯　明初刻本

十二行十八字，黑細口，四周雙邊。存四卷：二至五。大冶市第二中學藏。

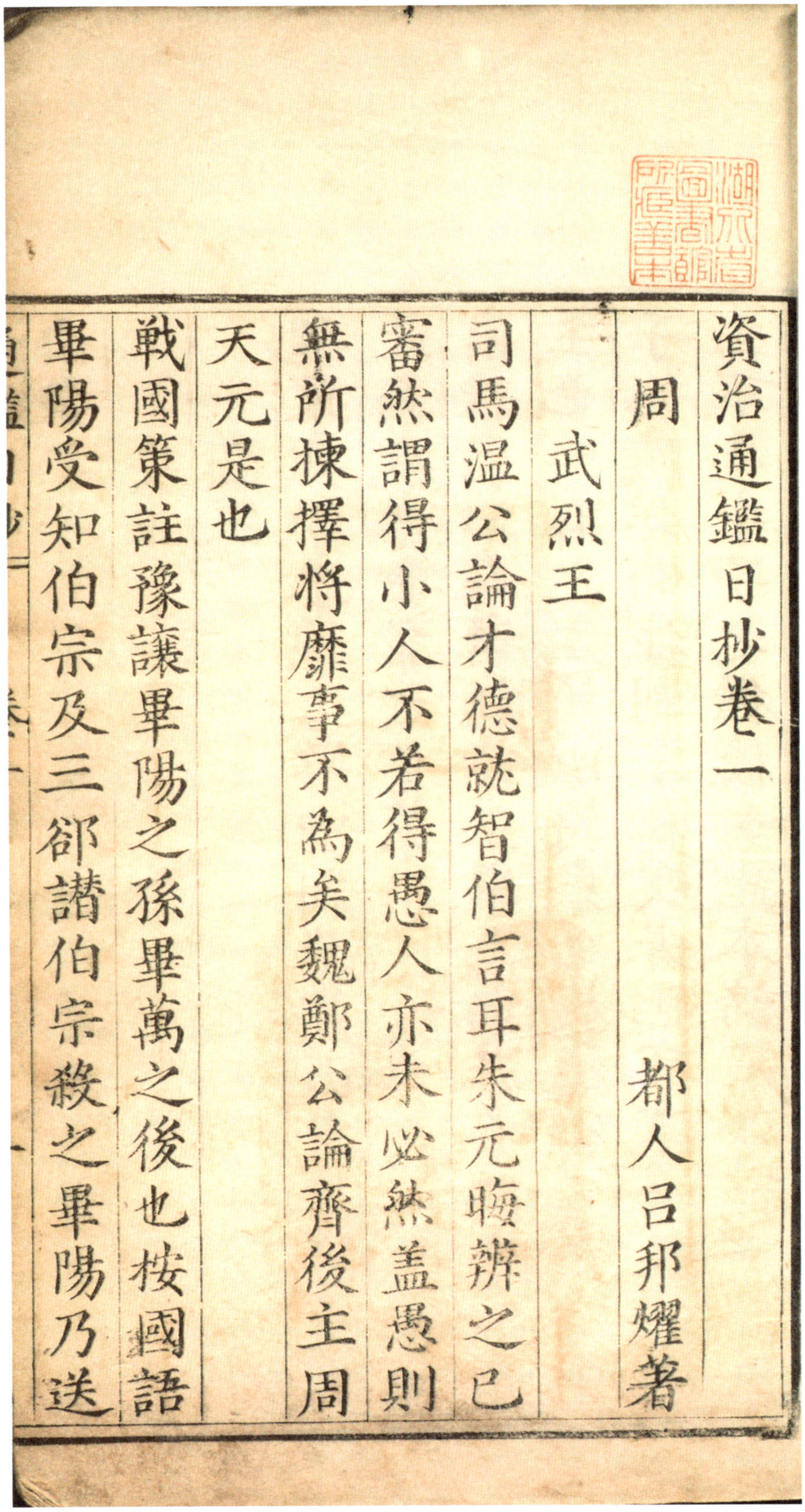
資治通鑑日抄卷一
周　　　　　　　鄀人呂邦燿著
武烈王
司馬温公論才德就智伯言耳朱元晦辨之已
審然謂得小人不若得愚人亦未必然蓋愚則
無所揀擇將靡事不為矣魏鄭公論齊後主周
天元是也
戰國策註豫讓畢陽之孫畢萬之後也按國語
畢陽受知伯宗及三郤譖伯宗殺之畢陽乃送

00065 資治通鑑日抄十七卷 （明）呂邦燿著　明萬曆四十六年（1618）紀汝清刻本

框高 21.1 厘米，寬 15.1 厘米。九行十八字，白口，四周雙邊。卷十七末鐫："宜陽縣知縣紀汝清校刻。"湖北省圖書館藏。

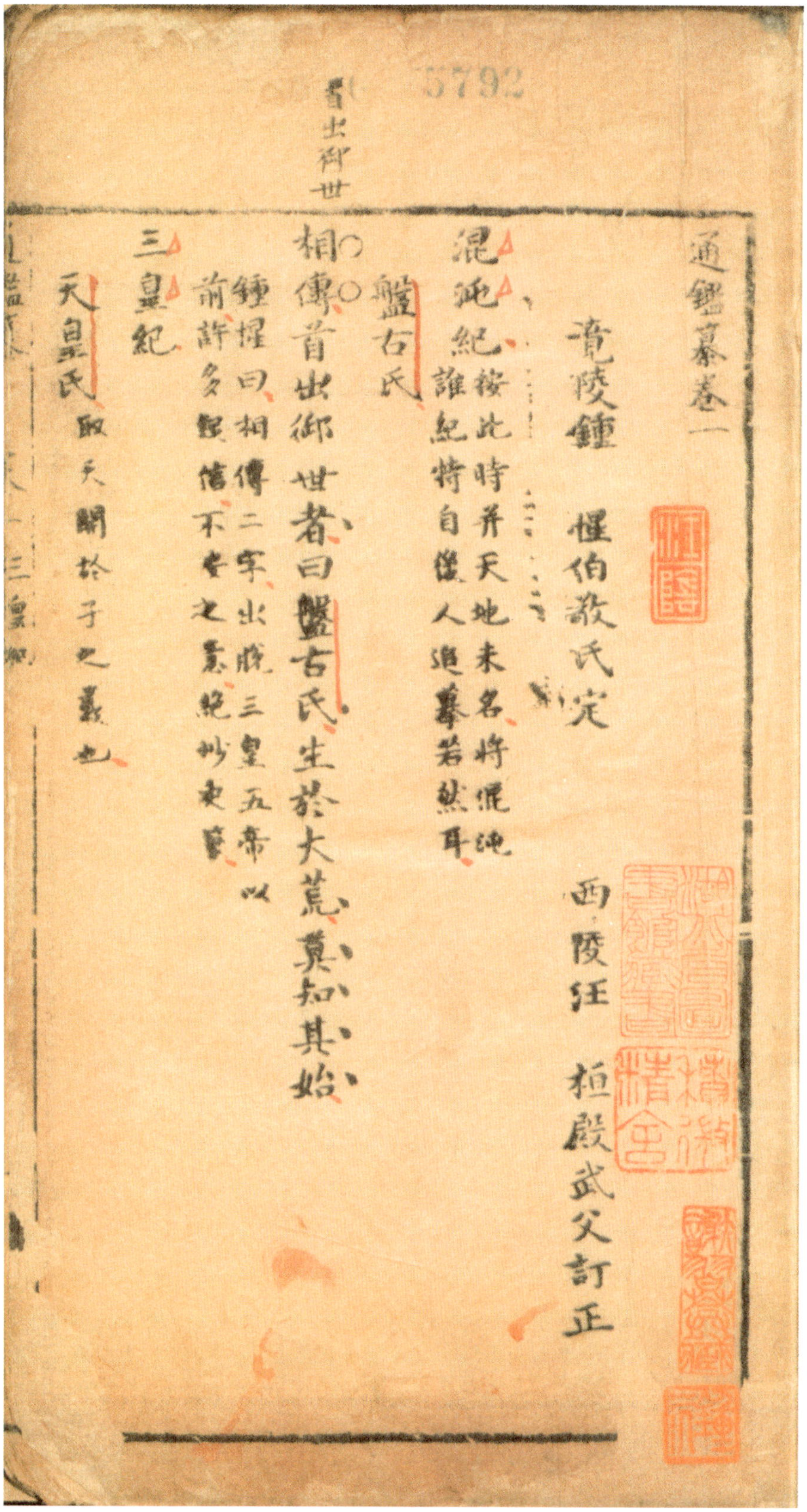
首出御世

通鑑纂卷一

竟陵鍾　惺伯敬氏定　西陵汪　桓殿武父訂正

混沌紀　按此時并天地未名將混沌紀誰紀特自後人追摹若然耳

盤古氏

相傳首出御世者曰盤古氏生於大荒莫知其始

鍾惺曰相傳二字出處三皇五帝以前許多疑信不安之意絕妙史寶

三皇紀

天皇氏　取天開於子之義也

00066 通鑑纂二十卷　（明）鍾惺定　（明）汪桓訂正　明末（1621—1644）刻本

框高19.3厘米，宽12厘米。九行二十六字，白口，四周單邊。鈐"積微精舍""江陰""鍾次""謝習莽藏"等印。湖北省圖書館藏。

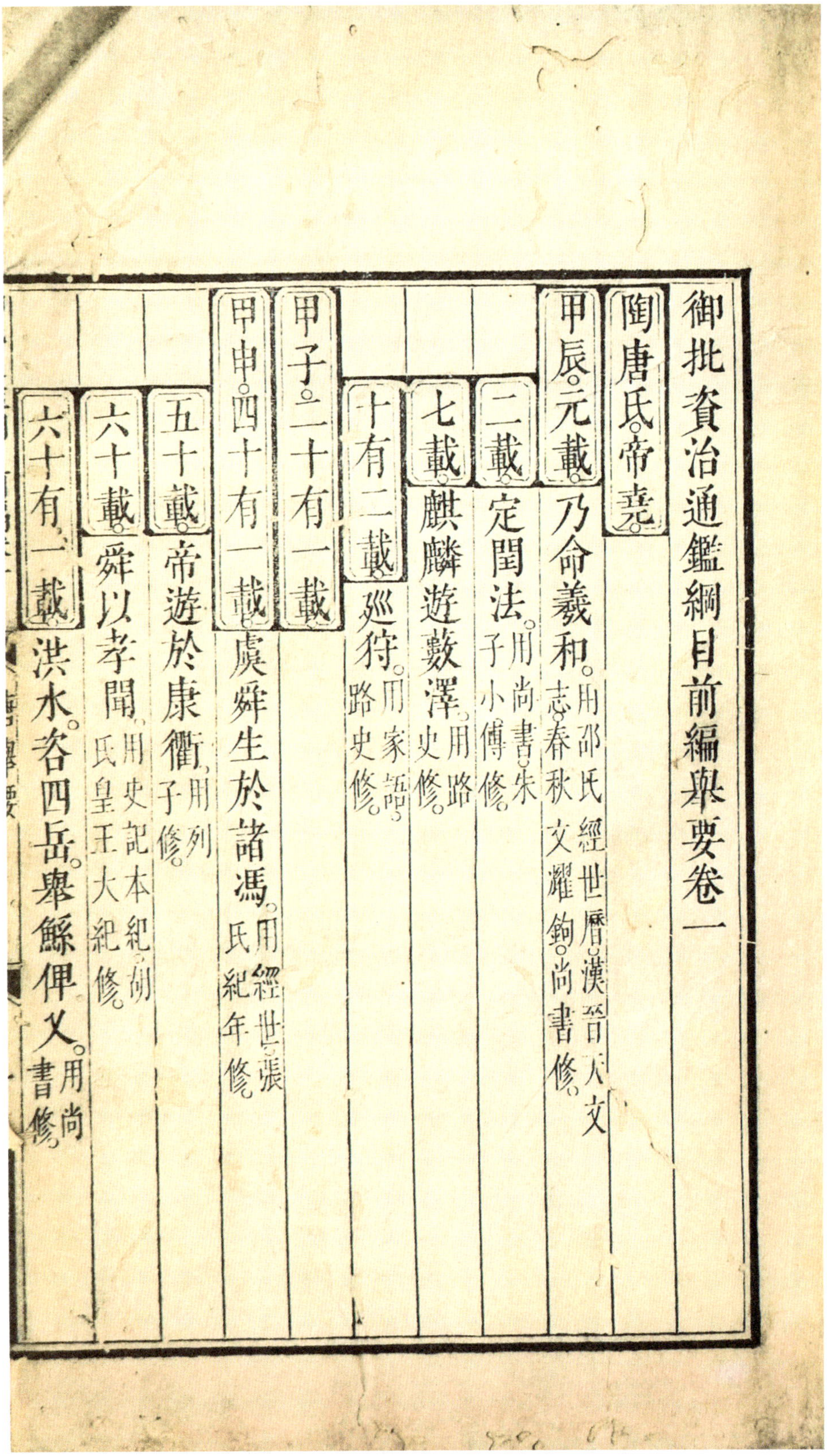

御批資治通鑑綱目前編舉要卷一

陶唐氏帝堯

甲辰元載 乃命羲和。用邵氏經世曆漢晉天文志春秋文耀鉤尚書修。

二載 定閏法。用尚書朱子小傳修。

七載 麒麟遊藪澤。用路史修。

十有二載 巡狩。用家語路史修。

甲子二十有一載

甲申四十有一載 虞舜生於諸馮。用經世張氏紀年修。

五十載 帝遊於康衢。用列子修。

六十載 舜以孝聞。用史記本紀胡氏皇王大紀修。

六十有一載 洪水咨四岳舉鯀俾乂。用尚書修。

00067 御批資治通鑑綱目前編十八卷外紀一卷舉要三卷御批資治通鑑綱目五十九卷首一卷御批資治通鑑綱目二十七卷 （清）宋犖等編 清康熙四十六年至四十九年（1707—1710）揚州詩局刻本

框高 18.8 厘米，寬 13.3 厘米。十一行二十二字，黑口，四周雙邊。缺二卷：前編一至二。浠水縣博物館藏。

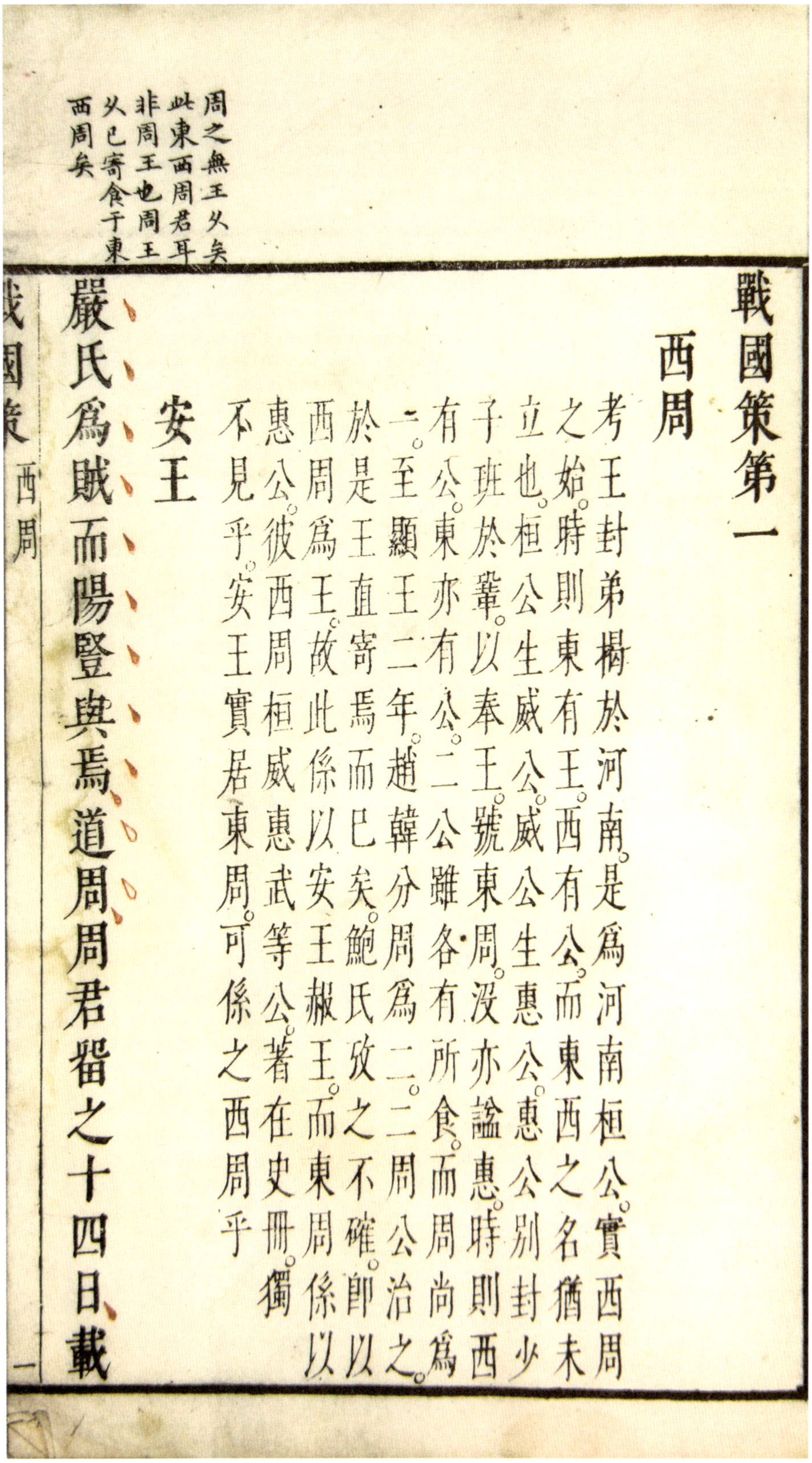
周之無王久矣此東西周君耳非周王也周王久已寄食于東西周矣

戰國策第一

西周

考王封弟揭於河南。是爲河南桓公。實西周之始。時則東有王。西有公。而東西之名猶未立也。桓公生威公。威公生惠公。惠公別封少子班於鞏。以奉王。號東周。沒亦謚惠。時則西有公。東亦有公。二公雖各有所食。而周尚爲一。至顯王二年。趙韓分周爲二。二周公治之。於是王直寄焉而已矣。鮑氏攷之不確。即以西周爲王。故此係以安王赧王。而東周係以惠公。彼西周桓威惠武等公。著在史冊。獨不見乎。安王實居東周。可係之西周乎

安王

嚴氏爲賊而陽豎與焉道周周君畱之十四日載

戰國策 西周 一

00068—00069 戰國策十二卷元本目録一卷 （漢）高誘撰 （明）閔齊伋裁注 明萬曆四十八年（1620）閔齊伋刻三色套印本

框高 20.9 厘米，宽 15.2 厘米。九行十九字，白口，四周單邊。襄陽市少年兒童圖書館藏；湖北省圖書館藏。

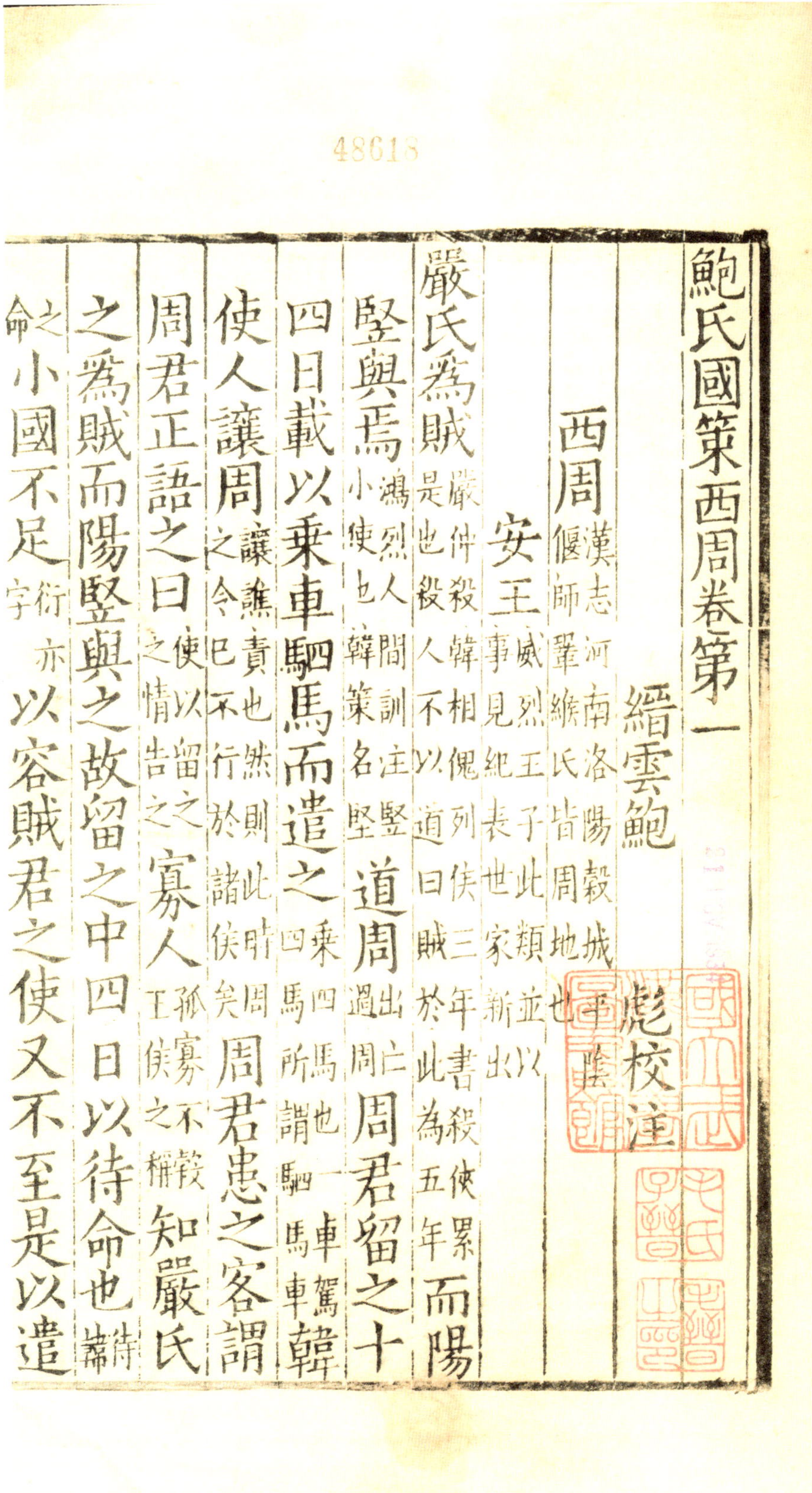
48618

鮑氏國策西周卷第一

縉雲鮑　彪校注

西周漢志河南洛陽穀城平陰偃師鞏緱氏皆周地也

安王威烈王子此類並以事見紀表世家新出

嚴氏爲賊嚴仲殺韓相傀列侯三年書殺使累是也殺人不以道曰賊於此為五年而陽

竪與焉鴻烈人間訓注竪小使也韓策名竪道周出亡過周周君留之十

四日載以乘車駟馬而遣之乘四馬也一車駕四馬所謂駟馬車韓

使人讓周讓譙責也然則此時周之令已不行於諸侯矣周君患之客謂

周君正語之曰使以留之之情告之寡人孤寡不穀王侯之稱知嚴氏

之爲賊而陽竪與之故留之中四日以待命也待命之命小國不足衍亦字以容賊君之使又不至是以遣

00070 鮑氏國策十卷（宋）鮑彪校注　明嘉靖七年（1528）吴門龔雷刻本

框高 21.5 厘米，宽 15.1 厘米。十一行二十字，白口，左右雙邊。卷末刊“嘉靖戊子後學吴門龔雷校刊”。鈐“毛氏子晉”“毛晉之印”“汲古主人”等印。武漢大學圖書館藏。

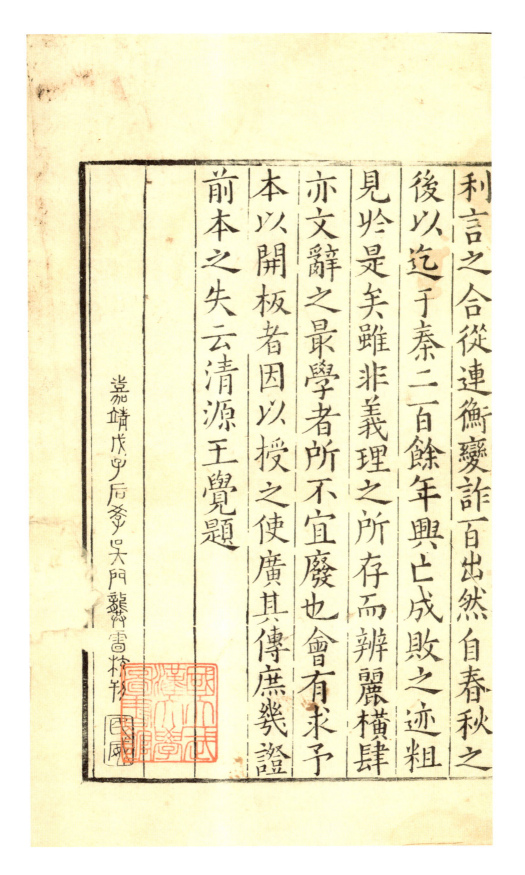

利言之合從連衡變詐百出然自春秋之後以迄于秦二百餘年興亡成敗之迹粗見於是矣雖非義理之所存而辨麗橫肆亦文辭之最學者所不宜廢也曾有求予本以開板者因以授之使廣其傳庶幾證前本之失云清源王覺題

嘉靖戊子后學吳門龔雷校刊

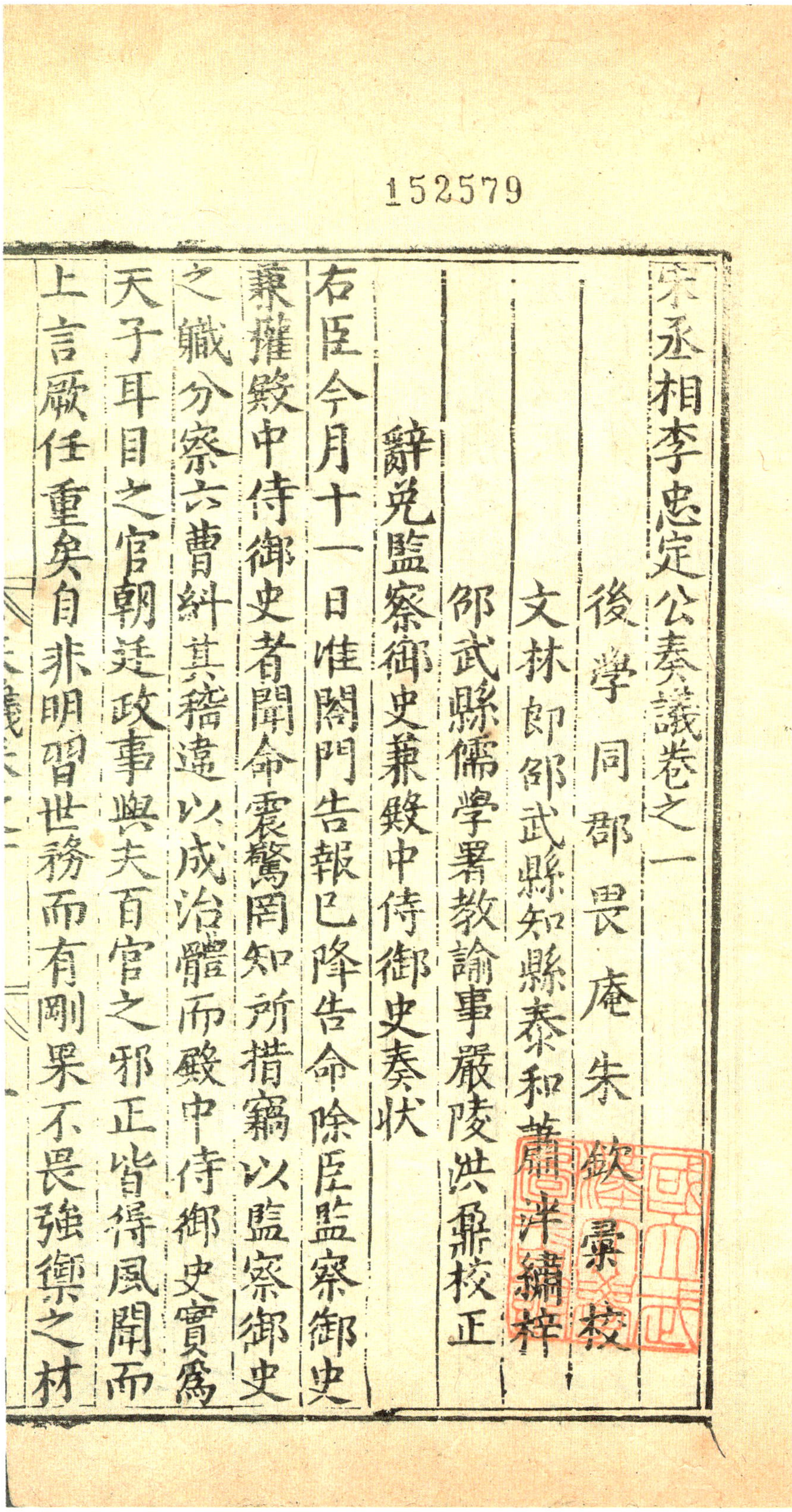

宋丞相李忠定公奏議卷之一
後學同郡畏庵朱欽彙校
文林郎邵武縣知縣泰和蕭泮繡梓
邵武縣儒學署教諭事嚴陵洪鼎校正

辭免監察御史兼殿中侍御史奏狀

右臣今月十一日准閤門告報已降告命除臣監察御史兼權殿中侍御史者聞命震驚罔知所措竊以監察御史之職分察六曹糾其稽違以成治體而殿中侍御史實為天子耳目之官朝廷政事與夫百官之邪正皆得風聞而上言厥任重矣自非明習世務而有剛果不畏強禦之材

00071 宋丞相李忠定公奏議六十九卷附録九卷 （宋）李綱撰　明正德十一年（1516）胡文静、蕭泮刻天啓二年（1622）重修本

框高 19.7 厘米，宽 12.4 厘米。十行二十二字，白口，四周雙邊。武漢大學圖書館藏。

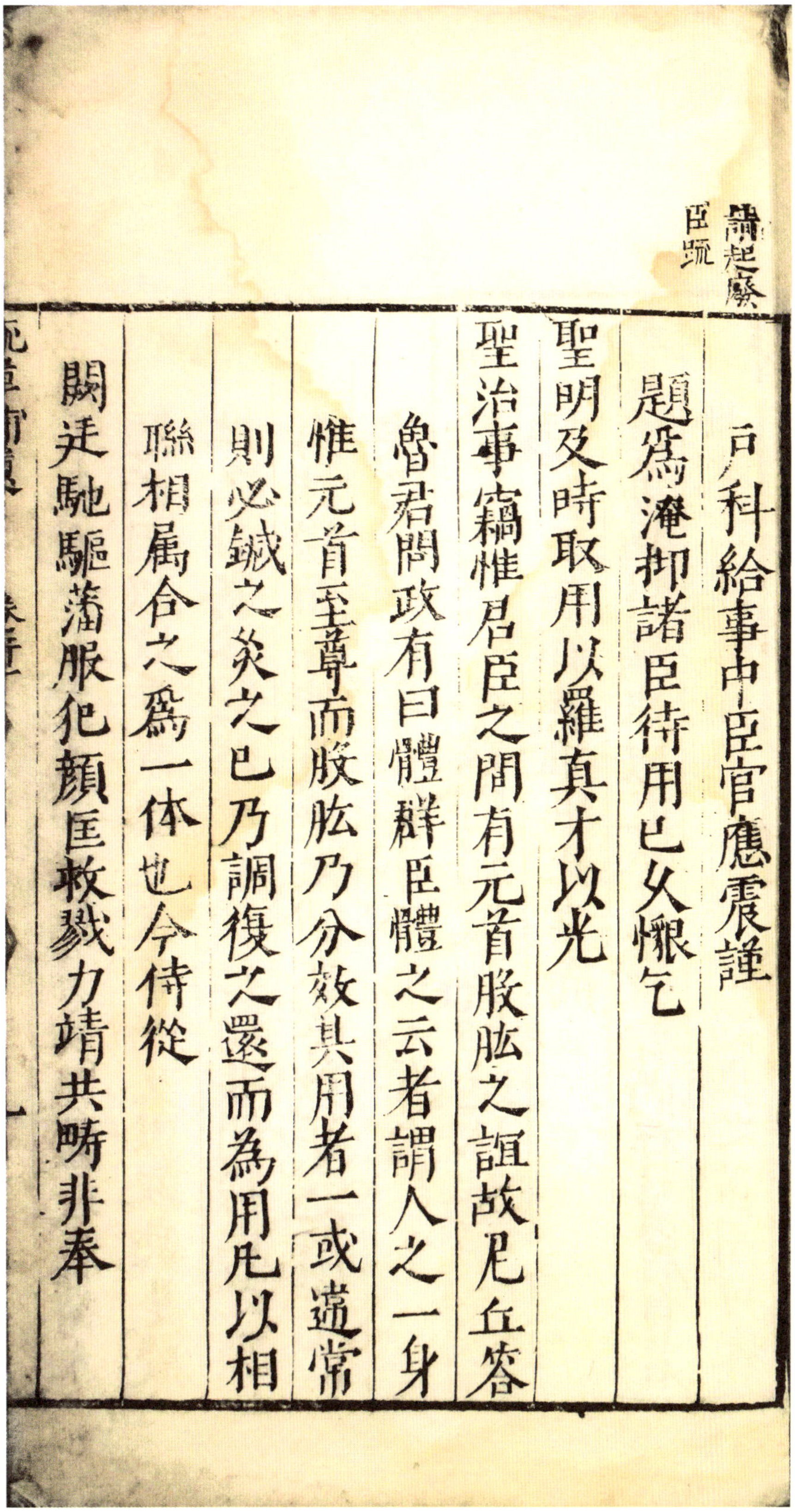

請起廢臣疏

戶科給事中臣官應震謹
題為淹抑諸臣待用已久懇乞
聖明及時取用以羅真才以光
聖治事竊惟君臣之間有元首股肱之誼故尼丘答
魯君問政有曰體群臣體之云者謂人之一身
惟元首至尊而股肱乃分效其用者一或違常
則必鍼之灸之已乃調復之還而為用凡以相
聯相屬合之為一体也今侍從
闕廷馳驅藩服犯顏匡救戮力靖共畸非奉

00072 官黃門奏議二十卷　（明）官應震撰　明刻本

框高 19.5 厘米，宽 15.3 厘米。九行二十字，白口，四周單邊。存十八卷：一至十六、十八至十九。浠水縣博物館藏。

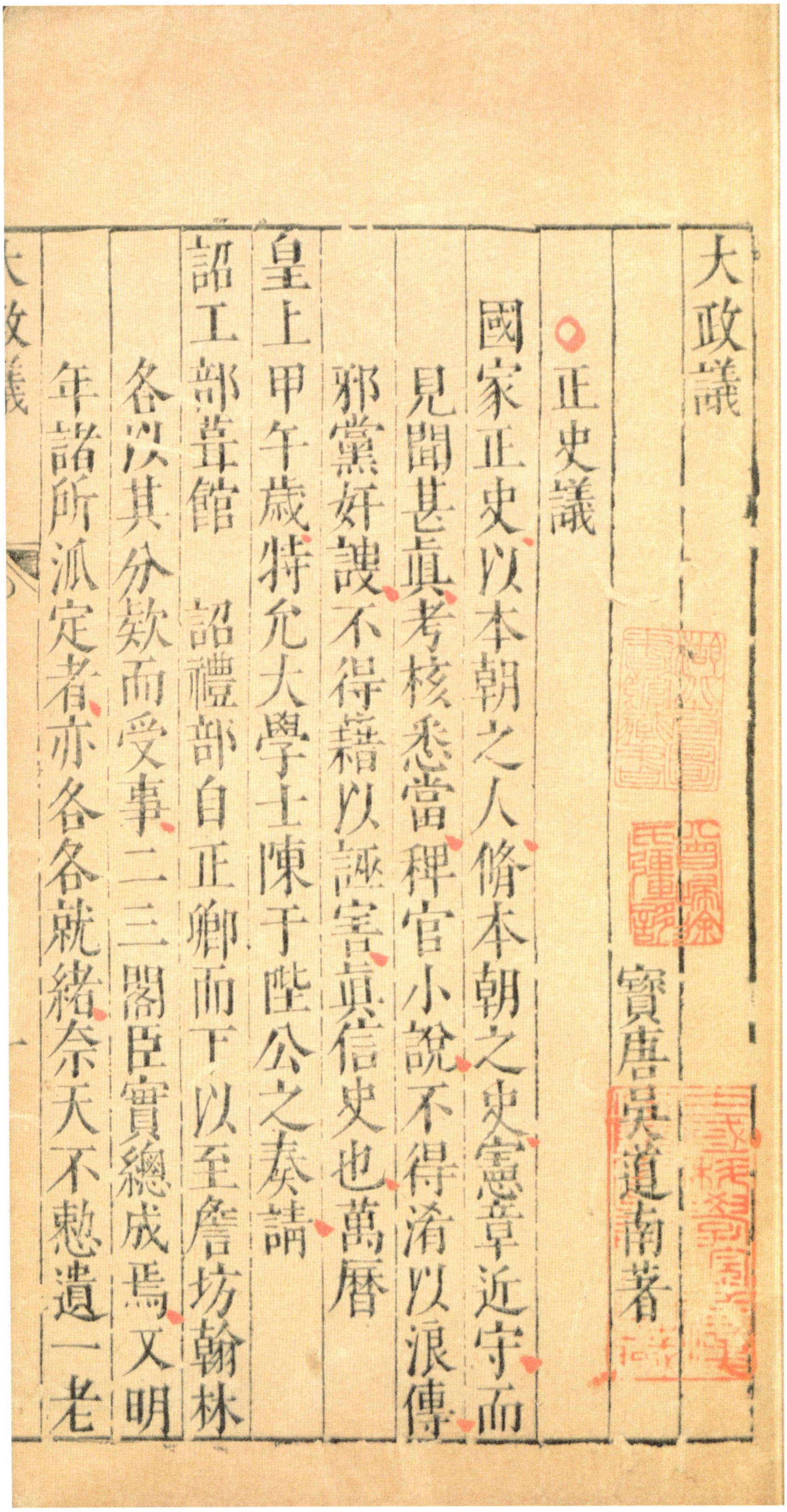

大政議
寶唐吳道南著
○正史議
國家正史以本朝之人脩本朝之史憲章近守而
見聞甚真考核悉當稗官小說不得淆以浪傳
邪黨奸諛不得籍以誣害真信史也萬曆
皇上甲午歲特允大學士陳于陛公之奏請
詔工部葺館　詔禮部自正卿而下以至詹坊翰林
各以其分欵而受事二三閣臣實總成焉又明
年諸所派定者亦各各就緒奈天不慭遺一老
大政議　一

00073 吴文恪公書四種四卷　（明）吴道南著　明天啓刻本

框高 20.8 厘米，宽 13.1 厘米。十行二十字，白口，四周單邊。鈐“閩中徐惟起藏書印”“蓼亭蕭氏藏書”“與古爲徒”“開卷有益”“李璁圖書”“金峰珍賞”“閩中李玉華鑑藏經籍圖史之章”“曾歸徐氏彊誃”“武昌徐氏所藏四庫闕佚書”等印。湖北省圖書館藏。

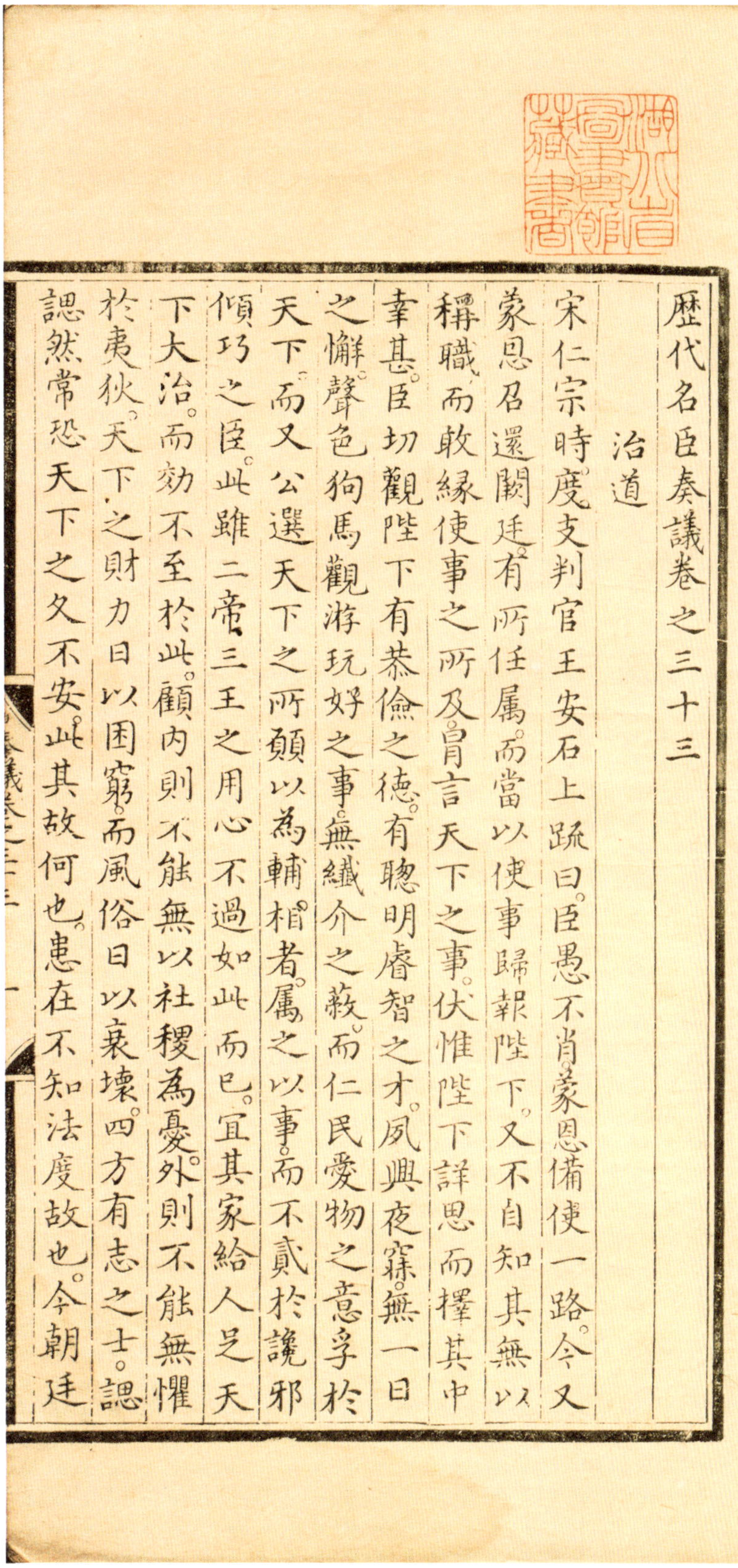
歷代名臣奏議卷之三十三

治道

宋仁宗時度支判官王安石上疏曰臣愚不肖蒙恩備使一路今又蒙恩召還闕廷有所任屬而當以使事歸報陛下不自知其無以稱職而敢緣使事之所及冒言天下之事伏惟陛下詳思而擇其中幸甚臣切觀陛下有恭儉之德有聰明睿智之才夙興夜寐無一日之懈聲色狗馬觀遊玩好之事無纖介之蔽而仁民愛物之意孚於天下而又公選天下之所願以為輔相者屬之以事而不貳於讒邪傾巧之臣此雖二帝三王之用心不過如此而已宜其家給人足天下大治而効不至於此顧內則不能無以社稷為憂外則不能無懼於夷狄天下之財力日以困窮而風俗日以衰壞四方有志之士諰諰然常恐天下之久不安此其故何也患在不知法度故也今朝廷

00074 歷代名臣奏議三百五十卷 （明）黃淮等輯　明永樂（1403—1424）

內府刻本

框高25.6厘米，寬16.2厘米。十二行二十六字，黑口，四周雙邊。存二百二十七卷：三十三至三十五，三十八至八十一，一百一十六至一百七十五，二百零六至二百六十四，二百九十至三百五十。湖北省圖書館藏。

00075 帝鑑圖説不分卷 （明）張居正撰　明萬曆刻本

框高 19.3 厘米，寬 14.1 厘米。九行十八字，白口，四周單邊。麻城市圖書館藏。

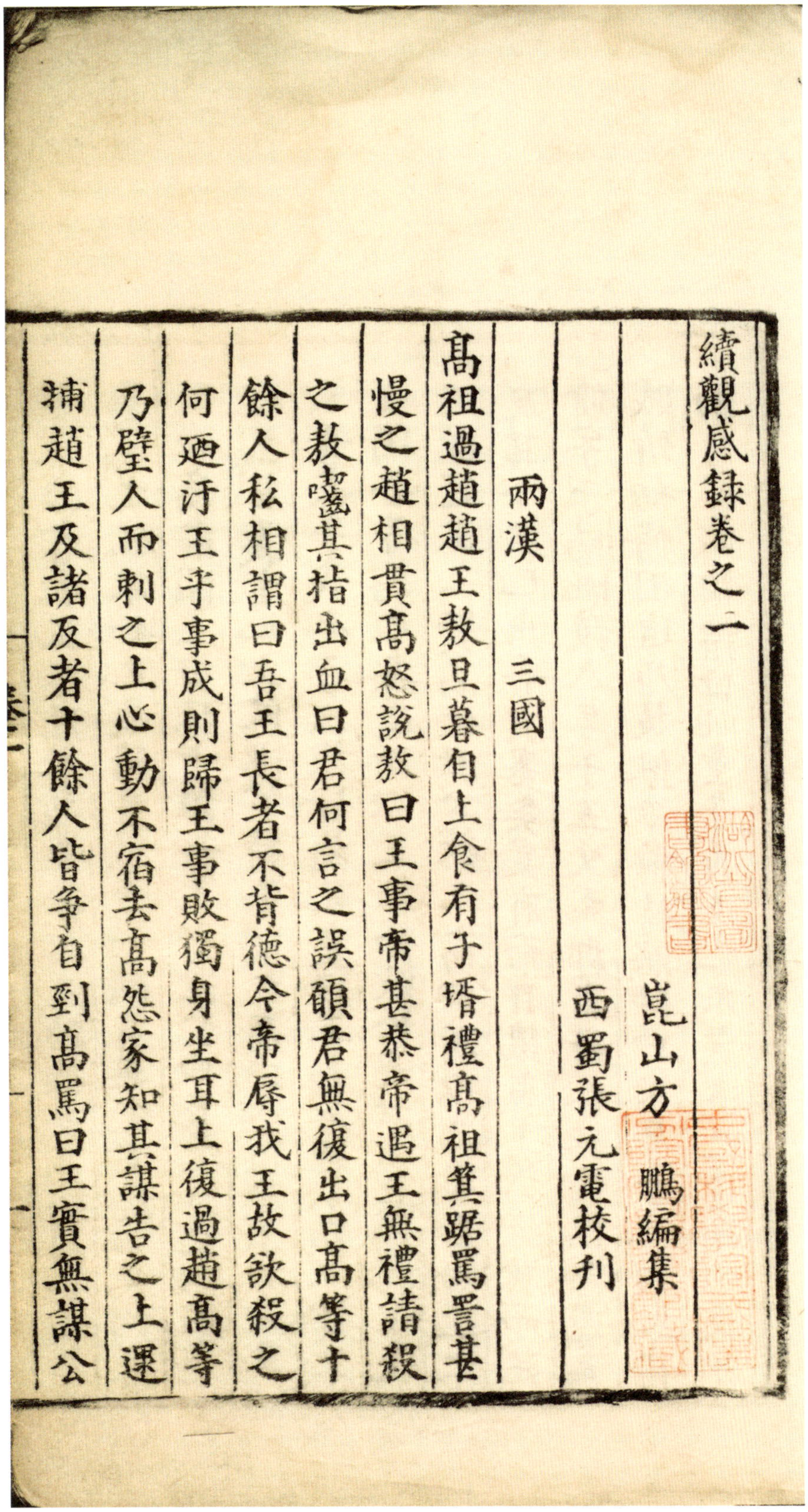
續觀感録卷之二
崑山方　鵬編集
西蜀張元電校刊
兩漢　三國
高祖過趙趙王敖旦暮自上食有子壻禮高祖箕踞罵詈甚
慢之趙相貫高怒說敖曰王事帝甚恭帝遇王無禮請殺
之敖囓其指出血曰君何言之誤願君無復出口高等十
餘人私相謂曰吾王長者不背德今帝辱我王故欲殺之
何迺汙王乎事成則歸王事敗獨身坐耳上復過趙高等
乃壁人而剌之上心動不宿去高怨家知其謀告之上逮
捕趙王及諸反者十餘人皆爭自剄高罵曰王實無謀公

00076 續觀感録十二卷　（明）方鵬編集　（明）張元電校　明張元電刻本

框高 20.8 厘米，寬 15.4 厘米。十一行二十三字，白口，左右雙邊。湖北省圖書館藏。

00077 聖跡圖一卷 明末刻本

長陽土家族自治縣圖書館藏。

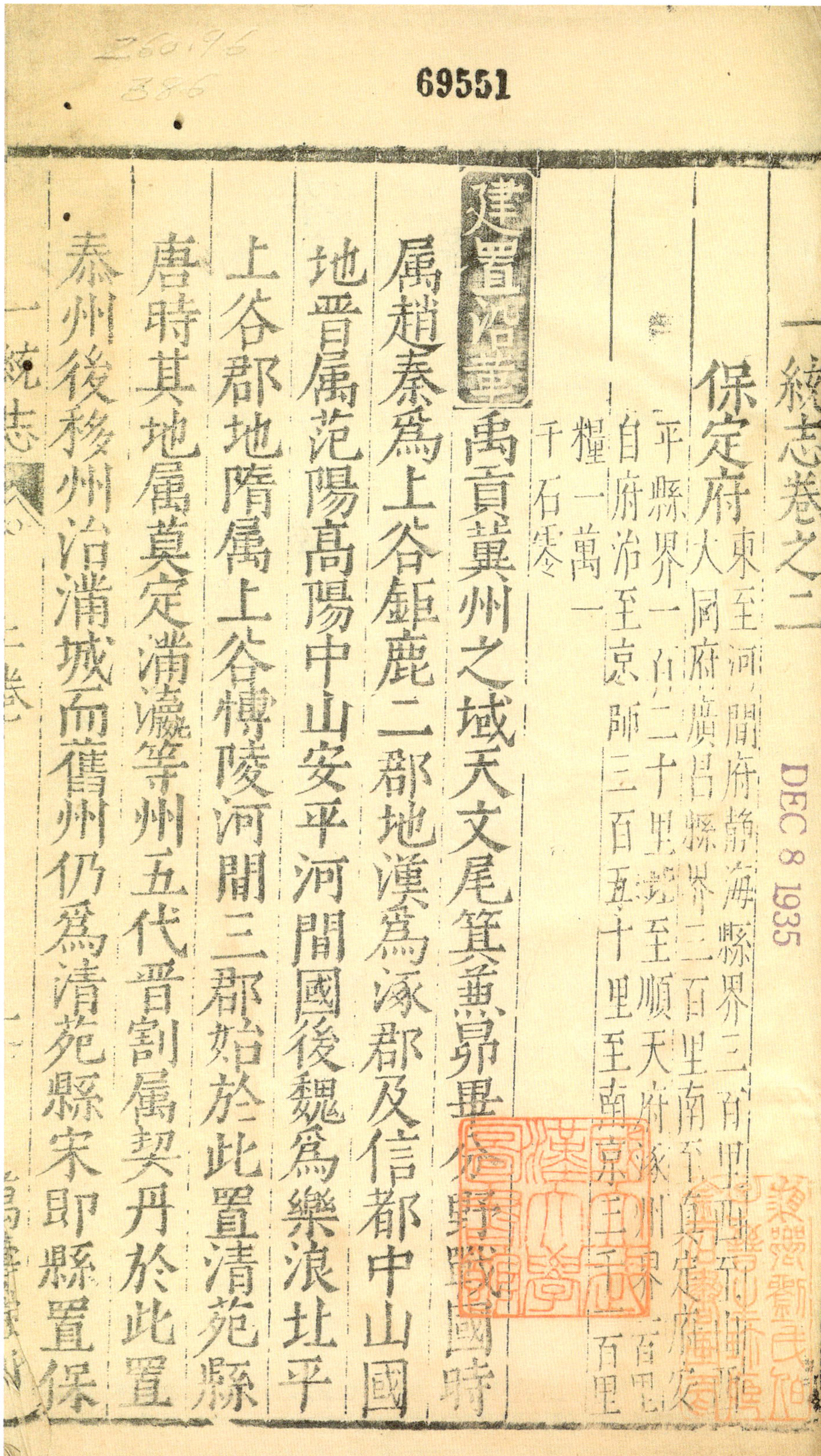

一統志卷之二

保定府東至河間府靜海縣界三百里西至[illegible]大同府廣昌縣界三百里南至真定府[illegible]平縣界一百二十里北至順天府涿州界一百里自府治至京師三百五十里至南京三千一百里糧一萬一千石零

建置沿革　禹貢冀州之域天文尾箕燕昴畢分野戰國時屬趙秦爲上谷鉅鹿二郡地漢爲涿郡及信都中山國地晉屬范陽高陽中山安平河間國後魏爲樂浪北平上谷郡地隋屬上谷博陵河間三郡始於此置清苑縣唐時其地屬莫定滿瀛等州五代晉割屬契丹於此置泰州後移州治滿城而舊州仍爲清苑縣宋即縣置保

一統志　二卷

00078 大明一統志九十卷　（明）李賢等纂修　明天順五年（1461）萬壽堂刻本

框高21.3厘米，宽13.7厘米。十行二十二字，白口，四周單邊。鈐“湘鄉劉氏伯子晉之珍藏金石書畫印”等印。存八十九卷：二至九十。武漢大學圖書館藏。

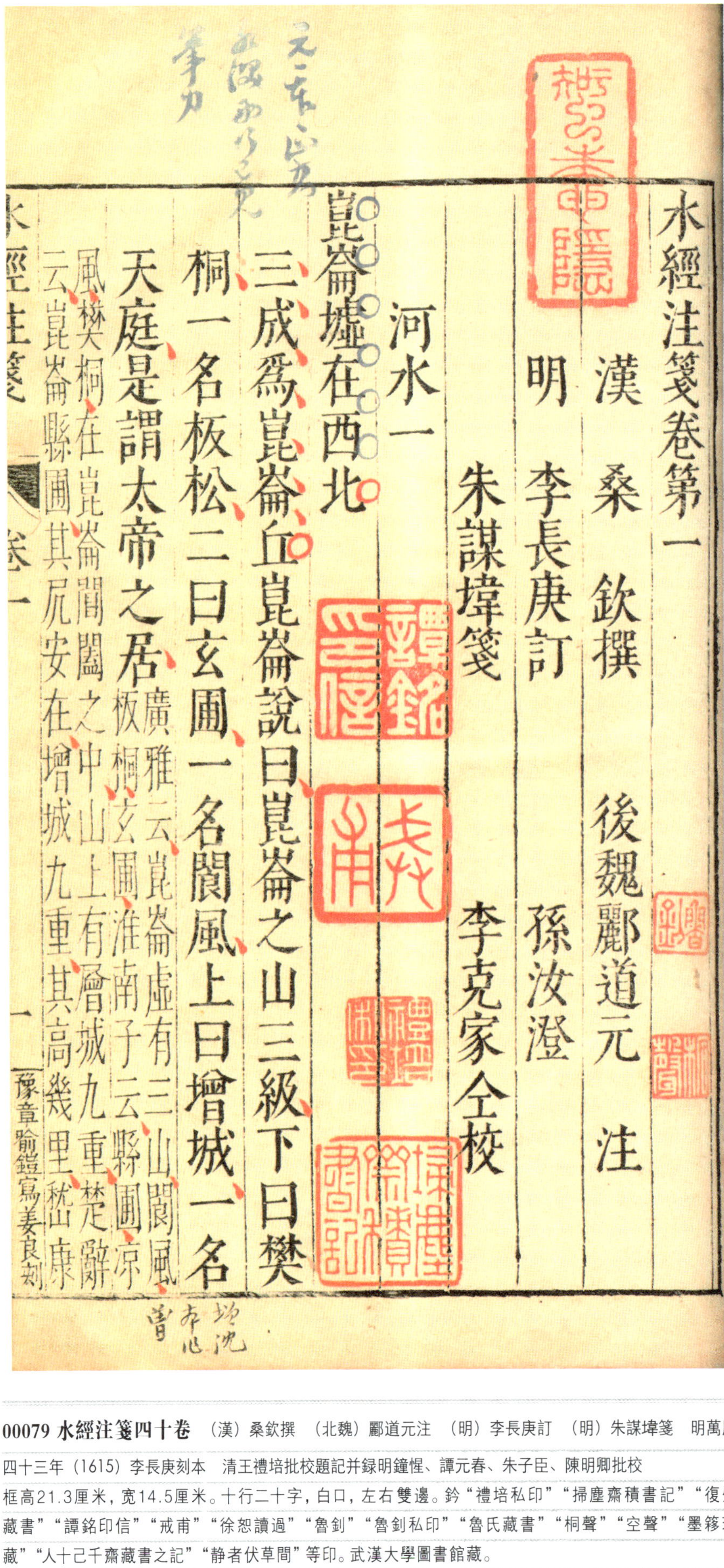
水經注箋卷第一
漢　桑　欽撰　　後魏酈道元　注
明　李長庚訂　　孫汝澄
朱謀㙔箋　　李克家仝校
河水一
崑崙墟在西北
三成爲崑崙丘崑崙說曰崑崙之山三級下曰樊
桐一名板松二曰玄圃一名閬風上曰增城一名
天庭是謂太帝之居廣雅云崑崙虛有三山閬風板桐玄圃淮南子云縣圃凉
風樊桐在崑崙閶闔之中山上有層城九重楚辭云崑崙縣圃其凥安在增城九重其高幾里
水經注箋卷一　一
豫章喻鎧寫姜良刻

00079 水經注箋四十卷　（漢）桑欽撰　（北魏）酈道元注　（明）李長庚訂　（明）朱謀㙔箋　明萬曆四十三年（1615）李長庚刻本　清王禮培批校題記并録明鐘惺、譚元春、朱子臣、陳明卿批校

框高21.3厘米，寬14.5厘米。十行二十字，白口，左右雙邊。鈐“禮培私印”“掃塵齋積書記”“復壁藏書”“譚銘印信”“戒甫”“徐恕讀過”“魯釗”“魯釗私印”“魯氏藏書”“桐聲”“空聲”“墨簃珍藏”“人十己千齋藏書之記”“静者伏草間”等印。武漢大學圖書館藏。

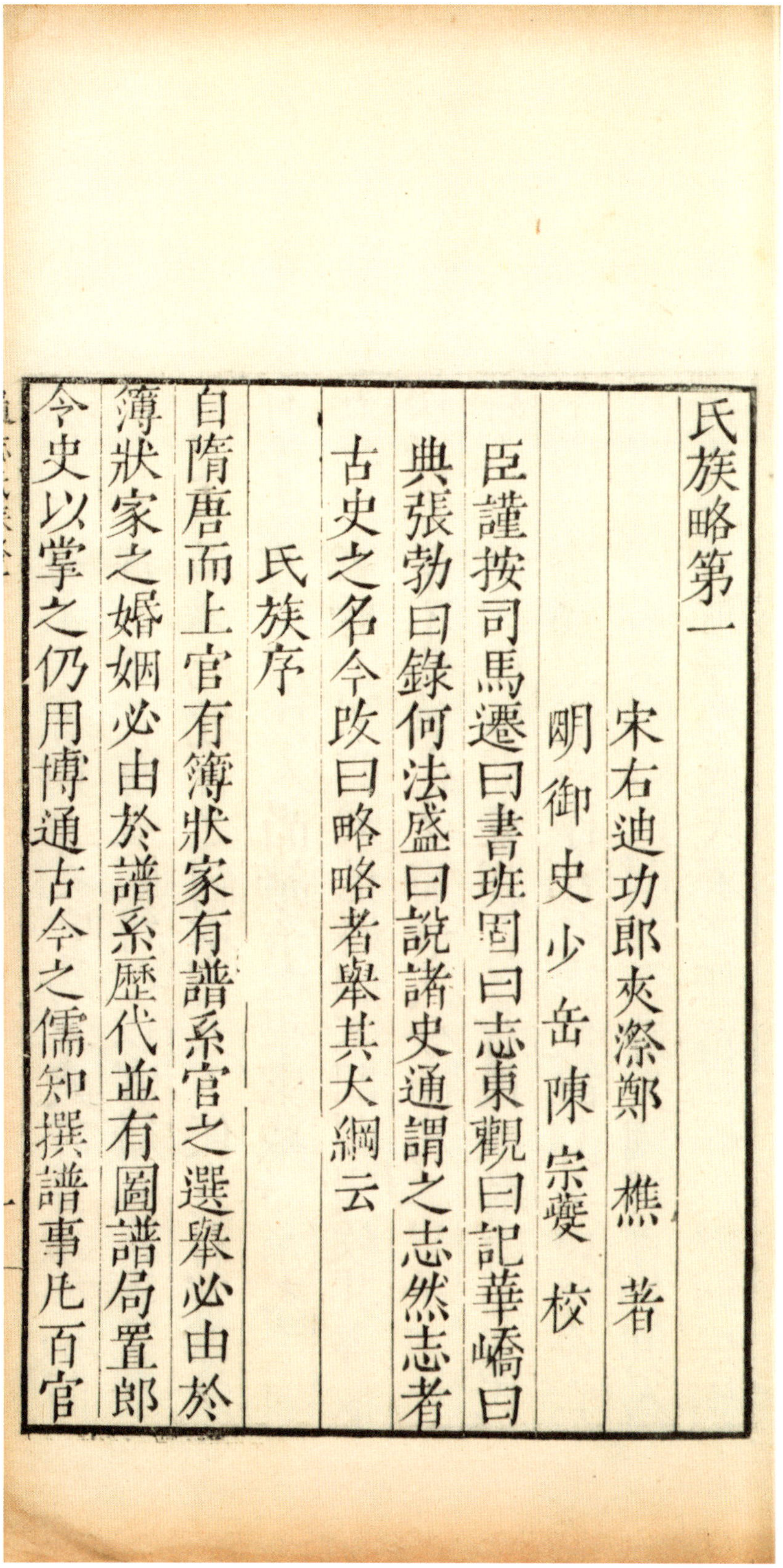

氏族略第一

宋右迪功郎夾漈鄭　樵　著

明御史少岳陳宗夔　校

臣謹按司馬遷曰書班固曰志東觀曰記華嶠曰典張勃曰錄何法盛曰說諸史通謂之志然志者古史之名今改曰略略者舉其大綱云

氏族序

自隋唐而上官有簿狀家有譜系官之選舉必由於簿狀家之婚姻必由於譜系歷代並有圖譜局置郎令史以掌之仍用博通古今之儒知撰譜事凡百官

00080—00081 通志略五十二卷　（宋）鄭樵著　（明）陳宗夔校　明嘉靖二十九年（1550）陳宗夔刻本

框高 18.1 厘米，寬 13.7 厘米。十行二十字，白口，四周單邊。湖北省圖書館藏；襄陽市少年兒童圖書館藏，鈐“蟫隱廬所得善本”。

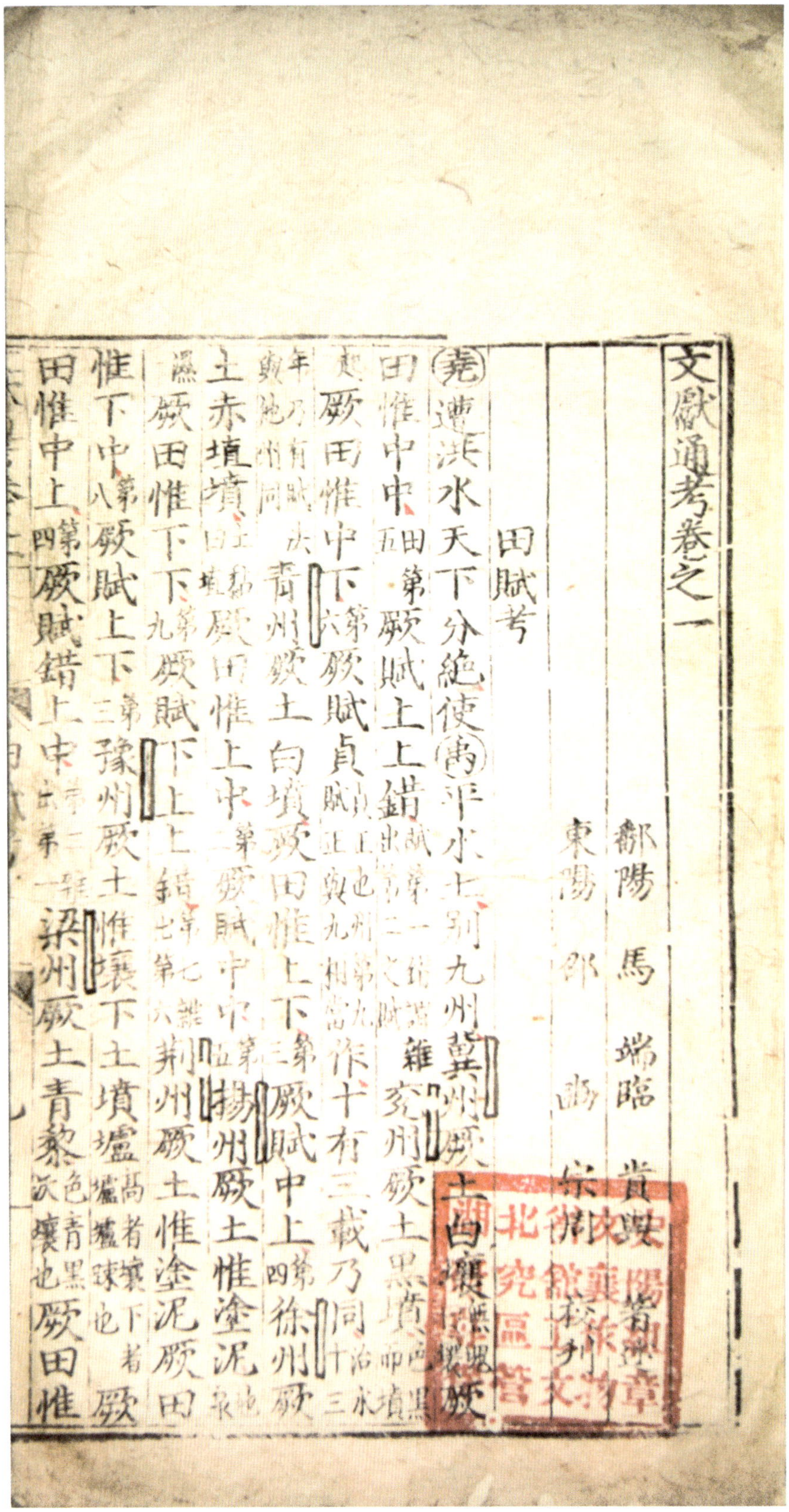

00082 文獻通考三百四十八卷 （元）馬端臨撰 （明）邵豳校刊 明正德十四年（1519）劉氏慎獨齋本

框高大小不一，卷一首葉高 18.4 厘米，宽 12.7 厘米。卷四第十二葉高 19.8 厘米，宽 13 厘米。十二行二十五字，白口，四周雙邊。襄陽市少年兒童圖書館藏。

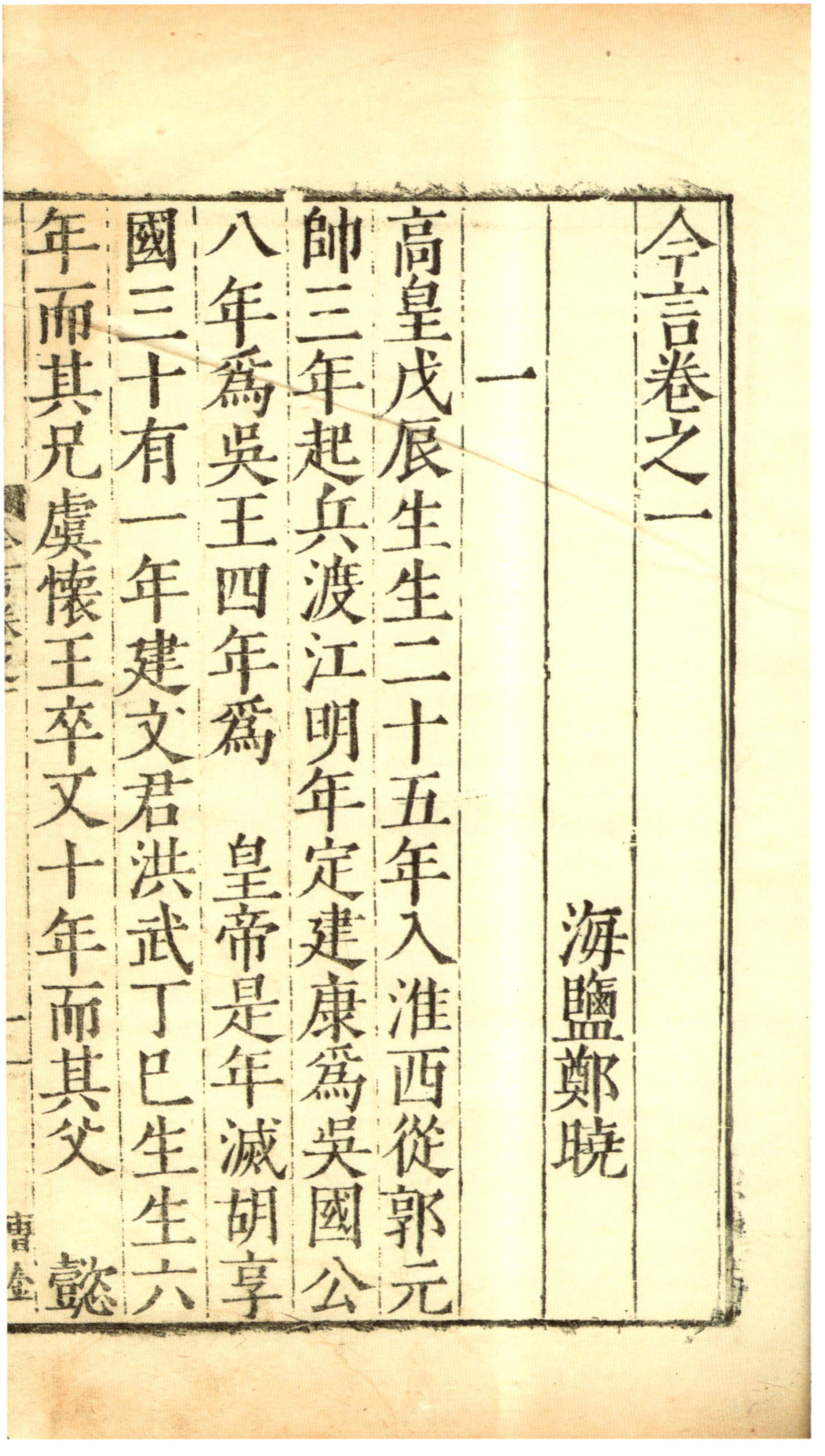
今言卷之一
海鹽鄭曉
一
高皇戊辰生生二十五年入淮西從郭元
帥三年起兵渡江明年定建康爲吳國公
八年爲吳王四年爲　皇帝是年滅胡亨
國三十有一年建文君洪武丁巳生生六
年而其兄虞懷王卒又十年而其父　懿

00083 今言四卷　（明）鄭曉撰　明嘉靖四十五年（1566）項篤壽刻本

框高21厘米，寬13.8厘米。八行十六字，白口，左右雙邊。鈐“陳氏珍藏”“友蘭書室”等印。武漢大學圖書館藏。

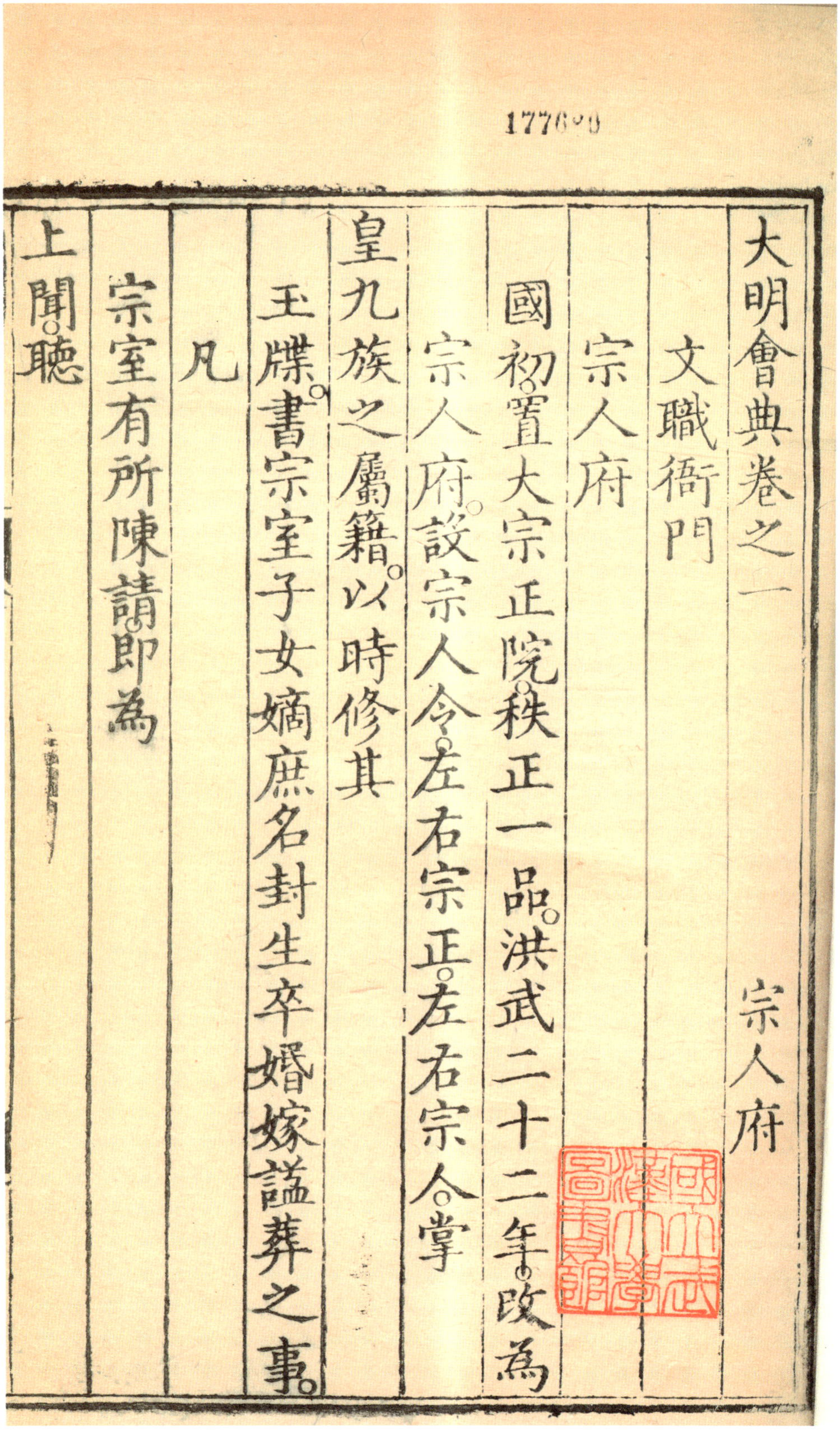
大明會典卷之一　宗人府
文職衙門
宗人府
國初置大宗正院。秩正一品。洪武二十二年。改為
宗人府。設宗人令。左右宗正。左右宗人。掌
皇九族之屬籍。以時修其
玉牒。書宗室子女嫡庶名封生卒婚嫁謚葬之事。
凡
宗室有所陳請。即為
上聞。聽

00084 大明會典二百二十八卷　（明）申時行　趙用賢修纂　明萬曆十五年（1587）內府刻本

框高24.9厘米，寬17.3厘米。十行二十字，黑口，四周雙邊。武漢大學圖書館藏。

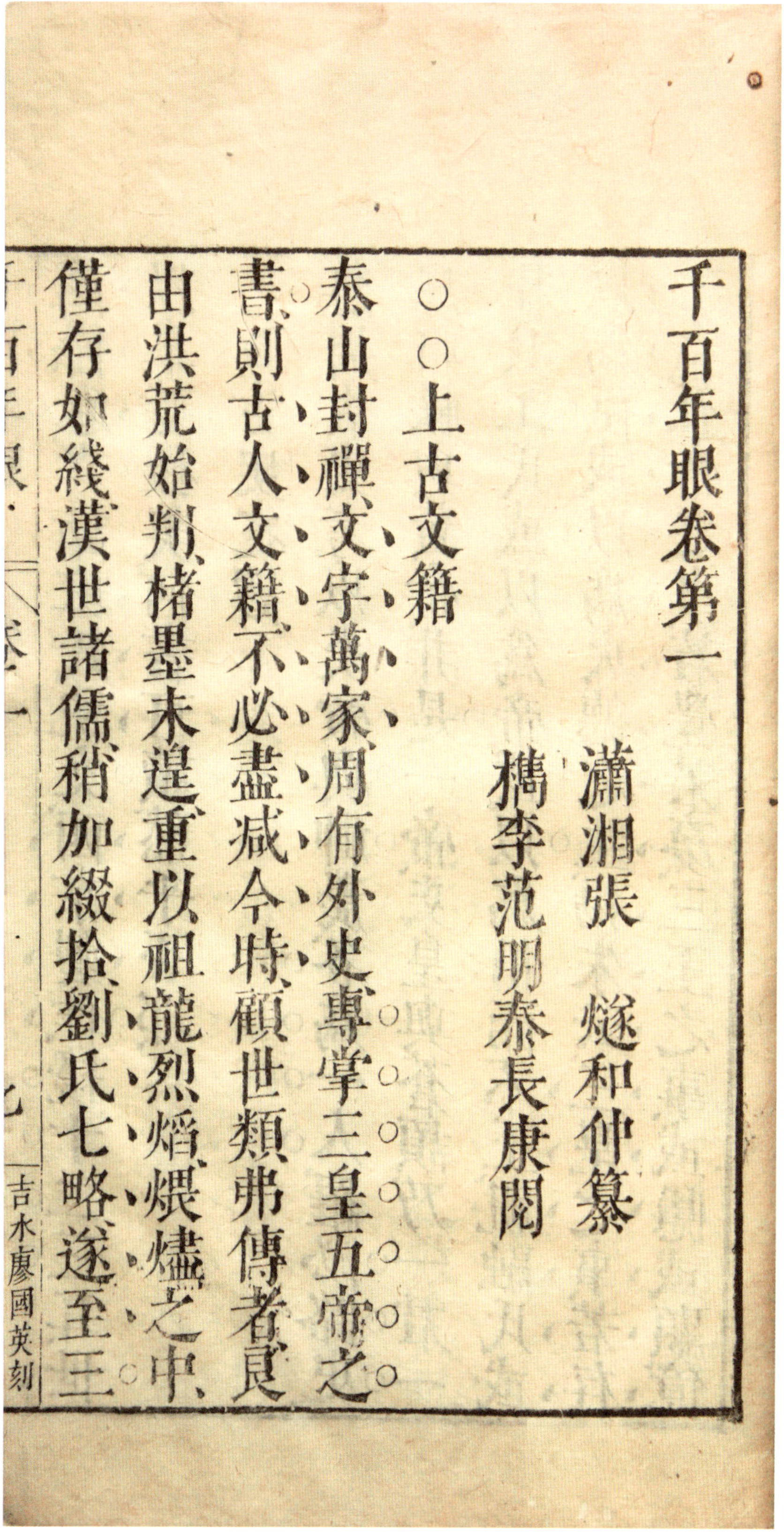

千百年眼卷第一

瀟湘張　燧和仲纂

檇李范明泰長康閱

○○上古文籍

泰山封禪文字萬家周有外史專掌三皇五帝之書則古人文籍不必盡滅今時顧世類弗傳者良由洪荒始判楮墨未遑重以祖龍烈焰煨燼之中僅存如綫漢世諸儒稍加綴拾劉氏七略遂至三

千百年眼　卷一

吉水廖國英刻

00085 千百年眼十二卷　（明）張燧纂　（明）范明泰等閲　明萬曆四十二年（1614）刻本

框高 21.1 厘米，宽 14 厘米。八行十九字，白口，四周單邊。黄岡市圖書館藏。

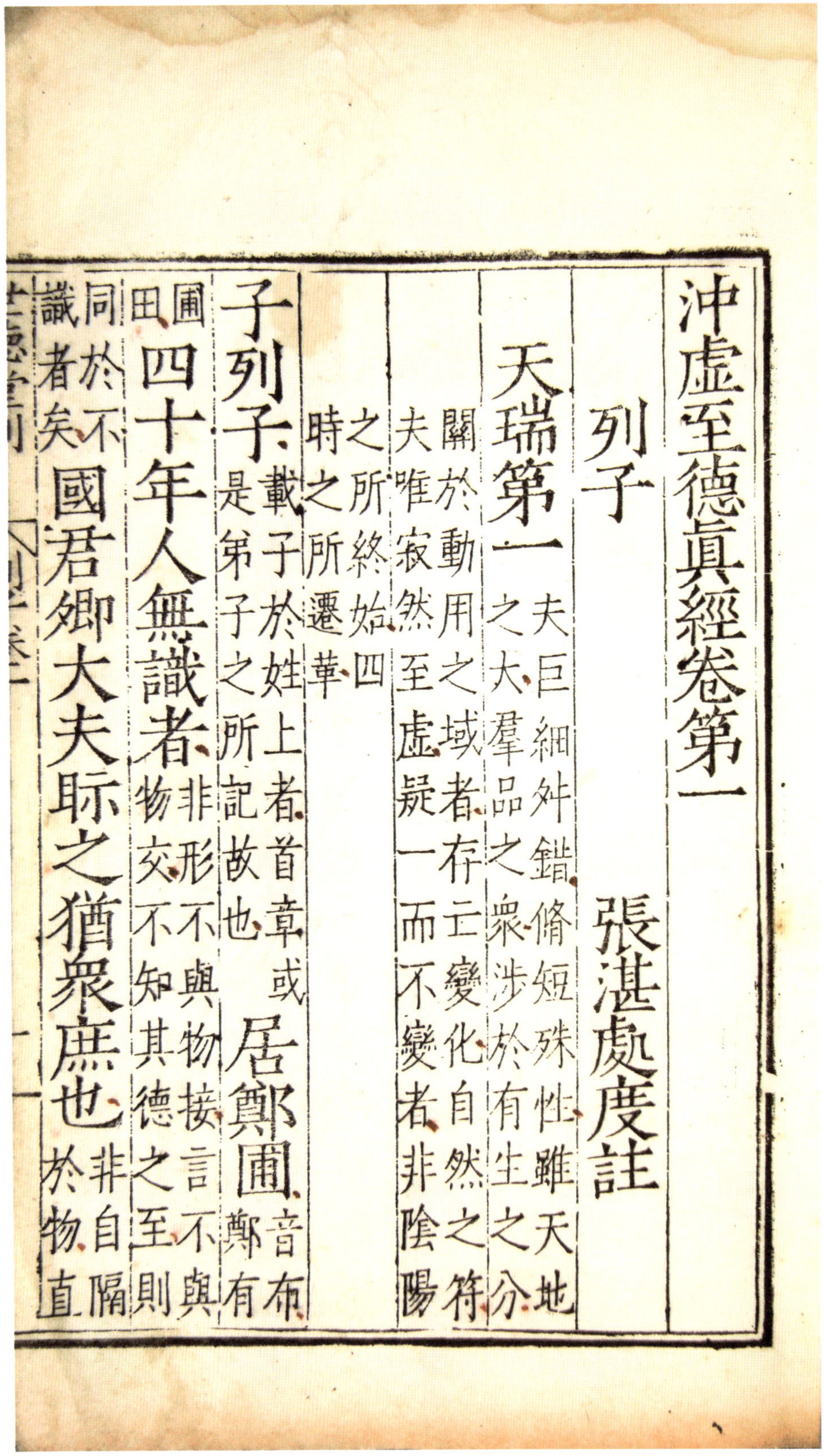
沖虛至德眞經卷第一
列子　張湛處度註
天瑞第一　夫巨細舛錯脩短殊性雖天地之大羣品之衆涉於有生之分關於動用之域者存亡變化自然之符夫唯寂然至虛凝一而不變者非陰陽之所終始四時之所遷革
子列子　載子於姓上者首章或是弟子之所記故也　居鄭圃　音布鄭有圃田　四十年人無識者　非形不與物接言不與物交不知其德之至則同於不識者矣　國君卿大夫眎之猶衆庶也　非自隔於物直
世德堂刊　列子卷一　一

00086 六子書六十卷　（明）顧春編　明嘉靖十二年顧春世德堂刻本

框高 20.2 厘米，宽 14.3 厘米。八行十七字，白口，四周雙邊。缺八卷：老子道德經之一至二；荀子之一至二、十八至十九；中說之八至九。襄陽市少年兒童圖書館藏。

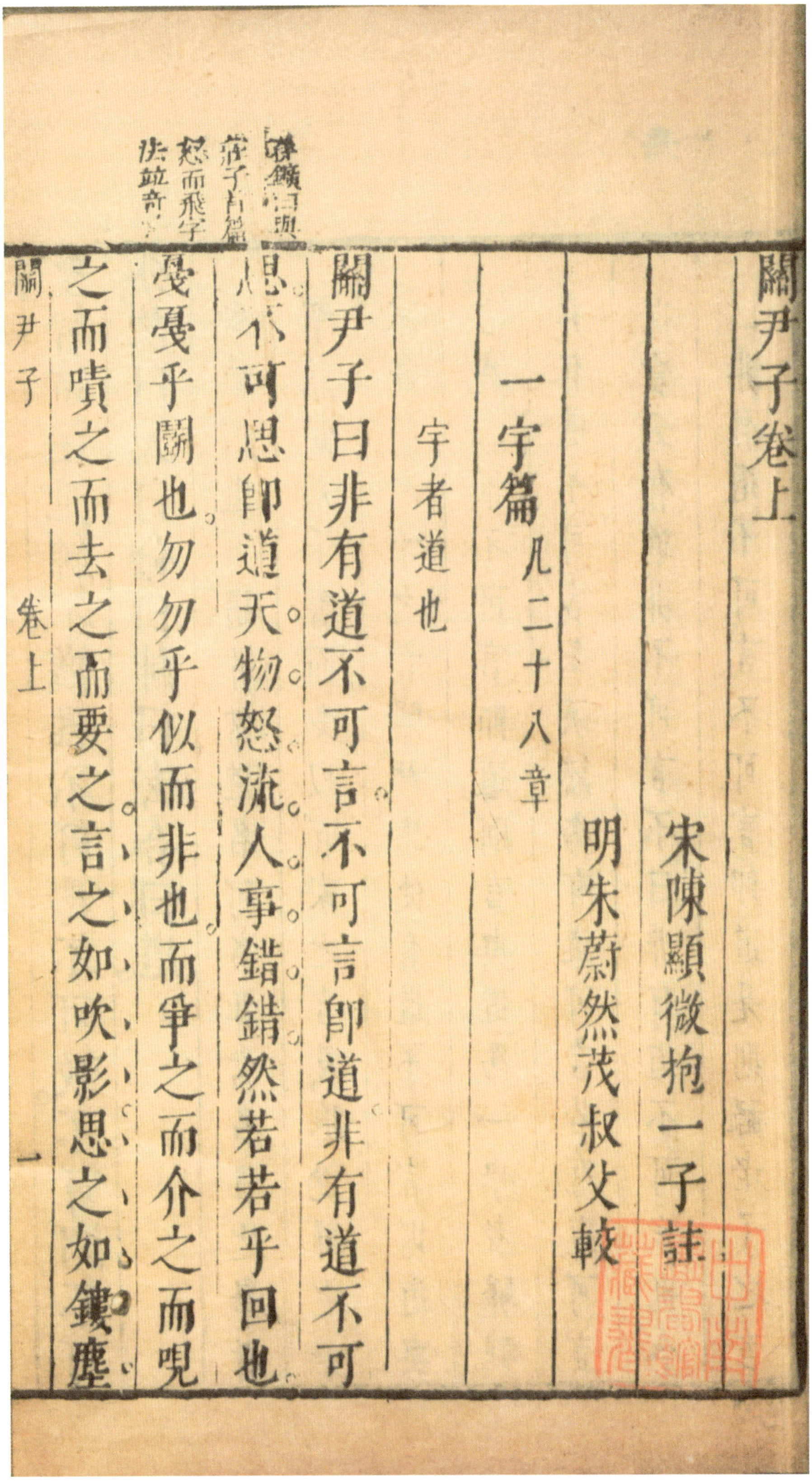

00087 六子全書六種二十一卷　(明)陶元焞輯　明末刻本

框高20.4厘米，寬14.7厘米。九行二十字，白口，四周單邊。封面鐫“合諸名家批點 六子全書 聚奎樓藏板”，末行皆題“聚奎樓藏板”，唯《北齊劉子》題“泰和堂藏版”。鈐“柯逢時印”等印。湖北省圖書館藏。

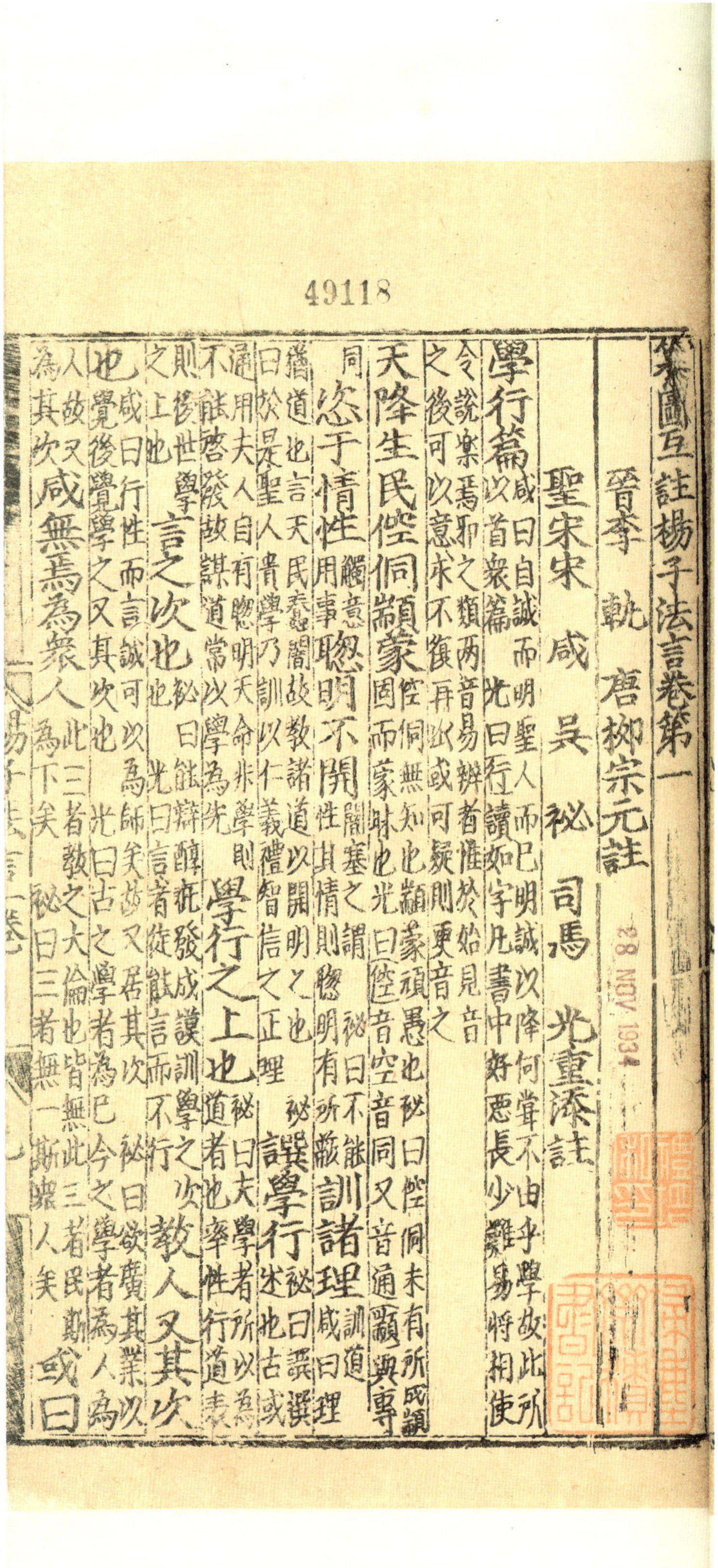

纂圖互註揚子法言卷第一

晉李軌 唐柳宗元註

宋宋咸 吴祕 司馬光重添註

學行篇 咸曰自誠而明聖人而已明誠以降何嘗不由乎學故此所以首衆篇 光曰行讀如字凡書中好惡長少難易將相使令説樂焉耶之類兩音易辨者准於始見音之後可以意求不復再出或可疑則更音之

天降生民倥侗顓蒙 倥侗無知也顓蒙頑愚也 祕曰倥侗未有所識顓蒙固而蒙昧也 光曰倥音空侗音同又音通顓與專同

恣于情性 縱意用事 聰明不開 闇塞之謂性其情則聰明有所蔽 祕曰不能 訓諸理 訓道咸曰理 祕 譔學行 祕曰譔述也古或作撰 猶道也言天民蠢蠢闇故教諸道以開明之也 祕曰於是聖人貴學乃訓以仁義禮智信之正理 通用夫人自有聰明天命非學則不能啓發故謀道常以學為先 學行之上也 祕曰大學者所以為道者也率性行道表 則後世學之上也 言之次也 祕曰能辯醇疵發成謨訓學之次 光曰言者從能言而不行 教人又其次 也咸曰行性而言誠可以為師矣故又居其次 祕曰欲廣其業以覺後覺學之又其次也 光曰古之學者為己今之學者為人為人故又其次 咸無焉為衆人 此三者教之大倫也皆無此三者民斯為下矣 祕曰三者無一斯衆人矣 或曰

00088 纂圖互註楊子法言十卷 （漢）揚雄撰 （晉）李軌 （唐）柳宗元 （宋）宋咸 吴秘 司馬光注 明刻本

框高20.3厘米，宽13.5厘米。十二行二十六字，黑口，四周雙邊。鈐“禮培私印”“埽塵齋積書記”“復壁藏書”“珊瑚閣珍藏印”等印。武漢大學圖書館藏。

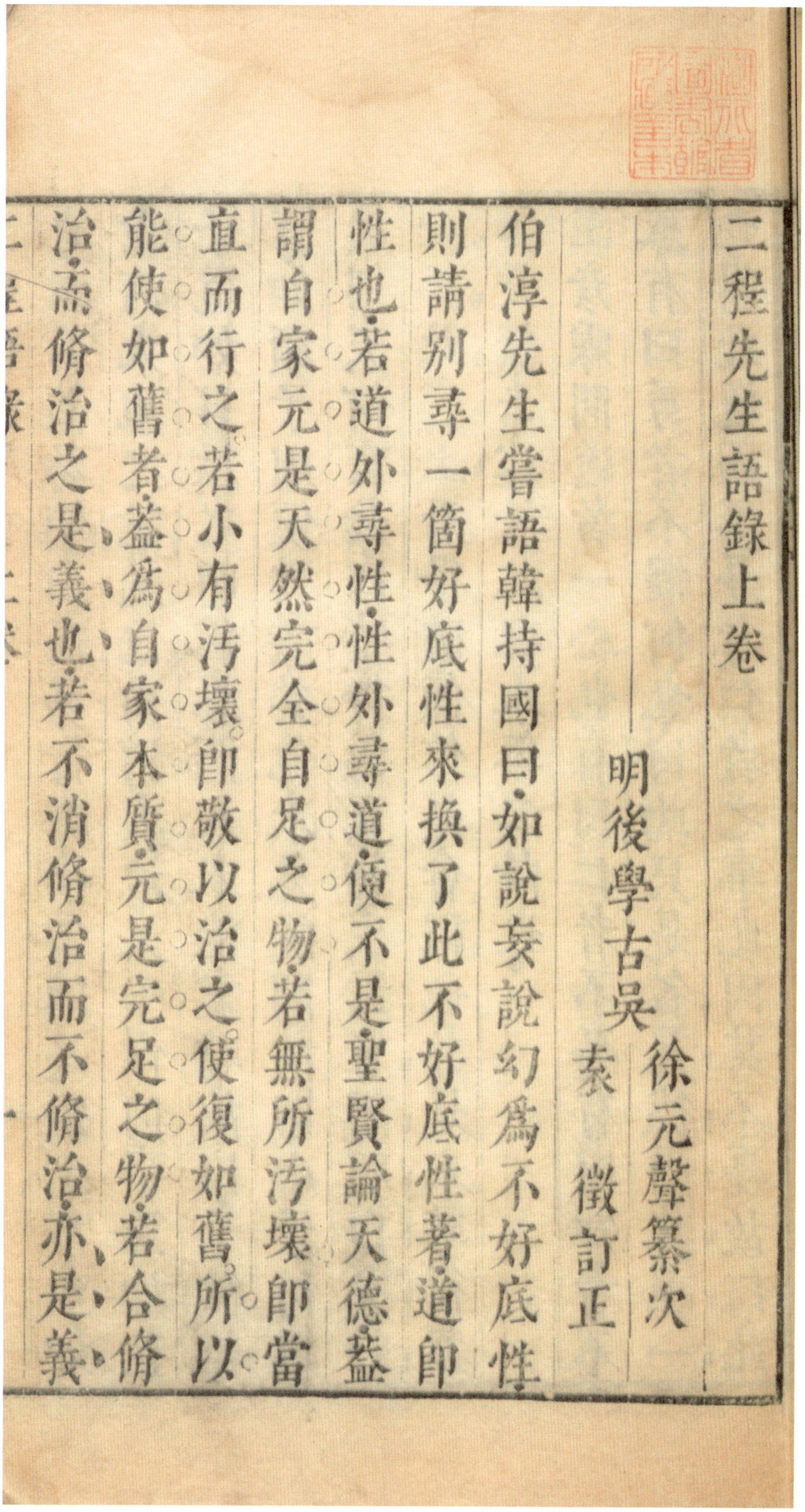

二程先生語錄上卷

明後學古吳　徐元聲纂次
袁　徵訂正

伯淳先生嘗語韓持國曰如說妄說幻爲不好底性則請別尋一箇好底性來換了此不好底性著道即性也若道外尋性性外尋道便不是聖賢論天德蓋謂自家元是天然完全自足之物若無所汚壞即當直而行之若小有汚壞卽敬以治之使復如舊所以能使如舊者蓋爲自家本質元是完足之物若合脩治而脩治之是義也若不消脩治而不脩治亦是義

00089 二程先生語錄二卷　（明）徐元聲纂次　（明）袁徵訂正　明崇禎六年（1633）刻本

框高 21.5 厘米，宽 14.5 厘米。十行二十字，白口，四周單邊。鈐"慶咸之印""容仲氏"等印。湖北省圖書館藏。

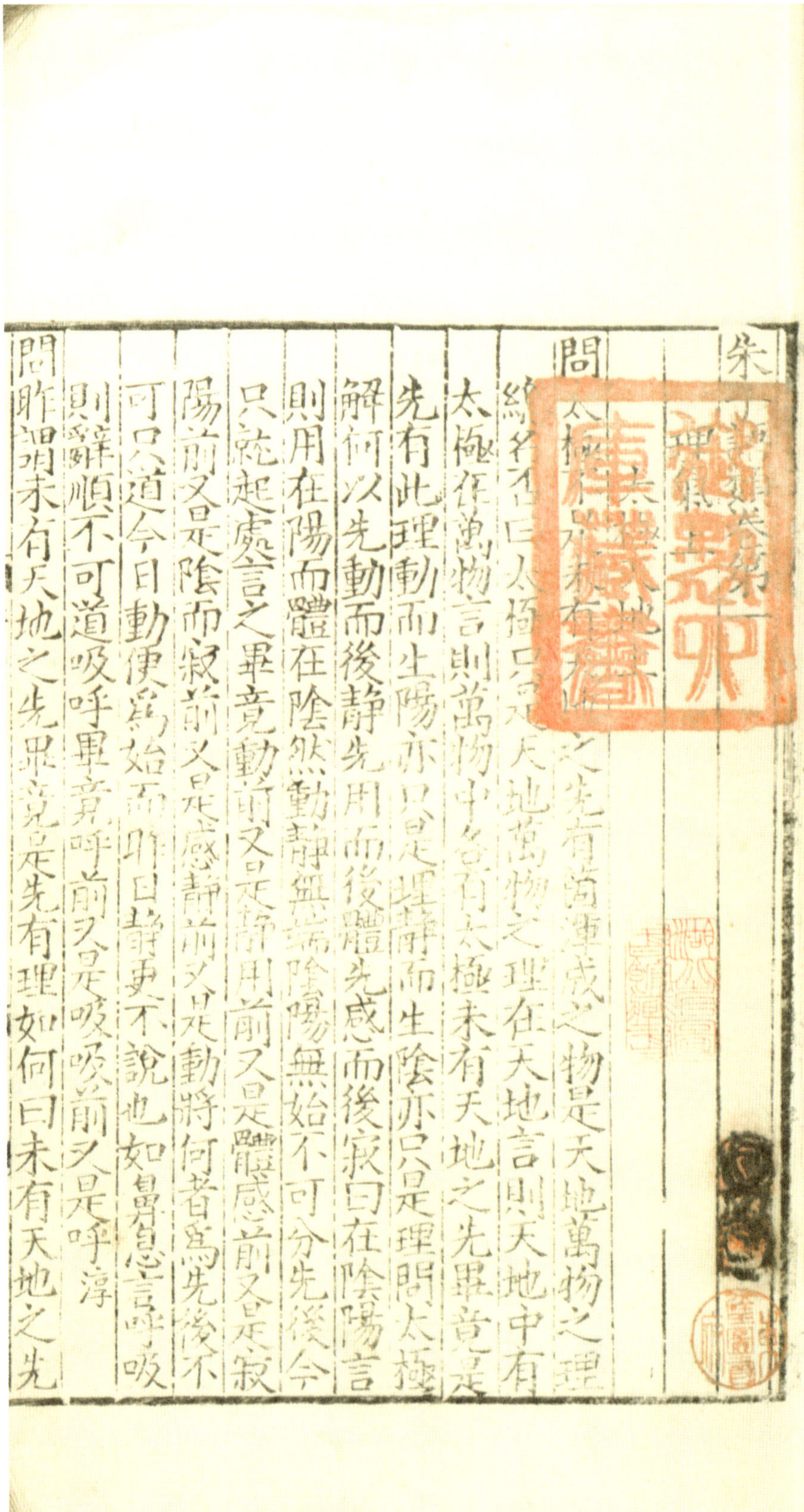

朱子語類卷第一

問太極不是未有天地之先有箇渾成之物是天地萬物之理
總名否曰太極只是天地萬物之理在天地言則天地中有
太極在萬物言則萬物中各有太極未有天地之先畢竟是
先有此理動而生陽亦只是理靜而生陰亦只是理問太極
解何以先動而後靜先用而後體先感而後寂曰在陰陽言
則用在陽而體在陰然動靜無端陰陽無始不可分先後今
只就起處言之畢竟動前又是靜用前又是體感前又是寂
陽前又是陰而寂前又是感靜前又是動將何者爲先後不
可只道今日動便爲始而昨日靜更不說也如鼻息言呼吸
則辭順不可道吸呼畢竟呼前又是吸吸前又是呼 淳
問昨謂未有天地之先畢竟是先有理如何曰未有天地之先

00090 朱子語類一百四十卷 （宋）黎靖德輯　明成化九年（1473）陳煒刻本

框高 20.3 厘米，宽 15.5 厘米。十四行二十四字，白口，左右雙邊。存六十四卷：一至六四。鈐“鹿門”“錫瑞”等印。湖北省圖書館藏。

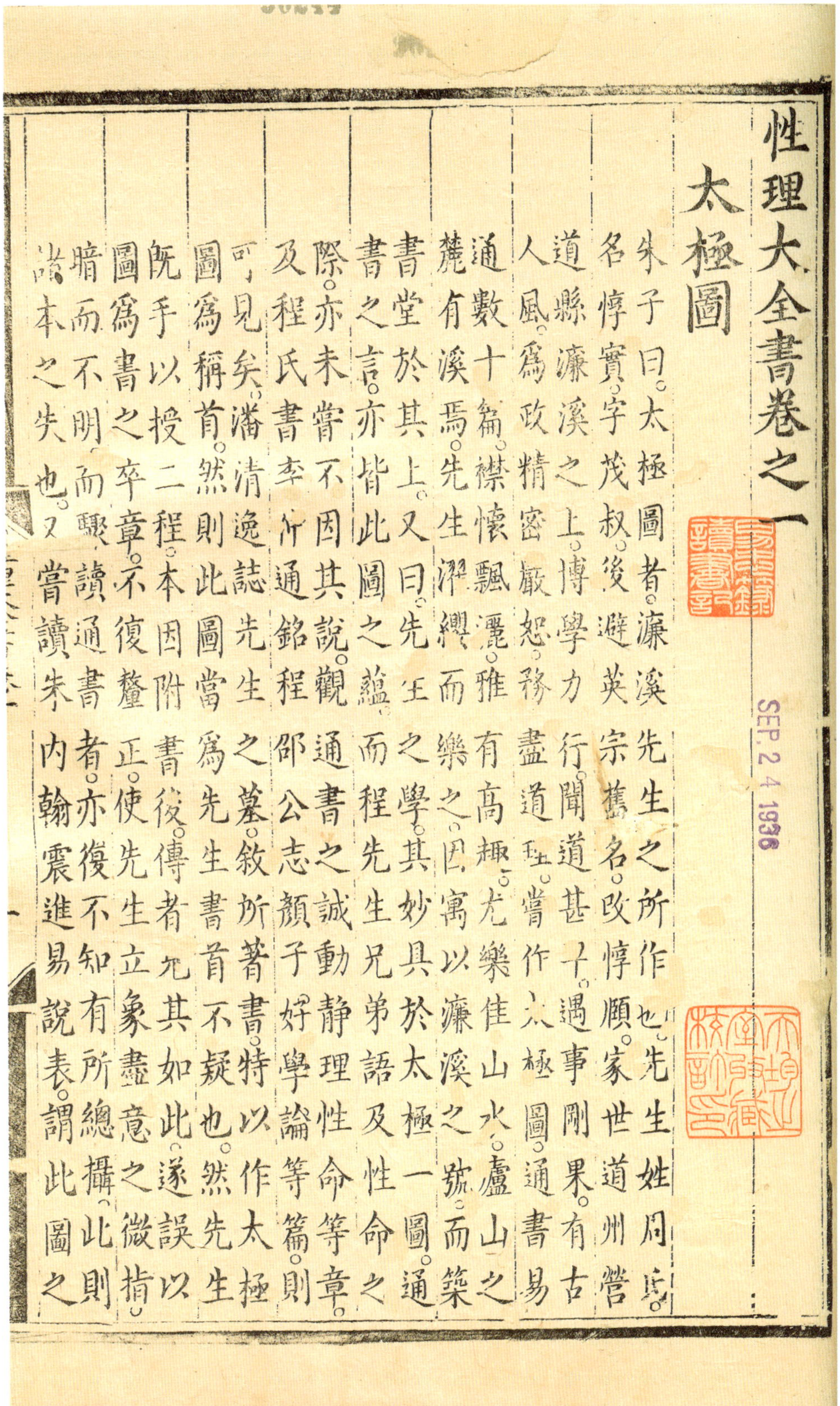
性理大全書卷之一
太極圖
朱子曰。太極圖者。濂溪先生之所作也。先生姓周氏。名惇實。字茂叔。後避英宗舊名。改惇頤。家世道州營道縣濂溪之上。博學力行。聞道甚早。遇事剛果。有古人風。爲政精密嚴恕。務盡道理。嘗作太極圖通書易通數十篇。襟懷飄灑。雅有高趣。尤樂佳山水。廬山之麓有溪焉。先生濯纓而樂之。因寓以濂溪之號。而築書堂於其上。又曰。先生之學。其妙具於太極一圖。通書之言。亦皆此圖之藴。而程先生兄弟語及性命之際。亦未嘗不因其說。觀通書之誠動靜理性命等章。及程氏書李仲通銘程邵公志顔子好學論等篇。則可見矣。潘清逸誌先生之墓。敘所著書。特以作太極圖爲稱首。然則此圖當爲先生書首不疑也。然先生既手以授二程。本因附書後。傳者見其如此。遂誤以圖爲書之卒章。不復釐正。使先生立象盡意之微指。暗而不明。而驟讀通書者。亦復不知有所總攝。此則諸本之失也。又嘗讀朱內翰震進易說表。謂此圖之

00091 性理大全書七十卷 （明）胡廣等撰　明永樂十三年（1415）內府刻清康熙十二年（1673）重修本

框高25.8厘米，寬18厘米。十行二十二字，黑口，四周雙邊。鈐"鄭子兆印""易忠籙讀書記""芸青弍號㰘欽""天均之室收藏校訂印""望雲樓主人藏書之記"等印。武漢大學圖書館藏。

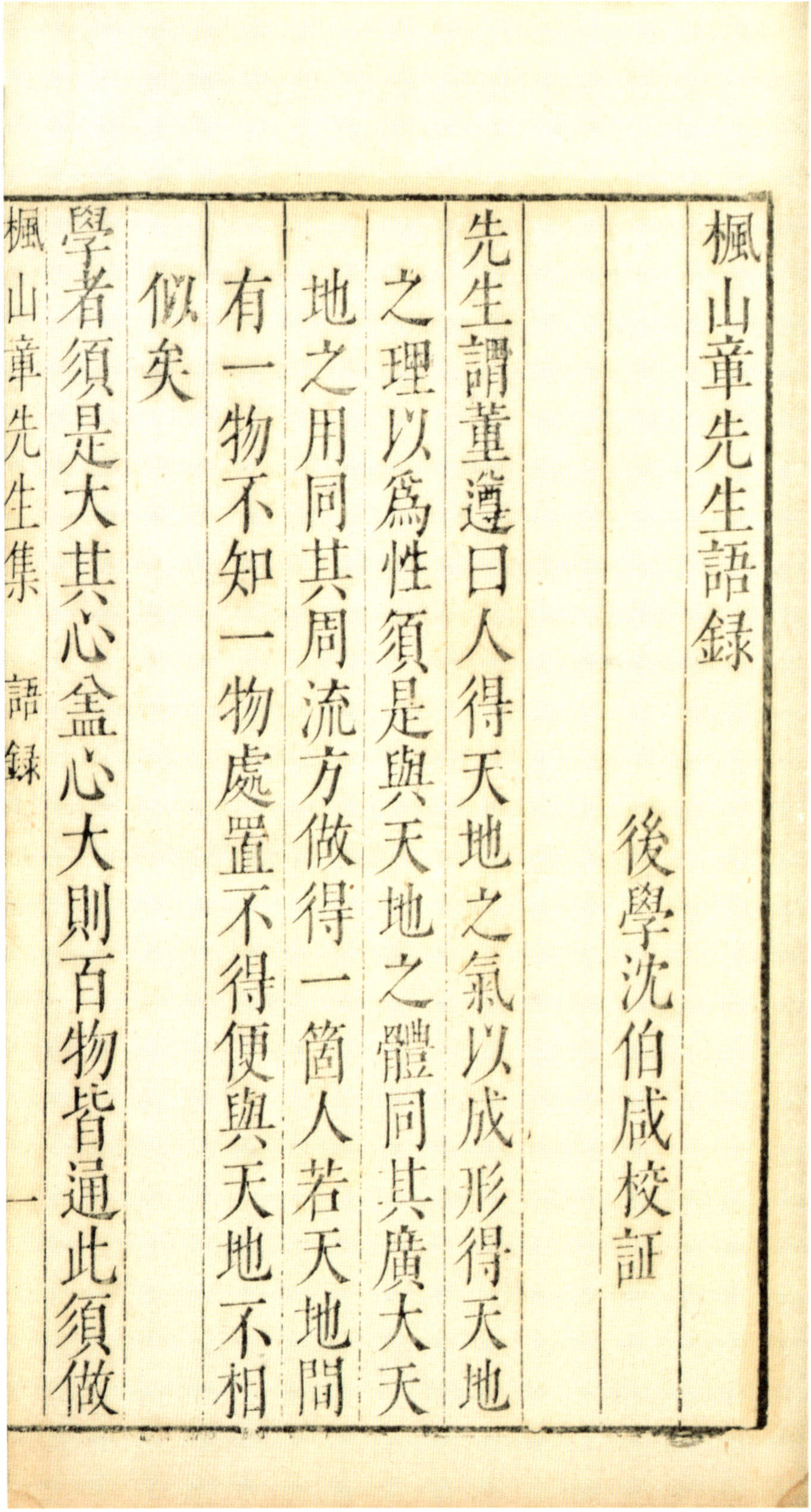
楓山章先生語録
後學沈伯咸校証
先生謂董遵曰人得天地之氣以成形得天地
之理以爲性須是與天地之體同其廣大天
地之用同其周流方做得一箇人若天地間
有一物不知一物處置不得便與天地不相
似矣
學者須是大其心蓋心大則百物皆通此須做
楓山章先生集　語録　一

00092 楓山章先生語録不分卷 （明）章懋撰 （明）沈伯咸校證 明嘉靖四十四年（1565）議政堂刻本

框高 21.2 厘米，寬 13.4 厘米。九行十八字，白口，四周單邊。鈐“蟫隱廬”等印。湖北省圖書館藏。

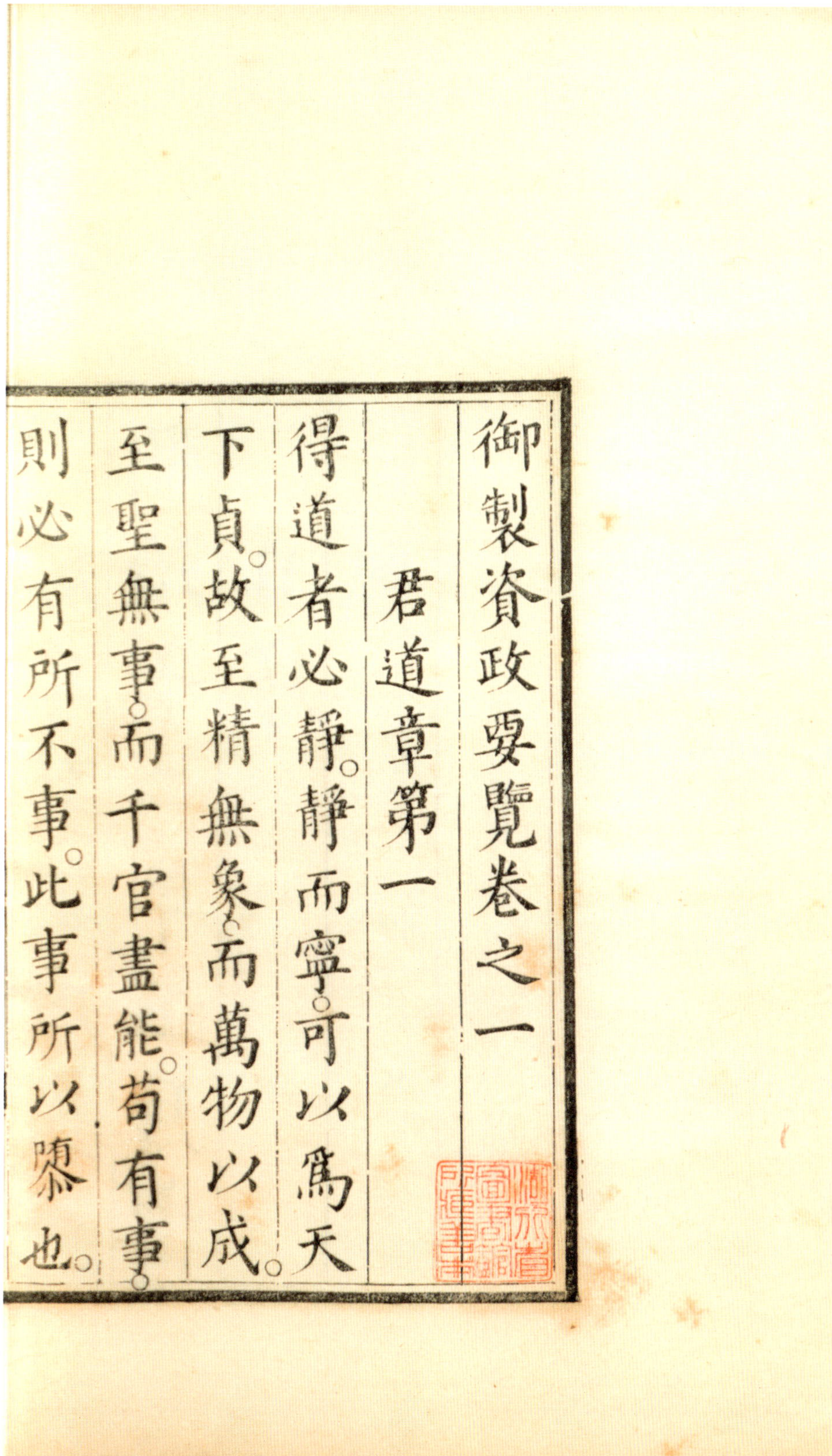
御製資政要覽卷之一
君道章第一
得道者必靜。靜而寧。可以爲天
下貞。故至精無象。而萬物以成。
至聖無事。而千官盡能。苟有事。
則必有所不事。此事所以隳也。

00093 御製資政要覽三卷 （清）世祖福臨撰 **後序一卷** （清）宋之繩等撰

清順治十二年（1655）内府刻本

蝴蝶裝。框高 18.3 厘米，宽 12 厘米。六行十二字，黑口，四周雙邊。湖北省圖書館藏。

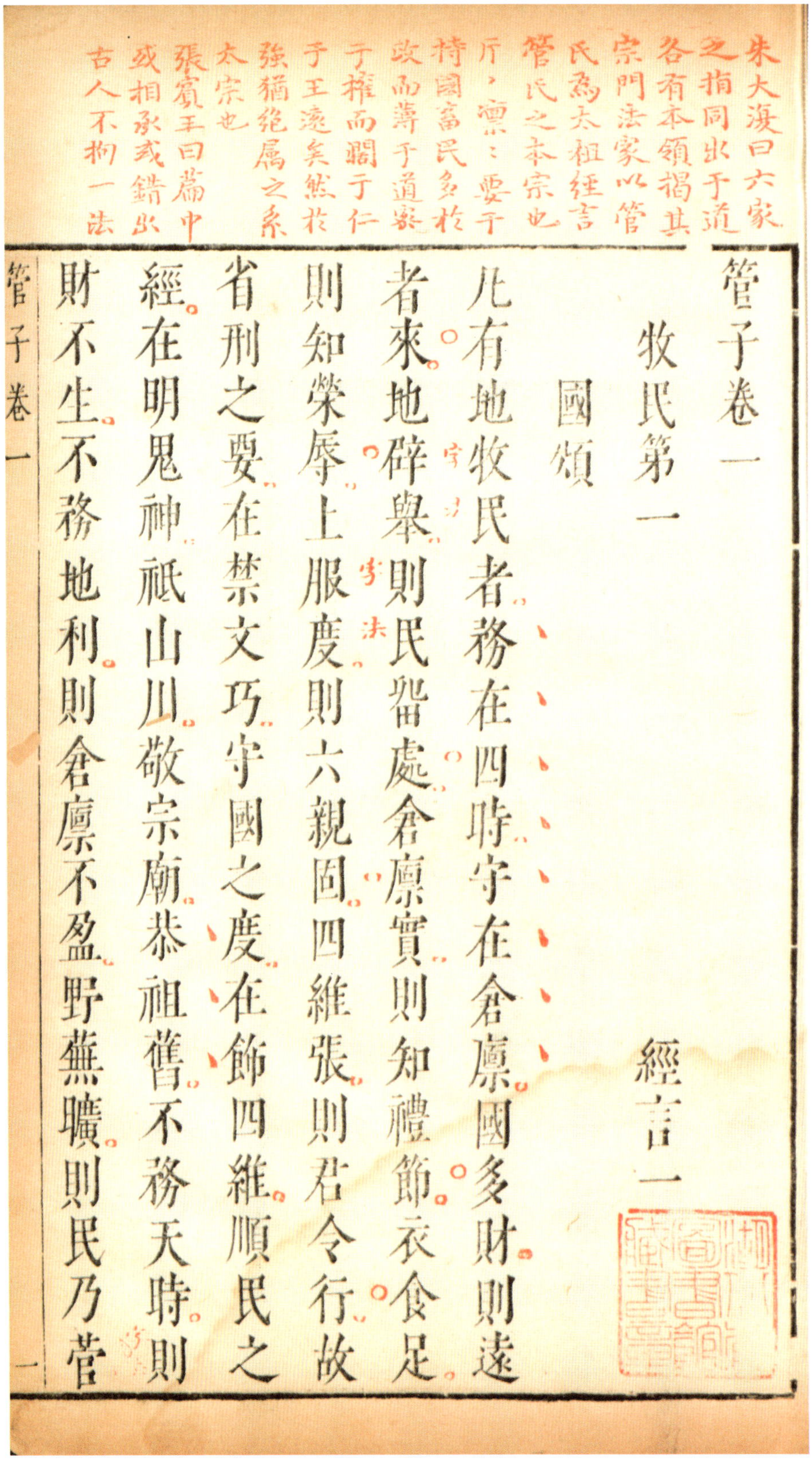

朱大復曰六家之指同出于道各有本領揭其宗門法家以管氏為太祖經言管氏之本宗也斤斤凜凜要于持國富民多於政而薄于道察于權而闇于仁于王遠矣然於強猶絕屬之系太宗也

張賓王曰篇中或相承或錯出古人不拘一法

管子卷一

牧民第一　　經言一

國頌

凡有地牧民者務在四時守在倉廩國多財則遠者來地辟舉則民留處倉廩實則知禮節衣食足則知榮辱上服度則六親固四維張則君令行故省刑之要在禁文巧守國之度在飾四維順民之經在明鬼神祇山川敬宗廟恭祖舊不務天時則財不生不務地利則倉廩不盈野蕪曠則民乃菅

管子卷一　　一

00094 管子二十四卷　（明）趙用賢　朱長春等評　明萬曆四十八年（1620）凌汝亨刻朱墨套印本

框高20.6厘米，宽14.7厘米。九行十九字，白口，四周單邊。湖北省圖書館藏。

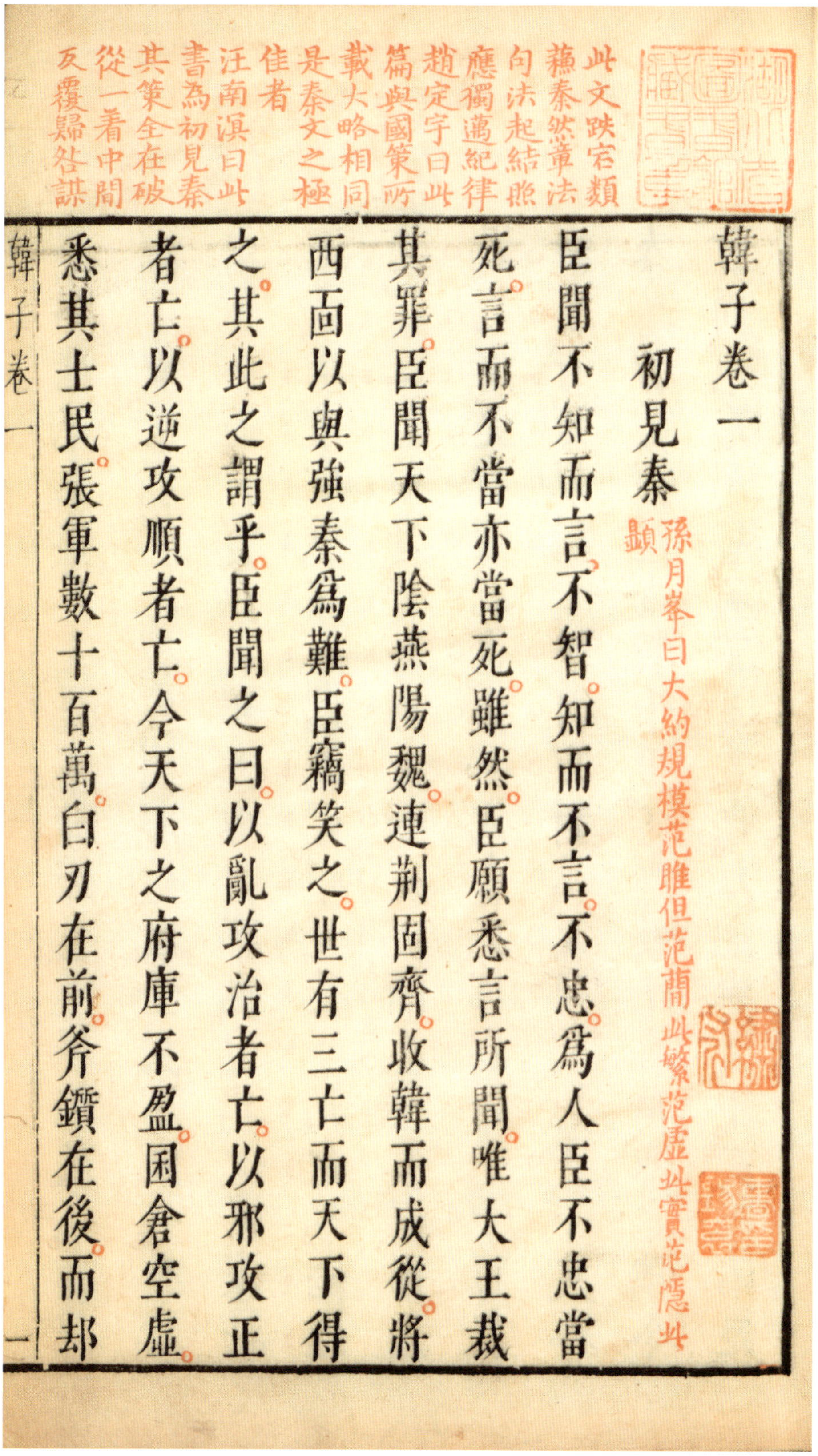

此文跌宕類穰秦然章法句法起結照應獨邁紀律
趙定宇曰此篇與國策所載大略相同是秦文之極佳者
汪南溟曰此書爲初見秦其策全在破從一着中間反覆歸咎謀
韓子卷一
初見秦
孫月峯曰大約規模范雎但范簡此繁范虛此實范隱此顯
臣聞不知而言不智知而不言不忠爲人臣不忠當
死言而不當亦當死雖然臣願悉言所聞唯大王裁
其罪臣聞天下陰燕陽魏連荆固齊收韓而成從將
西面以與強秦爲難臣竊笑之世有三亡而天下得
之其此之謂乎臣聞之曰以亂攻治者亡以邪攻正
者亡以逆攻順者亡今天下之府庫不盈囷倉空虛
悉其士民張軍數十百萬白刃在前斧鑕在後而却
韓子卷一　一

00095 韓子迂評二十卷　題（明）門無子評　明萬曆六年至泰昌元年（1578—1620）刻朱墨套印本

框高 21 厘米，寬 14.6 厘米。九行二十字，白口，四周單邊。鈐“宋殿中丞忠孝曹家”“曹錫袞印”“繡斧”等印。湖北省圖書館藏。

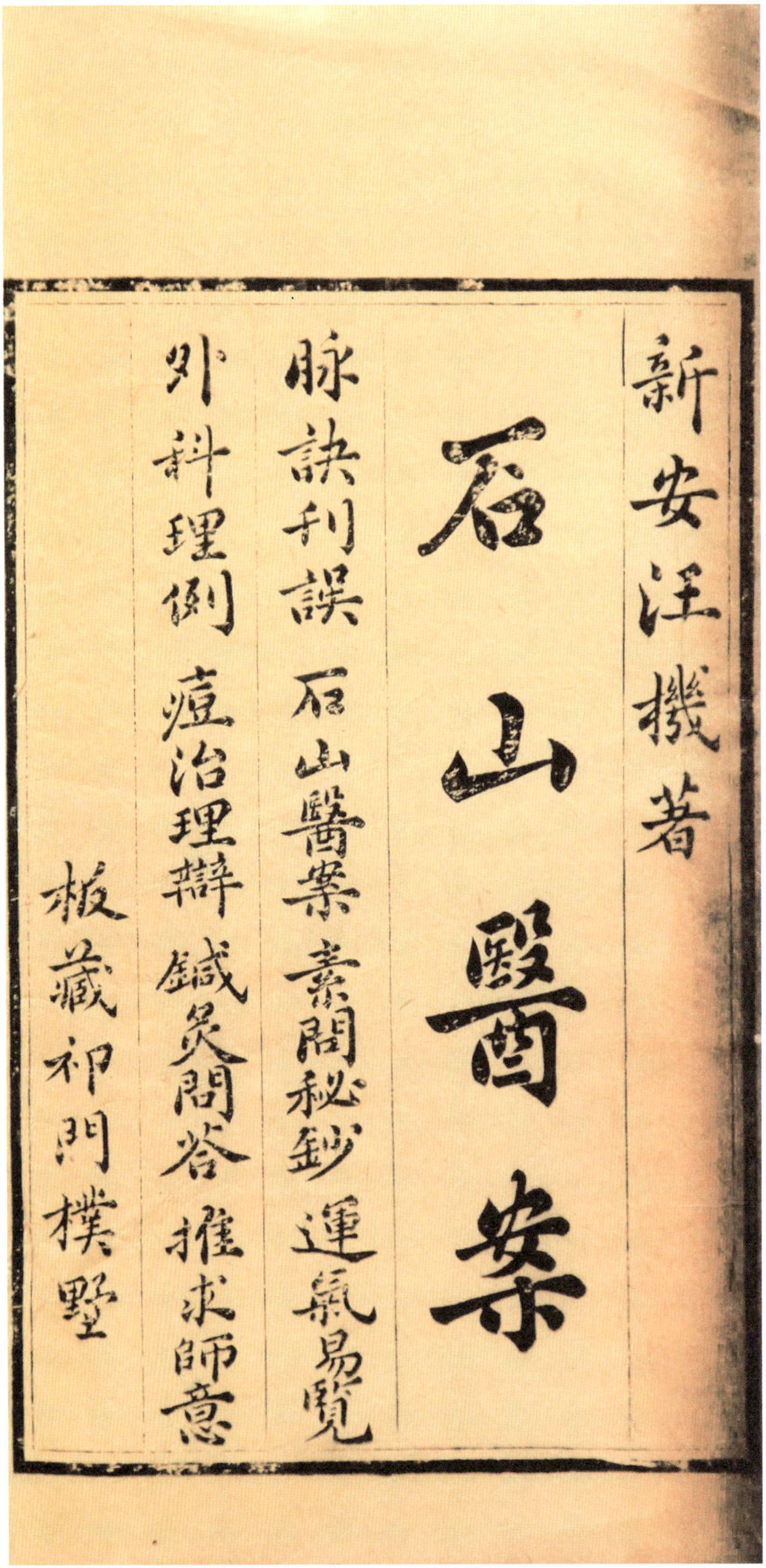
新安汪機著
石山醫案
脉訣刊誤 石山醫案 素問秘鈔 運氣易覽
外科理例 痘治理辯 鍼灸問答 推求師意
板藏祁門樸墅

00096 石山醫案八種三十二卷 （明）汪機撰　明嘉靖刻崇禎祁門樸墅增刻印本

框高 19.6 厘米，宽 13 厘米。行格不一，白口，四周單邊。缺六卷：針灸問對三卷、推求師意二卷附録一卷。江漢大學圖書館藏。

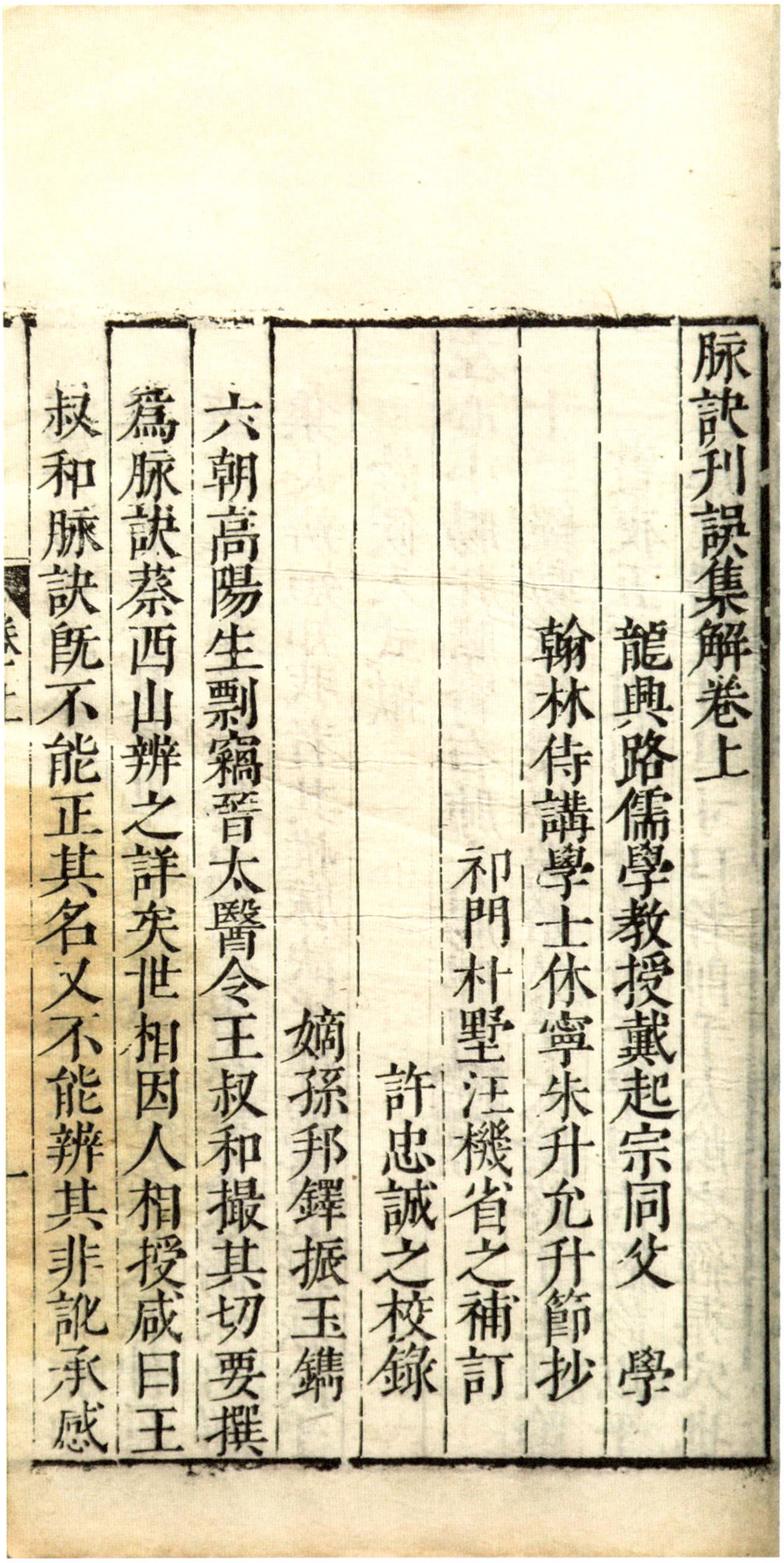

脉訣刊誤集解卷上
龍興路儒學教授戴起宗同父　學
翰林侍講學士休寧朱升允升節抄
祁門朴墅汪機省之補訂
許忠誠之校錄
嫡孫邦鐸振玉鐫
六朝高陽生剽竊晉太醫令王叔和撮其切要撰
爲脉訣蔡西山辨之詳矣世相因人相授咸曰王
叔和脉訣旣不能正其名又不能辨其非訛承感

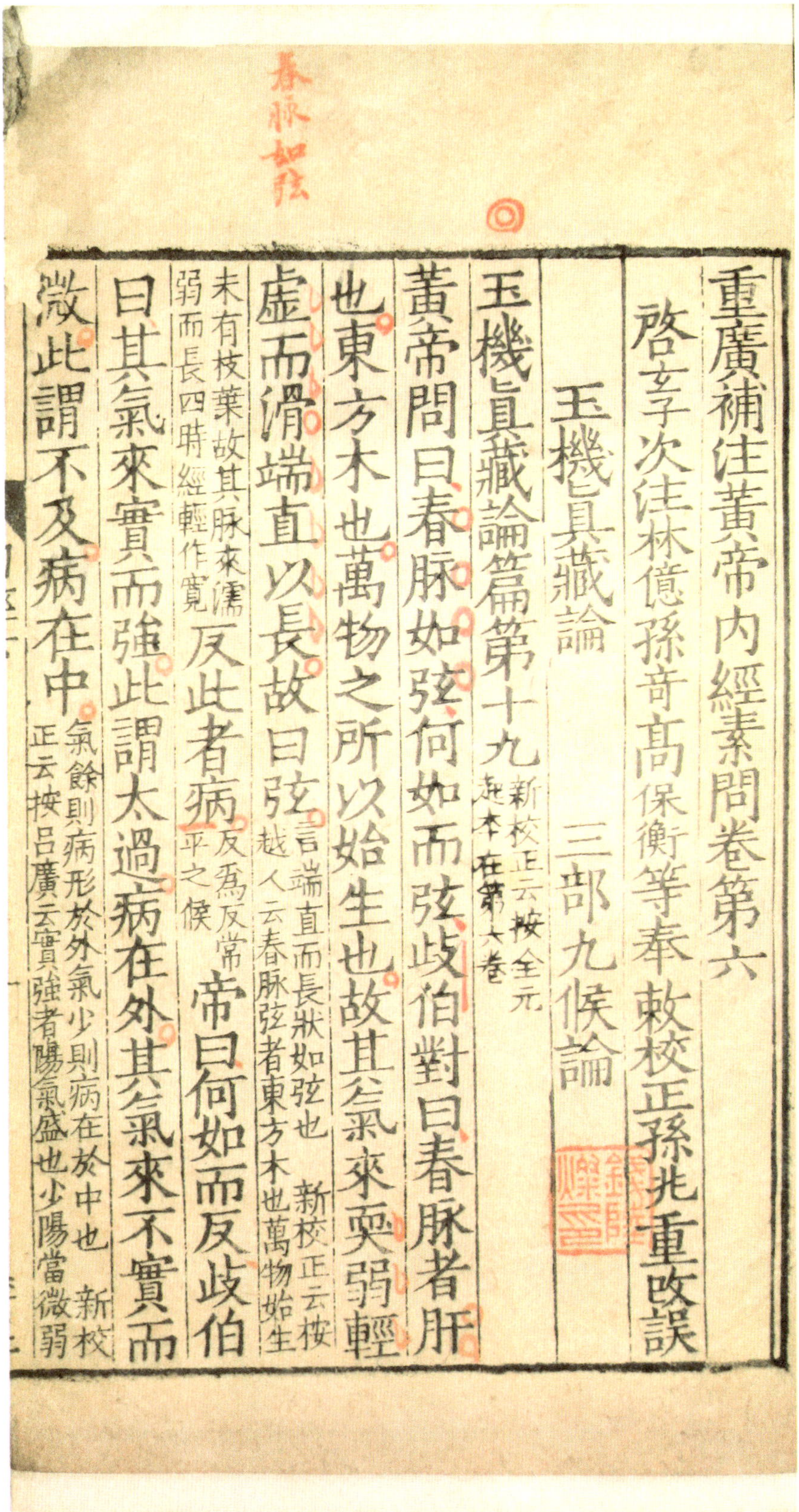

春脉如弦

重廣補注黃帝内經素問卷第六
啓玄子次注林億孫奇高保衡等奉敕校正孫兆重改誤
玉機眞藏論　三部九候論
玉機眞藏論篇第十九 新校正云按全元起本在第六卷
黃帝問曰春脉如弦何如而弦岐伯對曰春脉者肝也東方木也萬物之所以始生也故其氣來耎弱輕虛而滑端直以長故曰弦 言端直而長狀如弦也 新校正云按越人云春脉弦者東方木也萬物始生未有枝葉故其脉來濡弱而長四時經輕作寛 反此者病 反爲反常平之候 帝曰何如而反岐伯曰其氣來實而強此謂太過病在外其氣來不實而微此謂不及病在中 氣餘則病形於外氣少則病在於中也 新校正云按呂廣云實強者陽氣盛也少陽當微弱

錢陸燦印

00097 重廣補注黃帝内經素問二十四卷 （唐）王冰注 （宋）林億等校正 （宋）孫兆改誤 明嘉靖二十九年（1550）顧從德影宋刻本

框高22.1厘米，宽15.8厘米。十行二十字，白口，左右雙邊。鈐“錢陸燦印”“圓沙陸燦”等印。存九卷：四至七、十三至十七。襄陽市少年兒童圖書館藏。

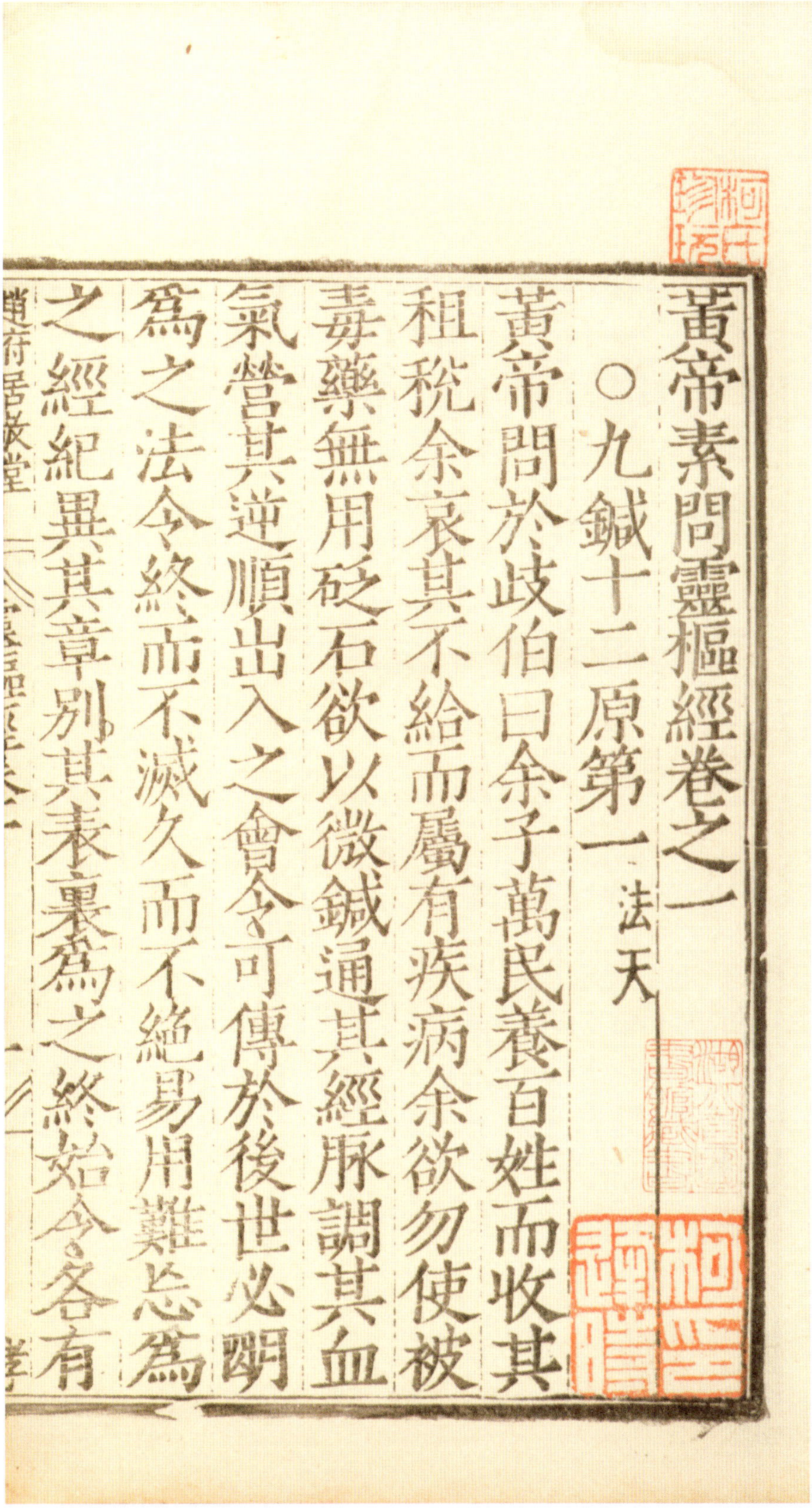
黃帝素問靈樞經卷之一
○九鍼十二原第一 法天
黃帝問於歧伯曰余子萬民養百姓而收其
租稅余哀其不給而屬有疾病余欲勿使被
毒藥無用砭石欲以微鍼通其經脈調其血
氣營其逆順出入之會令可傳於後世必明
爲之法令終而不滅久而不絕易用難忘爲
之經紀異其章別其表裏爲之終始令各有
趙府居敬堂

00098 黃帝素問靈樞經十二卷 （宋）史崧音釋　明成化元年至隆慶六年（1465—1572）趙府居敬堂刻本　清柯逢時跋

框高20.3厘米，寬13.8厘米。八行十七字，白口，四周雙邊。鈐“伊澤書藏”“星吾海外訪得秘笈”“柯逢時印”“柯氏珍玩”等印。湖北省圖書館藏。

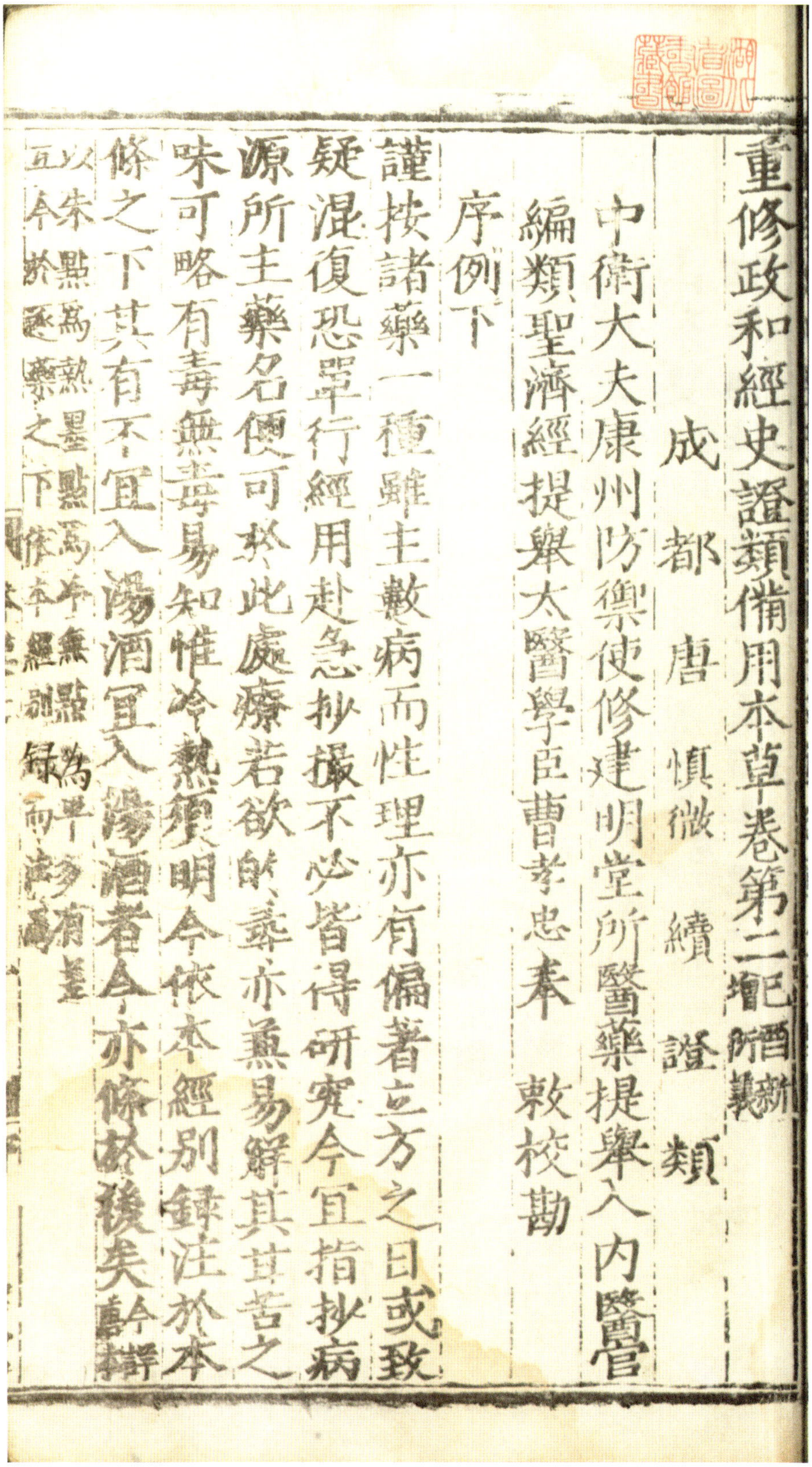
重修政和經史證類備用本草卷第二已酒新增衍義
成　都　唐　慎微　續　證　類
中衛大夫康州防禦使修建明堂所醫藥提舉入內醫官
編類聖濟經提舉太醫學臣曹孝忠奉　敕校勘
序例下
謹按諸藥一種雖主數病而性理亦有偏著立方之日或致
疑混復恐單行經用赴急抄撮不必皆得研究今宜指抄病
源所主藥名仍可於此處療若欲的尋亦兼易解其甘苦之
味可略有毒無毒易知惟冷熱須明今依本經別錄注於本
條之下其有不宜入湯酒宜入湯酒者今亦條於後矣今辯
以朱點為熱墨點為冷無點者為平多有差互今於逐藥之下依本經別錄而注焉

00099 重修政和經史證類備用本草三十卷　（宋）唐慎微撰　（宋）寇宗奭衍義　（明）曹孝忠校勘　明隆慶六年（1572）刻本

框高 26.3 厘米，宽 17.2 厘米。十一行二十三字，白口，四周雙邊。湖北省圖書館藏。

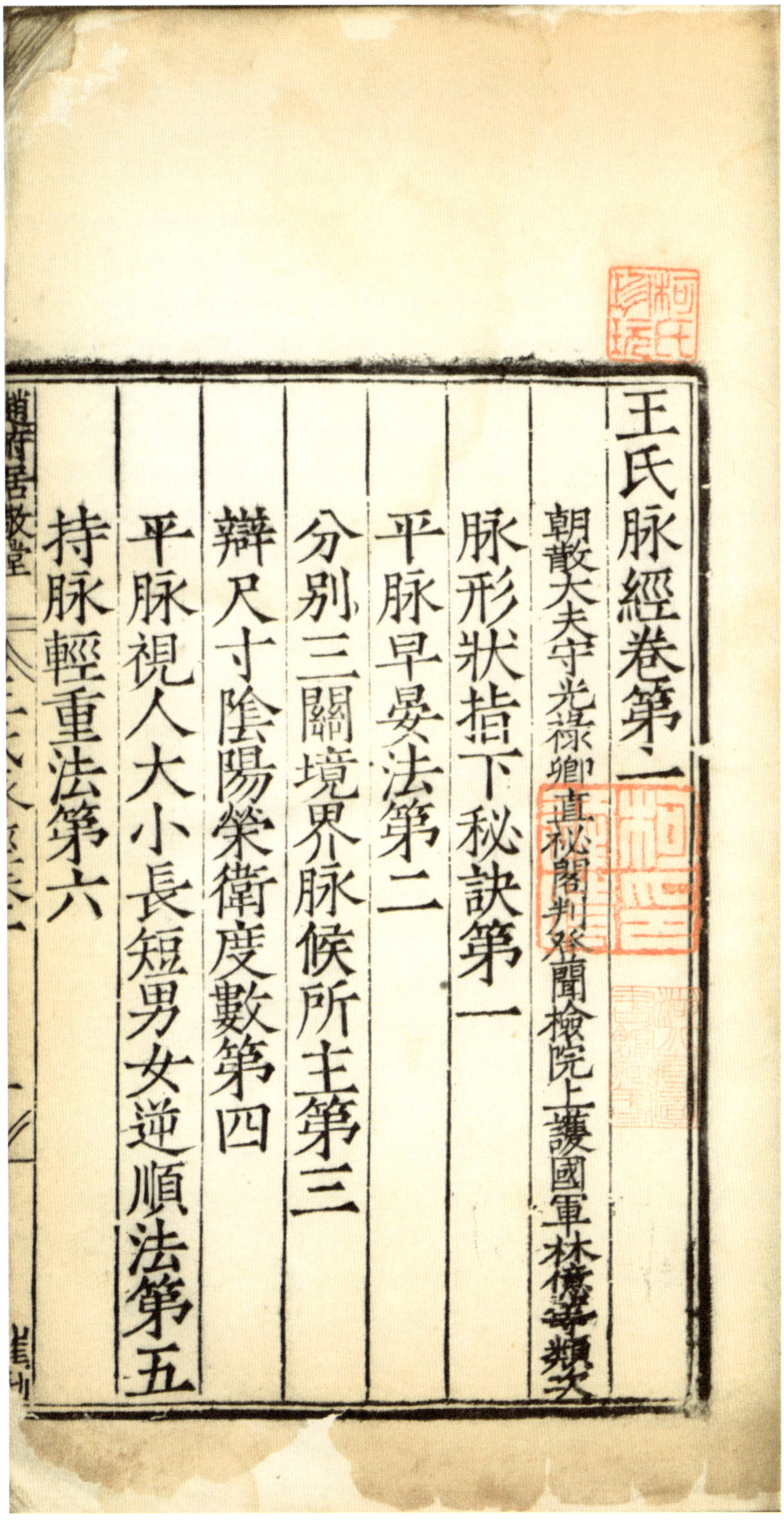
王氏脉經卷第一
朝散大夫守光祿卿直秘閣判登聞檢院上護國軍林億等類次
脉形狀指下秘訣第一
平脉早晏法第二
分別三關境界脉候所主第三
辯尺寸陰陽榮衛度數第四
平脉視人大小長短男女逆順法第五
持脉輕重法第六

00100 王氏脈經十卷 （晉）王叔和撰 （宋）林億等校 明嘉靖趙府居敬堂刻本 清柯逢時跋

框高20.1厘米，寬13.7厘米。八行十七字，白口，四周雙邊。鈐“柯逢時印”“柯氏珍玩”“武昌柯逢時收藏圖記”等印。存七卷：一至七。湖北省圖書館藏。

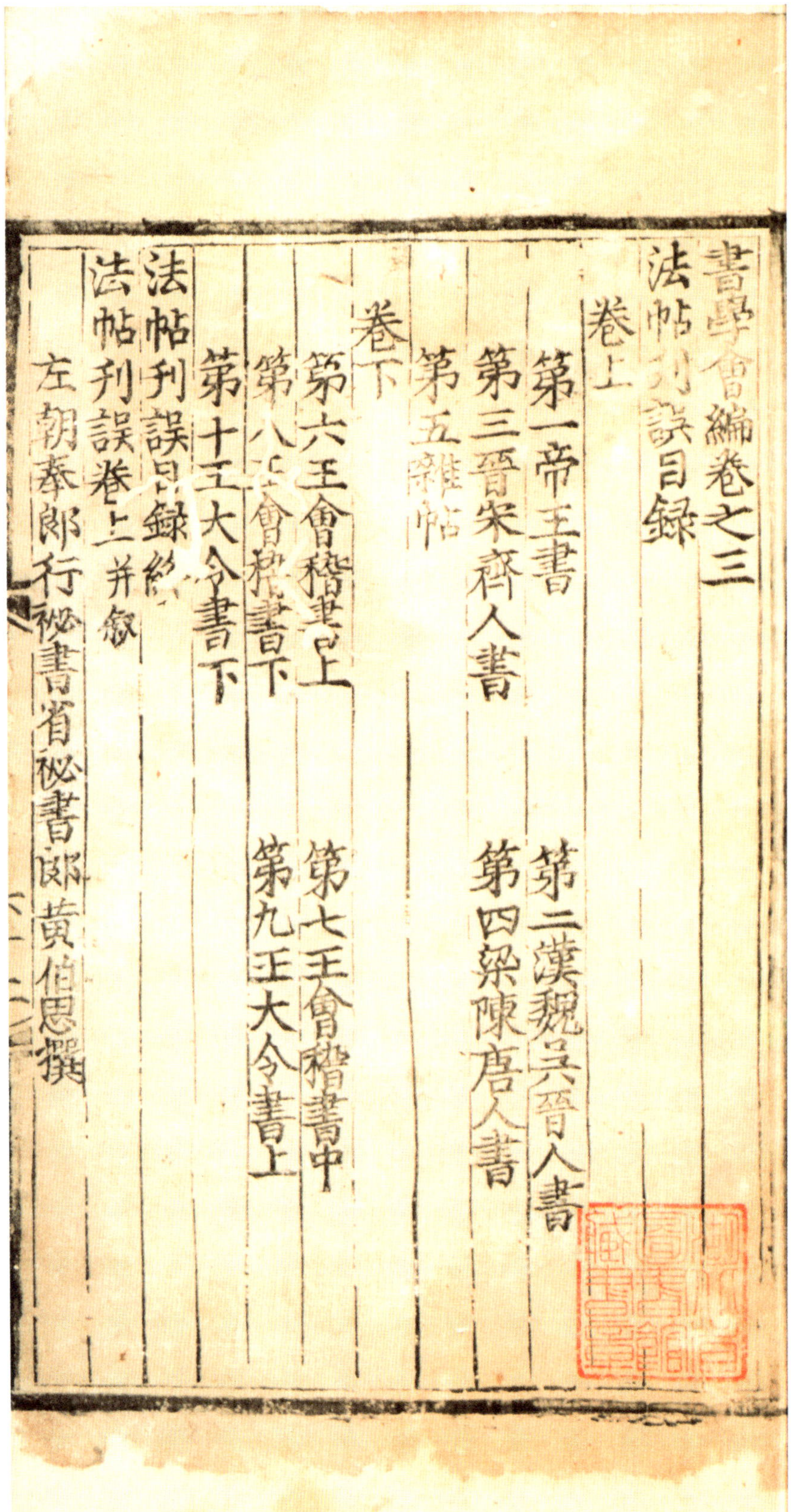
書學會編卷之三
法帖刊誤目録
卷上
第一帝王書　第二漢魏吳晉人書
第三晉宋齊人書　第四梁陳唐人書
第五雜帖
卷下
第六王會稽書上　第七王會稽書中
第八王會稽書下　第九王大令書上
第十王大令書下
法帖刊誤目録終
法帖刊誤卷上并敘
左朝奉郎行祕書省祕書郎黄伯思撰

00101 書學會編四卷 （明）黄瑜撰　明天順六年（1462）肇慶府刻本

框高 20.1 厘米，寬 13.4 厘米。十三行二十三字，黑口，四周雙邊。存二卷：三至四。湖北省圖書館藏。

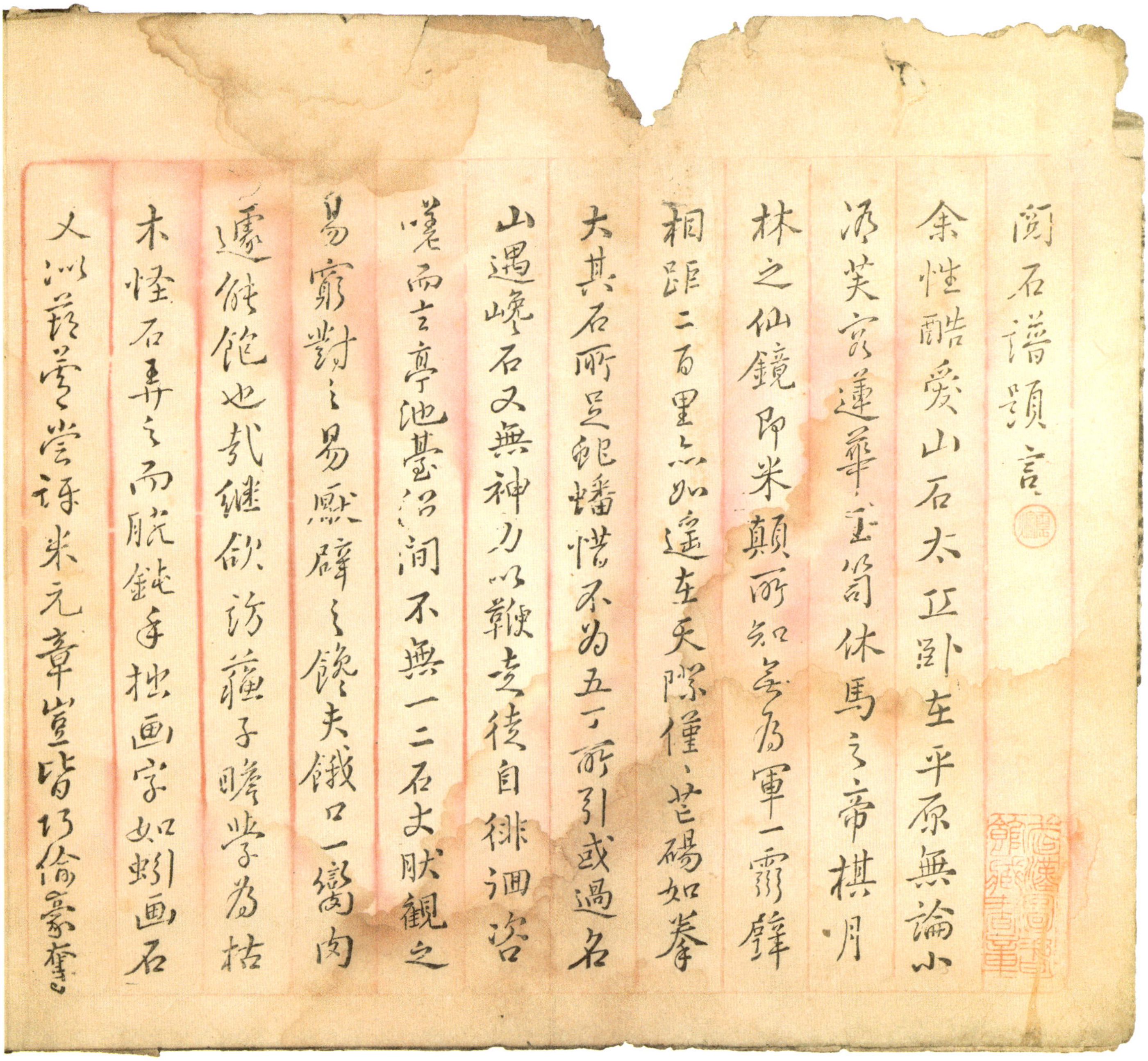
閱石譜題言
余性酷愛山石太乙卧左平原無論小
洞芙蓉蓮華玉笥休馬之帝棋月
林之仙鏡即米顛所知為軍一霹
相距二百里亦如遠在天際僅、苣碣如拳
大其石所足銘蟠惜不為五丁所引或過名
山遇峻石又無神力以鞭之徒自徘徊咨
嗟而去亭池臺沼間不無一二石丈然觀之
易窮對之易厭譬之餓夫饑口一臠肉
遽饑飽也哉繼欲訪蘊子瞻學為枯
木怪石弄之而腕鈍手拙画字如蚓画石
又洲蔬葉嘗訝米元章豈皆巧偷豪奪

00102 十竹齋畫譜八卷 （明）胡正言輯　明崇禎刻套印本

存一卷：八。武漢圖書館藏。

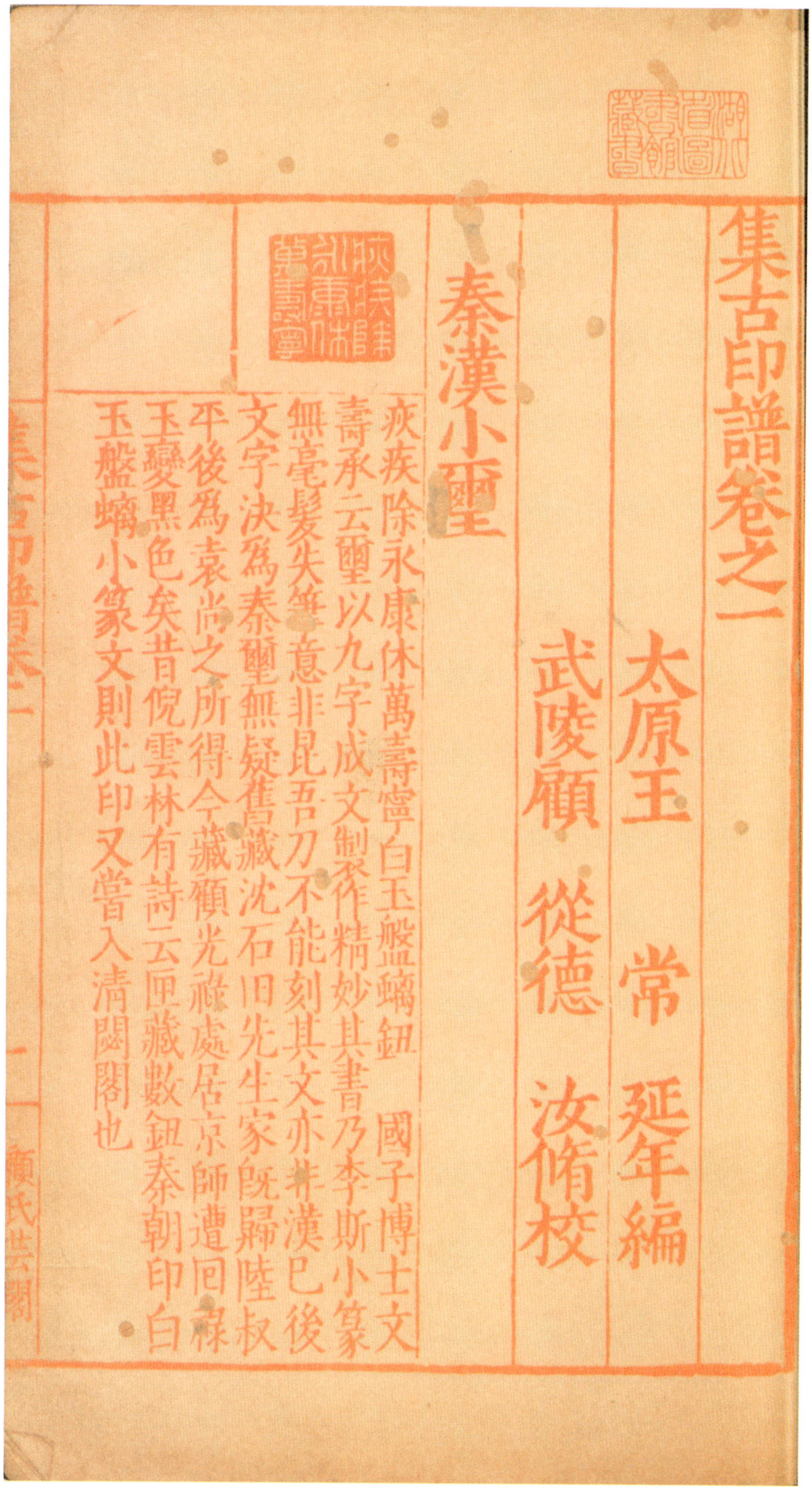
集古印譜卷之一
太原王　常　延年編
武陵顧　從德　汝脩校
秦漢小璽
疢疾除永康休萬壽寧白玉盤螭鈕　國子博士文壽承云璽以九字成文製作精妙其書乃李斯小篆無毫髮失筆意非昆吾刀不能刻其文亦非漢巳後文字決爲秦璽無疑舊藏沈石田先生家旣歸陸叔平後爲袁尚之所得今藏顧光祿處居京師遭回祿玉變黑色矣昔倪雲林有詩云匣藏數鈕秦朝印白玉盤螭小篆文則此印又嘗入淸閟閣也
集古印譜卷之一　一　顧氏芸閣

00103 集古印譜六卷　（明）王常編　明萬曆三年（1575）顧氏芸閣朱印本

框高20.6厘米，宽14.5厘米。十行十九字，綫黑口，四周單邊。鈐“春霆印信”。湖北省圖書館藏。

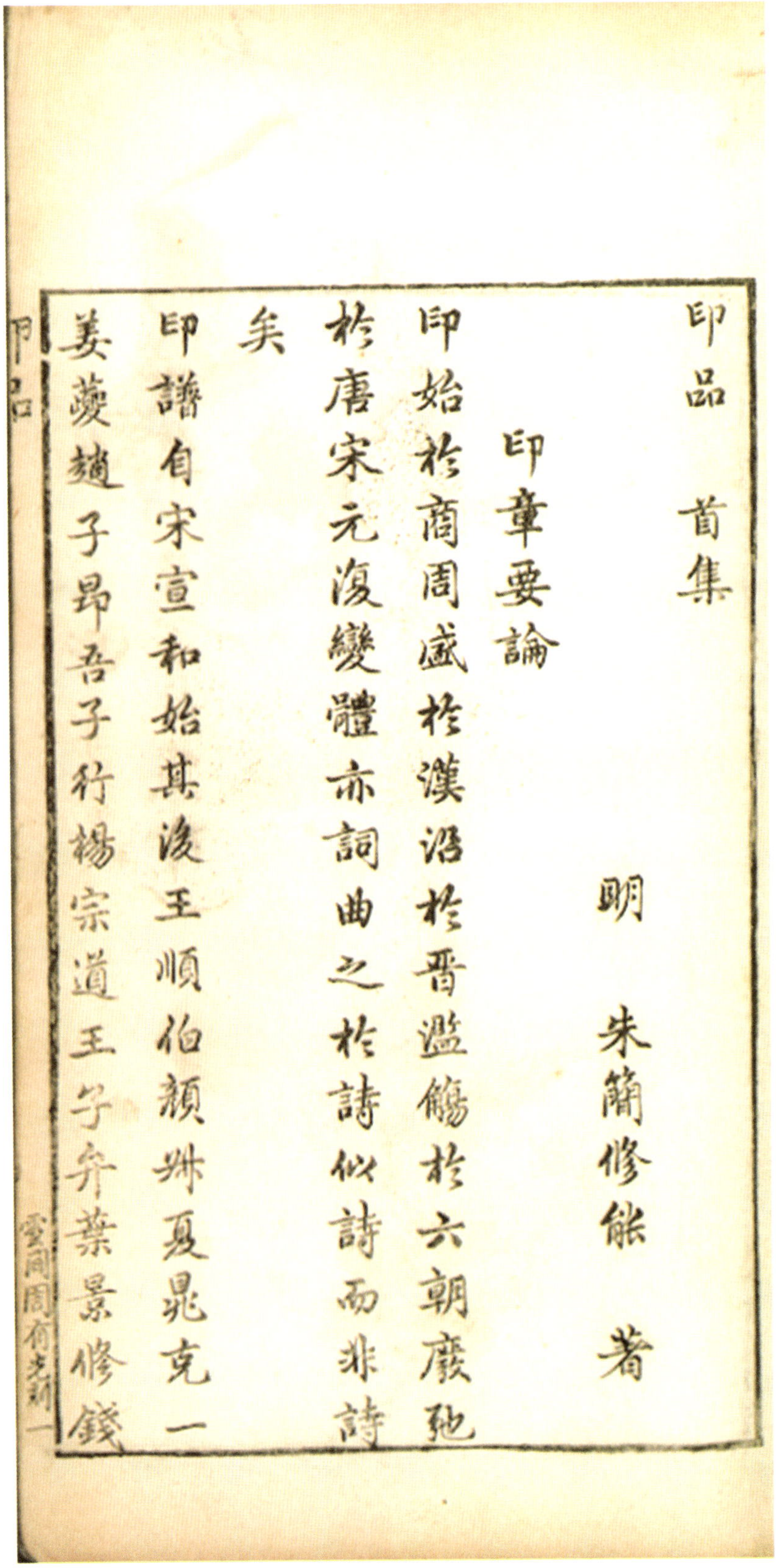
印品　首集
明　朱簡修能　著
印章要論
印始於商周盛於漢沿於晉濫觴於六朝廢弛於唐宋元復變體亦詞曲之於詩似詩而非詩矣
印譜自宋宣和始其後王順伯顔叔夏晁克一姜夔趙子昂吾子行楊宗道王子弁葉景修錢
印品
雲間周有光刻　一

00104 印品七集首一集附一集（明）朱簡輯　明萬曆三十九年（1611）

刻鈐印本

框高 20.5 厘米，宽 13.3 厘米。八行十八字，四周單邊。鈐“周優揚”“龍褏堂”“浣月齋程氏藏書印”“蘿裳”“程芝華印”“漢陽劉氏文房”“劉松”等印。武漢圖書館藏。

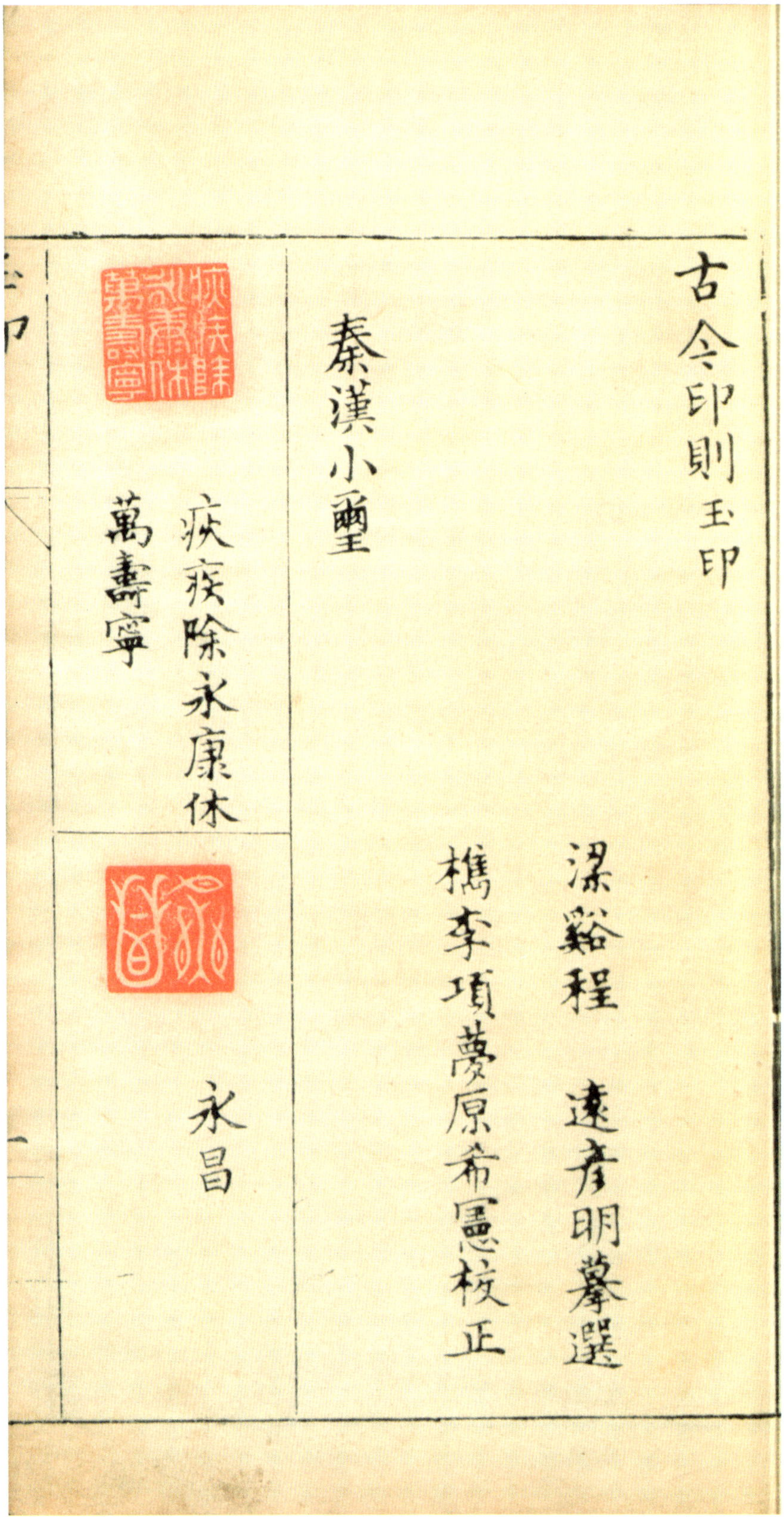
古今印則 玉印
梁谿程　遠彥明摹選
檇李項夢原希憲校正
秦漢小璽
疢疾除永康休
萬壽寧
永昌

00105 古今印則四卷（明）程遠摹選　明萬曆項氏宛委堂鈐印本

框高 20.2 厘米，宽 13.1 厘米。白口，四周單邊。湖北省圖書館藏。

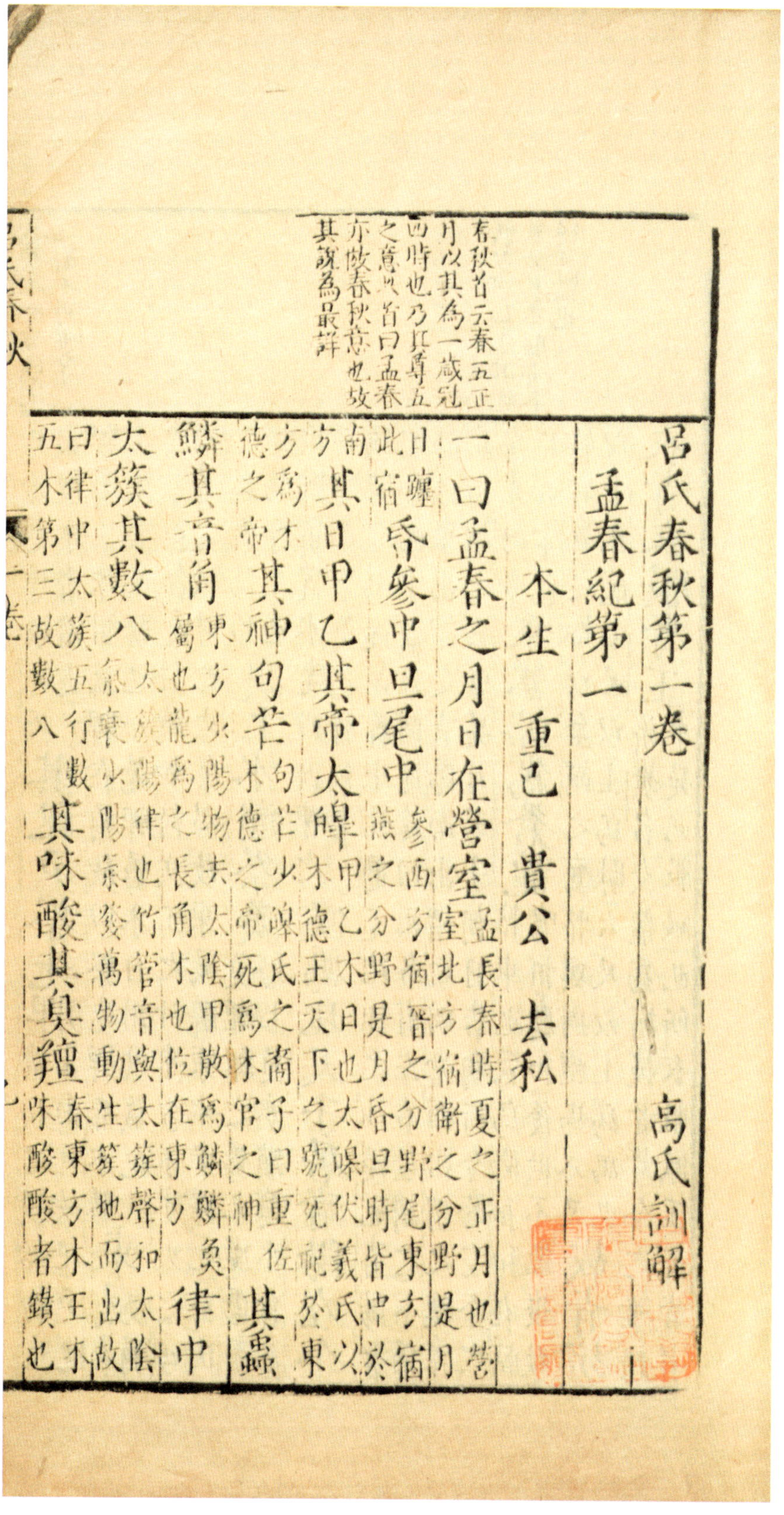
春秋首云春王正月以其爲一歲冠四時也乃其尊王之意以首曰孟春亦倣春秋意也故其說爲最詳

呂氏春秋第一卷　高氏訓解

孟春紀第一

本生　重己　貴公　去私

一曰孟春之月日在營室孟長春時夏之正月也營室北方宿衛之分野是月日躔此宿昏參中旦尾中參西方宿晉之分野尾東方宿燕之分野是月昏旦時皆中於南方其日甲乙其帝太皞甲乙木日也太皞伏羲氏以木德王天下之號死祀於東方爲木德之帝其神句芒句芒少皞氏之裔子曰重佐木德之帝死爲木官之神其蟲鱗其音角東方少陽物去太陰甲散爲鱗鱗魚屬也龍爲之長角木也位在東方律中太蔟其數八太蔟陽律也竹管音與太蔟聲和太陰氣衰少陽氣發萬物動生蔟地而出故曰律中太蔟五行數五木第三故數八其味酸其臭羶春東方木王木味酸酸者鑽也

00106 呂氏春秋二十六卷　（漢）高誘訓解　明嘉靖七年（1528）許宗魯刻本

框高 21.1 厘米，宽 13 厘米。十行二十字，白口，四周單邊。湖北省圖書館藏。

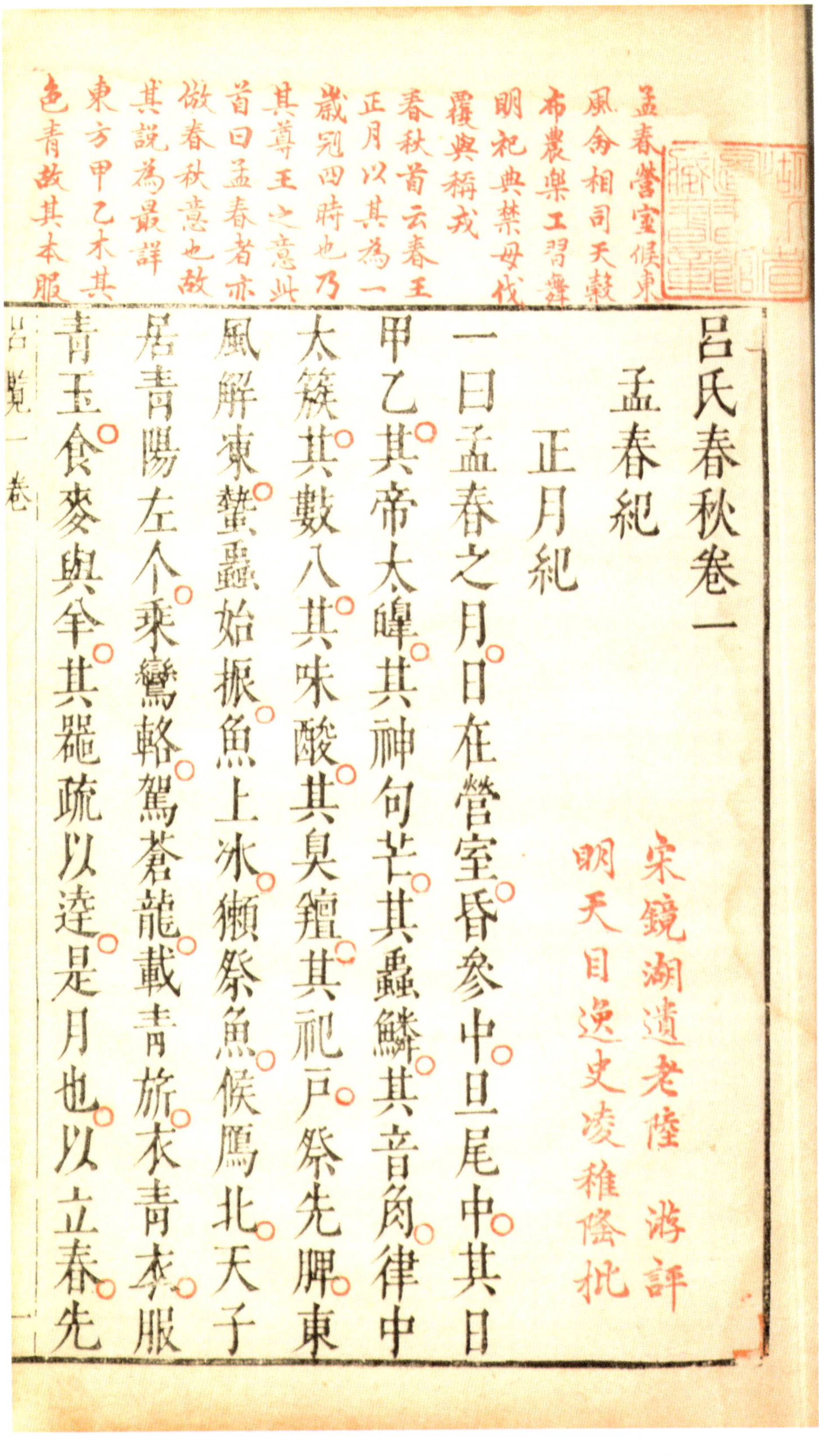
孟春營室候東
風命相司天穀
布農樂工習舞
明祀典禁毋伐
覆與稱戎
春秋首云春王
正月以其為一
歲冠四時也乃
其尊王之意此
首曰孟春者亦
做春秋意也故
其說為最詳
東方甲乙木其
色青故其本服
呂氏春秋卷一
孟春紀
正月紀
宋鏡湖遺老陸　游評
明天目逸史凌稚隆批
一曰孟春之月日在營室昏參中旦尾中其日
甲乙其帝太皥其神句芒其蟲鱗其音角律中
太簇其數八其味酸其臭羶其祀戶祭先脾東
風解凍蟄蟲始振魚上冰獺祭魚候鴈北天子
居青陽左个乘鸞輅駕蒼龍載青旂衣青衣服
青玉食麥與羊其器疏以達是月也以立春先
呂覽一卷
一

00107 呂氏春秋二十六卷（宋）陸游評　（明）凌稚隆批　萬曆四十八年（1620）凌毓楠刻朱墨套印本

框高 19.8 厘米，宽 14.7 厘米。九行十八字，白口，四周單邊。湖北省圖書館藏。

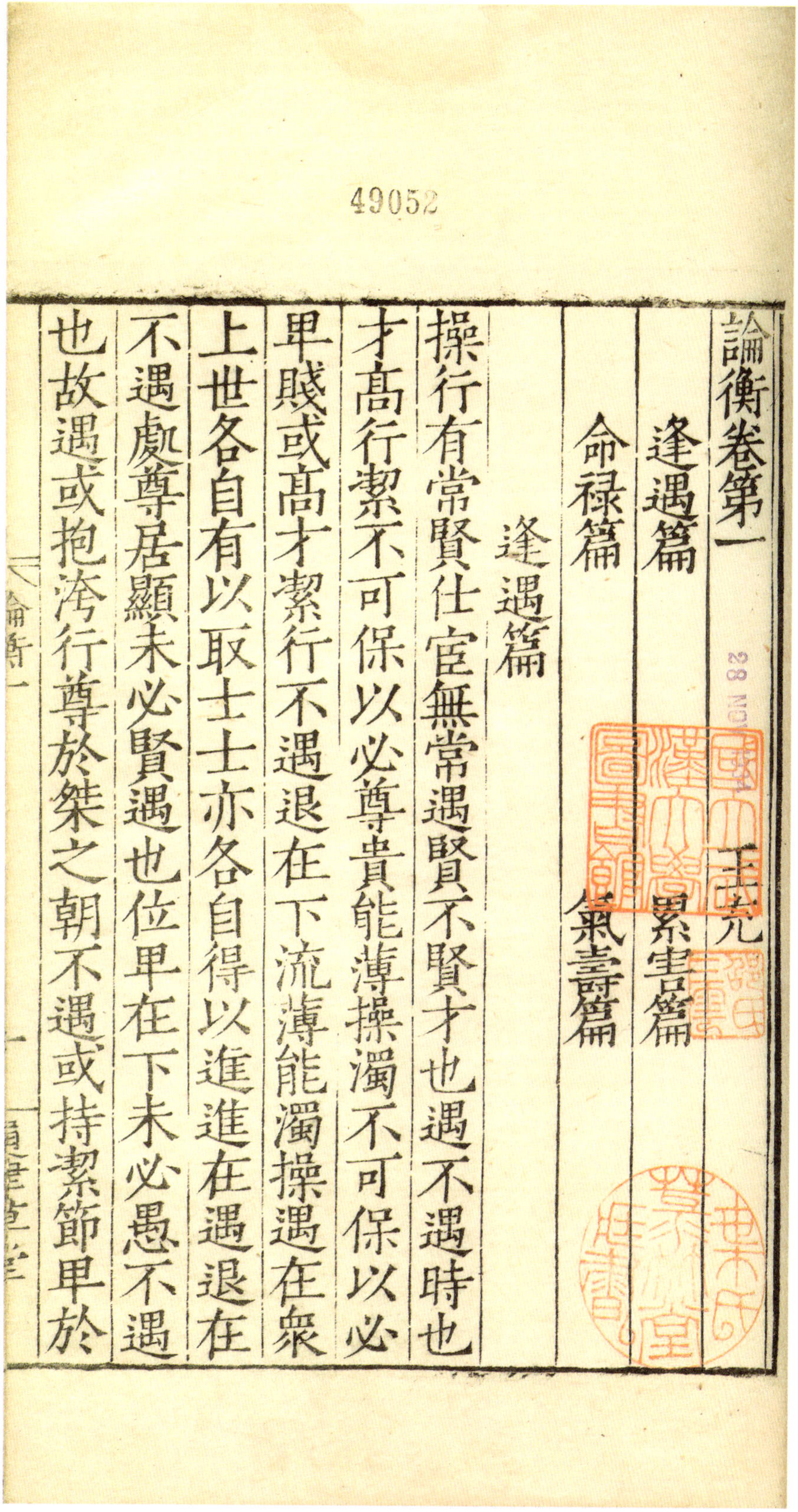
論衡卷第一　王充
逢遇篇　累害篇
命禄篇　氣壽篇
逢遇篇
操行有常賢仕宦無常遇賢不賢才也遇不遇時也
才高行潔不可保以必尊貴能薄操濁不可保以必
卑賤或高才潔行不遇退在下流薄能濁操遇在衆
上世各自有以取士士亦各自得以進進在遇退在
不遇處尊居顯未必賢遇也位卑在下未必愚不遇
也故遇或抱洿行尊於桀之朝不遇或持潔節卑於

論衡一　一　通津草堂

00108 論衡三十卷（漢）王充撰　明嘉靖十四年（1535）蘇獻可通津草堂刻本

框高 19.4 厘米，宽 14.6 厘米。十行二十字，白口，左右雙邊。鈐“會稽鈕氏世學樓圖籍”“葉氏箓竹堂藏書”“邵氏二雲”“鳴野山房”“濂溪後裔”等印。武漢大學圖書館藏。

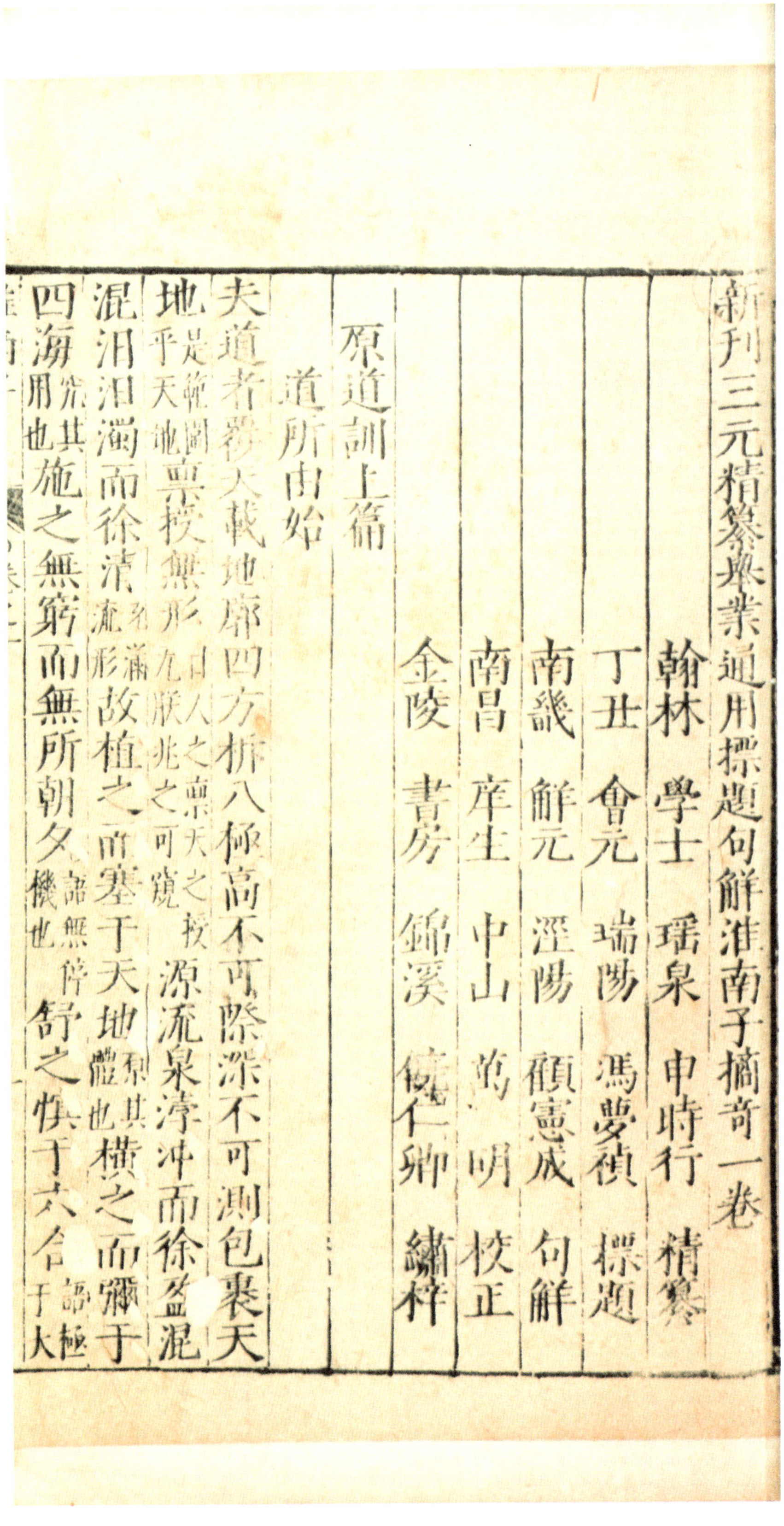
新刊三元精纂舉業通用標題句解淮南子摘奇一卷
翰林學士 瑶泉 申時行 精纂
丁丑會元 瑞陽 馮夢禎 標題
南畿解元 涇陽 顧憲成 句解
南昌庠生 中山 萬 明 校正
金陵書房 錦溪 饒仁卿 繡梓

原道訓上篇
道所由始
夫道者覆天載地廓四方柝八極高不可際深不可測包裹天地（是乾圓乎天地）禀授無形（言人之禀天之授形九朕兆之可窺）源流泉滂沖而徐盈混混汩汩濁而徐清（名滿流形）故植之而塞于天地（塞其體也）横之而彌于四海（究其用也）施之無窮而無所朝夕（言無停機也）舒之幎于六合（言極于大）

淮南子卷之一

00109 新刊三元精纂舉業通用標題句解淮南子摘奇二十八卷

（明）申時行纂 （明）馮夢禎標題 （明）顧憲成句解 （明）萬明校正 明萬曆五年（1577）金陵饒仁卿刻本

框高20.1厘米，寬14.2厘米。十二行二十四字，白口，四周單邊。牌记："萬曆丁丑岁吉旦金陵饒錦溪梓行。"鈐"娛生軒藏書印"等印。湖北省圖書館藏。

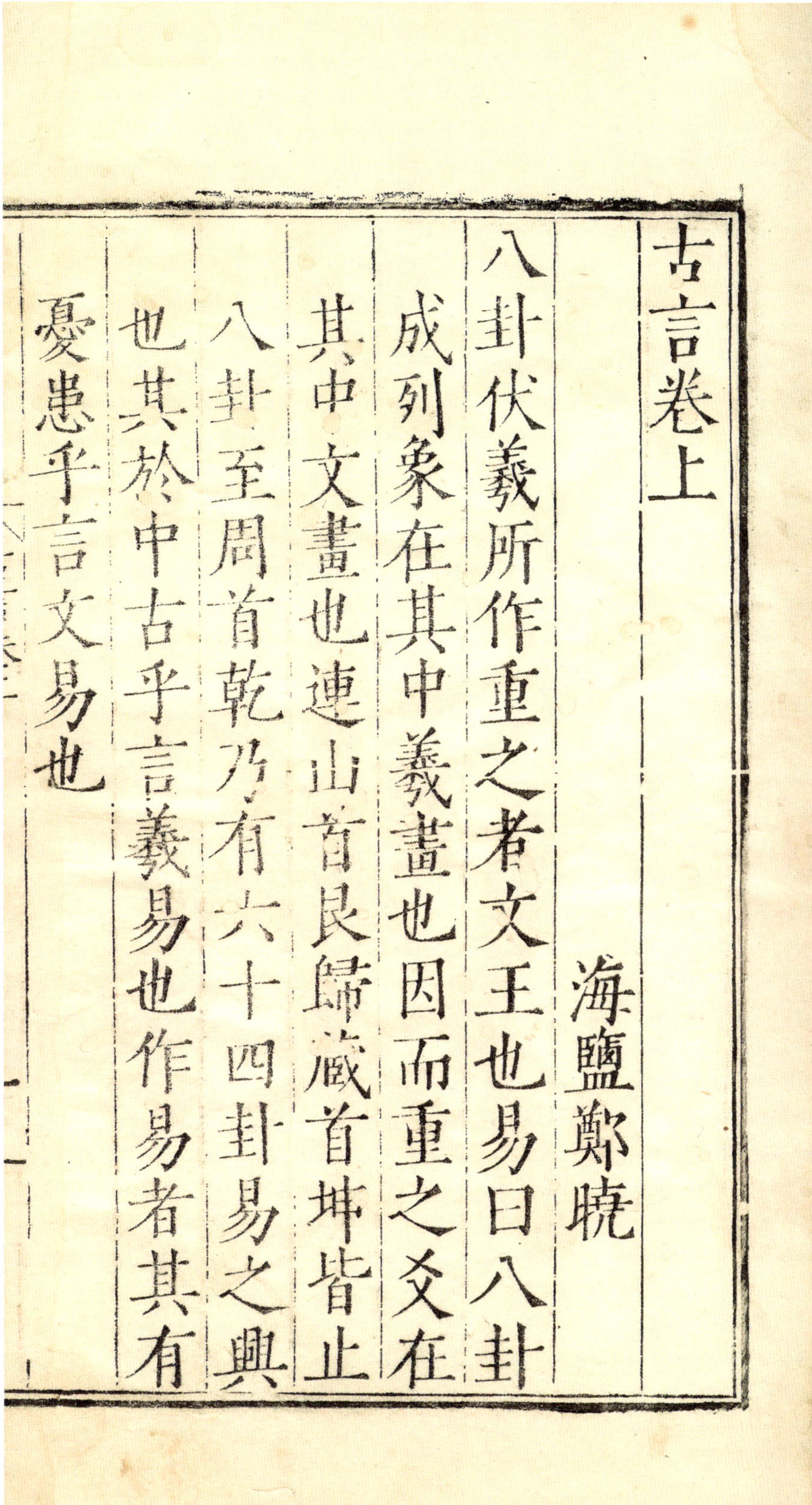
古言卷上
海鹽鄭曉
八卦伏羲所作重之者文王也易曰八卦
成列象在其中羲畫也因而重之爻在
其中文畫也連山首艮歸藏首坤皆止
八卦至周首乾乃有六十四卦易之興
也其於中古乎言羲易也作易者其有
憂患乎言文易也

00110 古言二卷 （明）鄭曉撰　明嘉靖四十四年（1565）項篤壽刻本

框高21.2厘米，寬13.7厘米。八行十六字，白口，四周雙邊。鈐“友蘭書室”“陳氏珍藏”等印。武漢大學圖書館藏。

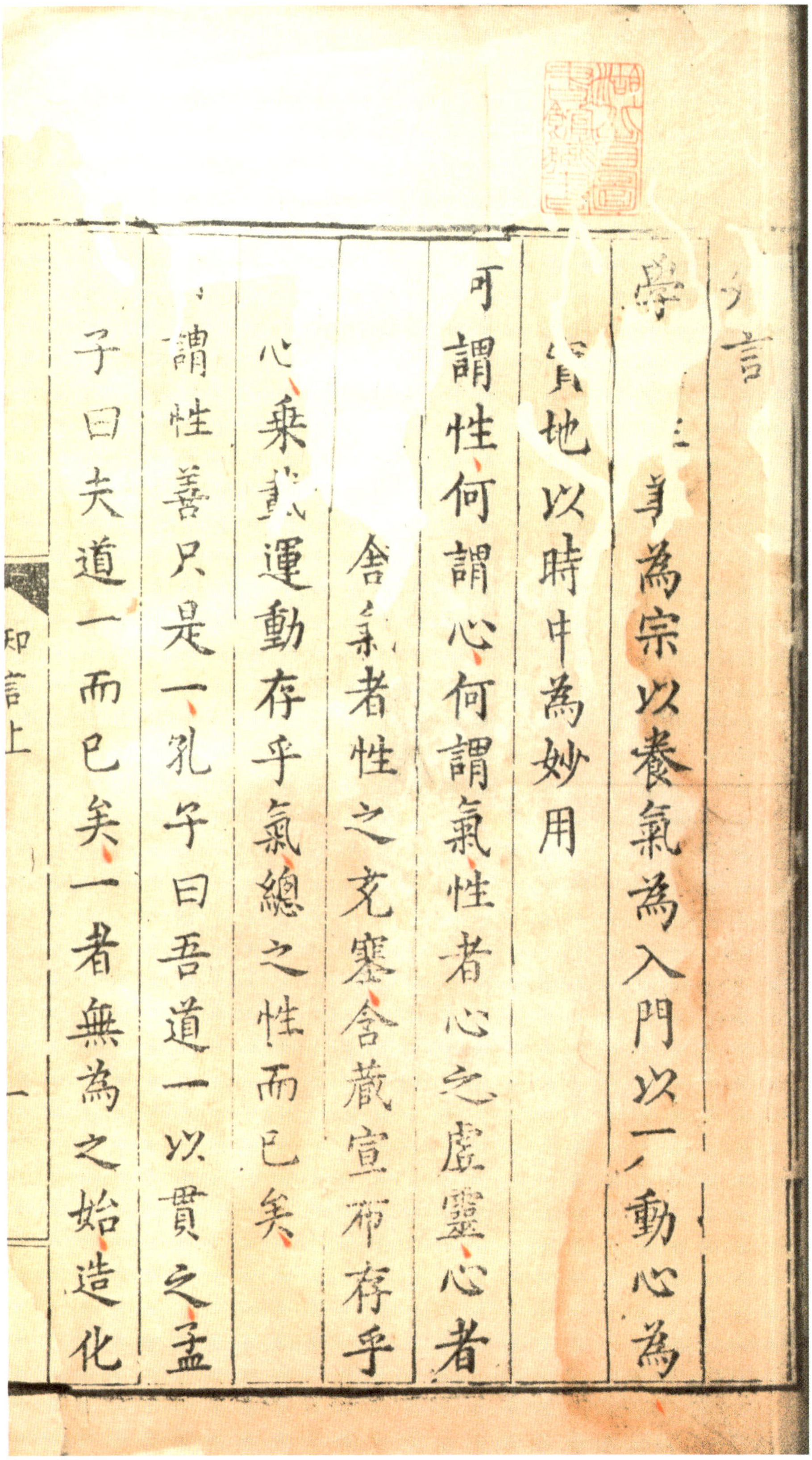
知言
學[illegible][illegible]為宗以養氣為入門以不動心為
實地以時中為妙用
[illegible]謂性何謂心何謂氣性者心之虛靈心者
含氣者性之充塞含藏宣布存乎
心乘載運動存乎氣總之性而已矣
[illegible]謂性善只是一孔子曰吾道一以貫之孟
子曰夫道一而已矣一者無為之始造化
知言上　一

00111 知言二卷　（明）郝敬撰　明萬曆（1593—1620）刻本　徐恕題識

框高 20.6 厘米，宽 14.5 厘米。八行十七字，白口，四周單邊。湖北省圖書館藏。

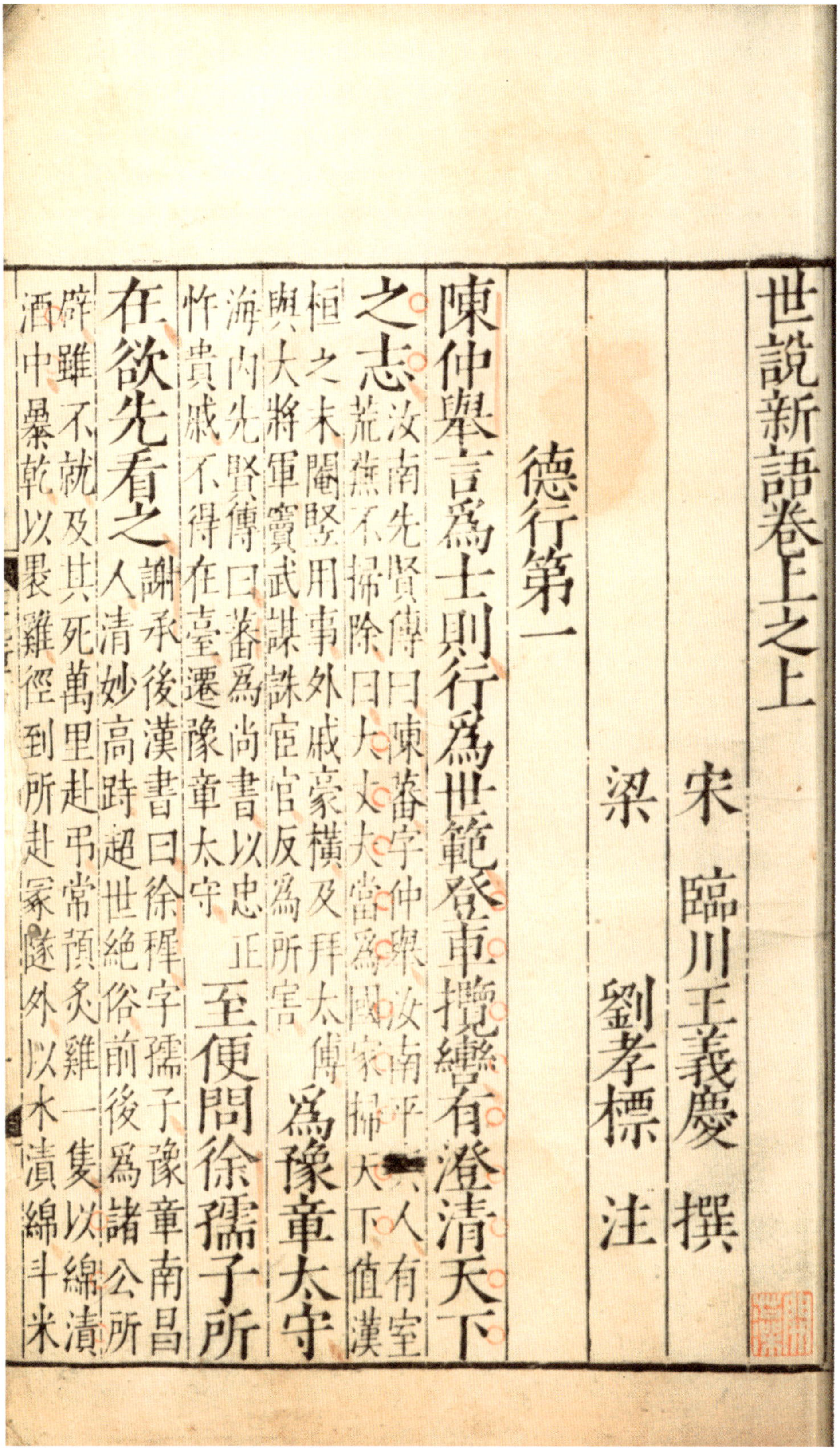
世說新語卷上之上
宋　臨川王義慶　撰
梁　劉孝標　注
德行第一
陳仲舉言爲士則行爲世範登車攬轡有澄清天下之志汝南先賢傳曰陳蕃字仲舉汝南平輿人有室荒蕪不掃除曰大丈夫當爲國家掃天下值漢桓之末閹豎用事外戚豪橫及拜太傅與大將軍竇武謀誅宦官反爲所害爲豫章太守海內先賢傳曰蕃爲尚書以忠正忤貴戚不得在臺遷豫章太守至便問徐孺子所在欲先看之謝承後漢書曰徐稺字孺子豫章南昌人清妙高跱超世絕俗前後爲諸公所辟雖不就及其死萬里赴弔常預炙雞一隻以綿漬酒中暴乾以裹雞徑到所赴冢隧外以水漬綿斗米

00112 世説新語三卷　（南朝宋）劉義慶撰　（南朝梁）劉孝標注　明嘉靖四十五年（1566）曹氏刻本

框高19.4厘米，寬15厘米。十行二十字，小字雙行同，白口，左右雙邊。鈐“飛書閣藏書印”“黄熹文印”等印。湖北省圖書館藏。

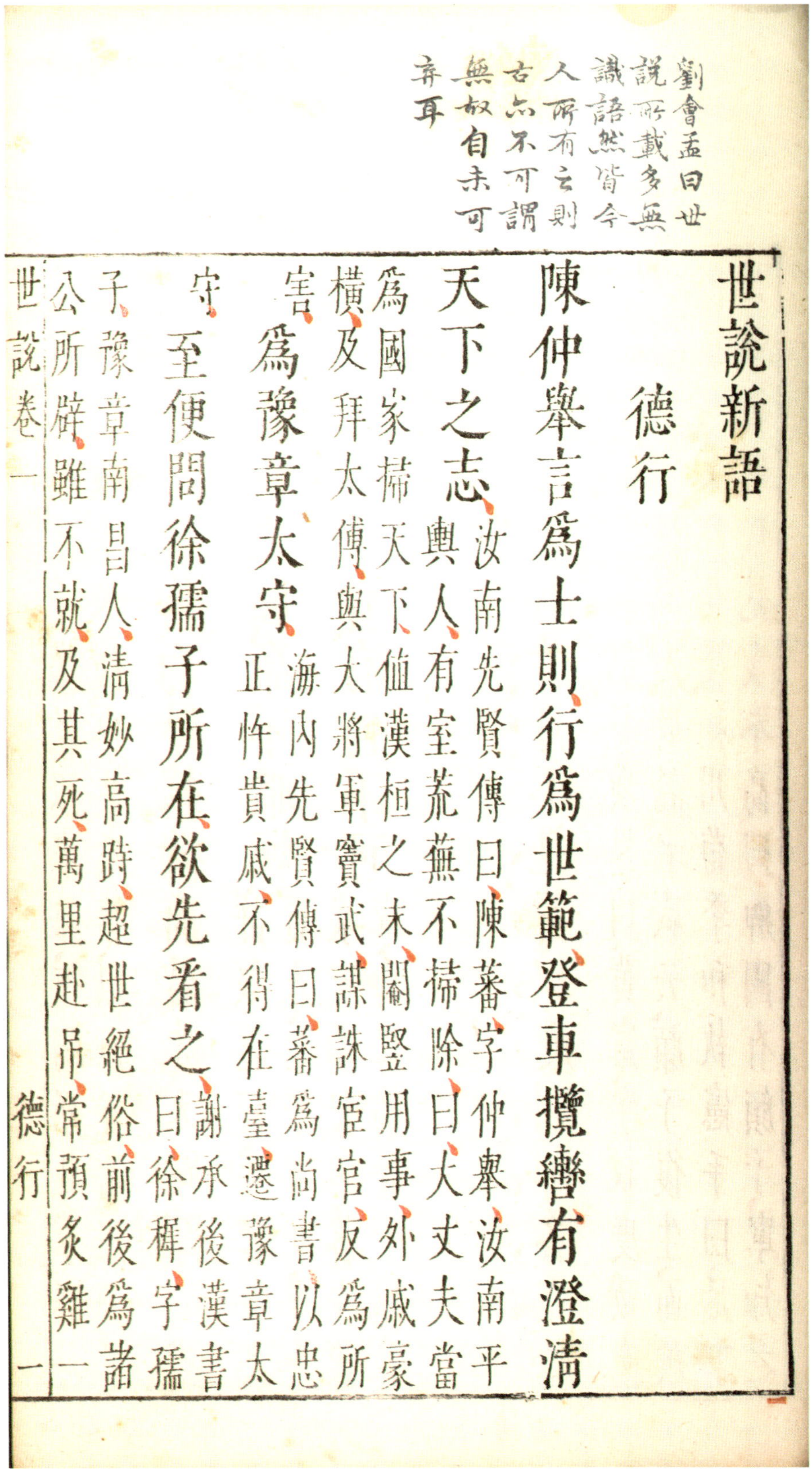
劉會孟曰世說所載多無識語然皆今人所有云則古亦不可謂無叔自未可弃耳

世說新語

德行

陳仲舉言爲士則行爲世範登車攬轡有澄清
天下之志汝南先賢傳曰陳蕃字仲舉汝南平輿人有室荒蕪不掃除曰大丈夫當
爲國家掃天下值漢桓之末閹豎用事外戚豪
橫及拜太傅與大將軍竇武謀誅宦官反爲所
害爲豫章太守海內先賢傳曰蕃爲尚書以忠正忤貴戚不得在臺遷豫章太
守至便問徐孺子所在欲先看之謝承後漢書曰徐稺字孺
子豫章南昌人清妙高跱超世絕俗前後爲諸
公所辟雖不就及其死萬里赴吊常預炙雞一

世說卷一　德行　一

00113—00114 世說新語八卷 （南朝宋）劉義慶撰　（南朝梁）劉孝標注　（宋）劉辰翁　劉應登　（明）王世懋評　明凌瀛初刻四色套印本

框高21.3厘米，寬14.7厘米。八行十八字，白口，四周單邊。襄陽市少年兒童圖書館藏；武漢圖書館藏。

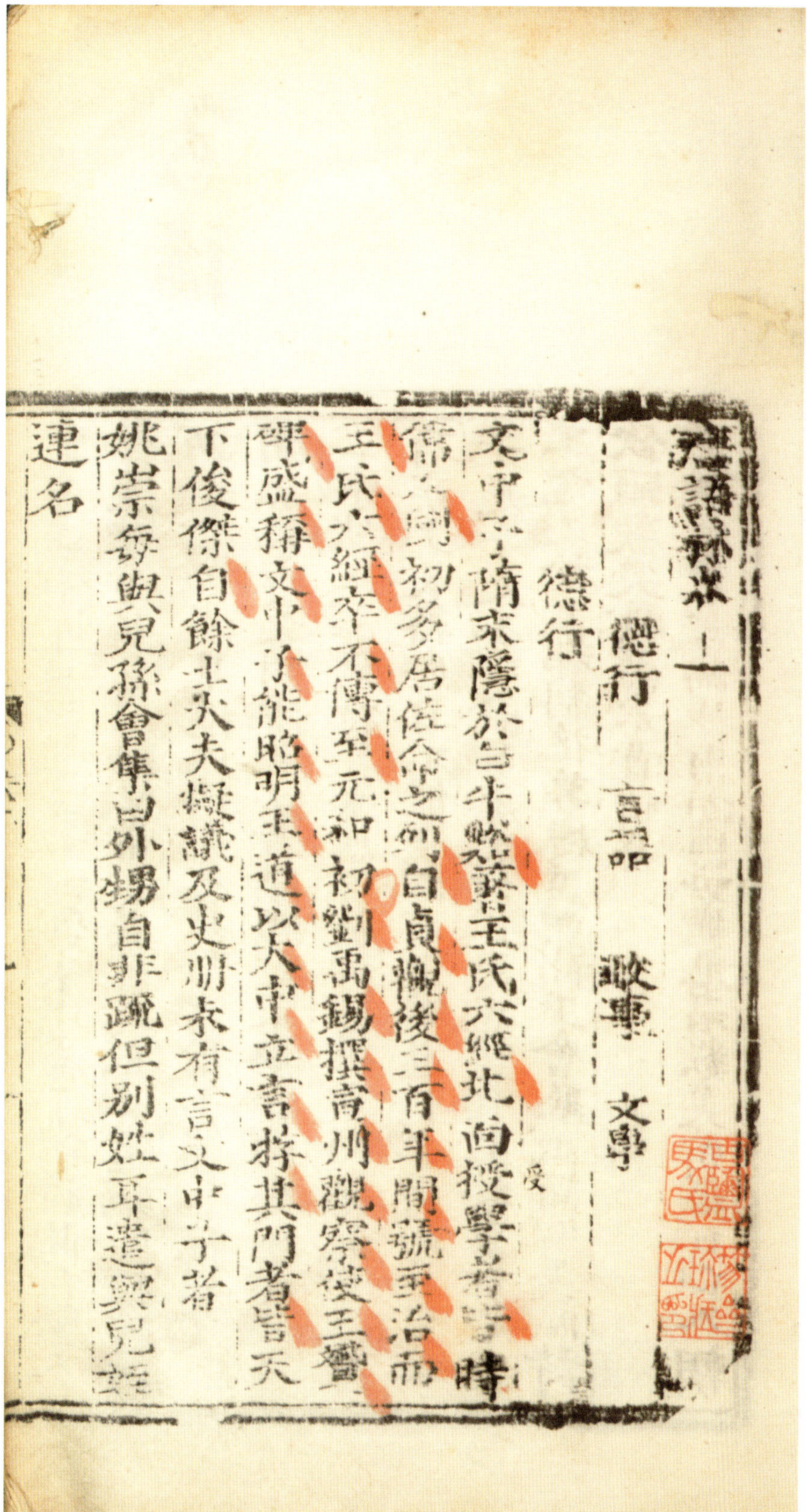

唐語林卷一

德行　言語　政事　文學

德行

文中子隋末隱於白牛谿著王氏六經北面授（受）學者皆時偉人國初多居佐命之列自貞觀後三百年間號爲治而王氏六經卒不傳至元和初劉禹錫撰高州觀察使王質碑盛稱文中子能昭明王道以大中立言存其門者皆天下俊傑自餘士大夫擬議及史冊未有言文中子者

姚崇每與兒孫會集曰外甥自非疏但別姓耳遣與兒姪連名

00115 唐語林二卷　（宋）王讜撰　明嘉靖二年（1523）齊之鸞刻本　清江藩題識

框高18.1厘米，寬13.6厘米。十行二十二字，白口，四周雙邊。鈐“古鹽馬氏”“笏乣珍藏之印”“鄭堂過目”“黄岡劉氏校書堂藏書記”“黄岡劉氏紹炎過眼”等印。湖北省圖書館藏。

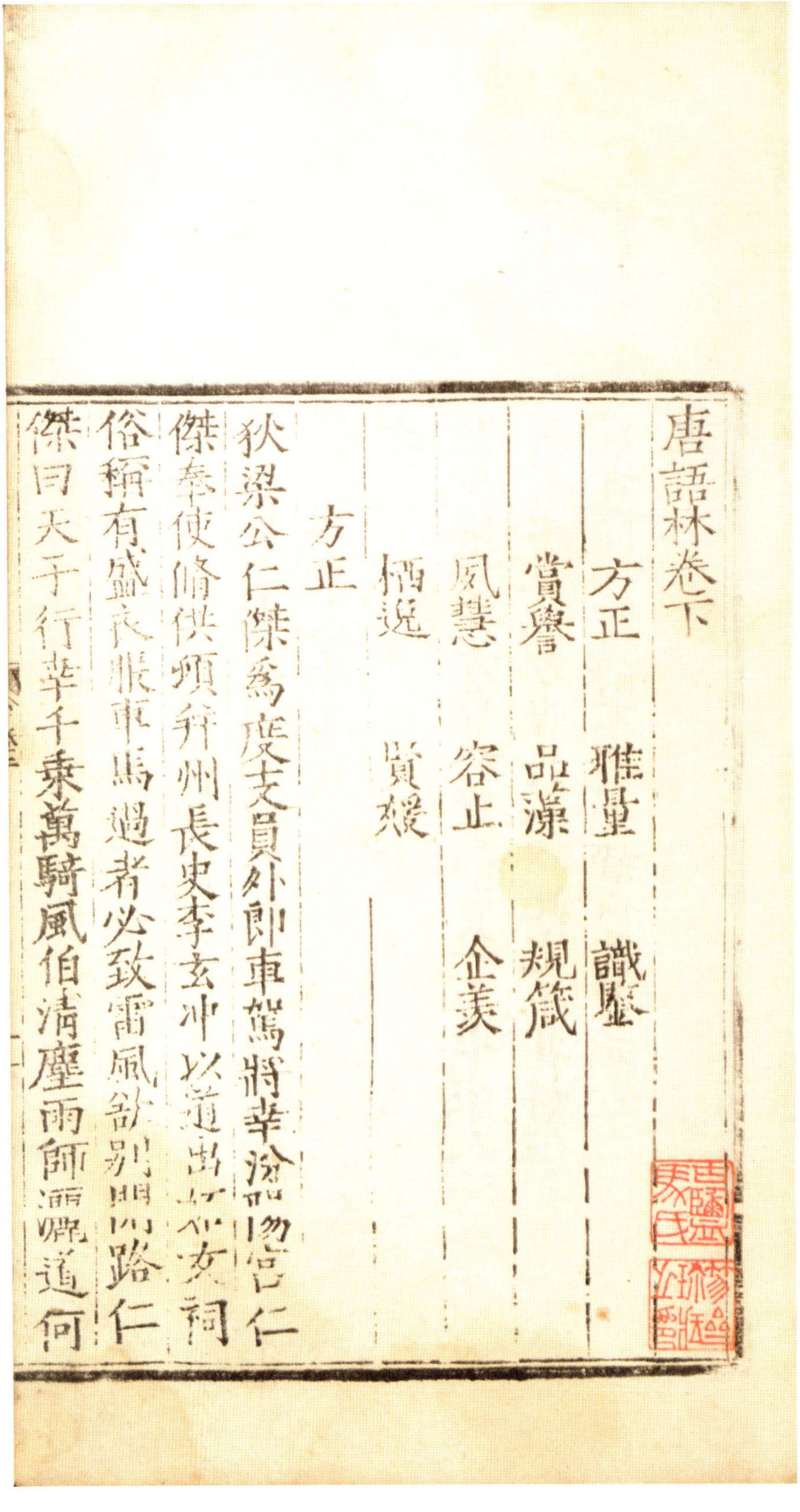
唐語林卷下

方正　雅量　識鑒

賞譽　品藻　規箴

夙慧　容止　企美

棲逸　賢媛

方正

狄梁公仁傑為度支員外郎車駕將幸汾陽宮仁傑奉使脩供頓并州長史李玄冲以道出妬女祠俗稱有盛衣服車馬過者必致雷風欲別開路仁傑曰天子行幸千乘萬騎風伯清塵雨師灑道何

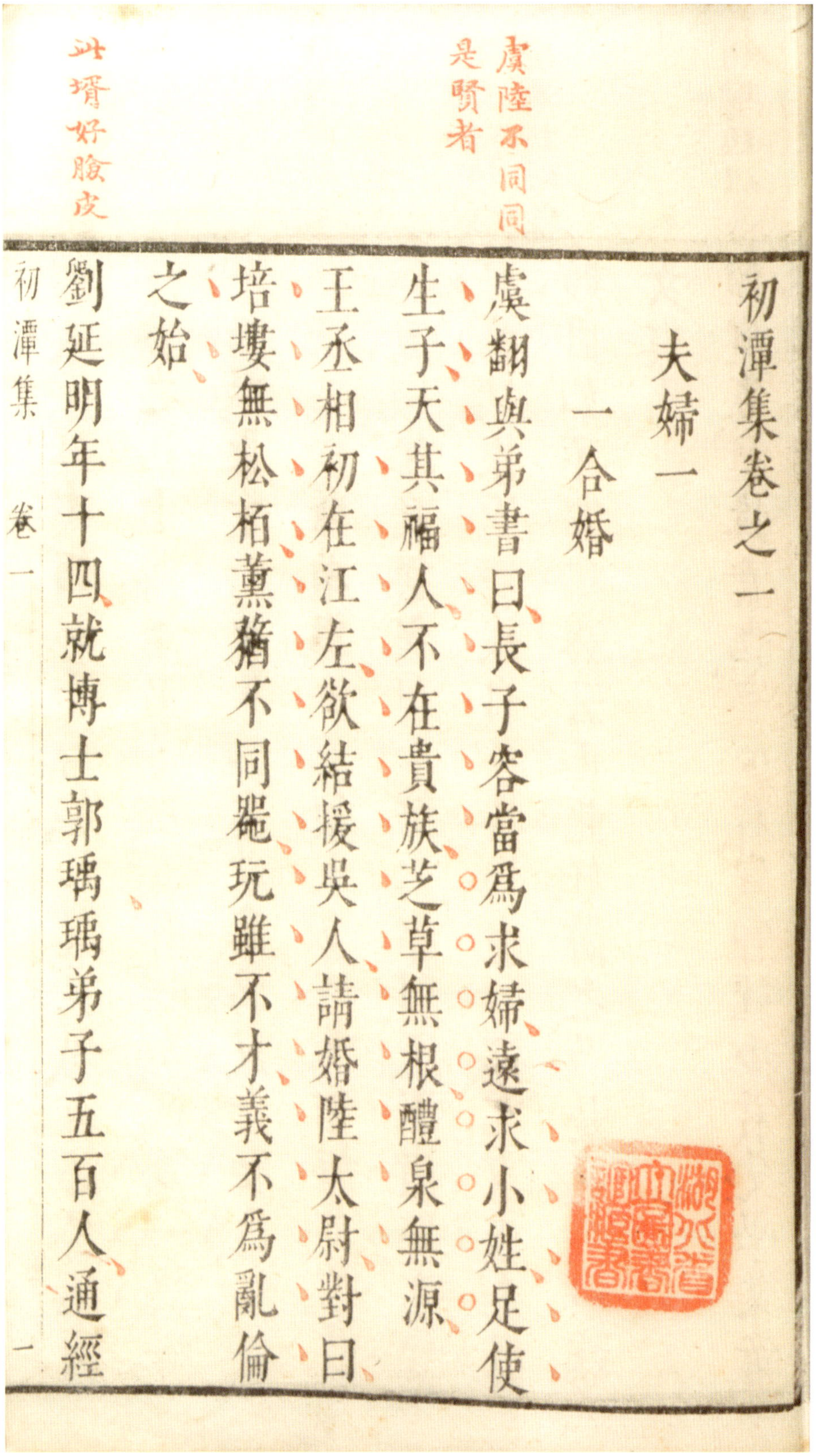

虞陸不同同是賢者
此瑀好臉皮
初潭集卷之一
夫婦一
一合婚
虞翻與弟書曰長子容當爲求婦遠求小姓足使
生子天其福人不在貴族芝草無根醴泉無源
王丞相初在江左欲結援吳人請婚陸太尉對曰
培塿無松柏薰蕕不同器玩雖不才義不爲亂倫
之始
劉延明年十四就博士郭瑀瑀弟子五百人通經
初潭集 卷一 一

00116 初潭集三十卷 （明）李贄撰 （明）閔邃 閔杲輯評 明萬曆十六年至崇禎十七年（1588—1644）閔邃、閔杲刻朱墨套印本

框高20.5厘米，宽14.7厘米。九行十九字，白口，四周單邊。湖北省圖書館藏。

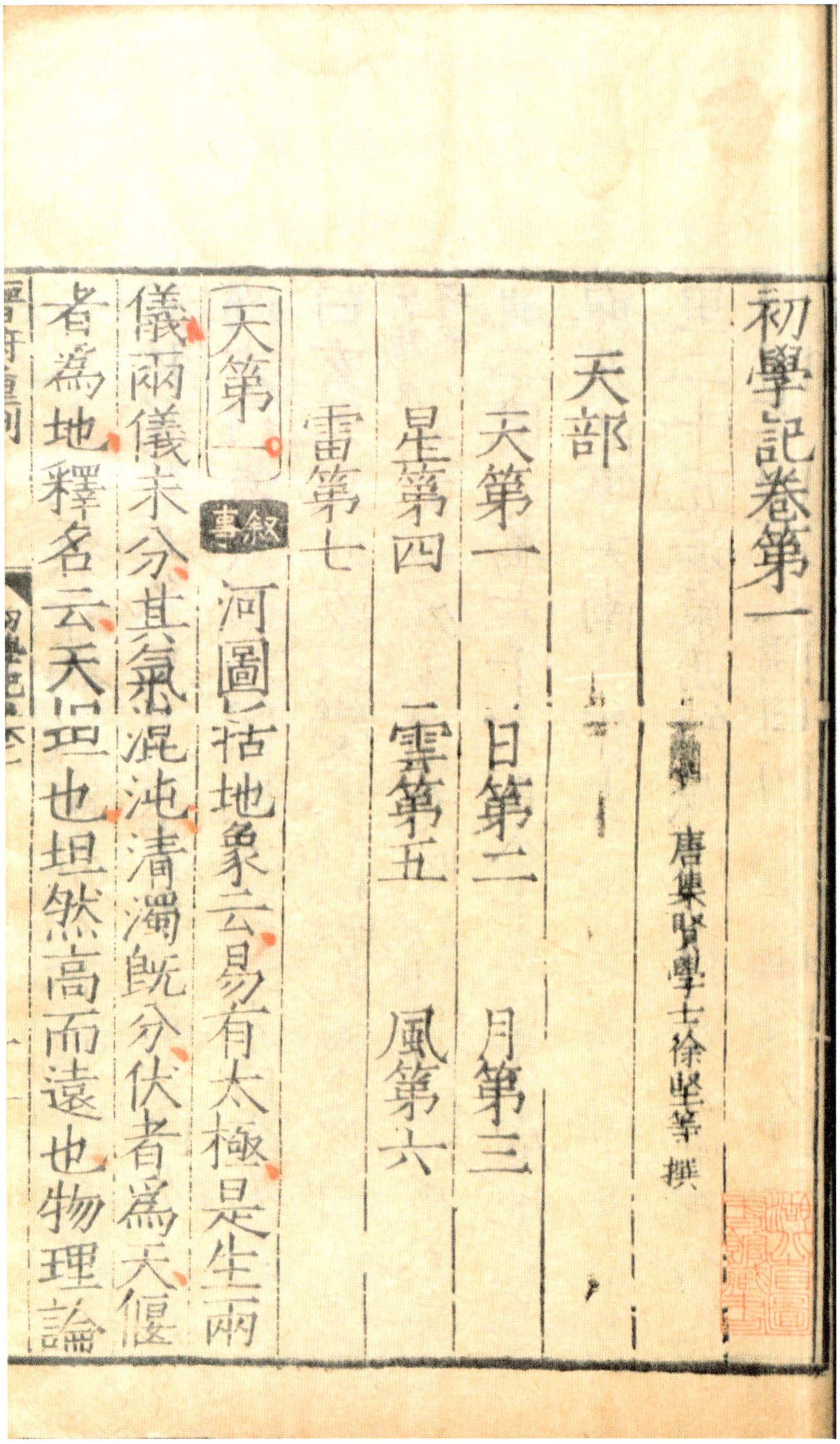
初學記卷第一
唐集賢學士徐堅等撰
天部
天第一　日第二　月第三
星第四　雲第五　風第六
雷第七
天第一　叙事　河圖括地象云易有太極是生兩
儀兩儀未分其氣混沌清濁既分伏者爲天偃
者爲地釋名云天坦也坦然高而遠也物理論

00117 初學記三十卷　（唐）徐堅等撰　明嘉靖十三年（1534）晋府虚益堂刻本

框高 21 厘米，宽 16.3 厘米。九行十八字，上黑口，左右雙邊。湖北省圖書館藏。

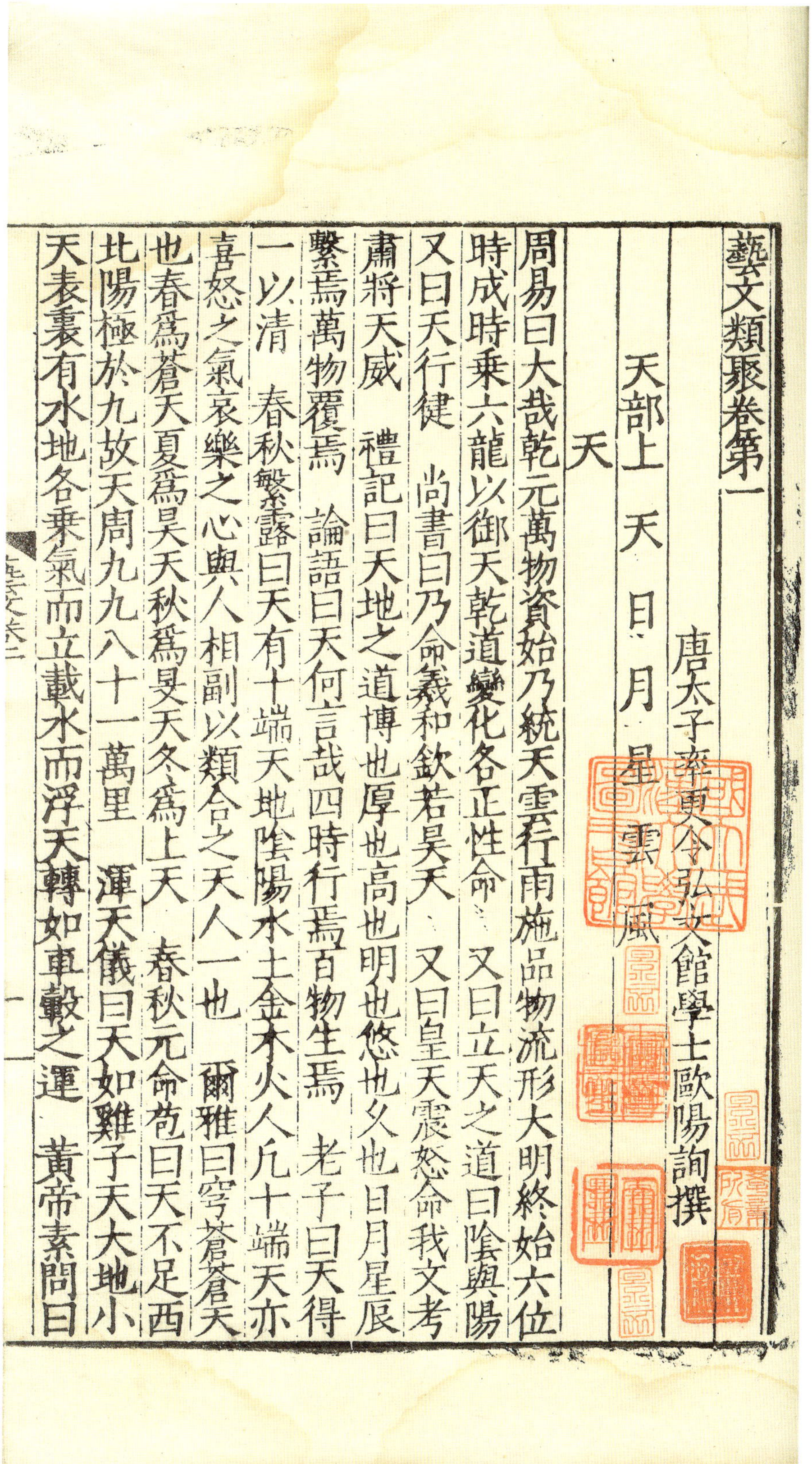
藝文類聚卷第一
唐太子率更令弘文館學士歐陽詢撰
天部上 天 日 月 星 雲 風
天
周易曰大哉乾元萬物資始乃統天雲行雨施品物流形大明終始六位時成時乘六龍以御天乾道變化各正性命 又曰立天之道曰陰與陽 又曰天行健 尚書曰乃命羲和欽若昊天 又曰皇天震怒命我文考肅將天威 禮記曰天地之道博也厚也高也明也悠也久也日月星辰繫焉萬物覆焉 論語曰天何言哉四時行焉百物生焉 老子曰天得一以清 春秋繁露曰天有十端天地陰陽水土金木火人凡十端天亦喜怒之氣哀樂之心與人相副以類合之天人一也 爾雅曰穹蒼蒼天也春爲蒼天夏爲昊天秋爲旻天冬爲上天 春秋元命苞曰天不足西北陽極於九故天周九九八十一萬里 渾天儀曰天如雞子天大地小天表裏有水地各乘氣而立載水而浮天轉如車轂之運 黃帝素問曰

00118 藝文類聚一百卷 （唐）歐陽詢輯 明嘉靖六年至七年（1527—1528）胡纘宗、陸采刻本

框高 22.4 厘米，宽 16.1 厘米。十四行二十八字，白口，左右雙邊。鈐“孝章所有”“景行”“馮廷桂印”等印。武漢大學圖書館藏。

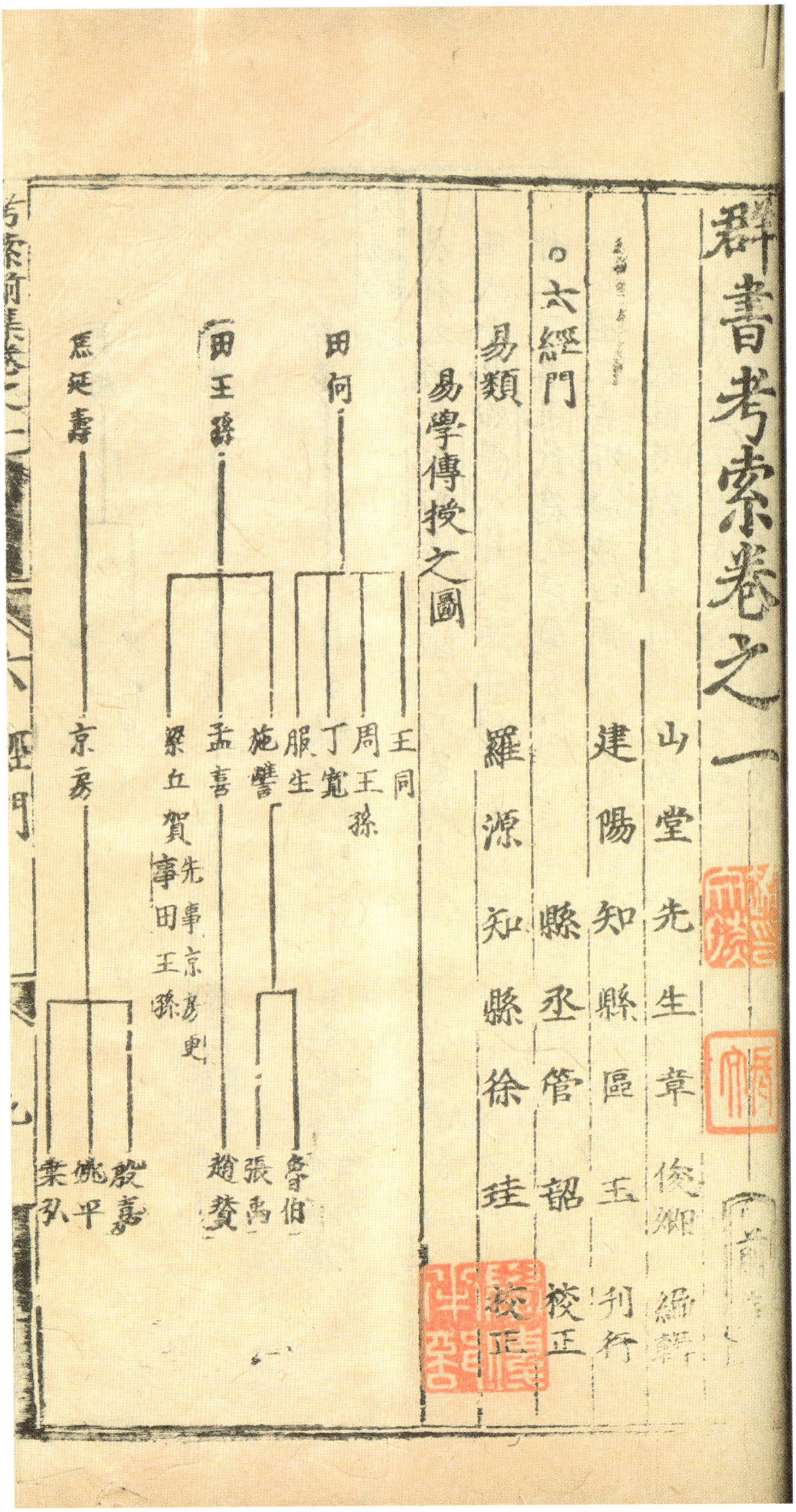

00119—00120群書考索前集六十六卷後集六十五卷續集五十六卷别集二十五卷

（宋）章如愚輯　明正德三年至十三年（1508—1518）劉洪慎獨書齋刻正德十六年（1521）重修本

框高20厘米，寬13.2厘米。十四行二十八字，黑口，四周雙邊。湖北省圖書館藏，續集卷三十至四六配抄本，牌記："皇明正德戊寅慎獨書齋刊行。"鈐"李氏守藏圖書""明善堂覽書畫印記"等印。武漢大學圖書館藏，牌記："正德十六年十一月内蒙　建寧府知府張　邵武府同知鄒　同校正過山堂考索　計改

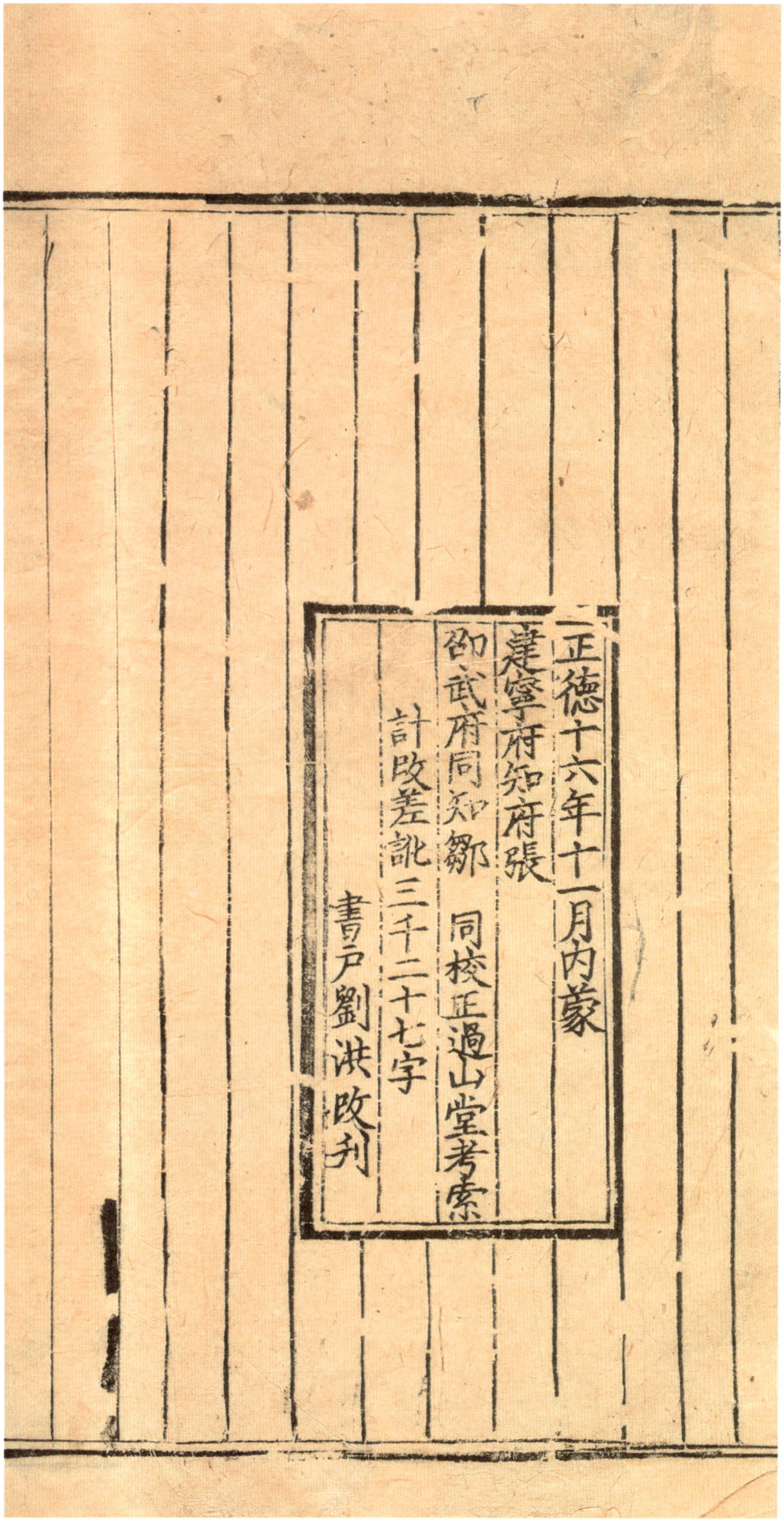
正德十六年十一月内蒙
建寧府知府張
邵武府同知鄒　同校正過山堂考索
計改差訛三千二十七字
書户劉洪改刊

差訛三千二十七字　書户劉洪改刊。”鈐“琴鶴”“南昌彭氏”“知聖道齋藏書”“遇者善讀”“趙氏墨莊”“趙印文然”“文然印”“趙氏長文”“長文”“學傳半部”等印。

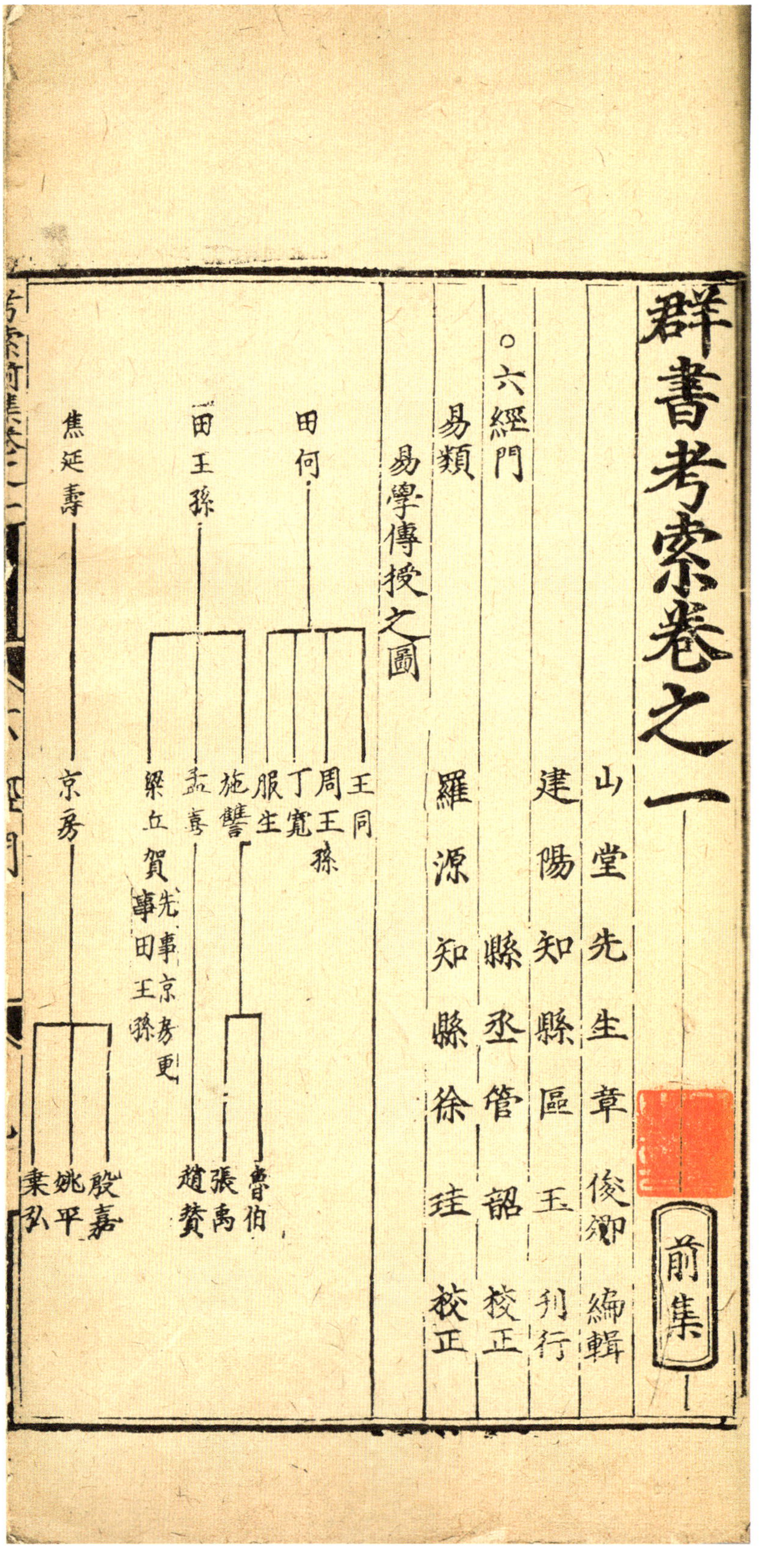

00121 群書考索前集六十六卷續集五十六卷 （宋）章如愚輯　明正德十三年（1518）劉洪慎獨書齋刻本

框高19.5厘米，宽13.2厘米。十四行二十八字，黑口，四周雙邊。牌記："皇明正德戊寅慎獨書齋刊行。"鈐"夢選樓胡氏宗楙藏"等印。存七十六卷：前集一至十九、二十一，續集。湖北大學圖書館藏。

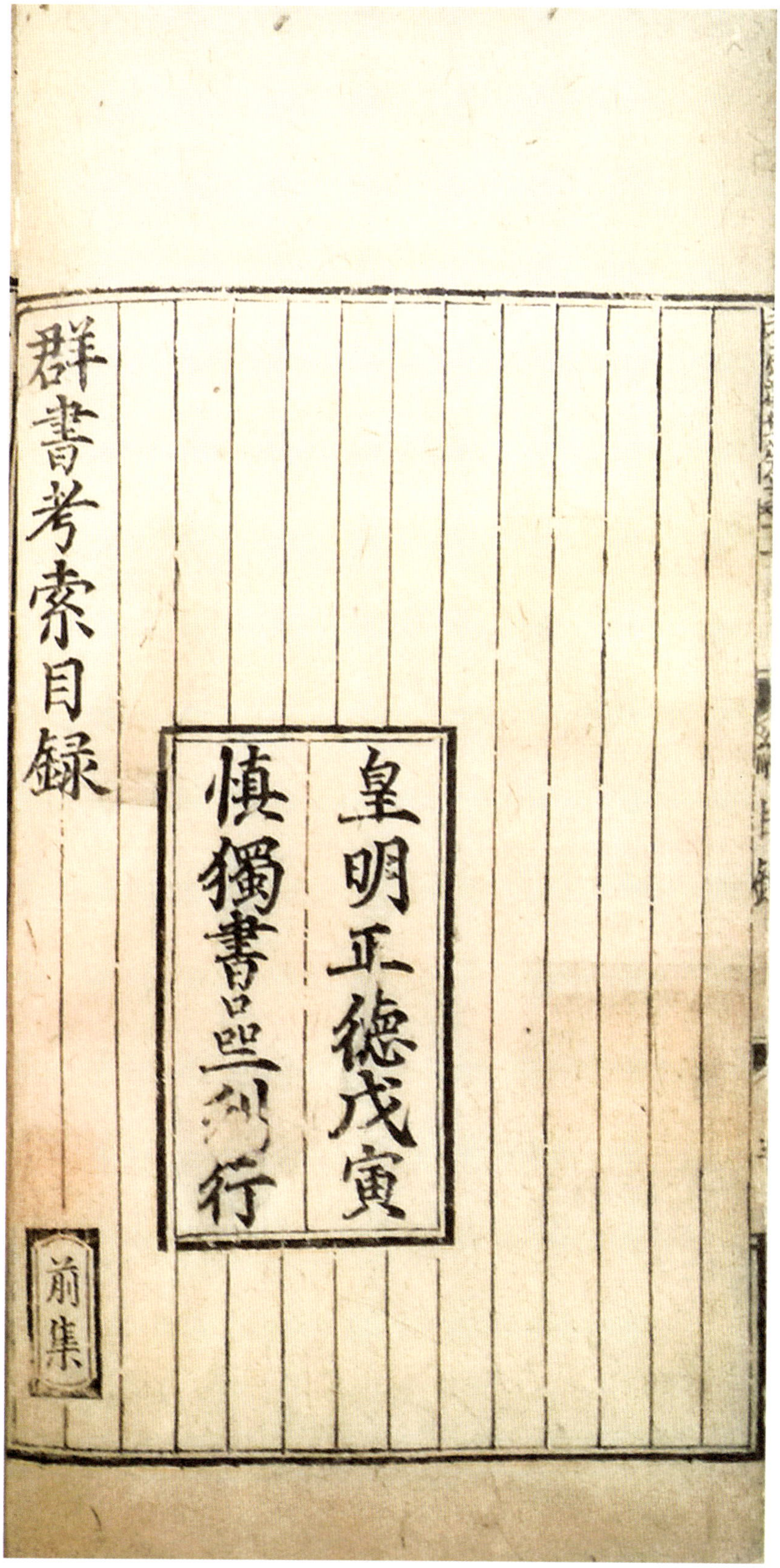
群書考索目録
皇明正德戊寅
慎獨書
前集

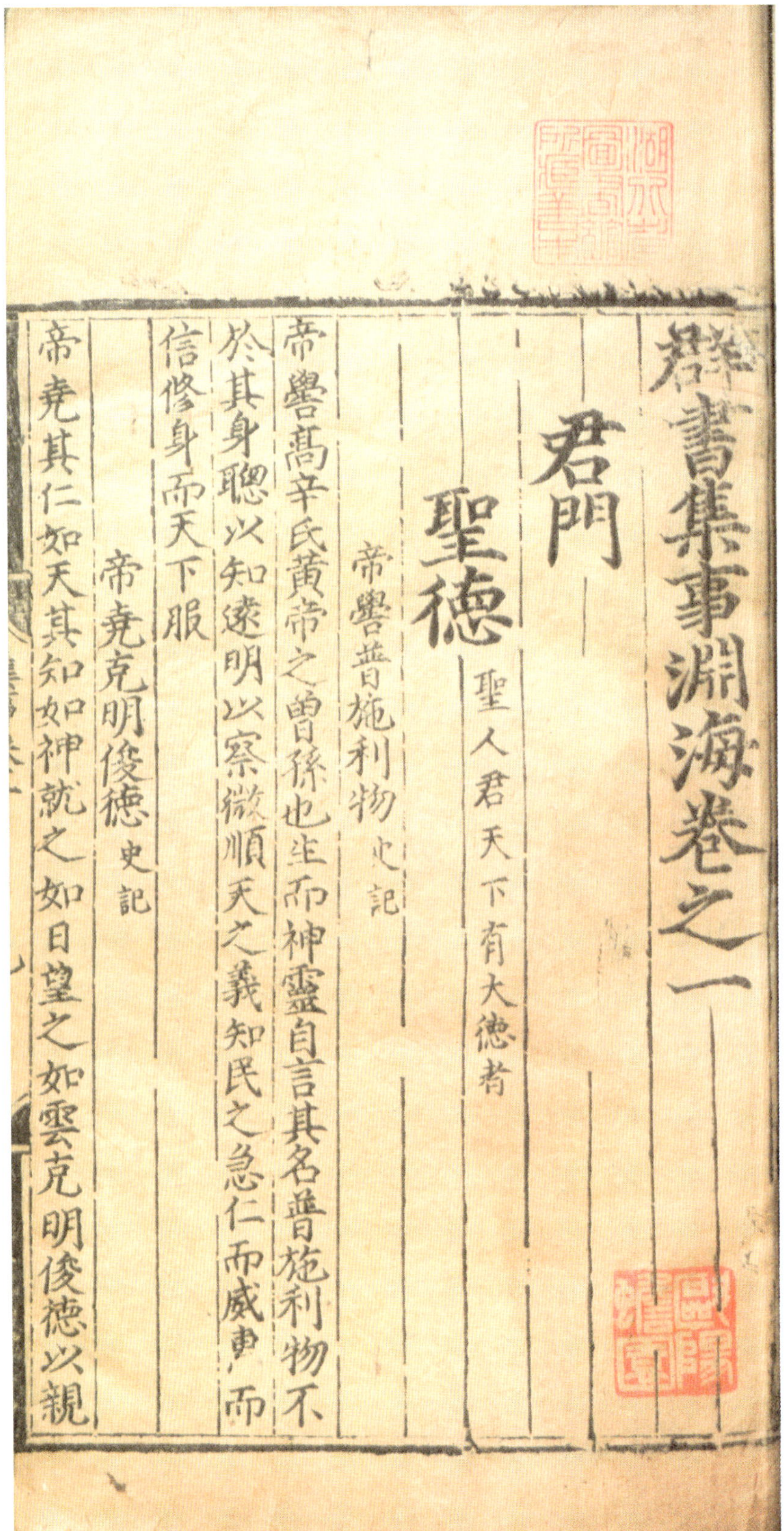
群書集事淵海卷之一
君門
聖德
聖人君天下有大德者
帝嚳普施利物 史記
帝嚳高辛氏黄帝之曾孫也生而神靈自言其名普施利物不於其身聰以知遠明以察微順天之義知民之急仁而威惠而信修身而天下服
帝堯克明俊德 史記
帝堯其仁如天其知如神就之如日望之如雲克明俊德以親

00122 群書集事淵海四十七卷 明弘治十八年（1505）賈性刻本

框高19.3厘米，宽13.5厘米。十二行二十四字，黑口，四周雙邊。鈐“歐陽蟾園”等印。湖北省圖書館藏。

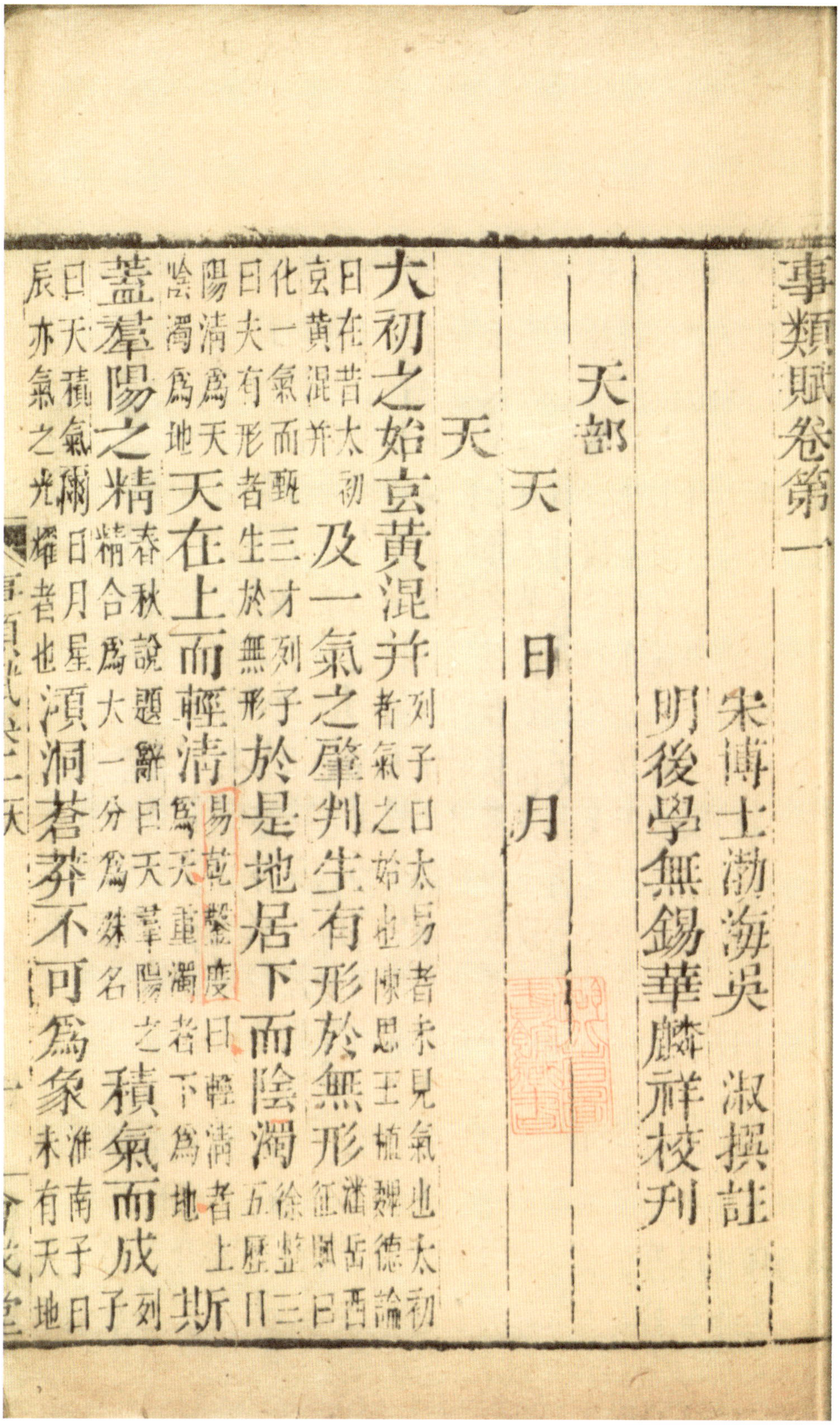

事類賦卷第一

宋博士渤海吳　淑撰註

明後學無錫華麟祥校刊

天部

天　日　月

天

大初之始亥黃混并列子曰太易者未見氣也太初者氣之始也陳思王植辯德論日在昔太初亥黃混并及一氣之肇判生有形於無形潘岳西征賦曰化一氣而甄三才列子曰夫有形者生於無形於是地居下而陰濁徐整三五歷日陽清為天陰濁為地天在上而輕清易乾鑿度曰輕清者上為天重濁者下為地斯蓋羣陽之精春秋說題辭曰天羣陽之精精合為大一分為殊名積氣而成列子曰天積氣爾日月星辰亦氣之光燿者也澒洞蒼莽不可為象淮南子曰未有天地

00123 事類賦三十卷（宋）吴淑撰注（明）華麟祥校　明嘉靖十一年（1532）崇正書院刻本

框高19.5厘米，寬15.5厘米。十二行二十字，綫黑口，左右雙邊。湖北省圖書館藏。

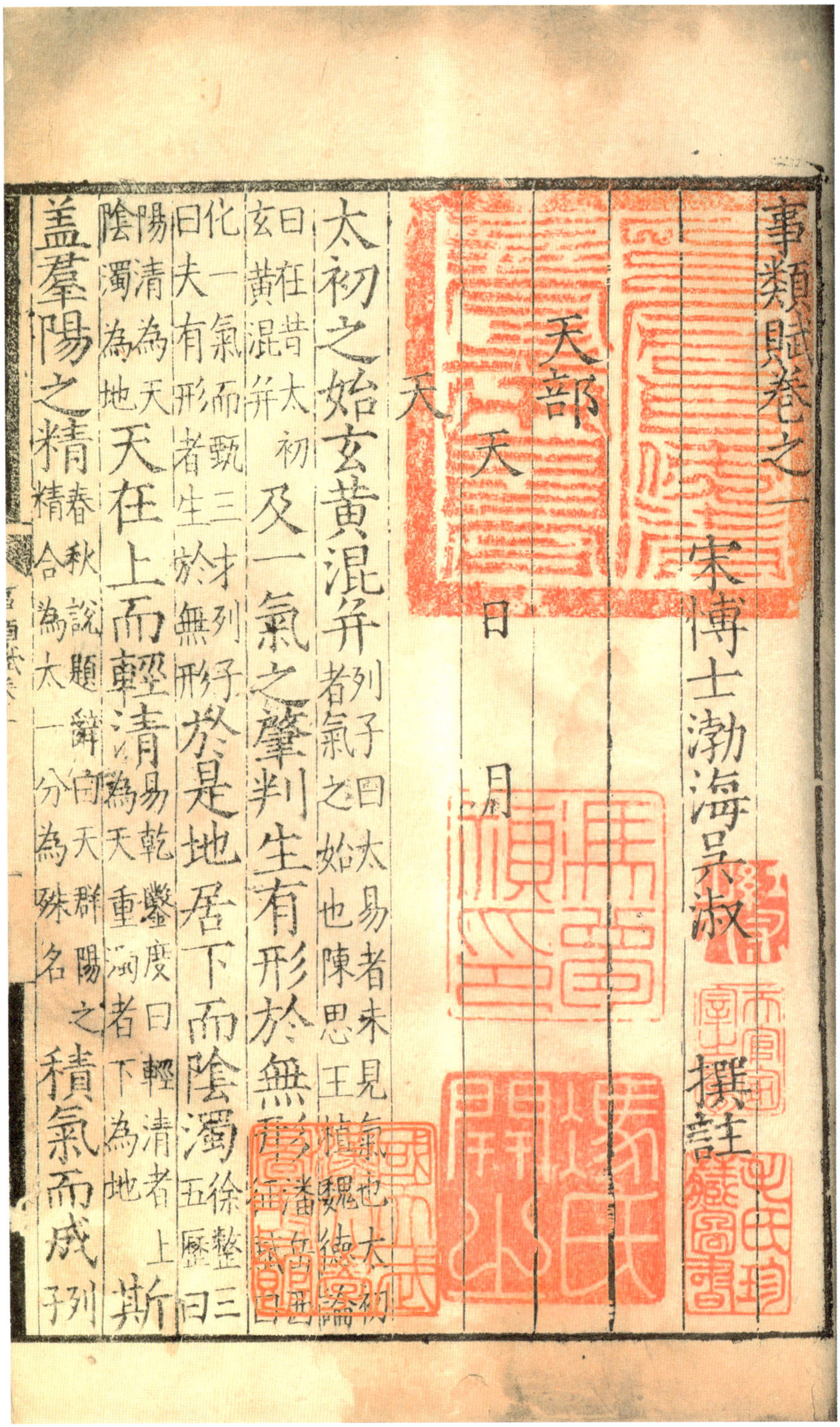
事類賦卷之一　宋博士渤海吳淑　撰註

天部

天　日　月

天

太初之始玄黃混并列子曰太易者未見氣也太初者氣之始也陳思王魏德論曰在昔太初玄黃混并及一氣之肇判生有形於無形[illegible]潘[illegible]化一氣而甄三才列子曰夫有形者生於無形於是地居下而陰濁徐整三五歷曰陽清為天陰濁為地天在上而輕清易乾鑿度曰輕清者上為天重濁者下為地斯蓋羣陽之精春秋說題辭曰天群陽之精合為太一分為殊名積氣而成列子

00124 事類賦三十卷（宋）吴淑撰注　明嘉靖十三年（1534）白坪刻本

框高20.2厘米，宽15.2厘米。十一行二十字，黑口，四周單邊。鈐“祕府”“馮夢禎印”“馮氏開之”“天官冢宰之屬”“紅朮山人”“毛氏珍藏图书”“古羊劉氏惟吉”等印。武漢大學圖書館藏。

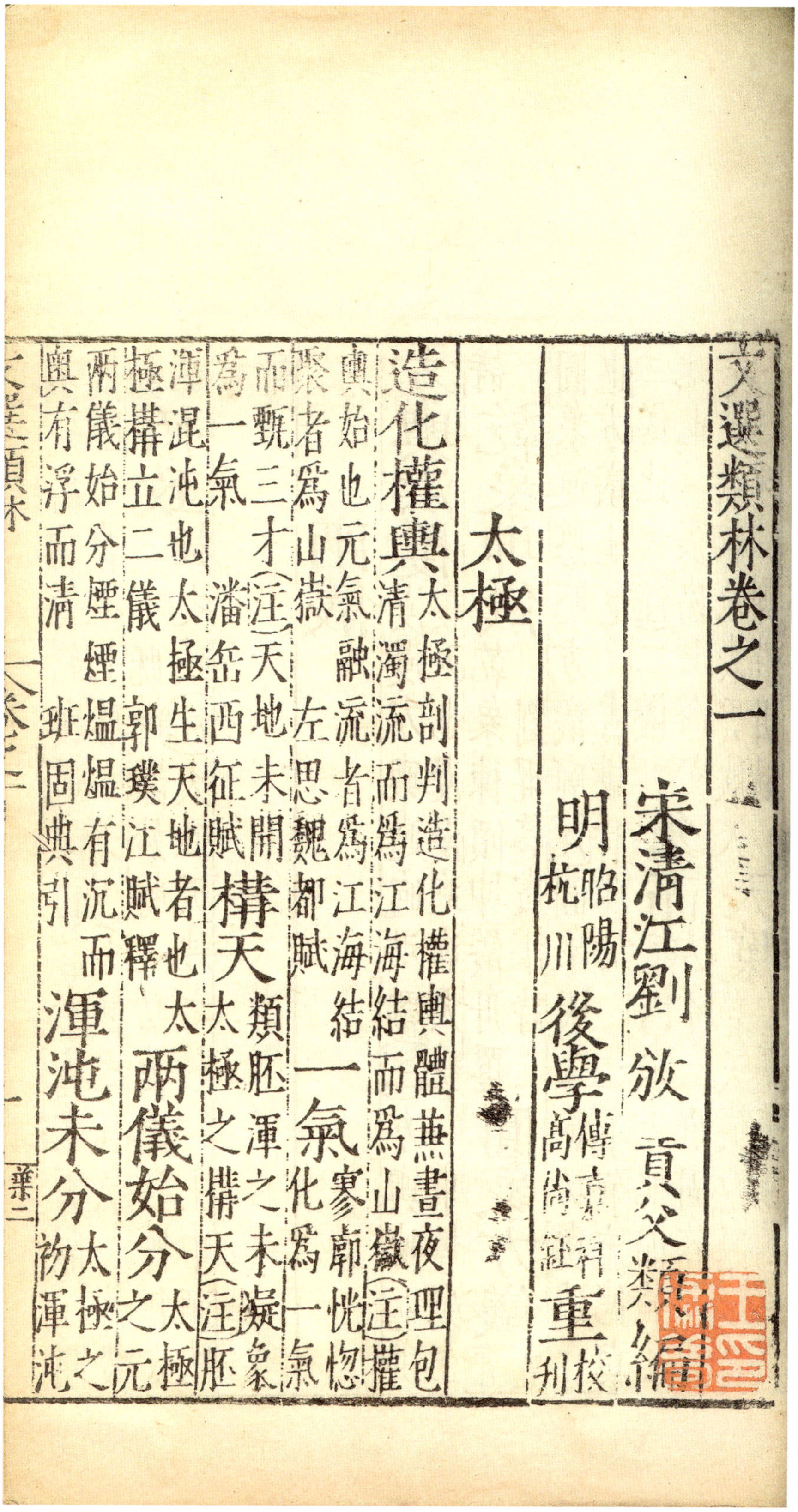
文選類林卷之一
宋清江劉攽貢父類編
明昭陽後學傅嘉祥校
杭川後學高尚鉦重刊
太極
造化權輿太極剖判造化權輿體兼晝夜理包清濁流而爲江海結而爲山嶽(注)權
輿始也元氣融流者爲江海結聚者爲山嶽左思魏都賦一氣寥廓恍惚化爲一氣
而甄三才(注)天地未開爲一氣潘岳西征賦構天類胚渾之未凝象太極之構天(注)胚
渾混沌也太極生天地者也太極構立二儀郭璞江賦釋兩儀始分太極之元
兩儀始分烟烟熅熅有沉而奧有浮而清班固典引渾沌未分太極之祊渾沌

00125 文選類林十八卷 （宋）劉攽輯　明隆慶六年（1572）傅嘉祥、高尚鉦刻本

框高19.3厘米，寬14.7厘米。九行十八字，白口，四周單邊。鈐“王協夢印”等印。武漢大學圖書館藏。

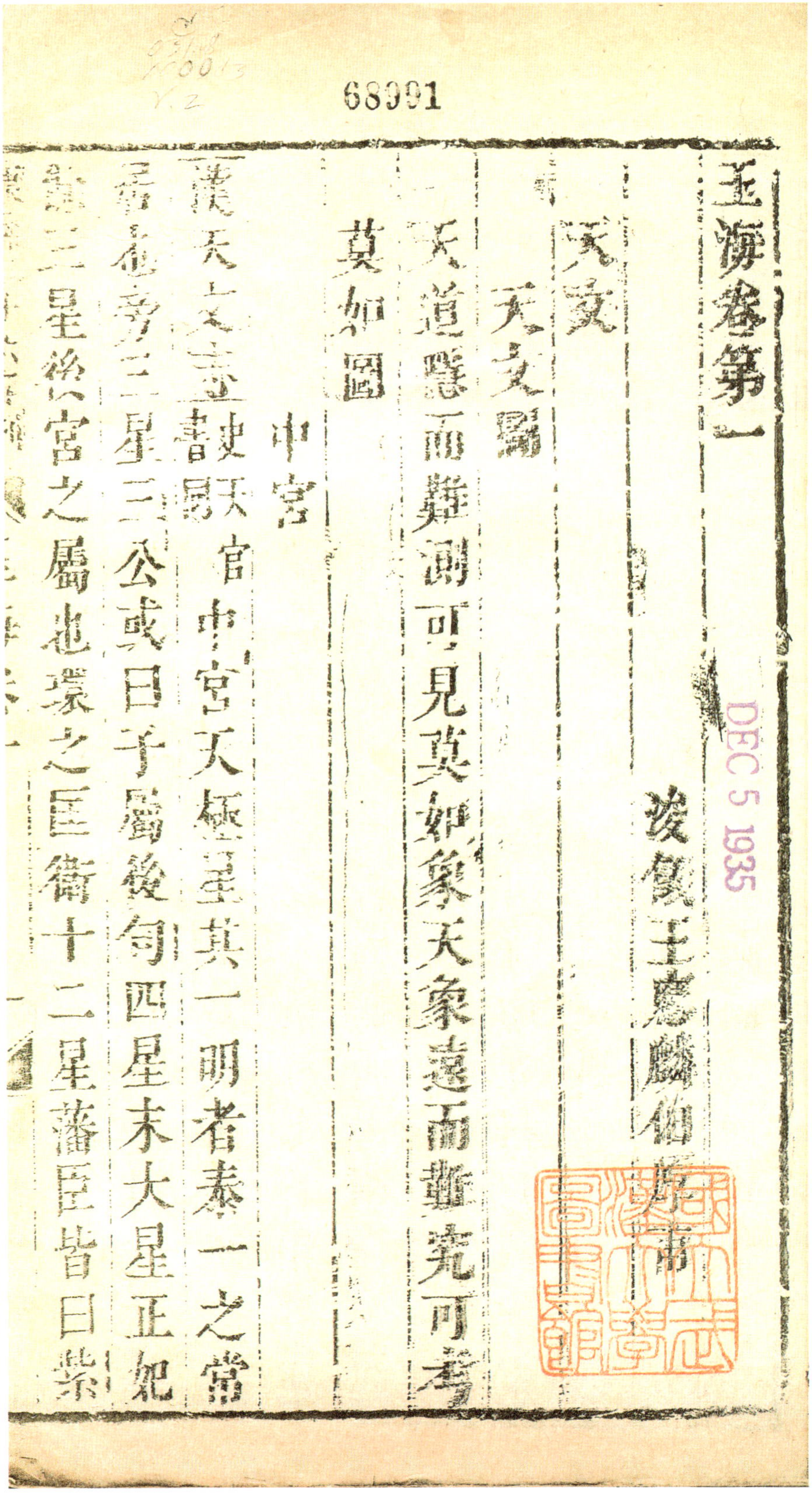
玉海卷第一　浚儀王應麟伯厚甫

天文

天文圖

天道懸而難測可見莫如象天象遠而難究可考莫如圖

中宮

漢天文志 史記天官書同 中宮天極星其一明者泰一之常居也旁三星三公或曰子屬後句四星末大星正妃餘三星後宮之屬也環之匡衛十二星藩臣皆曰紫

00126 玉海二百卷辭學指南四卷詩考一卷詩地理考六卷漢藝文志考證十卷通鑑地理通釋十四卷周書王會補注一卷漢制考四卷踐阼篇集解一卷急就篇補注四卷小學紺珠十卷姓氏急就篇二卷六經天文篇二卷周易鄭康成注一卷通鑑答問五卷　（宋）王應麟撰　明嘉靖萬曆崇禎刻清康熙、乾隆遞修本

框高 21.1 厘米，寬 13.3 厘米。十行二十字，白口，四周單邊。武漢大學圖書館藏。

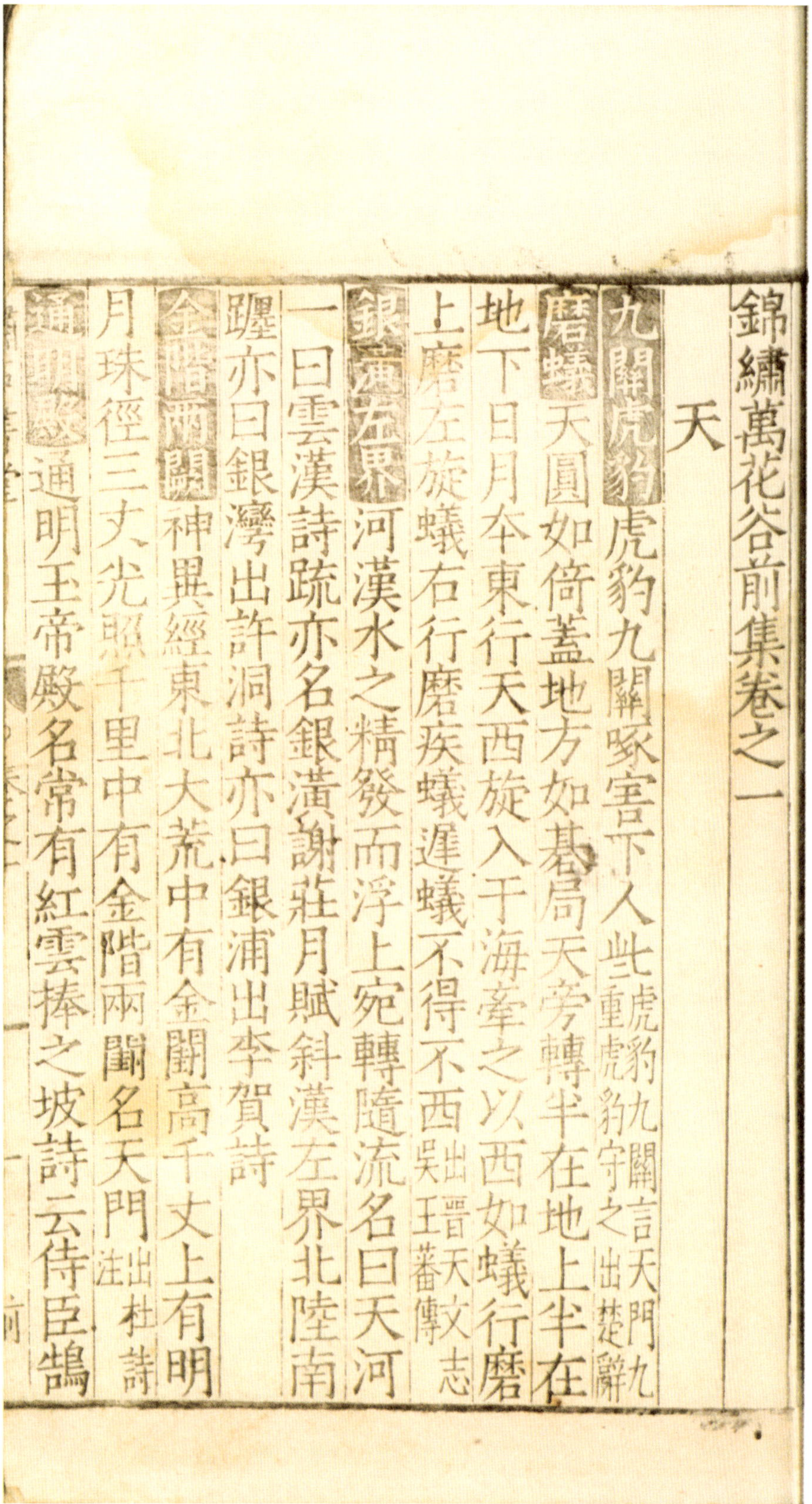
錦繡萬花谷前集卷之一
天
九關虎豹 虎豹九關啄害下人些虎豹九關言天門九重虎豹守之出楚辭
磨蟻 天圓如倚蓋地方如碁局天旁轉半在地上半在
地下日月本東行天西旋入于海牽之以西如蟻行磨
上磨左旋蟻右行磨疾蟻遲蟻不得不西出晉天文志吳王蕃傳
銀漢左界 河漢水之精發而浮上宛轉隨流名曰天河
一曰雲漢詩疏亦名銀漢謝莊月賦斜漢左界北陸南
躔亦曰銀灣出許洞詩亦曰銀浦出李賀詩
金闕兩闕 神異經東北大荒中有金闕高千丈上有明
月珠徑三丈光照千里中有金階兩闕名天門出杜詩注
通明殿 通明玉帝殿名常有紅雲捧之坡詩云侍臣鵠

00127 錦繡萬花谷前集四十卷後集四十卷續集四十卷 明嘉靖十五年（1536）錫山秦汴繡石書堂刻本

框高18.7厘米，寬13.6厘米。十二行二十一字，白口，左右雙邊。湖北省圖書館藏。

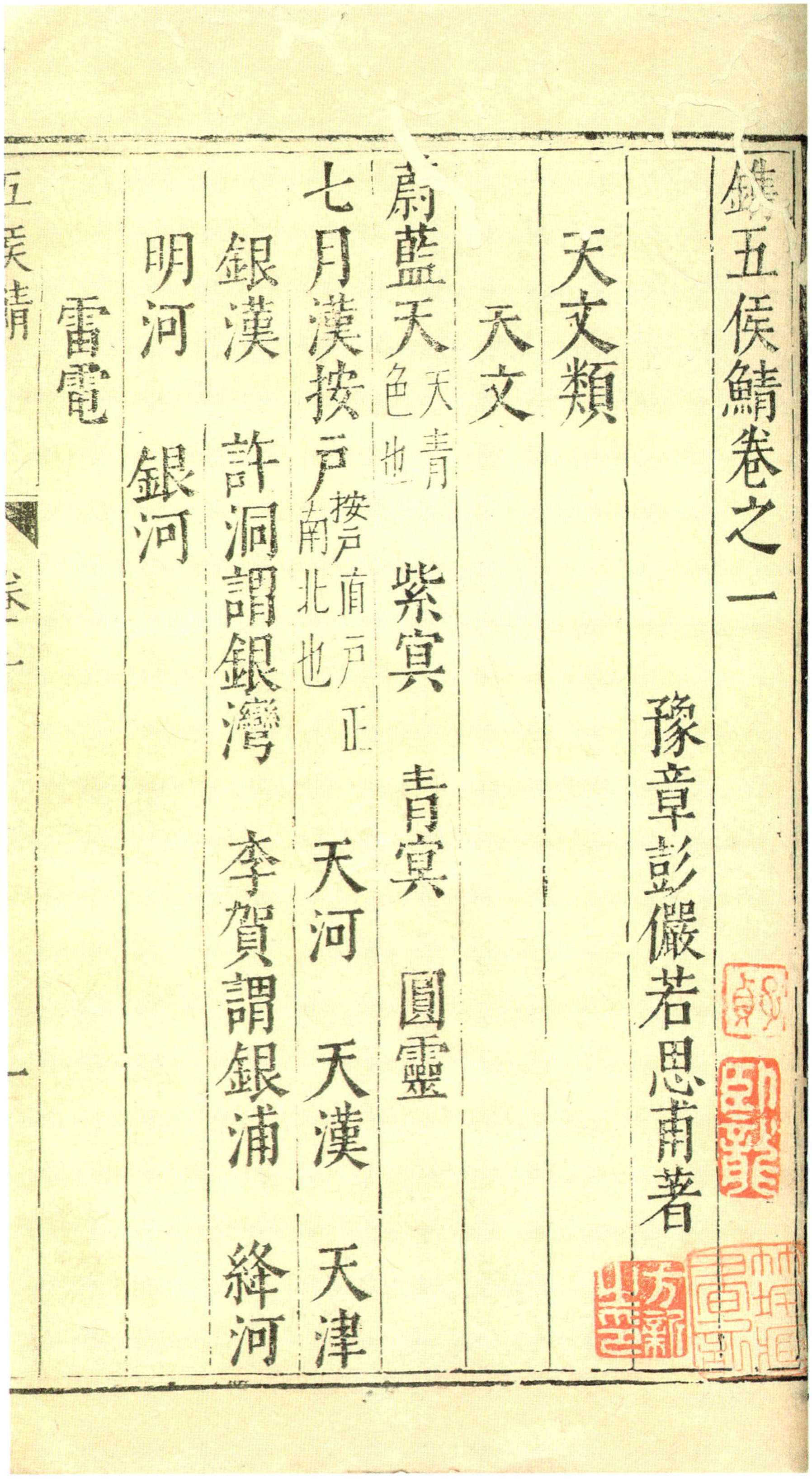

鐫五侯鯖卷之一

豫章彭儼若思甫著

天文類

天文

蔚藍天天青色也　紫冥　青冥　圓靈

七月漢　按戶按戶直戶正南北也　天河　天漢　天津

銀漢　許洞謂銀灣　李賀謂銀浦　絳河

明河　銀河

雷電

五侯鯖　卷之一　一

00128 鐫五侯鯖十二卷　（明）彭儼撰　明萬曆三十一年（1603）吴勉學刻本　清朱彝尊題識

框高20.5厘米，寬13.7厘米。九行十八字，白口，四周雙邊。鈐“竹垞藏書記”“延年齋”“衡陽常氏潭印閣藏書之圖記”“蝯臂翁”“方新之印”“東海”“子貞”“臥龍”等印。武漢大學圖書館藏。

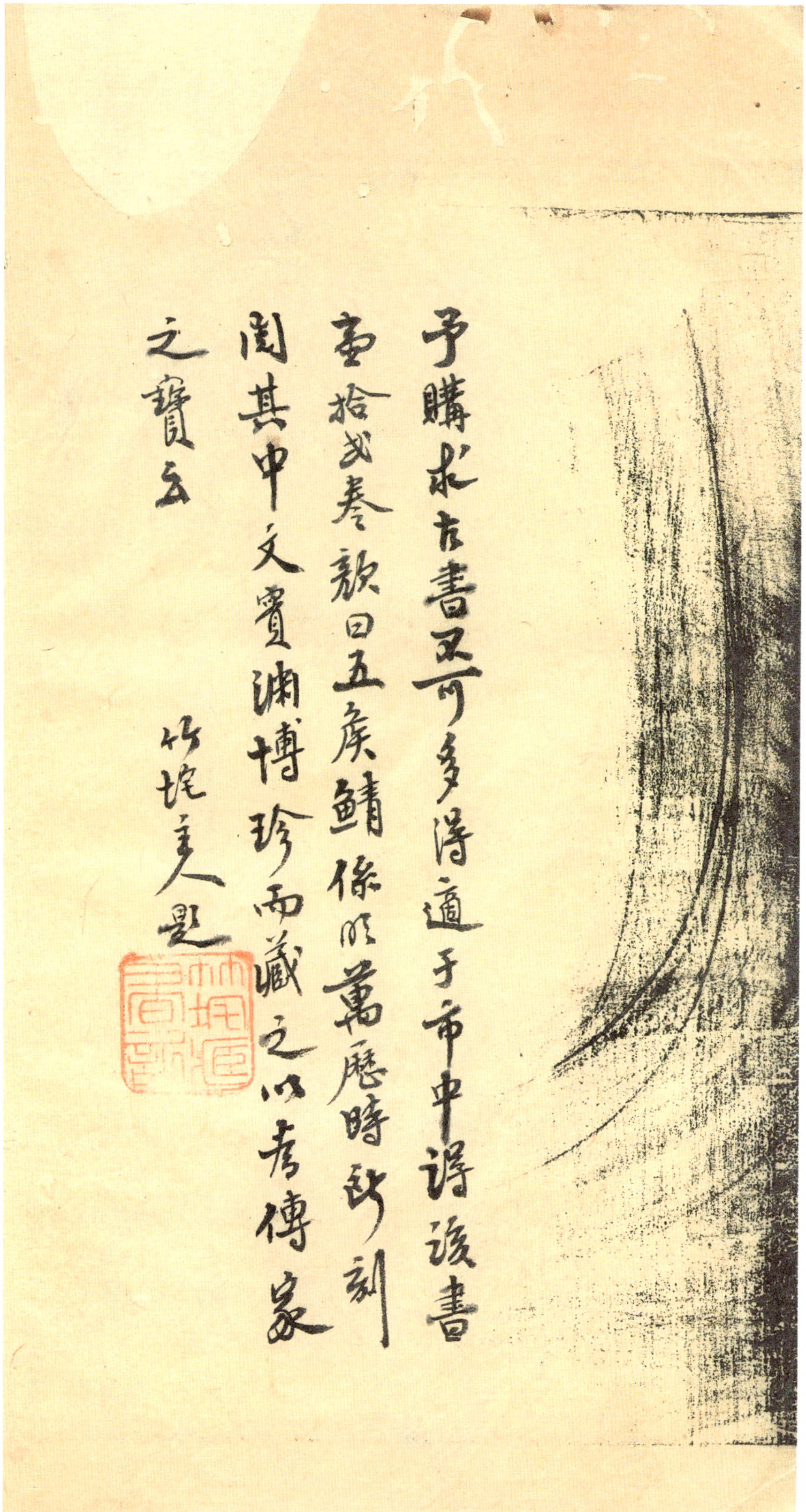
予購求古書不可多得適于市中得該書
壹拾貳叁款曰五侯鯖係明萬歷時所刻
閱其中文實淵博珍而藏之以為傳家
之寶云
竹坨主人題

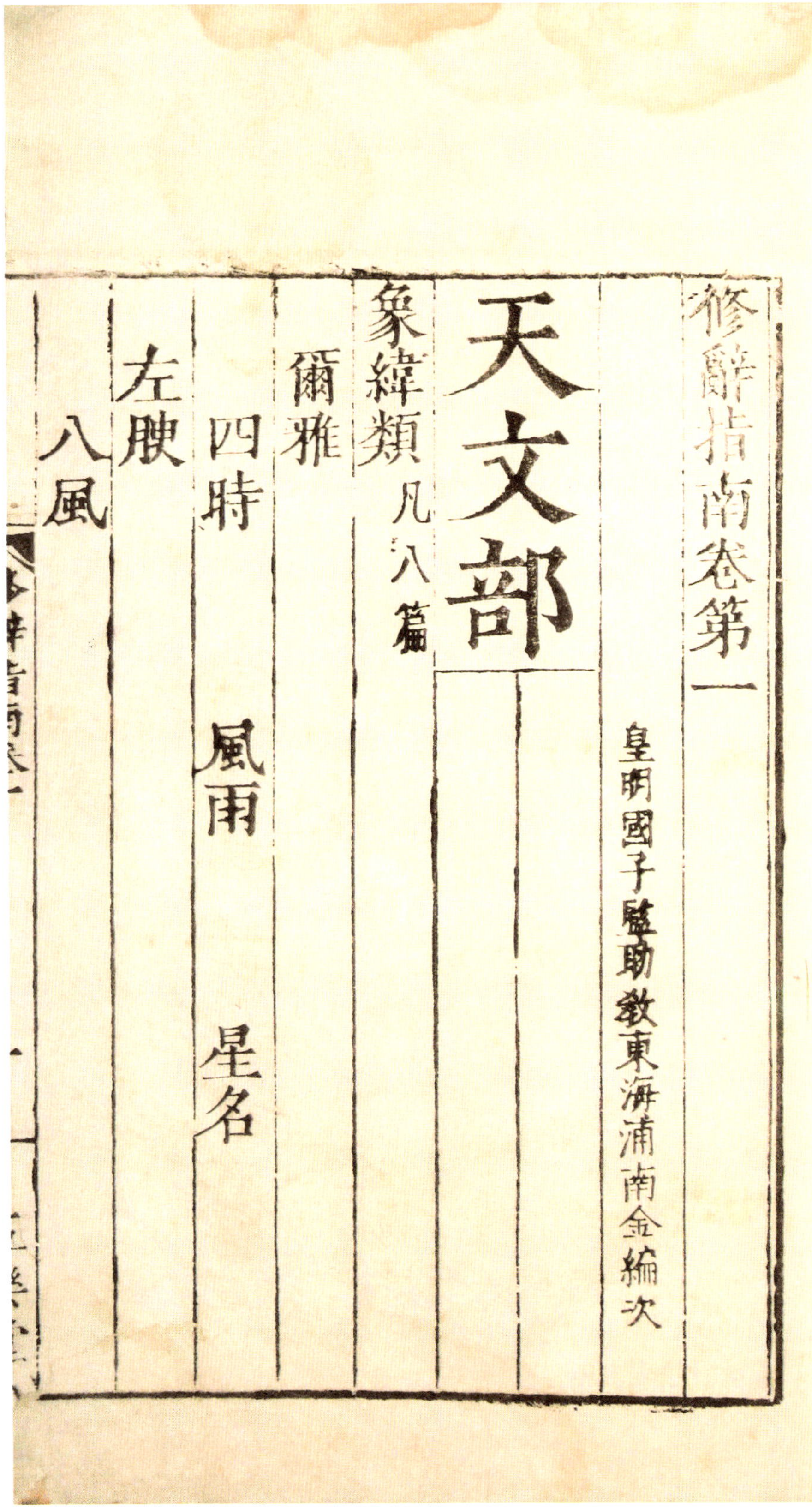
修辭指南卷第一
皇明國子監助教東海浦南金編次
天文部
象緯類 凡八篇
爾雅
四時 風雨 星名
左腴
八風

00129—00130 修辭指南二十卷 （明）浦南金編次　明嘉靖三十六年（1557）浦氏五樂堂刻本

框高18.9厘米，宽13.2厘米。九行十八字，白口，左右雙邊。襄陽市少年兒童圖書館藏，鈐“懋增之章”“步青”等印。湖北省圖書館藏，鈐“長沙陳繼訓字杏聰之藏書”“曾歸徐氏彊誃”等印。

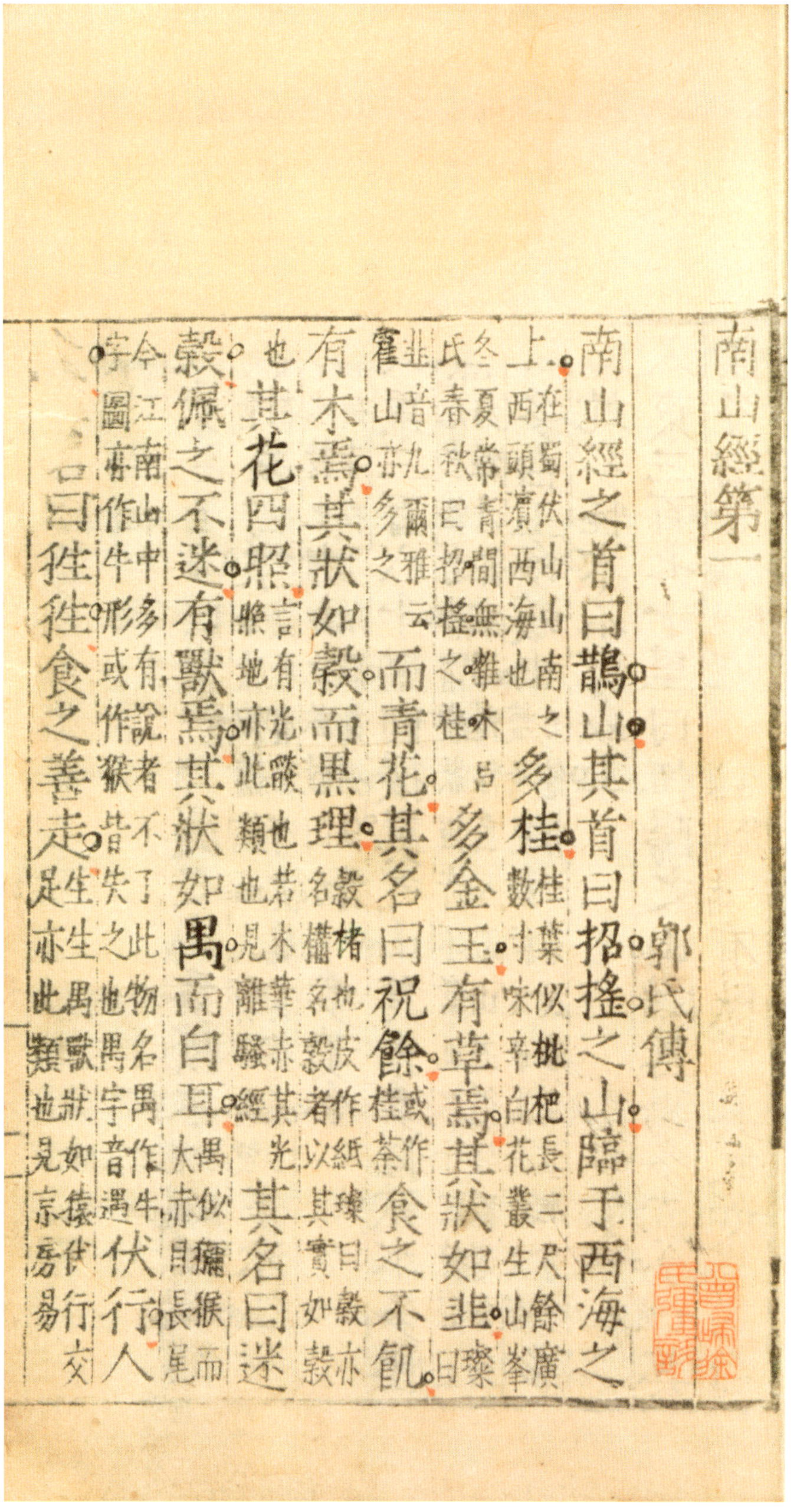
南山經第一
郭氏傳
南山經之首曰䧿山其首曰招搖之山臨于西海之上在蜀伏山山南之西頭濱西海也多桂桂葉似枇杷長二尺餘廣數寸味辛白花叢生山峯冬夏常青間無雜木呂氏春秋曰招搖之桂多金玉有草焉其狀如韭璨曰韭音九爾雅云霍山亦多之而青花其名曰祝餘或作桂荼食之不飢有木焉其狀如穀而黑理穀楮也皮作紙璨曰穀亦名構名穀者以其實如穀也其花四照言有光燄也若木華赤其光照地亦此類也見離騷經其名曰迷穀佩之不迷有獸焉其狀如禺而白耳禺似獼猴而大赤目長尾今江南山中多有說者不了此物名禺作牛字圖亦作牛形或作猴皆失之也禺音遇伏行人名曰狌狌食之善走生生禺獸狀如猿伏行交足亦此類也見京房易

00131 山海經十八卷（晉）郭璞撰　明嘉靖十五年（1536）黃省曾前山書屋刻本

框高20厘米，宽14.5厘米。十一行二十字，白口，四周單邊。鈐“曾歸徐氏彊誃”“徐恕讀過”等印。湖北省圖書館藏。

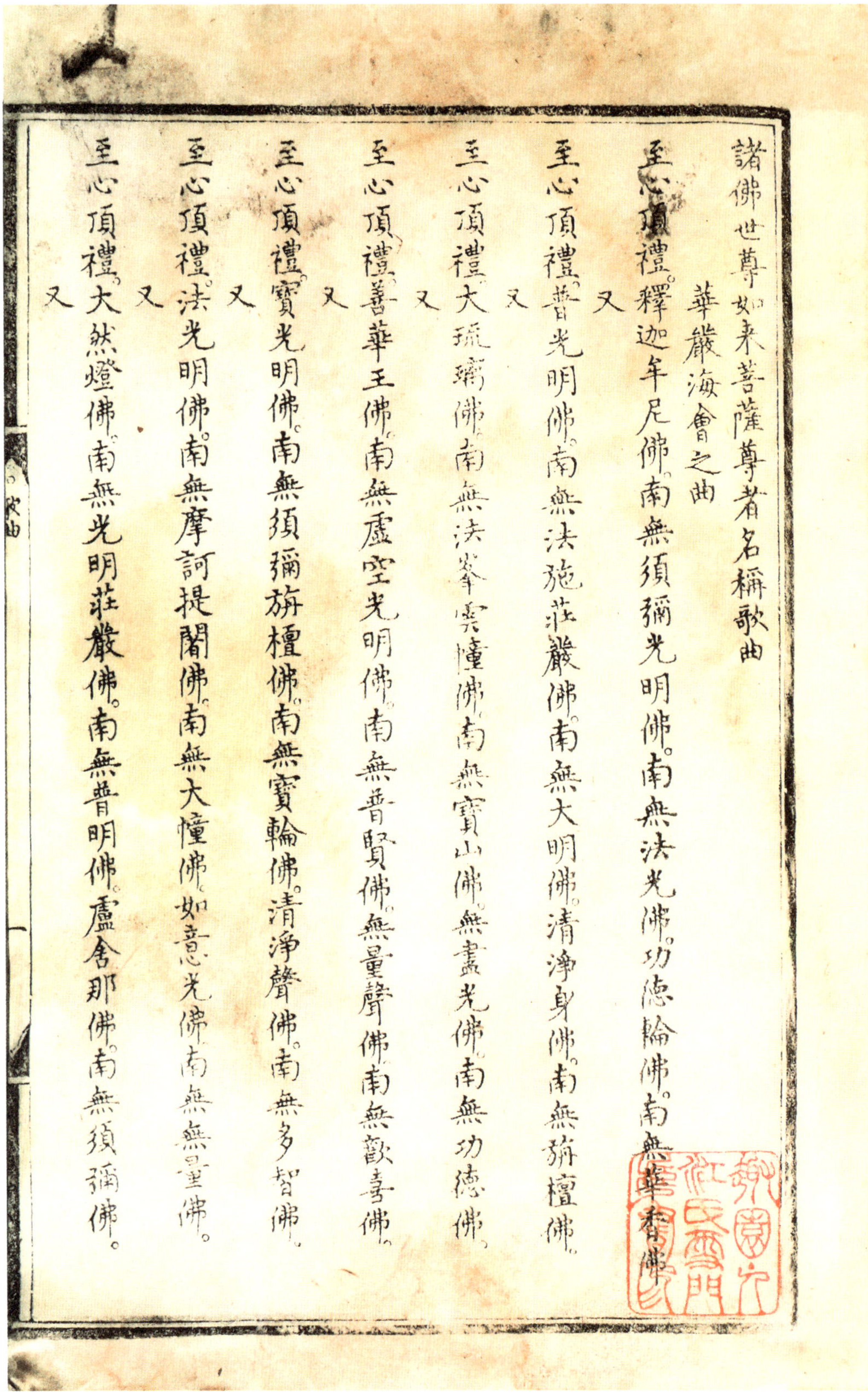
諸佛世尊如来菩薩尊者名稱歌曲

華嚴海會之曲

至心頂禮。釋迦牟尼佛。南無須彌光明佛。南無法光佛。功德輪佛。南無華香佛

又

至心頂禮。普光明佛。南無法施莊嚴佛。南無大明佛。清淨身佛。南無旃檀佛。

又

至心頂禮。大琉璃佛。南無法峯雲幢佛。南無寶山佛。無盡光佛。南無功德佛。

又

至心頂禮。善華王佛。南無虛空光明佛。南無普賢佛。無量聲佛。南無歡喜佛。

又

至心頂禮。寶光明佛。南無須彌旃檀佛。南無寶輪佛。清淨聲佛。南無多智佛。

又

至心頂禮。法光明佛。南無摩訶提闍佛。南無大幢佛。如意光佛。南無無量佛。

又

至心頂禮。大然燈佛。南無光明莊嚴佛。南無普明佛。盧舍那佛。南無須彌佛。

00132 諸佛世尊如来菩薩尊者名稱歌曲不分卷 （明）成祖朱棣撰　明永樂十八年（1420）內府刻本

框高 29.5 厘米，宽 19.5 厘米。十六行三十一字，黑口，四周雙邊。鈐“趣園主人江氏雪門藏書印”等印。武漢大學圖書館藏。

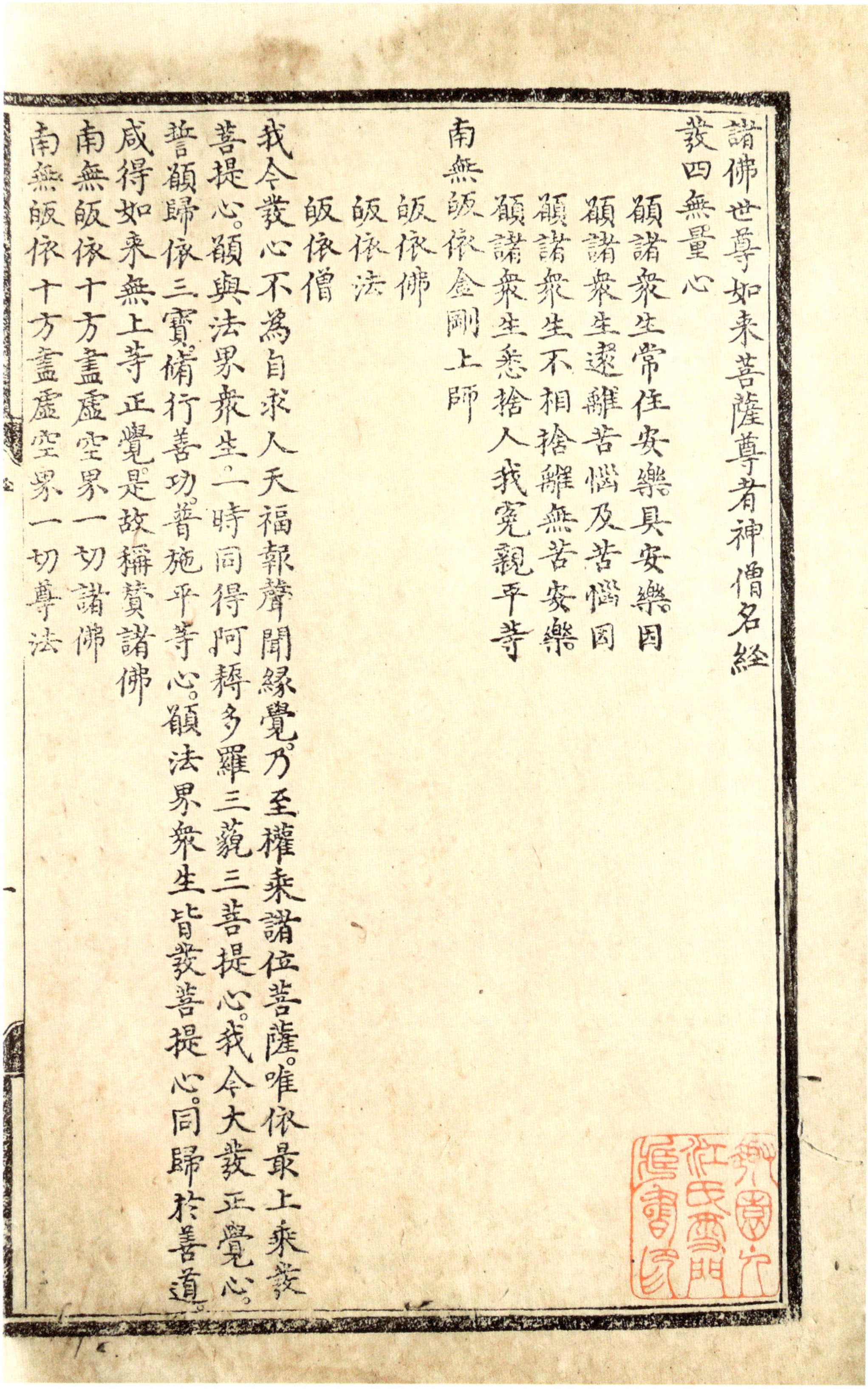

諸佛世尊如来菩薩尊者神僧名経
發四無量心
願諸衆生常住安樂具安樂因
願諸衆生遠離苦惱及苦惱因
願諸衆生不相捨離無苦安樂
願諸衆生悉捨人我冤親平等
南無皈依金剛上師
皈依佛
皈依法
皈依僧
我今發心不為自求人天福報聲聞緣覺乃至權乘諸位菩薩。唯依最上乘發
菩提心。願與法界衆生一時同得阿耨多羅三藐三菩提心。我今大發正覺心。
普願歸依三寶脩行善功。普施平等心。願法界衆生皆發菩提心。同歸於善道。
咸得如来無上等正覺是故稱贊諸佛
南無皈依十方盡虛空界一切諸佛
南無皈依十方盡虛空界一切尊法

00133 諸佛世尊如来菩薩尊者神僧名經不分卷 （明）成祖朱棣撰　明永樂十五年（1417）內府刻本

框高 29.5 厘米，宽 19.5 厘米。十六行三十字，黑口，四周雙邊。鈐“趣園主人江氏雪門藏書印”等印。武漢大學圖書館藏。

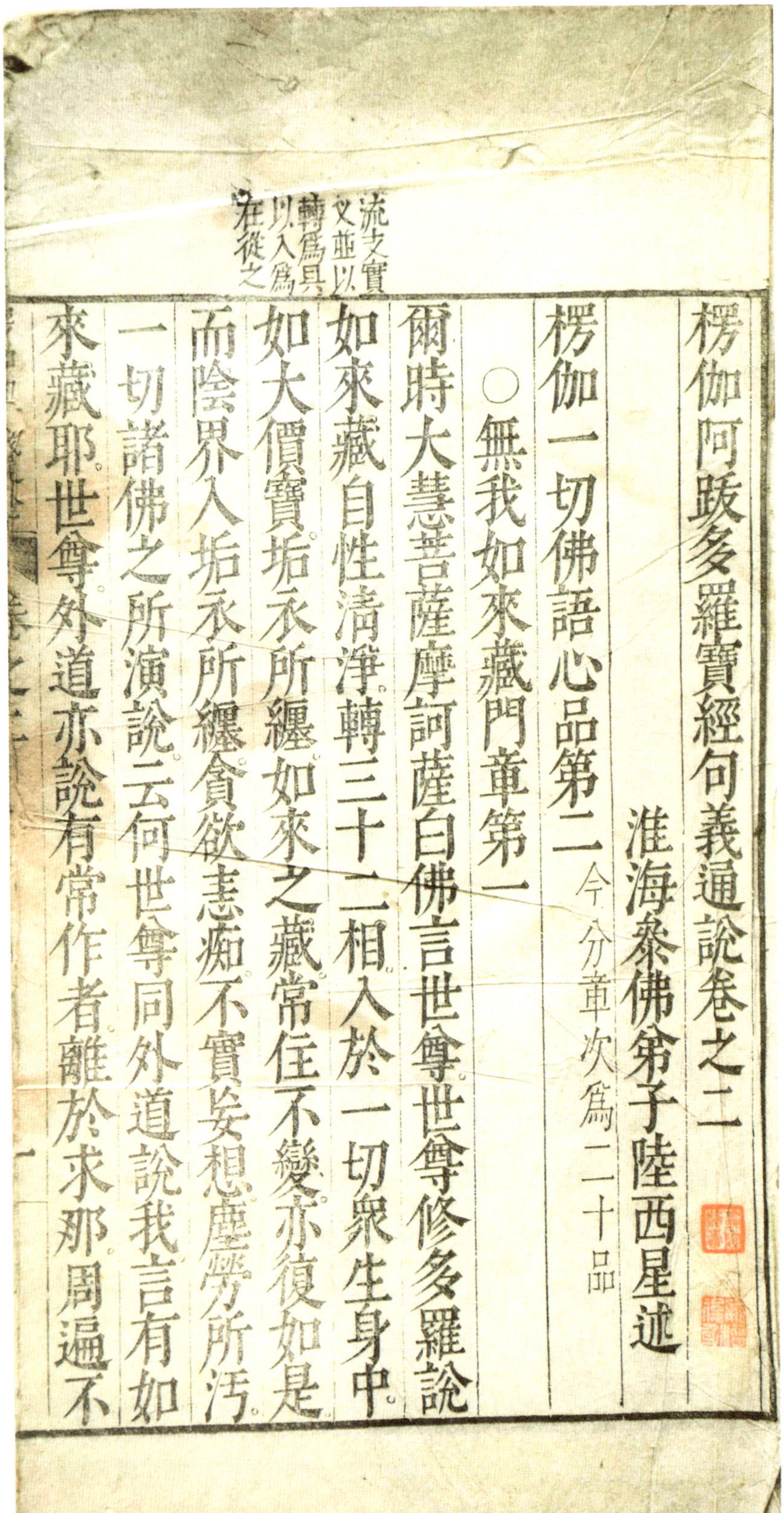
流支實
义並以
轉爲具
以入爲
在從之

楞伽阿跋多羅寶經句義通說卷之二
淮海叅佛弟子陸西星述
楞伽一切佛語心品第二 今分章次爲二十品
○無我如來藏門章第一
爾時大慧菩薩摩訶薩白佛言世尊世尊修多羅說
如來藏自性淸淨轉三十二相入於一切衆生身中
如大價寶垢衣所纏如來之藏常住不變亦復如是
而陰界入垢衣所纏貪欲恚痴不實妄想塵勞所汚
一切諸佛之所演說云何世尊同外道說我言有如
來藏耶世尊外道亦說有常作者離於求那周遍不

00134 楞伽阿跋多羅寶經句義通說□卷楞伽經句義通說要旨□卷

（明）陸西星撰　明萬曆三十年（1602）刻本

框高22.4厘米，寬15.6厘米。十行二十字，白口，左右雙邊。存七卷：句義通説二至四、句義通説要旨一至四。鈐“陳芳子居東海漁澤讀書”“俞楷已讀之書”“俞楷後身”等印。浠水縣博物館藏。

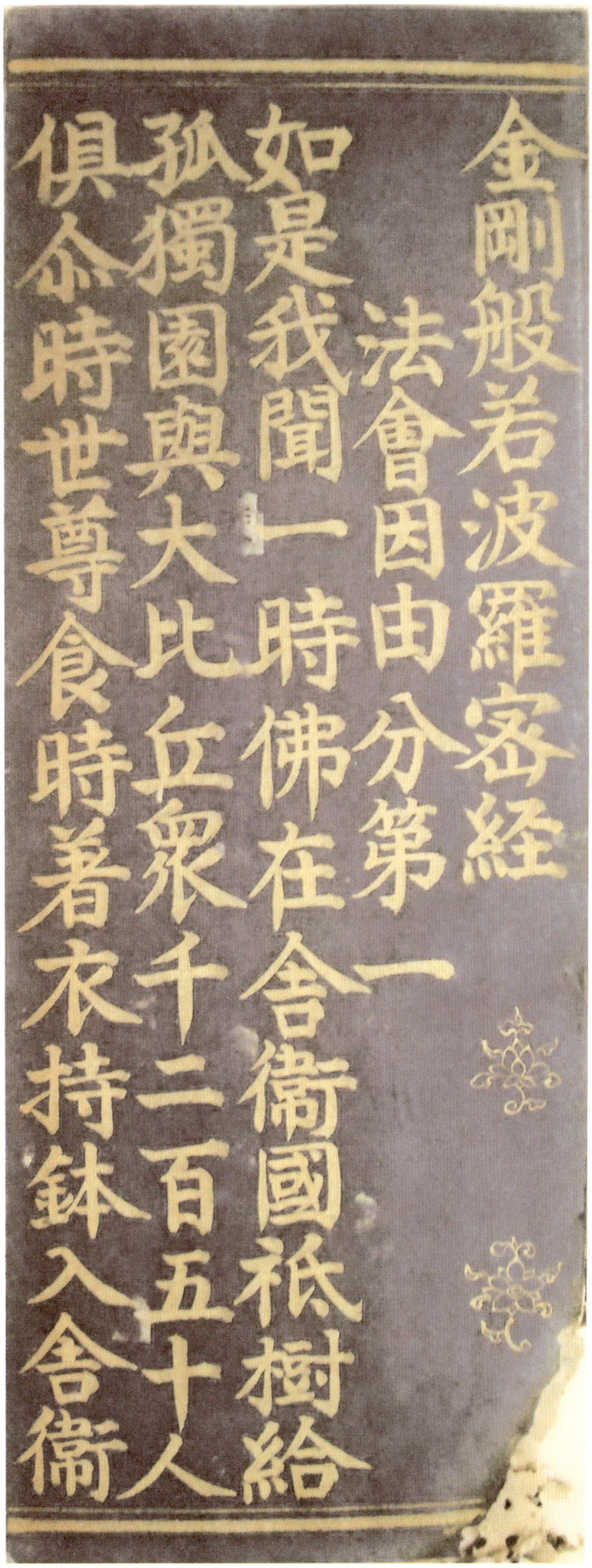

00135 金剛般若波羅密經一卷 （晉）釋鳩摩羅什譯　明正德寫本

經折裝。框高 30.1 厘米，宽 11.9 厘米。五行十四字。穀城縣圖書館藏。

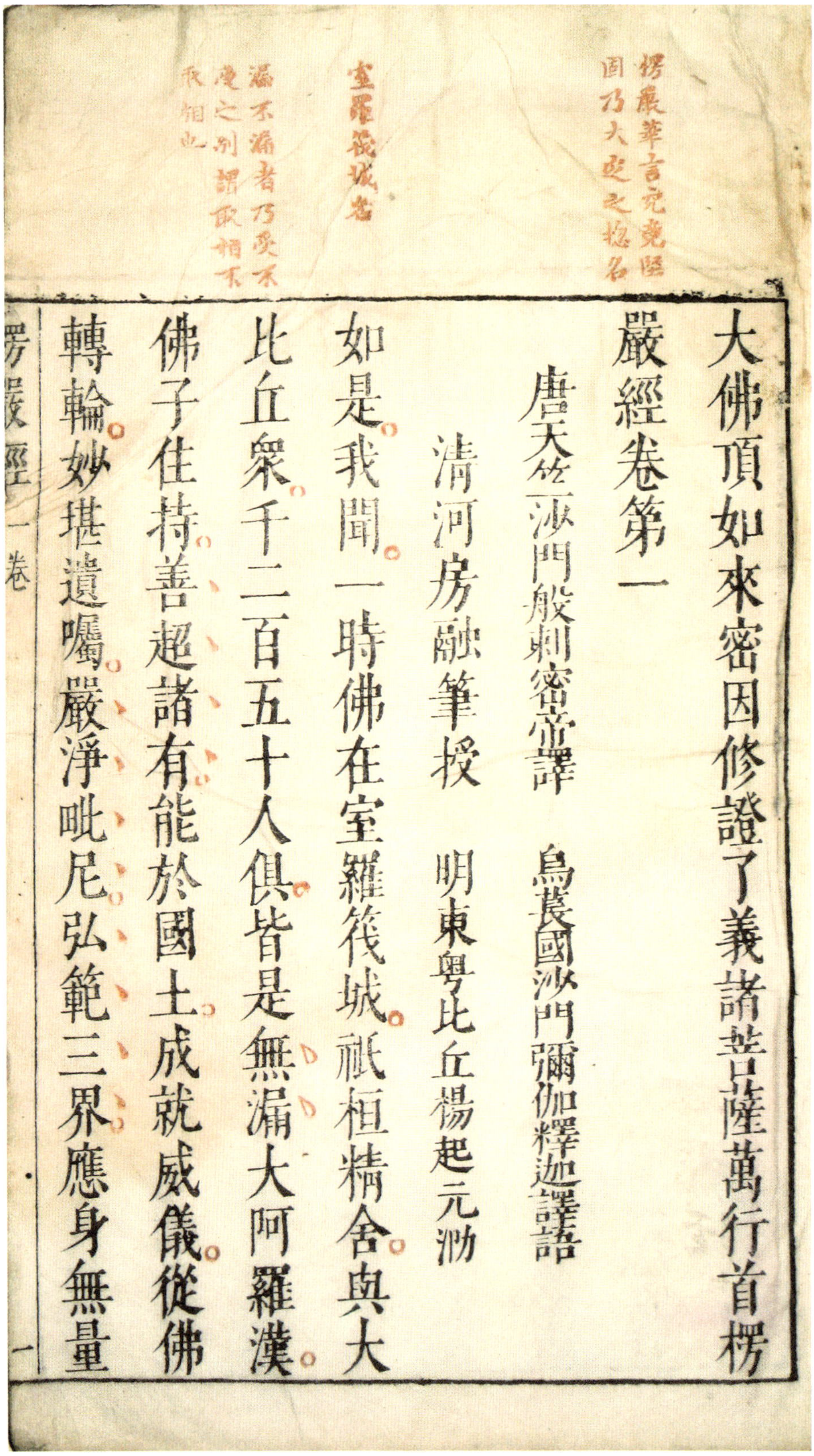

楞嚴華言究竟堅固乃大定之總名

室羅筏城者

漏不漏者乃受不受之別謂取捨不取相也

大佛頂如來密因修證了義諸菩薩萬行首楞
嚴經卷第一
唐天竺沙門般剌密帝譯　烏萇國沙門彌伽釋迦譯語
清河房融筆授　明東粵比丘楊起元沕
如是我聞一時佛在室羅筏城祇桓精舍與大
比丘衆千二百五十人俱皆是無漏大阿羅漢
佛子住持善超諸有能於國土成就威儀從佛
轉輪妙堪遺囑嚴淨毗尼弘範三界應身無量

楞嚴經一卷　一

00136 大佛頂如來密因修證了義諸菩薩萬行首楞嚴經十卷

（唐）釋般刺密帝譯　（唐）房融筆授　明凌毓枏刻朱墨套印本

框高 19 厘米，宽 14.8 厘米。八行十八字，白口，四周單邊。鈐“歸禾書堂”“餘清室”“漢南居士”等印。襄陽市少年兒童圖書館藏。

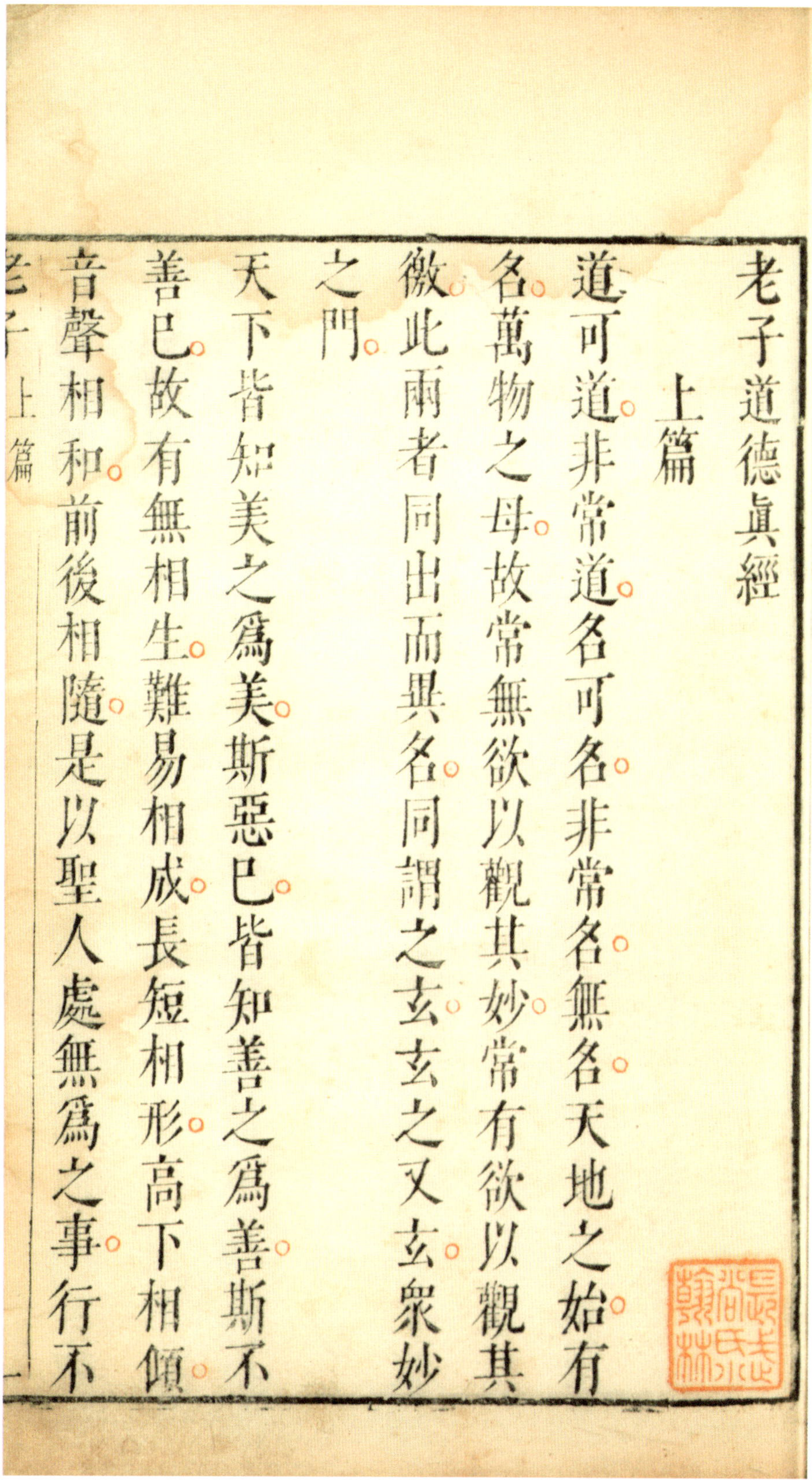
老子道德眞經
上篇
道可道非常道名可名非常名無名天地之始有
名萬物之母故常無欲以觀其妙常有欲以觀其
徼此兩者同出而異名同謂之玄玄之又玄衆妙
之門
天下皆知美之爲美斯惡已皆知善之爲善斯不
善已故有無相生難易相成長短相形高下相傾
音聲相和前後相隨是以聖人處無爲之事行不
老子 上篇 一

00137 老子道德真經二卷音義一卷 明萬曆閔齊伋刻三子合刊朱墨套印本

框高 21.5 厘米，宽 15.1 厘米。九行十九字，白口，四周單邊。鈐“長武尚氏小翰林”等印。湖北省圖書館藏。

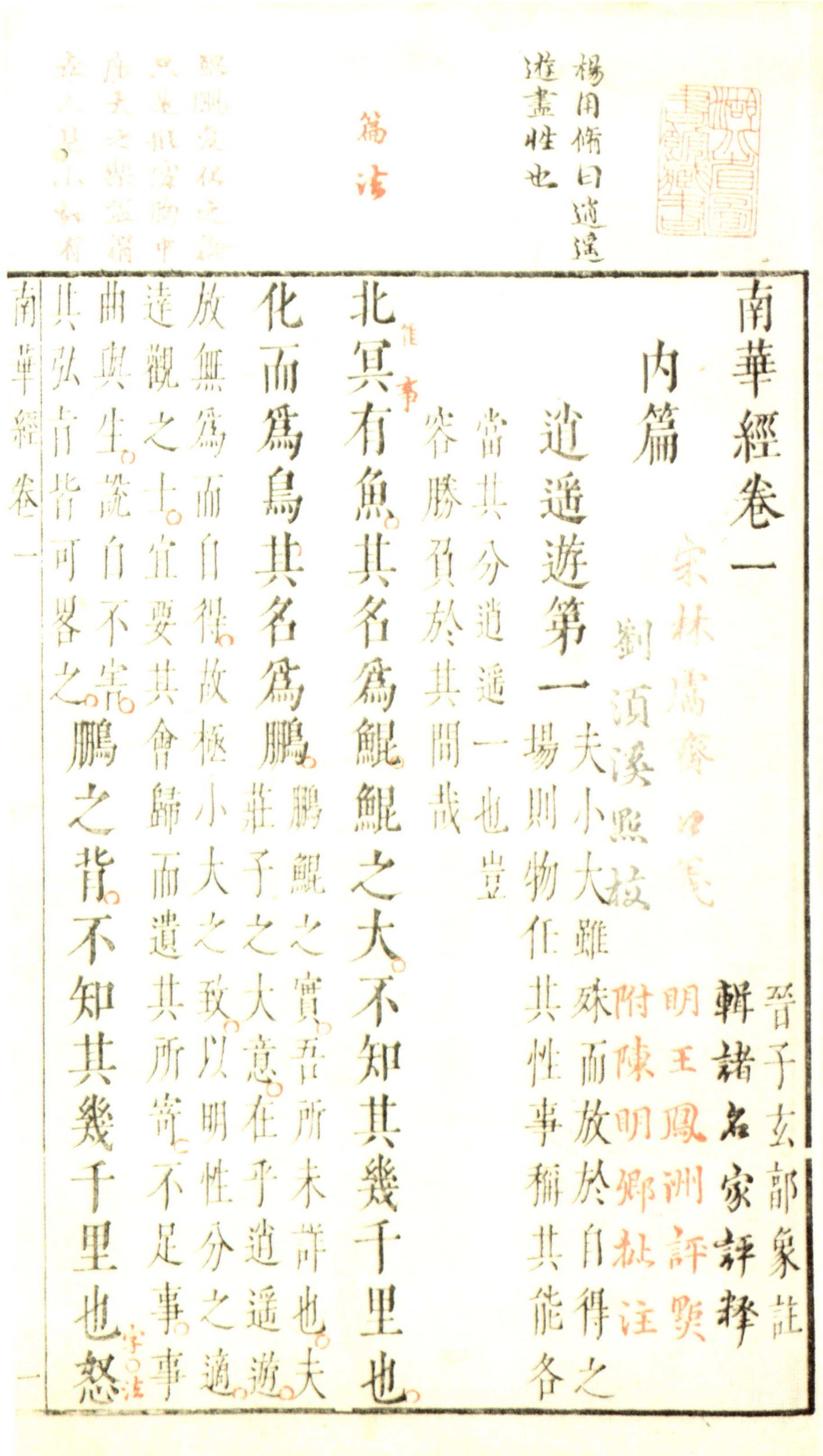
楊用脩曰逍遙遊盡性也

篇法

南華經卷一　　晉子玄郭象註

內篇　　輯諸名家評釋

宋林鬳齋口義　　明王鳳洲評點

劉須溪點校　　附陳明卿批注

逍遙遊第一　夫小大雖殊而放於自得之場則物任其性事稱其能各當其分逍遙一也豈容勝負於其間哉

北冥有魚其名爲鯤鯤之大不知其幾千里也化而爲鳥其名爲鵬　鵬鯤之實吾所未詳也夫莊子之大意在乎逍遙遊放無爲而自得故極小大之致以明性分之適達觀之士宜要其會歸而遺其所寄不足事事曲與生說自不害其弘旨皆可略之　鵬之背不知其幾千里也怒

南華經卷一　一

00138 南華經十六卷　（晉）郭象注　（宋）林希逸口義　（宋）劉辰翁點校　（明）王世貞評點　（明）陳仁錫注　明嘉靖至萬曆刻四色套印本

框高 20.5 厘米，宽 14.7 厘米。八行十八字，小字雙行同，白口，四周單邊。存十一卷：一至二，六至八，十一至十六。湖北省圖書館藏。

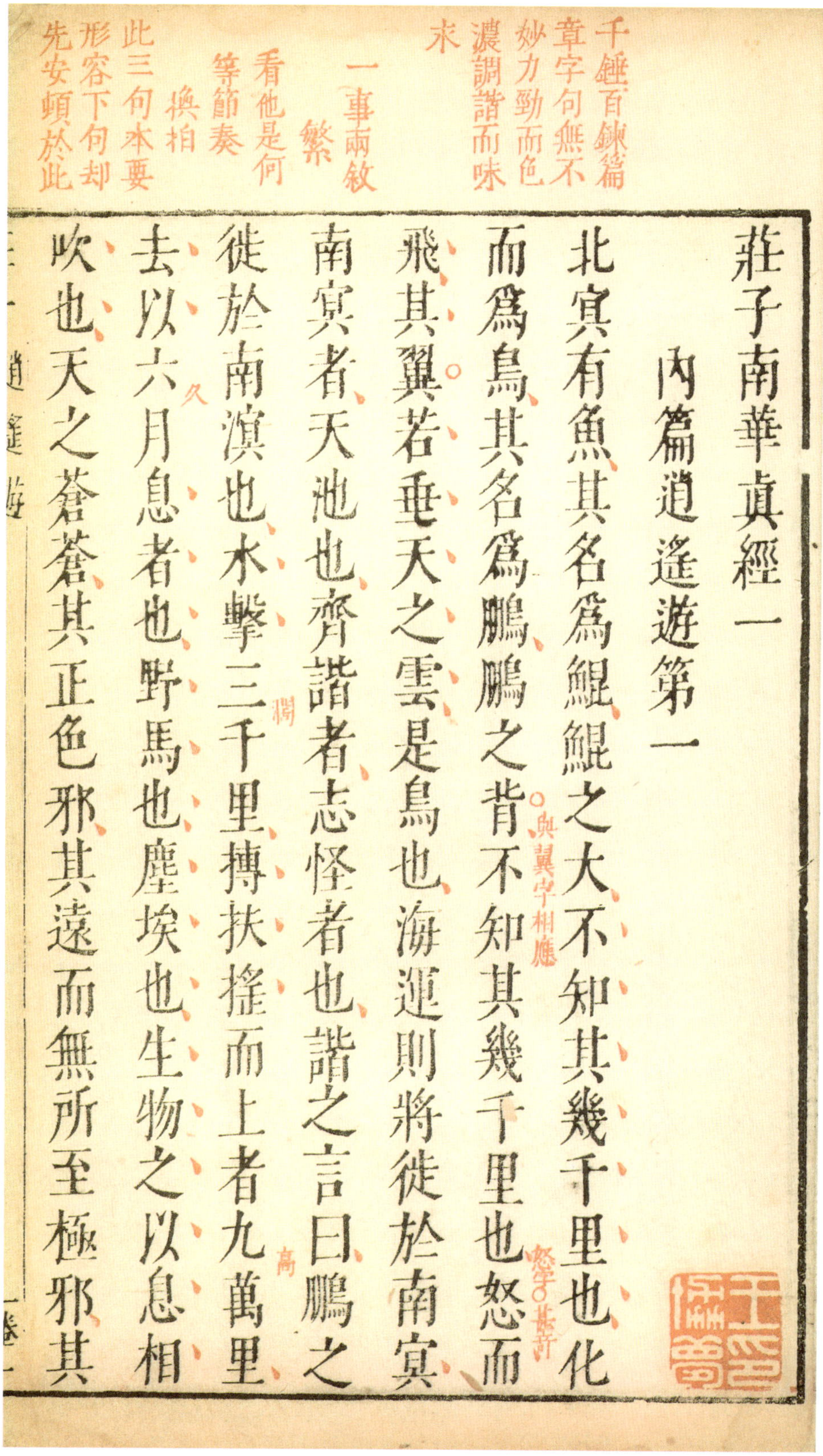
千錘百鍊篇章字句無不妙力勁而色濃調諧而味永
一事兩敘 繁 看他是何等節奏換拍
此三句本要形容下句却先安頓於此

莊子南華真經一
內篇逍遙遊第一
北冥有魚其名爲鯤鯤之大不知其幾千里也化
而爲鳥其名爲鵬鵬之背不知其幾千里也怒而
飛其翼若垂天之雲是鳥也海運則將徙於南冥
南冥者天池也齊諧者志怪者也諧之言曰鵬之
徙於南溟也水擊三千里搏扶搖而上者九萬里
去以六月息者也野馬也塵埃也生物之以息相
吹也天之蒼蒼其正色邪其遠而無所至極邪其

與翼字相應
怒字○甚奇
獨
久
高

00139—00141 莊子南華真經四卷 （晉）郭象注　**音義四卷** （唐）陸德明撰　明閔齊伋刻朱墨套印三子合刊本

框高 21.8 厘米，宽 15.3 厘米。九行十九字，白口，四周單邊。長江大學文理學院圖書館藏，武漢大學圖書館藏，均無音義四卷。武漢圖書館藏，鈐“王協夢印”等印。

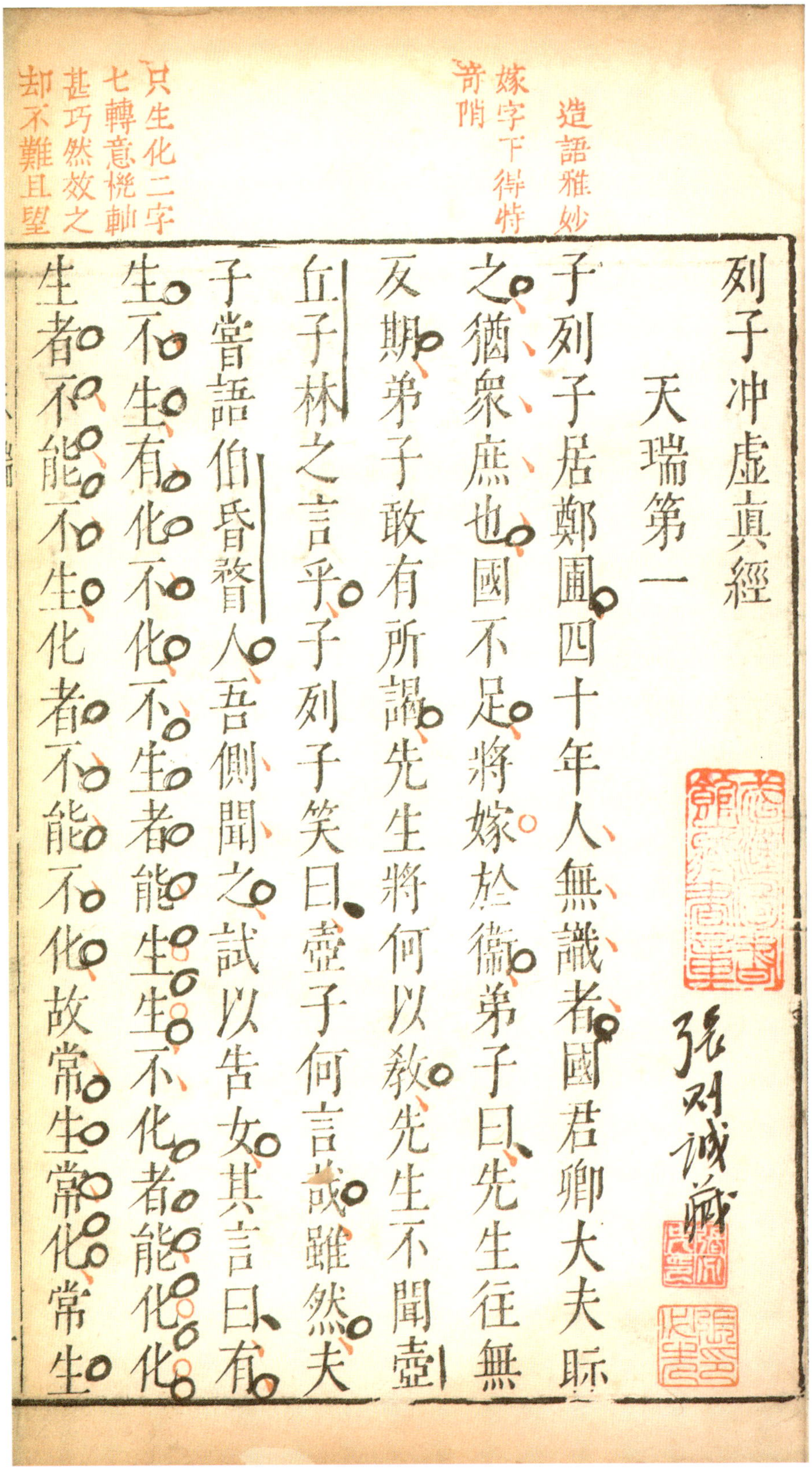

造語雅妙
嫁字下得特
奇俏
列子冲虛真經
天瑞第一
子列子居鄭圃四十年人無識者國君卿大夫眎
之猶衆庶也國不足將嫁於衛弟子曰先生往無
反期弟子敢有所謁先生將何以教先生不聞壺
丘子林之言乎子列子笑曰壺子何言哉雖然夫
子嘗語伯昏瞀人吾側聞之試以告女其言曰有
生不生有化不化不生者能生生不化者能化化
生者不能不生化者不能不化故常生常化常生
只生化二字
七轉意桡軸
甚巧然效之
却不難且望

00142 列子冲虛真經八卷音義一卷 明閔齊伋刻朱墨套印三子合刊本

框高 21.4 厘米，寬 15.1 厘米。九行十九字，白口，四周單邊。鈐“張必先印”。武漢圖書館藏。

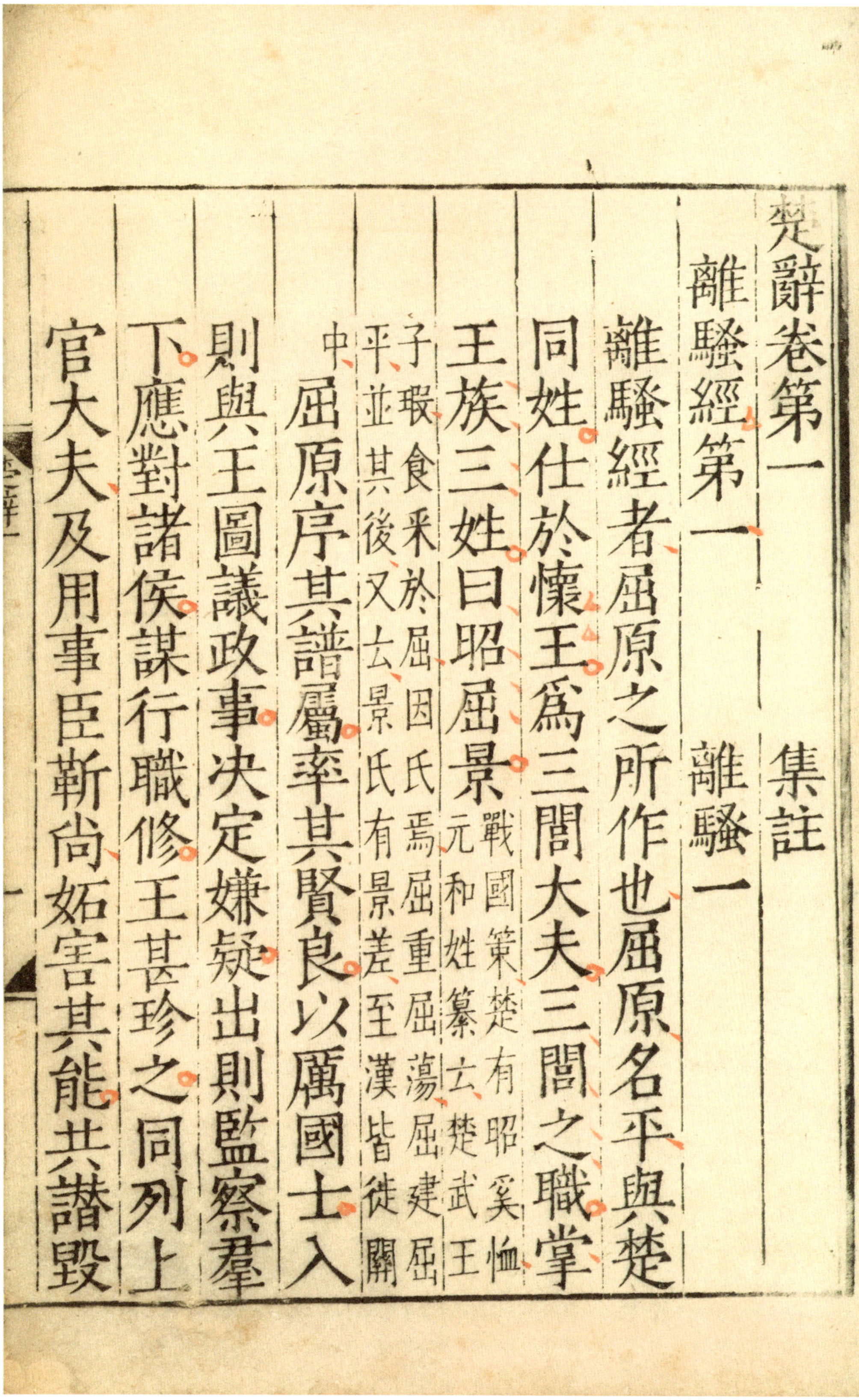
楚辭卷第一　　集註
離騷經第一　　離騷一
離騷經者屈原之所作也屈原名平與楚同姓仕於懷王爲三閭大夫三閭之職掌王族三姓曰昭屈景戰國策楚有昭奚恤元和姓纂云楚武王子瑕食采於屈因氏焉屈重屈蕩屈建屈平並其後又去景氏有景差至漢皆徙關中屈原序其譜屬率其賢良以厲國士入則與王圖議政事決定嫌疑出則監察羣下應對諸侯謀行職修王甚珍之同列上官大夫及用事臣靳尚妬害其能共譖毀

00143 楚辭集註八卷辯證二卷後語六卷　（宋）朱熹撰　明嘉靖十四年（1535）汝南袁氏刻本

框高 19 厘米，宽 15.3 厘米。十行十六字，白口，左右雙邊。卷六末鐫：嘉靖己未汝南袁氏校刊。武漢圖書館藏。

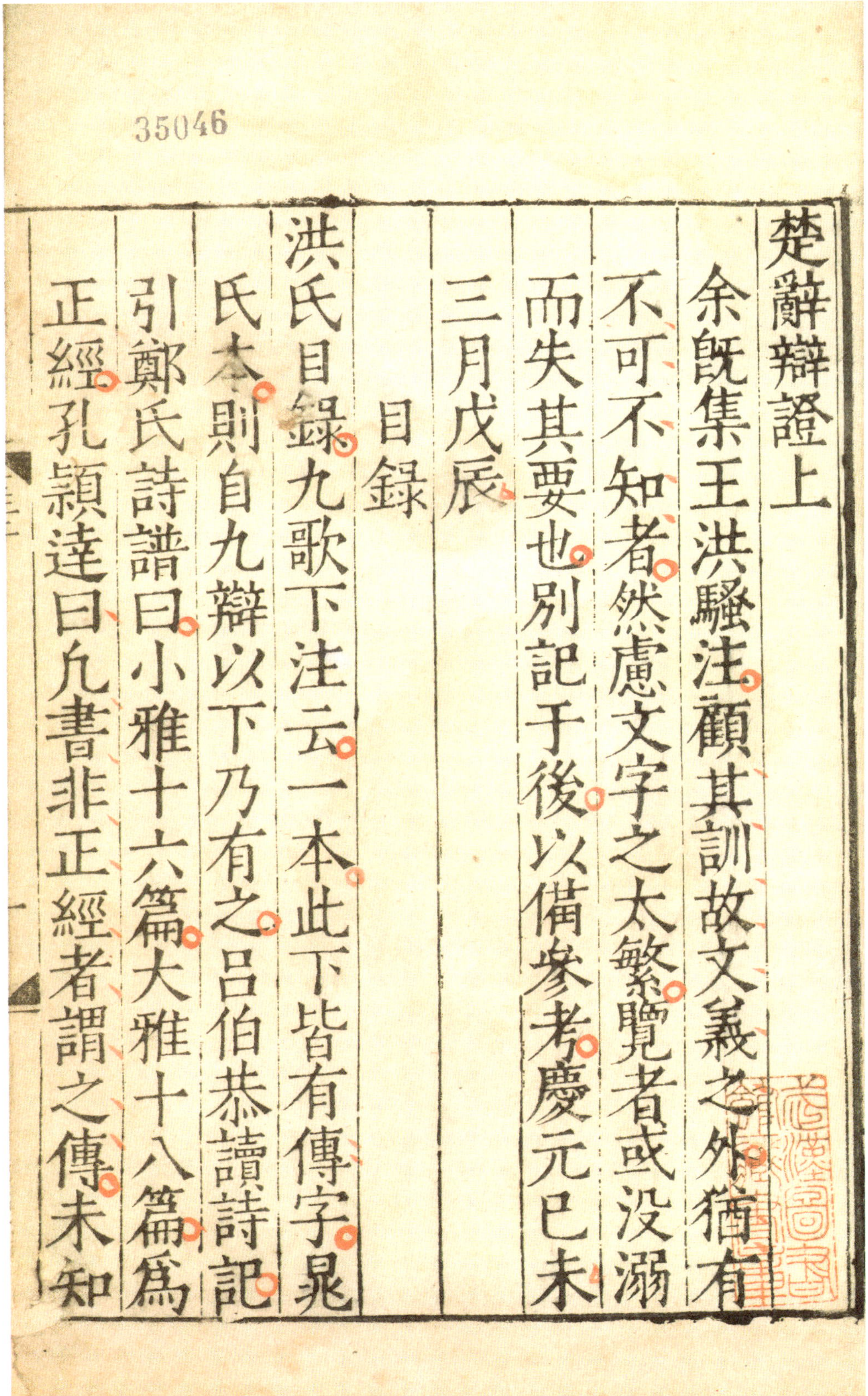

楚辭辯證上

余既集王洪騷注顧其訓故文義之外猶有不可不知者然慮文字之太繁覽者或没溺而失其要也别記于後以備參考慶元己未三月戊辰

目録

洪氏目録九歌下注云一本此下皆有傳字晁氏本則自九辯以下乃有之吕伯恭讀詩記引鄭氏詩譜曰小雅十六篇大雅十八篇爲正經孔頴達曰凡書非正經者謂之傳未知

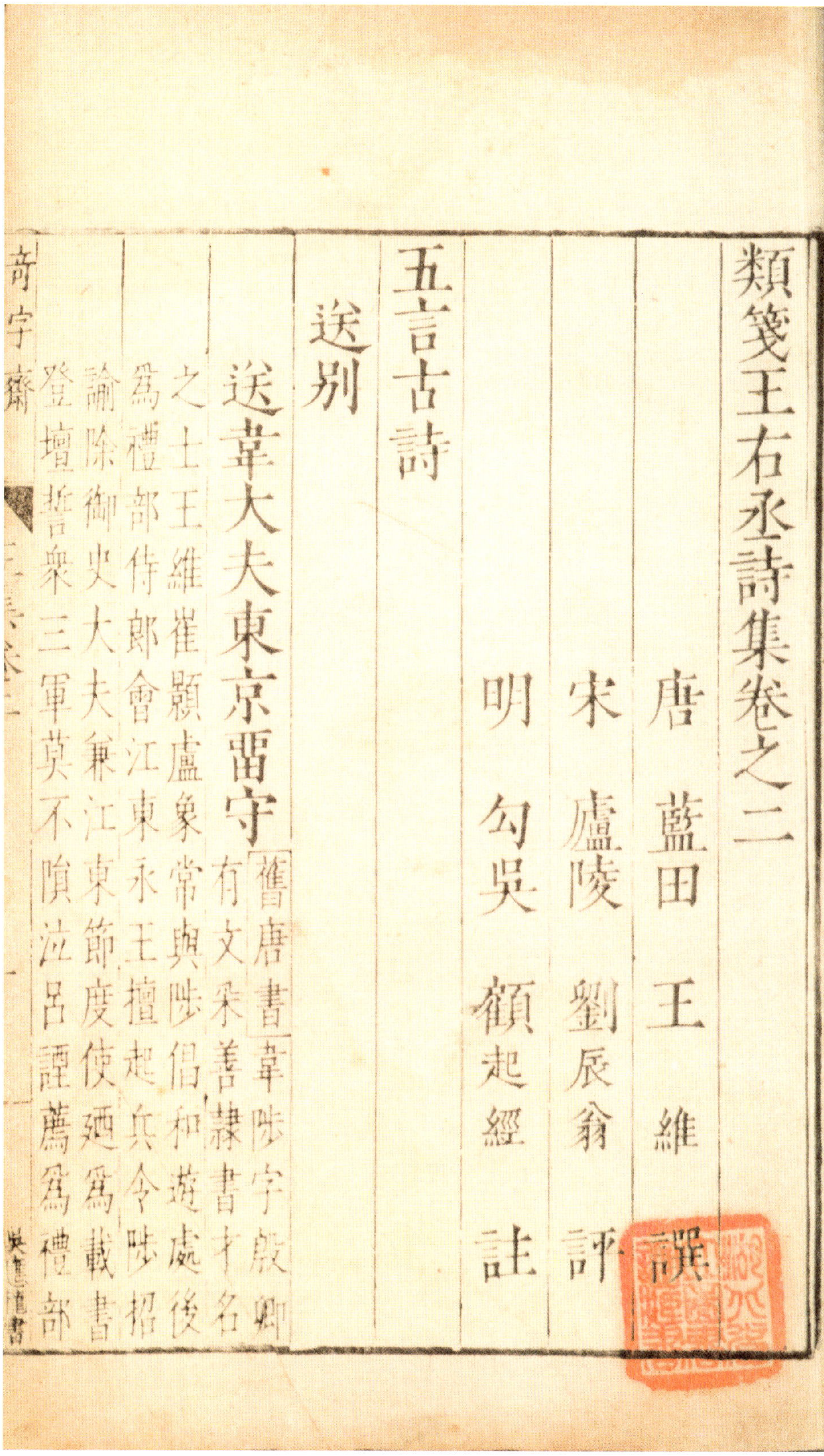

類箋王右丞詩集卷之二

唐　藍田　王　維　譔

宋　廬陵　劉辰翁　評

明　勾吳　顧起經　註

五言古詩

送別

送韋大夫東京留守　舊唐書韋陟字殷卿有文采善隸書才名之士王維崔顥盧象常與陟倡和遊處後爲禮部侍郎會江東永王擅起兵令陟招諭除御史大夫兼江東節度使廼爲載書登壇誓衆三軍莫不隕泣呂諲薦爲禮部

奇字齋

00144 類箋王右丞詩集十卷外編一卷 （唐）王維撰　（宋）劉辰翁評　（明）顧起經輯註　**年譜一卷** （明）顧起經撰　明嘉靖三十五年（1556）顧氏奇字齋刻本（卷一至三有抄配）

框高 20.2 厘米，宽 15.4 厘米。九行十八字，綫黑口，左右雙邊。牌記："丙辰孟陬日得辛日錫山 武陵顧伯紫圖籍之宇刊。" 鈐 "春霆印信" 等印。湖北省圖書館藏。

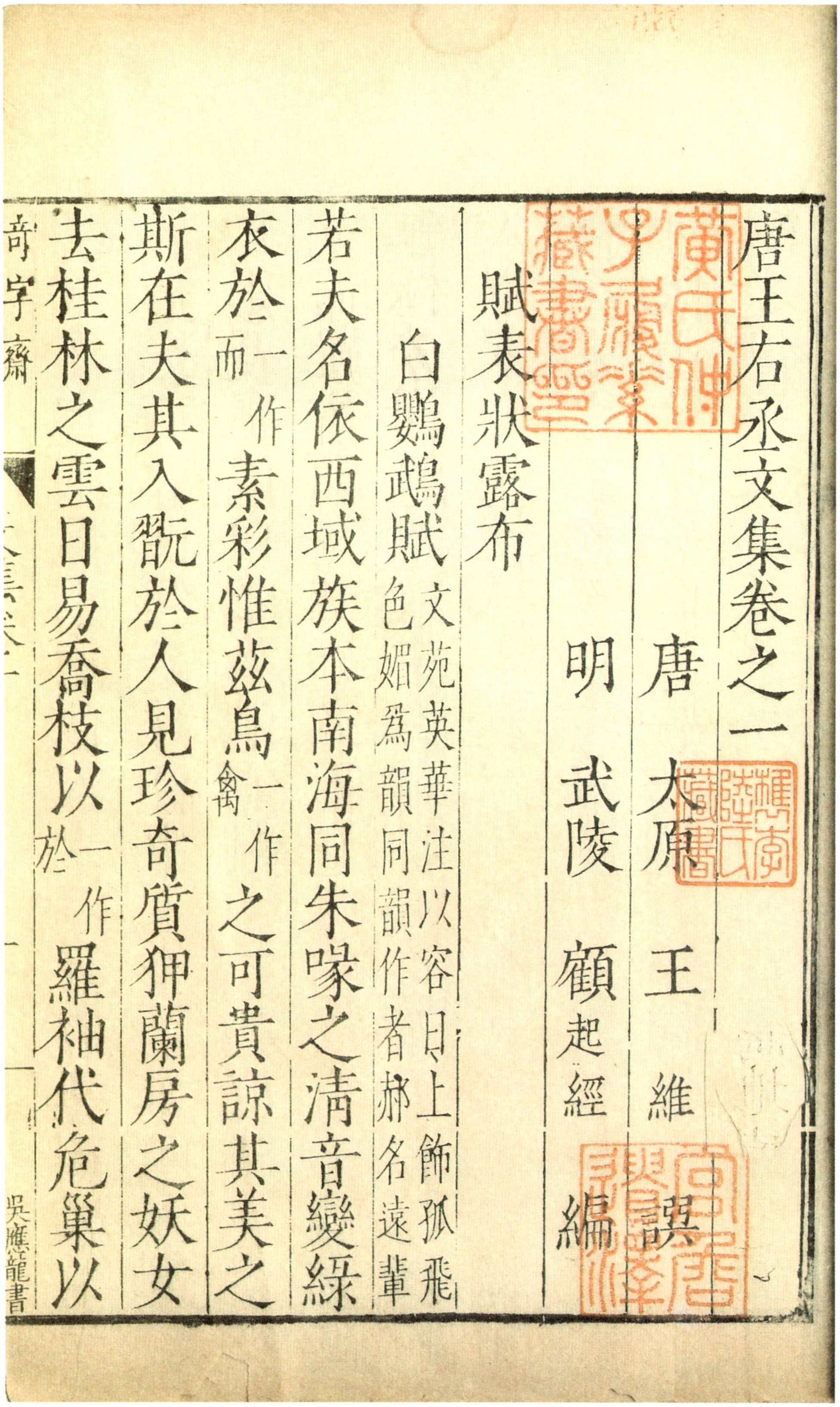
唐王右丞文集卷之一
唐 太原 王維 譔
明 武陵 顧起經 編
賦表狀露布
白鸚鵡賦 文苑英華注以容日上飾孤飛色媚爲韻同韻作者亦名遠輩
若夫名依西域族本南海同朱喙之清音變綠衣於而一作素彩惟兹鳥禽一作之可貴諒其美之斯在夫其入翫於人見珍奇質狎蘭房之妖女去桂林之雲日易喬枝以於一作羅袖代危巢以
奇字齋 文集卷之一 一 吳應龍書

00145 唐王右丞文集四卷外編一卷 （唐）王維撰 （明）顧起經輯並注 **唐諸家同詠集一卷贈題集一卷歷朝諸家評王右丞詩畫鈔一卷** （明）顧起經輯 明嘉靖三十五年（1556）顧氏奇字齋刻本

框高 20.5 厘米，宽 15 厘米。九行十八字，綫黑口，左右雙邊。牌記："太歲在丙辰夏孟月尾錫山 顧起經與檇李陳策四覆校 於青藜閣中越月乃授之梓。"鈐"宮詹遺澤""檇李陸氏藏書""黃氏仲子履素藏書印""書蕉館書畫記"等印。湖北省博物館藏。

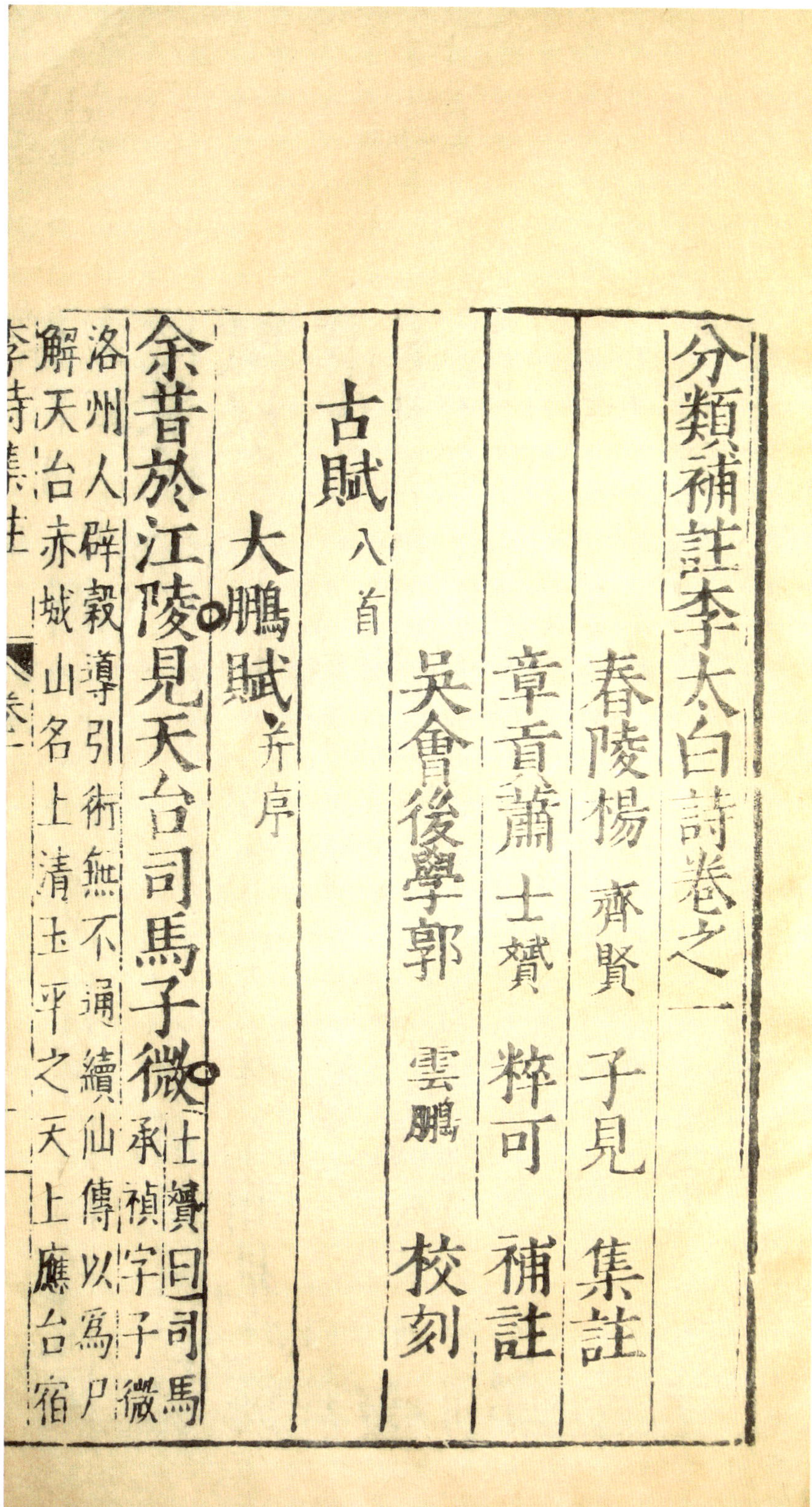
分類補註李太白詩卷之一
春陵楊　齊賢　子見　集註
章貢蕭　士贇　粹可　補註
吴會後學郭　雲鵬　校刻
古賦八首
大鵬賦并序
余昔於江陵見天台司馬子微士贇曰司馬承禎字子微
洛州人辟穀導引術無不通續仙傳以爲尸
解天台赤城山名上清玉平之天上應台宿

00146 分類補註李太白詩二十五卷分類編次李太白文五卷（唐）李白撰　（宋）楊齊賢集註　（元）蕭士贇補註　明嘉靖吴會郭雲鵬刻本

框高 20.1 厘米，寬 13.9 厘米。八行十七字，白口，左右雙邊。襄陽市少年兒童圖書館藏。

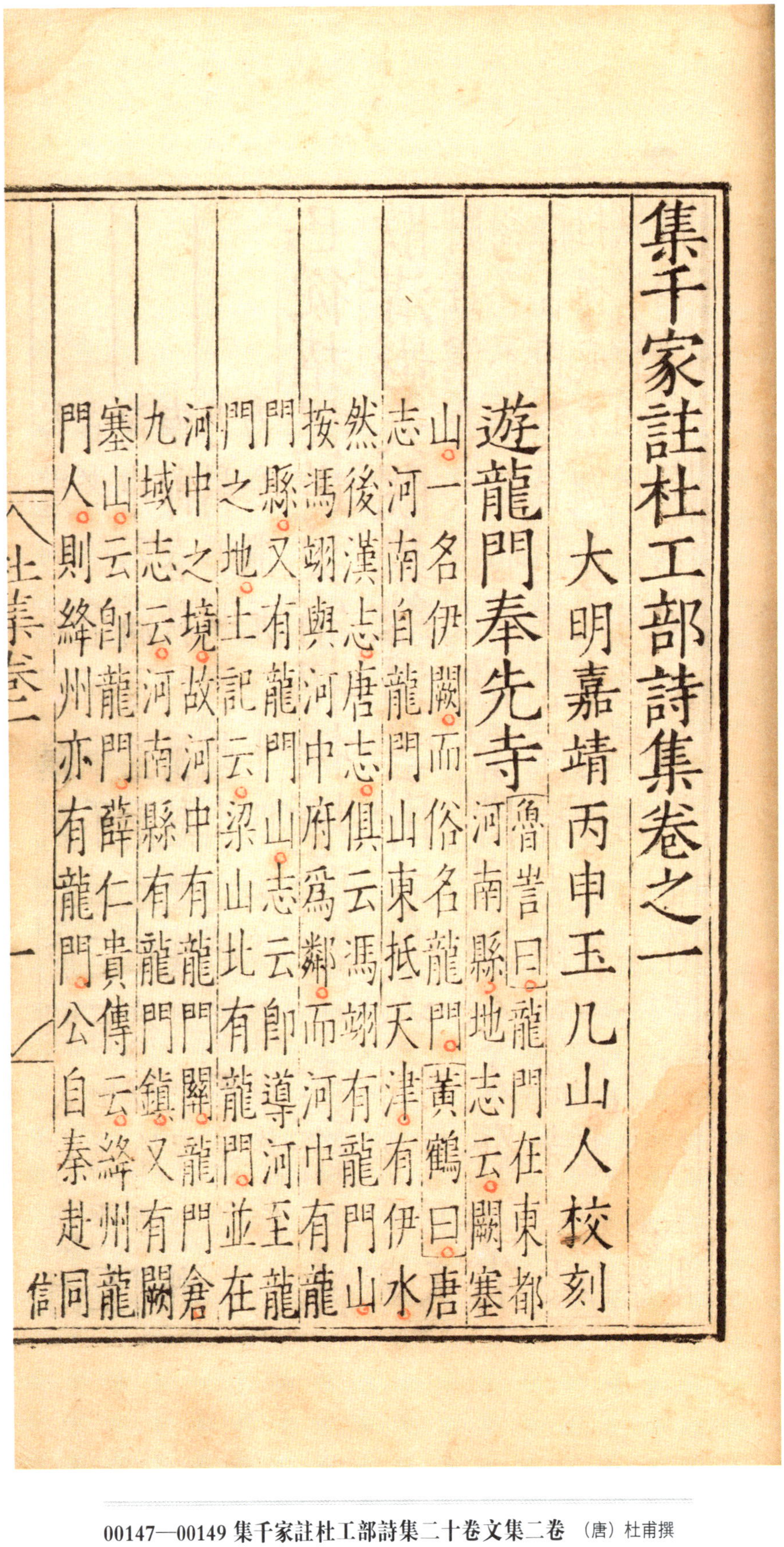
集千家註杜工部詩集卷之一
大明嘉靖丙申玉几山人校刻
遊龍門奉先寺魯訔曰龍門在東都
河南縣地志云闕塞
山一名伊闕而俗名龍門黃鶴曰唐
志河南自龍門山東抵天津有伊水
然後漢志唐志俱云馮翊有龍門山
按馮翊與河中府爲鄰而河中有龍
門縣又有龍門山志云即導河至龍
門之地土記云梁山北有龍門並在
河中之境故河中有龍門關龍門倉
九域志云河南縣有龍門鎮又有闕
塞山云即龍門薛仁貴傳云絳州龍
門人則絳州亦有龍門公自秦赴同
信
杜集卷之一　一

00147—00149 集千家註杜工部詩集二十卷文集二卷（唐）杜甫撰（宋）黃鶴補註 **附録一卷** 明嘉靖十五年（1536）玉几山人刻本

框高 21.7 厘米，寬 14.2 厘米。八行十七字，白口，四周雙邊。湖北省圖書館藏，缺十卷：詩集一至十。鈐“御史之章”“滄葦”等印；明易山人印本，湖北省博物館藏，鈐“肖山主人”等印；湖北大學圖書館藏。

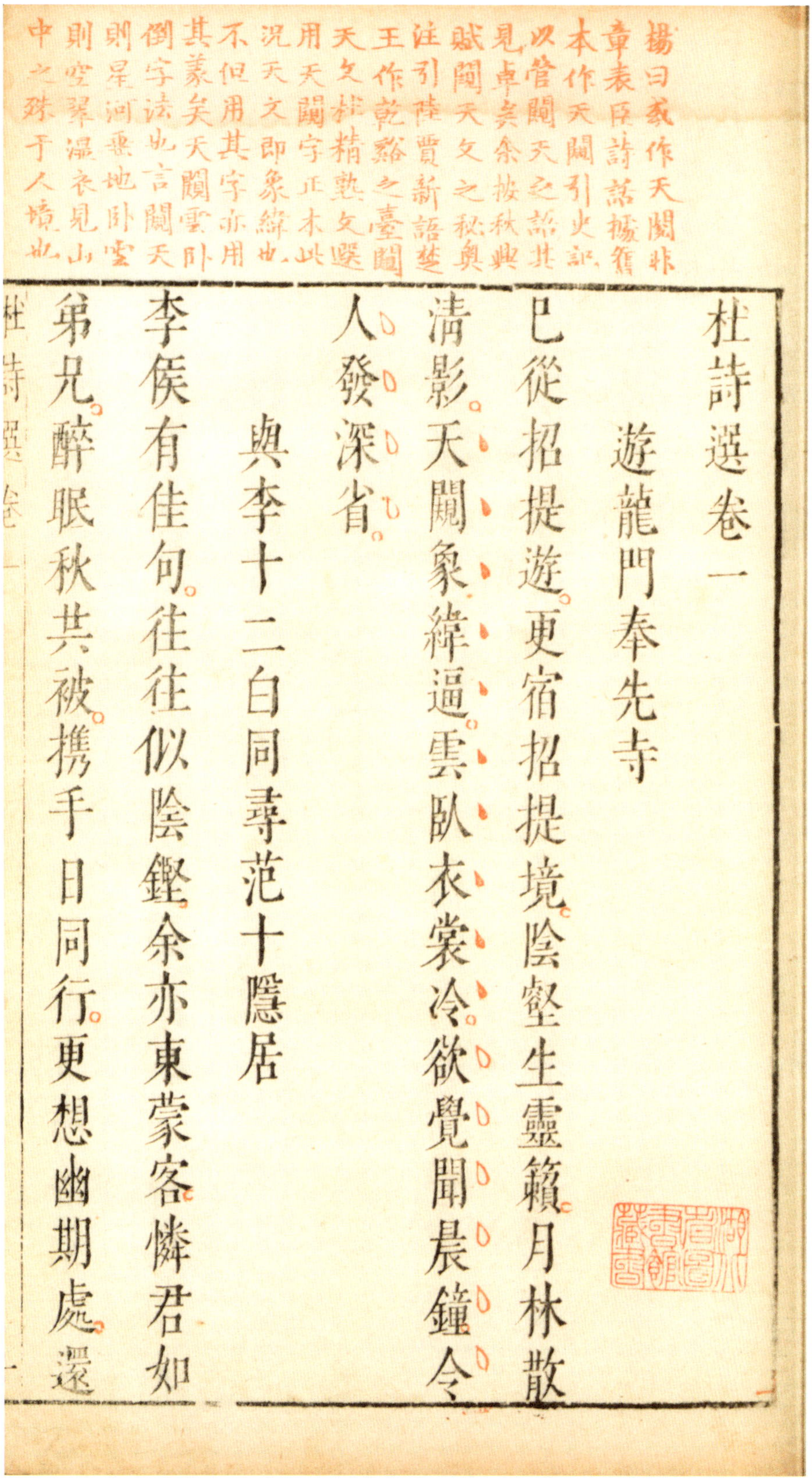
楊曰或作天闕非章表臣詩話據舊本作天闕引史記以管闚天之語其見卓矣余按秋興賦闚天文之秘奥注引陸賈新語楚王作乾谿之臺闚天文於精熟文選用天闕字正本此況天文即象緯也不但用其字亦用其義矣天闕雲卧倒字法也言闕天則星河垂地卧雲則空翠濕衣見山中之殊于人境也

杜詩選卷一

遊龍門奉先寺

已從招提遊更宿招提境陰壑生靈籟月林散清影天闕象緯逼雲臥衣裳冷欲覺聞晨鐘令人發深省

與李十二白同尋范十隱居

李侯有佳句往往似陰鏗余亦東蒙客憐君如弟兄醉眠秋共被攜手日同行更想幽期處還

杜詩選卷一　一

00150 杜詩選六卷　（唐）杜甫撰　（宋）劉辰翁　（明）楊慎批點　明末閔氏朱墨套印本

框高26.5厘米，宽17.7厘米。八行十八字，白口，四周單邊。鈐“曾歸徐氏彊誃”等印。湖北省圖書館藏。

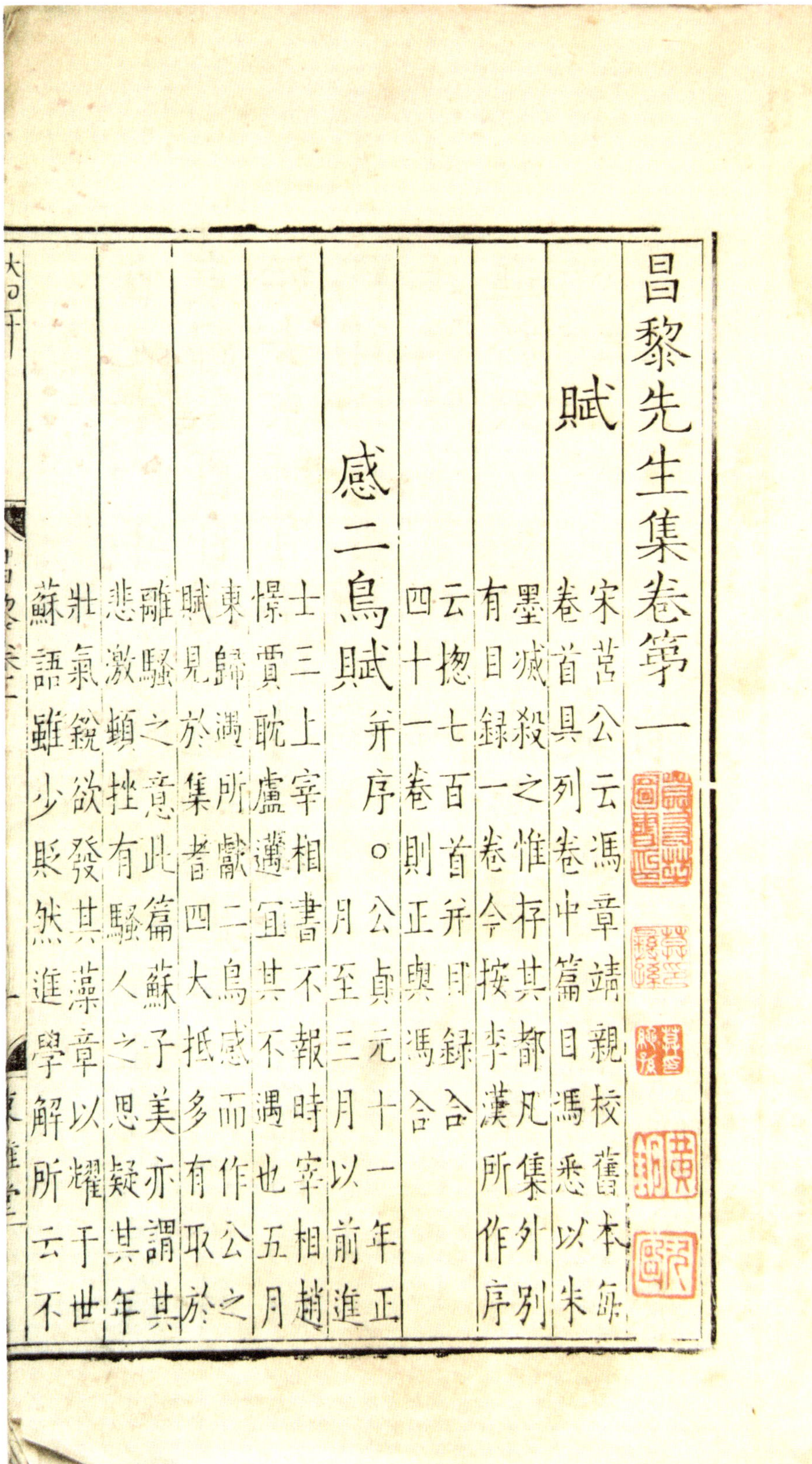
昌黎先生集卷第一

賦

宋莒公云馮章靖親校舊本每卷首具列卷中篇目馮悉以朱墨滅殺之惟存其都凡集外別有目録一卷今按李漢所作序云揔七百首并目録合四十一卷則正與馮合

感二鳥賦并序。公貞元十一年正月至三月以前進

士三上宰相書不報時宰相趙憬賈耽盧邁宜其不遇也五月東歸遇所獻二鳥感而作公之賦見於集者四大抵多有取於離騷之意此篇蘇子美亦謂其悲激頓挫有騷人之思疑其年壯氣鋭欲發其藻章以耀于世蘇語雖少貶然進學解所云不

00151—00152 昌黎先生集四十卷外集十卷遺文一卷 （唐）韓愈撰 （宋）廖瑩中校正 **朱子校昌黎先生集傳一卷**

明嘉靖徐氏東雅堂刻本

框高20.5厘米，宽13.5厘米。九行十七字，白口，四周雙邊。牌記："東吴徐氏刻梓家塾。"黄岡市圖書館藏，缺三卷：二十至二十二。鈐"莫友芝圖書印""莫彝孫印""莫繩孫印""陶學瞻印""黄鈞""次歐""玉樹齋圖書記"等印。清乾隆十一年(1746)王金增補刻本，湖北省圖書館藏，鈐"邵""標"連珠印、"邵標之印"等印。

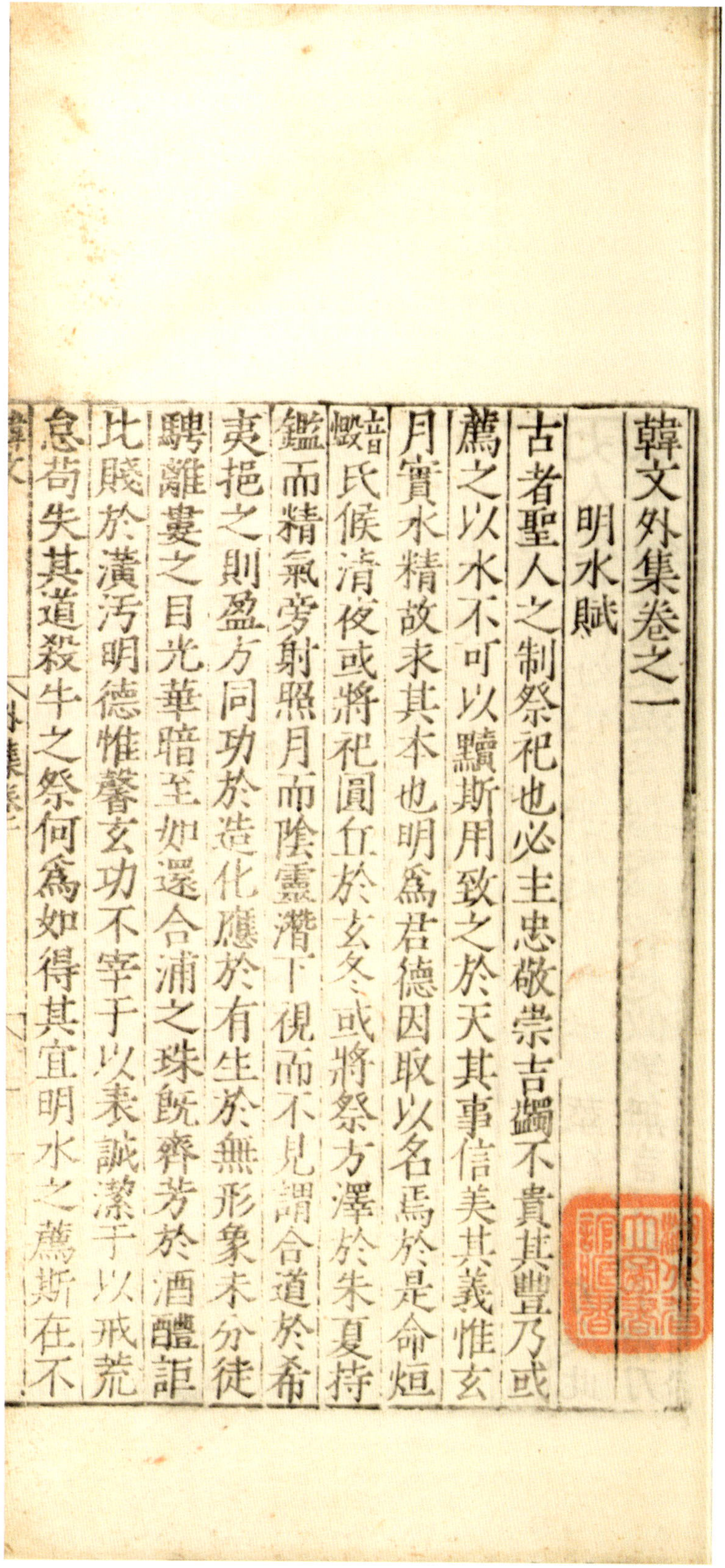

韓文外集卷之一

明水賦

古者聖人之制祭祀也必主忠敬崇吉蠲不貴其豐乃或薦之以水不可以黷斯用致之於天其事信美其義惟玄月實水精故求其本也明爲君德因取以名焉於是命烜（音燬）氏候清夜或將祀圓丘於玄冬或將祭方澤於朱夏持鑑而精氣旁射照月而陰靈潛下視而不見謂合道於希夷挹之則盈方同功於造化應於有生於無形象未分徒騁離婁之目光華暗至如還合浦之珠既齊芳於酒醴詎比賤於潢污明德惟馨玄功不宰于以表誠潔于以戒荒怠苟失其道殺牛之祭何爲如得其宜明水之薦斯在不

韓文　外集卷一

00153 韓文四十卷外集十卷遺集一卷 （唐）韓愈撰　明嘉靖三十五年（1556）莫如士刻韓柳文本

框高 19 厘米，宽 13.5 厘米。十一行二十二字，白口，左右雙邊。鈐“陽湖孫星衍藏”“春霆印信”“雪山朱氏珍藏”“子子孫孫用之協相”等印。湖北省圖書館藏。

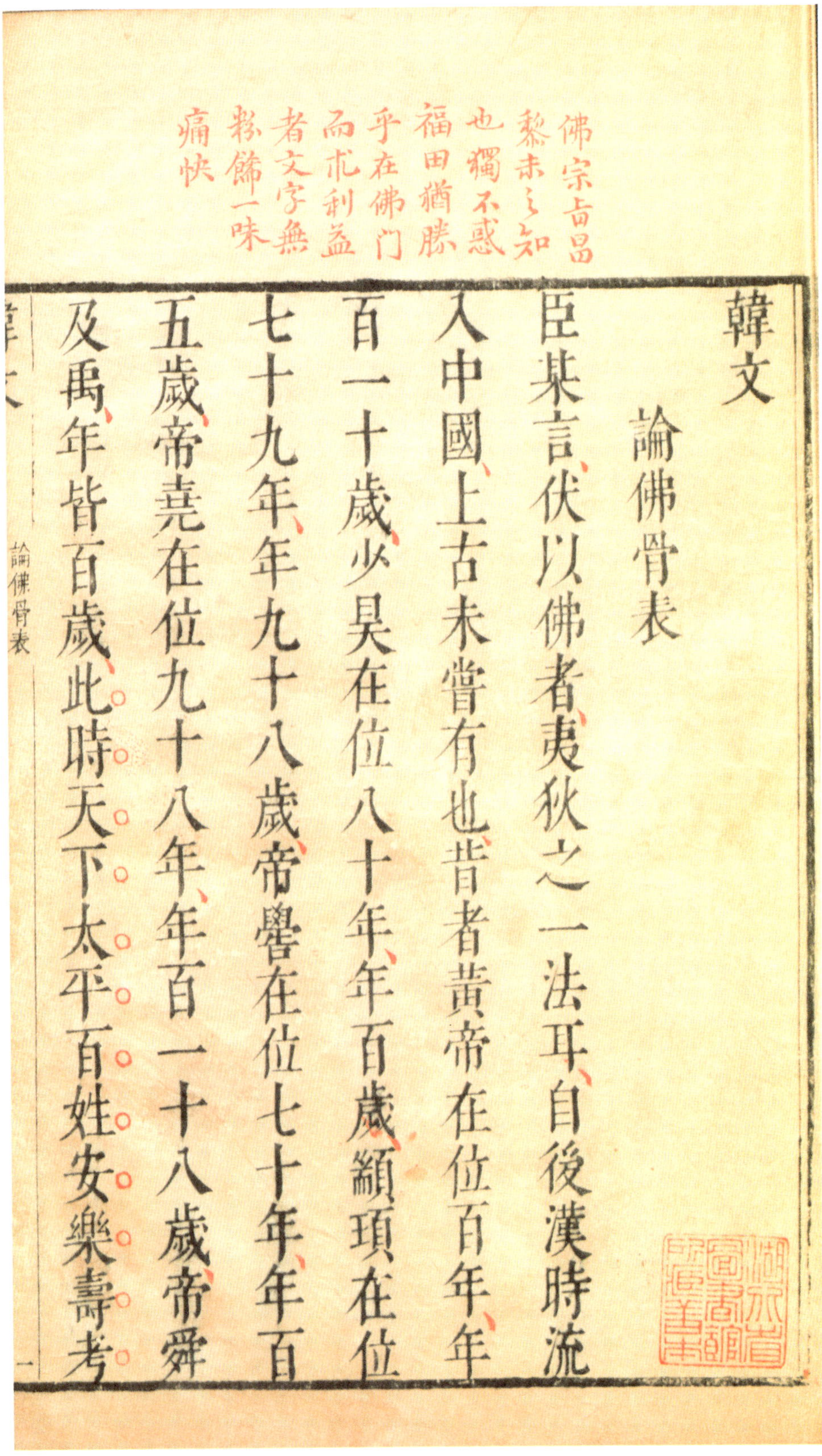
佛宗旨昌黎未之知也獨不惑福田猶勝乎在佛门而求利益者文字無彩飾一味痛快

韓文

論佛骨表

臣某言伏以佛者夷狄之一法耳自後漢時流入中國上古未嘗有也昔者黃帝在位百年年百一十歲少昊在位八十年年百歲顓頊在位七十九年年九十八歲帝嚳在位七十年年百五歲帝堯在位九十八年年百一十八歲帝舜及禹年皆百歲此時天下太平百姓安樂壽考

韓文　論佛骨表　一

00154 韓文一卷　（唐）韓愈撰　（明）郭正域評選　明萬曆四十五年（1617）閔齊伋刻朱墨套印本

框高 20.4 厘米，宽 15.2 厘米。八行十八字，白口。左右雙邊。湖北省圖書館藏。

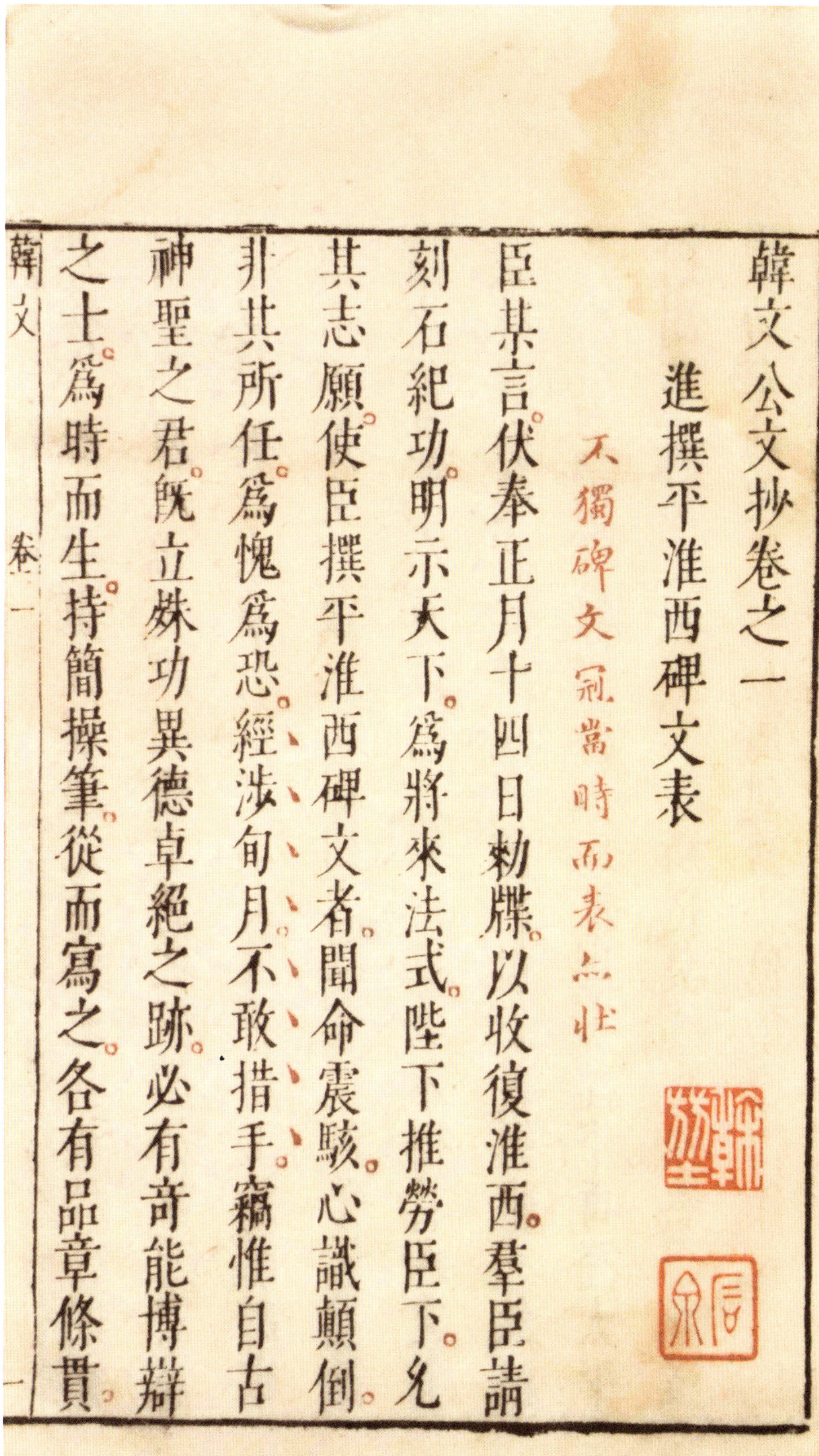

韓文公文抄卷之一
進撰平淮西碑文表
不獨碑文冠當時而表亦壯
臣某言伏奉正月十四日勑牒以收復淮西羣臣請
刻石紀功明示天下爲將來法式陛下推勞臣下允
其志願使臣撰平淮西碑文者聞命震駭心識顛倒
非其所任爲愧爲恐經涉旬月不敢措手竊惟自古
神聖之君既立殊功異德卓絶之跡必有奇能博辯
之士爲時而生持簡操筆從而寫之各有品章條貫
韓文 卷一 一

00155 韓文公文抄十六卷 （唐）韓愈撰 （明）茅坤評 明刻朱墨套印本

框高 21.1 厘米，宽 14 厘米。九行二十字，白口，四周單邊。鈐“王氏石泉父學書之印”“寫經生”“阿羅漢”等印。麻城市圖書館藏。

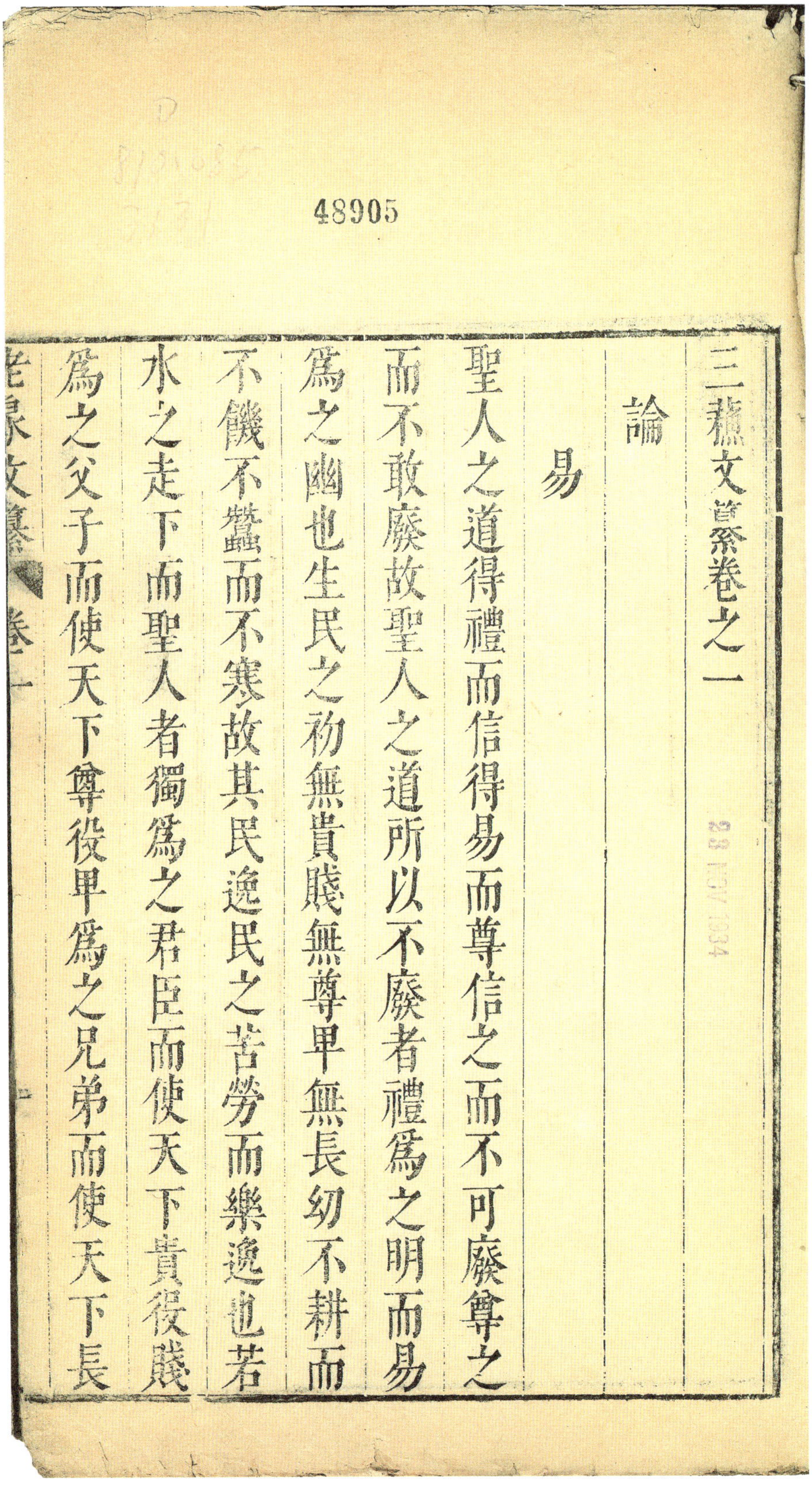

48905
28 NOV 1934
三蘇文纂卷之一
論
易
聖人之道得禮而信得易而尊信之而不可廢尊之
而不敢廢故聖人之道所以不廢者禮爲之明而易
爲之幽也生民之初無貴賤無尊卑無長幼不耕而
不饑不蠶而不寒故其民逸民之苦勞而樂逸也若
水之走下而聖人者獨爲之君臣而使天下貴役賤
爲之父子而使天下尊役卑爲之兄弟而使天下長
老泉文纂 卷一

00156 三蘇文纂五卷 （明）馮汝弼輯　明嘉靖二十一年（1542）刻本

框高 22 厘米，寬 14.8 厘米。九行二十字，白口，左右雙邊。鈐“真賞齋藏書”。武漢大學圖書館藏。

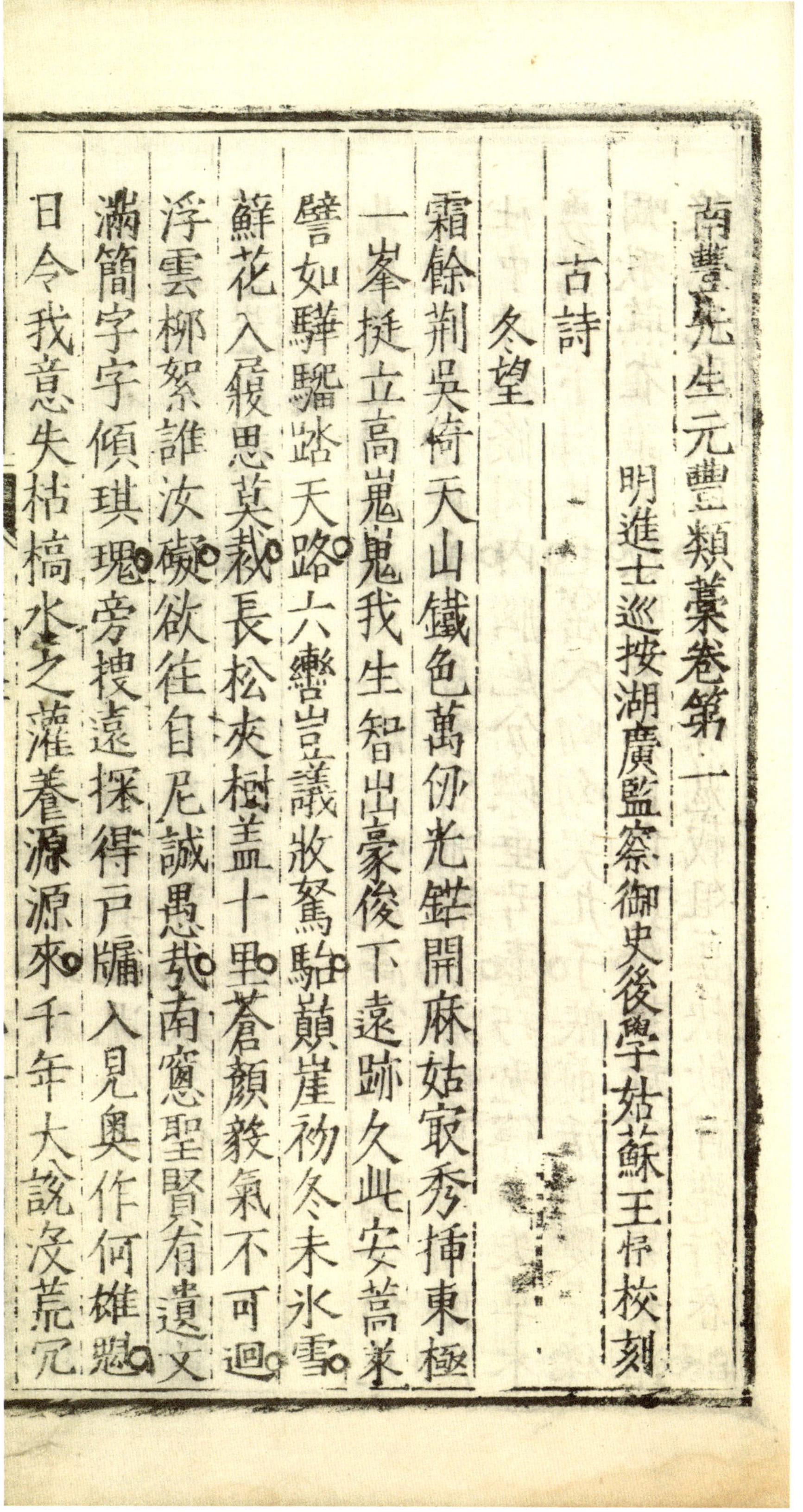
南豐先生元豐類藁卷第一
明進士巡按湖廣監察御史後學姑蘇王忬校刻
古詩
冬望
霜餘荊吳倚天山鐵色萬仞光鋩開麻姑㝡秀插東極
一峯挺立高嵬嵬我生智出豪俊下遠跡久此安蒿萊
譬如驊騮路天路六轡豈議收駑駘巔崖初冬未氷雪
鮮花入履思莫栽長松夾樹盖十里蒼顏毅氣不可迴
浮雲柳絮誰汝礙欲往自尼誠愚哉南窻聖賢有遺文
滿簡字字傾琪瑰旁搜遠探得戶牖入見奥作何雄魁
日令我意失枯槁水之灌養源源來千年大說没荒冗

00157 南豐先生元豐類藁五十一卷 （宋）曾鞏撰　明嘉靖王忬刻本（卷二十、二十一、二十八、二十九配明萬曆本）

框高22.1厘米，宽13.4厘米。十一行二十一字，粗黑口，四周雙邊。存二十九卷：一至二十一、二十八至三十二、四十九至五十一。武漢圖書館藏。

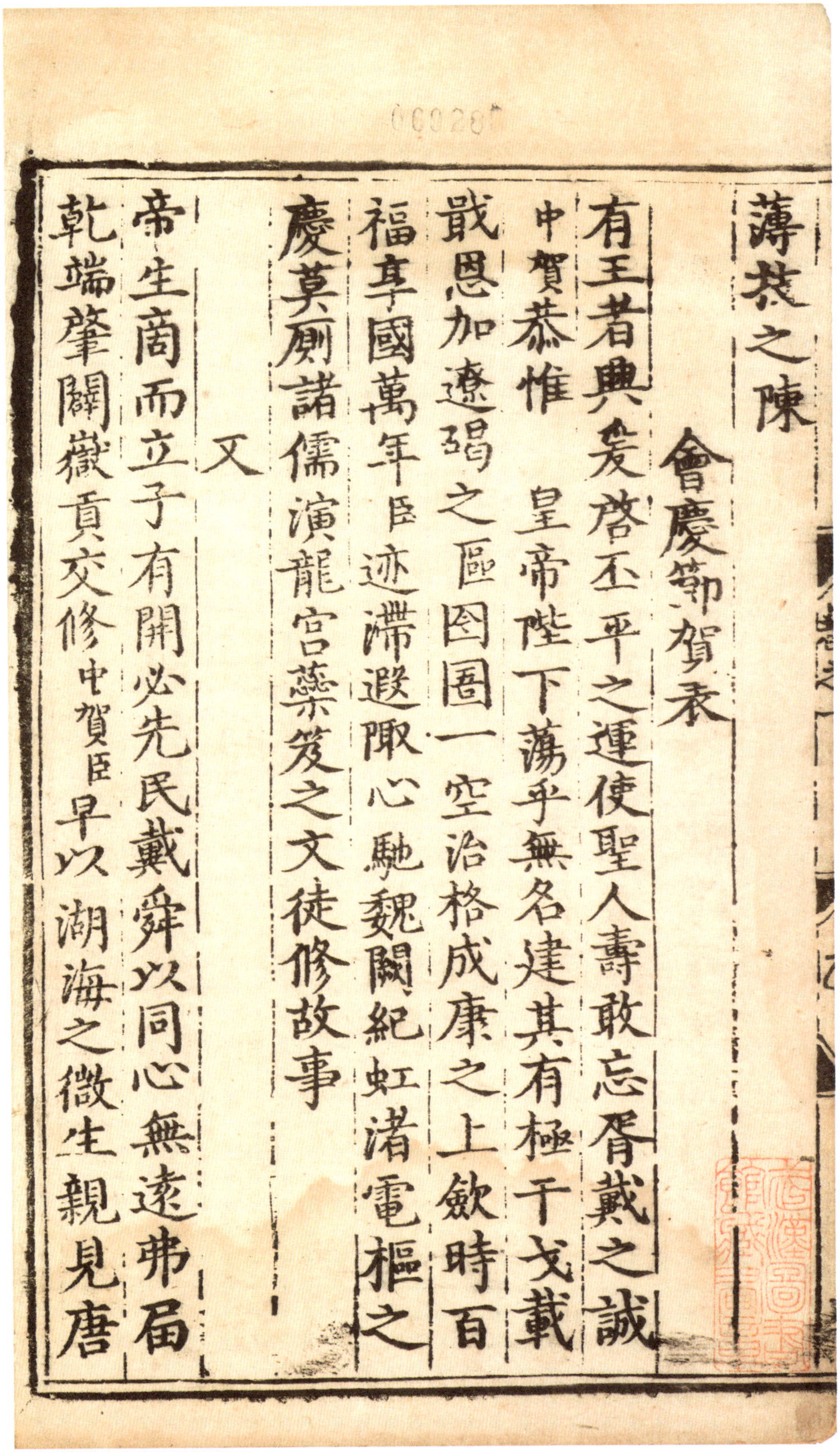
薄恭之陳
會慶節賀表
有王者興爰啓丕平之運使聖人壽敢忘胥戴之誠
中賀恭惟　皇帝陛下蕩乎無名建其有極干戈載
戢恩加遼碣之區囹圄一空治格成康之上歛時百
福享國萬年臣迹滯遐陬心馳魏闕紀虹渚電樞之
慶莫廁諸儒演龍宮蘂笈之文徒修故事
又
帝生商而立子有開必先民戴舜以同心無遠弗届
乾端肇闢嶽貢交修中賀臣早以湖海之微生覩見唐

00158 渭南文集五十二卷 （宋）陸游撰　明正德八年（1513）刻本

框高 23.5 厘米，宽 15.4 厘米。十行二十二字，白口，四周雙邊。存三十六卷：一至七，十二至二十三，三十至三十二，三十六至四十五，四十九至五十二。武漢圖書館藏。

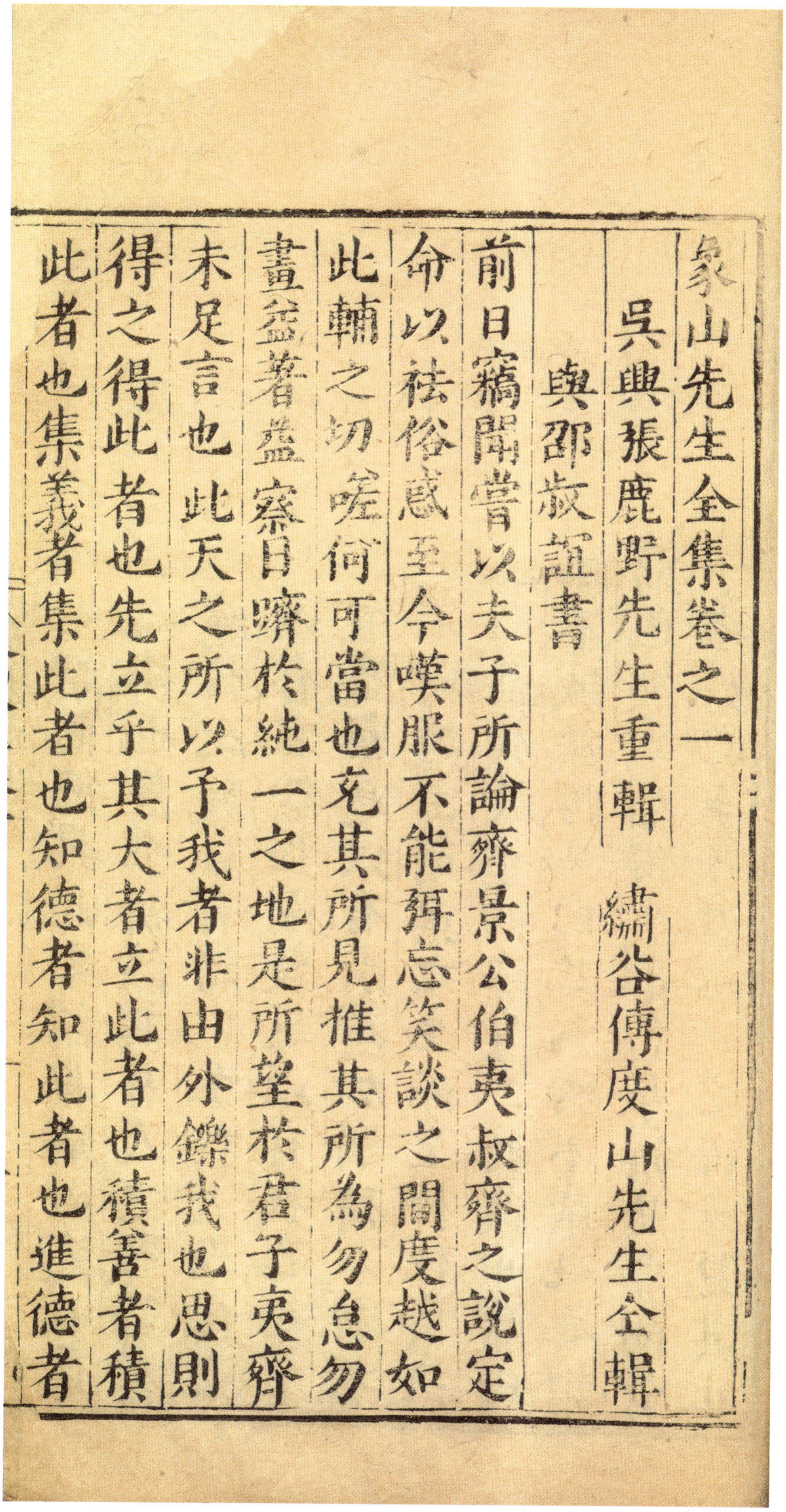
象山先生全集卷之一
吳興張鹿野先生重輯　繡谷傅度山先生仝輯
與邵叔誼書
前日竊聞嘗以夫子所論齊景公伯夷叔齊之說定
命以祛俗惑至今嘆服不能弭忘笑談之間度越如
此輔之切磋何可當也克其所見推其所為勿怠勿
畫益著益察日躋於純一之地是所望於君子夷齊
未足言也此天之所以予我者非由外鑠我也思則
得之得此者也先立乎其大者立此者也積善者積
此者也集義者集此者也知德者知此者也進德者

00159 象山先生全集三十六卷 （宋）陸九淵撰　（明）張鹿野　傅度山輯

附録少湖徐先生學則辯一卷 （明）徐階撰　明嘉靖四十年（1561）刻清補修本

框高23.3厘米，宽12.7厘米。十行二十字，白口，四周雙邊。武漢大學圖書館藏。

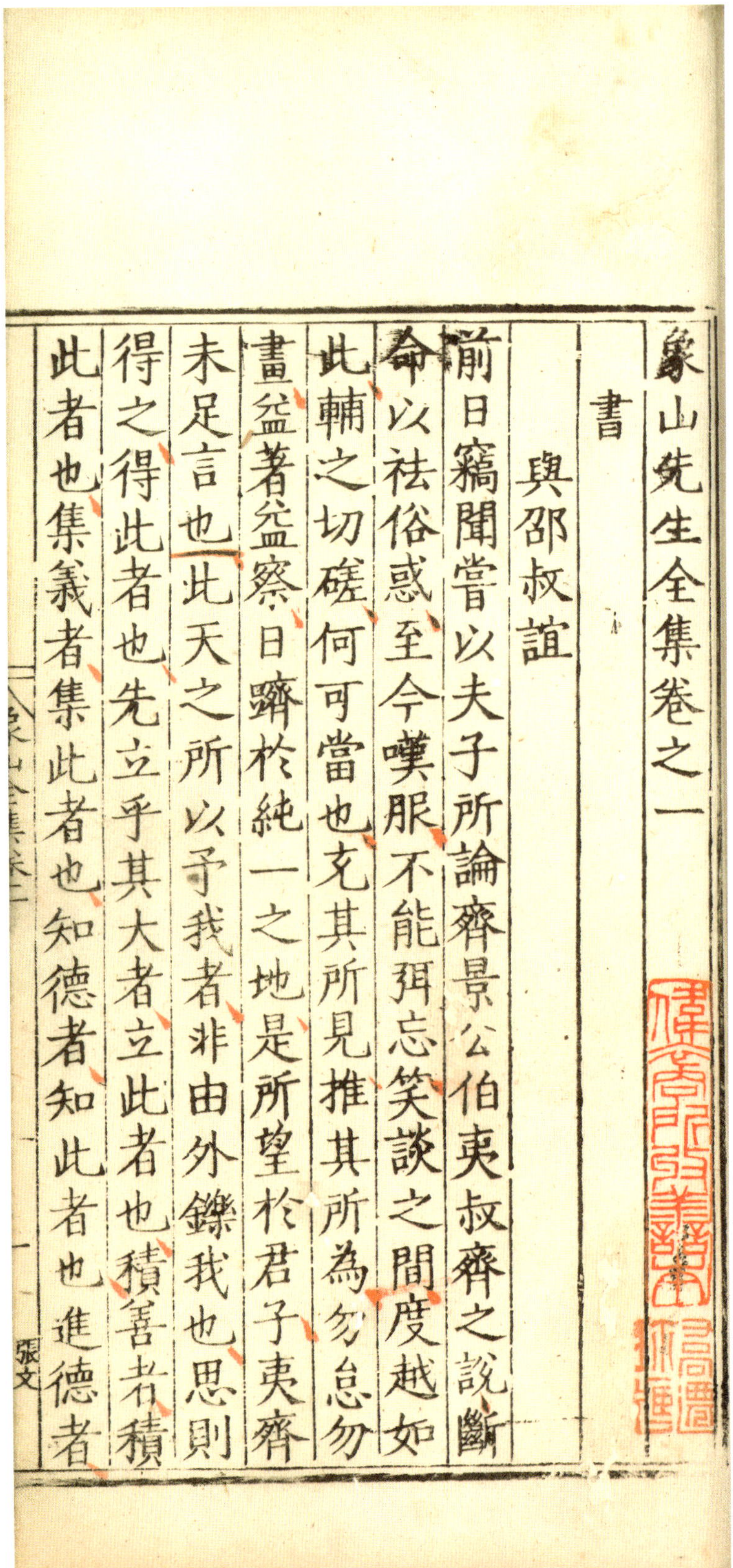

象山先生全集卷之一
書
與邵叔誼
前日竊聞嘗以夫子所論齊景公伯夷叔齊之説斷
命以祛俗惑至今嘆服不能弭忘笑談之間度越如
此輔之切磋何可當也充其所見推其所爲勿怠勿
晝益著益察日躋於純一之地是所望於君子夷齊
未足言也此天之所以予我者非由外鑠我也思則
得之得此者也先立乎其大者立此者也積善者積
此者也集義者集此者也知德者知此者也進德者

00160 象山先生全集三十六卷 （宋）陸九淵撰　明嘉靖四十年（1561）何遷刻馬堯相補刻本

框高 20.5 厘米，寬 13.2 厘米。十行二十字，白口，四周雙邊。鈐“偉奇所收善本”“喬遷珍藏”“三山陳氏居敬堂圖書”“荊州田氏藏書之印”“有宋荊州田氏七萬五千卷堂”“寒邨來孫”等印。武漢圖書館藏。

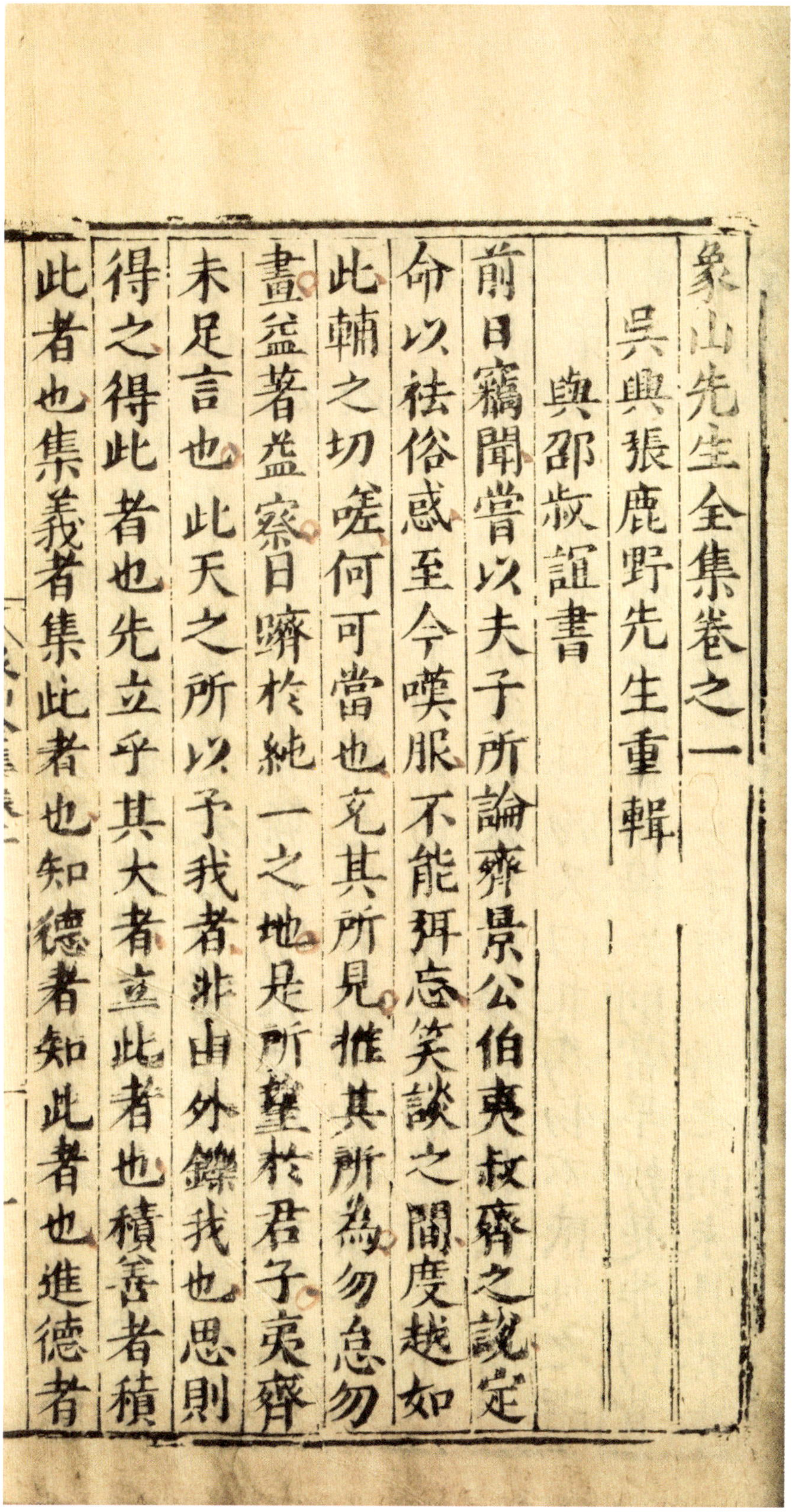
象山先生全集卷之一
吴興張鹿野先生重輯
與邵叔誼書
前日竊聞嘗以夫子所論齊景公伯夷叔齊之說定
命以祛俗惑至今嘆服不能弭忘笑談之閒度越如
此輔之切磋何可當也充其所見推其所為勿怠勿
畫益著益察日躋於純一之地是所望於君子夷齊
未足言也此天之所以予我者非由外鑠我也思則
得之得此者也先立乎其大者立此者也積善者積
此者也集義者集此者也知德者知此者也進德者

00161 象山先生全集三十六卷 （宋）陸九淵撰 （明）張鹿野輯 明嘉靖四十年（1561）何遷刻清康熙補修本

框高 19.6 厘米，宽 12.4 厘米。十行二十字，白口，四周雙邊。鈐“武昌柯逢時收藏圖記”等印。湖北省博物館藏。

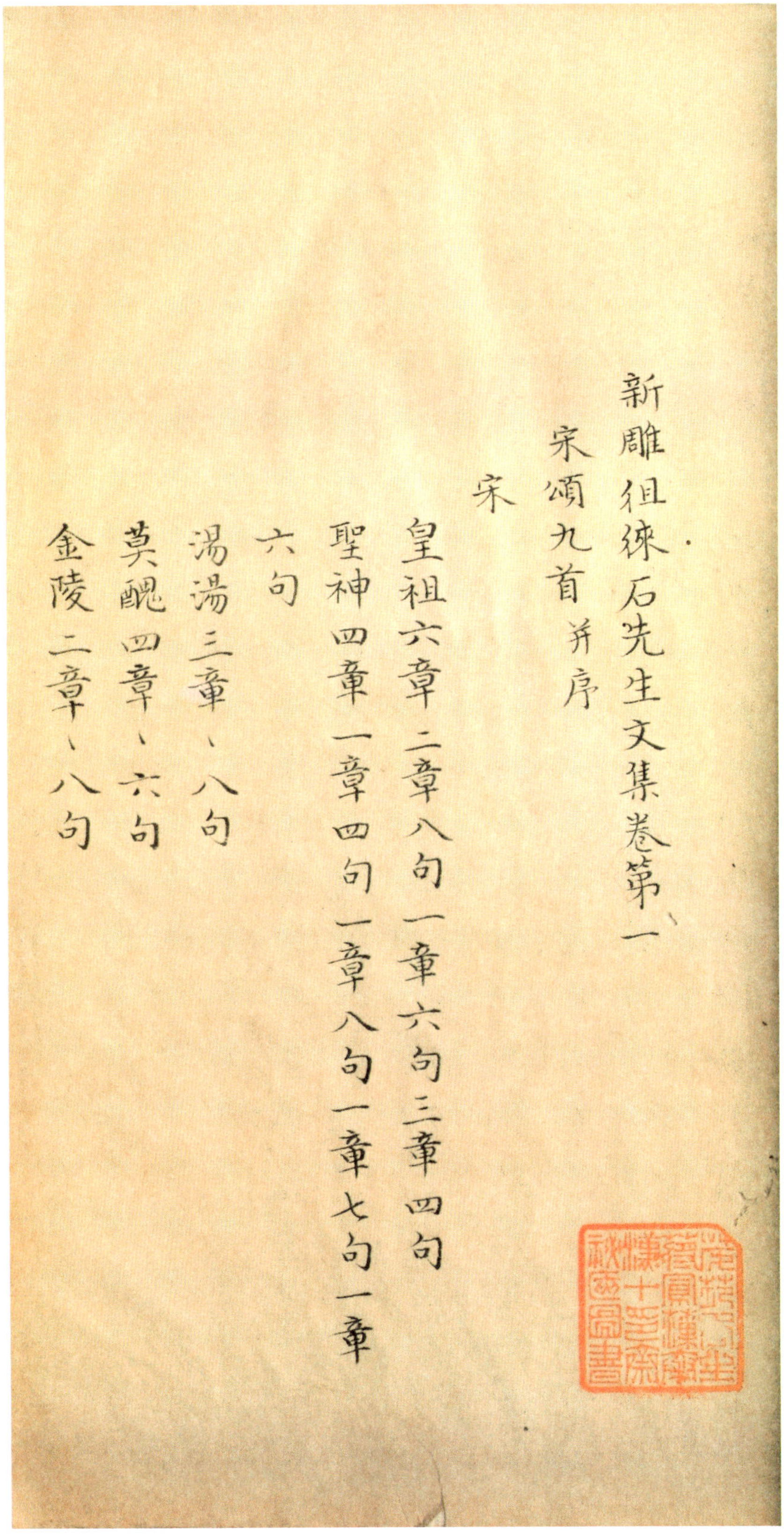

新雕徂徠石先生文集卷第一
宋頌九首并序
宋
皇祖六章二章八句一章六句三章四句
聖神四章一章四句一章八句一章七句一章
六句
湯湯三章、八句
莫醜四章、六句
金陵二章、八句

00162 新雕徂徠石先生文集二十卷 （宋）石介撰　明抄本

九行二十一字，白口。鈐“柯逢時印”“檇李吴氏古香閣藏”“茂苑香生蔣鳳藻秦漢十印齋秘匧圖書”等印。湖北省博物館藏。

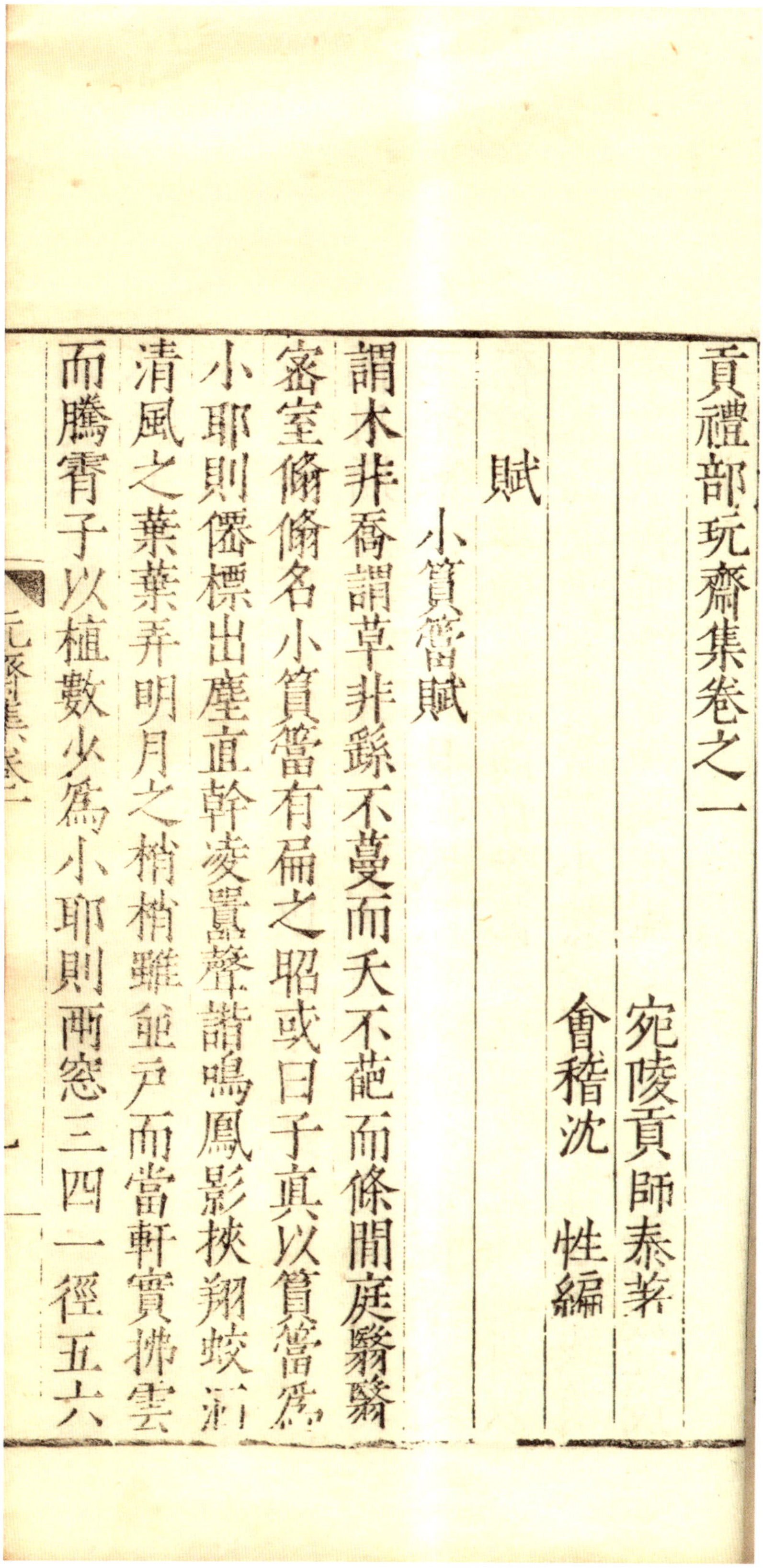

貢禮部玩齋集卷之一
宛陵貢師泰著
會稽沈　性編
賦
小篔簹賦
謂木非喬謂草非卉不蔓而夭不葩而條閒庭翳翳
窈室脩脩名小篔簹有扁之昭或曰子眞以篔簹爲
小耶則傑標出塵直幹凌霄聲諧鳴鳳影挾翔蛟泝
清風之葉葉弄明月之梢梢雖蓽戶而當軒實拂雲
而騰霄子以植數少爲小耶則兩窓三四一徑五六
玩齋集　卷之一

00163 貢禮部玩齋集十卷拾遺一卷首一卷 （元）貢師泰著　（明）沈性編

明天順沈性刻嘉靖十四年（1535）徐萬璧重修本

框高 19.9 厘米，寬 14 厘米。十行二十字，白口，左右雙邊。鈐“眼月書巢藏書”“紅霜亭長讀過”等印。武漢大學圖書館藏。

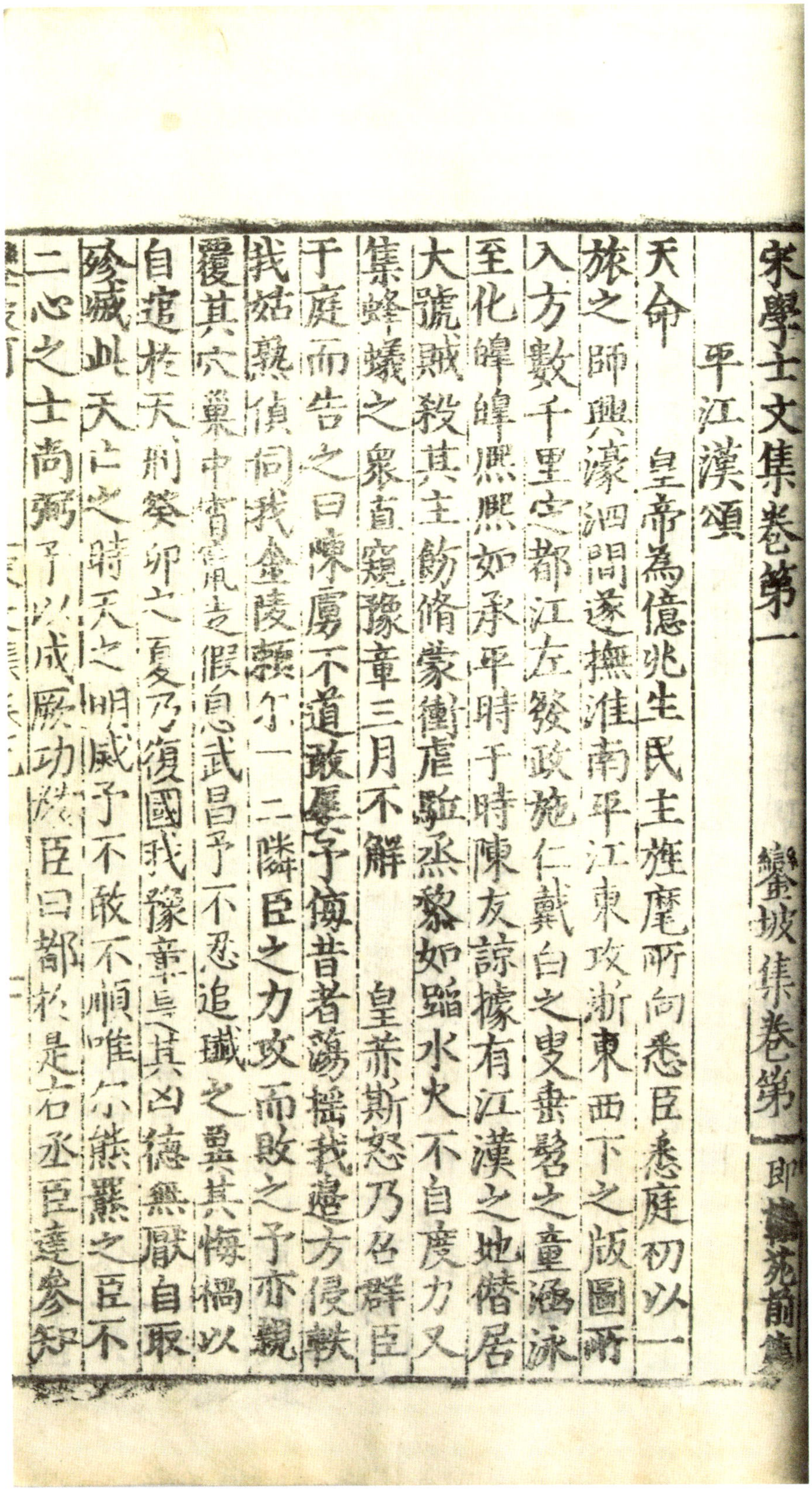
宋學士文集卷第一　鑾坡集卷第一　即翰苑前集
平江漢頌
天命　皇帝為億兆生民主旌麾所向悉臣悉庭初以一
旅之師興濠泗間遂撫淮南平江東攻浙東西下之版圖所
入方數千里定都江左發政施仁戴白之叟垂髫之童涵泳
至化皡皡熙熙如承平時于時陳友諒據有江漢之地僭居
大號賊殺其主飭脩蒙衝虐驅烝黎如蹈水火不自度力又
集蜂蟻之衆直窺豫章三月不解　皇帝斯怒乃召群臣
于庭而告之曰陳虜不道敢侮予侮昔者蕩摇我邊方侵軼
我姑孰偵伺我金陵賴爾一二隣臣之力攻而敗之予亦親
覆其穴巢中有宵遁之假息武昌予不忍追殲之兾其悔禍以
自逭於天刑癸卯之夏乃復圍我豫章與其凶德無厭自取
殄滅此天亡之時天之明威予不敢不順唯爾熊羆之臣不
二心之士尚弼予以成厥功群臣曰都於是右丞臣達參知

00164 宋學士文集七十五卷　（明）宋濂撰　明正德九年（1514）刻嘉靖四十四年（1565）修補本

框高 20.2 厘米，寬 14.3 厘米。十四行二十三字，白口，左右雙邊。鈐“湛雪堂珍藏書畫圖章”“茂苑香生蔣鳳藻秦漢十印齋秘匧圖書”等印。湖北省博物館藏。

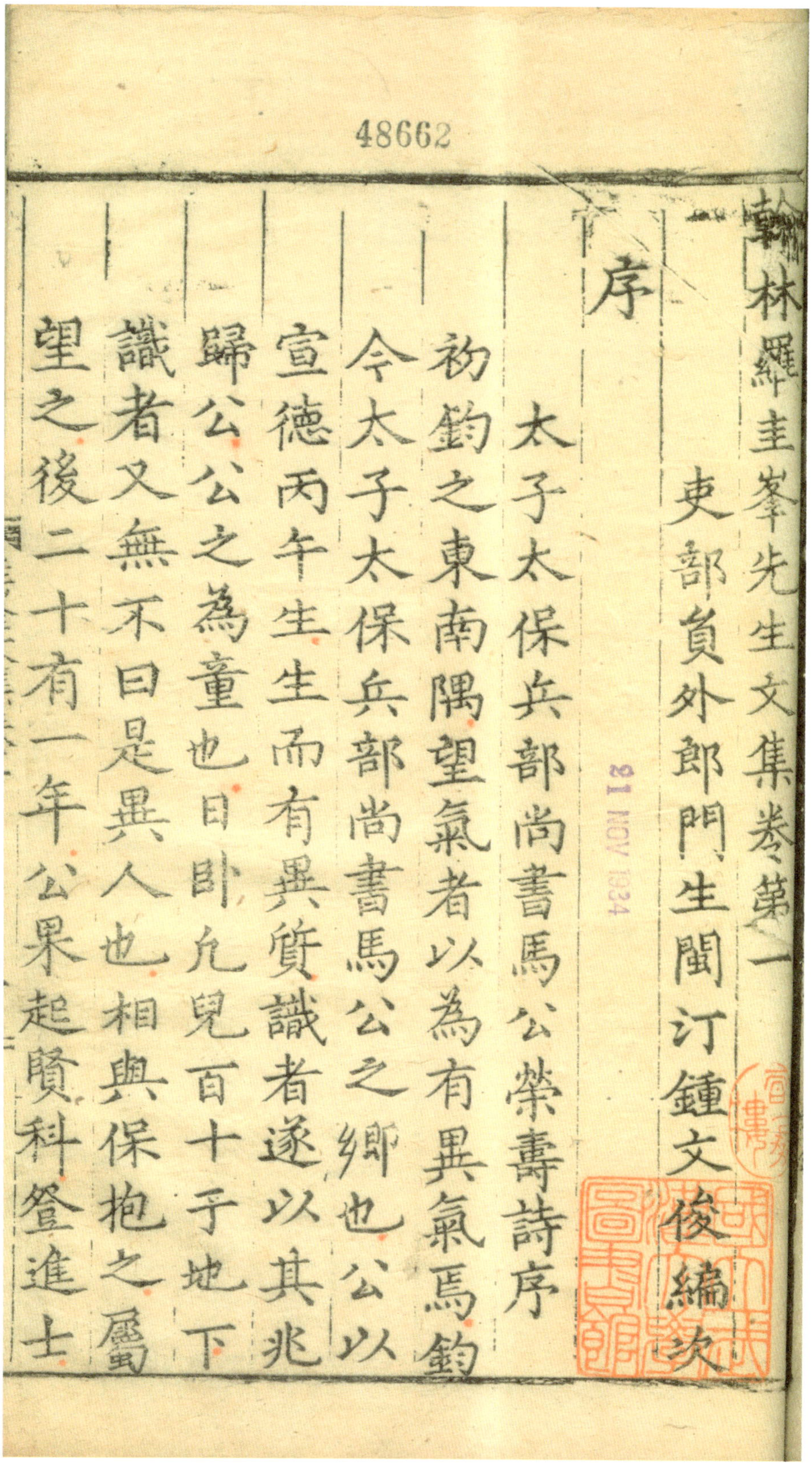
48662

翰林羅圭峯先生文集卷第一
吏部員外郎門生閩汀鍾文俊編次
序
太子太保兵部尚書馬公榮壽詩序
初鈞之東南隅望氣者以為有異氣馬鈞
令太子太保兵部尚書馬公之鄉也公以
宣德丙午生生而有異質識者遂以其兆
歸公公之為童也日卧几兒百十于地下
識者又無不曰是異人也相與保抱之屬
望之後二十有一年公果起賢科登進士

00165 翰林羅圭峯先生文集十八卷 （明）羅玘撰 （明）鍾文俊編 明刻本

框高20.3厘米，宽14.5厘米。十行十八字，白口，四周單邊。鈐“馬舒”等印。武漢大學圖書館藏。

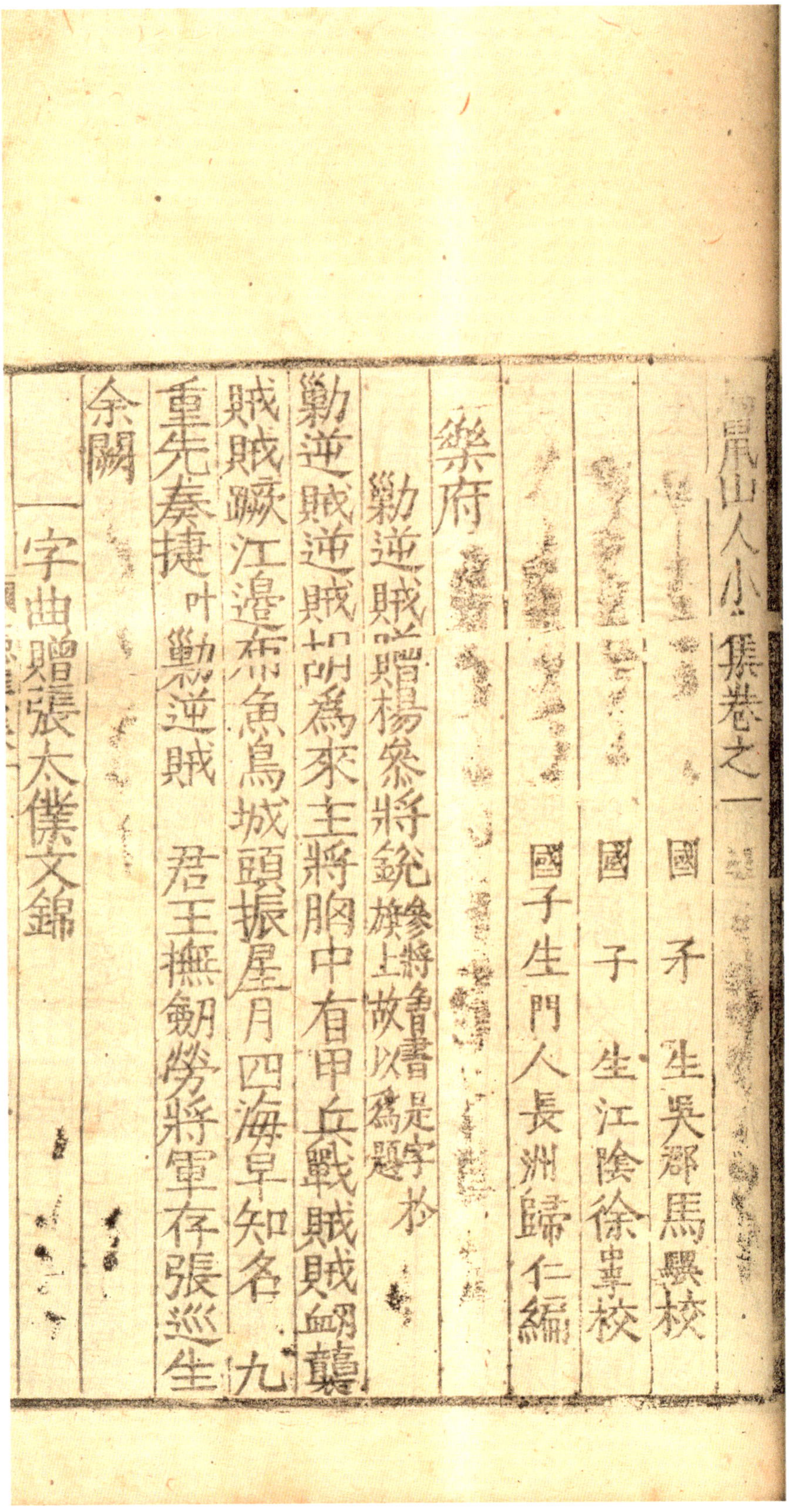
鼠山人小集卷之一
國子生吳郡馬嬰校
國子生江陰徐甹校
國子生門人長洲歸仁編
樂府
勦逆賊 贈楊參將銳 參將曾書是字於旗上故以爲題
勦逆賊逆賊胡爲來主將胸中有甲兵戰賊賊衄鸇
賊賊蹶江邊布魚鳥城頭振星月四海早知名 九
重先奏捷 叶 勦逆賊 君王撫劒勞將軍存張巡生
余闕
一字曲贈張太僕文錦

00166 烏鼠山人全集三十六卷 （明）胡纘宗撰　明嘉靖刻本

框高 16.9 厘米，宽 13.4 厘米。十一行二十字，白口，四周單邊。鈐“竟陵鄭氏珍藏”等印。武漢大學圖書館藏。

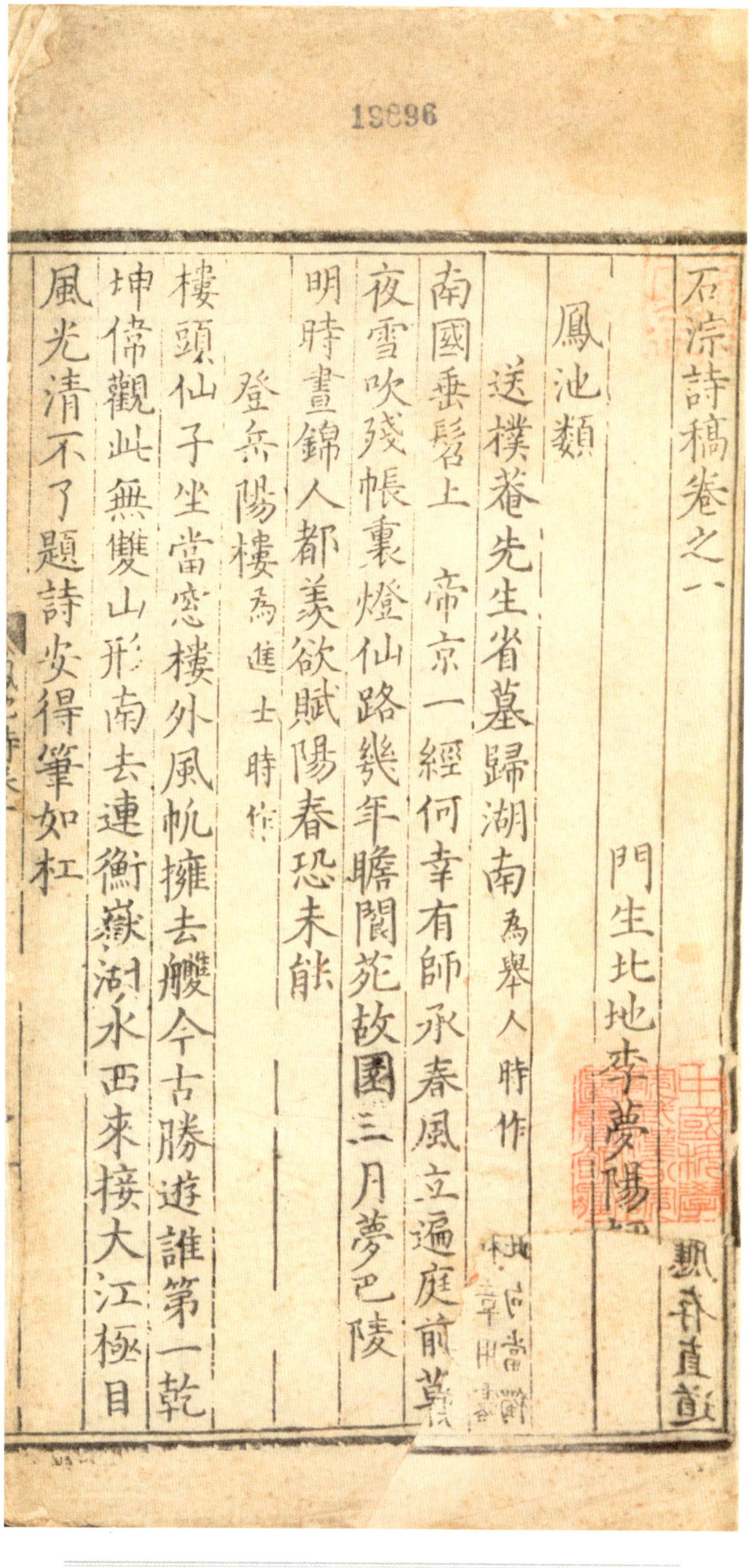

石淙詩稿卷之一

門生北地李夢陽

鳳池類

送樸菴先生省墓歸湖南為舉人時作

南國垂髫上　帝京一經何幸有師承春風立遍庭前草

夜雪吹殘帳裏燈仙路幾年瞻閬苑故園三月夢巴陵

明時畫錦人都羨欲賦陽春恐未能

登岳陽樓為進士時作

樓頭仙子坐當窗樓外風帆擁去艘今古勝遊誰第一乾

坤俯觀此無雙山形南去連衡嶽湖水西來接大江極目

風光清不了題詩安得筆如杠

00167 石淙詩稿二十卷　（明）楊一清撰　（明）李夢陽　（明）康海評點

明嘉靖刻本

框高 22.3 厘米，宽 14 厘米。十一行二十二字，白口，四周雙邊。湖北省圖書館藏。

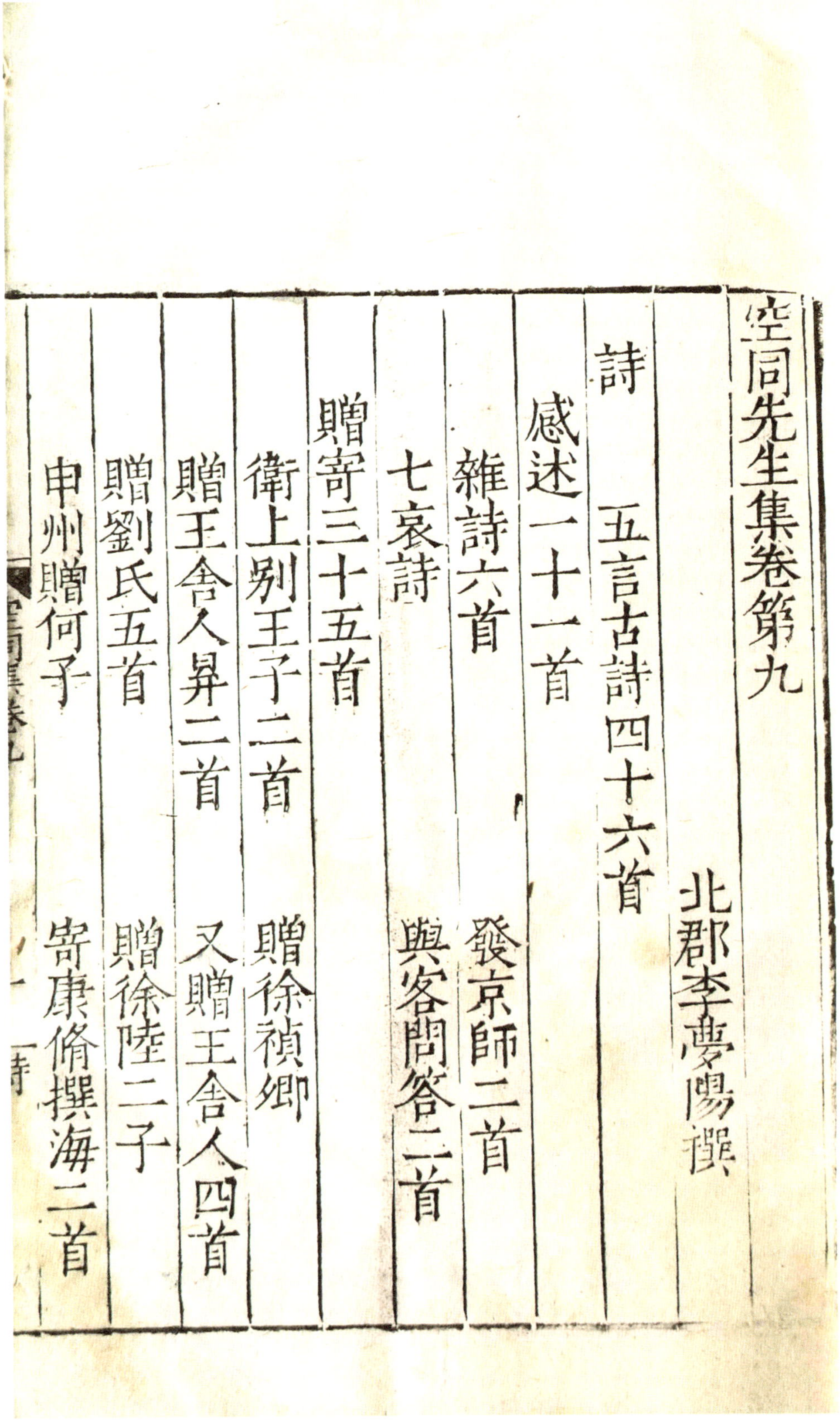
空同先生集卷第九
北郡李夢陽撰
詩　五言古詩四十六首
感述一十一首
雜詩六首　發京師二首
七哀詩　與客問答二首
贈寄三十五首
衛上別王子二首　贈徐禎卿
贈王舍人昇二首　又贈王舍人四首
贈劉氏五首　贈徐陞二子
中州贈何子　寄康脩撰海二首

00168 空同先生集六十三卷　（明）李夢陽撰　明嘉靖刻本

框高 19 厘米，宽 15.7 厘米。十一行二十字，白口，左右雙邊。存五十六卷：八至六十三。浠水縣博物館藏。

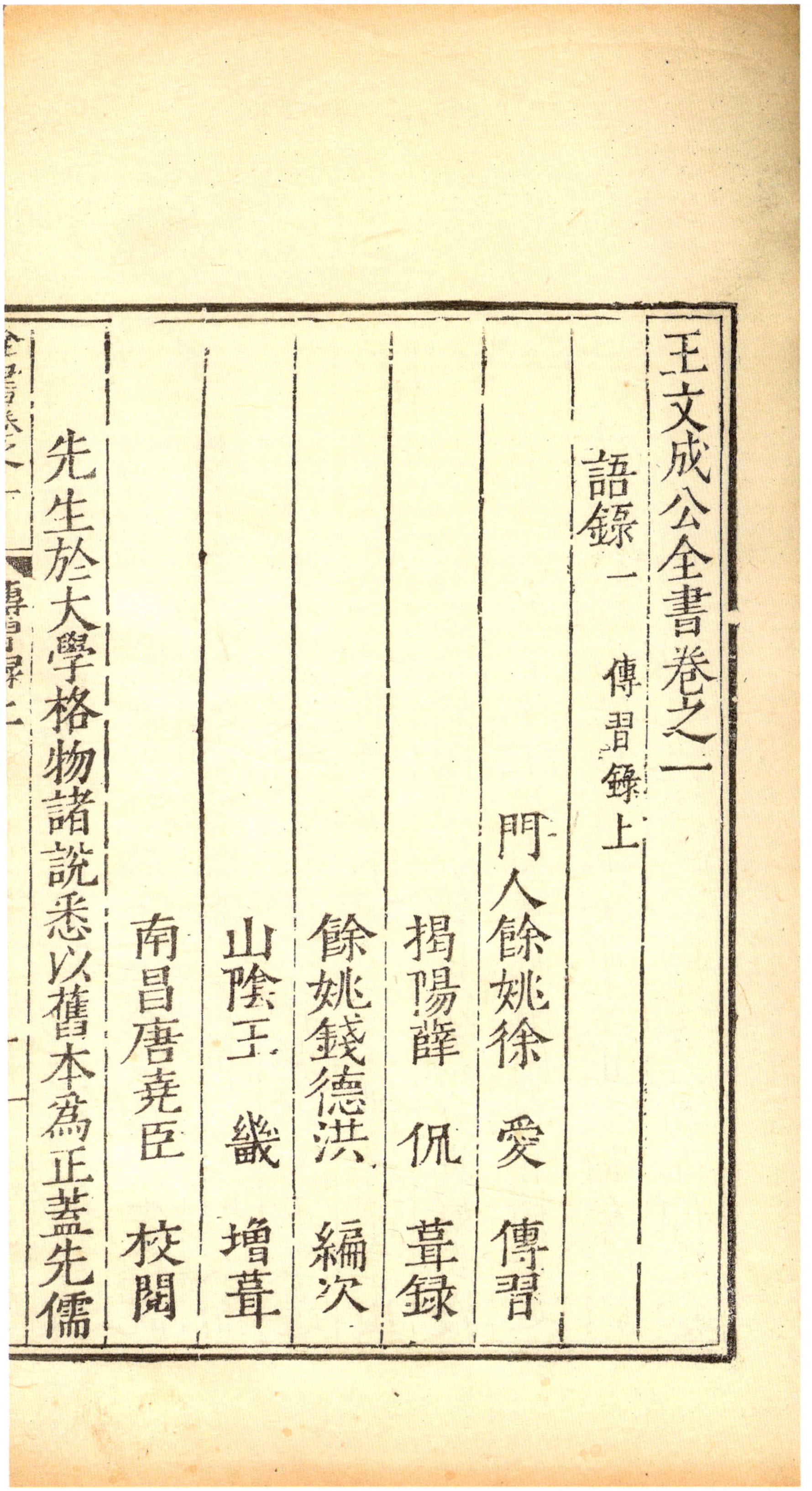
王文成公全書卷之一
語録一　傳習録上
門人餘姚徐　愛　傳習
揭陽薛　侃　葺録
餘姚錢德洪　編次
山陰王　畿　增葺
南昌唐堯臣　校閲
先生於大學格物諸説悉以舊本爲正蓋先儒

00169—00170 王文成公全書三十八卷（明）王守仁撰　（明）徐愛傳習　（明）薛侃葺録　（明）錢德洪編次　（明）王畿增葺　（明）唐堯臣校閲　明隆慶六年（1572）謝廷傑刻本

框高 19.7 厘米，寬 14.3 厘米。八行二十字，白口，四周雙邊。湖北省圖書館藏，存三十六卷：一至十四、十七至三十八。萬曆三十五年（1607）左宗郢等重修本，武漢大學圖書館藏，鈐“今在南園掃葉莊佗日不知落何處”等印。

錢塘縣知縣 長洲闕成章
進賢江 和
海寧縣知縣 奉新徐良楨
萬曆三十五年補刻重校姓氏
欽差巡按浙江等處監察御史 盱江左宗郢
錢塘縣知縣 金川聶心湯
五月五日鳩工重刻過一千三十一葉改補過二千
四百六十七字於七月七日竣事

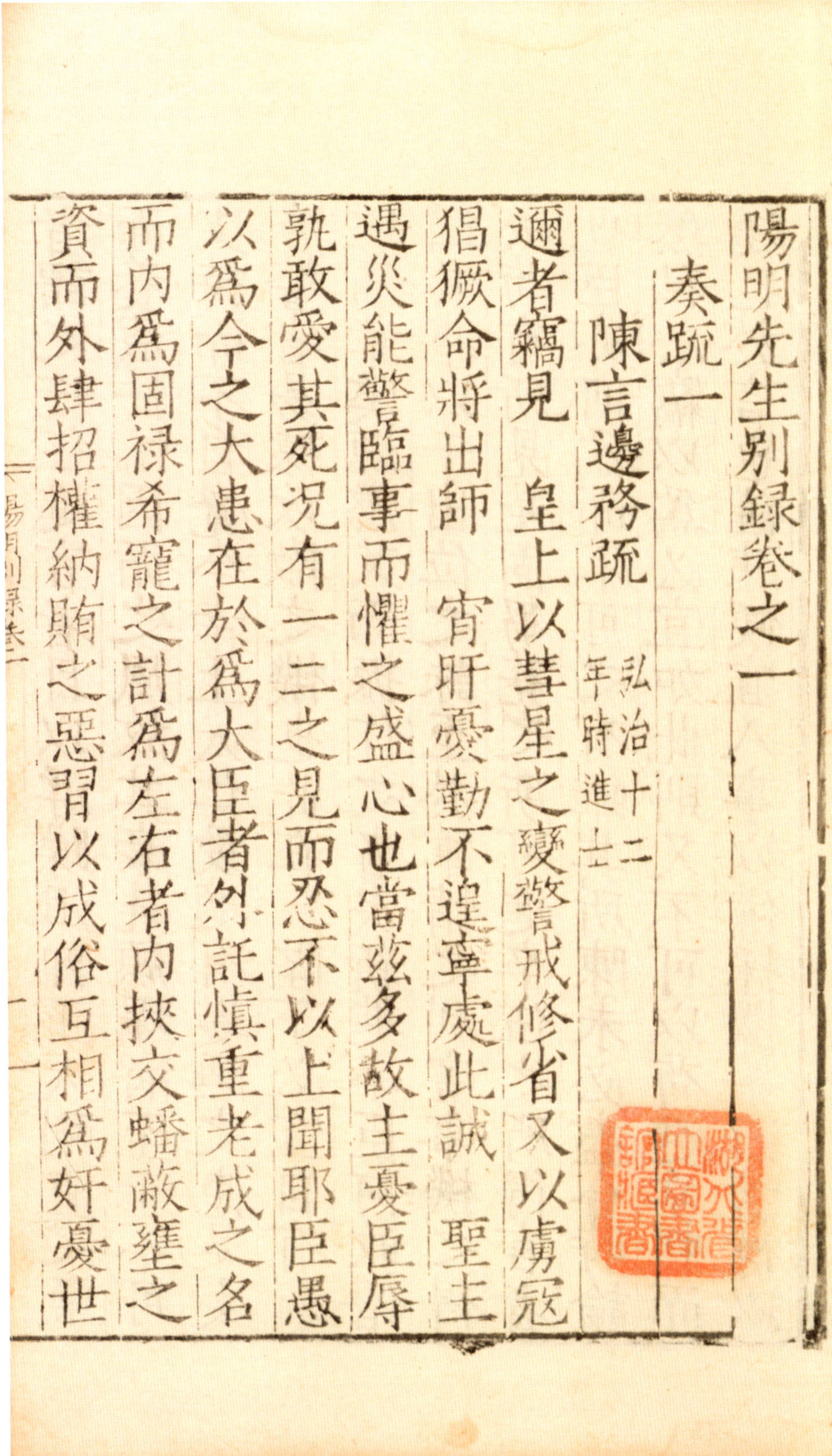
陽明先生別録卷之一
奏疏一
陳言邊務疏 弘治十二年時進士
邇者竊見 皇上以彗星之變警戒修省又以虜寇
猖獗命將出師 宵旰憂勤不遑寧處此誠 聖主
遇災能警臨事而懼之盛心也當茲多故主憂臣辱
孰敢愛其死況有一二之見而忍不以上聞耶臣愚
以爲今之大患在於爲大臣者外託慎重老成之名
而内爲固禄希寵之計爲左右者内挾交蟠蔽壅之
資而外肆招權納賄之惡習以成俗互相爲奸憂世
陽明別録卷一　一

00171 陽明先生文録五卷外集九卷別録十四卷 （明）王守仁撰　明嘉靖二十九年（1550）刻本

框高 20.5 厘米，寬 15.1 厘米。十行二十字，白口，左右雙邊。存十九卷：別録一至五、八至十四，外集一至四、七至九。湖北省圖書館藏。

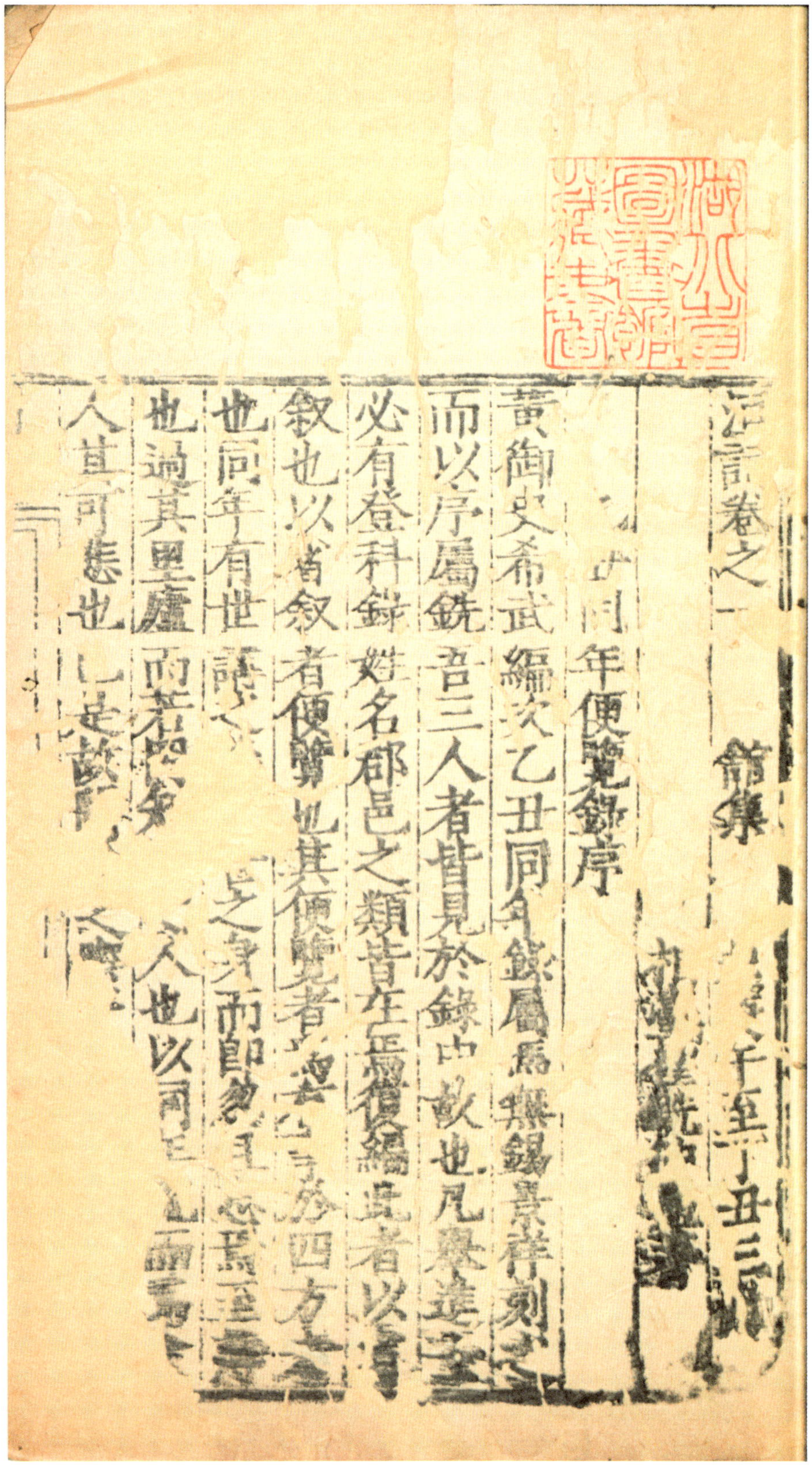

00172 洹詞十二卷 （明）崔銑撰　明嘉靖味經堂刻本

框高17.3厘米，宽13.6厘米。十行二十字，綫黑口，四周雙邊。湖北省圖書館藏。

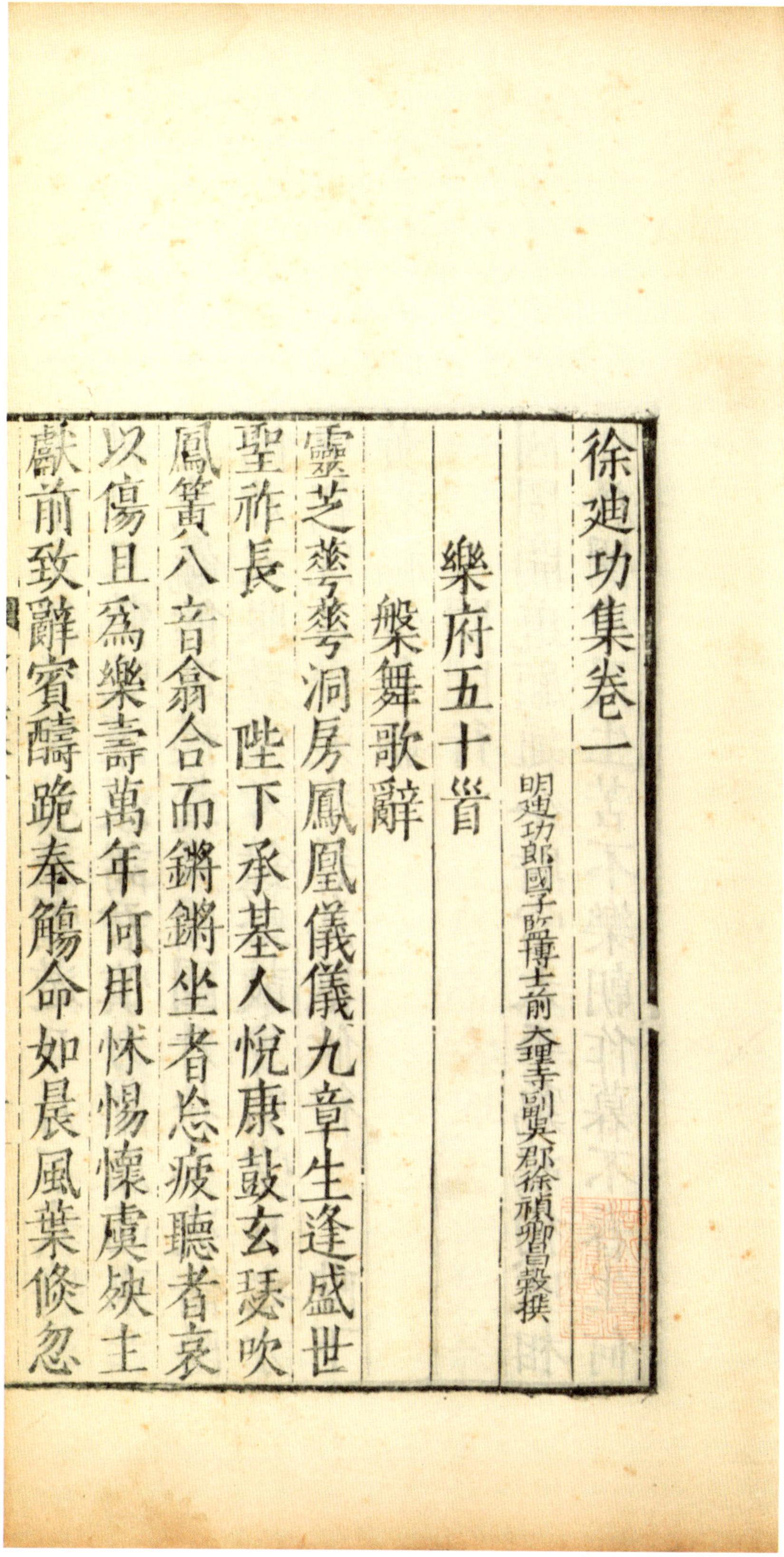
徐廸功集卷一
明廸功郎國子監博士前大理寺副吳郡徐禎卿昌穀撰
樂府五十首
槃舞歌辭
靈芝蕤蕤洞房鳳凰儀儀九章生逢盛世
聖祚長　陛下承基人悦康鼓玄瑟吹
鳳簧八音翕合而鏘鏘坐者忘疲聽者哀
以傷且爲樂壽萬年何用怵惕懍虞缺主
獻前致辭賓𨠵跪奉觴命如晨風葉倏忽

00173 徐廸功集六卷　（明）徐禎卿撰　**重選徐廸功外集四卷**　（明）徐禎卿撰　（明）傅光宅選　**談藝録一卷**　明萬曆十二年（1584）傅光宅刻本

框高 18.9 厘米，寬 13.1 厘米。九行十八字，白口，左右雙邊。鈐“黄岡劉氏校書堂藏書記”“黄岡劉氏紹炎過眼”等印。湖北省圖書館藏。

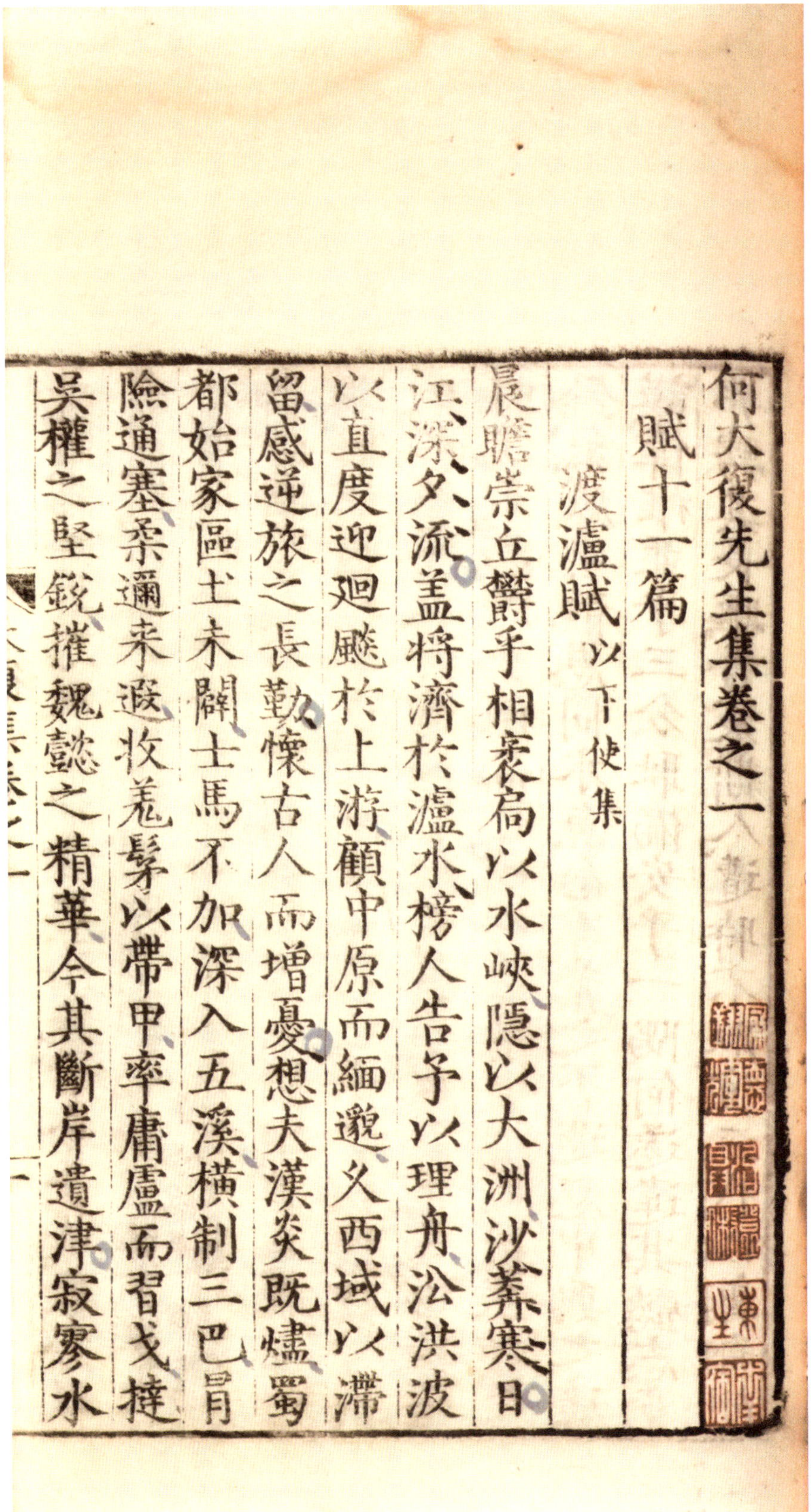
何大復先生集卷之一
賦十一篇
渡瀘賦 以下使集
晨瞻崇丘鬱乎相襄高以水峽隱以大洲沙莽寒日江深夕流蓋將濟於瀘水榜人告予以理舟沿洪波以直度迎迴飈於上游顧中原而緬邈夂西域以滯留感逆旅之長勤懷古人而增憂想夫漢炎既燼蜀都始家區土未闢士馬不加深入五溪横制三巴冒險通塞柔邇來遐收羌髳以帶甲率庸盧而習戈撻吳權之堅鋭摧魏懿之精華今其斷岸遺津寂寥水
何大復集卷之一　一

00174 何大復先生集三十八卷 （明）何景明撰　明嘉靖刻本

框高 18.2 厘米，宽 13.5 厘米。十行二十字，白口，四周單邊。鈐“李宿”“東生”“證和”“怡興”“德輝”“鳳翔”“樂琴書以自適”等印。麻城市圖書館藏。

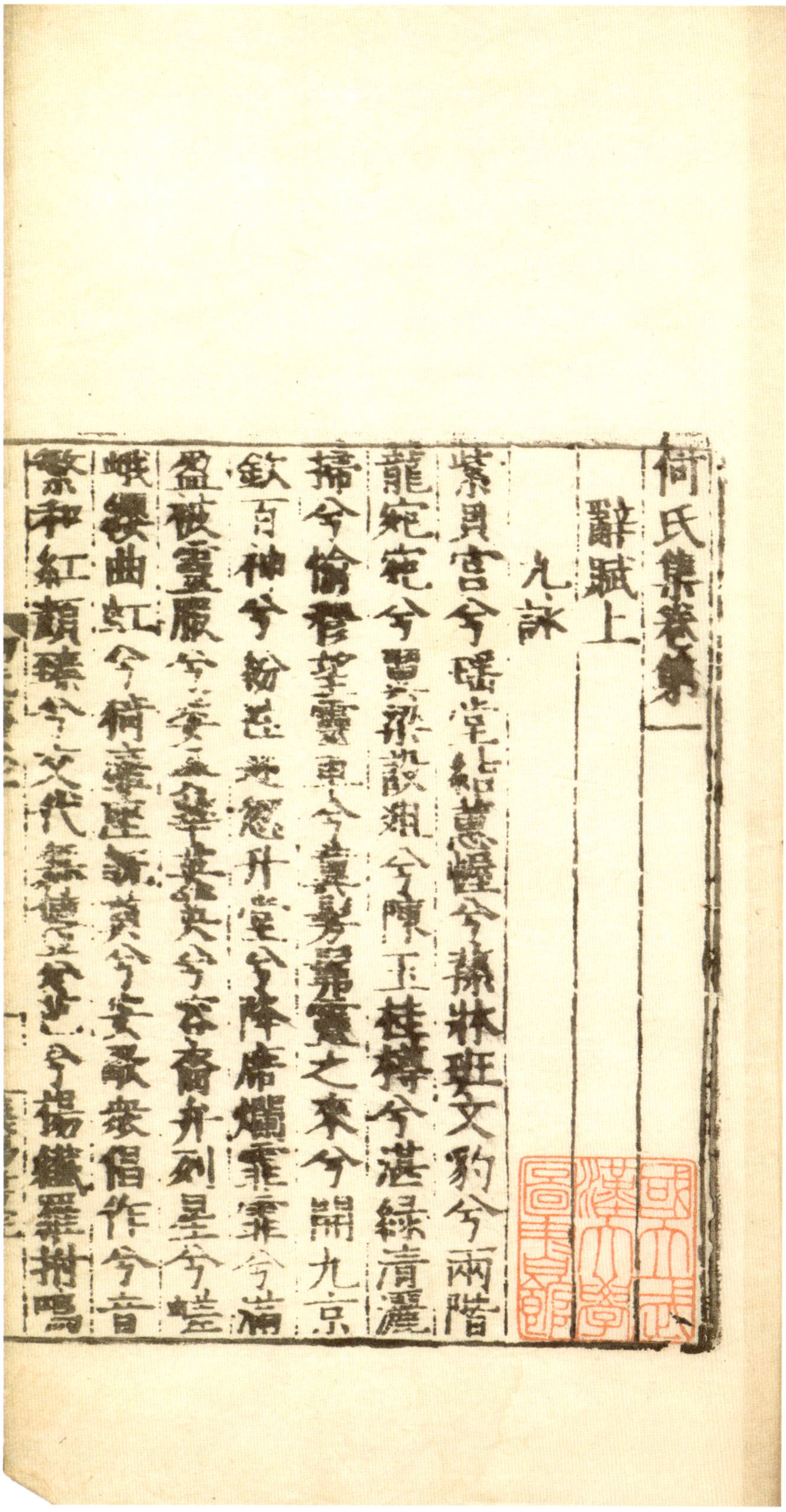
何氏集卷第一
辭賦上
九詠
紫貝宮兮瑤堂紺蕙壁兮蓀林斑文豹兮兩階
龍宛宛兮習翠設湘兮陳玉桂樽兮湛綠清灑
掃兮偷眷望靈東兮冀躬景靈之來兮開九京
欽百神兮紛莅遝窓升堂兮降席爛霏霏兮滿
盈被靈服兮委蛇垂英兮容裔并列星兮蛙
蛾嬰曲虹兮猗靡匪新黃兮宴歌發倡作兮音
縈和紅顏繁兮文代舞德兮揚纖羅拊鳴

00175 何氏集二十六卷 （明）何景明撰　明嘉靖十年（1531）義陽書院刻本

框高 16.5 厘米，宽 13.6 厘米。十行十八字，白口，左右雙邊。武漢大學圖書館藏。

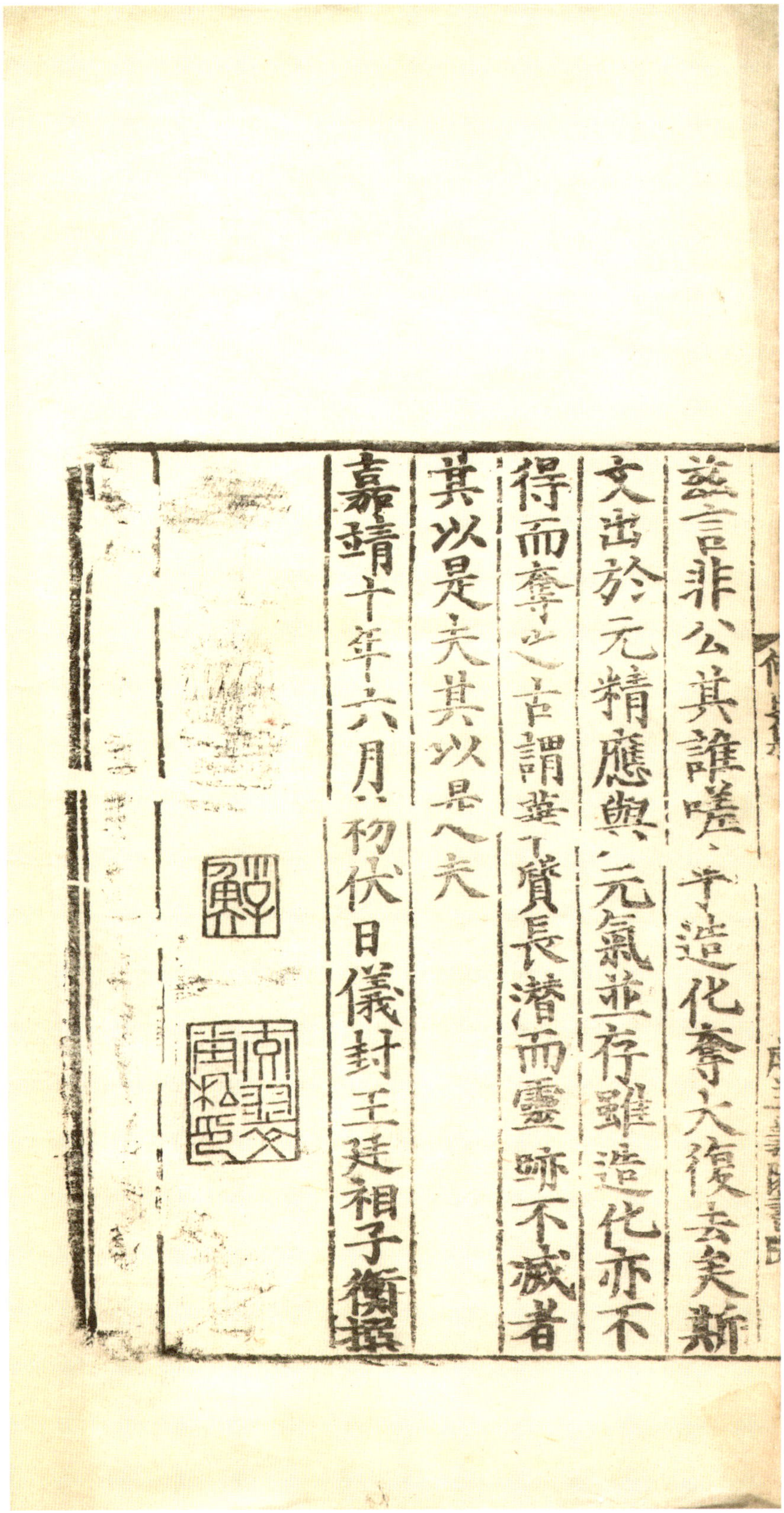

兹言曰非公其誰嗟乎造化奪大復去矣斯文出於元精應與元氣並存雖造化亦不得而奪之吾謂華子貲長潛而靈跡不滅者其以是夫其以是夫

嘉靖十年六月初伏日儀封王廷相子衡撰

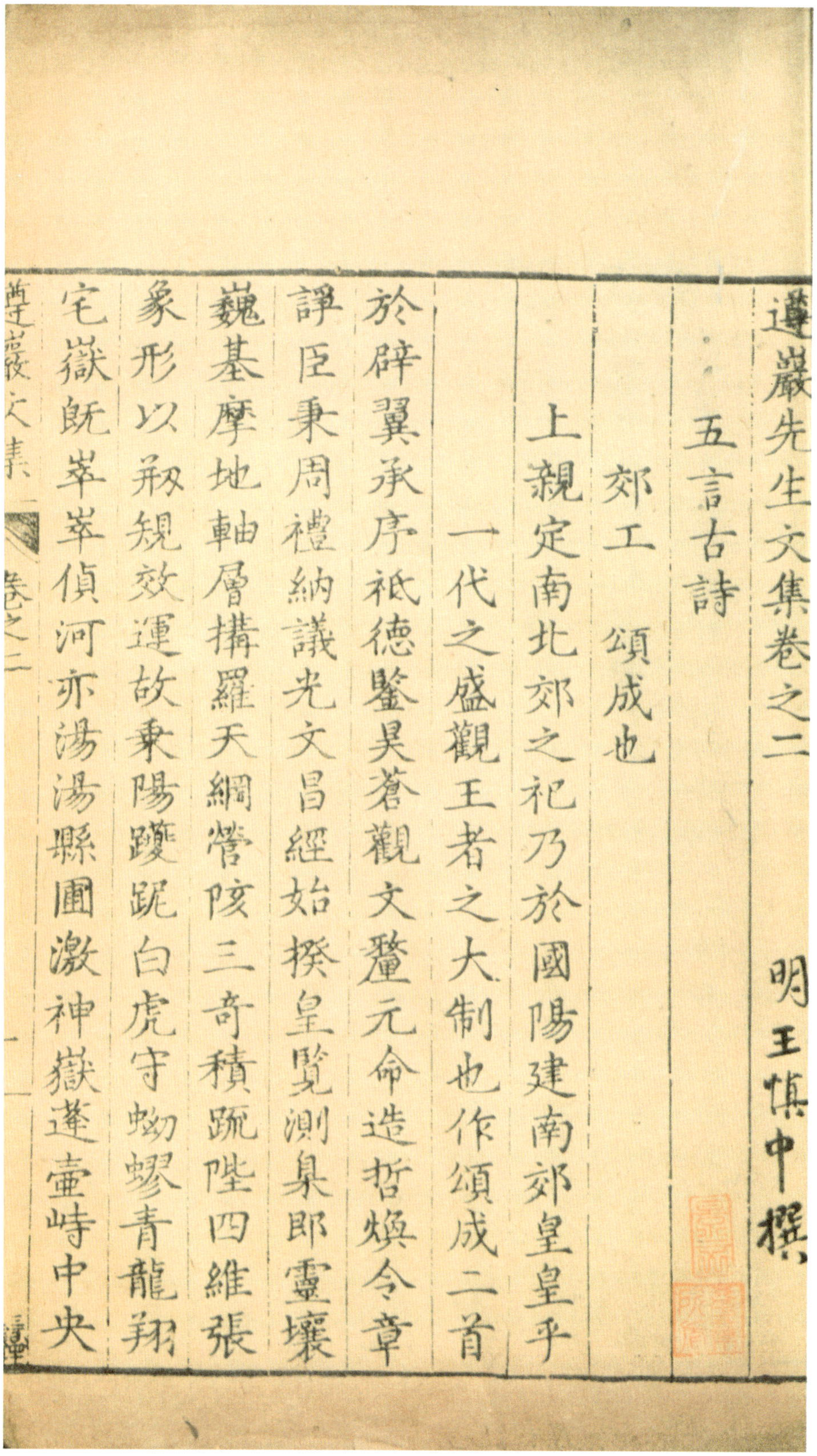
遵巖先生文集卷之二　明王慎中撰
五言古詩
郊工　頌成也
上親定南北郊之祀乃於國陽建南郊皇乎
一代之盛觀王者之大制也作頌成二首
於辟翼承序祇德鑒昊蒼觀文鼇元命造哲煥令章
諄臣秉周禮納議光文昌經始揆皇覽測臬即靈壤
巍基摩地軸層構羅天網營陔三奇積蹠陛四維張
象形以叙規效運故秉陽躔跽白虎守蚴蟉青龍翔
宅嶽既崒崒偵河亦湯湯縣圃激神嶽蓬壺峙中央

遵巖文集　卷之二　一

00176 遵巖先生文集二十五卷 （明）王慎中撰　明隆慶五年（1571）嚴鎡刻本

框高 18.7 厘米，宽 14.2 厘米。十行二十字，白口，四周單邊。鈐“馮廷桂印”“景行”“孝章所有”等印。湖北省圖書館藏。

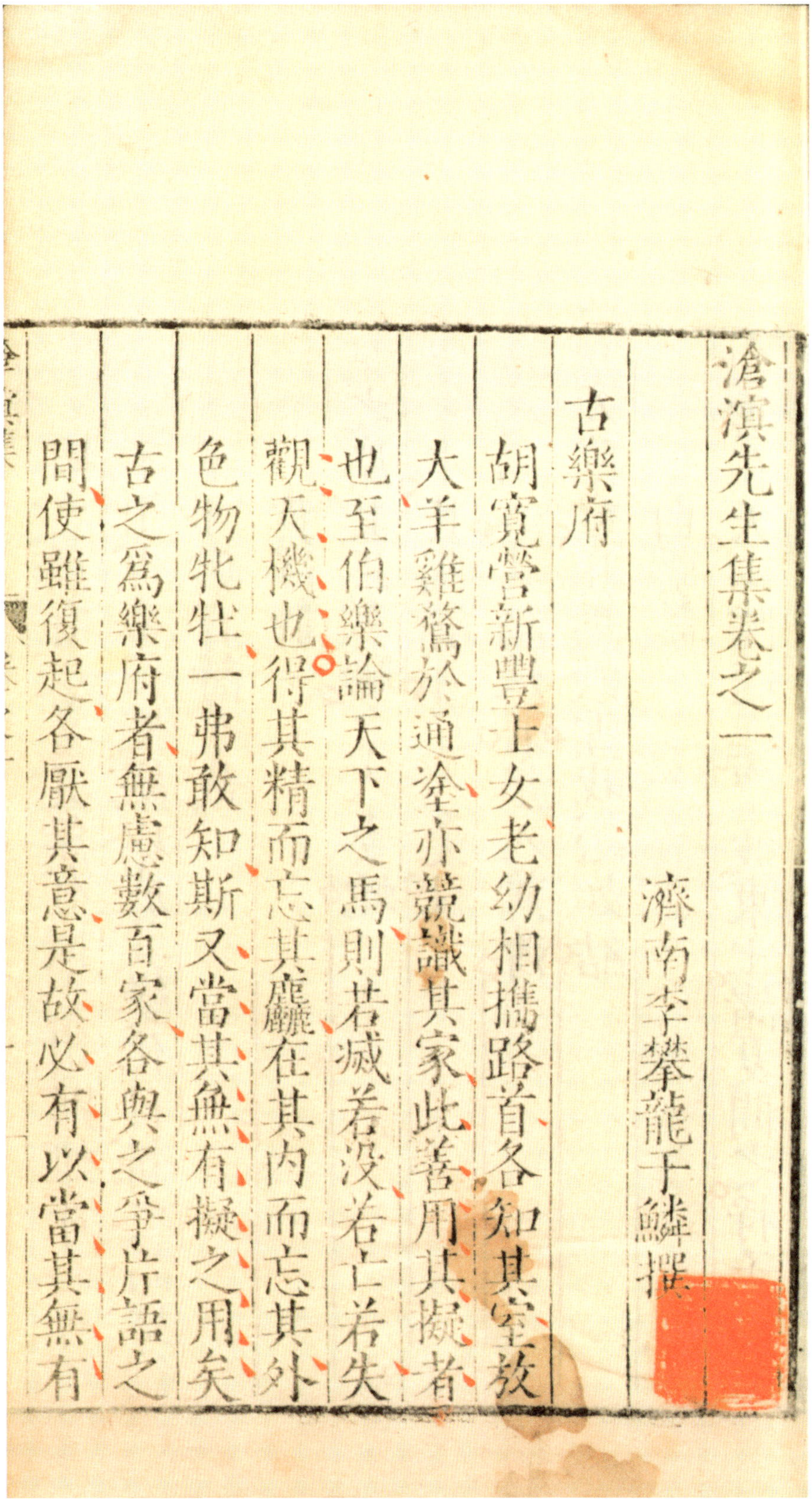

滄溟先生集卷之一

濟南李攀龍于鱗撰

古樂府

胡寬營新豐士女老幼相攜路首各知其室放
犬羊雞鶩於通塗亦競識其家此善用其擬者
也至伯樂論天下之馬則若滅若沒若亡若失
觀天機也得其精而忘其麤在其內而忘其外
色物牝牡一弗敢知斯又當其無有擬之用矣
古之爲樂府者無慮數百家各與之爭片語之
間使雖復起各厭其意是故必有以當其無有

00177 滄溟先生集三十卷（明）李攀龍撰　明隆慶六年（1572）刻本

框高 19.7 厘米，宽 14.8 厘米。十行二十字，白口，左右雙邊。鈐“曾在張春霆處”等印。湖北省圖書館藏。

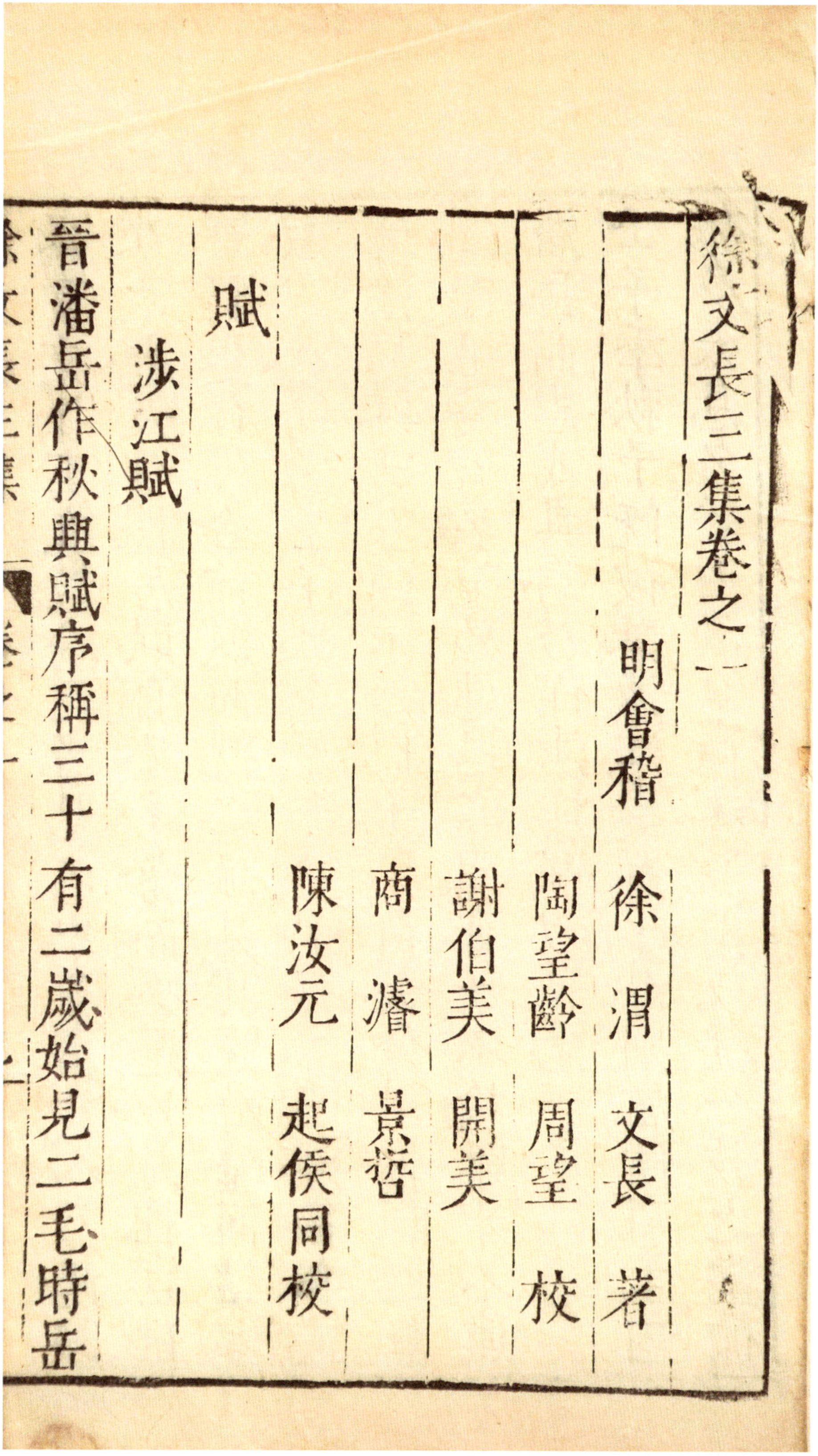
徐文長三集卷之一
明會稽 徐渭 文長 著
陶望齡 周望 校
謝伯美 開美
商濬 景哲
陳汝元 起侯同校
賦
涉江賦
晉潘岳作秋興賦序稱三十有二歲始見二毛時岳

00178 徐文長三集二十九卷文長雜記二卷 （明）徐渭撰　明萬曆二十八年（1600）商維濬刻四十七年（1619）印本

框高 21 厘米，寬 14 厘米。九行二十字，雙行小字字數同，白口，四周單邊。

浠水縣博物館藏。

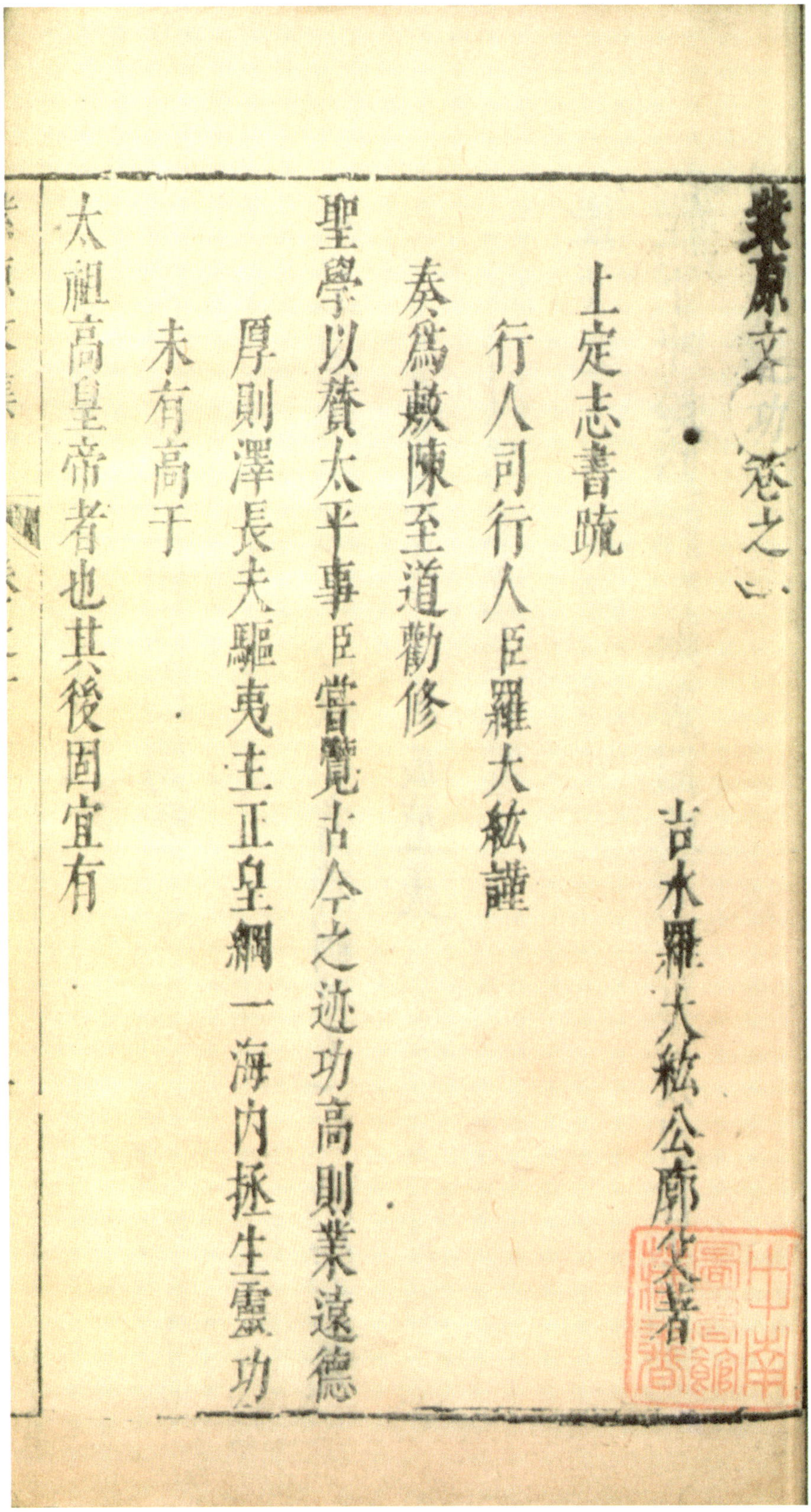
紫原文 卷之二
吉水羅大紘公廓父著
上定志書疏
行人司行人臣羅大紘謹
奏爲敷陳至道勸修
聖學以賛太平事臣嘗覽古今之迹功高則業遠德
厚則澤長夫驅夷主正皇綱一海内拯生靈功
未有高于
太祖高皇帝者也其後固宜有

00179 紫原文集十二卷 （明）羅大紘著　明天啓（1621—1627）集慶堂刻本

框高20.6厘米，寬13.8厘米。九行二十字，白口，四周單邊。湖北省圖書館藏。

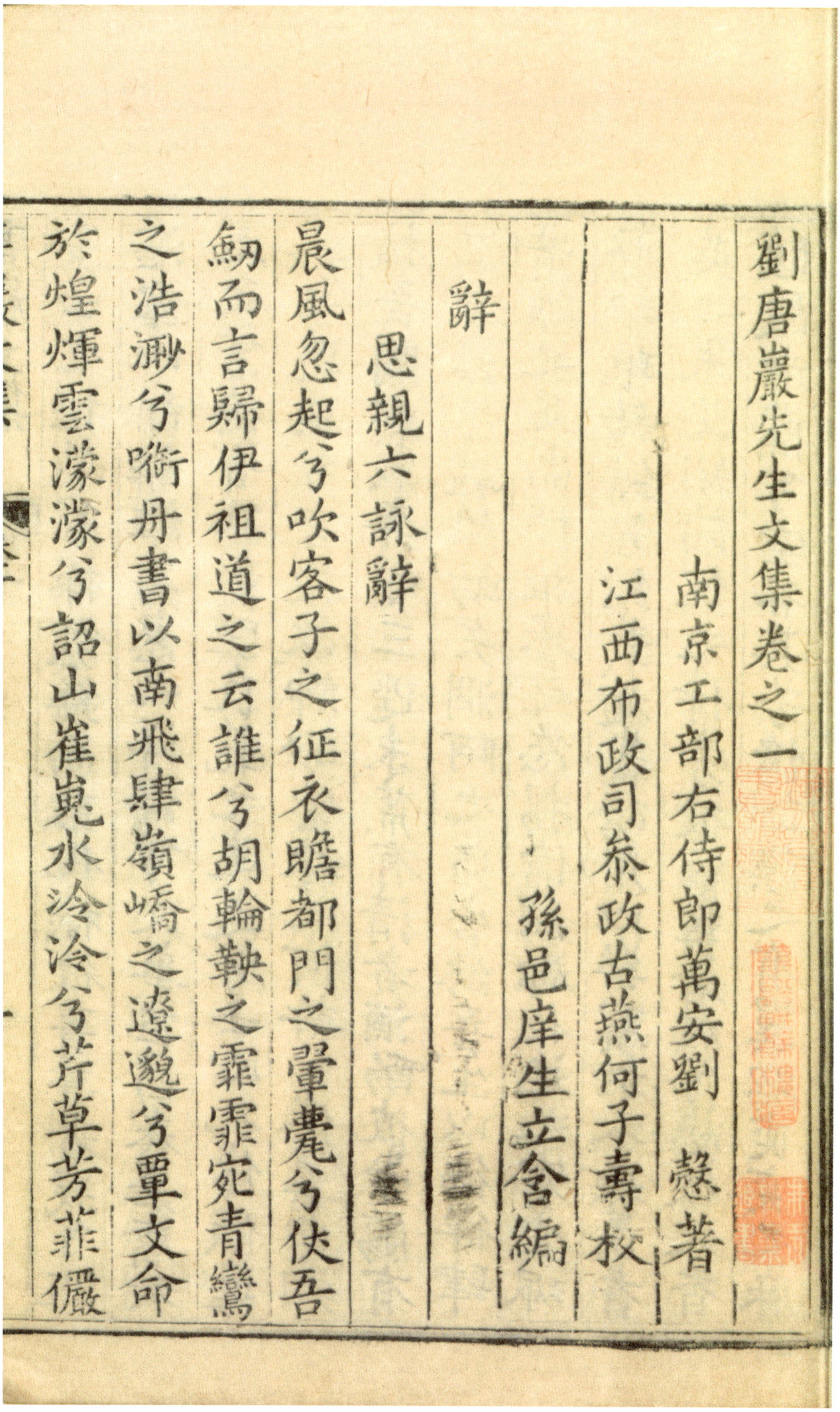
劉唐巖先生文集卷之一
南京工部右侍郎萬安劉　慤著
江西布政司叅政古燕何子壽校
孫邑庠生立含編
辭
思親六詠辭
晨風忽起兮吹客子之征衣瞻都門之暈甍兮佚吾
飭而言歸伊祖道之云誰兮胡輪鞅之霏霏宛青鸞
之浩渺兮嘶舟書以南飛肆嶺嶠之遼邈兮覃文命
於煌煇雲濛濛兮詔山崔嵬水泠泠兮芹草芳菲儼

00180 劉唐巖先生文集八卷（明）劉慤著（明）劉立含編（明）何子壽校

明萬曆三年（1575）刻本

框高 21.1 厘米，宽 15.4 厘米。十行二十字，白口，四周雙邊。鈐“得一居珍藏印”“馮氏辨齋藏書”“慈溪畊餘樓藏”等印。湖北省圖書館藏。

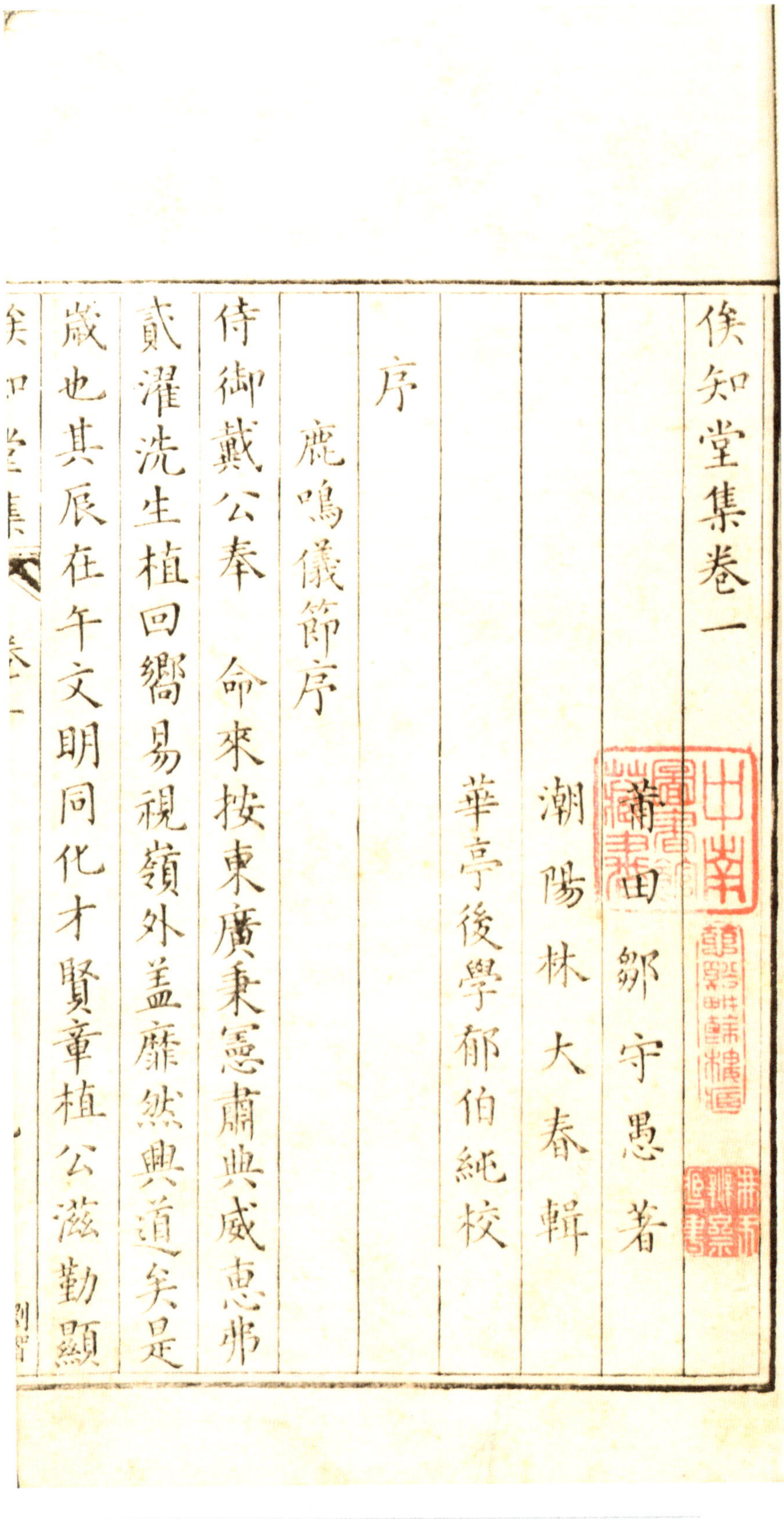
俟知堂集卷一

莆田鄒守愚著

潮陽林大春輯

華亭後學郁伯純校

序

鹿鳴儀節序

侍御戴公奉 命來按東廣秉憲肅典威惠弗貳濯洗生植回嚮易視嶺外蓋靡然興道矣是歲也其辰在午文明同化才賢章植公滋勤顯

00181 俟知堂集十三卷 （明）鄒守愚著 （明）林大春輯 （明）郁伯純校

明萬曆（1581—1620）刻本

框高 19.9 厘米，宽 14.2 厘米。九行十八字，白口，四周雙邊。鈐“得一居珍藏記”“慈谿畊餘樓藏”“馮氏辨齋藏書”等印。湖北省圖書館藏。

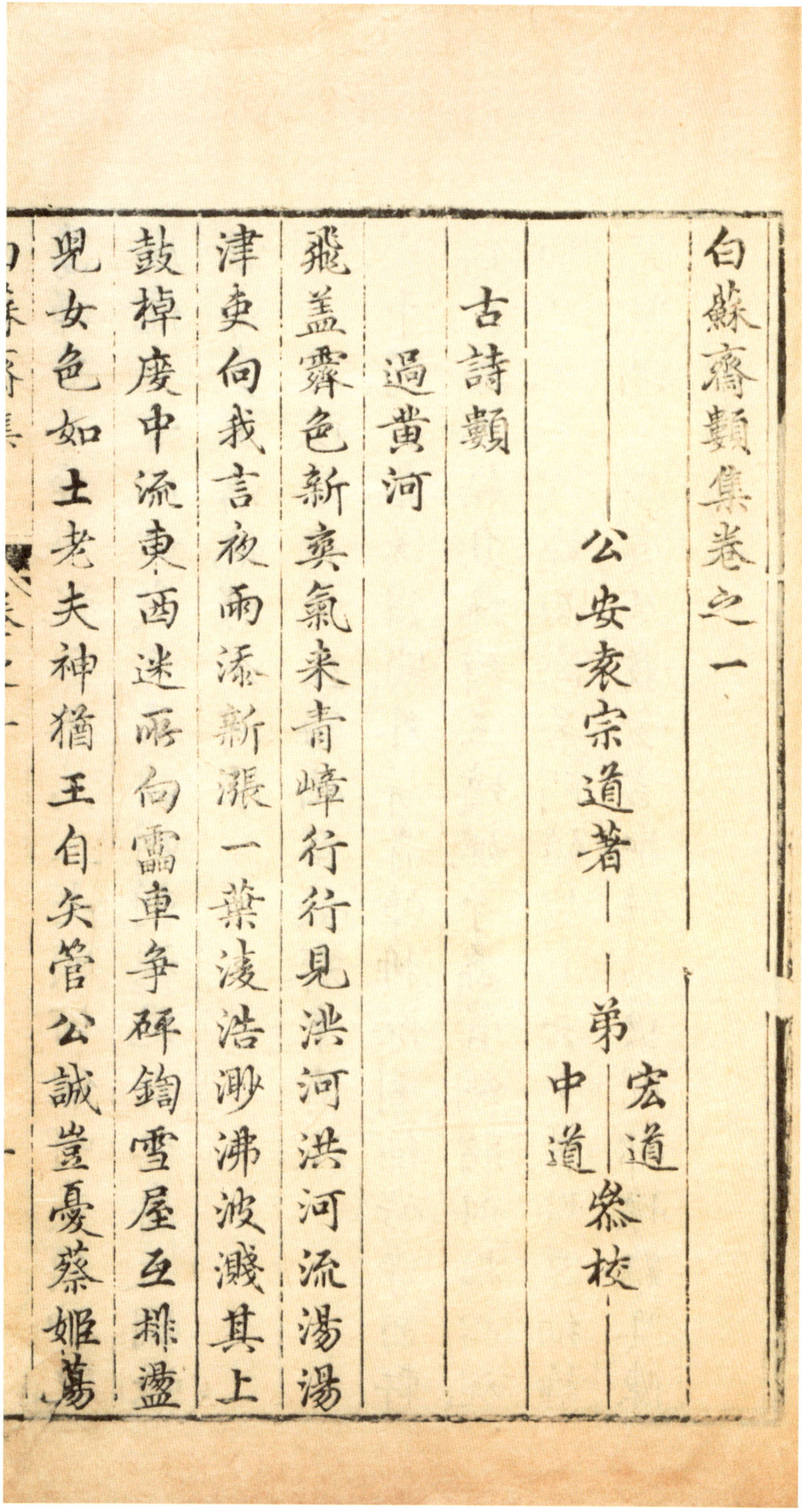
白蘇齋類集卷之一
公安袁宗道著
弟 宏道 中道 參校
古詩類
過黄河
飛蓋霽色新爽氣来青嶂行行見洪河洪河流湯湯
津吏向我言夜雨添新漲一葉凌浩渺沸波濺其上
鼓棹度中流東西迷所向靁車争砰訇雪屋互排盪
兒女色如土老夫神猶王自矢管公誠豈憂蔡姬蕩

00182 白蘇齋類集二十二卷 （明）袁宗道著 （明）袁宏道 袁中道參校

明萬曆（1573—1620）刻本

框高 21.9 厘米，宽 14.5 厘米。九行二十字，白口，左右雙邊。鈐“劉紹炎印”“武昌徐氏所藏四庫闕佚書”等印。湖北省圖書館藏。

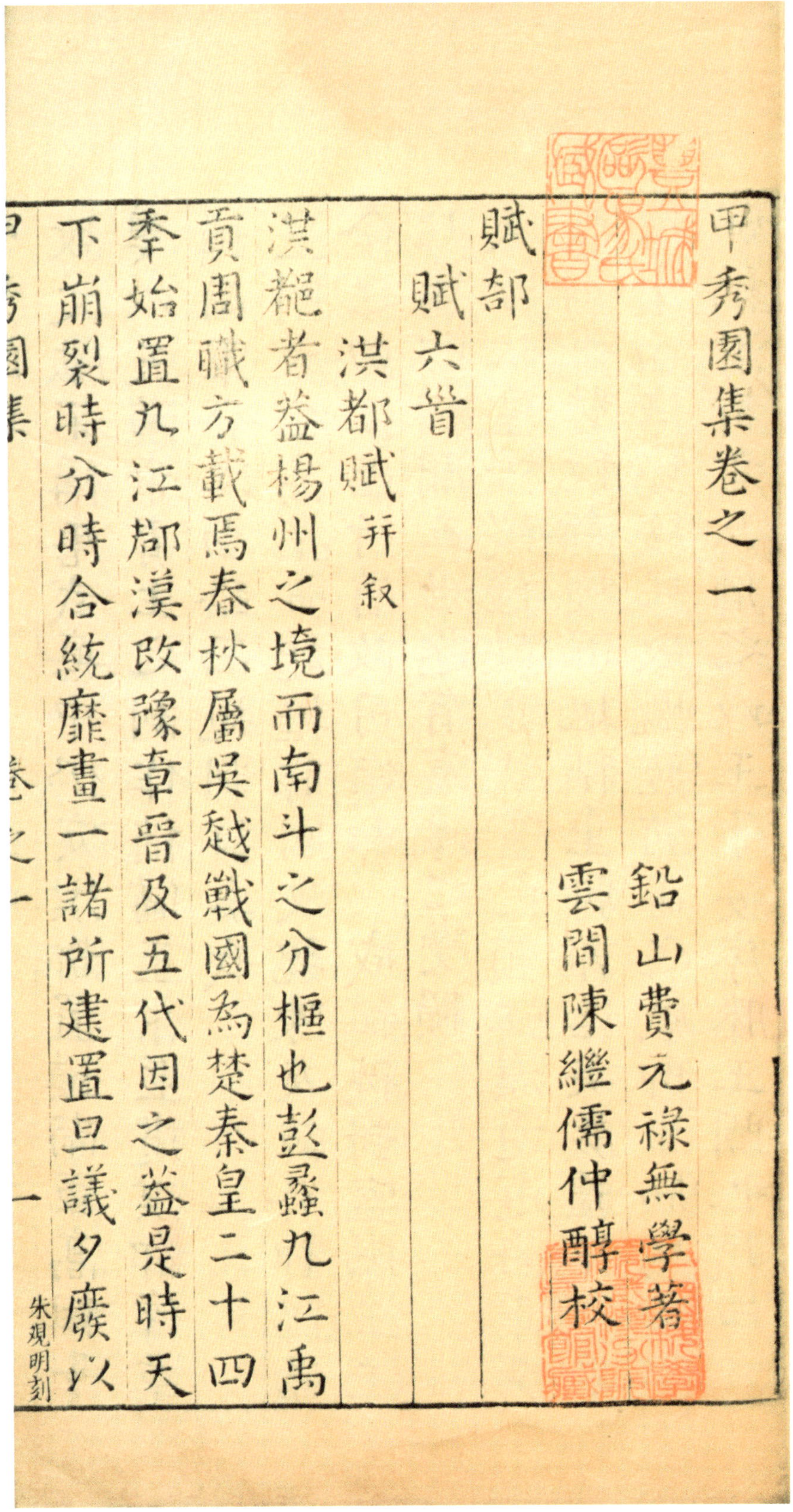
甲秀園集卷之一

鉛山費元祿無學著

雲間陳繼儒仲醇校

賦

賦部

賦六首

淇都賦 并叙

淇都者蓋楊州之境而南斗之分樞也彭蠡九江禹貢周職方載焉春秋屬吴越戰國爲楚秦皇二十四年始置九江郡漢攺豫章晉及五代因之蓋是時天下崩裂時分時合統靡畫一諸所建置旦議夕廢以

甲秀園集 卷之一 一

朱覌明刻

00183 甲秀園集四十七卷 （明）費元禄著　明萬曆三十五年（1607）刻本

框高 21.7 厘米，宽 14.2 厘米。十行二十字，小字雙行同，白口，四周單邊。鈐“豐城歐陽氏藏書”等印。湖北省圖書館藏。

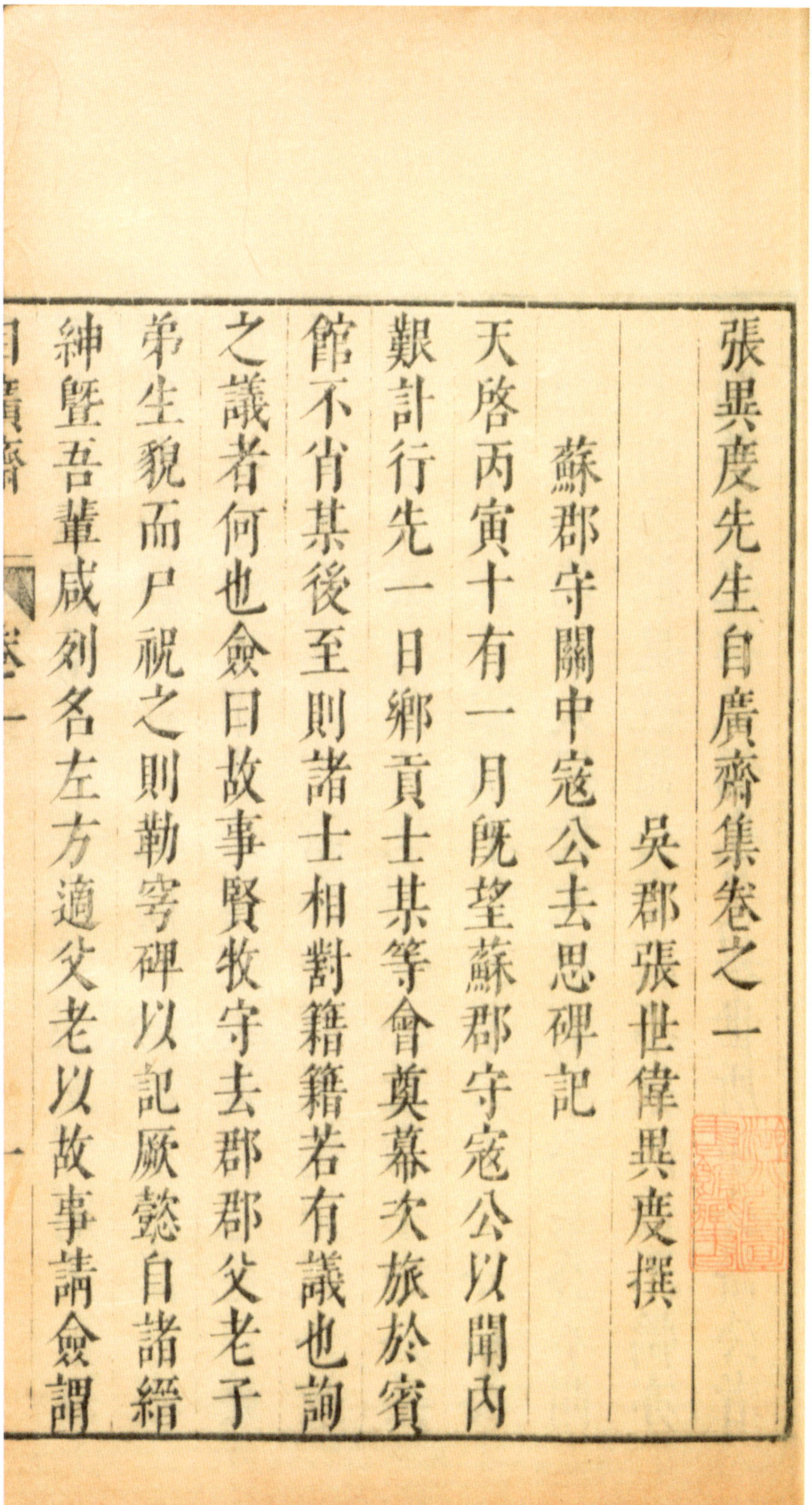
張異度先生自廣齋集卷之一
吳郡張世偉異度撰
蘇郡守關中寇公去思碑記
天啓丙寅十有一月既望蘇郡守寇公以聞內艱計行先一日鄉貢士某等會奠幕次旅於賓館不肖某後至則諸士相對籍籍若有議也詢之議者何也僉曰故事賢牧守去郡郡父老子弟生貌而尸祝之則勒穹碑以記厥懿自諸縉紳暨吾輩咸列名左方適父老以故事請僉謂
自廣齋　卷一　一

00184 張異度先生自廣齋集十六卷周吏部紀事一卷　（明）張世偉撰

明崇禎十一年（1638）刻本

框高 19.8 厘米，宽 14.2 厘米。九行十八字，白口，左右雙邊。鈐“太原叔子藏書記”“曾歸徐氏彊誃”“武昌徐氏所藏四庫闕佚書”等印。湖北省圖書館藏。

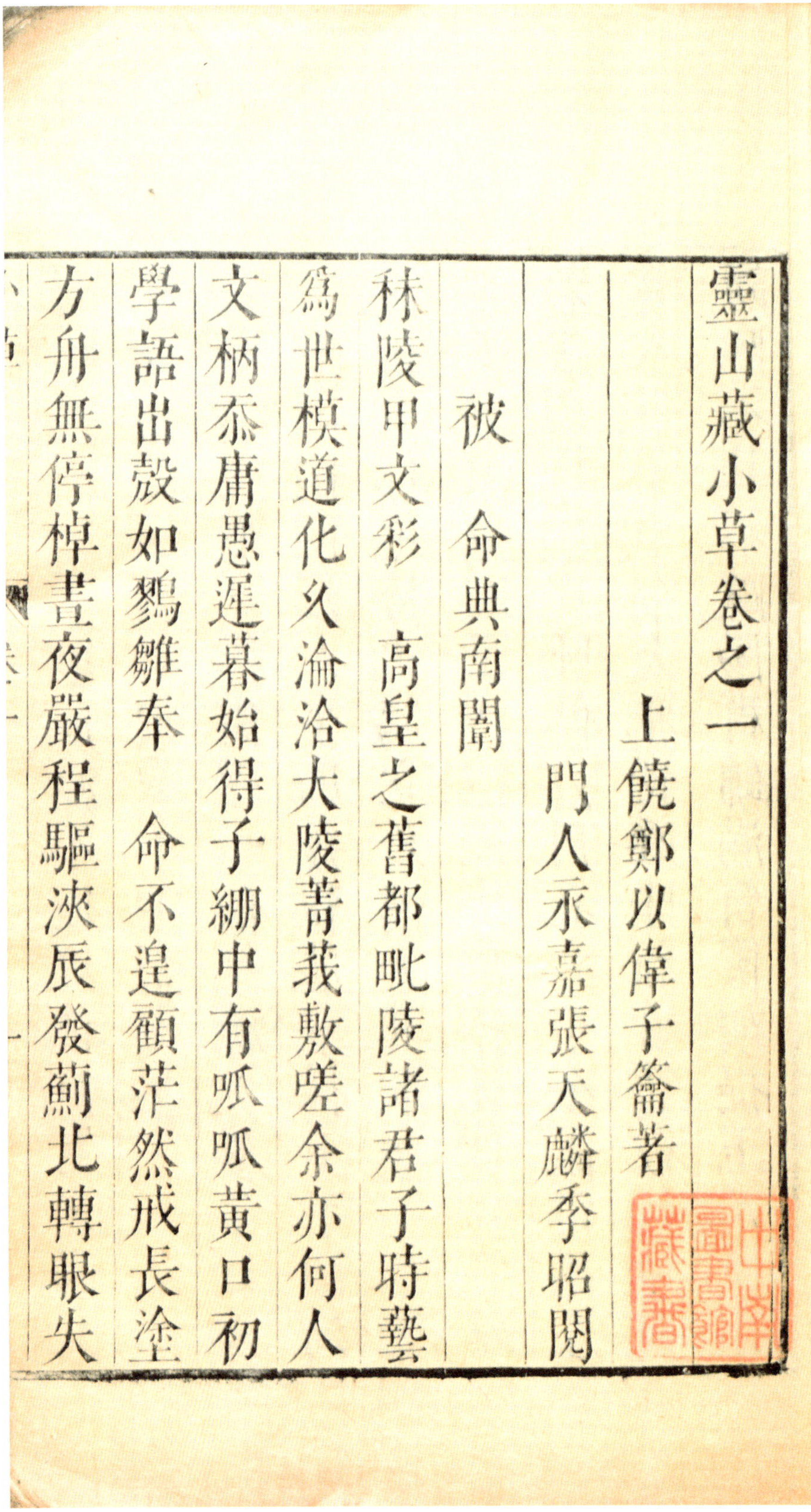
靈山藏小草卷之一
上饒鄭以偉子籥著
門人永嘉張天麟季昭閱
被　命典南闈
秣陵甲文彩　高皇之舊都毗陵諸君子畤藝
爲世模道化久淪洽大陵菁莪敷嗟余亦何人
文柄忝庸愚遲暮始得子綳中有呱呱黄口初
學語出㲉如鷚雛奉　命不遑顧茫然戒長塗
方舟無停棹晝夜嚴程驅浹辰發薊北轉眼失

00185 靈山藏十二種二十九卷　（明）鄭以偉著　明崇禎刻本

框高 20.2 厘米，宽 14.5 厘米。九行十八字，小字雙行同，白口，左右雙邊。湖北省圖書館藏。子目：小草三卷、杜吟五卷續一卷、滄海蠡二卷、詩餘一卷、頌銘讚一卷、辭一卷、賦一卷、雨存篇二卷、猶奕稿二卷、笨菴吟六卷、鸚鵡車二卷、彌戾車二卷。

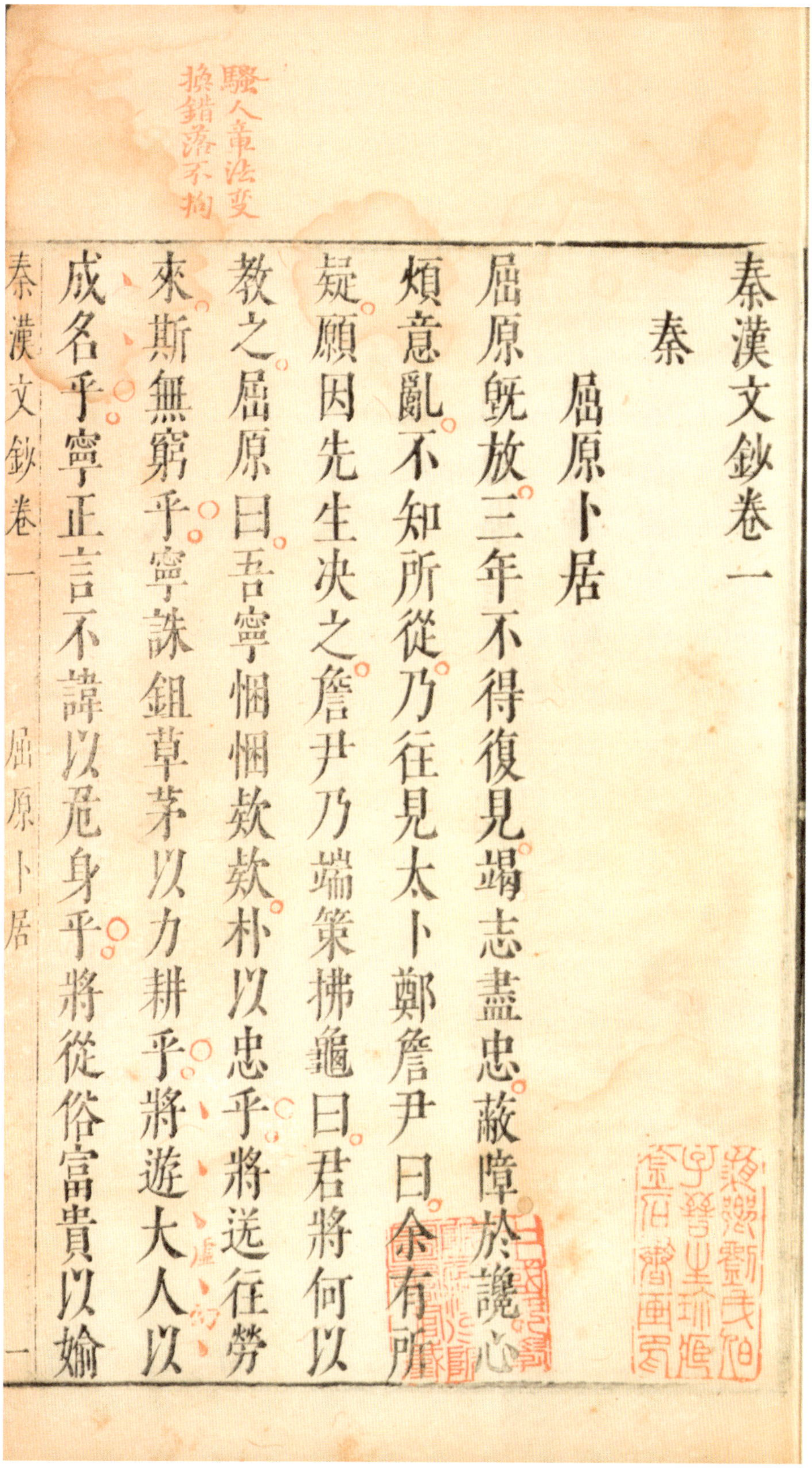
騷人章法變換錯落不拘

秦漢文鈔卷一

秦

屈原卜居

屈原既放三年不得復見竭志盡忠蔽障於讒心煩意亂不知所從乃往見太卜鄭詹尹曰余有所疑願因先生決之詹尹乃端策拂龜曰君將何以教之屈原曰吾寧悃悃款款朴以忠乎將送往勞來斯無窮乎寧誅鉏草茅以力耕乎將遊大人以成名乎寧正言不諱以危身乎將從俗富貴以媮

秦漢文鈔卷一　屈原卜居　一

00186 秦漢文鈔六卷 （明）閔邁德輯　（明）楊融博批點　明萬曆四十八年（1620）閔氏朱墨套印本

框高 20.5 厘米，宽 14.7 厘米。九行十九字，白口，四周單邊。鈐“湘鄉劉氏伯子晉生珍藏金石書畫印”等印。湖北省圖書館藏。

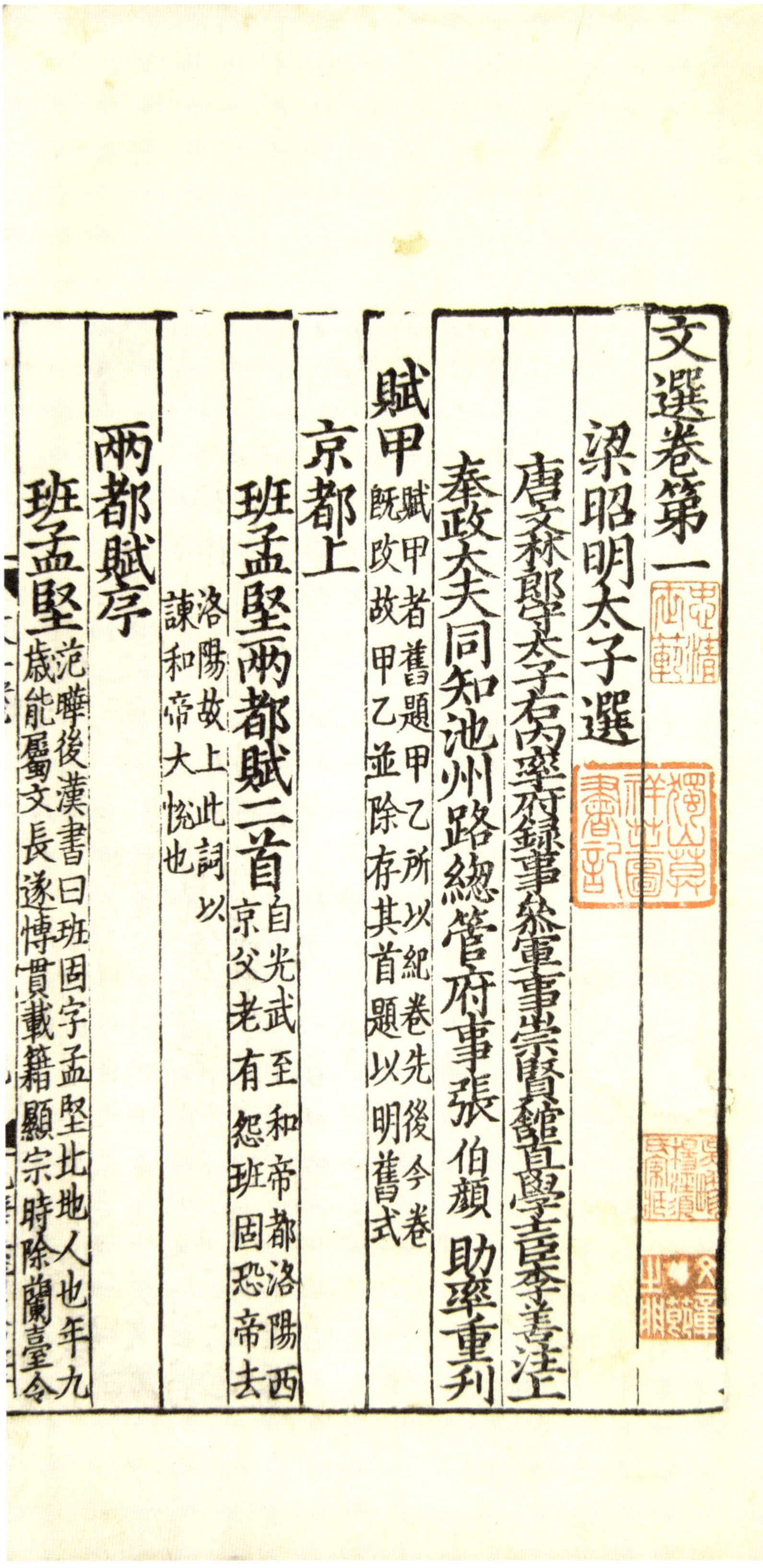
文選卷第一
梁昭明太子選
唐文林郎守太子右內率府録事參軍事崇賢館直學士臣李善注上
奉政大夫同知池州路總管府事張伯顔 助率重刊
賦甲 賦甲者舊題甲乙所以紀卷先後今卷既改故甲乙並除存其首題以明舊式
京都上
班孟堅兩都賦二首 自光武至和帝都洛陽西京父老有怨班固恐帝去洛陽故上此詞以諫和帝大悅也
兩都賦序
班孟堅 范曄後漢書曰班固字孟堅北地人也年九歲能屬文長遂博貫載籍顯宗時除蘭臺令

00187、00189 文選六十卷 （南朝梁）蕭統編 （唐）李善注 明嘉靖元年（1522）汪諒刻本

框高19.4厘米，宽13.6厘米。十行二十一字，白口，四周單邊。襄陽市少年兒童圖書館藏，存五十三卷：一至九、十二至二十三、二十六至五十五、五十九至六十。目録後刻："金臺書鋪汪諒，見居正陽門内西第一巡警更鋪對門，今將所刻古書目開列於左，及家藏今古書籍不能悉載，愿市者諒焉！"鈐"獨山莫祥芝圖書記""莫祥芝印""善徵"等印。武漢圖書館藏，存四十五卷：二至二十、二十七至二十九、三十三至四十二、四十六至五十八。鈐"沔陽歐陽蟾園珍藏印"等印。

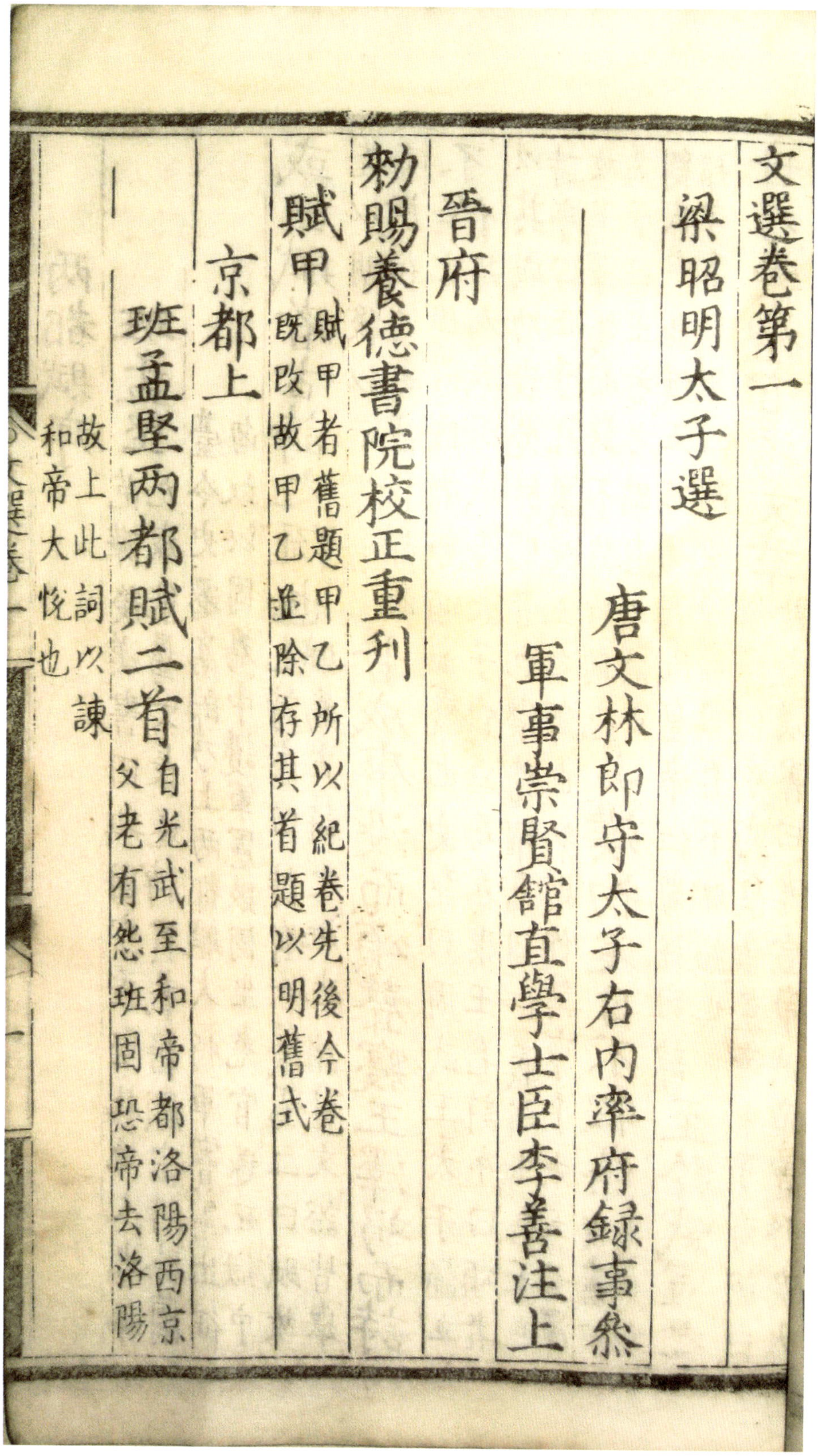
文選卷第一
梁昭明太子選
唐文林郎守太子右内率府録事叅
軍事崇賢館直學士臣李善注上
晉府
勑賜養德書院校正重刊
賦甲 賦甲者舊題甲乙所以紀卷先後今卷既改故甲乙並除存其首題以明舊式
京都上
班孟堅兩都賦二首 自光武至和帝都洛陽西京父老有怨班固恐帝去洛陽故上此詞以諫和帝大悅也

00188 文選六十卷 （南朝梁）蕭統編 （唐）李善注 明嘉靖四至六年（1525—1527）晉府養德書院刻本

框高 22.8 厘米，宽 15 厘米。十行二十二字，白口，四周雙邊。卷端刻“晉府勑賜養德書院校正重刊”。襄陽市少年兒童圖書館藏。

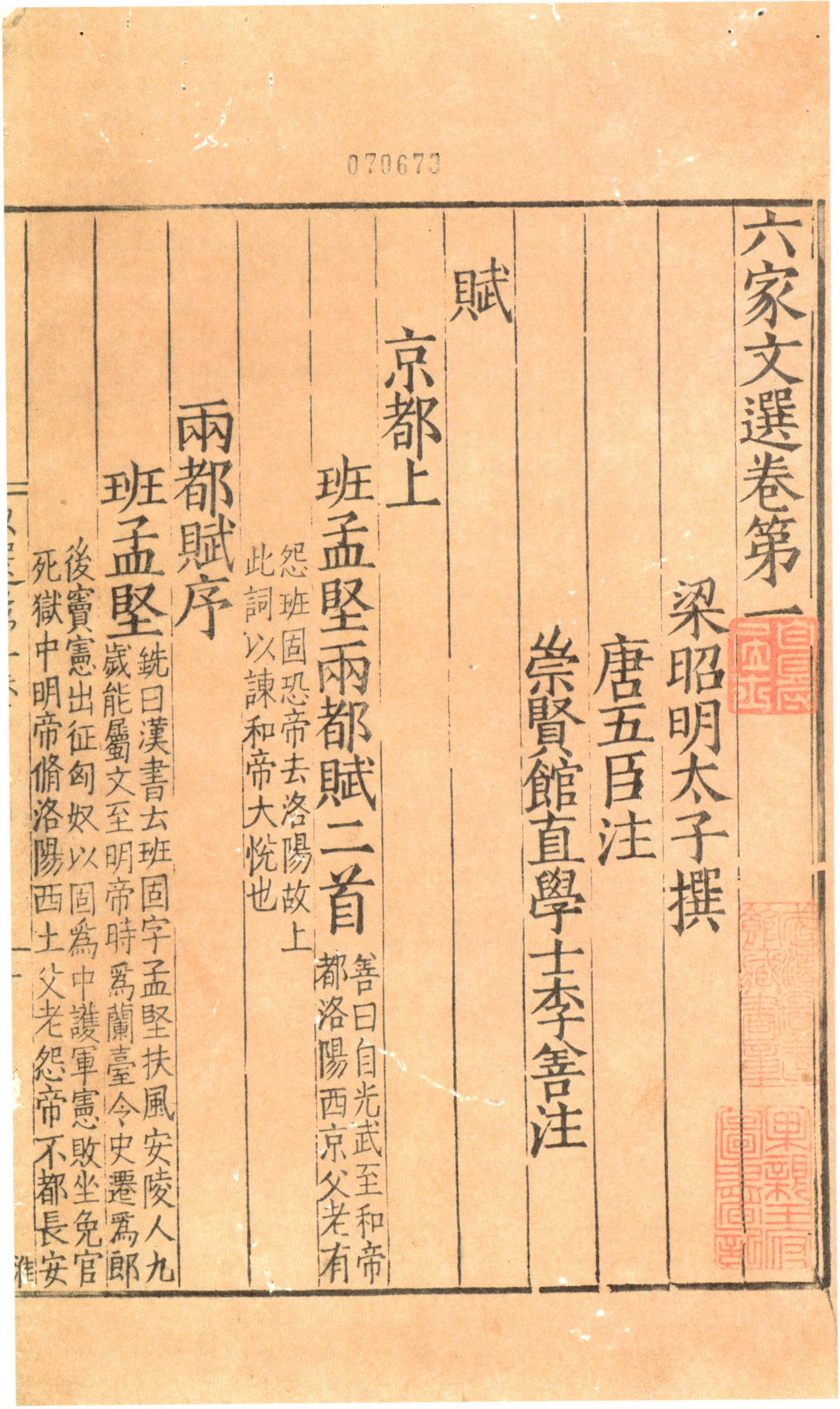
070673

六家文選卷第一
梁昭明太子撰
唐五臣注
崇賢館直學士李善注
賦
京都上
班孟堅兩都賦二首善曰自光武至和帝都洛陽西京父老有怨班固恐帝去洛陽故上此詞以諫和帝大悅也
兩都賦序
班孟堅銑曰漢書去班固字孟堅扶風安陵人九歲能屬文至明帝時爲蘭臺令史遷爲郎後竇憲出征匈奴以固爲中護軍憲敗坐免官死獄中明帝脩洛陽西土父老怨帝不都長安

00190—00192 六家文選六十卷 （南朝梁）蕭統編 （唐）李善等注 明嘉靖二十八年（1549）袁氏嘉趣堂刻本

框高24.1厘米，寬19.3厘米。十一行十八字，白口，左右雙邊。牌記："吴郡袁氏善本新雕。"武漢圖書館藏，鈐"果親王府圖書記""自得居士"等印。襄陽市少年兒童圖書館藏，存五十一卷：一至四十、四十二、五十一至六十。鈐"藝風堂藏書""荃孫""雲輪閣""詒經堂張氏珍藏""儒英後人""又南一字心萓""張光基印"等印。湖北省圖書館藏。

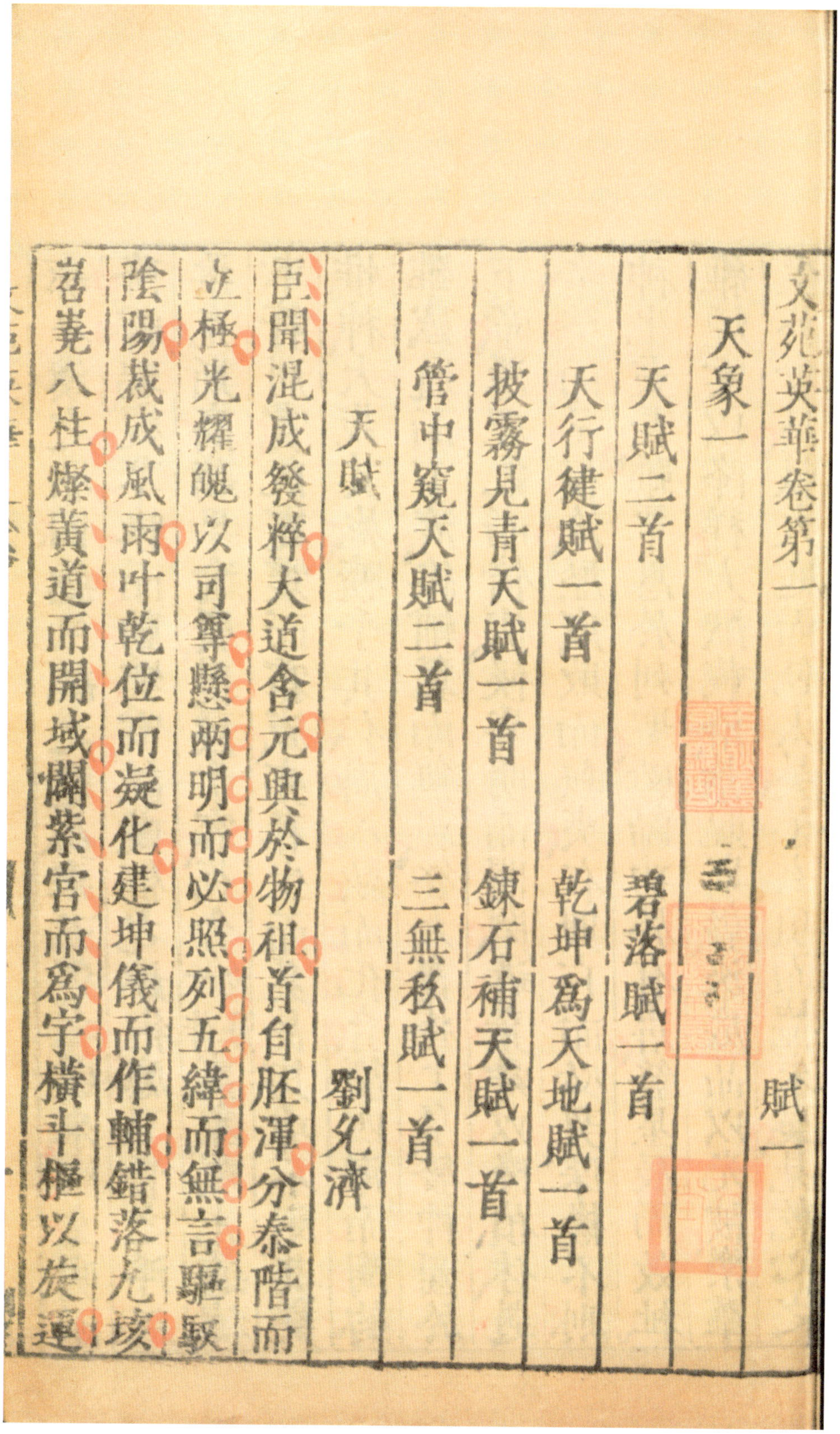
文苑英華卷第一　賦一
天象一
天賦二首　碧落賦一首
天行健賦一首　乾坤爲天地賦一首
披霧見青天賦一首　鍊石補天賦一首
管中窺天賦二首　三無私賦一首
天賦　劉允濟
臣聞混成發粹大道含元興於物祖首自胚渾分泰階而
立極光耀魄以司尊懸兩明而必照列五緯而無言驅馭
陰陽裁成風雨叶乾位而凝化建坤儀而作輔錯落九垓
岧嶤八柱爍黄道而開域闢紫宫而爲宇横斗樞以旋運

00193 文苑英華一千卷　（宋）李昉等輯　明隆慶元年（1567）胡維新、戚繼光刻本

框高 21 厘米，宽 15.7 厘米。十一行二十二字，白口，四周單邊。鈐“五千堂”“有酒便醉無錢不憂”等印。湖北省圖書館藏。

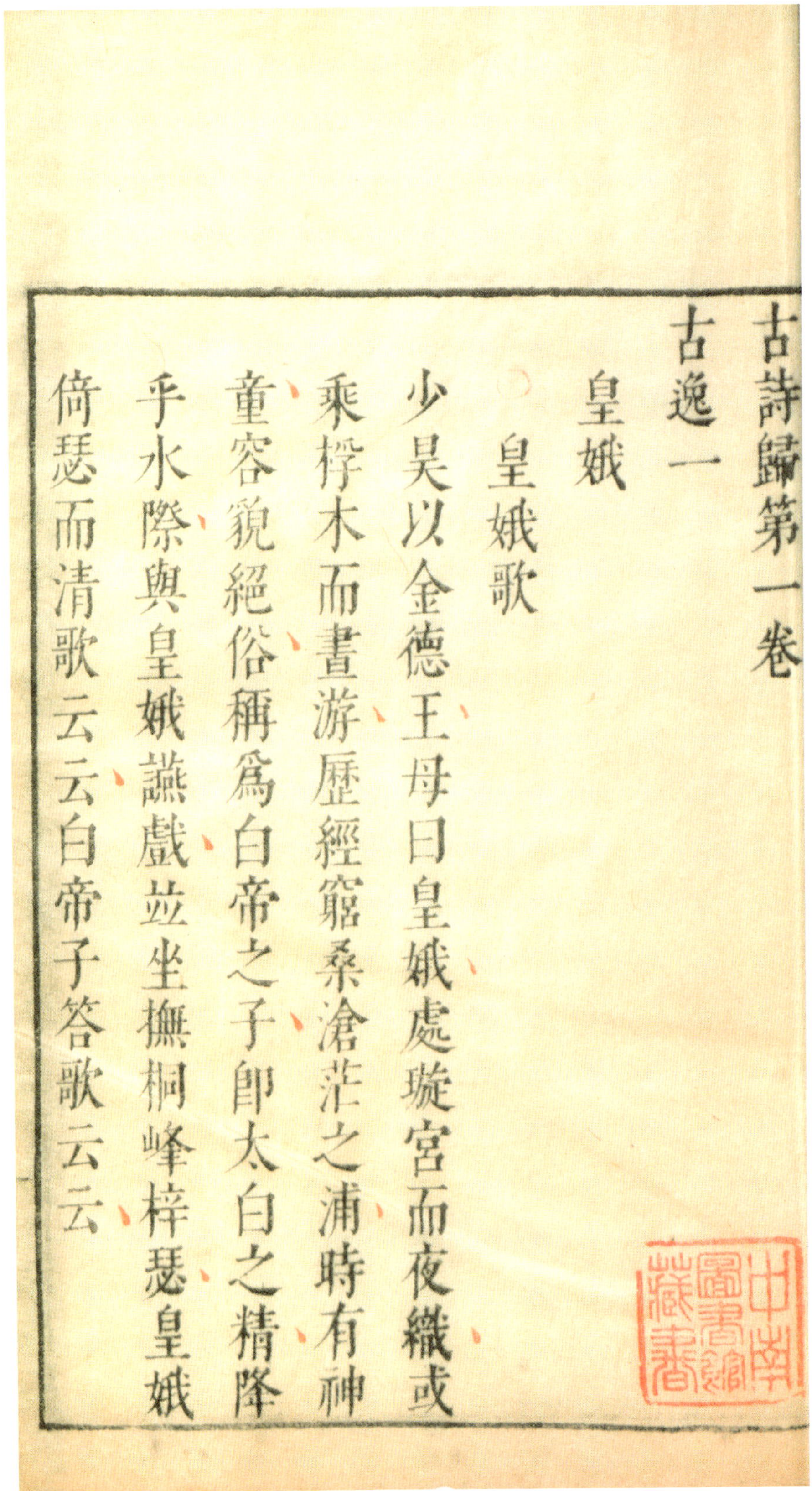

古詩歸第一卷
古逸一
皇娥
皇娥歌
少昊以金德王母曰皇娥處璇宮而夜織或
乘桴木而晝游歷經窮桑滄茫之浦時有神
童容貌絕俗稱爲白帝之子卽太白之精降
乎水際與皇娥讌戲並坐撫桐峰梓瑟皇娥
倚瑟而清歌云云白帝子答歌云云

00194 古詩歸十五卷 （明）鐘惺　譚元春輯　（明）吴德輿等校閲　明萬曆（1617—1620）閔振業刻三色套印本

框高20.3厘米，宽14.5厘米。九行十八字，白口，四周單邊。湖北省圖書館藏。

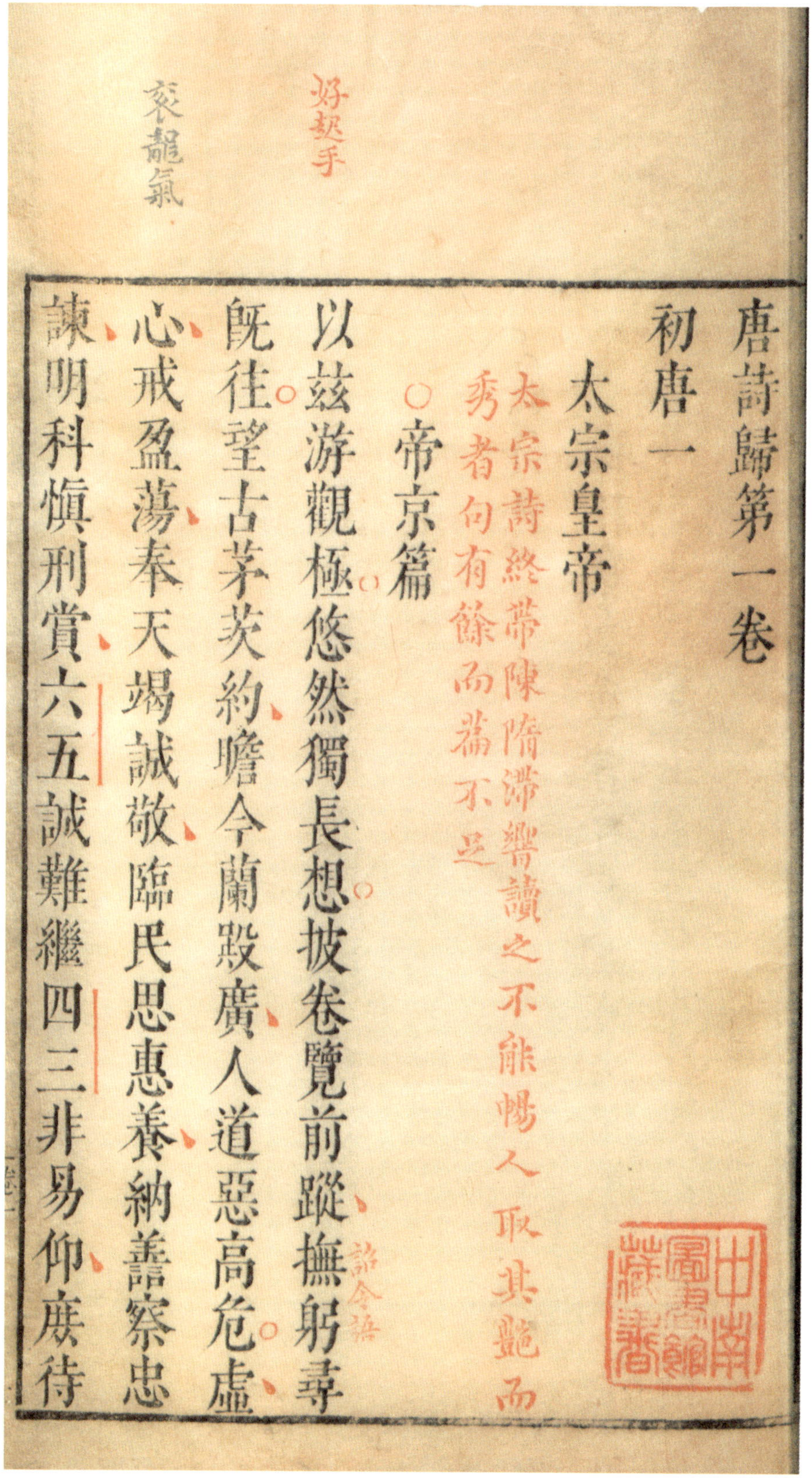
好起手
袞龍氣
唐詩歸第一卷
初唐一
太宗皇帝
太宗詩終帶陳隋滯響讀之不能暢人取其艷而秀者句有餘而篇不足
帝京篇
以茲游觀極悠然獨長想披卷覽前蹤撫躬尋既往望古茅茨約瞻今蘭殿廣人道惡高危虛心戒盈蕩奉天竭誠敬臨民思惠養納善察忠諫明科慎刑賞六五誠難繼四三非易仰庶待
詔令語

00195 唐詩歸三十六卷 （明）鍾惺　譚元春輯　明萬曆閔振業刻三色套印本（卷三十五末葉、卷三十六抄配）

框高20.6厘米，宽14.5厘米。九行十八字，白口，四周單邊。湖北省圖書館藏。

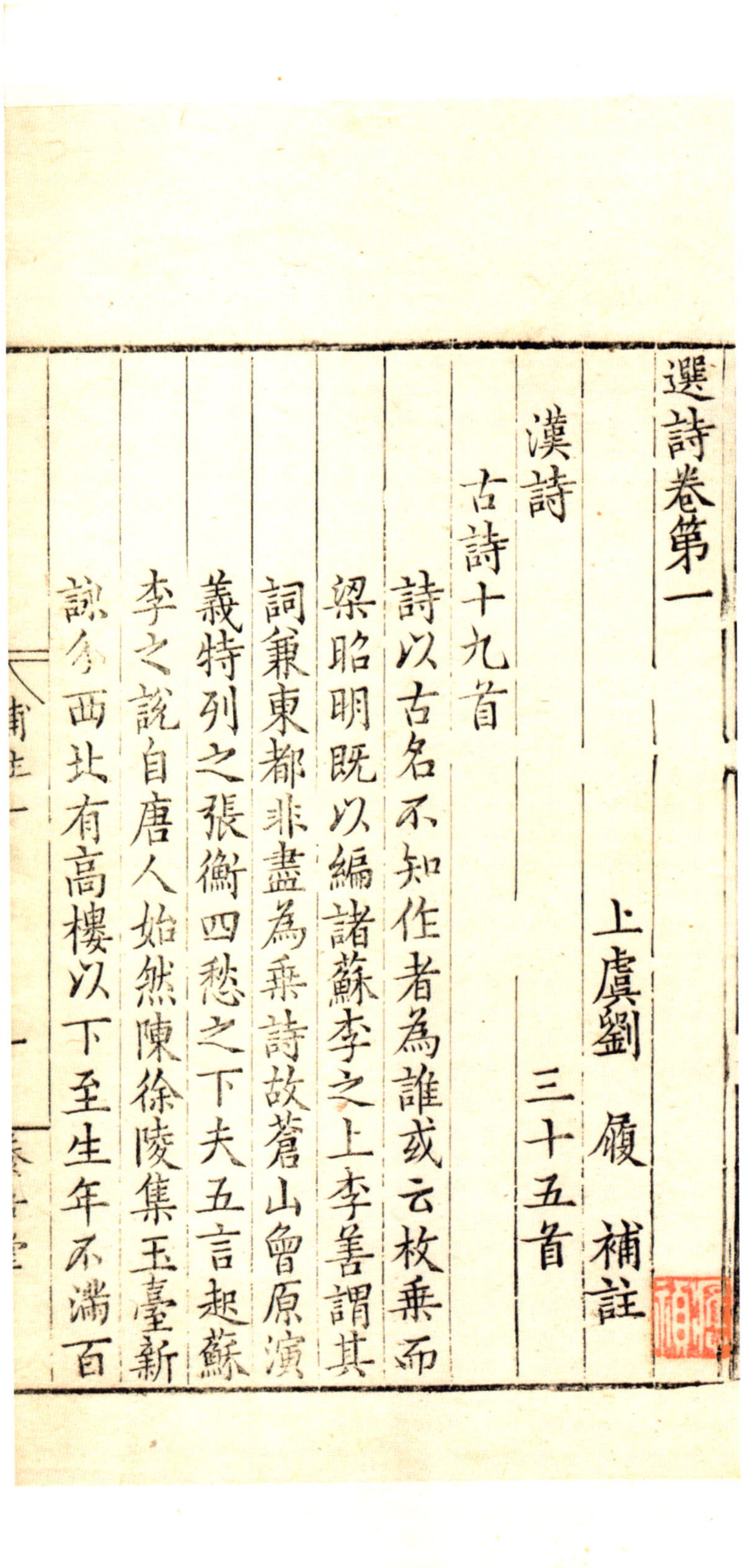

選詩卷第一
上虞劉　履　補註
漢詩
三十五首
古詩十九首
詩以古名不知作者為誰或云枚乘而
梁昭明既以編諸蘇李之上李善謂其
詞兼東都非盡為乘詩故蒼山曾原演
義特列之張衡四愁之下夫五言起蘇
李之說自唐人始然陳徐陵集玉臺新
詠分西北有高樓以下至生年不滿百

00196—00197 選詩補注八卷補遺二卷續編四卷 （元）劉履撰　明嘉靖三十一年（1552）顧氏養吾堂刻本

框高 18 厘米，宽 14 厘米。十行十九字，白口，左右雙邊。牌記云："是編刻于嘉靖甲辰，訖工今歲壬子。刻，李潮叔侄。書，龔氏白谷。技盡吴下，可與茲編竝傳。而白谷文士，卷袠謄寫，非其業也。遂至數年，始克完局。嗚呼，難哉。東白齋識。"鈐"應禎""後泉道人"等印。湖北大學圖書館藏；武漢圖書館藏，缺選詩補注八卷。

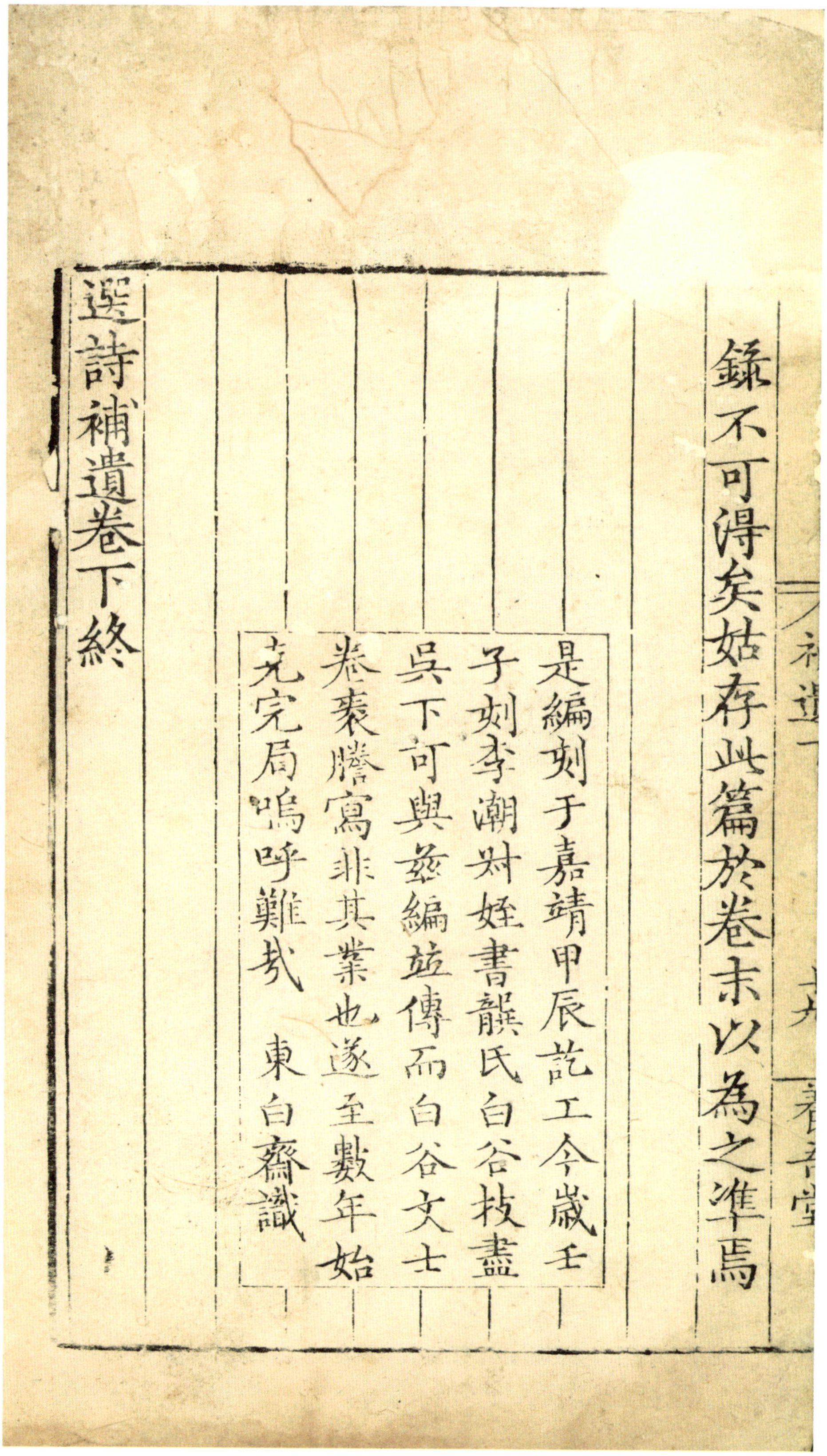
錄不可得矣姑存此篇於卷末以為之準焉

是編刻于嘉靖甲辰訖工今歲壬子刻李潮対姪書龔氏白谷校盡呉下可與茲編竝傳而白谷文士卷衰謄寫非其業也遂至數年始克完局嗚呼難哉 東白齋識

選詩補遺卷下終

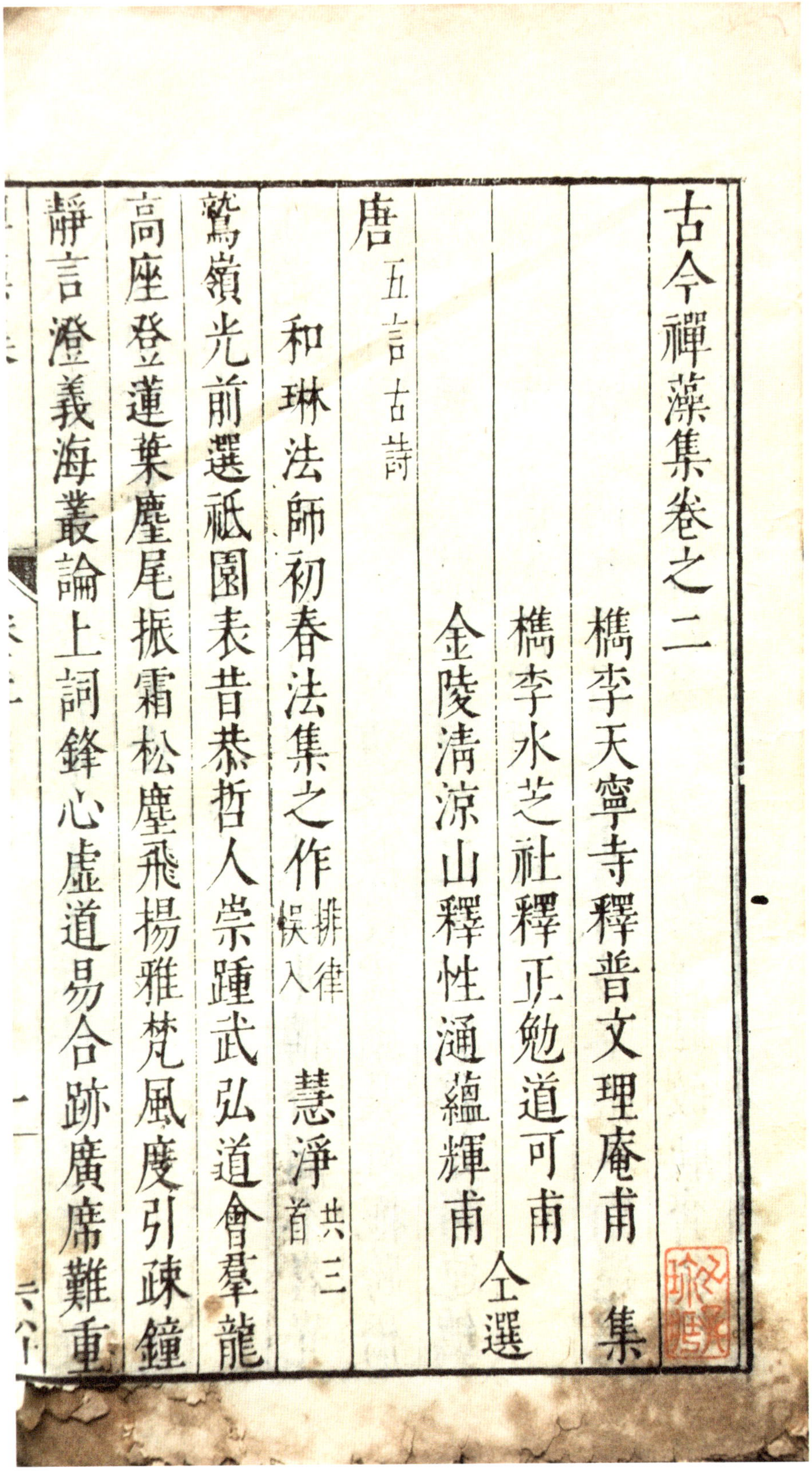
古今禪藻集卷之二
檇李天寧寺釋普文理菴甫　集
檇李水芝社釋正勉道可甫
金陵清涼山釋性通蘊輝甫　仝選
唐
五言古詩
和琳法師初春法集之作排律誤入　慧淨共三首
鷲嶺光前選祇園表昔恭哲人崇踵武弘道會羣龍
高座登蓮葉麈尾振霜松塵飛揚雅梵風度引疎鐘
靜言澄義海叢論上詞鋒心虛道易合跡廣席難重

00198 古今禪藻集二十八卷歷代詩僧履歷略節一卷 （明）釋普文集（明）釋正勉　釋性通選　明萬曆刻本

框高 21.5 厘米，寬 14 厘米。九行二十字，白口，左右雙邊。存二十一卷：二至二十二。鈐“卍孫珍藏”等印。浠水縣博物館藏。

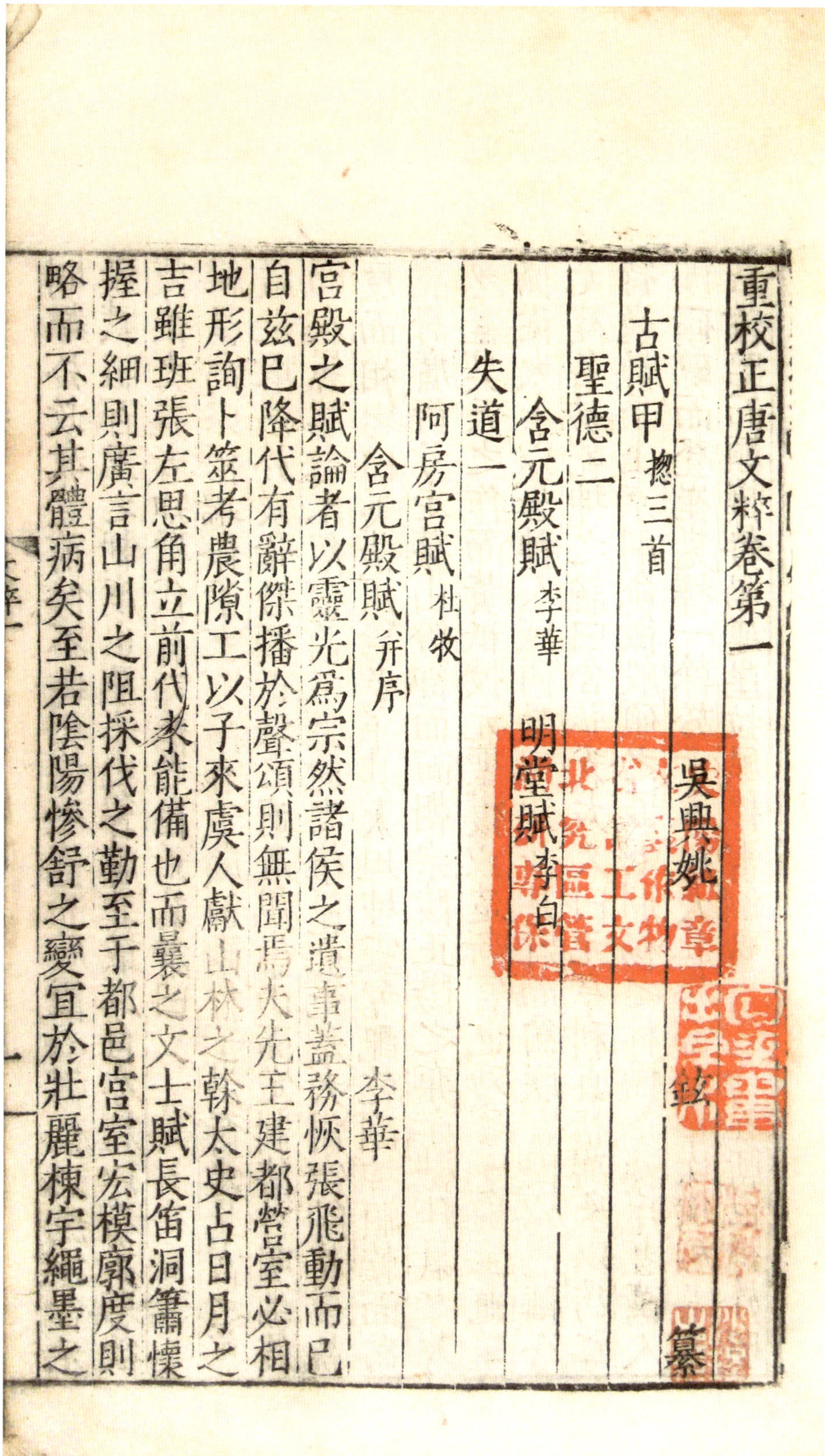
重校正唐文粹卷第一　吳興姚鉉纂
古賦甲 揔三首
聖德二
含元殿賦 李華　明堂賦 李白
失道一
阿房宫賦 杜牧
含元殿賦 并序　李華
宫殿之賦論者以靈光爲宗然諸侯之遺事蓋務恢張飛動而已自茲已降代有辭傑播於聲頌則無聞焉夫先王建都營室必相地形詢卜筮考農隙工以子來虞人獻山林之幹太史占日月之吉雖班張左思角立前代未能備也而曩之文士賦長笛洞簫懐握之細則廣言山川之阻採伐之勤至于都邑宫室宏模廓度則略而不云其體病矣至若陰陽慘舒之變宜於壯麗棟宇繩墨之

00199 重校正唐文粹一百卷目録一卷（宋）姚鉉輯　明嘉靖六年（1527）張大輪刻本

框高 20.3 厘米，宽 14.4 厘米。十四行二十五字，白口，左右雙邊。存九十二卷：一至六十二、七十一至一百。襄陽市少年兒童圖書館藏。

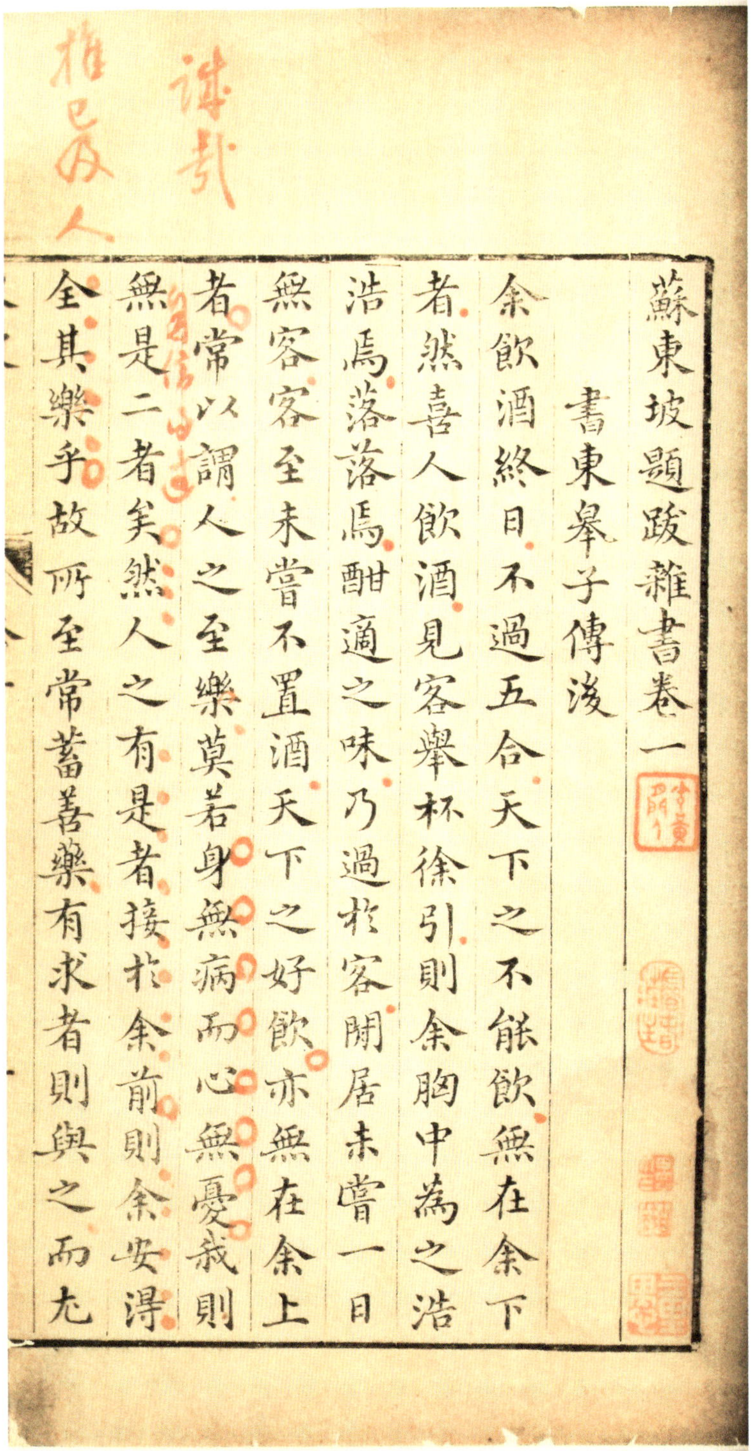
蘇東坡題跋雜書卷一
書東皋子傳後
余飲酒終日不過五合天下之不能飲無在余下
者然喜人飲酒見客舉杯徐引則余胸中爲之浩
浩焉落落焉酣適之味乃過於客閑居未嘗一日
無客客至未嘗不置酒天下之好飲亦無在余上
者常以謂人之至樂莫若身無病而心無憂我則
無是二者矣然人之有是者接於余前則余安得
全其樂乎故所至常蓄善藥有求者則與之而尤

00200 蘇黄題跋二種十二卷 （宋）蘇軾　黄庭堅撰　明刻本　明康爾祚、清俞湘題識

框高21厘米，寬14.3厘米。九行十九字，白口，四周單邊。鈐“康爾祚印”“俞湘”“曉帆”“童愚”“自純”“愚印”“光黄間人”“愚公”“惜春莊主”等印。湖北省博物館藏。

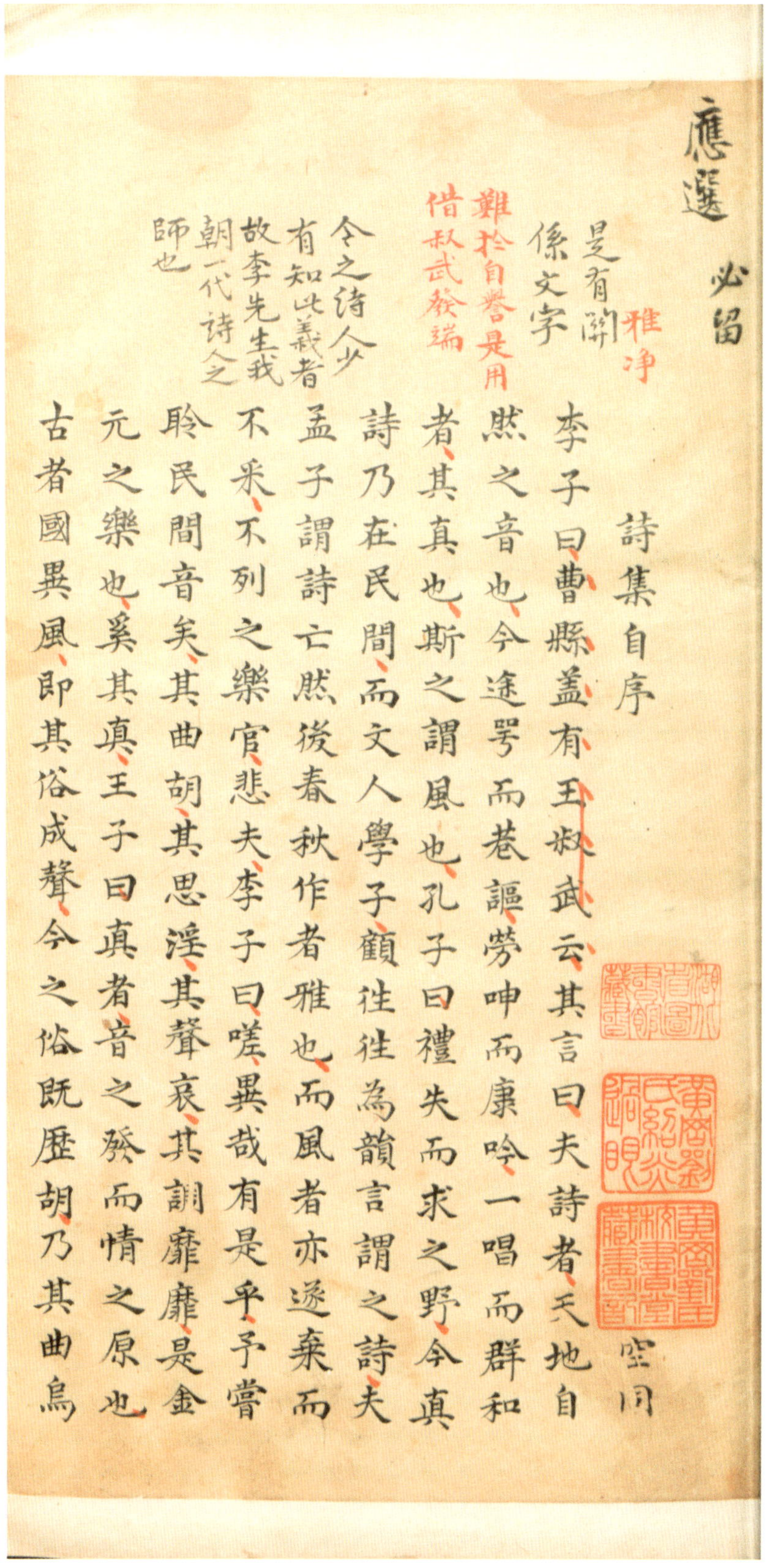

應選 必留

雅淨

是有關係文字

難於自譽是用借叔武發端

今之詩人少有知此義者故李先生我朝一代詩人之師也

詩集自序　空同

李子曰曹縣蓋有王叔武云其言曰夫詩者天地自然之音也今途咢而巷謳勞呻而康吟一唱而群和者其真也斯之謂風也孔子曰禮失而求之野今真詩乃在民間而文人學子顧往往為韻言謂之詩夫孟子謂詩亡然後春秋作者雅也而風者亦遂棄而不采不列之樂官悲夫李子曰嗟異哉有是乎予嘗聆民間音矣其曲胡其思淫其聲哀其調靡靡是金元之樂也奚其真王子曰真者音之發而情之原也古者國異風即其俗成聲今之俗既歷胡乃其曲烏

00201 今文選十四卷（明）孫礦　余寅輯（明）唐鶴徵訂　明萬曆清稿本

十行二十字。鈐“黄岡劉氏紹炎過眼”“黄岡劉氏校書堂藏書記”等印。湖北省圖書館藏。

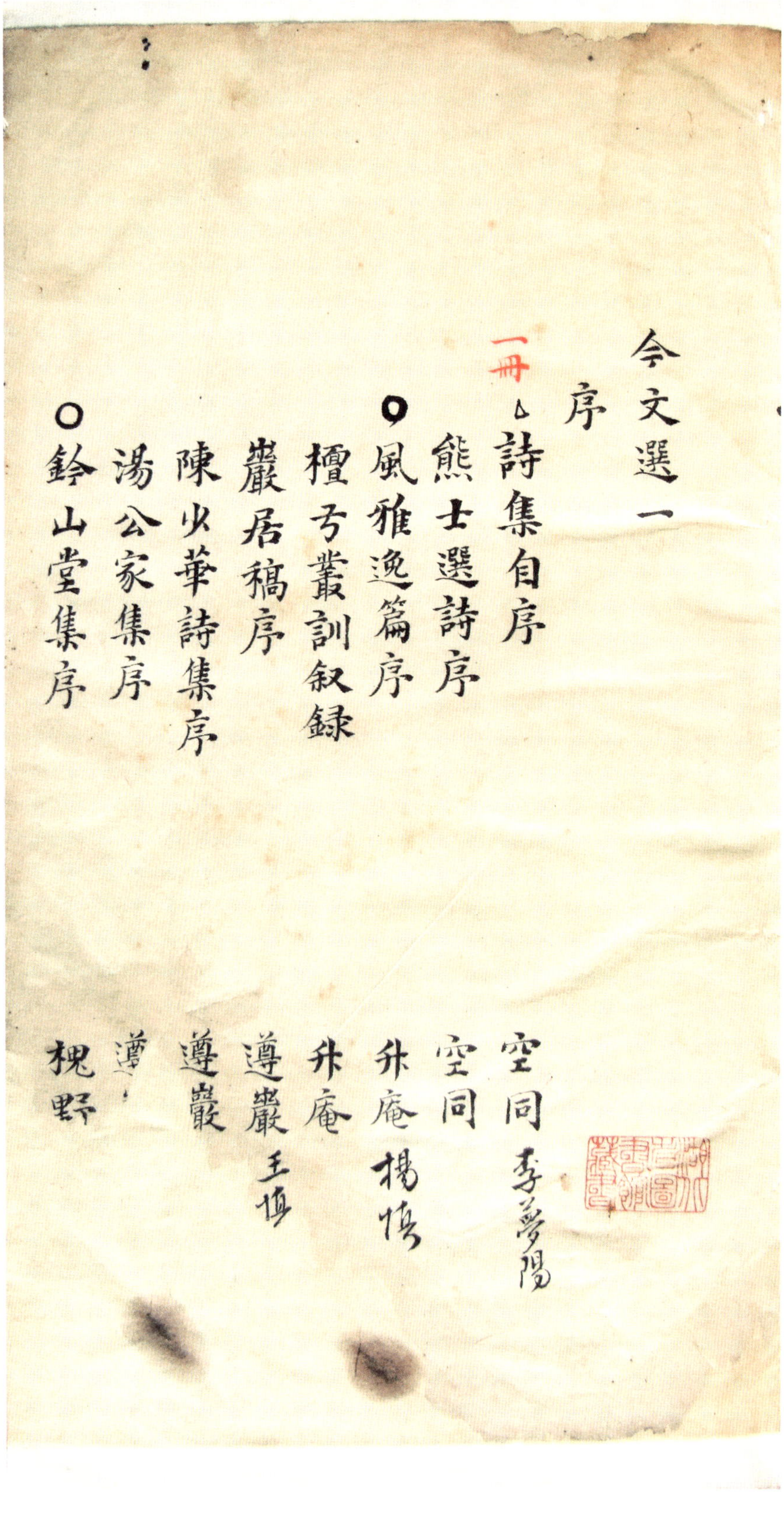

今文選一

序

一冊

△詩集自序　空同　李夢陽

熊士選詩序　空同

○風雅逸篇序　升庵　楊慎

檀弓叢訓叙録　升庵

巖居稿序　遵巖　王慎

陳少華詩集序　遵巖

湯公家集序　遵

○鈐山堂集序　槐野

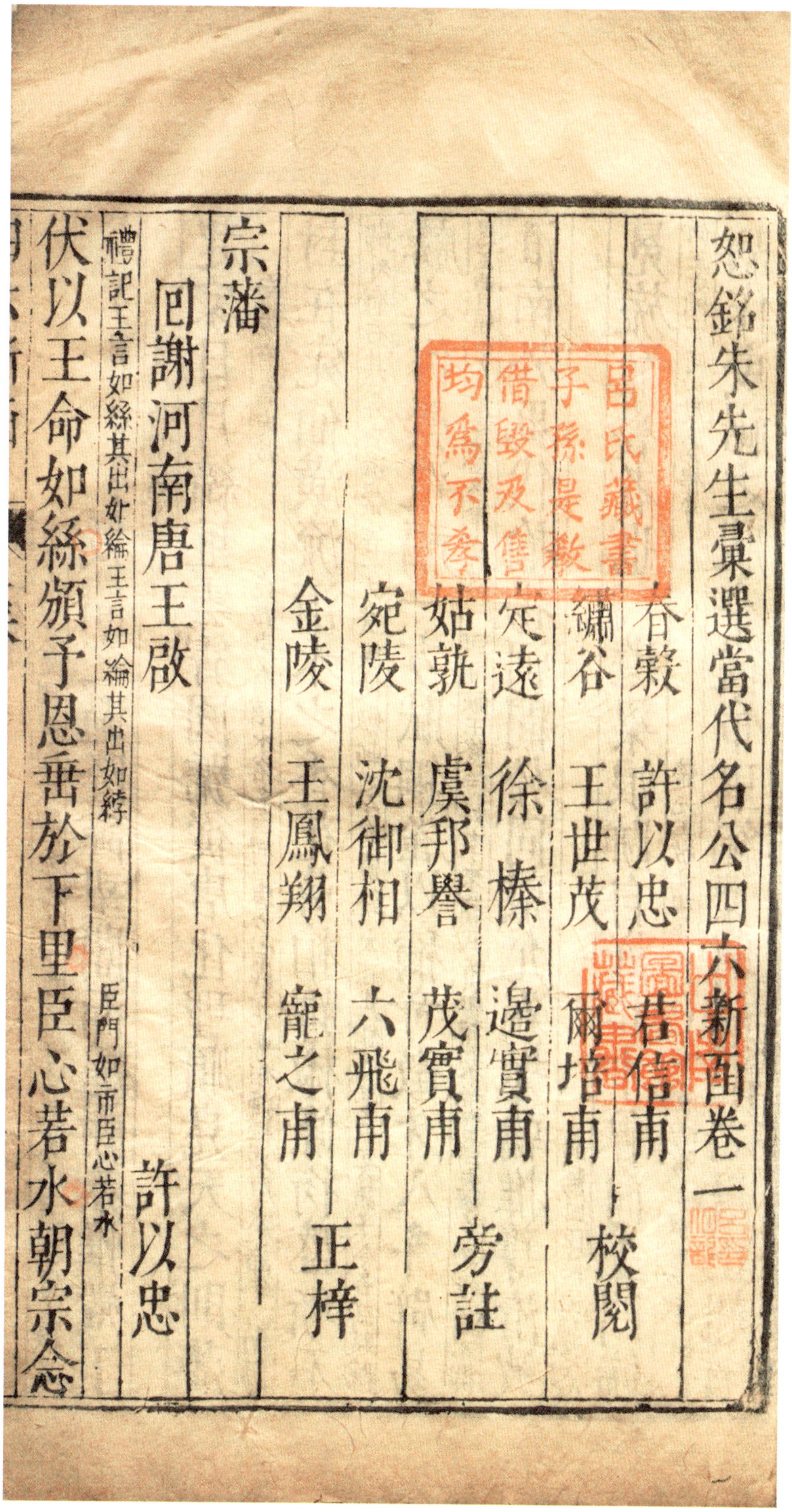

00202 恕銘朱先生彙選當代名公四六新函十二卷 （明）朱□輯 （明）許以忠 王世茂校閱 （明）徐榛 虞邦譽旁注 明萬曆四十二年（1614）金陵王氏車書樓刻本

框高21.7厘米，宽14.3厘米。七行二十字，白口，四周雙邊。牌記："萬曆歲在甲寅孟秋月之吉金陵車書樓主人王氏刊行。"鈐"呂仲龍印""呂氏藏書子孫是教借毀及售均爲不孝"等印。湖北省圖書館藏。

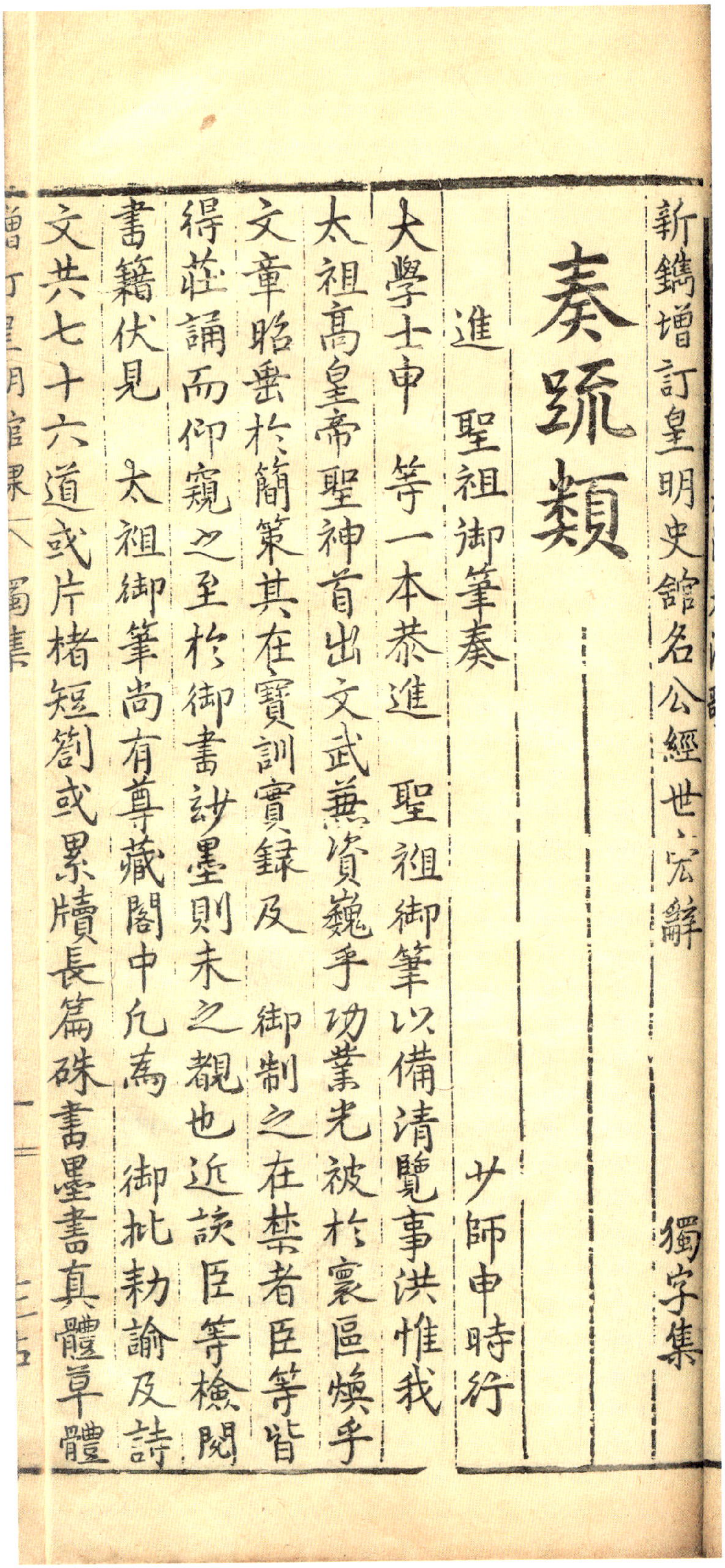
新鐫增訂皇明史館名公經世宏辭　獨字集

奏疏類

進　聖祖御筆奏　少師申時行

大學士申　等一本恭進　聖祖御筆以備清覽事洪惟我
太祖高皇帝聖神首出文武兼資巍乎功業光被於寰區煥乎
文章昭垂於簡策其在寶訓實録及　御制之在禁者臣等皆
得莊誦而仰窺之至於御書紗墨則未之覩也近該臣等檢閲
書籍伏見　太祖御筆尚有尊藏閣中允為　御批勅諭及詩
文共七十六道或片楮短劄或累牘長篇殊書墨書真體草體

增訂皇明館課　蜀集

00203 新鐫增訂皇明史館名公經世宏辭十四卷（明）施潔　凌稚隆輯

（明）項鳴秋增訂　明萬曆刻本

框高 21.6 厘米，寬 12.5 厘米。十行二十四字，白口，四周單邊。武漢大學圖書館藏。

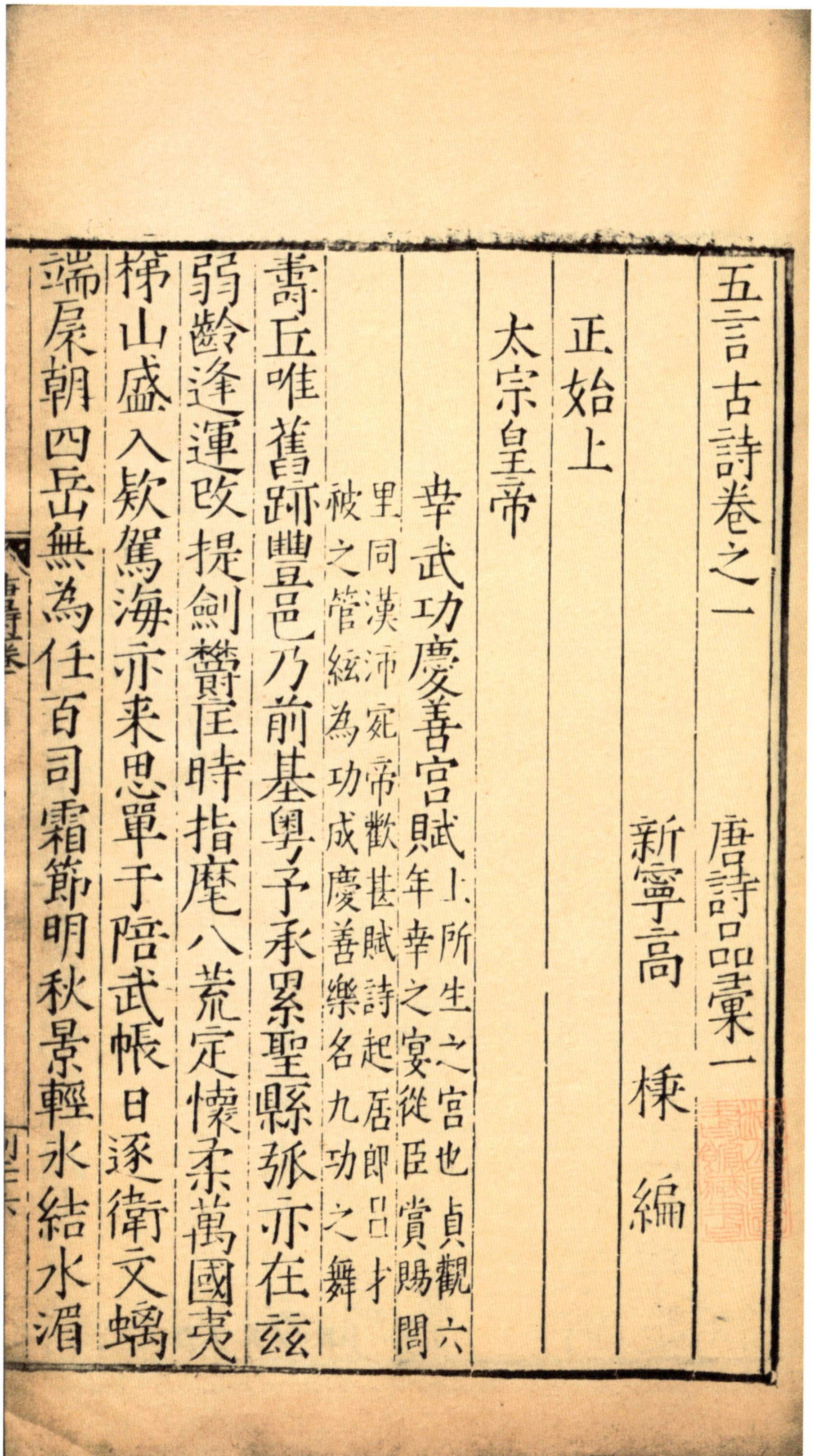
五言古詩卷之一　唐詩品彙一
新寧高　棅　編
正始上
太宗皇帝
幸武功慶善宫賦上所生之宫也貞觀六年幸之宴從臣賞賜閭里同漢沛宛帝歡甚賦詩起居郎呂才被之管絃為功成慶善樂名九功之舞
壽丘唯舊跡酆邑乃前基粤予承累聖懸弧亦在玆
弱齡逢運改提劍鬱匡時指麾八荒定懷柔萬國夷
梯山盛入欵駕海亦来思單于陪武帳日逐衛文螭
端扆朝四岳無為任百司霜節明秋景輕氷結水湄

00204 唐詩品彙九十卷拾遺十卷歷代名公敘論一卷詩人爵里詳節一卷（明）高棅編　明刻本

框高 22 厘米，寬 15.7 厘米。十行二十字，白口，左右雙邊。鈐“武昌柯氏”等印。湖北省圖書館藏。

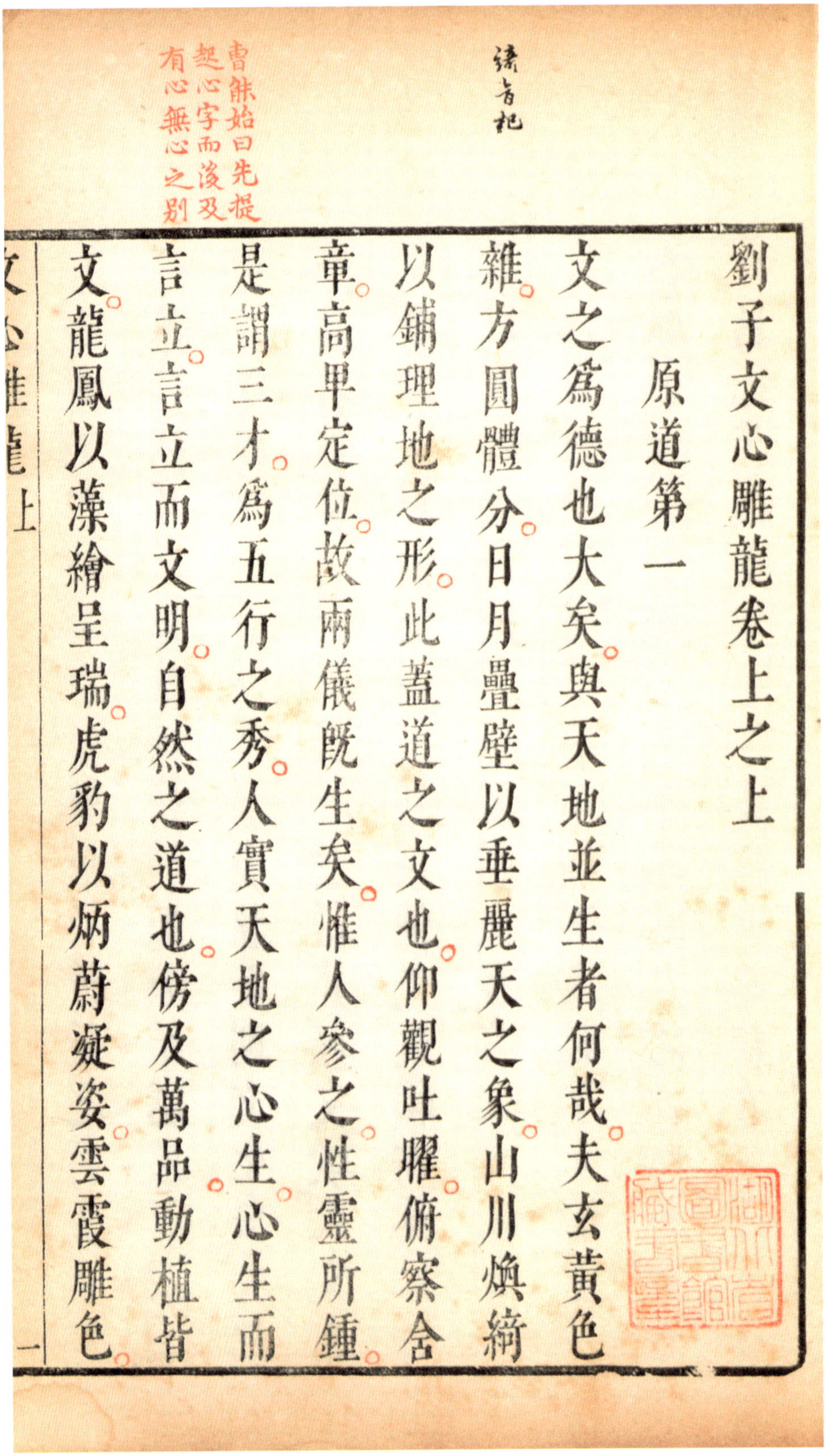
曹能始曰先提起心字而後及有心無心之别

劉子文心雕龍卷上之上
原道第一
文之爲德也大矣與天地並生者何哉夫玄黃色雜方圓體分日月疊壁以垂麗天之象山川煥綺以鋪理地之形此蓋道之文也仰觀吐曜俯察含章高卑定位故兩儀既生矣惟人參之性靈所鍾是謂三才爲五行之秀人實天地之心生心生而言立言立而文明自然之道也傍及萬品動植皆文龍鳳以藻繪呈瑞虎豹以炳蔚凝姿雲霞雕色

文心雕龍上　一

00205 劉子文心雕龍二卷 （南朝梁）劉勰撰 （明）楊慎等批點 **注二卷**

（明）梅慶生撰　明萬曆四十年（1612）閔繩初刻五色套印本

框高 21.3 厘米，寬 15.2 厘米。九行十九字，白口，四周單邊。湖北省圖書館藏。

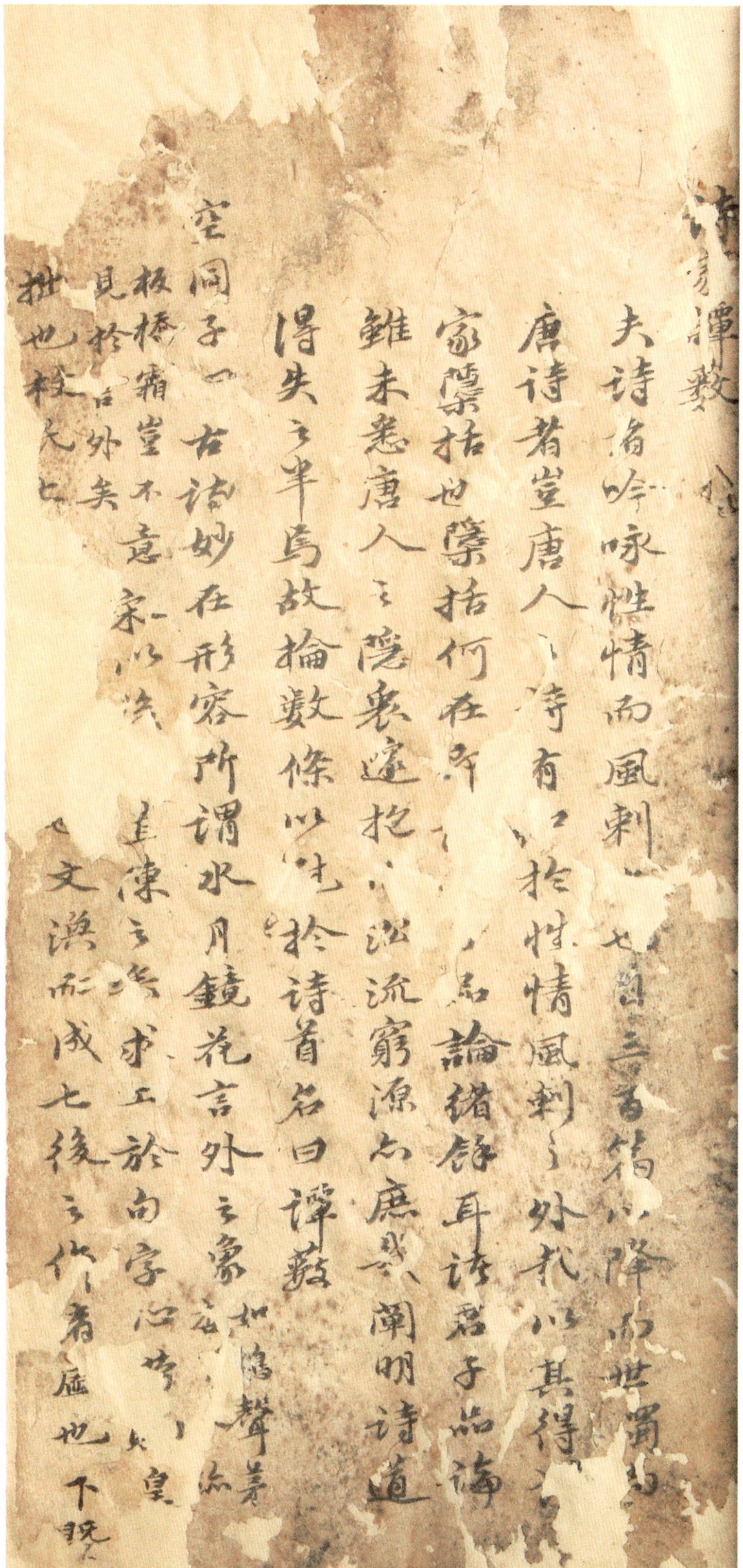

00206 詩家譚藪一卷 佚名輯 明抄本

九行二十四字。湖北省博物館藏。

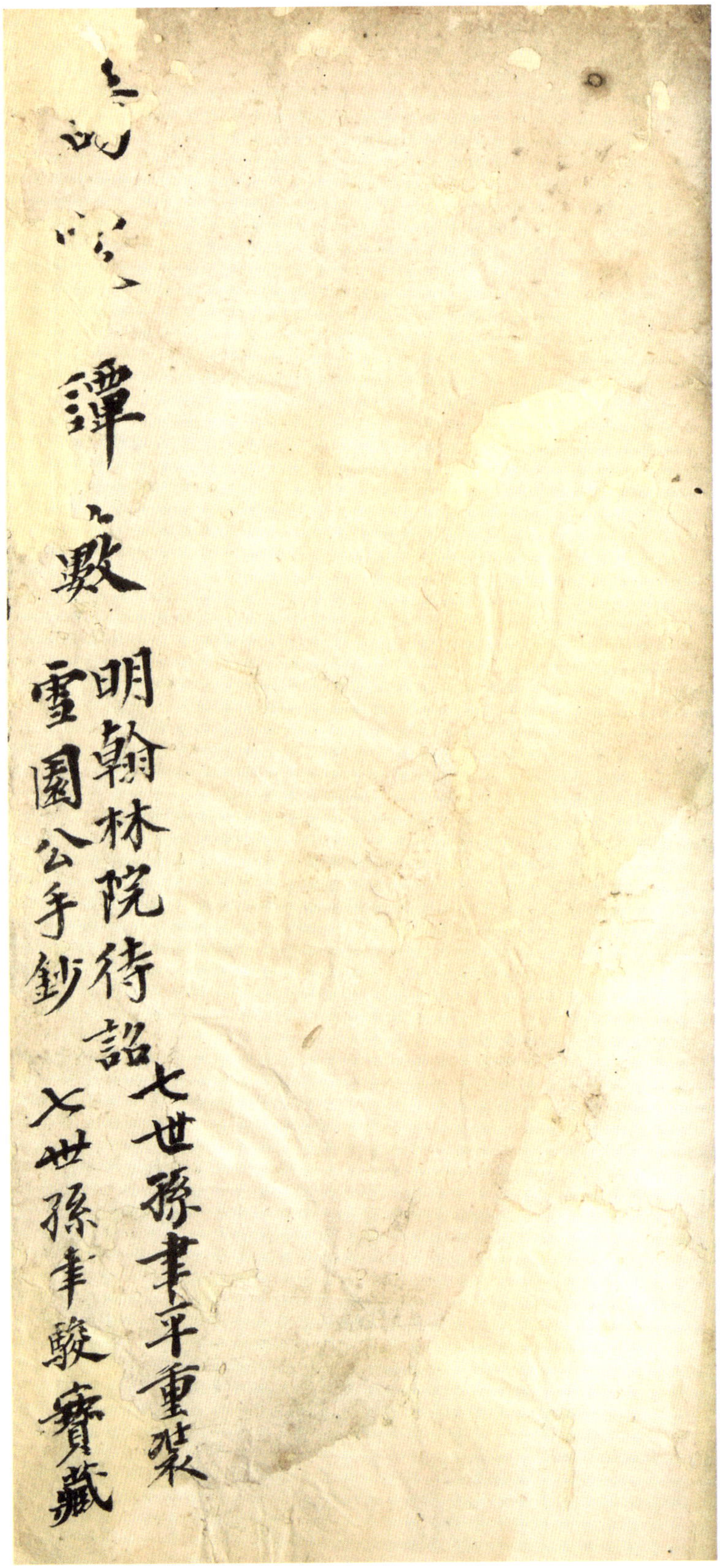
譚數
明翰林院待詔七世孫聿平重裝
雪園公手鈔 七世孫聿駿寶藏

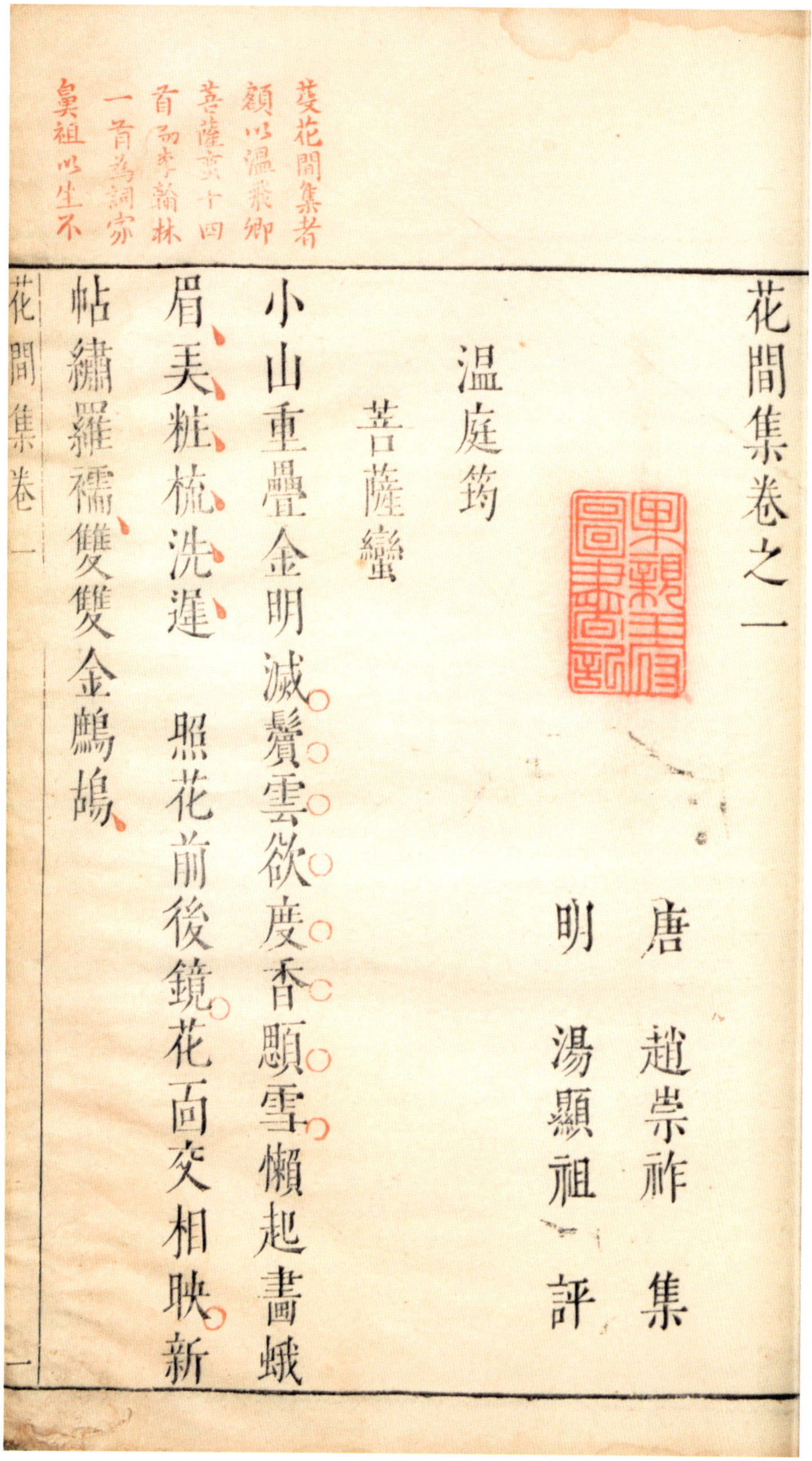
蔓花間集者
顧以溫飛卿
菩薩蠻十四
首而李翰林
一首為詞家
鼻祖以生不

花間集卷之一
唐 趙崇祚 集
明 湯顯祖 評
温庭筠
菩薩蠻
小山重疊金明滅鬢雲欲度香顋雪懶起畫蛾
眉弄粧梳洗遲 照花前後鏡花面交相映新
帖繡羅襦雙雙金鷓鴣
花間集卷一 一

00207 花間集四卷 （后蜀）趙崇祚集（明）湯顯祖評　明萬曆四十八年(1620)刻朱墨套印本

框高 19.9 厘米，寬 14.5 厘米。八行十八字，白口，左右雙邊。鈐“果親王府圖書記”等印。湖北省圖書館藏。

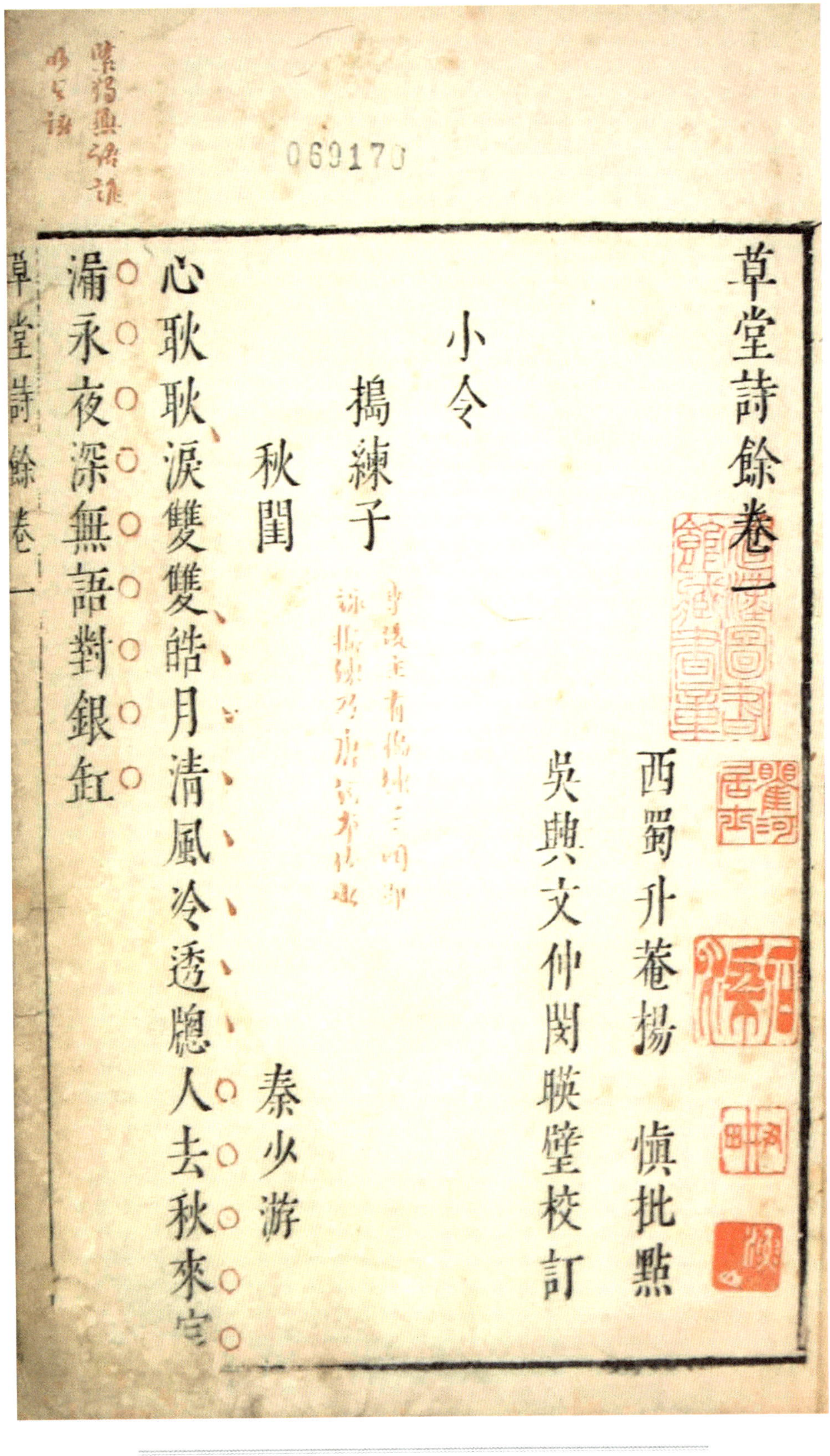

草堂詩餘卷一
西蜀升菴楊 慎批點
吳興文仲閔暎璧校訂
小令
擣練子
秋閨 秦少游
心耿耿淚雙雙皓月清風冷透牕人去秋來宮
漏永夜深無語對銀釭
草堂詩餘卷一

00208 草堂詩餘五卷 （宋）何士信編選 （明）楊慎批點 明吴興閔暎璧刻朱墨套印本

框高20.4厘米，寬14厘米。八行十八字，白口，四周單邊。鈐“漁山”“丑畊”“石梁”“瞿河居士”“寡過未能”“人間亦有癡過我”等印。武漢圖書館藏。

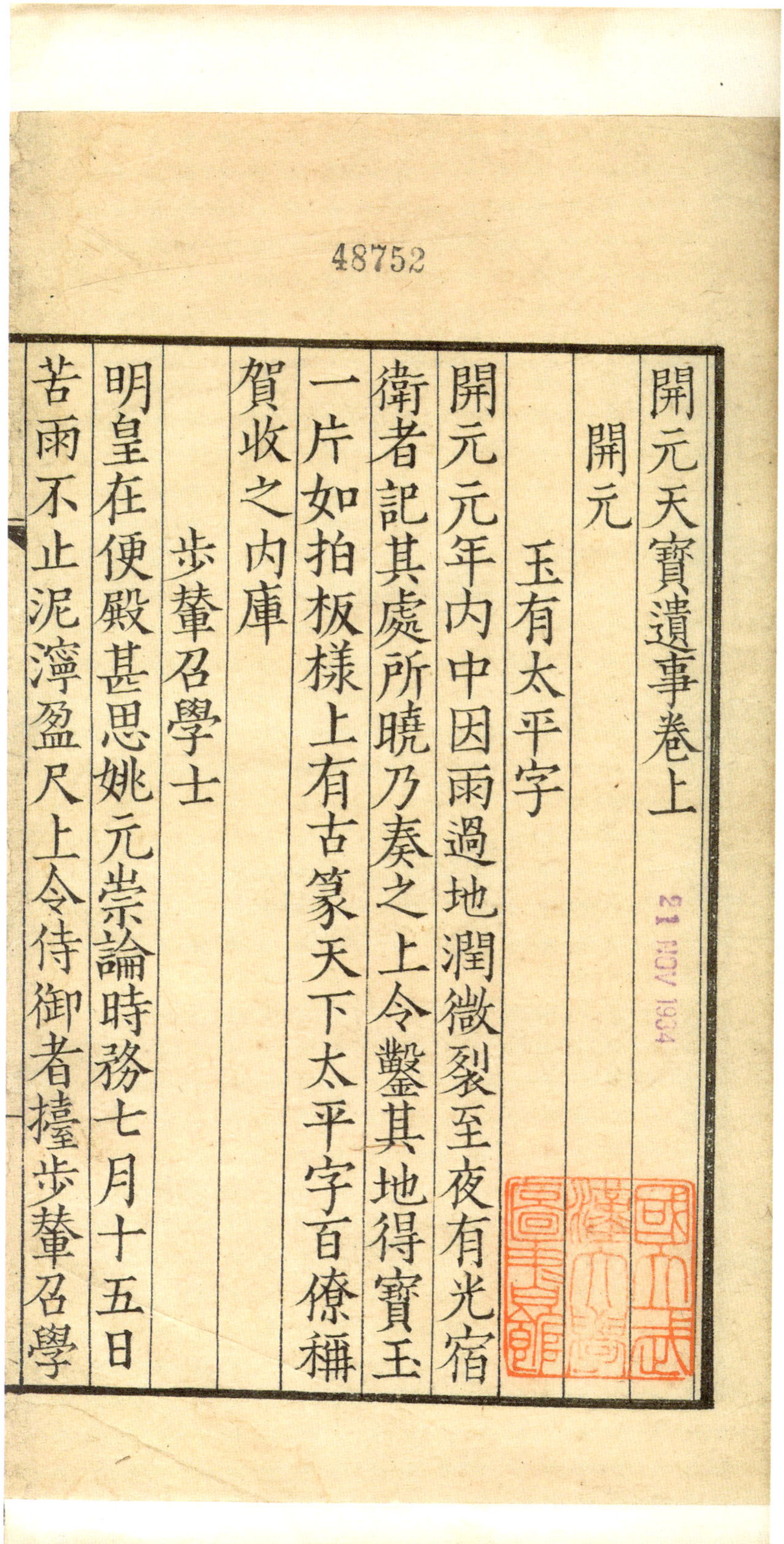

開元天寶遺事卷上

開元

玉有太平字

開元元年内中因雨過地潤微裂至夜有光宿衛者記其處所曉乃奏之上令鑿其地得寳玉一片如拍板樣上有古篆天下太平字百僚稱賀收之内庫

步輦召學士

明皇在便殿甚思姚元崇論時務七月十五日苦雨不止泥濘盈尺上令侍御者擡步輦召學

00209 顧氏文房小説五十八卷 （明）顧元慶編　明嘉靖元年（1522）顧氏刻本（目録、卷十三至十六、三十七至四十爲抄補）

框高18厘米，宽12.6厘米。十行十八字，白口，左右雙邊。武漢大學圖書館藏。

竹義

太液池岸有竹數十叢牙筍未嘗相離密密如裁也帝因與諸王閑步于竹間帝謂諸王曰人世父子兄弟尚有離心離意此竹宗本不相疎人有懷貳心生離間之意覩此可以爲鑑諸王皆唯唯帝呼爲竹義

美人呵筆

李白于便殿對明皇撰詔誥時十月大寒筆凍莫能書字帝勑宮嬪十八侍于李白左右各執牙筆呵之遂取而書其詔其受聖眷如此

開元天寶遺事卷下

埭川顧氏家塾刊行

陽山顧氏文房

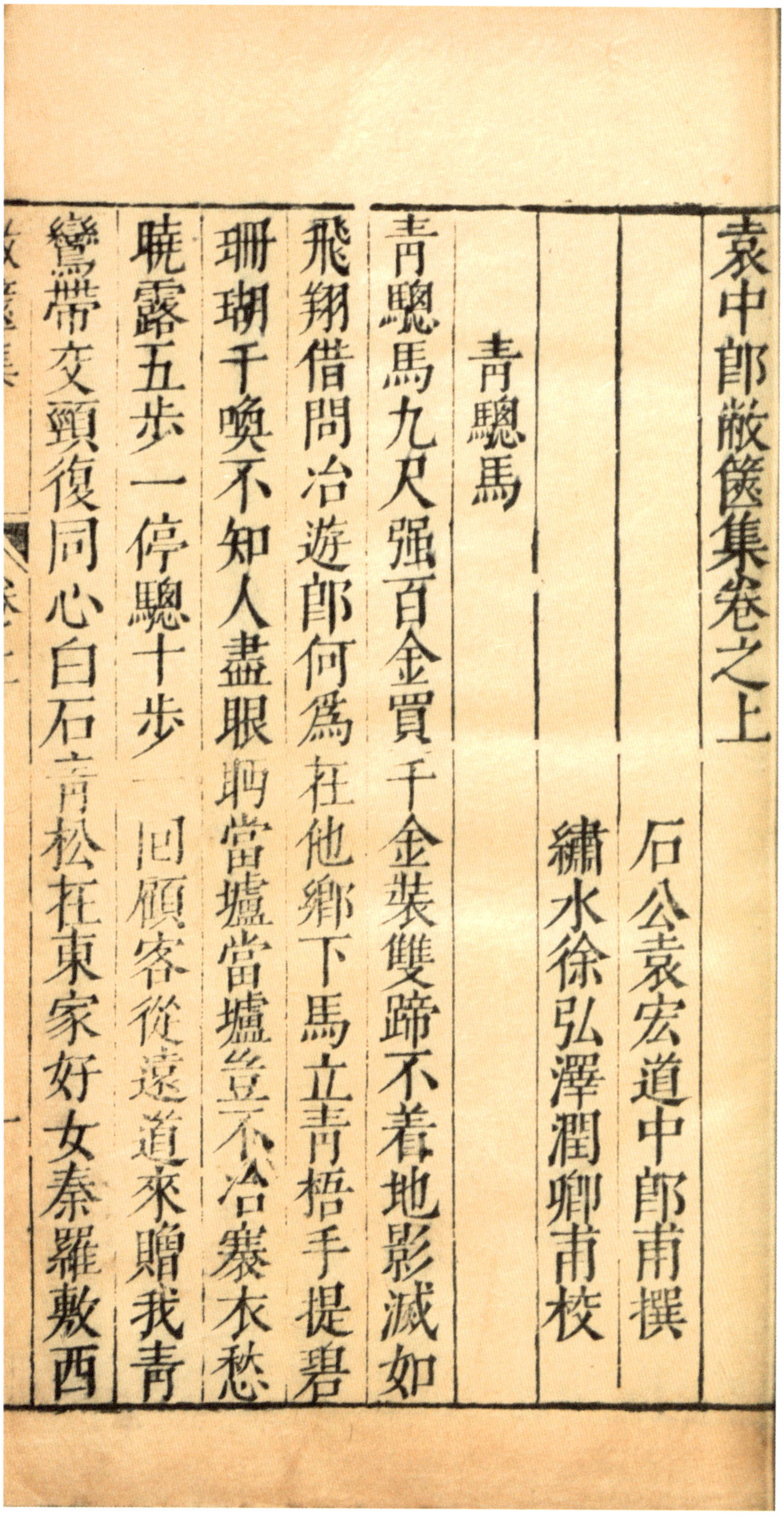
袁中郎敝篋集卷之上
石公袁宏道中郎甫撰
繡水徐弘澤潤卿甫校
青驄馬
青驄馬九尺强百金買千金裝雙蹄不着地影滅如
飛翔借問冶遊郎何爲在他鄉下馬立青梧手提碧
珊瑚千喚不知人盡眼聘當壚當壚豈不冶褰衣愁
曉露五步一停驄十步一回顧客從遠道來贈我青
鸞帶交頸復同心白石青松在東家好女秦羅敷西
敝篋集　卷之上　一

00210 袁中郎十集十六卷　（明）袁宏道撰　（明）周應麐編　明末刻本

框高21.5厘米，宽14.5厘米。九行二十字，白口，左右雙邊。湖北省圖書館藏。

史忠正公集卷一

清代

曾孫山淸敬輯

元孫開純友慶恭校

奏疏

請濬河濟運疏

今歲漕船北上於六月内已盡過洪所運至八月者惟進幇零船耳方望全幇回空早濟新運不意北河淺阻南下無多臣方以此爲慮乃突報開封河決下流盡淤向之洶湧而來者今且褰裳而涉矣嘗考河决入淮從來爲害即以國朝言之洪武二十四年决於原武由陳

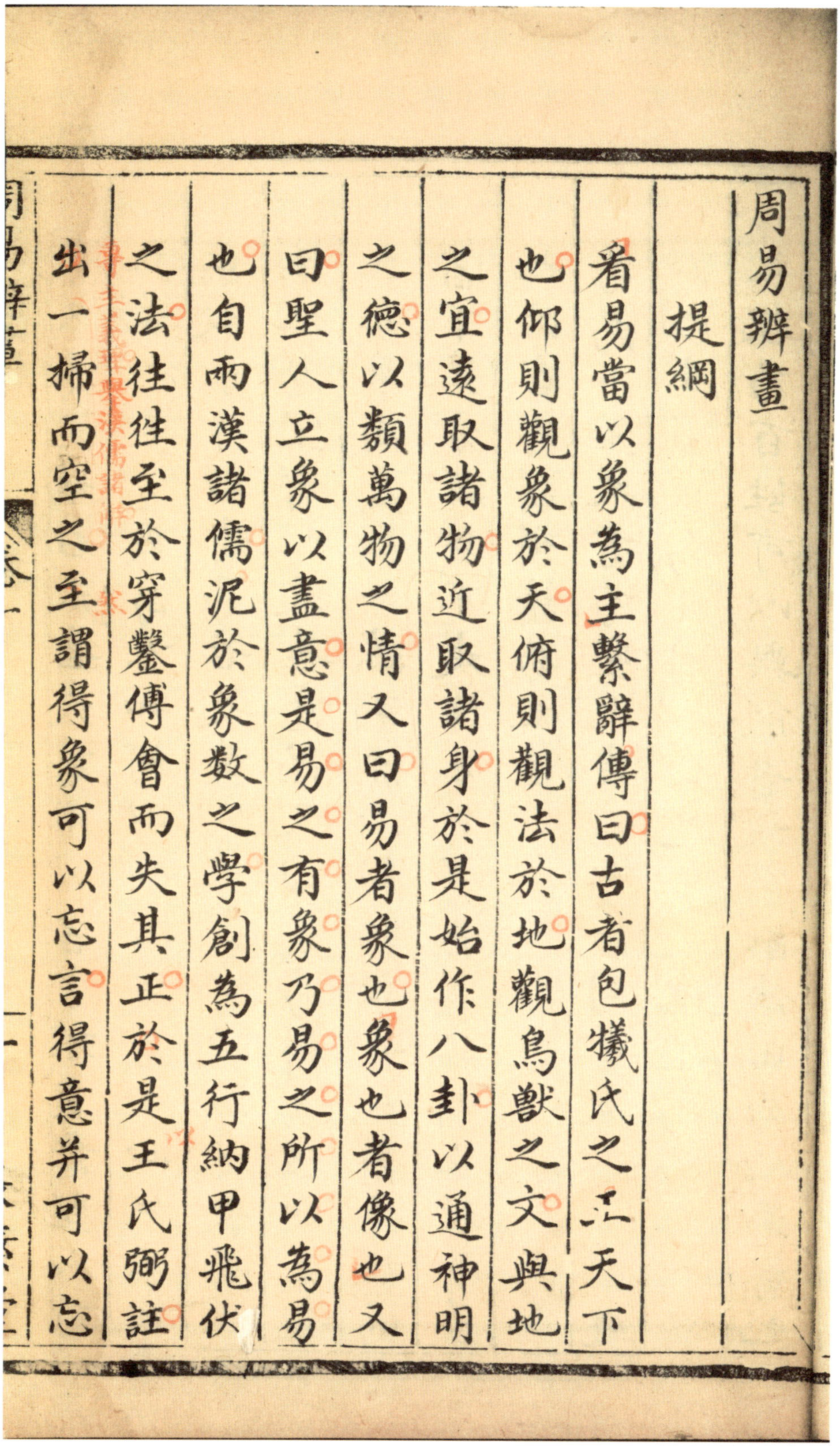

周易辨畫

提綱

看易當以象為主繫辭傳曰古者包犧氏之王天下也仰則觀象於天俯則觀法於地觀鳥獸之文與地之宜遠取諸物近取諸身於是始作八卦以通神明之德以類萬物之情又曰易者象也象也者像也又曰聖人立象以盡意是易之有象乃易之所以為易也自兩漢諸儒泥於象數之學創為五行納甲飛伏之法往往至於穿鑿傅會而失其正於是王氏弼註出一掃而空之至謂得象可以忘言得意并可以忘

00211 周易辨畫四十卷　（清）連斗山撰　稿本　余炳成、李自適題識

框高 21.9 厘米，宽 14.4 厘米。十行二十一字，白口，四周雙邊。鈐“余炳成印”“李氏自適”等印。武漢圖書館藏。

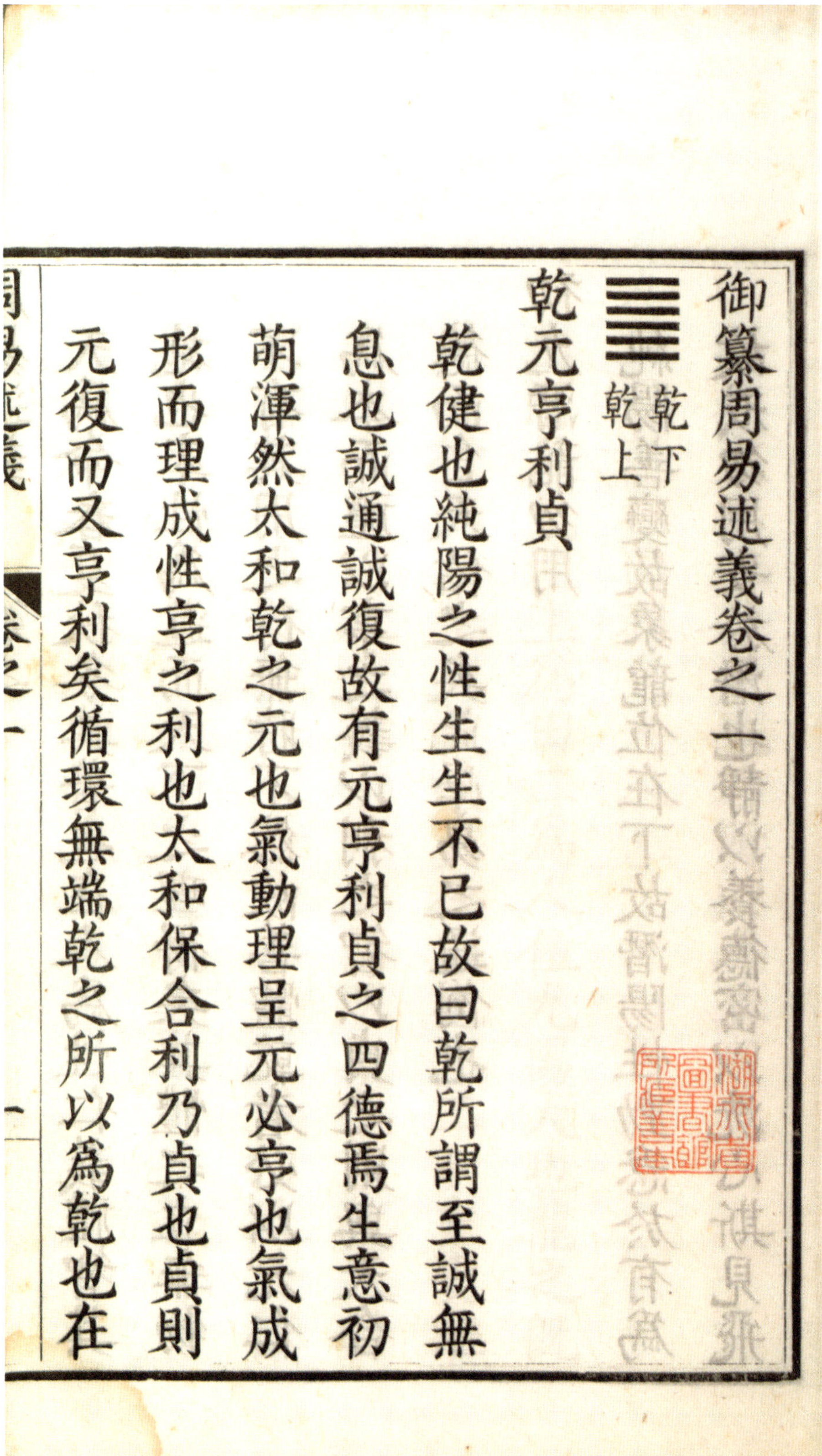
御纂周易述義卷之一

䷀乾下乾上

乾元亨利貞

乾健也純陽之性生生不已故曰乾所謂至誠無息也誠通誠復故有元亨利貞之四德焉生意初萌渾然太和乾之元也氣動理呈元必亨也氣成形而理成性亨之利也太和保合利乃貞也貞則元復而又亨利矣循環無端乾之所以爲乾也在

周易述義　卷之一　一

00212 御纂周易述義十卷　（清）傅恒等撰　清乾隆（1755—1795）北京內府刻本

框高 22.1 厘米，寬 16 厘米。八行二十字，白口，四周雙邊。湖北省圖書館藏。

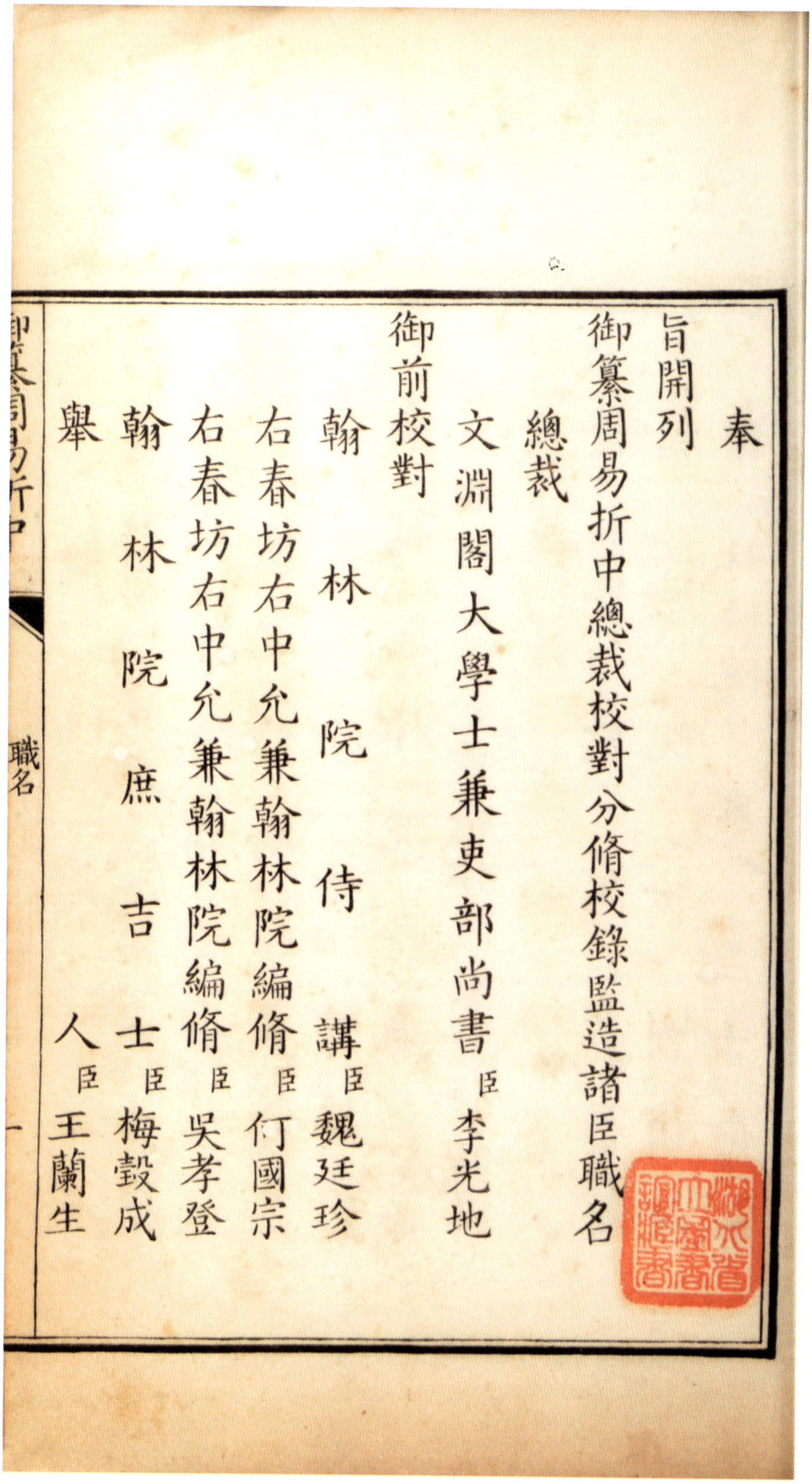

奉
旨開列
御纂周易折中總裁校對分脩校錄監造諸臣職名
總裁
文淵閣大學士兼吏部尚書臣李光地
御前校對
翰林院侍講臣魏廷珍
右春坊右中允兼翰林院編脩臣何國宗
右春坊右中允兼翰林院編脩臣吴孝登
翰林院庶吉士臣梅瑴成
舉人臣王蘭生
御纂周易折中
職名
一

00213 御纂周易折中二十二卷 （清）李錯撰　清康熙五十四年（1715）

北京內府刻本

框高22.9厘米，寬16.3厘米。八行十八字，白口，四周雙邊。鈐"果親王寶""曾在張春霆處"等印。湖北省圖書館藏。

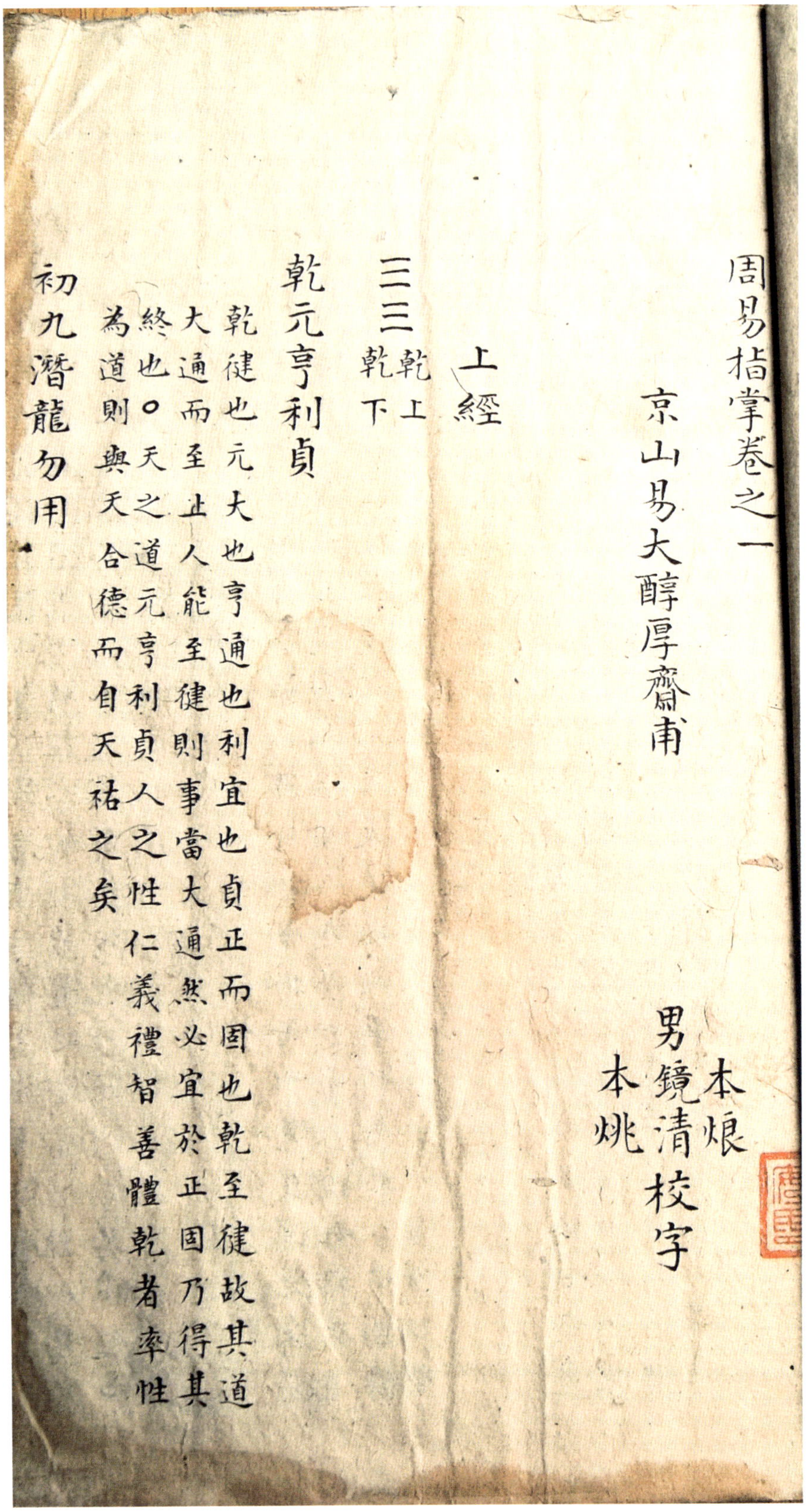

00214 周易指掌二卷 （清）易大醇撰　清抄本

九行二十四字。鈐“安民”等印。京山縣圖書館藏。

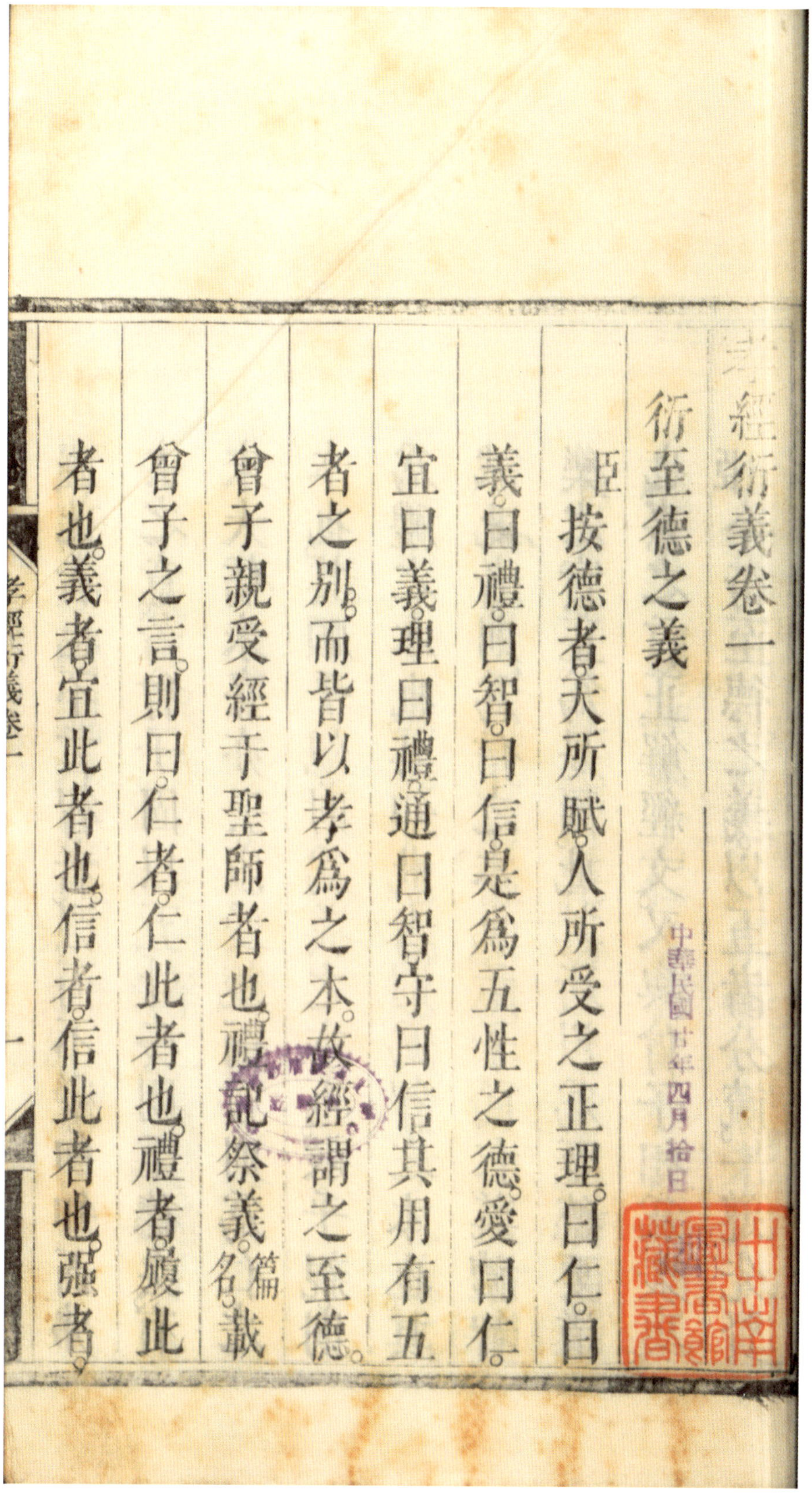
孝經衍義卷一
衍至德之義
臣按德者天所賦人所受之正理曰仁曰義曰禮曰智曰信是爲五性之德愛曰仁宜曰義理曰禮通曰智守曰信其用有五者之別而皆以孝爲之本故經謂之至德曾子親受經于聖師者也禮記祭義篇名載曾子之言則曰仁者仁此者也禮者履此者也義者宜此者也信者信此者也彊者
孝經衍義卷一　一

00215 孝經衍義一百卷首二卷 （明）韓菼撰　清康熙二十九年（1690）內府刻本

框高 18.1 厘米，宽 14.5 厘米。九行十八字，黑口，四周雙邊。湖北省圖書館藏。

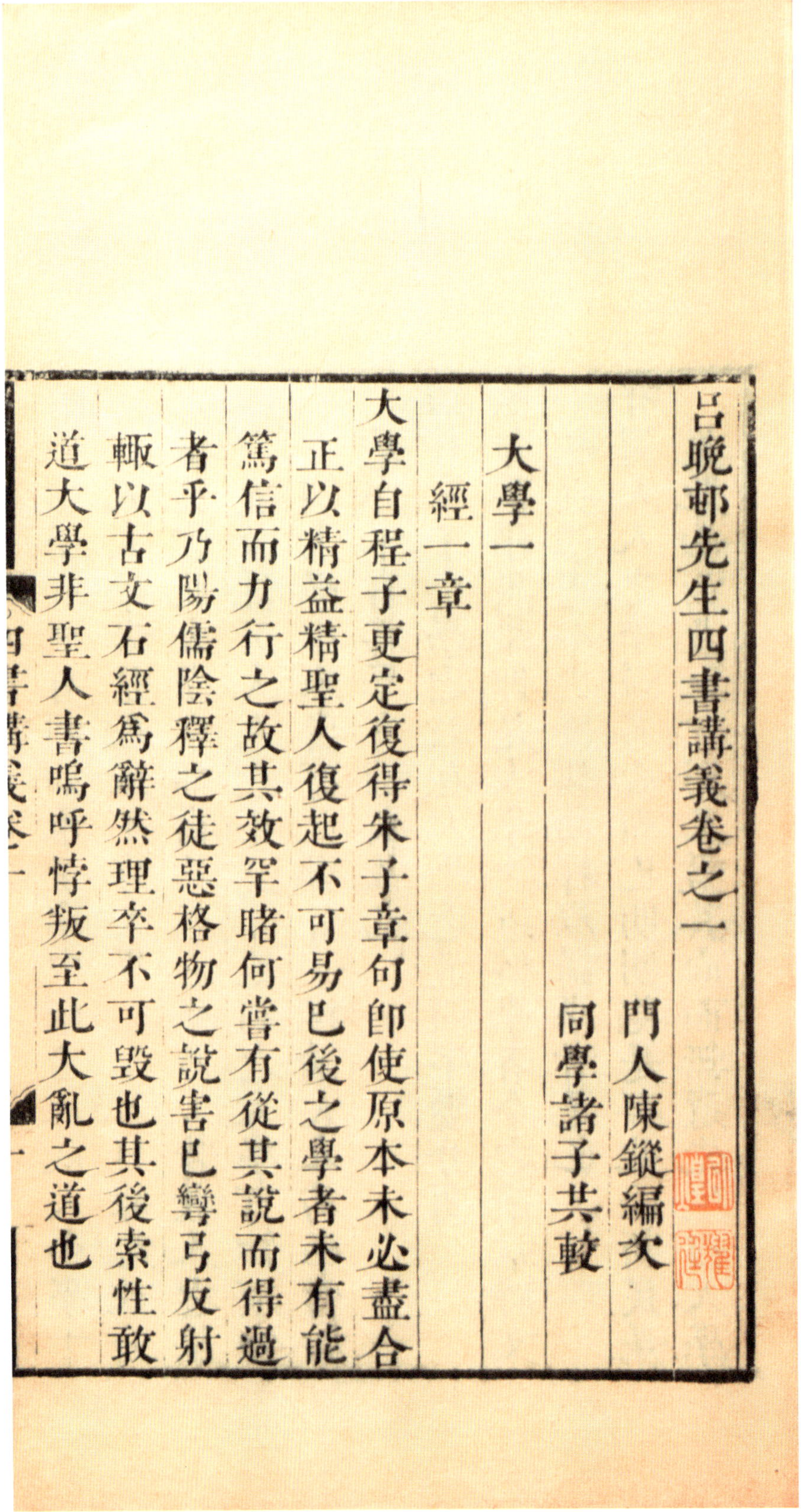

呂晚邨先生四書講義卷之一
門人陳鏦編次
同學諸子共較
大學一
經一章
大學自程子更定復得朱子章句卽使原本未必盡合正以精益精聖人復起不可易已後之學者未有能篤信而力行之故其效罕睹何嘗有從其說而得過者乎乃陽儒陰釋之徒惡格物之說害已彎弓反射輒以古文石經爲辭然理卒不可毁也其後索性敢道大學非聖人書嗚呼悖叛至此大亂之道也

00216 呂晚邨先生四書講義四十三卷 （清）呂留良撰 （清）陳鏦編次

清康熙二十五年（1686）天蓋樓刻本

框高 17.7 厘米，寬 13.7 厘米。十一行二十一字，黑口，左右雙邊。鈐“耀廷”“以煌”等印。湖北省圖書館藏。

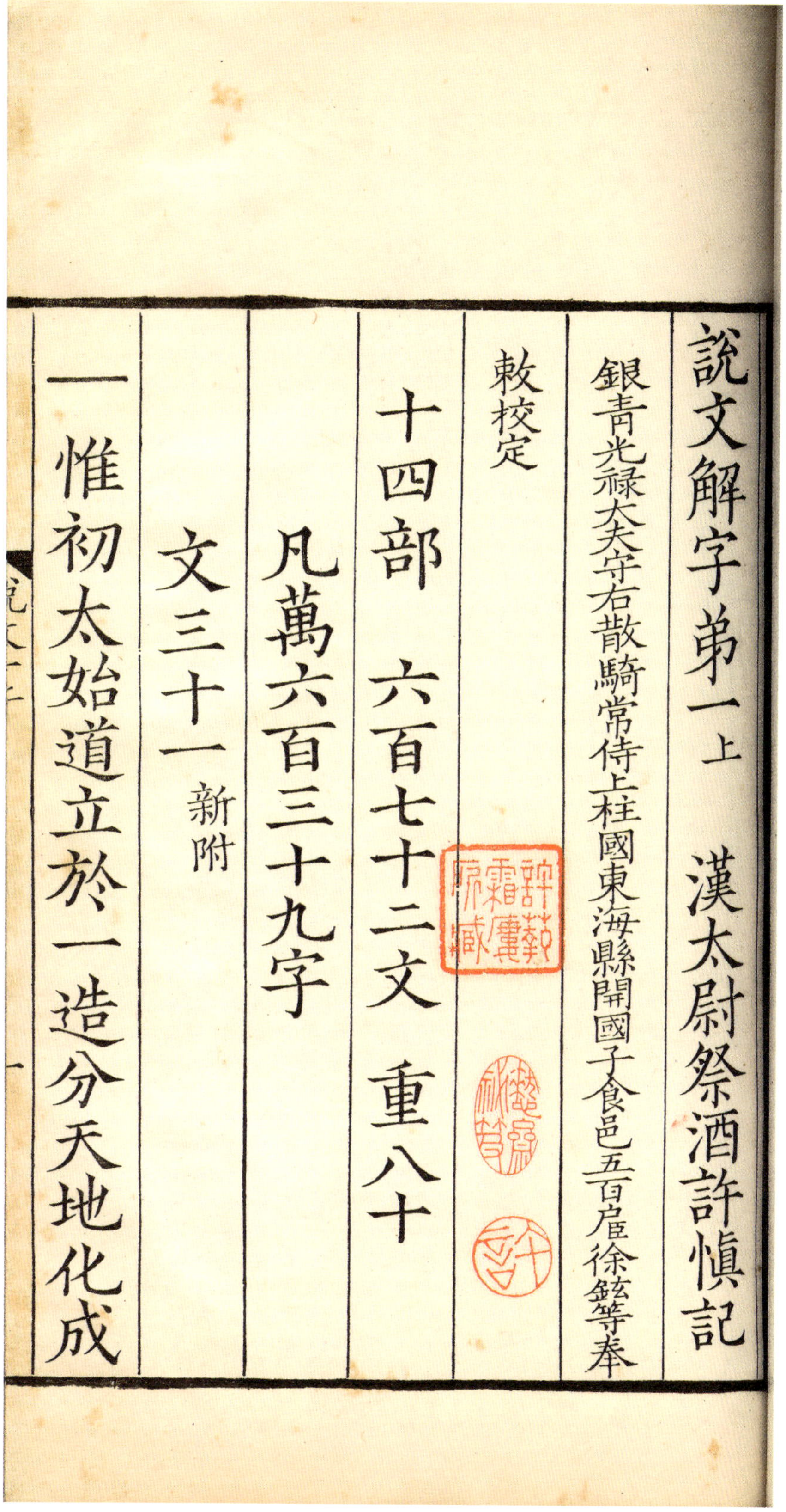
說文解字弟一上　漢太尉祭酒許慎記
銀青光祿大夫守右散騎常侍上柱國東海縣開國子食邑五百戶徐鉉等奉
敕校定
十四部　六百七十二文　重八十
凡萬六百三十九字
文三十一 新附
一　惟初太始道立於一造分天地化成

00217 說文解字十五卷　（漢）許慎撰　清初毛氏汲古閣刻本

框高 21 厘米，寬 16 厘米。半葉七行，字數不等，白口，左右雙邊。鈐“家在小瀛洲北舍”“鞠霜樓許氏慭齋所藏經籍記”“許蓺霜廔所藏”“慭齋祕笈”“許”等印。武漢大學圖書館藏。

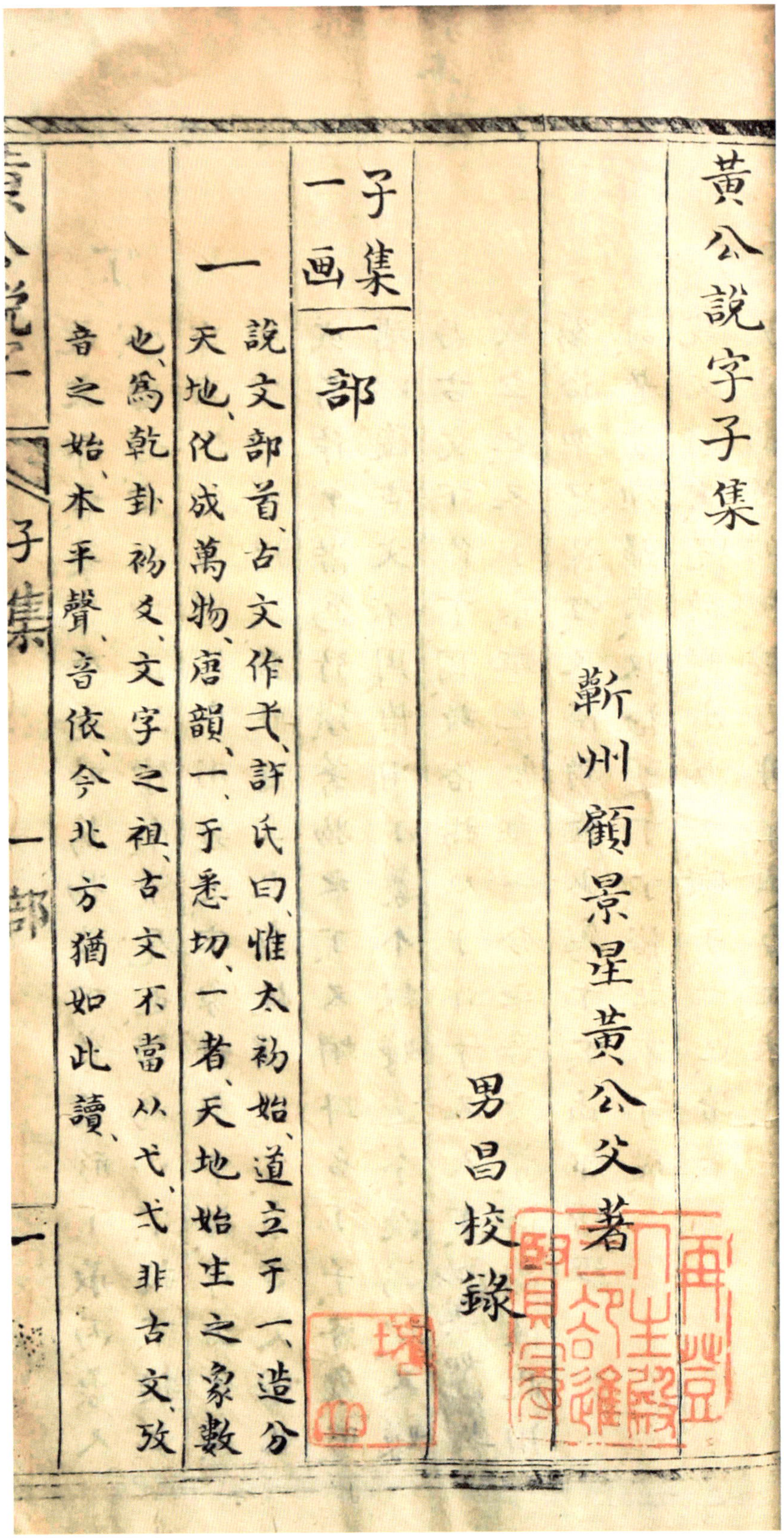
黄公說字子集

蘄州顧景星黄公父著

男昌校錄

子集一部

一画

一　說文部首、古文作弌、許氏曰、惟太初始、道立于一、造分天地、化成萬物、唐韻、一、于悉切、一者、天地始生之象數也、爲乾卦初爻、文字之祖、古文不當从弋、弋非古文、孜音之始、本平聲、音依、今北方猶如此讀、

黄公說字　子集　一部　一

00218 黄公說字十二集不分卷　（清）顧景星撰　（清）顧昌校録　稿本

框高 20.5 厘米，寬 12.5 厘米。六行二十字，白口，上下雙邊。鈐“黄公”“家在蘄春玉峰”“再登人主殿三卻進賢冠”等印。蘄春縣圖書館藏。

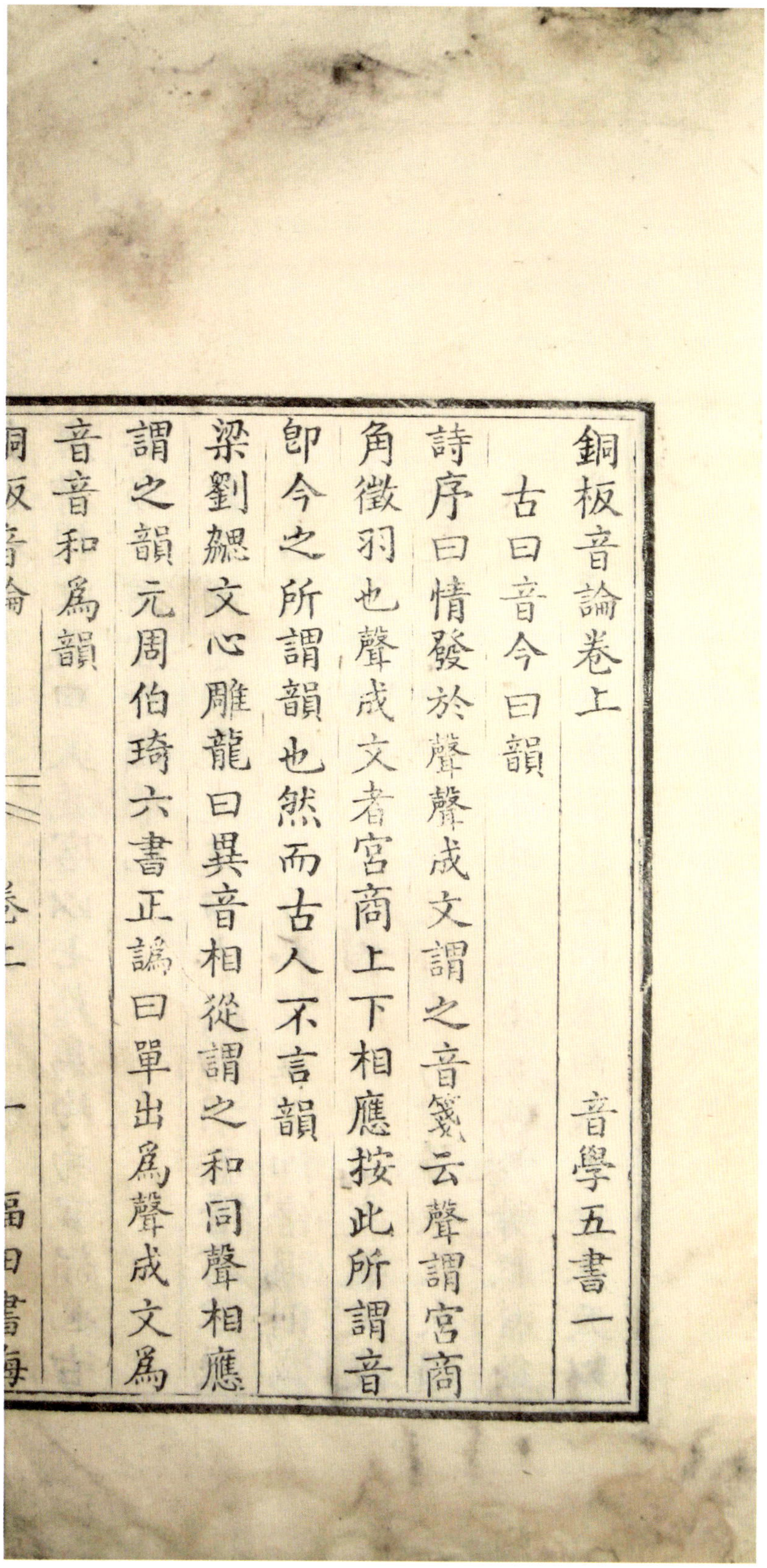

銅板音論卷上　　音學五書一

古曰音今曰韻

詩序曰情發於聲聲成文謂之音箋云聲謂宮商角徵羽也聲成文者宮商上下相應按此所謂音卽今之所謂韻也然而古人不言韻

梁劉勰文心雕龍曰異音相從謂之和同聲相應謂之韻元周伯琦六書正譌曰單出爲聲成文爲音音和爲韻

銅板音論　卷上　一　福田書海

00219 音學五書十三卷 （清）顧炎武撰　清林春祺福田書海銅活字本

框高17厘米，宽11.2厘米。八行十九字，白口，四周雙邊。牌記："福田書海銅活字版侯官林氏珍藏。"襄陽市少年兒童圖書館藏。

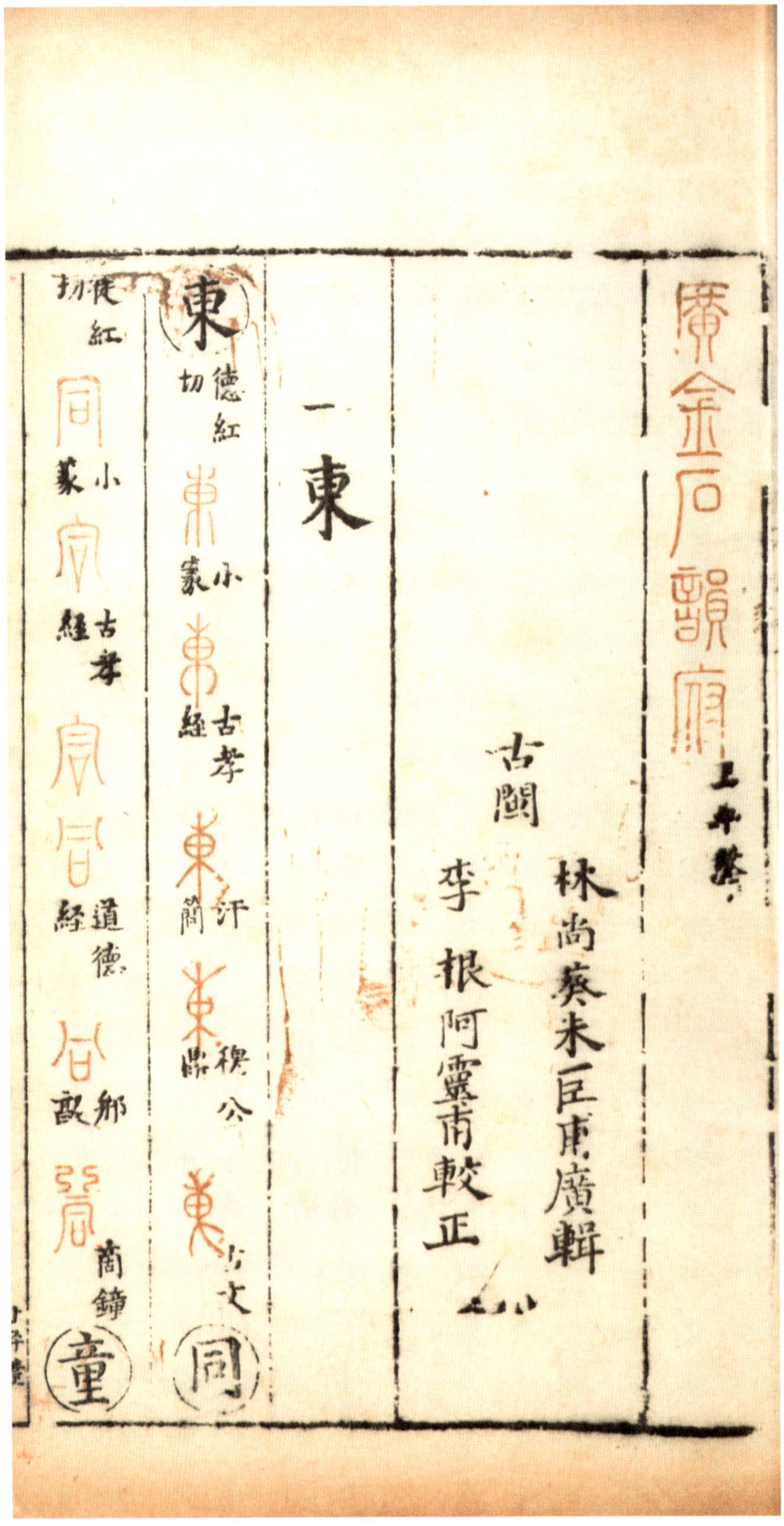
廣金石韻府 上平聲
古閩 林尚葵朱臣東廣輯
李根阿靈甫較正
一東

00220 廣金石韻府五卷篆集玉篇偏傍形似釋疑文字一卷 （清）林向葵輯 （清）李根較正 （清）周亮工重訂 清康熙九年（1670）大業堂刻朱墨套印本 框高22.1厘米，宽14.9厘米。六行大小字不等，白口，四周單邊。鈐“江南省狀元境内光霽堂周氏書林發兑壽記”等印。湖北省圖書館藏。

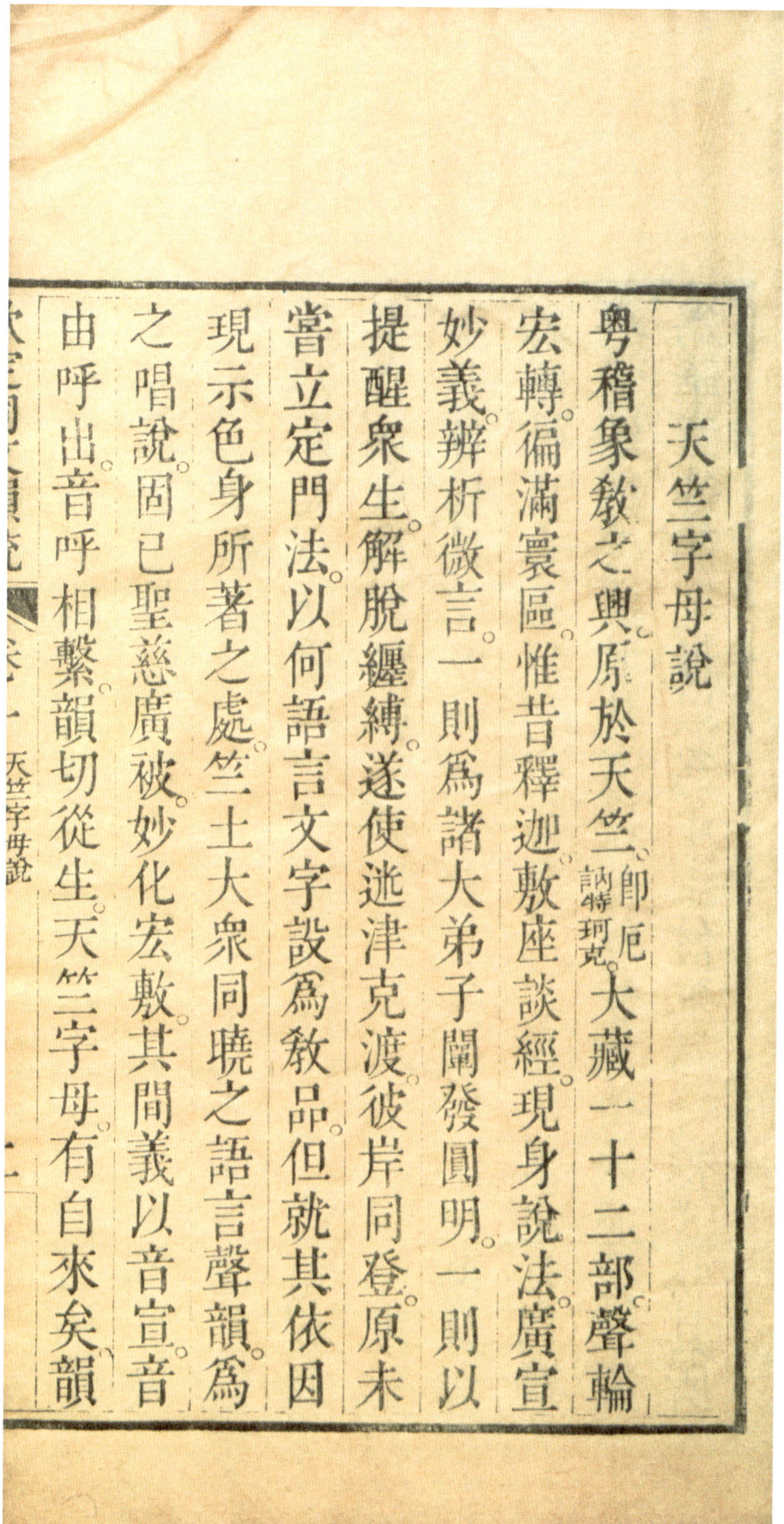
天竺字母說
粵稽象教之興原於天竺（即厄訥特珂克）大藏一十二部聲輪
宏轉徧滿寰區惟昔釋迦敷座談經現身說法廣宣
妙義辨析微言一則爲諸大弟子闡發圓明一則以
提醒衆生解脫纏縛遂使迷津克渡彼岸同登原未
嘗立定門法以何語言文字設爲教品但就其依因
現示色身所著之處竺土大衆同曉之語言聲韻爲
之唱說固已聖慈廣被妙化宏敷其間義以音宣音
由呼出音呼相繫韻切從生天竺字母有自來矣韻
欽定同文韻統　卷一　天竺字母說

00221 欽定同文韻統六卷　（清）允禄等監纂　（清）章加胡土克圖纂修

（清）劉統勳等彙編　清乾隆（1750—1795）内府刻朱墨套印本

框高20.9厘米，寬13.8厘米。九行二十字，白口，四周雙邊。湖北省圖書館藏。

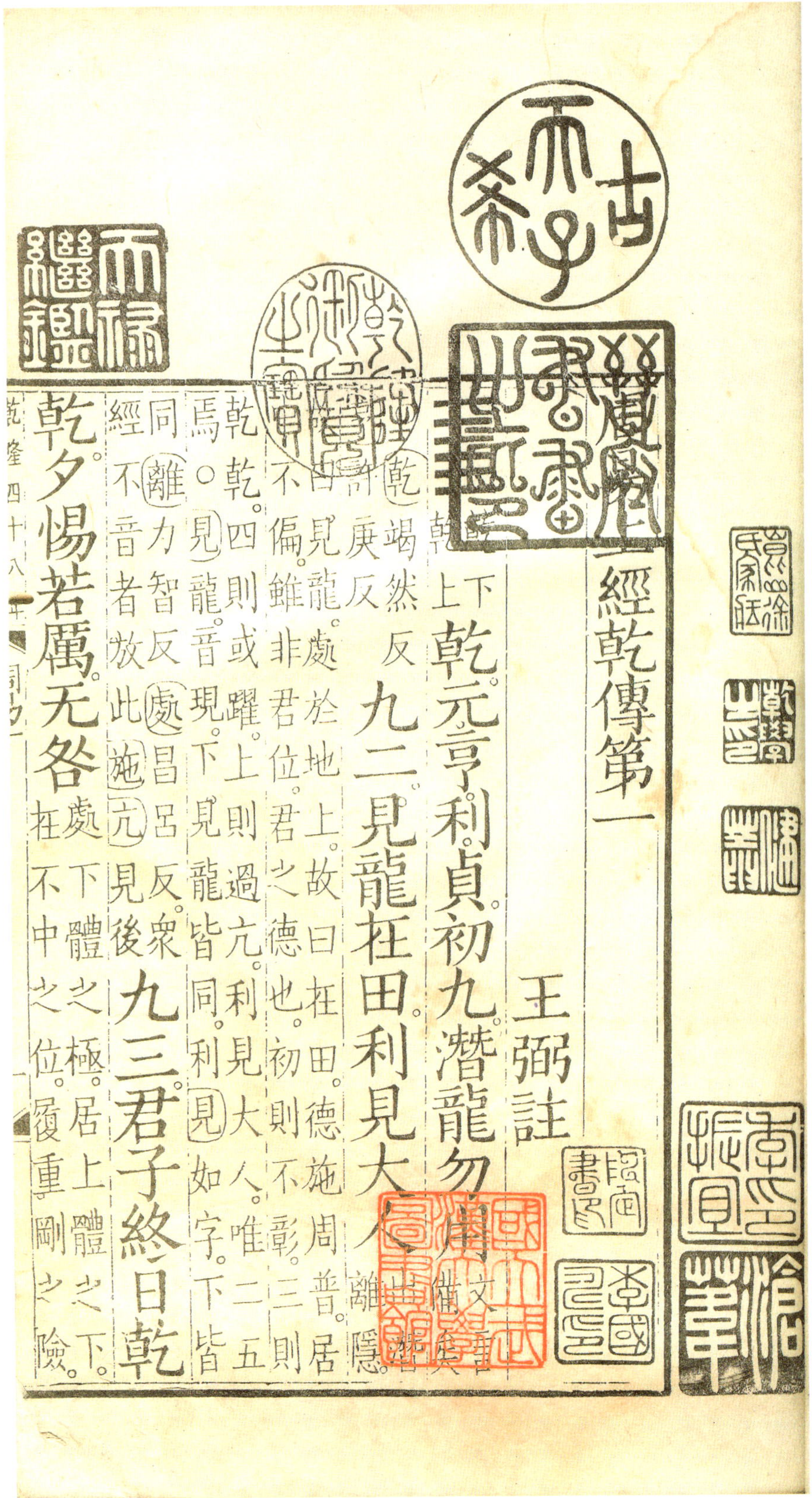

00222—00223 御定仿宋相臺岳氏本五經九十六卷附考證 （宋）岳珂編　清乾隆四十八年（1783）武英殿刻本

框高19.8厘米，寛13.7厘米。八行十七字，白口，四周雙邊。武漢大學圖書館藏；武漢圖書館藏。

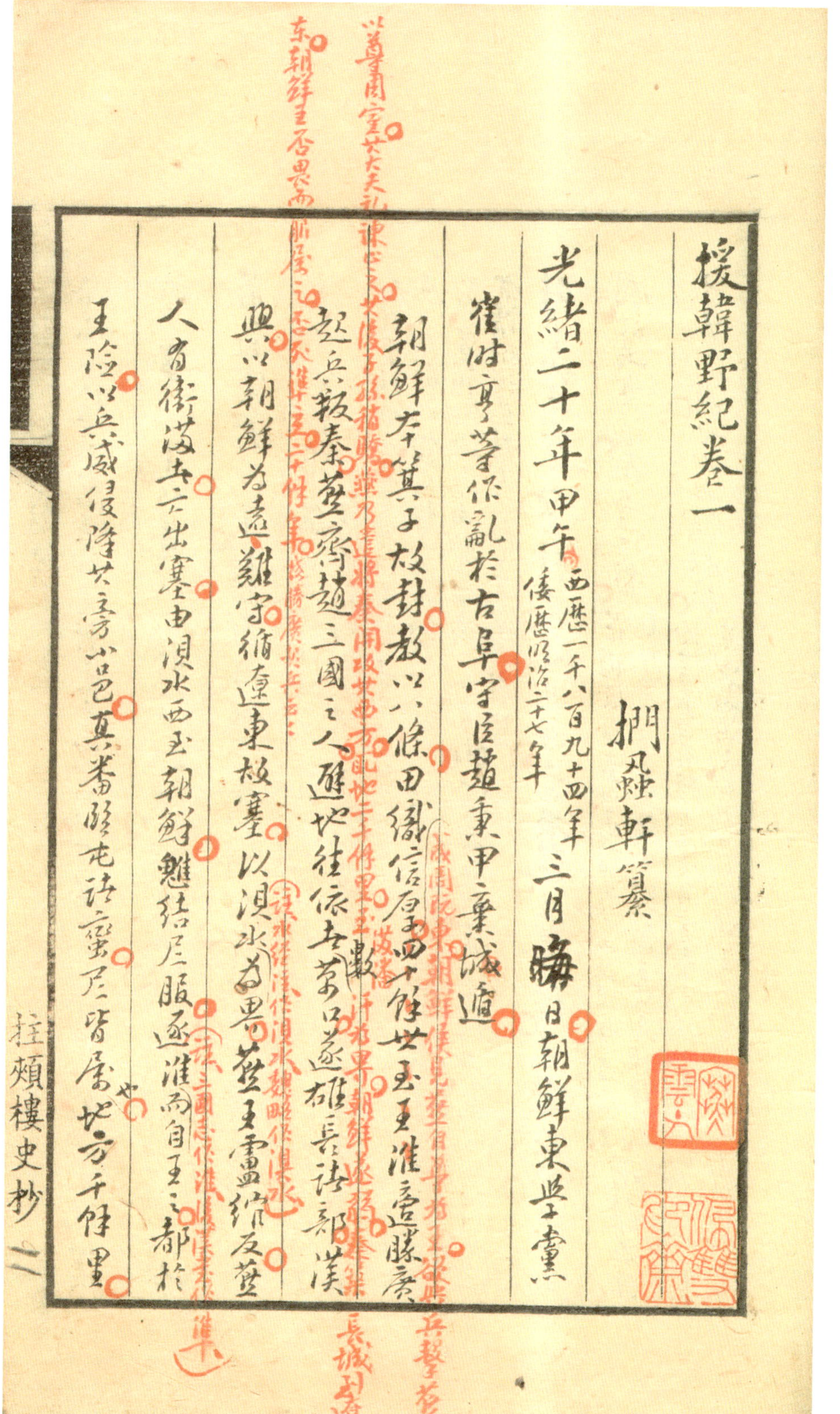

00224 援韓野紀六卷 （清）王師曾撰　清光緒二十二年（1896）捫虱軒稿本　柳詒徵題識

框高 18.4 厘米，寬 12.7 厘米。半葉九行，字數不等，黑口，四周單邊。鈐“寒雲”“寒雲主人”“佩雙印齋”“詩盦所藏”“詩闇居士”“詩庵珍藏”“高潛題耑”“遂闇居士”“柳詒徵印”等印。武漢大學圖書館藏。

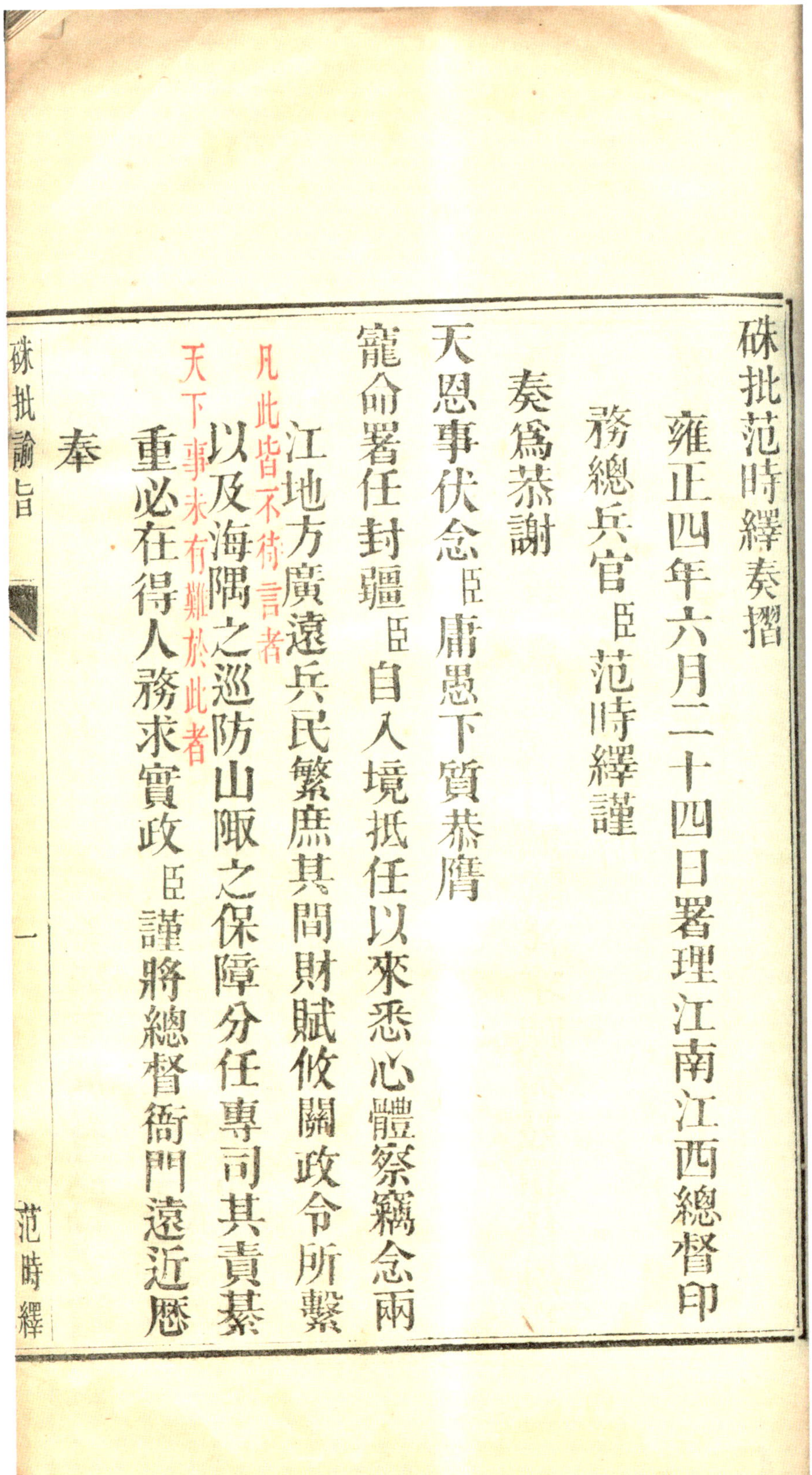
硃批范時繹奏摺
雍正四年六月二十四日署理江南江西總督印
務總兵官臣范時繹謹
奏爲恭謝
天恩事伏念臣庸愚下質恭膺
寵命署任封疆臣自入境抵任以來悉心體察竊念兩
江地方廣遠兵民繁庶其間財賦攸關政令所繫
凡此皆不待言者
以及海隅之巡防山陬之保障分任專司其責綦
天下事未有難於此者
重必在得人務求實政臣謹將總督衙門遠近歷
奏

硃批諭旨　一　范時繹

00225 硃批諭旨不分卷　（清）世宗胤禛批　清乾隆（1736—1795）内府木活字朱墨套印本

框高 20.6 厘米，寬 12.2 厘米。十行二十一字，白口，四周雙邊。武漢大學圖書館藏。

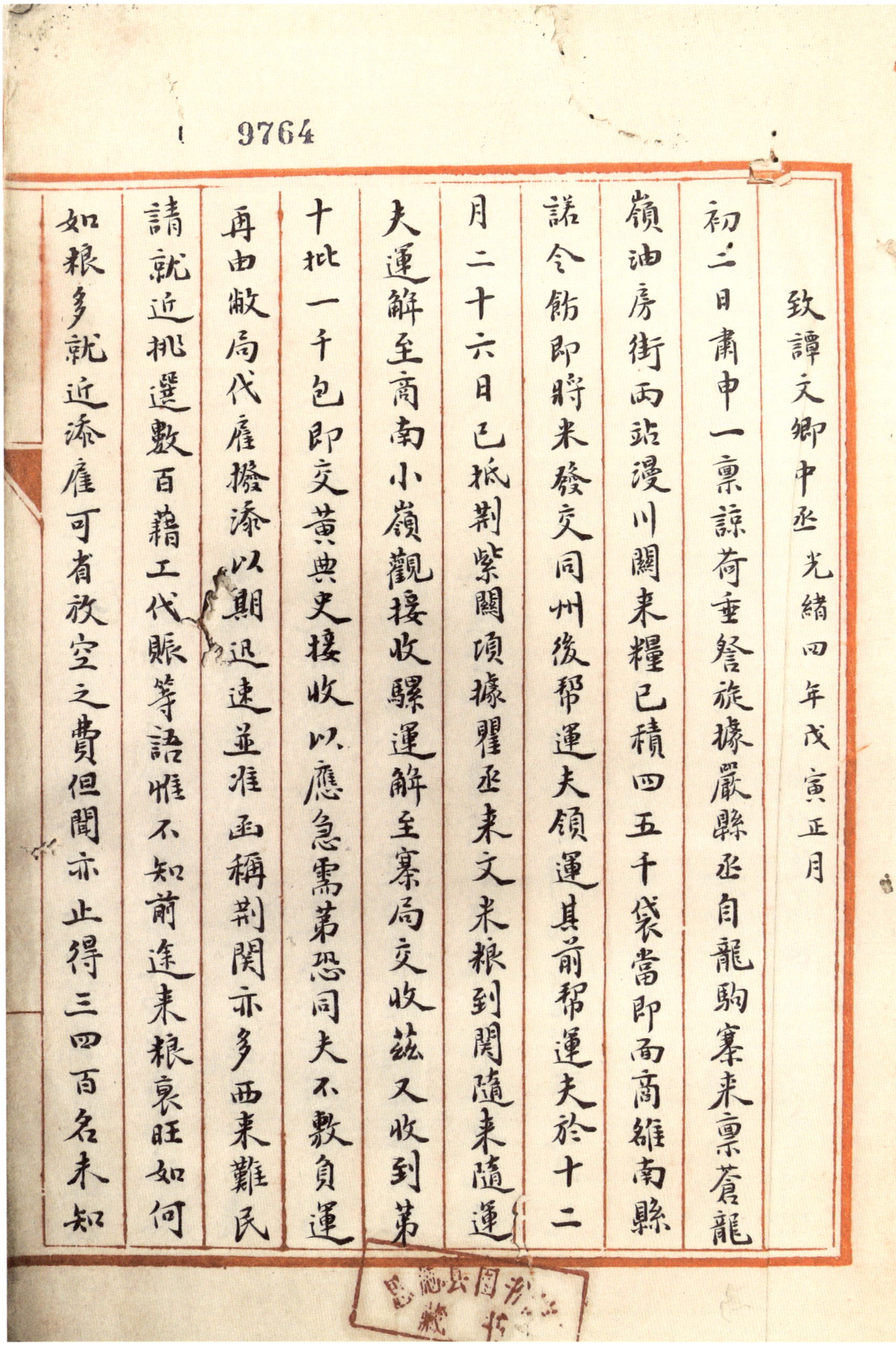

9764
致譚文卿中丞 光緒四年戊寅正月
初二日肅申一稟諒荷垂詧旋據嚴縣丞自龍駒寨來稟蒼龍
嶺油房街西站漫川關来糧已積四五千袋當即函商雒南縣
諾令飭即將米發交同州後帮運夫領運其前帮運夫於十二
月二十六日已抵荆紫關項據瞿丞来文米粮到關隨来隨運
夫運觧至商南小嶺觀接收騾運觧至寨局交收茲又收到第
十批一千包即交黃典史接收以應急需第恐同夫不敷負運
再由敝局代雇撥添以期迅速並准函稱荆関亦多西来難民
請就近挑選數百籍工代賑等語惟不知前途来粮衰旺如何
如粮多就近添雇可省放空之費但聞亦止得三四百名未知
恩施州圖書館藏

00226 函電奏稿不分卷 （清）饒應祺撰　清抄本

框高 21 厘米，宽 17.5 厘米。朱欄。十行二十四字，細黑口，四周雙邊。恩施州圖書館藏。

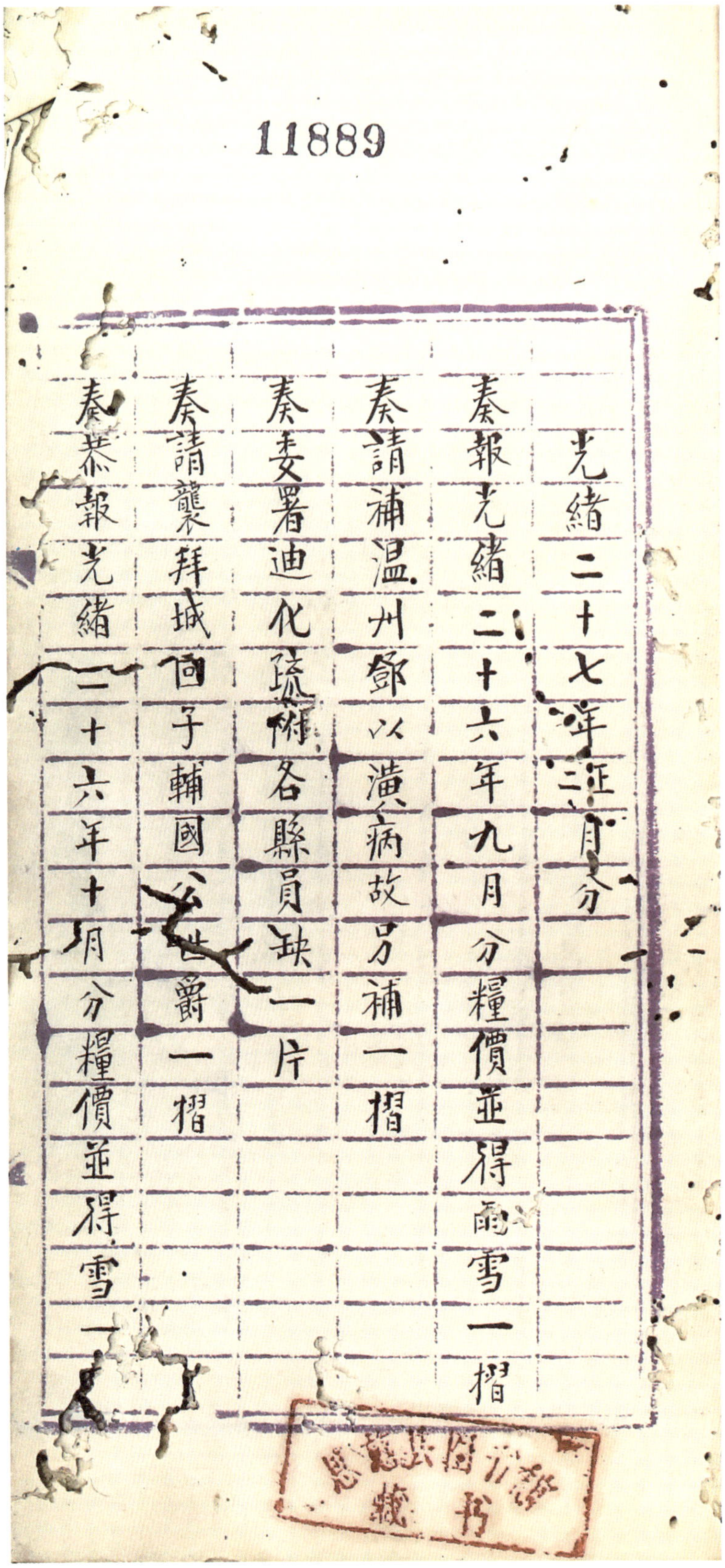
11889

光緒二十七年正月分
奏報光緒二十六年九月分糧價並得雨雪一摺
奏請補温州鄧以潢病故另補一摺
奏委署迪化疏附各縣員缺一片
奏請襲拜城回子輔國公世爵一摺
奏恭報光緒二十六年十月分糧價並得雪一摺

00227 清光緒二十一年至二十七年奏摺不分卷 （清）饒應祺撰　清抄本

六行二十字，白口，左右雙邊。恩施州圖書館藏。

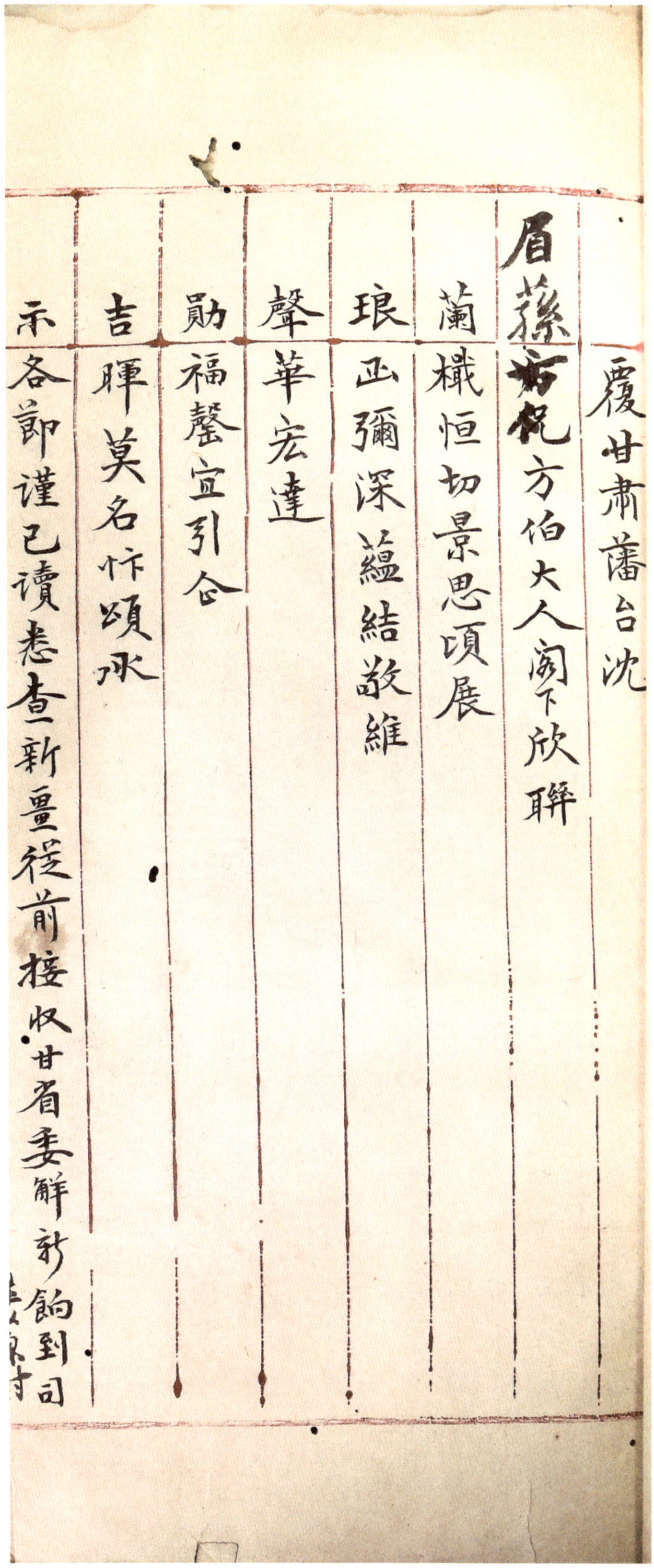
覆甘肅藩台沈
眉蓀[illegible]方伯大人閣下欣聯
蘭樴恒切景思頃展
琅函彌深蘊結敬維
聲華宏達
勛福馨宜引企
吉暉莫名忭頌承
示各節謹已讀悉查新畺從前接收甘省委解新餉到司

00228 饒應祺信札一卷 （清）饒應祺撰　稿本

鈐“陶模”等印。恩施州圖書館藏。

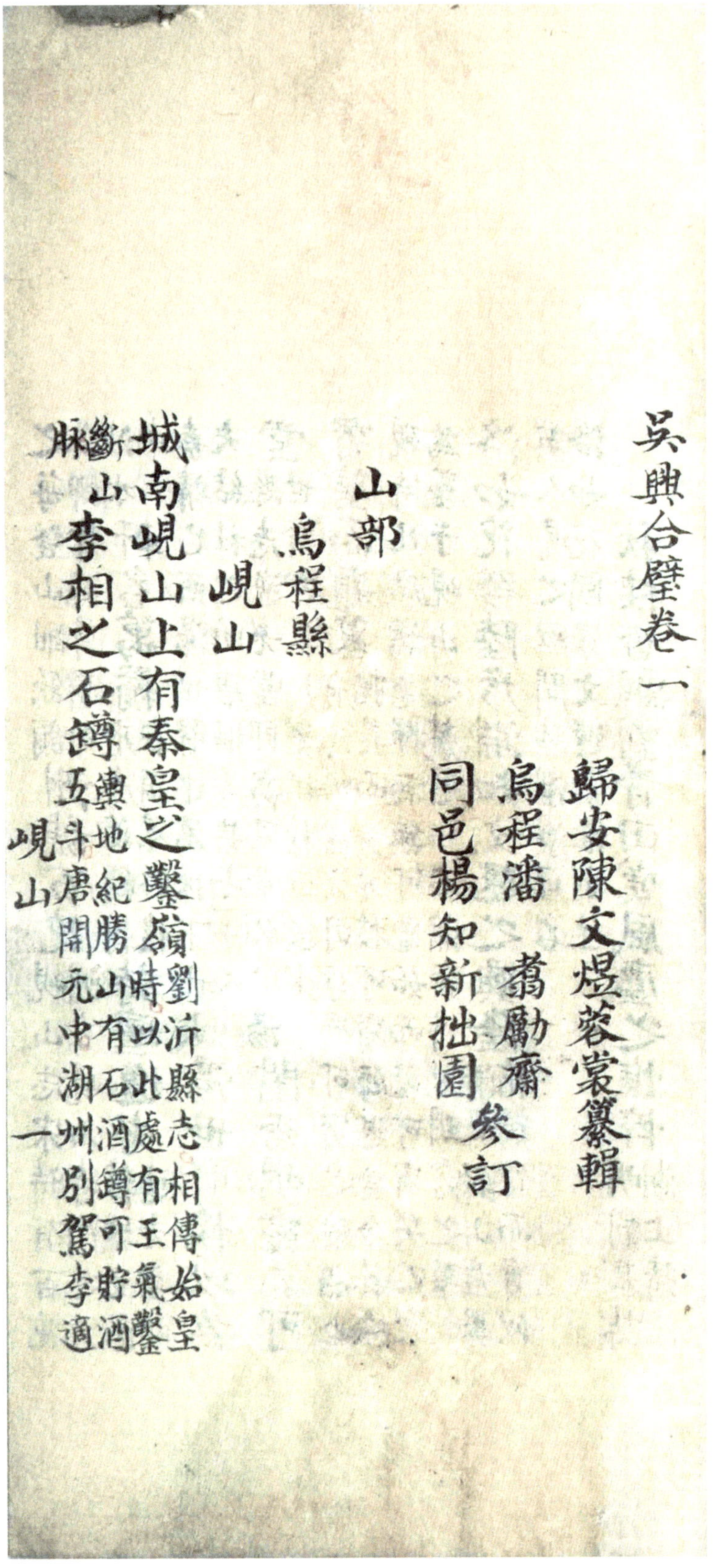
吴興合璧卷一

歸安陳文煜蓉裳纂輯

烏程潘翥勵齋

同邑楊知新拙園 參訂

山部

烏程縣

峴山

城南峴山上有秦皇之鑿嶺劉沂縣志相傳始皇時以此處有王氣鑿斷山脉李相之石鐏輿地紀勝山有石酒鐏可貯酒五斗唐開元中湖州別駕李適

峴山 一

00229 吴興合璧四卷目録一卷 （清）陳文煜輯 （清）潘翥 楊知新等訂

清抄本

九行十九字。鈐“臣光熸印”“子輝”等印。浠水縣博物館藏。

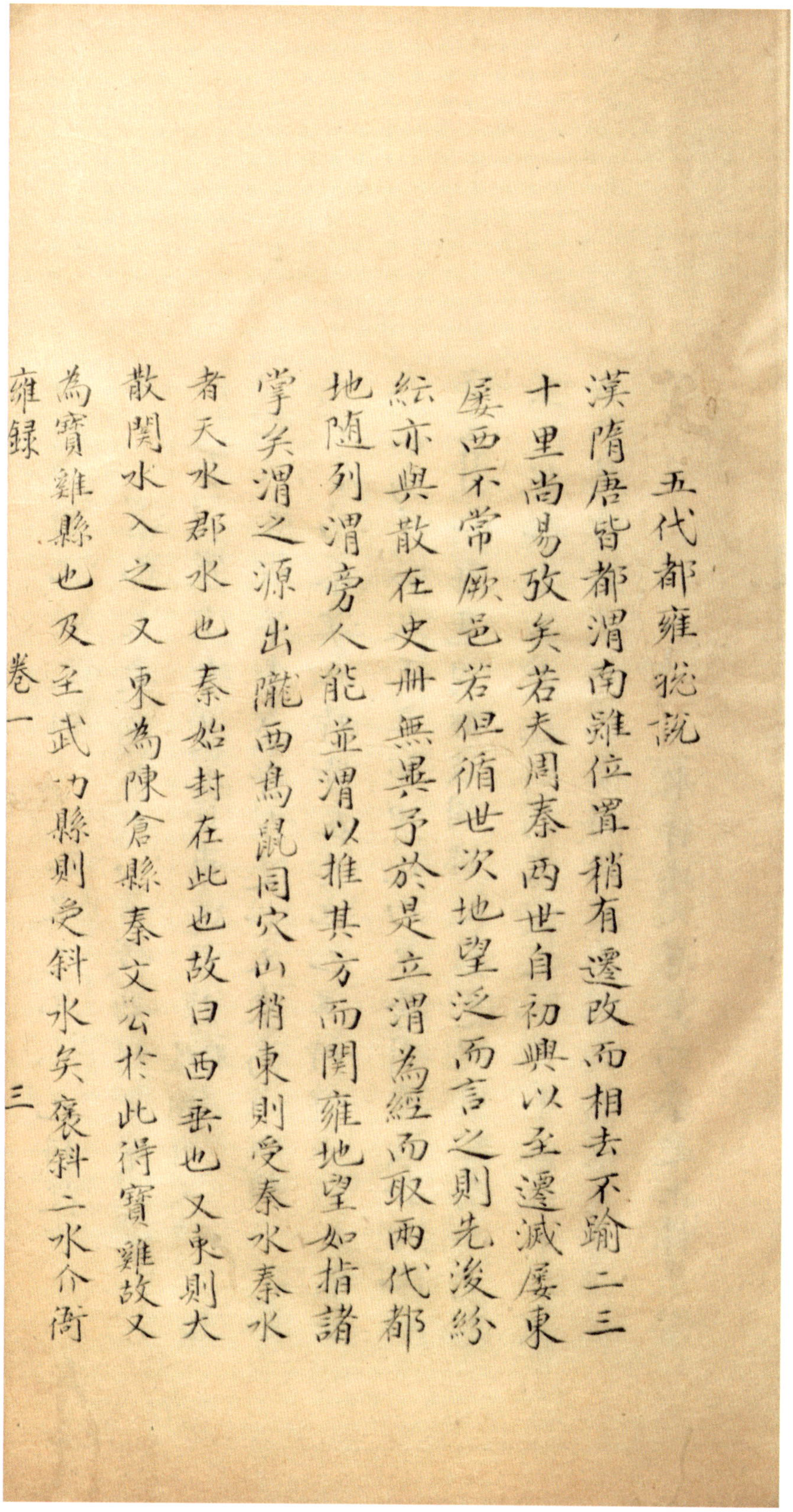
五代都雍總說
漢隋唐皆都渭南雖位置稍有遷改而相去不踰二三
十里尚易攷矣若夫周秦兩世自初興以至遷滅屢東
屢西不常厥邑若但循世次地望泛而言之則先後紛
紜亦與散在史冊無異予於是立渭為經而取兩代都
地隨列渭旁人能並渭以推其方而閱雍地望如指諸
掌矣渭之源出隴西鳥鼠同穴山稍東則受秦水秦水
者天水郡水也秦始封在此也故曰西垂也又東則大
散關水入之又東為陳倉縣秦文公於此得寶雞故又
為寶雞縣也及至武功縣則受斜水矣褒斜二水介脩
雍録　卷一　三

00230 雍録十卷 （宋）程大昌著　清乾隆四十四年（1779）抄本　清陳徵芝跋

十行二十一字。鈐“青林室”“帶經堂陳氏藏書印”“星邨父”“祥符周氏瑞瓜堂圖書”“周星詒印”“季貺”“武昌柯逢時收藏校定本”等印。湖北省圖書館藏。

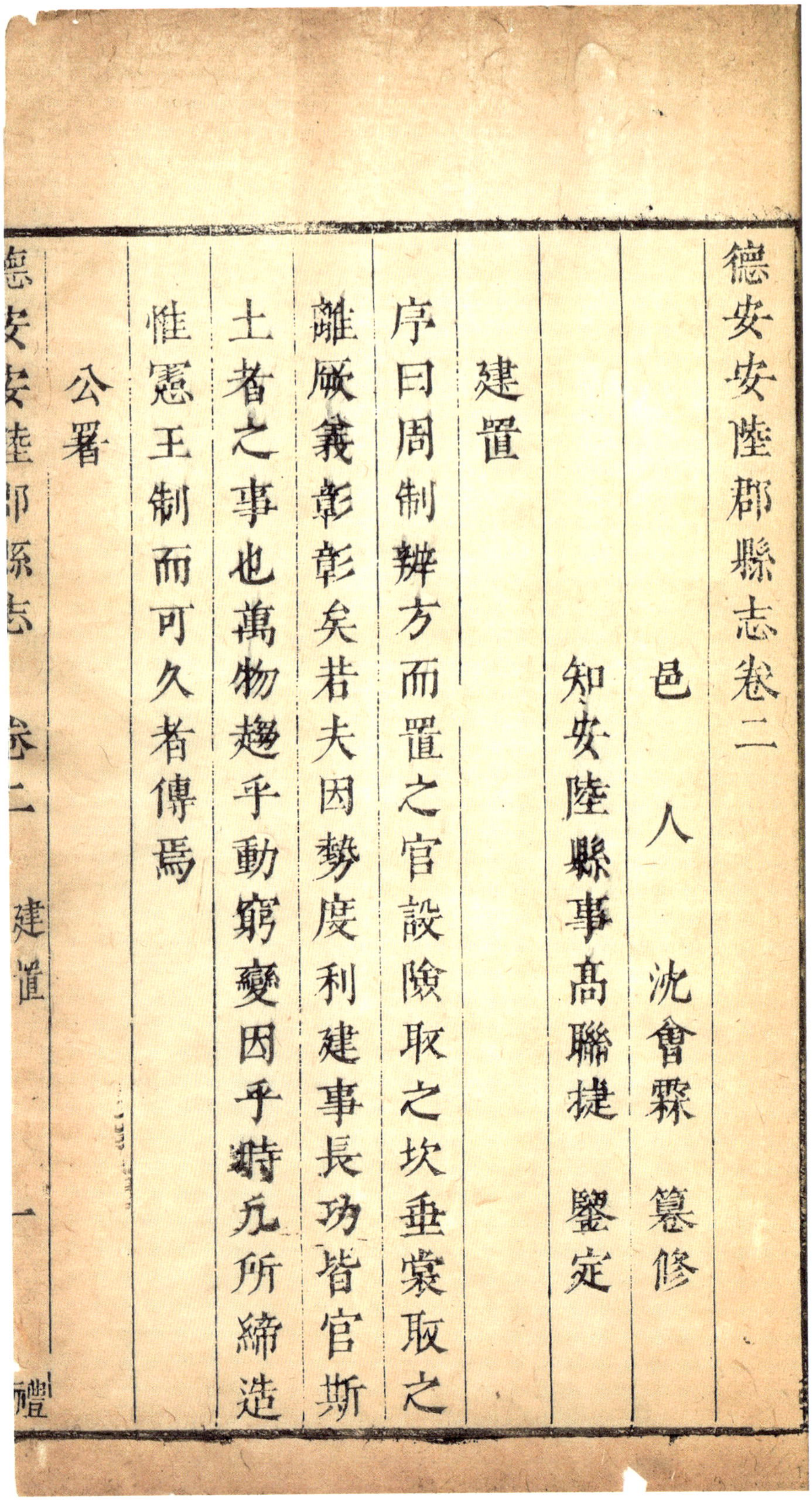
德安安陸郡縣志卷二
邑人　沈會霖　纂修
知安陸縣事高聯捷　鑒定
建置
序曰周制辨方而置之官設險取之坎垂裳取之
離厥義彰彰矣若夫因勢度利建事長功皆官斯
土者之事也萬物趨乎動窮變因乎時凡所締造
惟憲王制而可久者傳焉
公署
德安安陸郡縣志　卷二　建置　一　禮

00231［康熙］德安安陸郡縣志二十卷　（清）高翺等修　（清）沈會霖纂

清康熙五年（1666）刻本　寇坫題識

框高18厘米，寬13.5厘米。九行十九字，白口，四周單邊。鈐"郭氏藏書畫印"等印。安陸市圖書館藏。

此係清康熙時邑人沈荼菴先生所纂安陸縣志全部姑按清道光時李志云沈志已殘缺又按姑于民十八年己巳春到國立北京圖書館查閱所藏沈志一部缺首篇李可汧序十二頁暨藝文下第四十四四十五六十一三頁且版紙俱劣不及此本遠甚是此部誠海內孤本也先君購藏幸何如之應珍藏焉

民國三十四年復員
後冬至日寇姑謹識。
時姑目光已鋭
减此是請筆

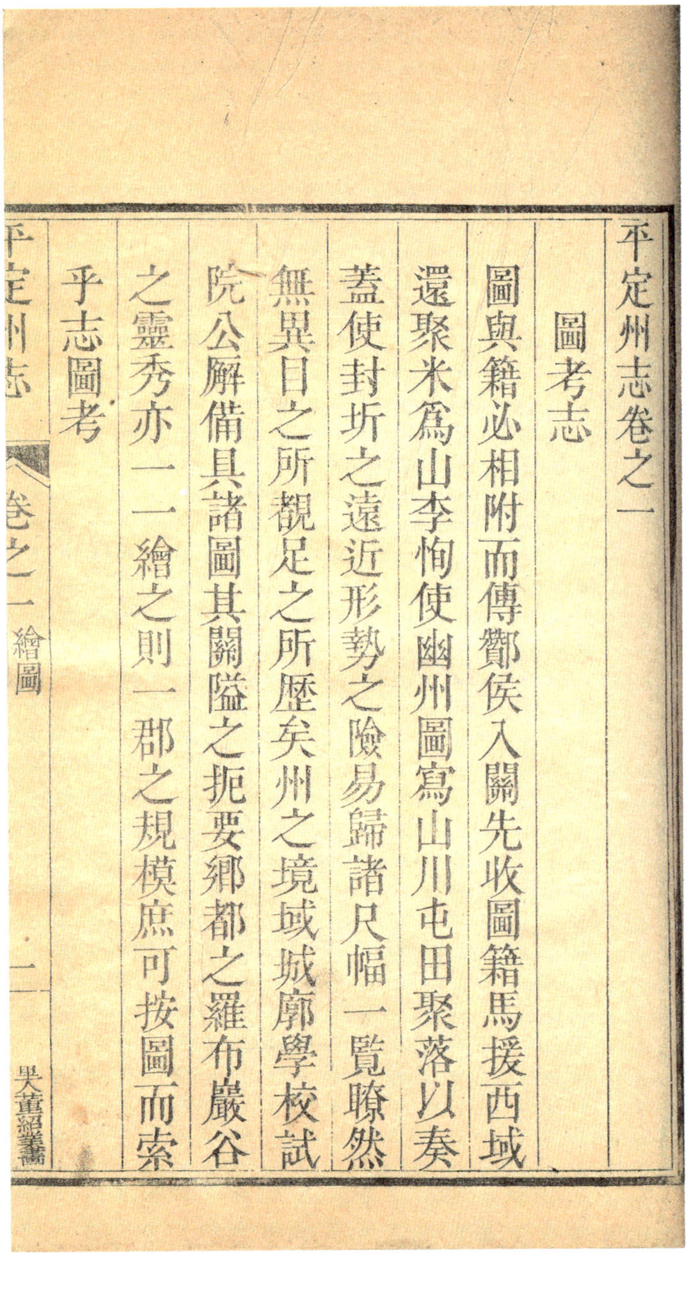
平定州志卷之一

圖考志

圖與籍必相附而傳酇侯入關先收圖籍馬援西域還聚米爲山李恂使幽州圖寫山川屯田聚落以奏蓋使封圻之遠近形勢之險易歸諸尺幅一覽瞭然無異日之所覩足之所歷矣州之境域城廓學校試院公廨備具諸圖其關隘之扼要鄉都之羅布巖谷之靈秀亦一一繪之則一郡之規模庶可按圖而索乎志圖考

平定州志 卷之一 繪圖 一 吳董紹叢書

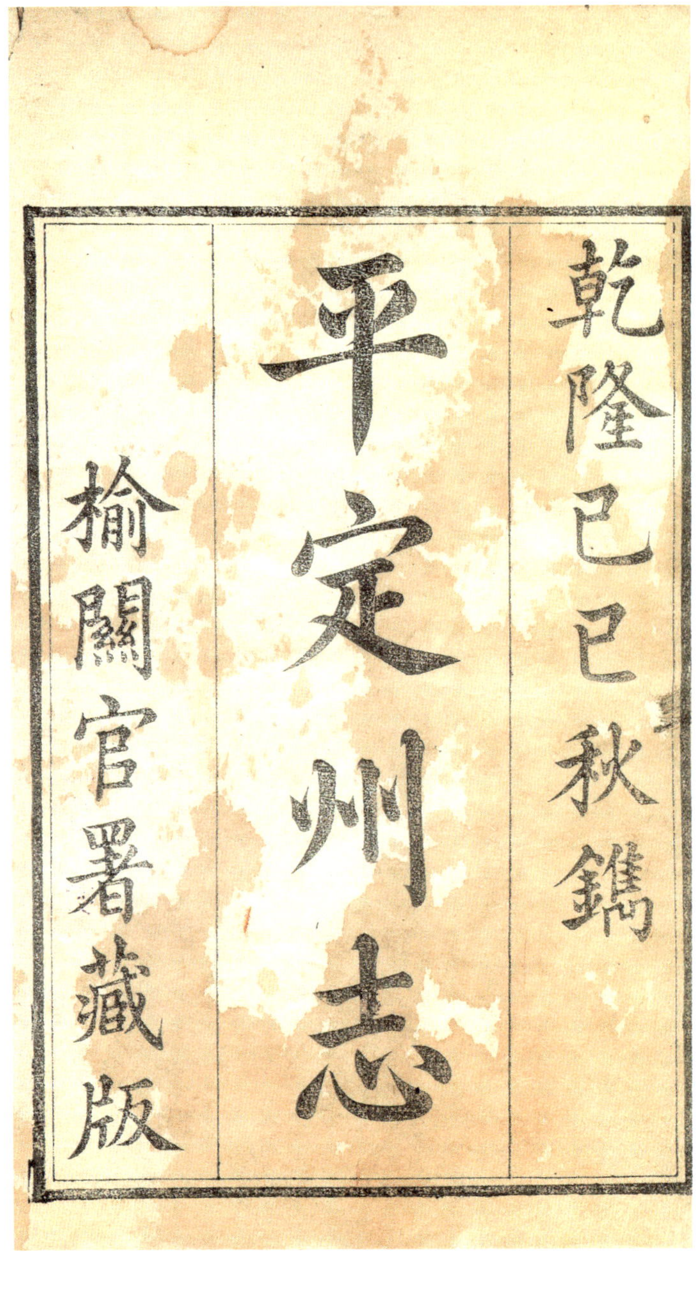
乾隆己巳秋鐫

平定州志

榆關官署藏版

00232 [乾隆]平定州志八卷 (清)德保　王祖庚纂修　清乾隆十四年(1749)刻本

框高 20 厘米，宽 14.5 厘米。九行二十一字，白口，四周雙邊。武漢大學圖書館藏。

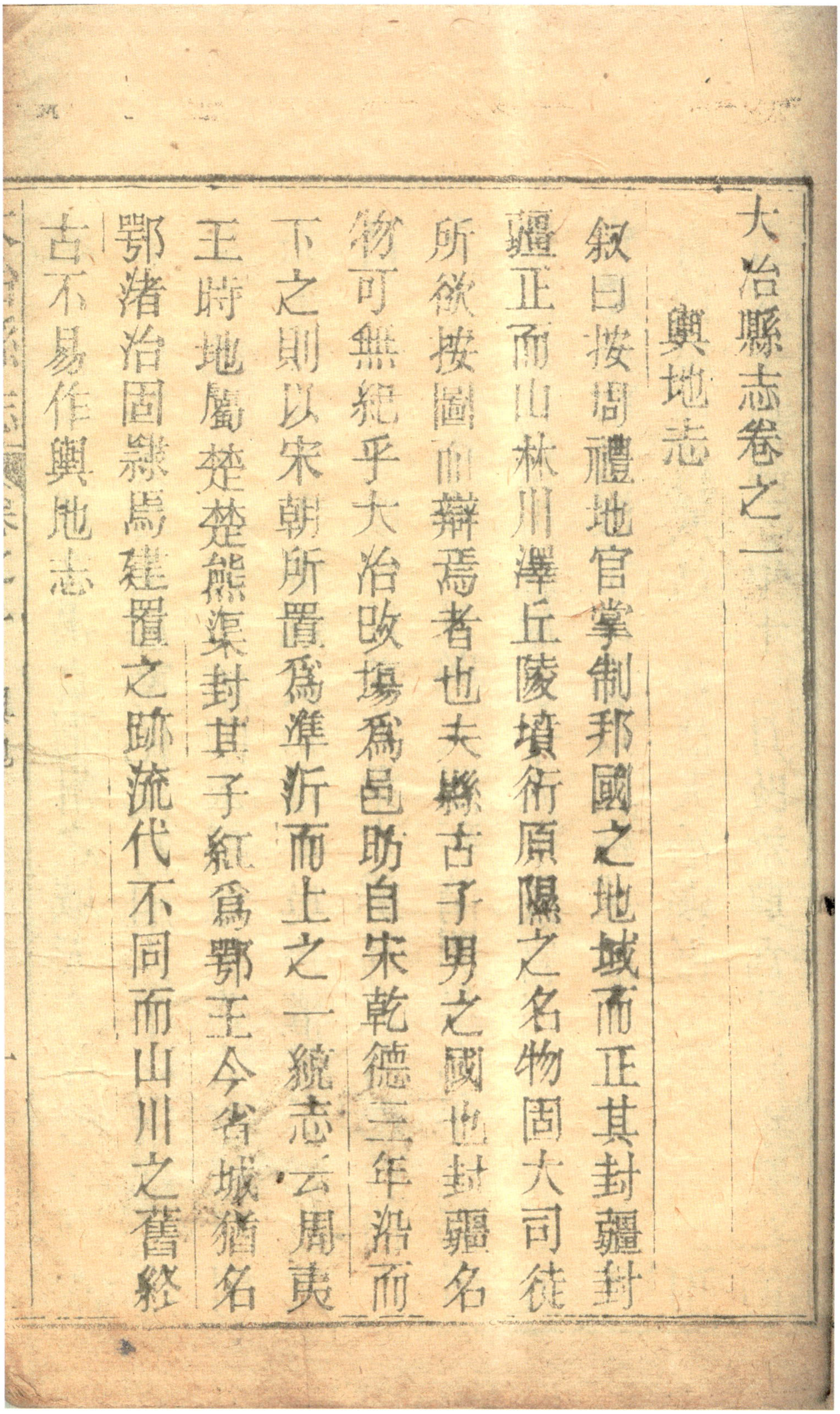
大冶縣志卷之一
輿地志
叙曰按周禮地官掌制邦國之地域而正其封疆封
疆正而山林川澤丘陵墳衍原隰之名物固大司徒
所欲按圖而辯焉者也夫縣古子男之國也封疆名
物可無紀乎大冶改場爲邑昉自宋乾德三年沿而
下之則以宋朝所置爲準泝而上之一統志云周夷
王時地屬楚楚熊渠封其子紅爲鄂王今省城猶名
鄂渚治固隸焉建置之跡流代不同而山川之舊終
古不易作輿地志

00233［嘉靖］大冶縣志七卷 （明）趙鼐修 （明）冷儒宗纂 清乾隆活字本

框高21.3厘米，寬15.7厘米。十行二十字，白口，四周雙邊。武漢大學圖書館藏。

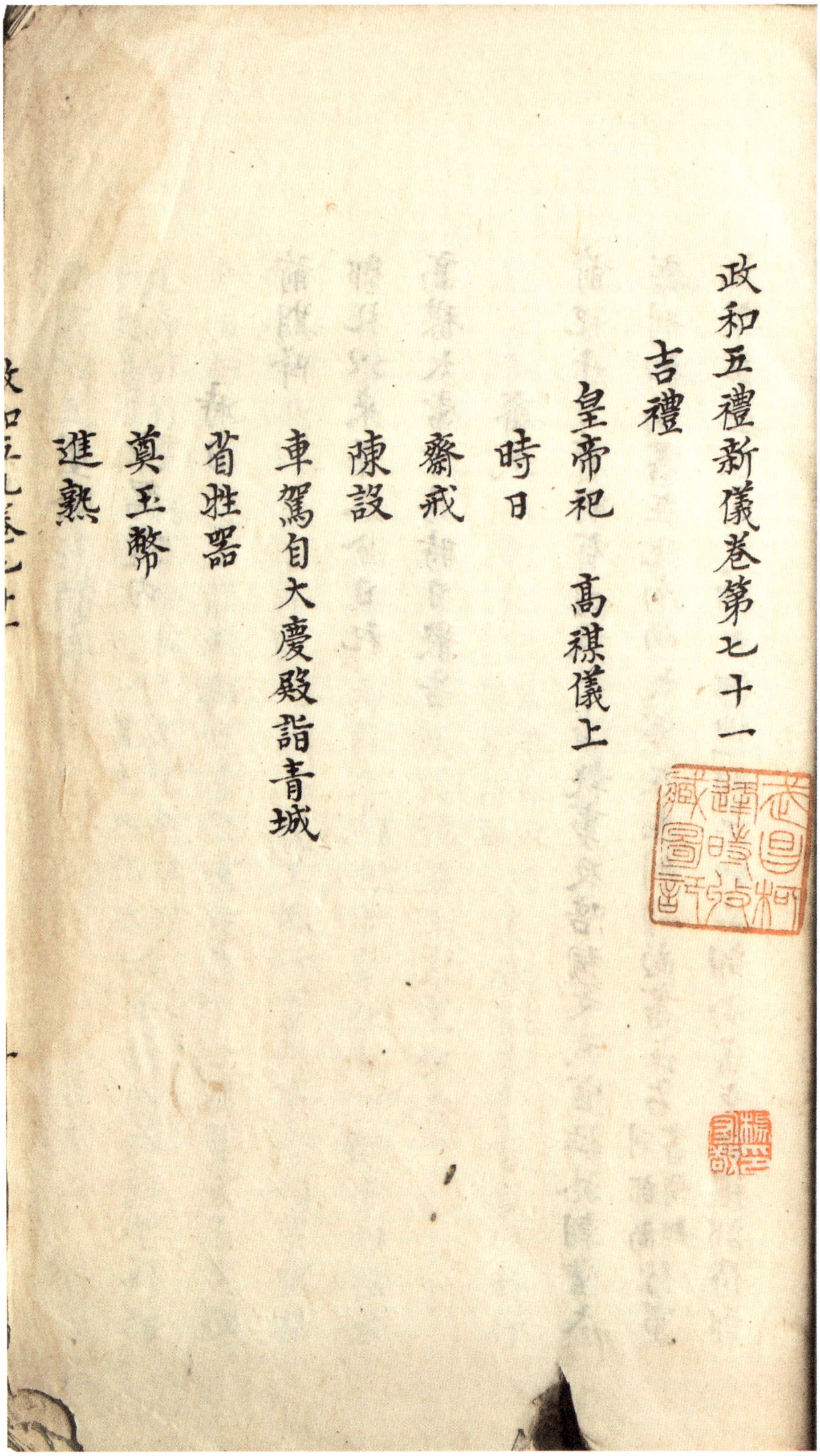
政和五禮新儀卷第七十一
吉禮
皇帝祀　高禖儀上
時日
齋戒
陳設
車駕自大慶殿詣青城
省牲器
奠玉幣
進熟

00234 政和五禮新儀二百二十卷 （宋）鄭居中等撰　清抄本　楊守敬題跋

十行二十四字。存十九卷：七十一至八十九。鈐“武昌柯逢時收藏圖記”“楊守敬印”等印。湖北省博物館藏。

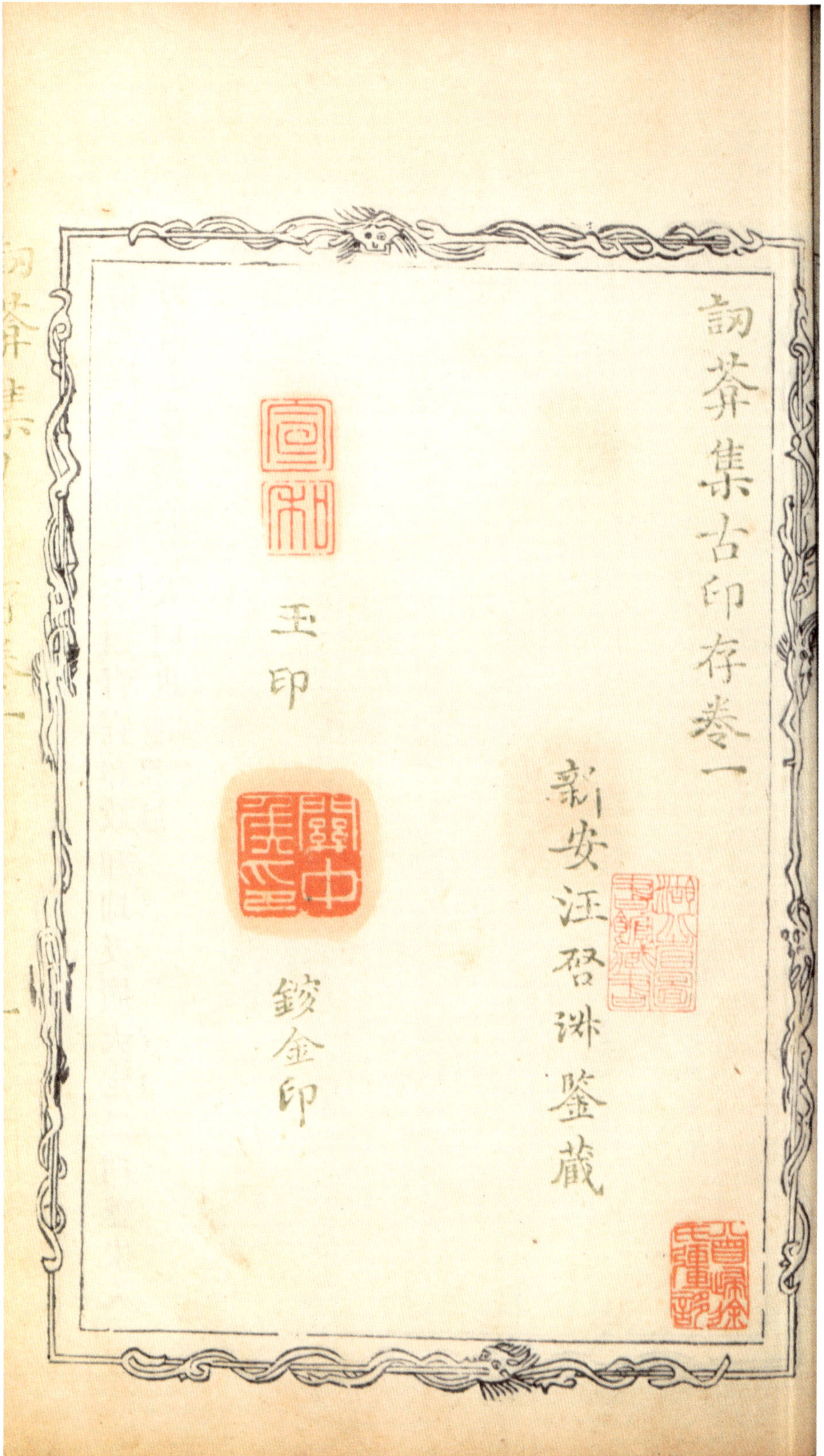

00235 訒葊集古印存三十二卷 （清）汪啓淑鑑藏　清乾隆二十五年（1760）汪啓淑開萬樓鈐印本

框高 22.5 厘米，宽 16.3 厘米。鈐“曾歸徐氏彊誃”等印。湖北省圖書館藏。

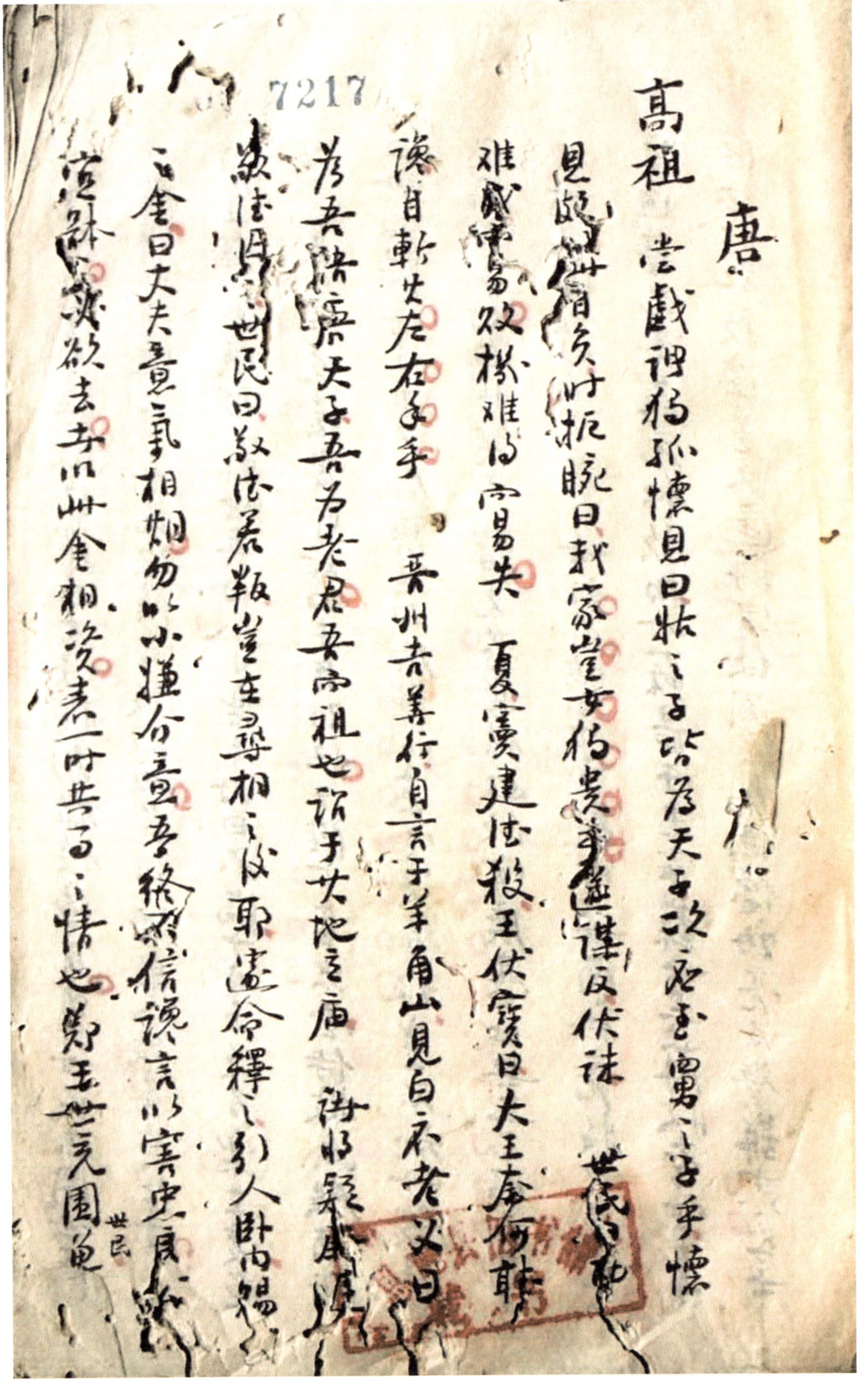

00236 子維公手録史乘一卷 （清）饒應祺輯録　稿本

九行二十七字。恩施州圖書館藏。

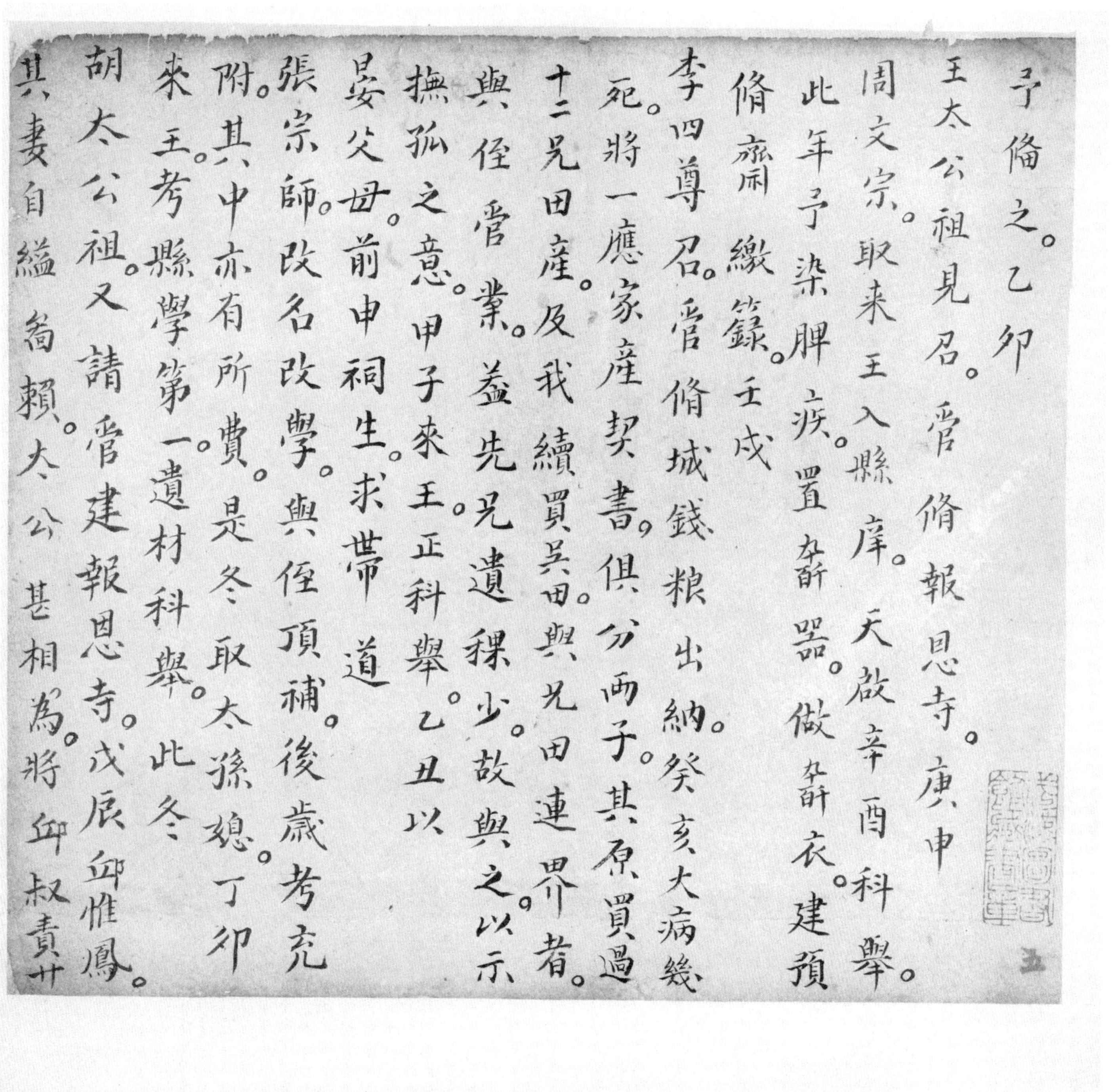
予倫之。乙卯
王太公祖見召。晉脩報恩寺。庚申
周文宗。取來王入縣庠。天啟辛酉科舉。
此年予染脾疾。置奩器。做奩衣。建預
脩齋醮纖籙。壬戌
李四尊召。晉脩城錢粮出納。癸亥大病幾
死。將一應家產契書。俱分两子。其原買過
十二兄田產。及我續買吴田與兄田連界者。
與侄晉業。蓋先兄遺稞少。故與之以示
撫孤之意。甲子來王正科舉。乙丑以
晏父母前申祠生。求帶道
張宗師。改名改學。與侄頂補。後歲考充
附。其中亦有所費。是冬取太孫魁。丁卯
來王考縣學第一。遺材科舉。此冬
胡太公祖。又請晉建報恩寺。戊辰卯惟鳳。
其妻自縊。省賴太公甚相為。將卯叔責廿

00237 家業全書不分卷 （清）方一盛撰　稿本

武漢圖書館藏。

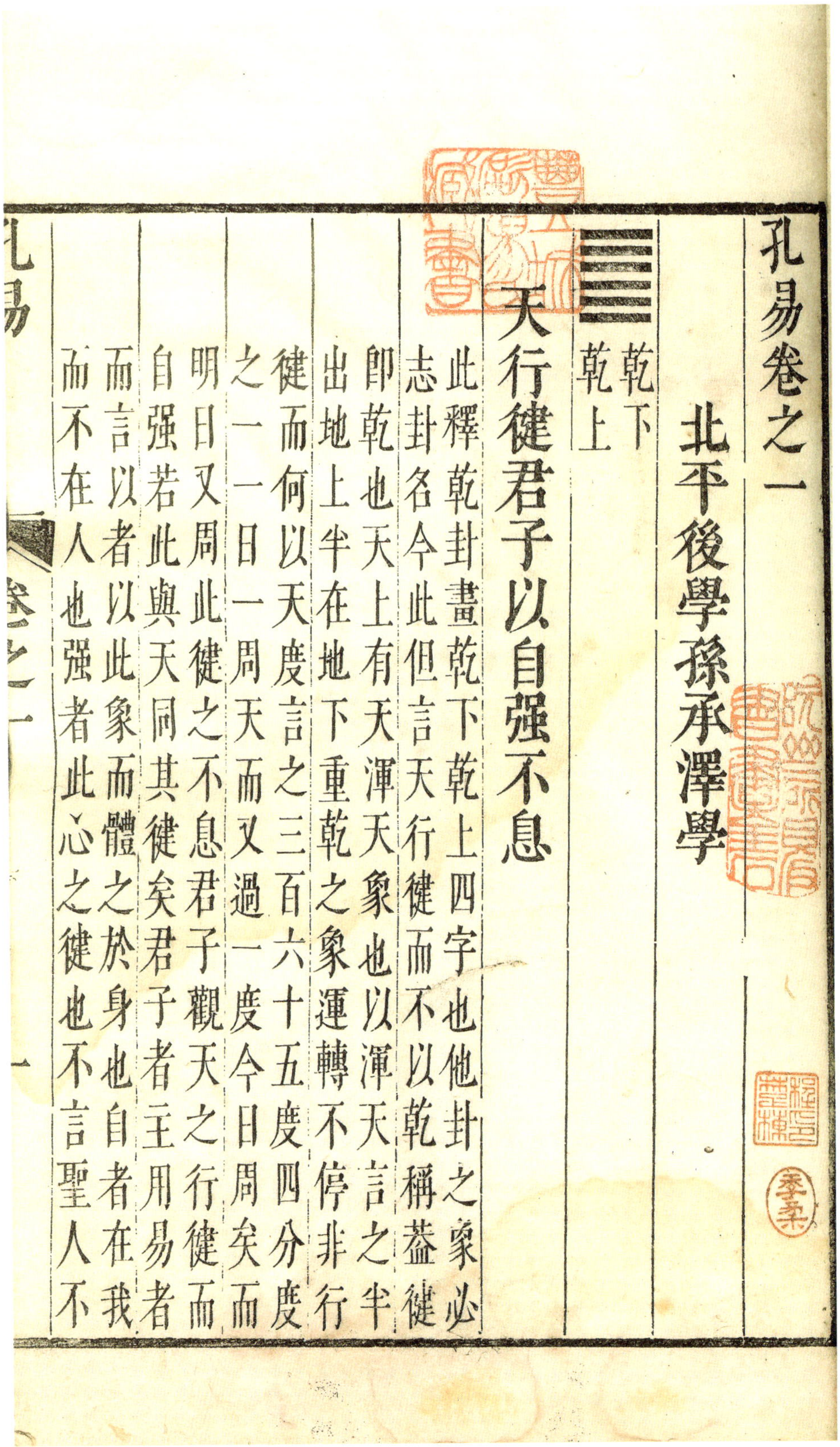
孔易卷之一

北平後學孫承澤學

乾下
乾上

天行健君子以自强不息

此釋乾卦畫乾下乾上四字也他卦之象必志卦名今此但言天行健而不以乾稱葢健即乾也天上有天渾天象也以渾天言之半出地上半在地下重乾之象運轉不停非行健而何以天度言之三百六十五度四分度之一一日一周天而又過一度今日周矣而明日又周此健之不息君子觀天之行健而自强若此與天同其健矣君子者主用易者而言以者以此象而體之於身也自者在我而不在人也强者此心之健也不言聖人不

孔易　卷之一　一

00238 孔易七卷　（清）孫承澤著　清康熙六年（1667）孫承澤城南書舍刻本　清歐陽熙題跋

框高 19.2 厘米，寬 14.6 厘米。九行十九字，白口，四周單邊。鈐“季柔”“程楚棟印”“阮齋所得書畫金石”“豐城歐陽氏藏書”等印。武漢大學圖書館藏。

北平孫退谷先生著
孔易釋文
城南書舍藏板

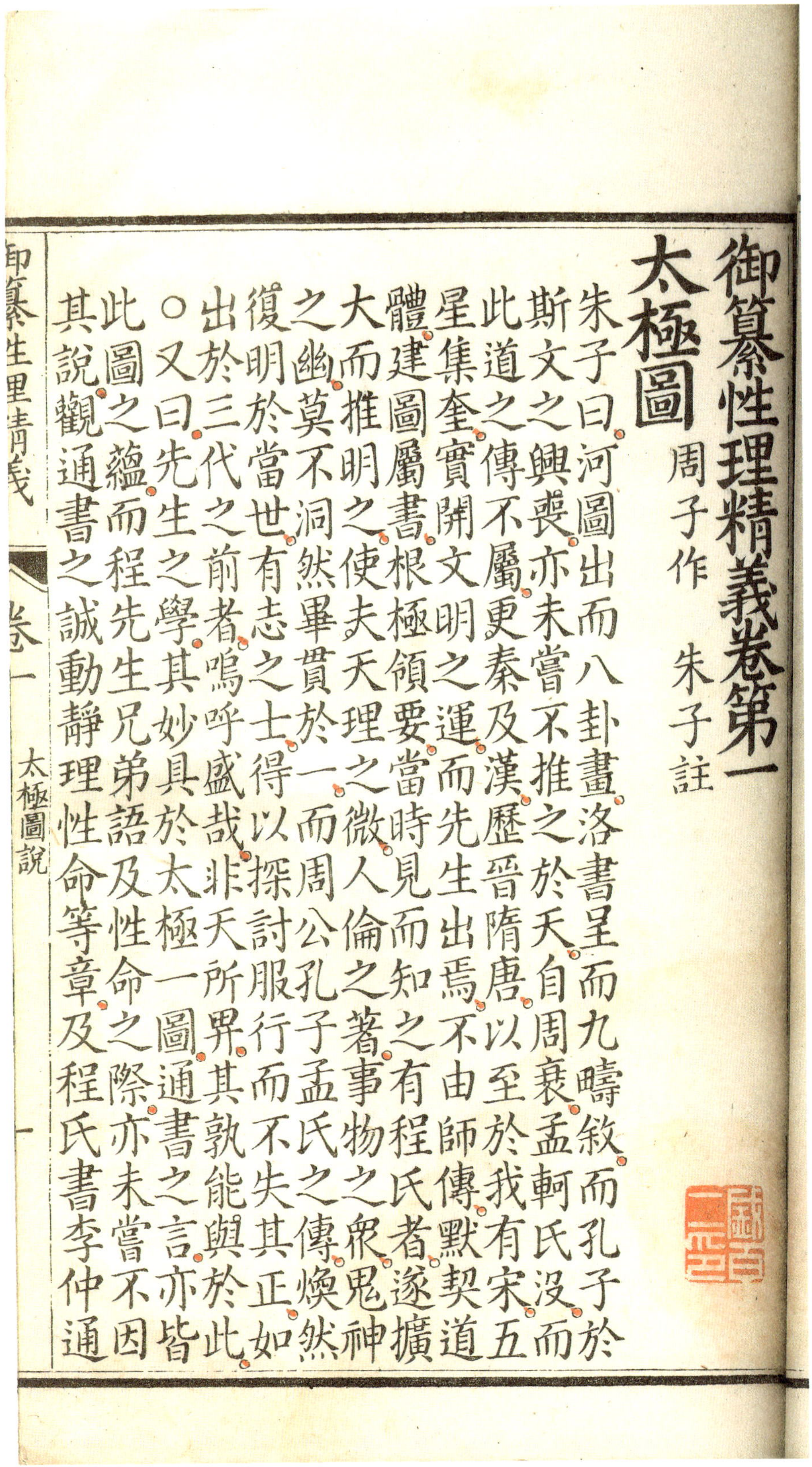

御纂性理精義卷第一

太極圖　周子作　朱子註

朱子曰河圖出而八卦畫洛書呈而九疇敘而孔子於斯文之興喪亦未嘗不推之於天自周衰孟軻氏沒而此道之傳不屬更秦及漢歷晉隋唐以至於我有宋五星集奎實開文明之運而先生出焉不由師傳默契道體建圖屬書根極領要當時見而知之有程氏者遂擴大而推明之使夫天理之微人倫之著事物之衆鬼神之幽莫不洞然畢貫於一而周公孔子孟氏之傳煥然復明於當世有志之士得以探討服行而不失其正如出於三代之前者嗚呼盛哉非天所畀其孰能與於此

○又曰先生之學其妙具於太極一圖通書之言亦皆此圖之蘊而程先生兄弟語及性命之際亦未嘗不因其說觀通書之誠動靜理性命等章及程氏書李仲通

御纂性理精義　卷一　太極圖說　一

00239 御纂性理精義十二卷　（清）李光地纂修　清康熙五十四年（1715）北京武英殿刻本

框高 22.4 厘米，宽 16.4 厘米。八行十八字，白口，四周雙邊。鈐“盛百二印”等印。武漢大學圖書館藏。

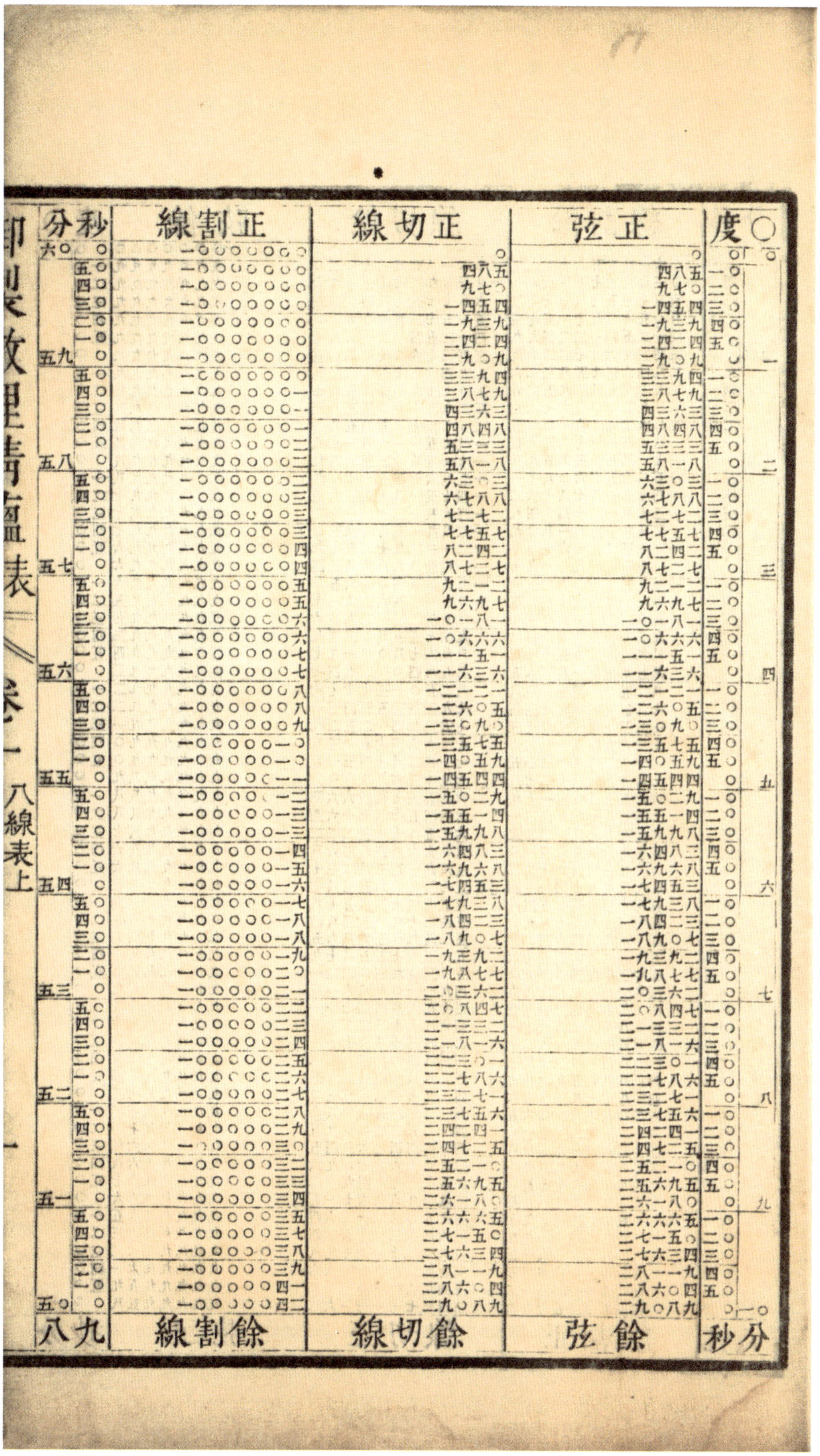
御製數理精蘊表卷一 八線表上

度○	正弦	正切線	正割線	秒分
分秒	餘弦	餘切線	餘割線	九八

00240 御製數理精蘊上編五卷下编四十卷表八卷 （清）聖祖玄燁撰

清康熙北京武英殿銅活字本

框高21.4厘米，宽14.8厘米。九行十五字，白口，四周雙邊。湖北省圖書館藏。

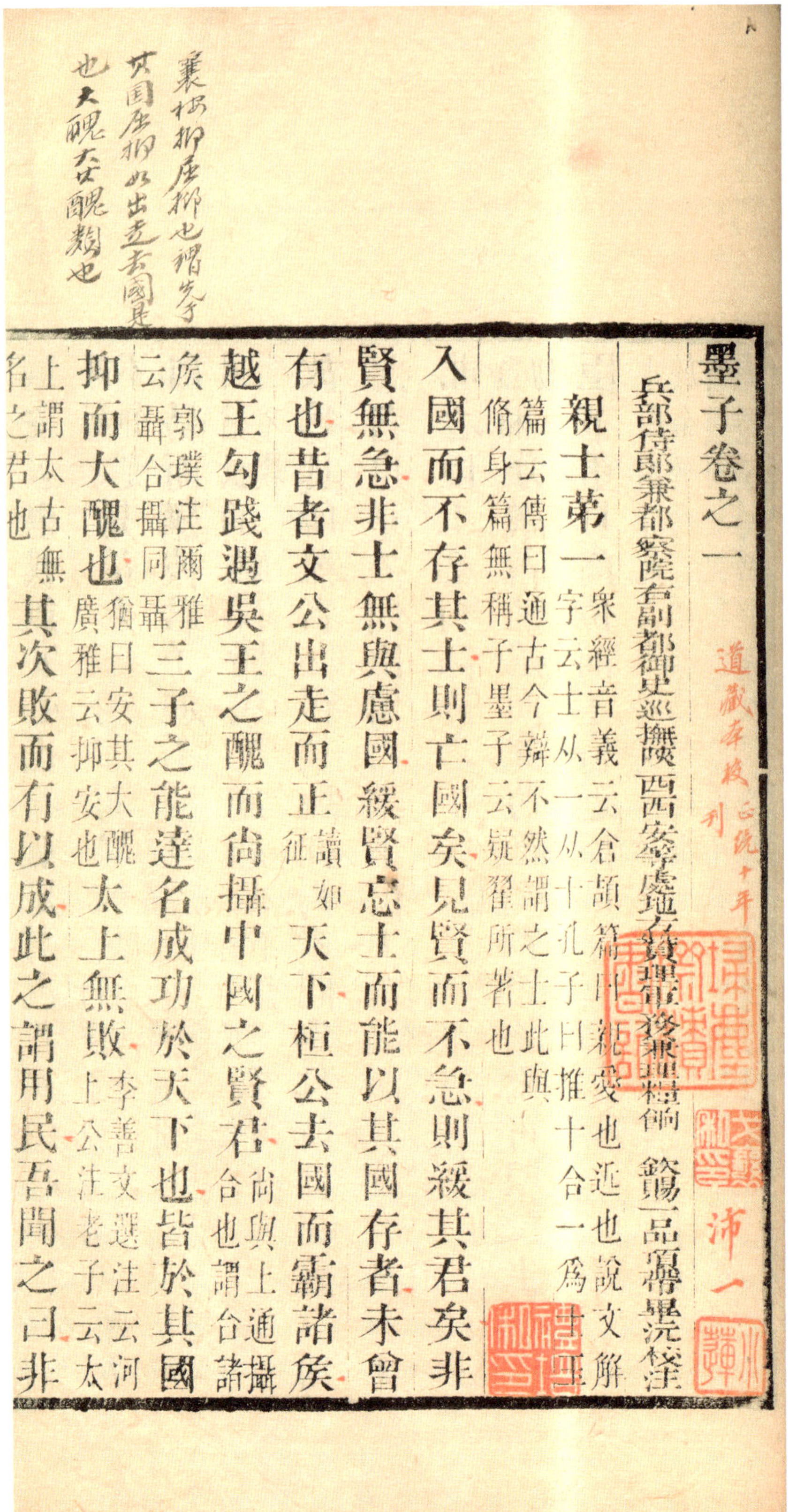

襄按抑屈抑也謂先子共同屈抑以出走去國是也大醜大恥醜類也

墨子卷之一

兵部侍郎兼都察院右副都御史巡撫陝西等處地方贊理軍務兼理糧餉 鎮洋畢沅校注

親士第一 衆經音義云倉頡篇曰親愛也近也說文解字云士从一从十孔子曰推十合一爲士篇云傳曰通古今辯不然謂之士此與脩身篇無稱子墨子云疑翟所著也

入國而不存其士則亡國矣見賢而不急則緩其君矣非賢無急非士無與慮國緩賢忘士而能以其國存者未曾有也昔者文公出走而正 正讀如征 天下桓公去國而霸諸侯越王勾踐遇吳王之醜而尚攝中國之賢君 尚與上通攝合也謂合諸侯郭璞注爾雅云聶合攝同聶 三子之能達名成功於天下也皆於其國抑而大醜也 猶曰安其大醜廣雅云抑安也 太上無敗 李善文選注云河上公注老子云太上謂太古無名之君也 其次敗而有以成此之謂用民吾聞之曰非

00241 墨子十五卷目録一卷 （清）畢沅校注　清乾隆四十九年（1784）靈巖山館刻本　清戈襄批校題跋

框高 19.9 厘米，寬 14.9 厘米。十一行二十二字，黑口，四周單邊。鈐“戈襄私印”“小蓮”“臣印戈載”“順卿”“掃塵齋積書記”“禮培私印”等印。武漢大學圖書館藏。

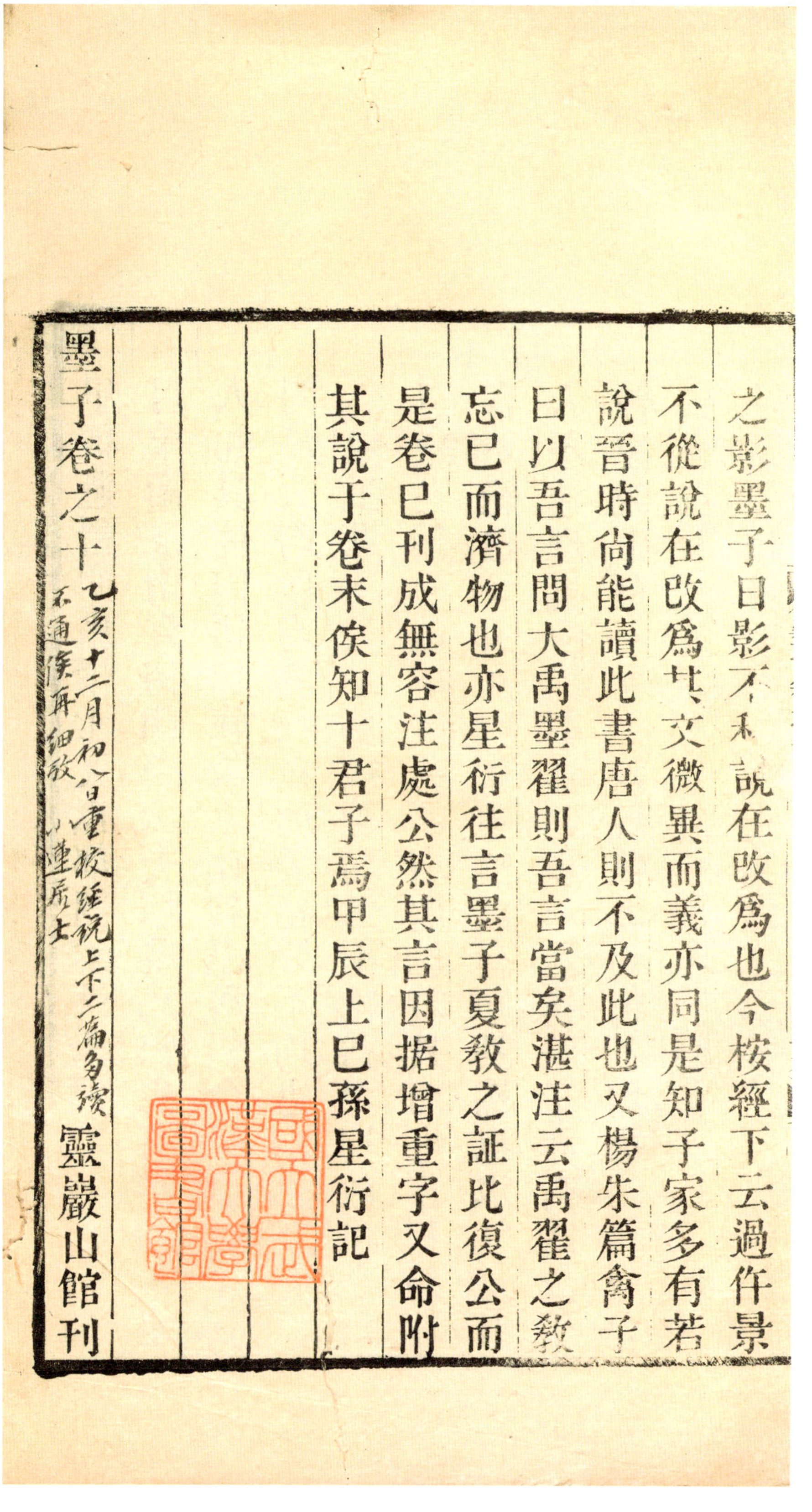

之影墨子曰影不术説在改爲也今桉經下云過仵景
不從說在改爲其文微異而義亦同是知子家多有若
說晉時尚能讀此書唐人則不及此也又楊朱篇禽子
曰以吾言問大禹墨翟則吾言當矣湛注云禹翟之教
忘已而濟物也亦星衍往言墨子夏教之証比復公而
是卷已刊成無容注處公然其言因据增重字又命附
其說于卷末俟知十君子焉甲辰上巳孫星衍記

墨子卷之十　乙亥十二月初八日重校經說上下二篇多讀不通俟再細攷　小蓮居士　靈巖山館刊

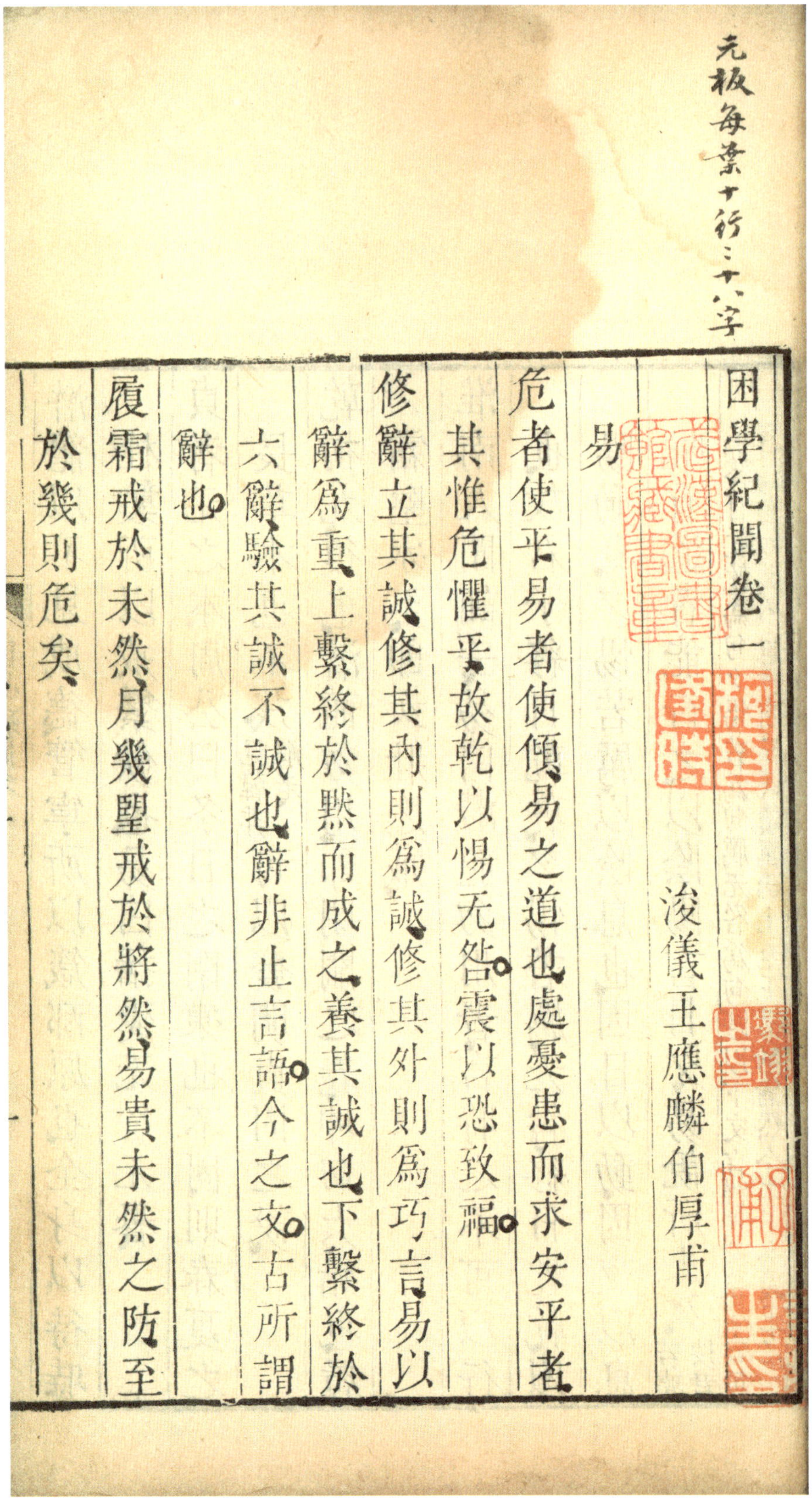
元板每葉十行二十八字
困學紀聞卷一
浚儀王應麟伯厚甫
易
危者使平易者使傾易之道也處憂患而求安平者
其惟危懼乎故乾以惕无咎震以恐致福
修辭立其誠修其內則爲誠修其外則爲巧言易以
辭爲重上繫終於默而成之養其誠也下繫終於
六辭驗其誠不誠也辭非止言語今之文古所謂
辭也
履霜戒於未然月幾望戒於將然易貴未然之防至
於幾則危矣

00242 困學紀聞二十卷 （宋）王應麟撰 （清）閻若璩箋 清乾隆三年（1738）祁門馬氏叢書樓刻本 清錢大昕批校 清柯逢時題記

框高19.1厘米，宽14.9厘米。十一行二十字，白口，左右雙邊。牌記："閻百詩先生勘本乾隆戊午春月馬氏叢書樓校刊。"鈐"柯逢時印"等印。武漢圖書館藏。

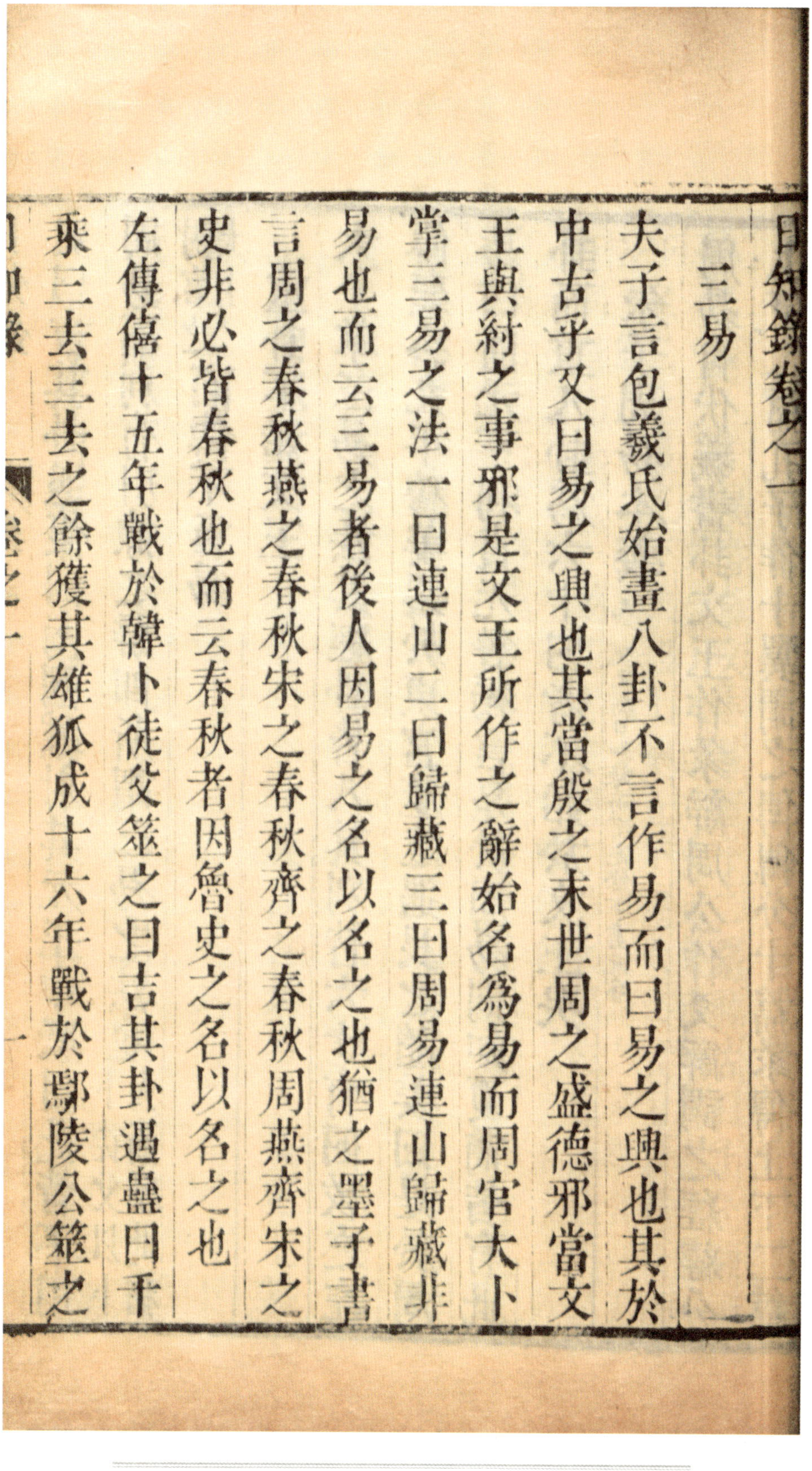

日知錄卷之一

三易

夫子言包羲氏始畫八卦不言作易而曰易之興也其於中古乎又曰易之興也其當殷之末世周之盛德邪當文王與紂之事邪是文王所作之辭始名爲易而周官大卜掌三易之法一曰連山二曰歸藏三曰周易連山歸藏非易也而云三易者後人因易之名以名之也猶之墨子書言周之春秋燕之春秋宋之春秋齊之春秋周燕齊宋之史非必皆春秋也而云春秋者因魯史之名以名之也

左傳僖十五年戰於韓卜徒父筮之曰吉其卦遇蠱曰千乘三去三去之餘獲其雄狐成十六年戰於鄢陵公筮之

日知錄 卷之一 一

00243 日知錄三十二卷 （清）顧炎武撰　清康熙三十四年（1695）潘耒遂初堂刻本

框高 20.3 厘米，宽 14.8 厘米。十一行二十二字，小字雙行同，白口，左右雙邊。鈐“李氏藏書”“金粟山房”等印。湖北省圖書館藏。

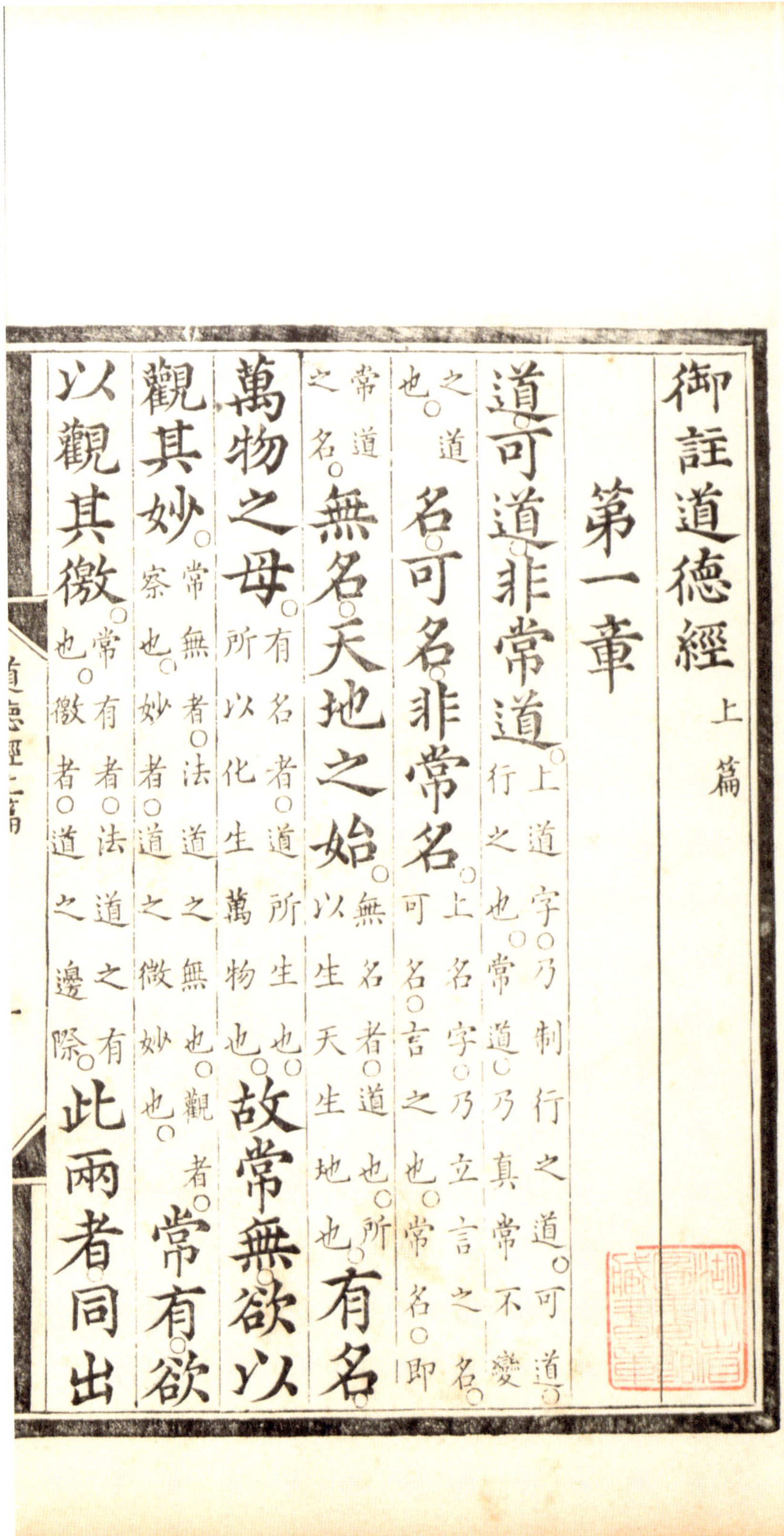
御註道德經 上篇

第一章

道可道非常道。上道字○乃制行之道。可道○行之也。常道○乃真常不變之道也。名可名非常名。上名字○乃立言之名。可名○言之也。常名○即常道之名。無名天地之始。無名者○道也。所以生天地也。有名萬物之母。有名者○道所生也。所以化生萬物也。故常無欲以觀其妙。常無者○法道之無也。觀者○察也。妙者○道之微妙也。常有欲以觀其徼。常有者○法道之有也。徼者○道之邊際。此兩者同出

00244 御註道德經二卷 （清）世祖福臨撰　清順治十三年（1656）北京武英殿刻本

框高22.6厘米，宽16.3厘米。八行十六字，大黑口，左右雙邊。湖北省圖書館藏。

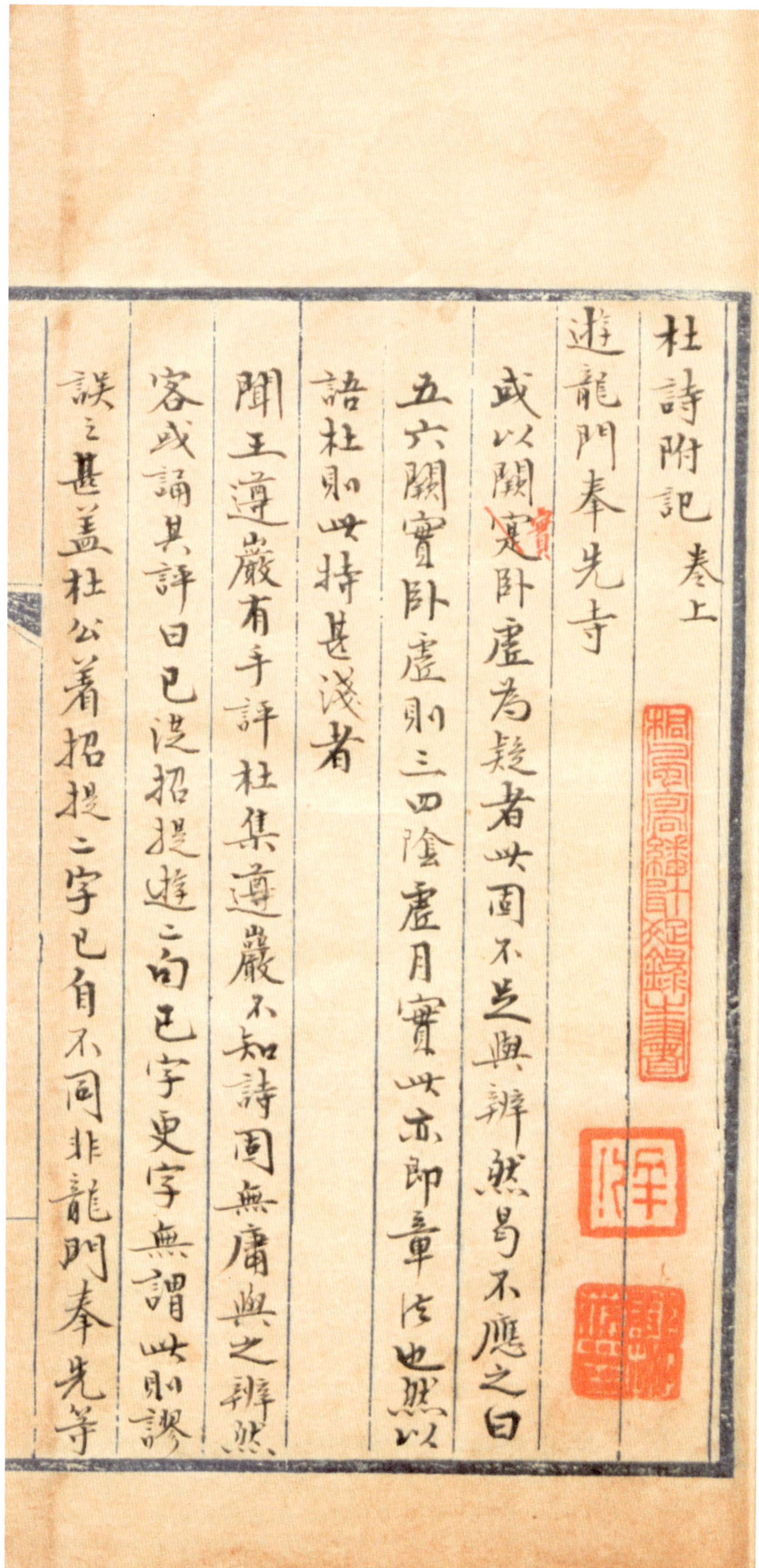
杜詩附記 卷上
遊龍門奉先寺
或以闕寔卧虛為疑者此固不足與辨然曷不應之曰
五六闕實卧虛則三四陰虛月實此亦即章法也然以
語杜則此特甚淺者
聞王遵巖有手評杜集遵巖不知詩固無庸與之辨然
客或誦其評曰已從招提遊之句已字更字無謂此則謬
誤之甚蓋杜公着招提二字已自不同非龍門奉先等

00245 杜詩附記二卷 （清）翁方綱撰　清稿本　徐恕朱筆批校

框高 17.5 厘米，宽 11.3 厘米。半葉八行，行字不等，白口，左右雙邊。鈐“桐風廎繙輯疏録之書”等印。湖北省圖書館藏。

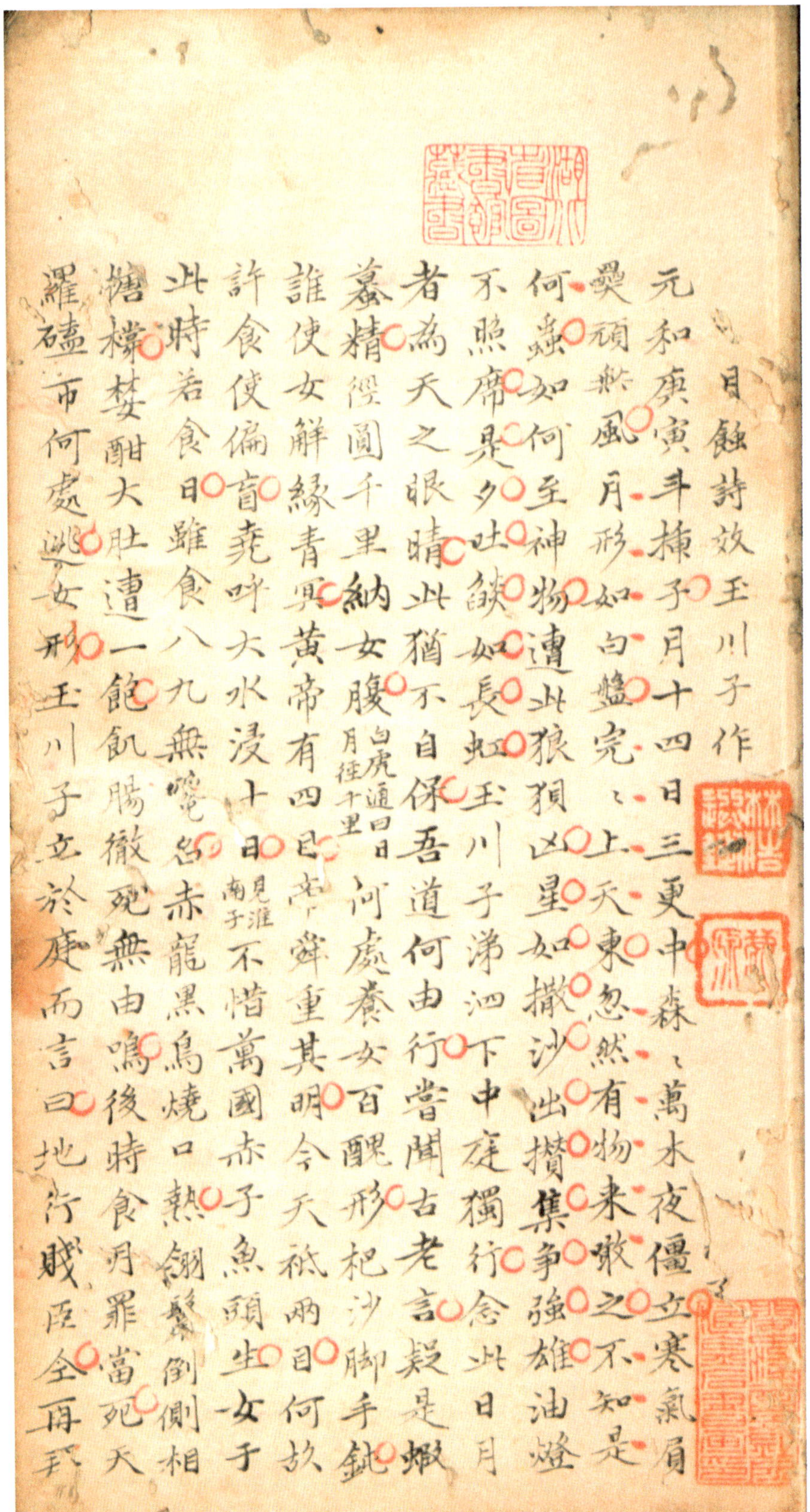
月蝕詩效玉川子作
元和庚寅斗柄子月十四日三更中森森萬木夜僵立寒氣屓
奰頑無風月形如白盤完完上天東忽然有物來啖之不知是
何蟲如何至神物遭此狼狽凶星如撒沙出攢集爭強雄油燈
不照席是夕吐燄如長虹玉川子涕泗下中庭獨行念此日月
者為天之眼睛此猶不自保吾道何由行嘗聞古老言疑是蝦
蟆精徑圓千里納女腹（白虎通曰日月徑千里）何處養女百醜形杷沙腳手鈍
誰使女解緣青冥黃帝有四目帝舜重其明今天只兩目何故
許食使偏盲堯呼大水浸十日（見淮南子）不惜萬國赤子魚頭生女子
此時若食日雖食八九無嚵名赤龍黑烏燒口熱翎鬣倒側相
搪撐婪酣大肚遭一飽饑腸徹死無由鳴後時食月罪當死天
羅磕匝何處逃女刑玉川子立於庭而言曰地行賤臣全再拜

00246 林鹿原選昌黎先生詩集一卷 （清）林佶選　清康熙稿本　清林鴻年題記

十二行二十四字。鈐“林佶選鈔”“鹿原”“鴻年”“閩中梁章鉅所藏金石書畫印”等印。湖北省圖書館藏。

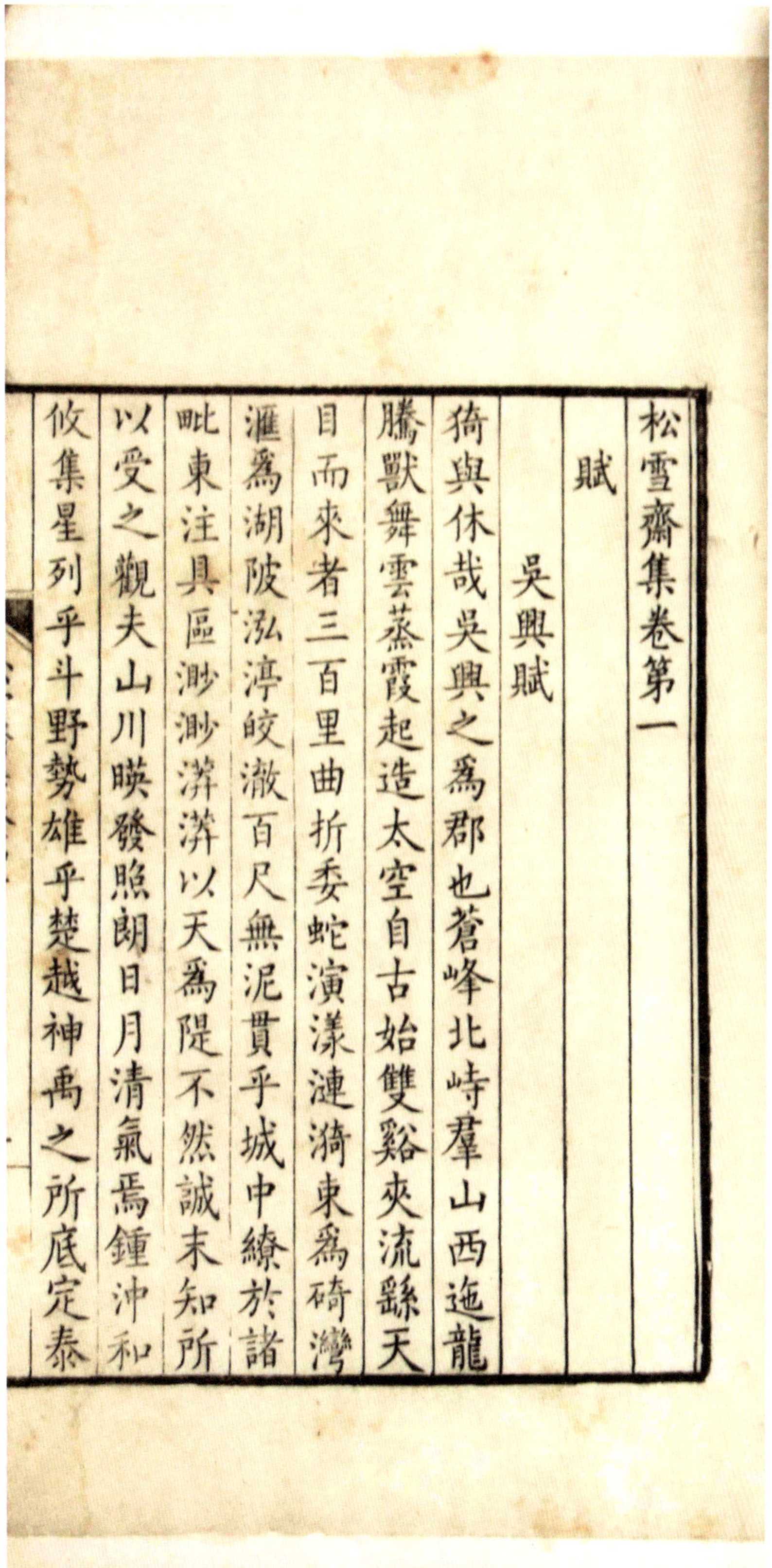

松雪齋集卷第一

賦

吴興賦

猗與休哉吴興之爲郡也蒼峰北峙羣山西迤龍騰獸舞雲蒸霞起造太空自古始雙谿夾流縣天目而來者三百里曲折委蛇演漾漣漪東爲碕灣滙爲湖陂泓渟皎澈百尺無泥貫乎城中繚於諸毗東注具區渺渺漭漭以天爲隄不然誠未知所以受之觀夫山川暎發照朗日月清氣焉鍾沖和攸集星列乎斗野勢雄乎楚越神禹之所底定泰

00247 松雪齋集十卷外集一卷 （元）趙孟頫撰 **附趙公行狀一卷** 清康熙刻本

框高 17.2 厘米，寬 12.8 厘米。十行十九字，黑口，左右雙邊。鈐“教經堂錢氏章”“海陵錢犀盦校藏書籍”“山陽朱氏小潛采堂考藏金石圖籍”“鼎榮墨緣”“小潛采堂”“朱大所得”“辛道人”“三往蓬山”等印。黄石市圖書館藏。

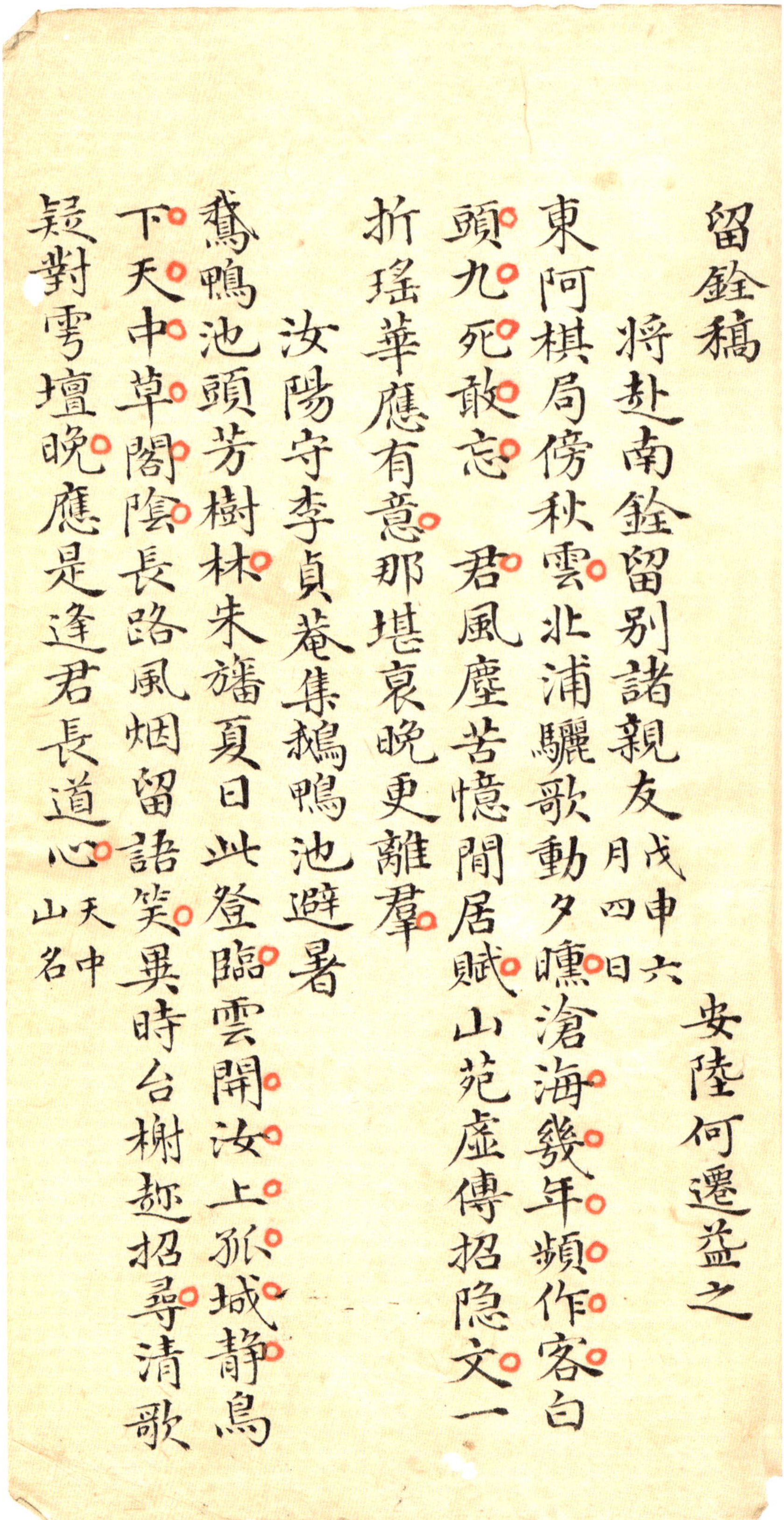
留銓稿　安陸何遷益之
將赴南銓留別諸親友 戊申六月四日
東阿棋局傍秋雲北浦驪歌動夕曛滄海幾年頻作客白頭九死敢忘君風塵苦憶閒居賦山苑虛傳招隱文一折瑤華應有意那堪衰晚更離羣
汝陽守李貞菴集鵝鴨池避暑
鵞鴨池頭芳樹林朱旛夏日此登臨雲開汝上孤城靜鳥下天中草閣陰長路風烟留語笑異時台榭越招尋清歌疑對雩壇晚應是逢君長道心 天中山名

00248 何吉陽詩五卷　（明）何遷撰　清抄本

九行二十二字。安陸市圖書館藏。

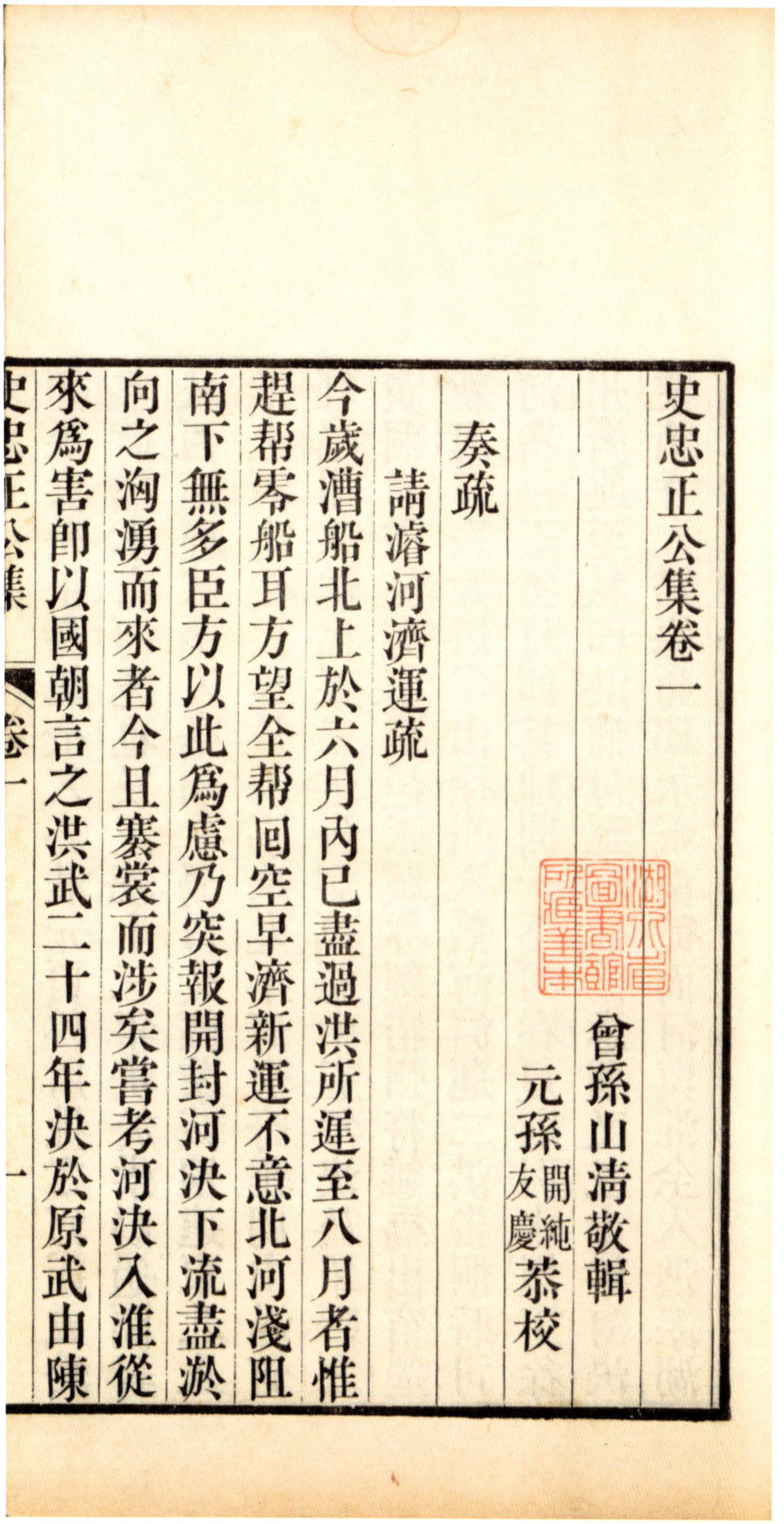
史忠正公集卷一
曾孫山清敬輯
元孫開純
友慶恭校
奏疏
請濬河濟運疏
今歲漕船北上於六月內已盡過洪所運至八月者惟
趕帮零船耳方望全帮回空早濟新運不意北河淺阻
南下無多臣方以此爲慮乃突報開封河決下流盡淤
向之洶湧而來者今且褰裳而涉矣嘗考河決入淮從
來爲害卽以國朝言之洪武二十四年決於原武由陳
史忠正公集 卷一 一

00249 史忠正公集四卷卷首一卷卷末一卷 （明）史可法撰 （清）史山清輯 （清）史開純 史友慶校 清乾隆四十九年（1784）木活字本

框高18.8厘米，寬13.3厘米。十行二十一字，白口，左右雙邊。湖北省圖書館藏。

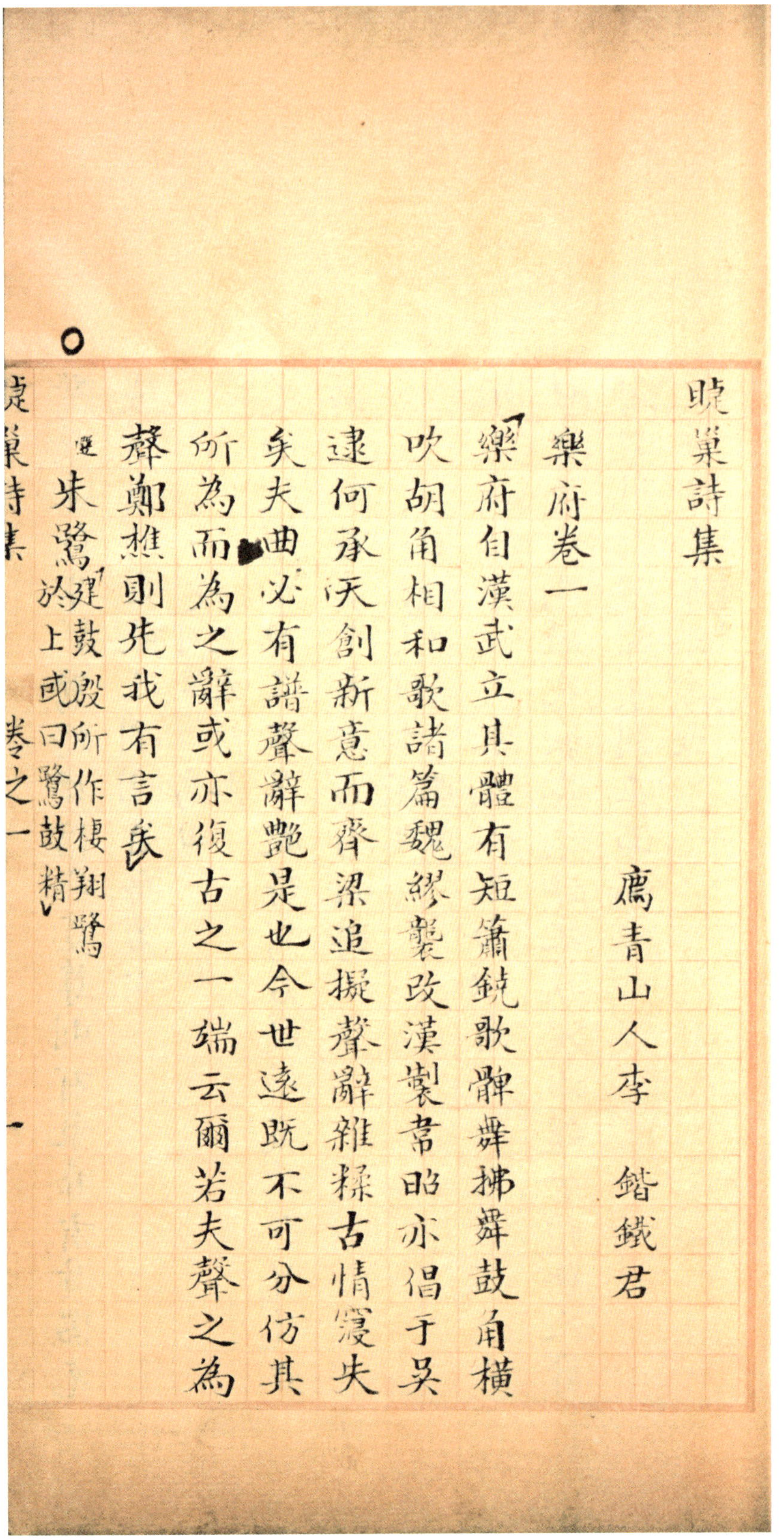
睫巢詩集
廌青山人李　鍇鐵君
樂府卷一
樂府自漢武立其體有短簫鐃歌鞞舞拂舞鼓角橫
吹胡角相和歌諸篇魏繆襲改漢製韋昭亦倡于吳
逮何承天創新意而齊梁追擬聲辭雜糅古情寖失
矣夫曲必有諧聲辭艷是也今世遠既不可分仿其
所為而為之辭或亦復古之一端云爾若夫聲之為
聲鄭樵則先我有言矣
題　朱鷺建鼓殷所作棲翔鷺於上或曰鷺鼓精
睫巢詩集　卷之一　一

00250 睫巢詩集十卷　（清）李鍇撰　清稿本

框高19厘米，寬14.1厘米。十行二十一字，白口，左右雙邊。湖北省圖書館藏。

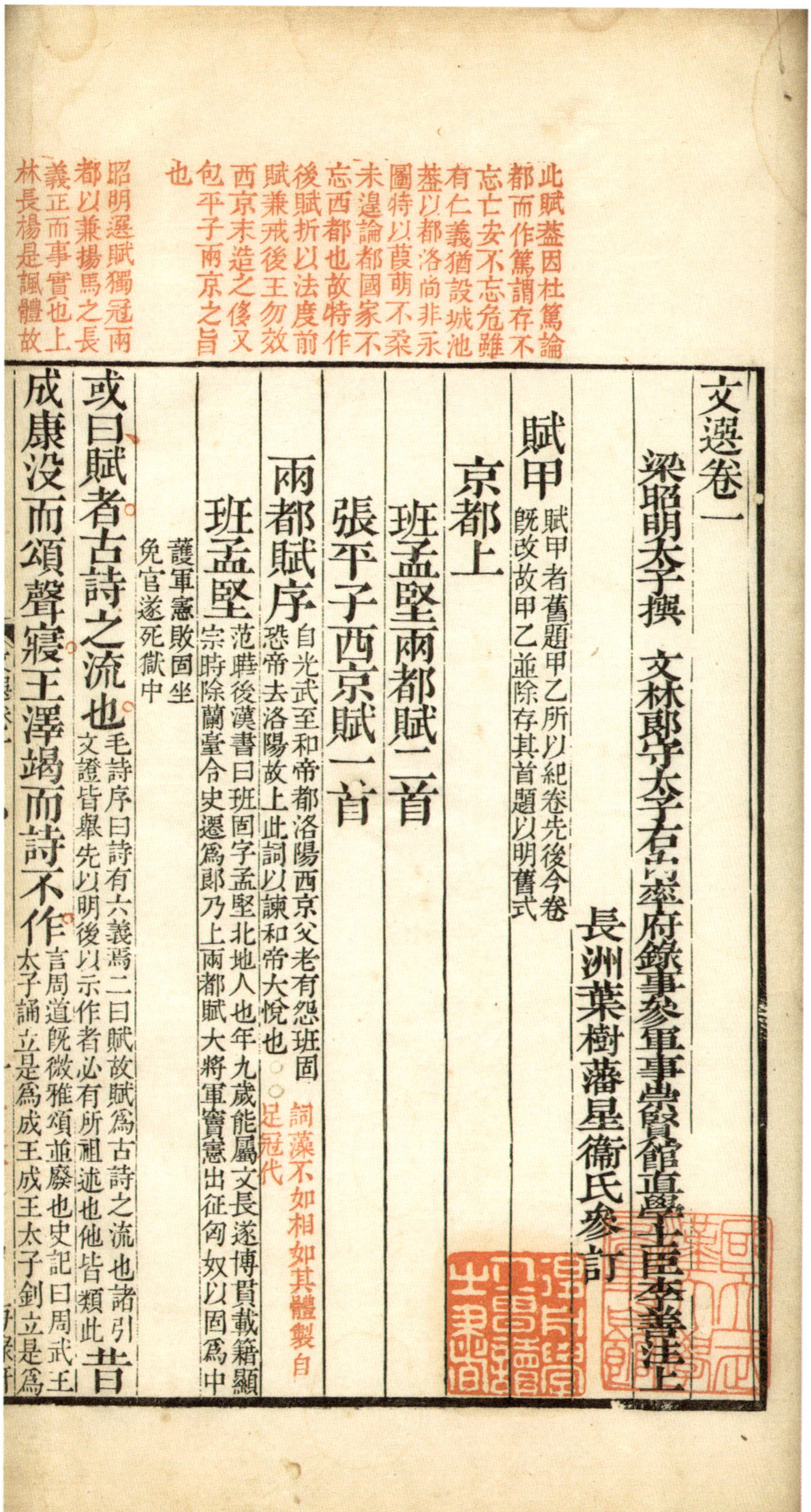

此賦蓋因杜篤論都而作篤謂存不忘亡安不忘危雖有仁義猶設城池蓋以都洛尚非永圖特以葭萌不柔未遑論都國家不忘西都也故特作後賦折以法度前賦兼戒後王勿效西京末造之侈又包平子兩京之旨也
昭明選賦獨冠兩都以兼揚馬之長義正而事實也上林長楊是諷體故

文選卷一
梁昭明太子撰　文林郎守太子右內率府錄事參軍事崇賢館直學士臣李善注上
長洲葉樹藩星衞氏參訂
賦甲　賦甲者舊題甲乙所以紀卷先後今卷既改故甲乙並除存其首題以明舊式
京都上
班孟堅兩都賦二首
張平子西京賦一首
兩都賦序　自光武至和帝都洛陽西京父老有怨班固恐帝去洛陽故上此詞以諫和帝大悅也　詞藻不如相如其體製自足冠代
班孟堅　范曄後漢書曰班固字孟堅北地人也年九歲能屬文長遂博貫載籍顯宗時除蘭臺令史遷爲郎乃上兩都賦大將軍竇憲出征匈奴以固爲中護軍憲敗固坐免官遂死獄中
或曰賦者古詩之流也　毛詩序曰詩有六義焉二曰賦故賦爲古詩之流也諸引文證皆舉先以明後以示作者必有所祖述也他皆類此　昔
成康沒而頌聲寢王澤竭而詩不作　言周道既微雅頌並廢也史記曰周武王太子誦立是爲成王成王太子釗立是爲

00251 文選六十卷　（南朝梁）蕭統撰　（唐）李善注　（清）何焯評　清乾隆三十七年（1772）葉氏海録軒朱墨套印本　周貞亮標點題跋

框高 15 厘米，寬 20 厘米。十二行二十五字，白口，左右雙邊。鈐“津逮宧”“涵峰”“貞亮”“求放心齋”“喪中周氏寶藏”“貞亮私印”“退舟學人曾讀之書”等印。武漢大學圖書館藏。

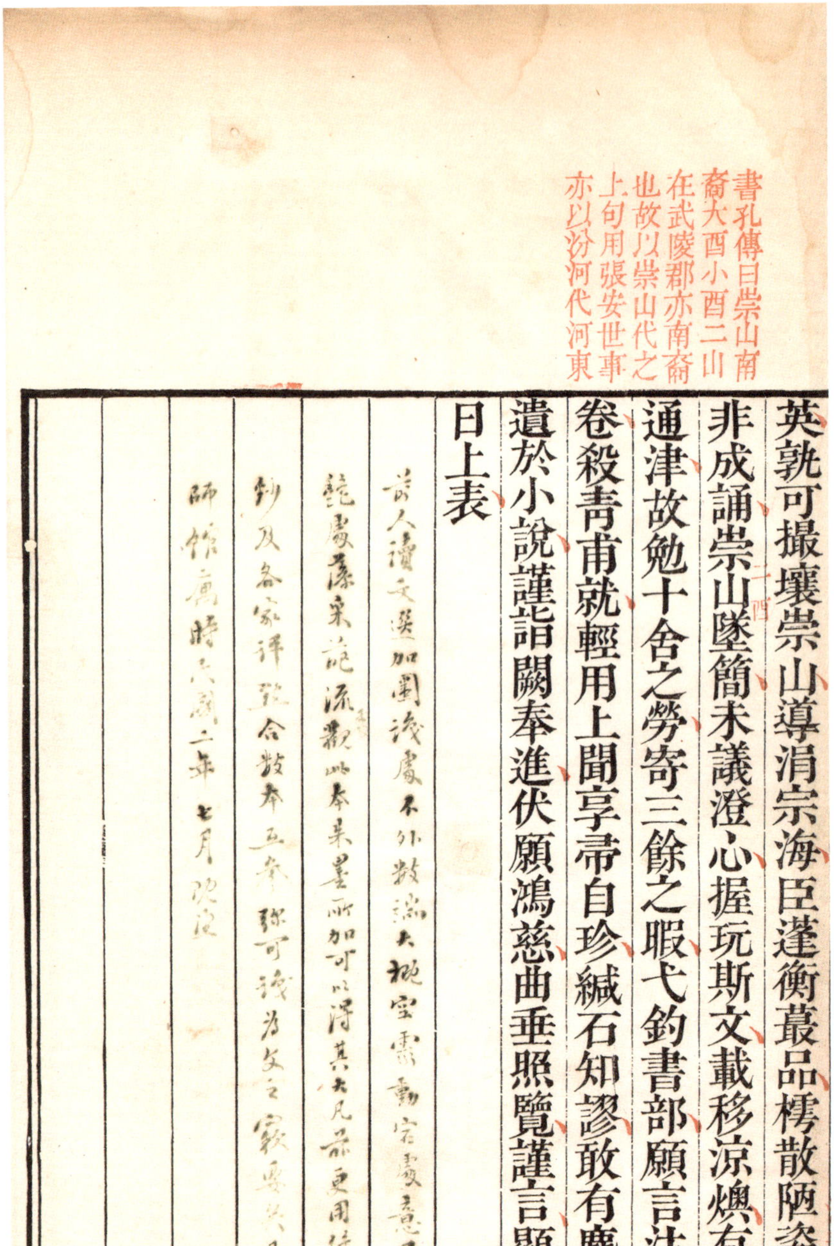
書孔傳曰崇山南
裔大酉小酉二山
在武陵郡亦南裔
也故以崇山代之
上句用張安世事
亦以汾河代河東
英孰可擬壤崇山導涓宗海臣逢衡蕞品樗散陋姿汾河委筴夙
非成誦崇山墜簡未議澄心握玩斯文載移涼燠有欣永日實昧
通津故勉十舍之勞寄三餘之暇弋釣書部願言注緝合成六十
卷殺青甫就輕用上聞享帚自珍緘石知謬敢有塵於廣內庶無
遺於小說謹詣闕奉進伏願鴻慈曲垂照覽謹言顯慶三年九月
日上表
昔人讀文選加圈識處不外数端大概字需動容處意思奇警處詞旨凄
艶處藻采詭流觀此本朱墨所加可以得其大凡并更用緑筆錄入孫月峰
鈔及各家評點合数本互參
師館寓時民國二年七月

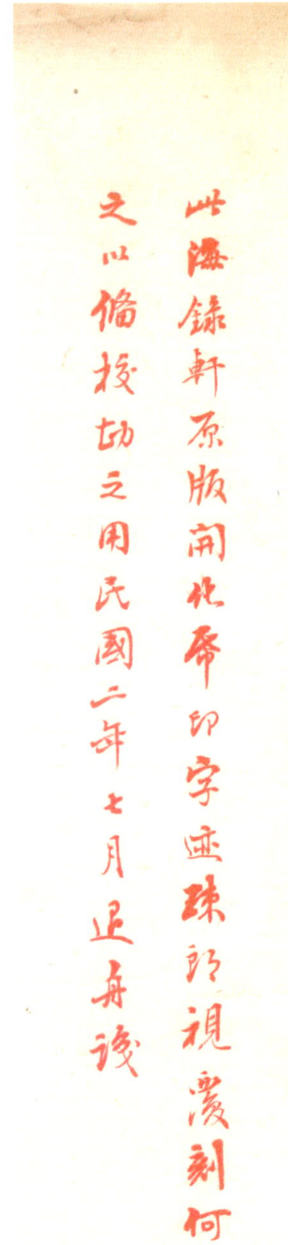
此海錄軒原版開花帋印字畫疎朗視重刻何啻天淵特收
之以備校勘之用民國二年七月退舟識

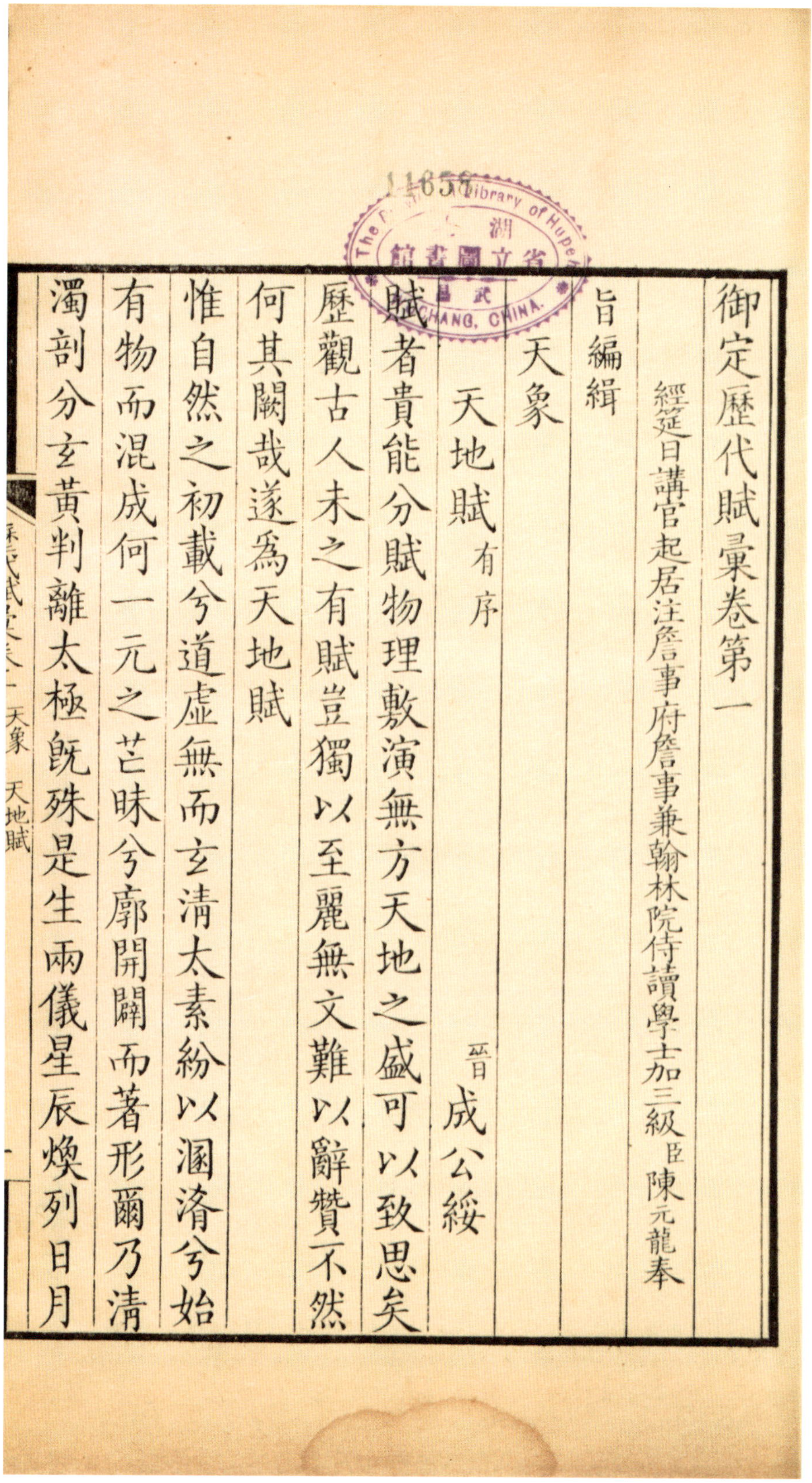
御定歷代賦彙卷第一
經筵日講官起居注詹事府詹事兼翰林院侍讀學士加三級臣陳元龍奉
旨編緝
天象
天地賦有序　晉成公綏
賦者貴能分賦物理敷演無方天地之盛可以致思矣
歷觀古人未之有賦豈獨以至麗無文難以辭贊不然
何其闕哉遂爲天地賦
惟自然之初載兮道虛無而玄清太素紛以溷淆兮始
有物而混成何一元之芒昧兮廓開闢而著形爾乃清
濁剖分玄黃判離太極既殊是生兩儀星辰煥列日月

00252 御定歷代賦彙一百四十卷目録二卷外集二十卷逸目二卷

（清）陳元龍等輯　清康熙四十五年（1706）北京内府刻本

框高 19.3 厘米，宽 14.3 厘米。十一行二十一字，黑口，左右雙邊。鈐“明善堂珍藏書畫印記”等印。湖北省圖書館藏。

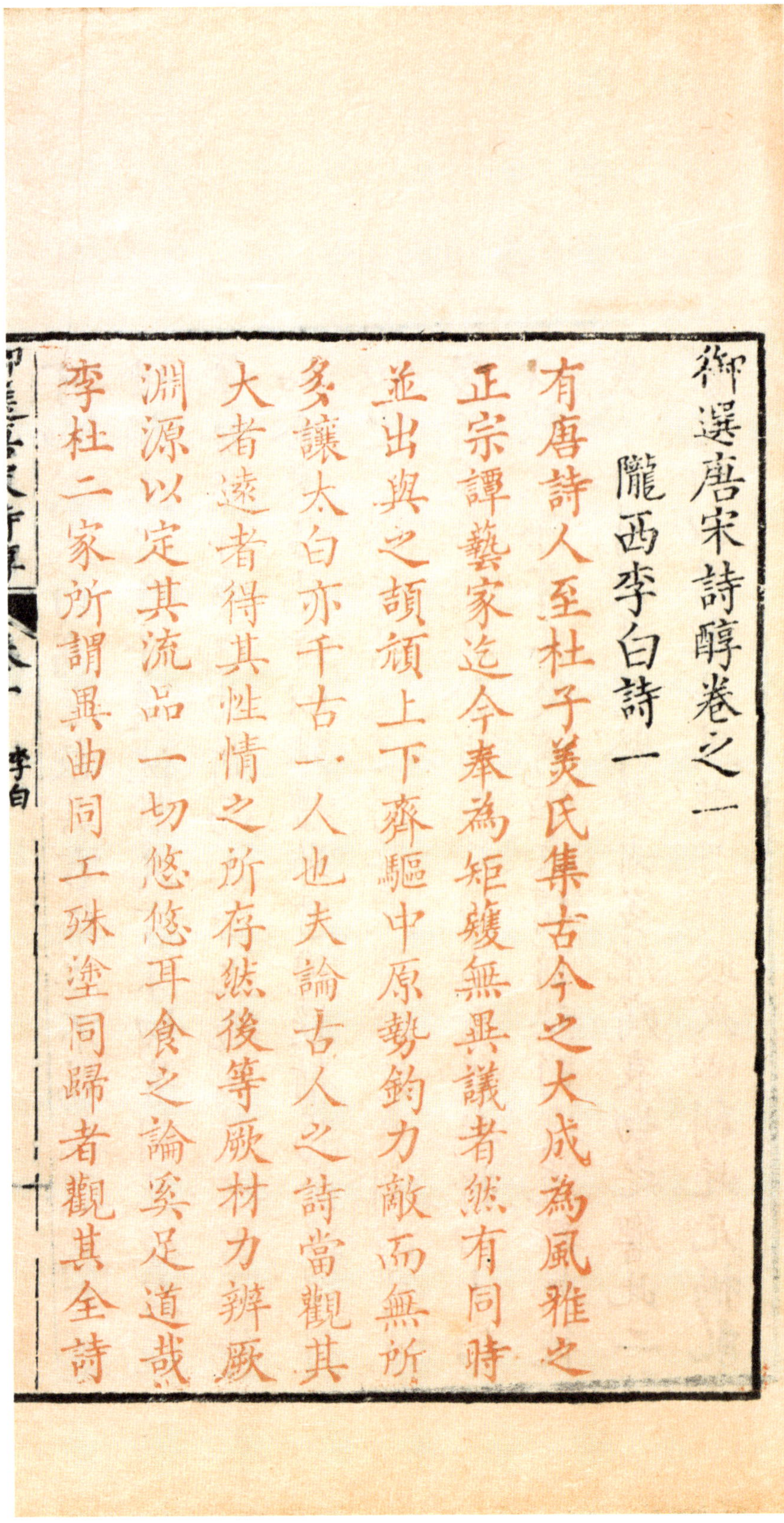
御選唐宋詩醇卷之一
隴西李白詩一
有唐詩人至杜子美氏集古今之大成為風雅之
正宗譚藝家迄今奉為矩矱無異議者然有同時
並出與之頡頏上下齊驅中原勢鈞力敵而無所
多讓太白亦千古一人也夫論古人之詩當觀其
大者遠者得其性情之所存然後等厥材力辨厥
淵源以定其流品一切悠悠耳食之論奚足道哉
李杜二家所謂異曲同工殊塗同歸者觀其全詩
御選唐宋詩醇　卷一　李白

00253—00254 御選唐宋詩醇四十七卷目録二卷 （清）高宗弘曆選

清乾隆十六年（1751）北京武英殿刻四色套印本

框高19.4厘米，寬14.3厘米。九行十九字，白口，四周單邊。湖北省圖書館藏。武漢大學圖書館藏，存二十卷：一至十八、目録二卷。

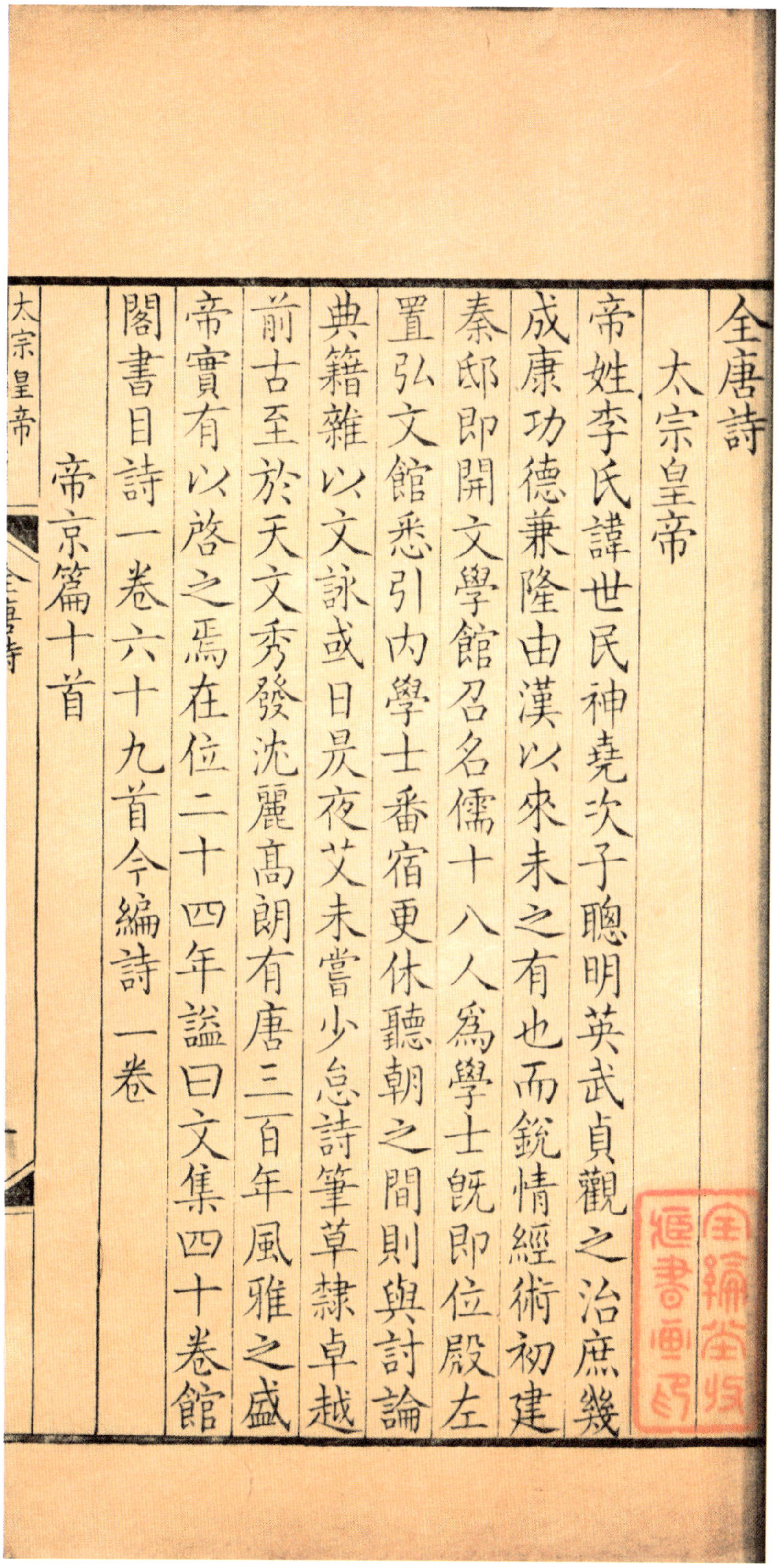
全唐詩
太宗皇帝
帝姓李氏諱世民神堯次子聰明英武貞觀之治庶幾成康功德兼隆由漢以來未之有也而銳情經術初建秦邸即開文學館召名儒十八人爲學士既即位殿左置弘文館悉引内學士番宿更休聽朝之間則與討論典籍雜以文詠或日昃夜艾未嘗少怠詩筆草隸卓越前古至於天文秀發沈麗高朗有唐三百年風雅之盛帝實有以啓之焉在位二十四年謚曰文集四十卷館閣書目詩一卷六十九首今編詩一卷
帝京篇十首
太宗皇帝　一　全唐詩

00255—00256 全唐詩九百卷目録十二卷 （清）曹寅等輯　清康熙四十四至四十六年（1705—1707）揚州詩局刻本

框高17厘米，宽11.7厘米。十一行二十一字，綫黑口，左右雙邊。湖北省圖書館藏，鈐“寶綸堂收藏書畫印”“臣富綱印”“臣之郇印”“宣城李氏瞿硎石室圖書之記”“宛陵李之郇藏書印”等印。武漢大學圖書館藏。

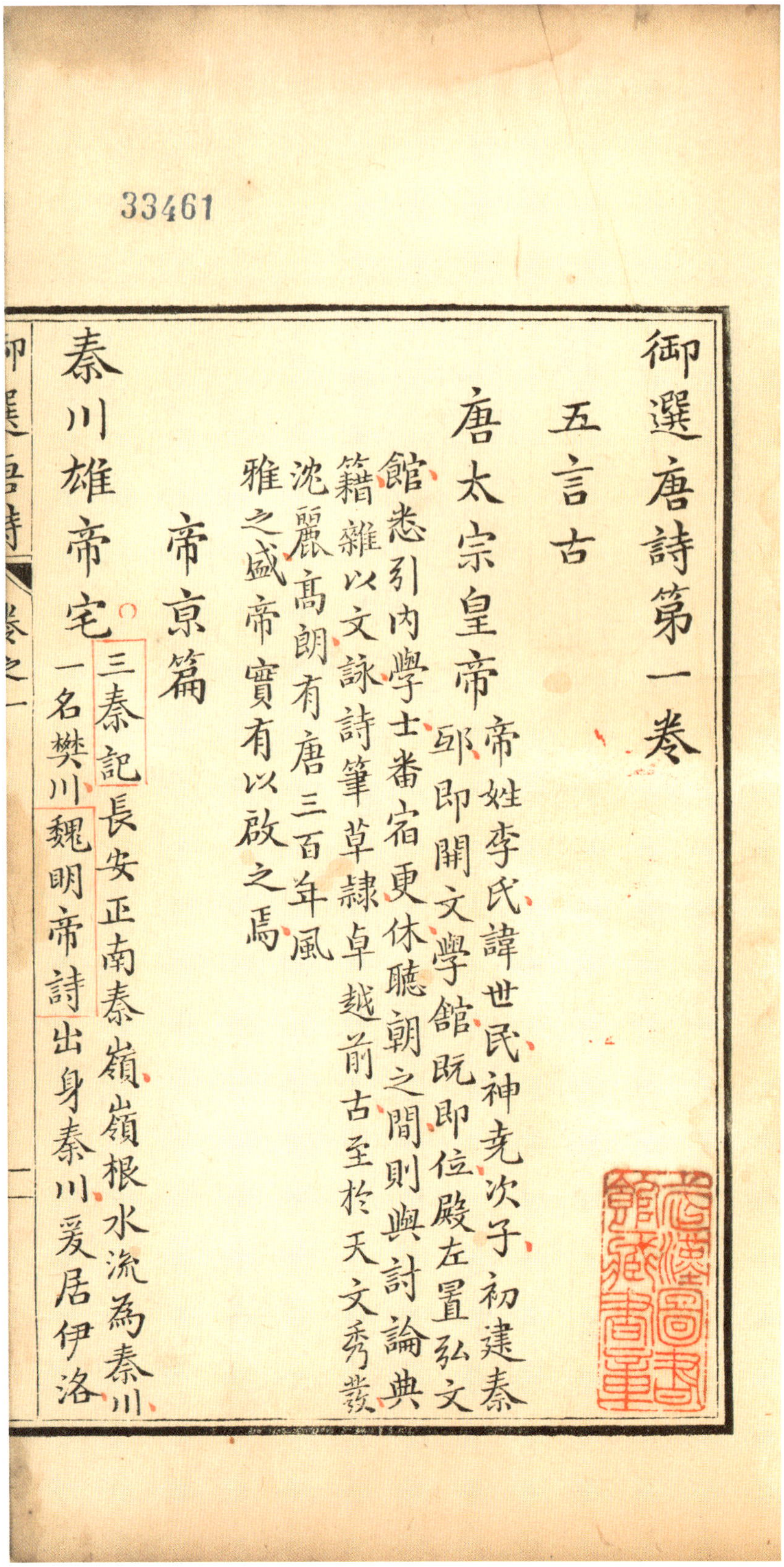
33461
御選唐詩第一卷
五言古
唐太宗皇帝 帝姓李氏諱世民神堯次子初建秦邸即開文學館既即位殿左置弘文館悉引內學士番宿更休聽朝之間則與討論典籍雜以文詠詩筆草隸卓越前古至於天文秀發沈麗高朗有唐三百年風雅之盛帝實有以啟之焉
帝京篇
秦川雄帝宅 三秦記長安正南秦嶺嶺根水流為秦川一名樊川魏明帝詩出身秦川爰居伊洛
御選唐詩 卷之一 一
武漢圖書館藏

00257 御選唐詩三十二卷 （清）聖祖玄燁輯 （清）陳廷敬輯注 清康熙五十二年（1713）內府刻朱墨套印本

框高 19 厘米，寬 12.5 厘米。七行十七字，白口，四周雙邊。武漢圖書館藏。

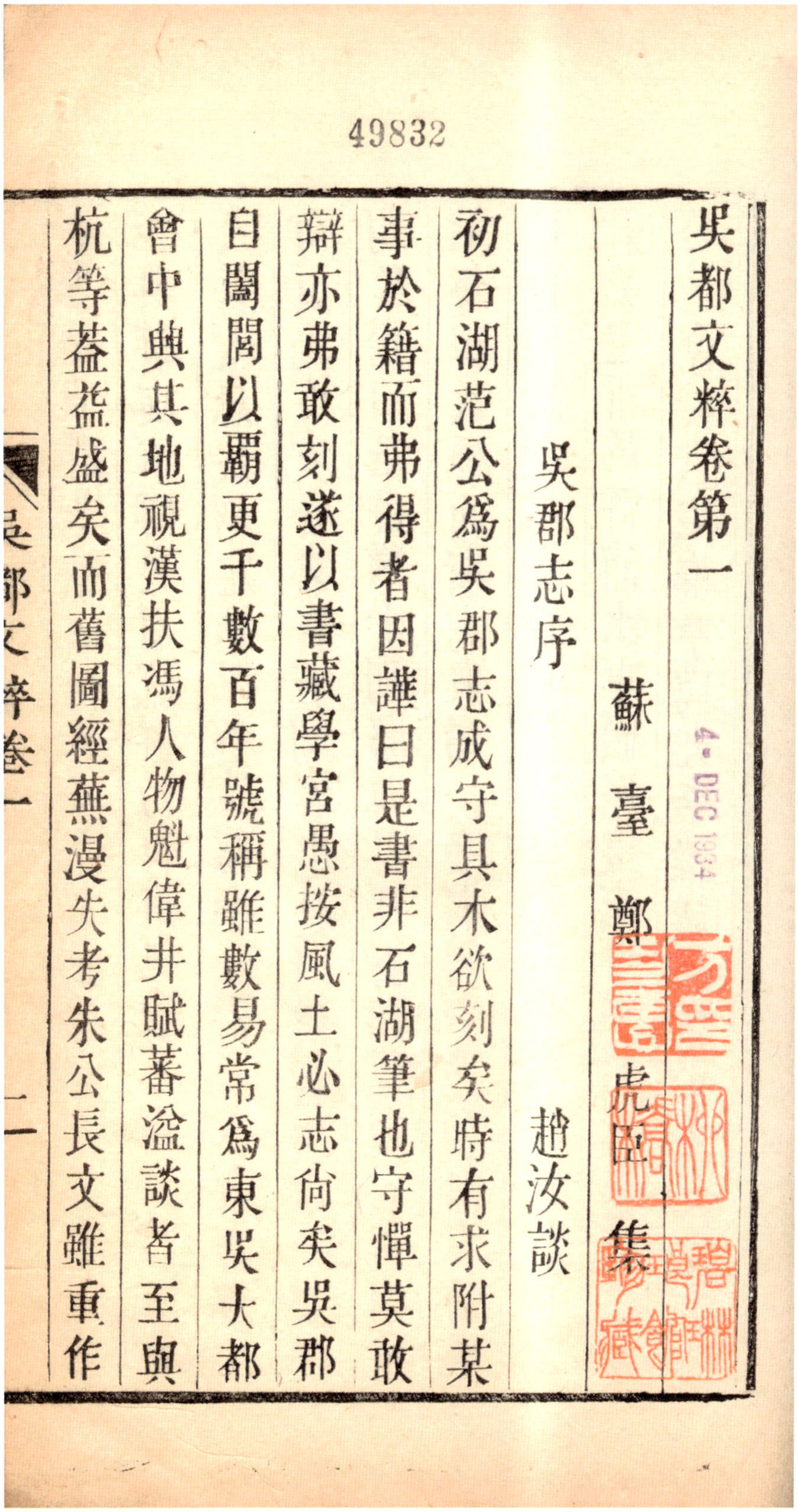

吳都文粹卷第一

蘇臺鄭虎臣集

吳郡志序　趙汝談

初石湖范公爲吳郡志成守具木欲刻矣時有求附某事於籍而弗得者因譁曰是書非石湖筆也守憚莫敢辯亦弗敢刻遂以書藏學宮愚按風土必志尚矣吳郡自闔閭以覇更千數百年號稱雖數易常爲東吳大都會中興其地視漢扶馮人物魁偉井賦蕃溢談者至與杭等蓋盛矣而舊圖經蕪漫失考朱公長文雖重作

吳都文粹卷一　一

00258 吳都文粹十卷　（宋）鄭虎臣編　清康熙六十年（1721）婁東施氏活字本

框高20.2厘米，寬12.9厘米。九行二十一字，白口，左右雙邊。鈐“巴陵方氏碧琳琅館藏書”“黄岡劉氏問天别墅藏書”“鴻頫”“臣基磐印”“碧琳琅館珍藏”“柳橋”“方功惠印”“湖上草堂”等印。武漢大學圖書館藏。

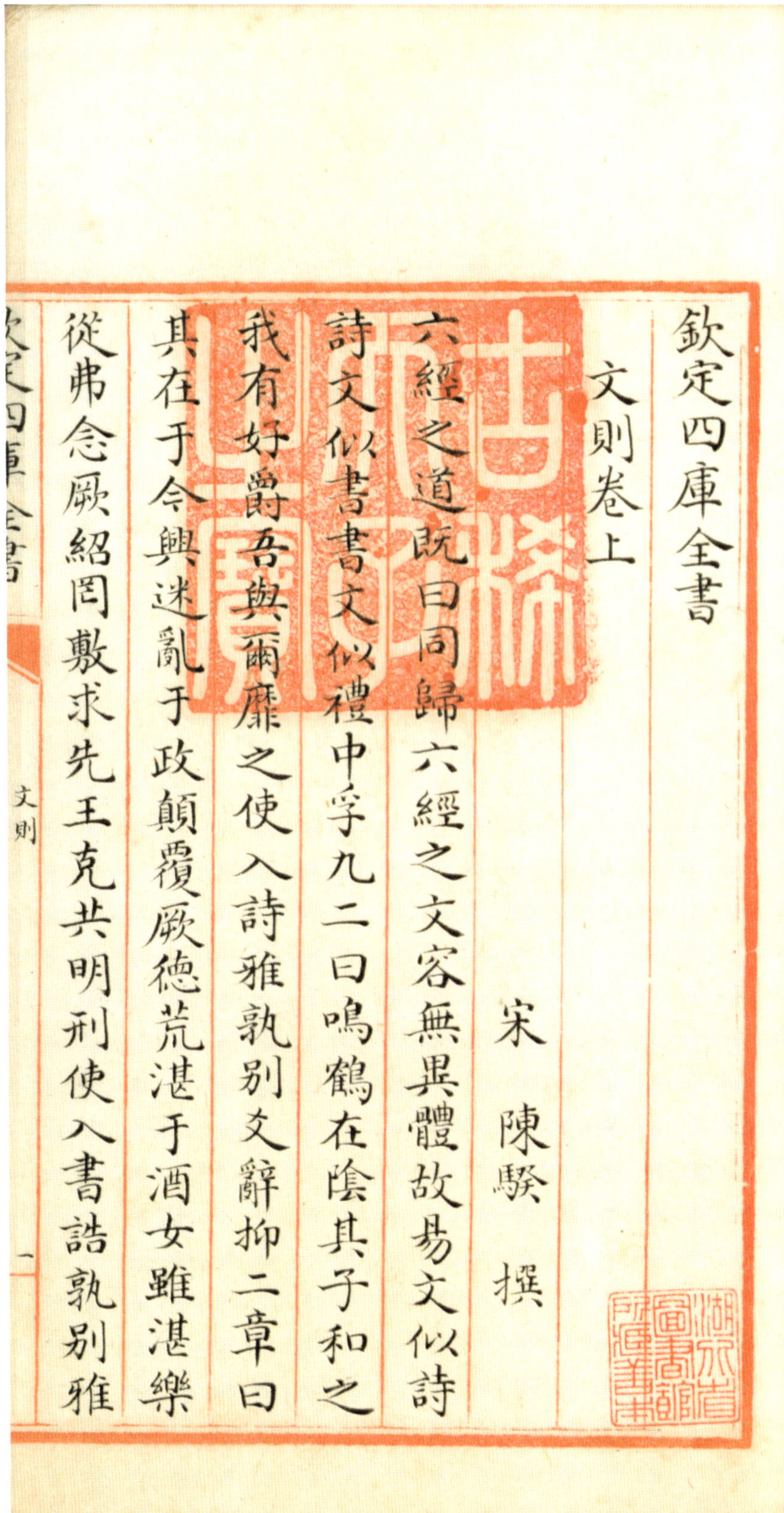
欽定四庫全書
文則卷上
宋 陳騤 撰
六經之道既曰同歸六經之文容無異體故易文似詩
詩文似書書文似禮中孚九二曰鳴鶴在陰其子和之
我有好爵吾與爾靡之使入詩雅孰别文辭抑二章曰
其在于今興迷亂于政顛覆厥德荒湛于酒女雖湛樂
從弗念厥紹罔敷求先王克共明刑使入書誥孰别雅
欽定四庫全書
文則
一

00259 文則二卷 （宋）陳騤撰　清乾隆間文瀾閣四庫全書寫本

框高 20.8 厘米，宽 13.9 厘米。八行二十一字，白口，四周雙邊。鈐“古稀天子之寶”“乾隆御覽之寶”“蟫隱廬所得善本”“黄岡劉氏紹炎過眼”“黄岡劉氏校書堂藏書記”等印。湖北省圖書館藏。

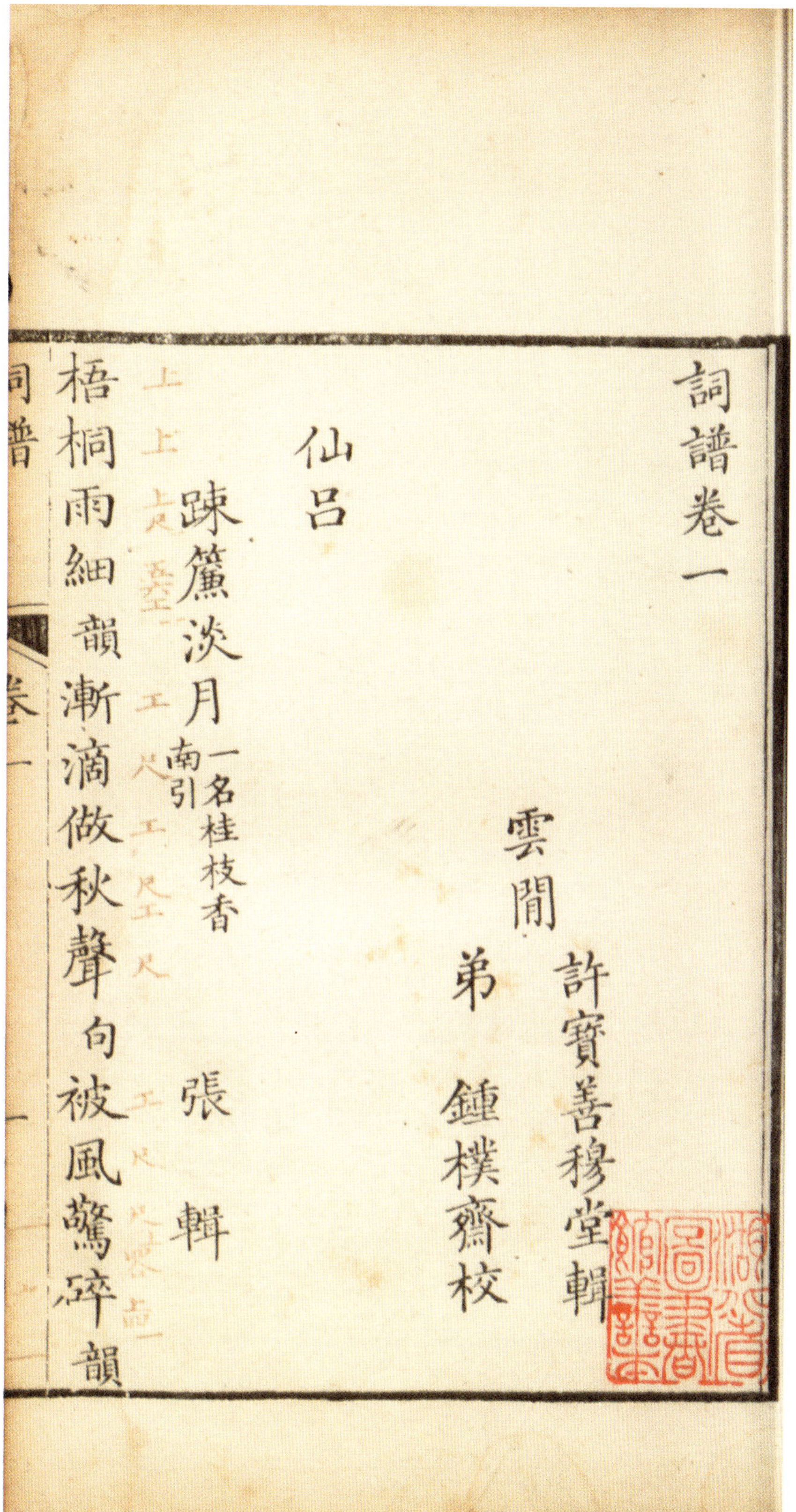

00260 詞譜六卷 （清）許寶善輯 （清）許鍾校 清乾隆三十七年（1742）刻朱墨套印本

框高 13 厘米，宽 9.7 厘米。六行十六字，白口，左右雙邊。湖北省圖書館藏。

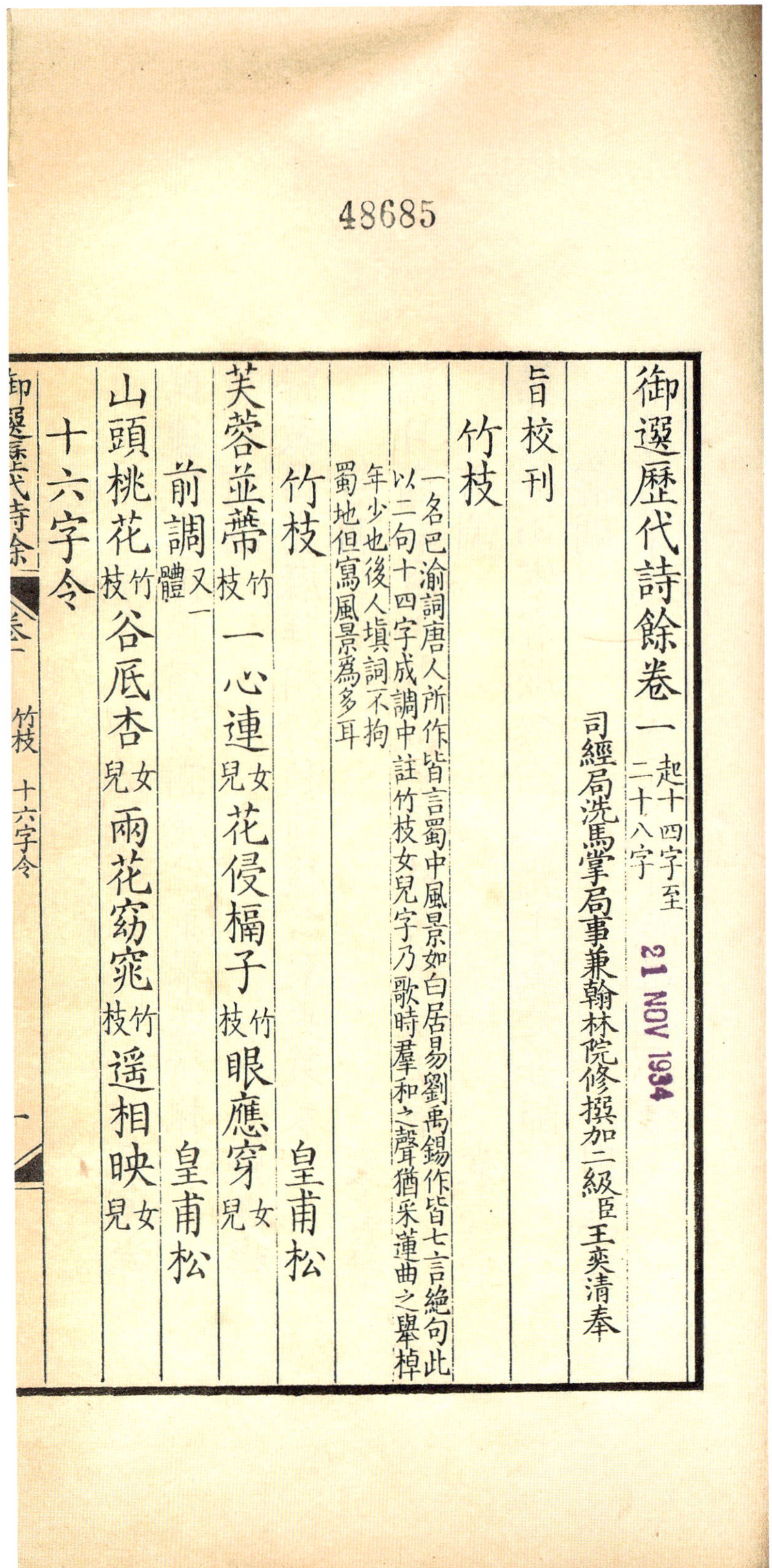

御選歷代詩餘卷一 起十四字至二十八字

司經局洗馬掌局事兼翰林院修撰加二級臣王奕清奉

旨校刊

竹枝

一名巴渝詞唐人所作皆言蜀中風景如白居易劉禹錫作皆七言絕句此以二句十四字成調中註竹枝女兒字乃歌時羣和之聲猶采蓮曲之舉棹年少也後人填詞不拘蜀地但寫風景爲多耳

竹枝　皇甫松

芙蓉並蔕竹枝一心連女兒花侵槅子竹枝眼應穿女兒

前調又一體　皇甫松

山頭桃花竹枝谷底杏女兒兩花窈窕竹枝遙相映女兒

十六字令

御選歷代詩餘　卷一　竹枝　十六字令　一

00261 御選歷代詩餘一百二十卷 （清）聖祖玄燁定 （清）沈辰垣 王奕清等輯 清康熙四十六年（1707）内府刻本

框高 17.0 厘米，寬 11.7 厘米。十一行二十一字，白口，左右雙邊。武漢大學圖書館藏。

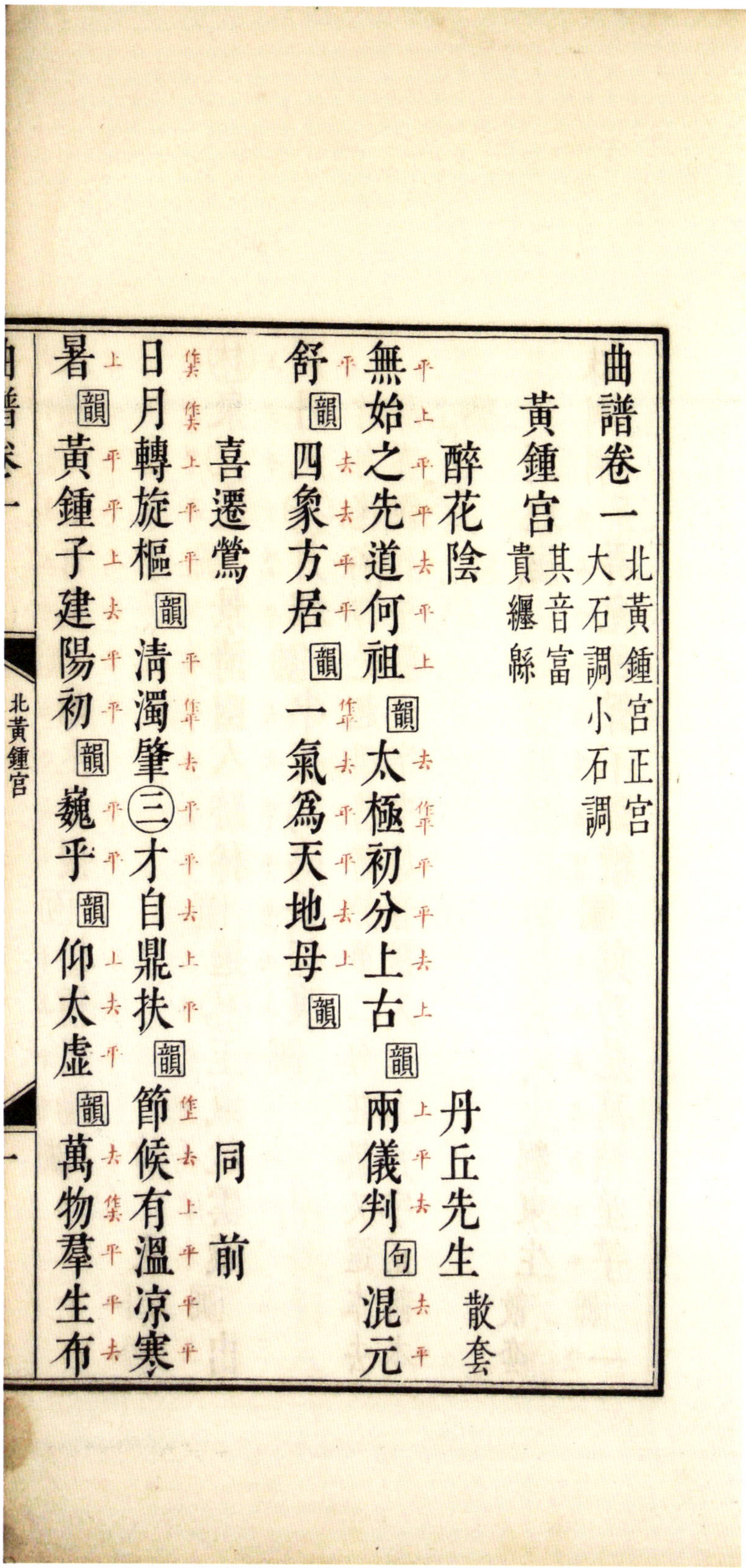
曲譜卷一　北黃鍾宮正宮
大石調小石調
黃鍾宮　其音富貴纏緜
醉花陰　丹丘先生　散套
無始之先道何祖韻太極初分上古韻兩儀判句混元
舒韻四象方居韻一氣爲天地母韻
喜遷鶯　同前
日月轉旋樞韻清濁肇三才自鼎扶韻節候有溫涼寒
暑韻黃鍾子建陽初韻巍乎韻仰太虛韻萬物羣生布
曲譜卷一　北黃鍾宮　一

00262 曲譜十二卷首一卷末一卷 （清）王奕清等撰　清康熙內府刻朱墨套印本

框高 21.1 厘米，宽 12.5 厘米。八行二十一字，四周雙邊。襄陽市少年兒童圖書館藏。

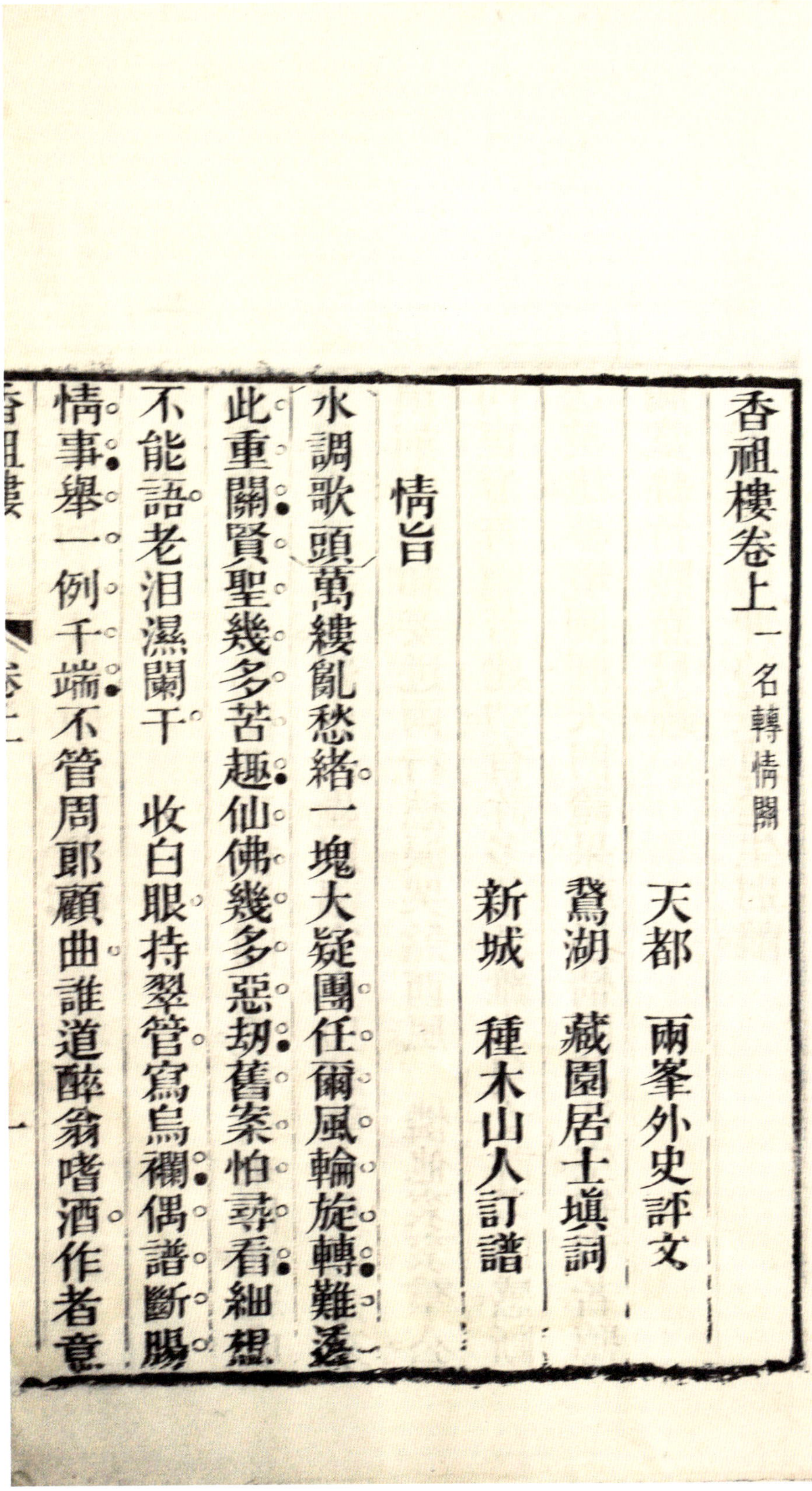
香祖樓卷上 一名轉情關
天都 兩峯外史評文
鷟湖 藏園居士塡詞
新城 種木山人訂譜
情旨
水調歌頭萬縷亂愁緒一塊大疑團任爾風輪旋轉難逃
此重關賢聖幾多苦趣仙佛幾多惡刼舊案怕尋看細想
不能語老泪濕闌干 收白眼持翠管寫烏襴偶譜斷腸
情事舉一例千端不管周郎顧曲誰道醉翁嗜酒作者意
香祖樓 卷上 一

00263 清容外集十三卷 （清）蔣士銓撰 清乾隆紅雪樓刻本

框高16.8厘米，宽13厘米。九行二十二字，白口，四周單邊。鈐“江炳靈印”等印。仙桃市圖書館藏。

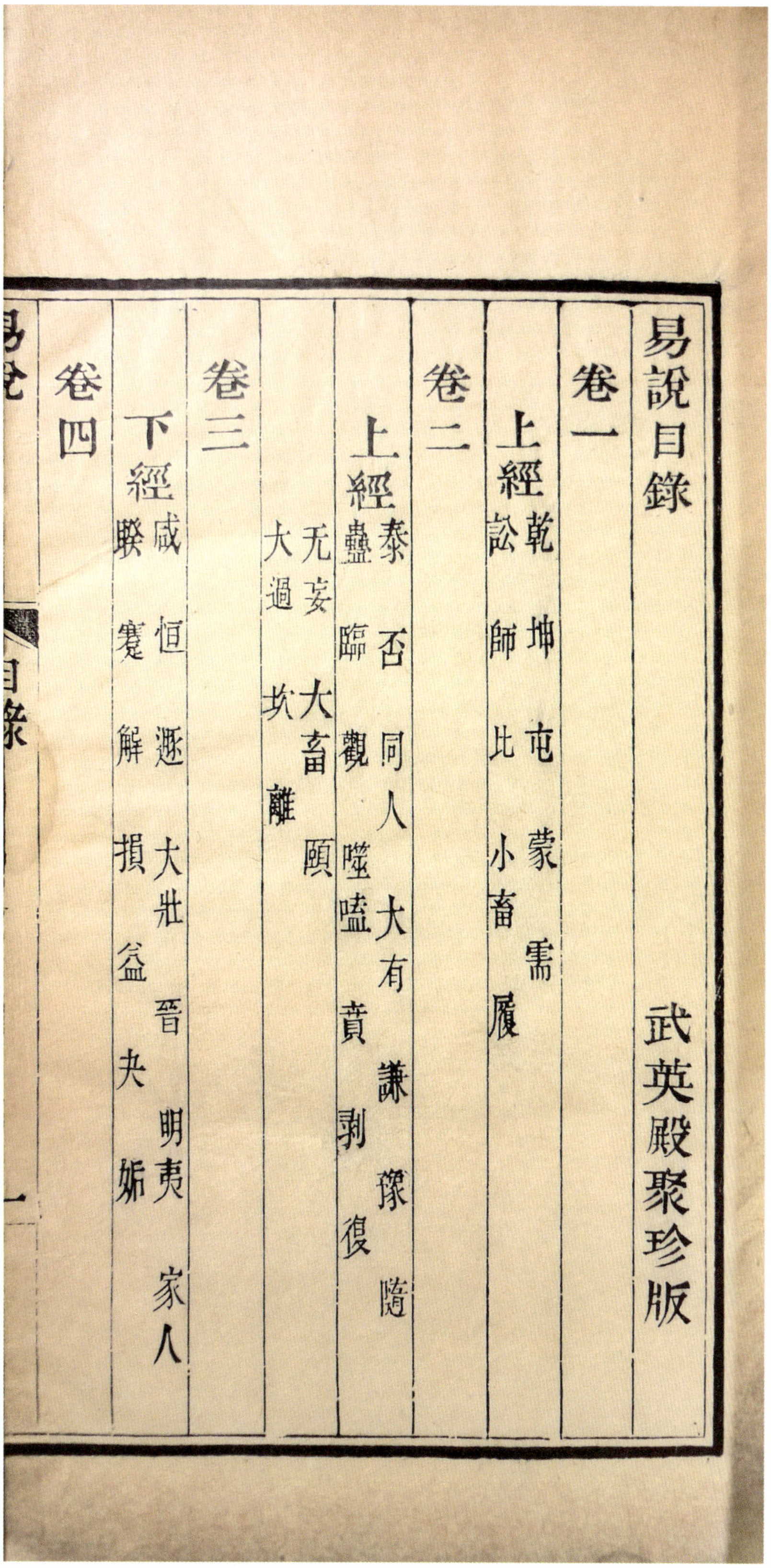
易說目錄　武英殿聚珍版
卷一
上經乾 坤 屯 蒙 需
訟 師 比 小畜 履
卷二
上經泰 否 同人 大有 謙 豫 隨
蠱 臨 觀 噬嗑 賁 剝 復
无妄 大畜 頤
大過 坎 離
卷三
下經咸 恒 遯 大壯 晉 明夷 家人
睽 蹇 解 損 益 夬 姤
卷四

00264 武英殿聚珍版書一百三十八種二千四百十六卷 清乾隆武英殿木活字本（春秋經解、東觀漢記、五代史纂誤、琉球國志略、蘇沈良方、小兒藥證真訣、周髀算經、御制詩文十全集、詩倫九種系補配福建翻刻本）

框高19.2厘米，宽12.6厘米。九行二十一字，白口，四周雙邊。湖北省圖書館藏。

本書編纂得到湖北省圖書館、武漢大學圖書館、武漢圖書館、襄陽市少年兒童圖書館、湖北省博物館、浠水縣博物館、湖北大學圖書館、恩施州圖書館、麻城市圖書館、安陸縣圖書館、黄岡市圖書館、三峽大學圖書館、長江大學文理學院圖書館、江漢大學圖書館、宜昌市圖書館、黄石市圖書館、仙桃市圖書館、穀城縣圖書館、長陽土家族自治縣圖書館、蘄春縣圖書館、京山縣圖書館、大冶市第二中學等單位及相關古籍工作者的大力支持，各位同仁在核查著録、拍攝書影方面做了大量而細緻的工作，在此謹致謝忱。

感謝國家圖書館出版社綜合編輯室王燕來先生和景晶女士的辛勤勞動。

編者

二〇一五年九月